注口土器の集成研究

鈴木　克彦　著

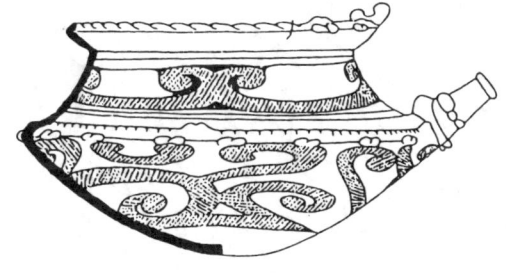

雄山閣

注口土器の集成研究

鈴木　克彦　著

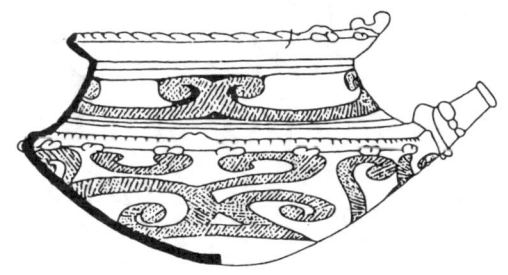

雄山閣

口絵1

東京都大田区大森貝塚出土の後期宝ヶ峯型注口土器

宮城県石巻市宝ヶ峯遺跡出土の後期宝ヶ峯型注口土器

口絵 2

東京都青梅市寺改戸遺跡出土の後期加曽利B1式注口土器

鹿児島県加治木町干迫遺跡出土の後期堀之内式系注口土器

口絵 3

青森県弘前市十腰内2遺跡出土の後期十腰内4式注口土器

北海道八雲町野田生1遺跡出土の後期浜松2式注口土器

口絵 4

秋田県潟上市狐森遺跡出土の後期人面付注口土器

青森県八戸市是川中居遺跡出土の晩期亀ヶ岡式注口土器

注口土器の集成研究
目　次

例　言 vi

序 ……………………………………………………………………………………… 1

第1章　注口土器の概要 ……………………………………………………… 3
　1　注口土器の名称　3
　2　注口土器の定義と種類　4
　3　注口土器の特徴　7
　4　注口土器の出土量　8

第2章　注口土器の様式概念 ………………………………………………… 11
　1　注口土器の様式　11
　2　注口土器の概念　15
　3　注口土器の器形系統と分類　19

第3章　注口土器の研究史 …………………………………………………… 23
　1　江戸，明治，大正時代――中谷治宇二郎の研究以前――　23
　2　中谷治宇二郎の注口土器の研究　24
　3　中谷治宇二郎の研究の再評価　30
　4　昭和時代　31
　5　平成時代――現代――　34

第4章　注口土器の研究課題 ………………………………………………… 37
　1　注口土器研究の目的と展望　37
　2　注口土器研究の問題点　38
　3　注口土器研究の課題　40

第5章　縄文時代草創期，早期の注口土器 ………………………………… 43
　1　草創期の注口土器　43
　2　早期の注口土器　43

第6章　縄文時代前期の片口・注口土器 …………………………………… 45
　1　前期の注口土器の特徴　45

i

2　北海道，東北地方の前期片口・注口土器　46
　　3　関東地方の前期片口・注口土器　46
　　4　中部，北陸地方の前期片口・注口土器　48
　　5　前期の疑似注口土器との関連性　48

第7章　縄文時代中期の注口土器　51

　　1　中期の注口土器の特徴　51
　　2　北海道の中期注口土器　52
　　3　東北地方の中期注口土器　53
　　4　関東地方の中期注口土器　58
　　5　中部，北陸，東海地方の中期注口土器　61
　　6　中期注口土器のまとめ　62

第8章　縄文時代後期の注口土器　63

　　1　後期の注口土器の特徴　63
　　2　北海道の後期注口土器　64
　　3　東北地方の後期注口土器　68
　　4　関東地方の後期注口土器　75
　　5　中部，北陸，東海地方の後期注口土器　80
　　6　西日本の後期注口土器　81
　　7　後期注口土器のまとめ　83

第9章　縄文時代晩期の注口土器　87

　　1　晩期の注口土器の特徴　87
　　2　北海道の晩期注口土器　90
　　3　東北地方の晩期注口土器　92
　　4　関東地方の晩期注口土器　95
　　5　北陸地方の晩期注口土器　97
　　6　中部地方の晩期注口土器　98
　　7　東海，近畿地方の晩期注口土器　98
　　8　九州地方の晩期注口土器　99
　　9　晩期注口土器のまとめ　99

第10章　縄文時代の注口土器の終焉　103

　　1　晩期注口土器の終焉の背景　103
　　2　晩期注口土器の終焉の過程　104
　　3　注口土器の終焉の意味　108

第11章　弥生時代以後の注口土器 …… 111

1. 弥生時代の注口土器　111
2. 古墳時代以後の注口土器——日本最後の注口土器——　113

第12章　注口土器の観察と特殊な注口土器 …… 115

1. 注口土器自体の観察　115
2. 特殊な注口土器　117
3. 蓋形土器　121

第13章　注口土器の出土状態 …… 123

1. 住居跡床面出土事例　123
2. 配石遺構出土事例　124
3. 群集墓，環状土籬（周堤墓）出土事例　125
4. 土壙および土壙墓出土事例　125
5. デポ，埋設出土事例　126
6. 集中廃棄出土事例　127
7. まとめ　127

第14章　注口土器の用途 …… 131

1. 注口土器の用途に関する諸説　131
2. 注口土器の用途　134
3. 注口土器の用法と問題点　135

第15章　注口土器の地域的様相と類型編年 …… 137

1. 注口土器の類型　137
2. 注口土器の類型編年と分布の地域的様相　138

第16章　注口土器の文化的，歴史的考察 …… 153

1. 注口土器研究の編年学的視点——文化的，歴史的考察の座標軸——　153
2. 縄文文化と信仰祭祀儀礼としての注口土器の「東・西」認識　155
3. 注口土器の文化的，歴史的認識　158
4. 注口土器の盛衰の社会的背景　164

あとがき　168

引用・参考文献　169

注口土器掲載資料の出典文献　174

資料編　縄文時代注口土器実測図集成

口絵，挿図，写真目次 (出典)

口絵 1　東京都大田区大森貝塚出土の後期宝ヶ峯型注口土器
　　　　宮城県石巻市宝ヶ峯遺跡出土の後期宝ヶ峯型注口土器
口絵 2　東京都青梅市寺改戸遺跡出土の後期加曽利B1式注口土器
　　　　鹿児島県加治木町干迫遺跡出土の後期堀之内式系注口土器
口絵 3　青森県弘前市十腰内2遺跡出土の後期十腰内4式注口土器
　　　　北海道八雲町野田生1遺跡出土の後期浜松2式注口土器
口絵 4　秋田県潟上市狐森遺跡出土の後期人面付注口土器
　　　　青森県八戸市是川中居遺跡出土の晩期亀ヶ岡式注口土器

第 1 図　縄文時代の注口土器の変遷 (1) (草創期〜中期) ･･････････････ 5
第 2 図　縄文時代の注口土器の変遷 (2) (後期〜晩期) ･･････････････ 6
第 3 図　注口土器時期別出土量 ･･････････････････････････ 8
第 4 図　縄文時代中〜晩期の地域別注口土器出土量 ･･････････････ 9
第 5 図　注口土器の出土率 (山梨県池之元遺跡) ･･････････････････ 10
第 6 図　注口土器の類型分類と部位名称 (中谷治宇二郎 1927a, 1936) ･･ 12
第 7 図　注口土器の器形系統分類 ･････････････････････････ 17
第 8 図　亀ヶ岡式初期注口土器の器形分類 ･････････････････････ 21
第 9 図　亀ヶ岡式後半期注口土器の器形分類 ････････････････････ 21
第 10 図　モースの大森貝塚出土の注口土器 (モース 1879) ･･･････････ 23
第 11 図　中谷治宇二郎 (1927a) の注口土器類型分類 ････････････････ 26
第 12 図　注口土器の形態 (杉山寿栄男 1928b) ･･････････････････ 32
第 13 図　北海道の縄文時代後期注口土器変遷図 (鈴木克彦 1998a) ･････ 65
第 14 図　東北地方の後期 (宝ヶ峯型) 注口土器の変遷 (鈴木克彦 2003a) ･ 70
第 15 図　東北地方の中期〜後期注口土器の変遷 (池谷信之 1990) ･･････ 73
第 16 図　関東地方の中期〜後期注口土器の変遷 (池谷信之 1990) ･･････ 77
第 17 図　九州地方の後期注口土器変遷図 (1) (後藤晃一 2002) ･･･････ 84
第 18 図　九州地方の後期注口土器変遷図 (2) (後藤晃一 2002) ･･･････ 85
第 19 図　東北地方晩期注口土器変遷図 (鈴木克彦 1997) ･････････････ 89
第 20 図　亀ヶ岡式前半期の注口土器 (B類) の変遷 (小林圭一 2005) ･･ 94
第 21 図　新潟県御井戸遺跡出土の注口木器未成品 (前山精明 1999) ･････ 97
第 22 図　東北地方の晩期注口土器出土数値 ･････････････････････ 100
第 23 図　縄文時代晩期注口土器の終焉の地域差 (鈴木克彦 2006a) ･････ 106
第 24 図　縄文時代以後の注口土器の地域差 (鈴木克彦 2006a) ･･･････ 112

第 25 図	異形注口土器の各種 (1)	119
第 26 図	異形注口土器の各種 (2)	120
第 27 図	蓋形土器	122
第 28 図	青森県弘前市十腰内2遺跡住居跡内出土の注口土器と壺形土器	124
第 29 図	注口土器の出土状態 (1)	128
第 30 図	注口土器の出土状態 (2)	129
第 31 図	注口土器の用途, 用法の事例	132
第 32 図	縄文時代注口土器の諸類型 (1)	139
第 33 図	縄文時代注口土器の諸類型 (2)	140
第 34 図	大湯型, 宝ヶ峯型注口土器の分布	143
第 35 図	堀之内型と椎塚型注口土器の分布	148

写真 1	中谷治宇二郎 (1927a) の注口土器古典書	25
写真 2	青森県弘前市十腰内2遺跡注口土器出土状態	123
写真 3	ベンガラの入った注口土器とベンガラ砕片 (玉清水遺跡)	132
写真 4	磨製石斧の入った注口土器 (桜塚遺跡)	132

第 1 表	注口土器の種類	4
第 2 表	注口土器の器形系統分類	16
第 3 表	注口土器の様式構造	18
第 4 表	東日本の縄文時代土器型式編年と注口土器の多寡	154

口絵写真所蔵機関一覧

口絵 1　東京大学総合研究博物館／宝ヶ峯縄文記念館
口絵 2　青梅市郷土博物館／鹿児島県立埋蔵文化財センター
口絵 3　青森県立郷土館／北海道立埋蔵文化財センター
口絵 4　秋田県立博物館／八戸市縄文学習館

例　言

1　本書は，日本の縄文時代の注口土器を集成し，縄文時代の注口土器の概要と一部弥生時代以後の注口土器を含めて諸問題を論じたものである。

2　注口土器の集成については，20世紀に刊行された全国の発掘調査報告書などに掲載された類例の実測図を中心に掲載し，21世紀に刊行された発掘調査報告書などに掲載された類例の実測図をできるだけ多く補充した。

3　ただし，弥生時代以後の注口土器や北海道の続縄文時代の注口土器については集成として掲載しなかった。

4　その出典については，引用文献としてまとめて最後に記載した。なお，文中の引用文献には都道府県，市町村教育委員会および埋蔵文化財センターなどの公共機関名を地方公共団体名のみ記し，教育委員会，埋蔵文化財センター名を省略した（例：北海道埋蔵文化財センター→北海道）。

5　掲載資料の縮尺は，一部を除いてできるだけ6分の1に統一したが，縮尺スケールも挿入した。

6　文中氏名については，敬称を省略した。

7　市町村合併の折なので，市町村名について旧名と新名を使っている場合があるが，できるだけ新名に替えた。

8　資料の収集にあたり，多くの学友，各県の埋蔵文化財センター職員の御協力を賜わったことに謝意を表するものである。

9　調査，研究の過程において，高梨財団から平成10年度に学術奨励基金を助成していただいた。謝意を表したい。

10　本書が出版できる運びになったことは，全国の縄文時代における注口土器の集成と研究について大いに価値あることだと御推奨していただいた慶応義塾大学江坂輝彌名誉教授の御指導の賜物というほかにない。心から御礼申し上げるものである。

序

　日本の縄文土器を代表するものが，注口土器である。その注口土器は，土器の器面片側に突き出した注ぎ口をバランスよく作り出し，特定の機能性を美麗かつ秀作にして用の形を美に昇華させた造形物として縄文文化における工芸上の秀逸な芸術作品である。その究極に発展したものが，縄文時代晩期の亀ヶ岡式土器の注口土器である。

　注ぎ口を持つがために，自ずから液体を注ぎ出す機能を果たす器であろうことは何人にも異論のないものだが，他の土器に較べて日常容器としてはことさらに製作，形や施文，文様において華美な技巧を凝らしたものが多い。勿論，注口土器のすべてがそういったものでないとしても，形の変化や美しさに対して縄文人の強い思い入れが込められているのは確かである。

　そういう注口土器は，縄文時代草創期に深鉢形土器の上部に短い注ぎ口を付けただけの単純な形で出現する。その後，早期に墓と思われる遺構に伴って出土し，前期の片口土器に伴う類例を経て中期になって深鉢形，鉢形，壺形の器種に注ぎ口が付くようになって多様な器形が定着する。中期末葉から後期になると研磨，朱彩など美しさを意識した工夫が投影されて小型で装飾性の強い独自な器形と墓から出土する事例が多くなり，やがて後期中葉から晩期に至って容器としての機能性を超えた精巧華美な飾り器とも言える形になって完成する。その間，とりわけ北海道において墓に埋納される器として利用される。

　注口土器には祭祀，儀式用の供献の器と葬送の器，すなわち人々や社会のハレとケの舞台に用いられる信仰上の道具，器として共通する二面性がある。人間の生涯に伴う通過儀礼，自然界の季節や社会の経年変化の下に繰り広げられる様々な重要行事に使われる器，それが注口土器の本質を物語っていると考える。したがって，注口土器の変化の軌跡を通して，生活様式の変化，文化としての芸術的精神の高揚に裏打ちされた社会の発展を年代の変遷の下に理解することができるだろう。

　注口土器を研究する目的は，その器を通して縄文文化を築いた人々の生活文化を考えることにあると言えよう。そのためには，考古学的に注口土器自体の型式学的な観察，編年学的な実態の変遷を知る調査研究と，発掘調査の成果を援用して出土状態から用途を考える実証的な研究が行なわれなければならない。

　注ぎ口のある器は，古今東西の世界各国に見られる。その中で，液体を注ぐ用途を形に表わした日本の縄文時代の注口土器は世界最古である。注口土器は縄文時代すなわち縄文文化の中で生まれ育まれた器として，長い歴史を持っている。しかし，その後本州では弥生時代，つまり中国大陸からの外来的な新しい弥生文化の到来と定着によって消滅する。反面，北海道の続縄文時代において鉢形の注口土器として継続され7世紀頃まで製作された。

　縄文時代において独自な器形，人面を付した特殊な器形など様々な形が盛衰し機能性よりも芸

術性をもって発展した注口土器が，一旦弥生文化の影響によって消滅したかに見えるが，西日本の弥生文化にさえ僅少ながら存在するとともに再び北海道の続縄文文化を経てオホーツク式土器に海馬（トド）の頭を表現した深鉢形をもって日本最後の注口土器として象徴的に終焉する。こういう全時代にわたる注口土器の変遷を知ることが，注口土器の普遍性つまり注口土器とはどういうものかを理解する上で重要である。

注口土器研究の有効性は，第1に編年学中心の型式学的研究，第2に信仰，祭祀などに関する用途研究，第3に交流，交易などの社会構成に関する研究などにある。それぞれのテーマは平行して行なうべきものだが，編年学的研究が土台になる。ますます細分化されてゆく考古学にあって，注口土器は編年学研究を通して道を広げ易い対象である。

対象のいかんを問わず考古学研究の第一歩は，集成から開始する。次に，学史研究へと向かい諸学説を学んで自己の考え方の基礎を築き，資料観察や分類作業を経てそこで苦悩しながら解釈論を展開し何らかの結論に達することが，言わば常道である。ところが，最も肝心な分類学ができていないために，昨今はいきなり巷間の空疎な解釈論に飛びつき拙速な結論を引き出す傾向にある。これを克服する方法は，よき資料に恵まれ堅実な分類を発信できる地域研究にある。

このような縄文時代の生活，文化，社会の変遷を体現する研究の格好の材料でありながら，意外にも未だ全国の注口土器を通観した研究書が世に出なかった。注口土器の専門書としては，本書が日本で最初の単行本になる。注口土器の研究は，20世紀を代表する考古学者の一人である中谷治宇二郎（1926，1927）の集成と型式学的な研究が唯一のものであったが，爾来80年ようやく縄文時代における注口土器の内容と実態を明らかにすることができた。本書の目的が，縄文時代における全国の注口土器の集成にあったので，これに関しては所期の目的を達成することができたと思っている。それが今後の研究の礎になれば，本書の役割を果たすことになろう。事情があってその集成図の組み方に一貫性を欠いた部分があるが，20世紀に発掘調査報告書で実測図が公表されている大部分というよりも8割は網羅しているだろうし，その後2005年までに刊行された最新の資料の多くを追加したので集成という古典的基礎作業としては自画自賛できるだろうと考えている。したがって，本書によって縄文時代を中心として全国における注口土器の実態と全容を知ることができるはずである。

こういった考古学的な問題だけでなく，注口土器は好事家あるいは陶芸作家など一般に幅広く注目されている。その理由は，現代の土瓶，急須と瓜二つであるがために，それが数千年前の縄文時代の作品かと芸術的と言える工芸美に驚嘆と感動を呼び起こす点にあるだろう。そういう観点に対しては，本書が実測図集なので期待に答えられないが，注口土器の芸術性は屈折した形態美にある。そのため，壊れやすく製作が難しい。主要な博物館には必ず展示されているので，鑑賞して欲しい。朝夕に使う茶道具の急須の祖形として見れば，実に馴染み深い。時代とともに役割が違っても，そういう器を数千年前に縄文時代の人々が工夫して創作していたのである。

第1章　注口土器の概要

1　注口土器の名称

　注口土器の研究は，その形態差と地理的分布の関係を求め数量的な多寡を把握することによって文化の変遷を推考した中谷治宇二郎（1926, 1927）に始まる。それまで日常用具に準えて土瓶形，急須形土器と呼んでいた類例を集成し，注口部を有するすべての土器を一括して注口土器とした。その理由に，従来の土瓶形，急須形の分類では，両者のどちらとも取れる中間とそれらから外れるものがあることを指摘し，過去の分類法を捨てて科学的方法論によってその研究の再構築を図ったのである。そのスタンスは，一切用途などによる分類に対する予断的仮説を排除することだけではなく，浜田耕作が主唱した遺物の集成という古典的手法を実践し，主に形態分類による型式，形式，様式という概念によって帰納法的に分類しようとするものであった。この方法を実践したのが，「注口土器ノ分類ト其ノ地理的分布」（中谷治宇二郎 1927a）である。

　注口土器については，他に注口付き土器の名称がある。一般的には中谷治宇二郎の研究に基づいて注口土器と呼び，日本最初の『考古学辞典』（酒詰仲男ほか 1951，改造社）には「注口土器」として「注口部を有する土器」と記載され，それ以来この名称が広く採用されるに至ったものである。

　古くモース（1879）は，液体を入れるための土器，煮炊きの土器などと用途に基づいた土器の分類を行なった。その後，土器に対する名称は，器の名前と用途は今も昔も変わらないという考え方に立って，「現今人種中に用ひらるる器物と似たる形状の品は当時に於ても同様の具に供せられた」（八木奘三郎 1902，82頁）と考えられ，「土器の種類はその形状によって区別するのであるが，（中略）今日の什器に用ひて居る名称を土器といふ語の上に冠して」（高橋健自 1913，31頁）呼ぶことが慣習として行なわれてきた。因みに，土瓶，急須の用例は，上記の八木文献で茶器と同一形式の土瓶，高橋文献で醤油注しの急須形と呼んだのが嚆矢だが，学史的に言う土瓶形とは，壺形の体部に注口を付したもの（山内清男 1930，中谷治宇二郎 1943）で，今では後期の注口土器を指し，急須形は注口形特有の形を有したダイヤモンド形の主体部に注口を付したもの（中谷 1943）として晩期の注口土器を指すものである。

　しかし，中谷治宇二郎は，そういう確たる概念を持たずに学者によってまちまちに使われている考古学用語の曖昧さと閉鎖的な態度を憂慮し，用途，機能に対して予断を与える名称は避けるべきだと考え，両者を区別する必要性が認められないことから体系的に整理して分類や概念などの科学的な思考を取り入れようとした訳である。

　一方，山内清男は，既存の鉢形，壺形の器形に注ぎ口の付いた土器として一貫して注口付土器

と呼んだ。同じものを指すので使い分ける必要はないが，正確な表現としては山内の言うとおりである。確かに，中期までの類例は深鉢形に注ぎ口が付いたものや後期でも壺形に注ぎ口が付いたもの，つまり既存器形に注口を付したものが多い。しかしながら，同時期に注口部を持たない同じ器形が存在することも事実だが，後期には独自な器形として発達するし，しかもオリジナリティーな亀ヶ岡式の注口土器には，同じ器形に注口部を持たない土器（の器形）が存在しないのである。それらの注口土器の器形を考慮すれば，同体異名を避ける意味で今日まで定着している注口土器の名称に統一して何ら支障がないと考えるものである。

縄文土器におけるこの器形の存在感を考慮すれば，単に深鉢形や壺形に注ぎ口が付いただけの土器と捉えるよりも，出自から発展，消失の過程に縄文文化の粋が込められていると考えるので象徴的に捉えた方が適切だと考える。

2 注口土器の定義と種類

注口土器とは，中谷治宇二郎の言うとおり，注口部を有する土器とその総称のことである。つまり，器体の側面に適量な液体を注ぐために好都合な長さ5cmほどの筒ないし管状の注ぎ口の付いた土器のことである。

そういう注口土器には，既存の鉢形と壺形土器に注口部を付けた器形，所謂「注口付土器」がある一方で，上述したように注口土器独自の器形，さらに注口土器だけに見られる器形の三種がある（第1表）。

第1表　注口土器の種類
1種：既存の器形に注口部を付けた注口土器
　　1：鉢形注口土器
　　2：壺形注口土器
2種：独自な器形の注口土器
3種：他に同じ器形のない独自な器形の注口土器

1種の注口土器は，草創期から晩期まで見られる。鉢形と壺形の既存器形に注口部を付けたものである。一般的に中期までは深鉢形，鉢形，浅鉢形土器に付く。後期，晩期にも少数存在し，特に北海道においては晩期に浅鉢形土器に付くものがある。壺形の類例は東北地方の中期後半に出現し，以後北海道と東北地方の後期に多出し，晩期にも継続される。

2種の独自な器形の注口土器は，主に東日本の東北地方南部，関東地方の後期前葉に形成される。縄文土器は基本的に鉢形と壺形で構成されるが，後期以後に壺形と鉢形の折衷形式が生まれ壺形のような鉢形，鉢形のような壺形とも受け取れる独自な器形が製作されるようになる。池谷信之（1990）が綱取・堀之内型と呼んだ一群である。

3種は，注口土器以外に注口部を持たない同じ器形の土器が存在しない器形で，関東地方の加曽利B1式の注口土器，東北地方の後期の宝ヶ峯型注口土器と晩期の亀ヶ岡式の注口土器に見ら

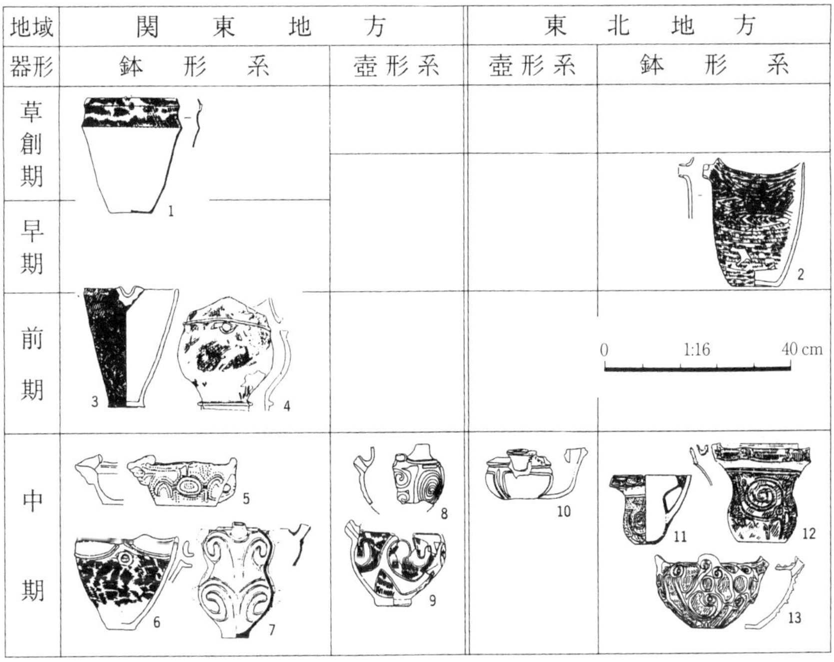

地域	関東地方		東北地方	
器形	鉢形系	壺形系	壺形系	鉢形系
草創期 早期	1			2
前期	3　4			0　1:16　40cm
中期	5　6　7	8　9	10	11　12　13

第1図　縄文時代の注口土器の変遷（1）（草創期～中期）

れる器形である。注口土器のために創作された新しい器形だと考えられるが，それらは実態として基本的に壺形系統を引く注口土器の範疇に入る。しかし，同時期に注口部のない器形の土器が存在しないのである。そういう意味では，2種の独自な器形に組み入れることもできるが，2種には注口部を付けない同じ器形の土器が存在する点で異なる。

　こういった注口土器は，皆縄文土器の一器形に相違ないが，全体に出土量は希少でさらに独自の器形には小型で研磨された作りと朱彩，装飾文様が施文され精巧に製作されていることが多く，3種に至ってはそれがさらに顕著になる。

　注口土器は，縄文時代において東日本を主体に草創期から晩期まで全国に出土している（第1，2図）。全体として大別すれば，中期までが深鉢形，鉢形の器形，後期は鉢形と壺形の器形，晩期は壺形の器形系統を踏襲している。例外があることや，時期ごとの詳細な器形系統については，注口土器の研究として最も重要な事項なので後述する。

　注口土器は，それぞれの時代，時期によって器形が異なっている。それが用途，機能と密接な関連性があり，生活様式を反映していると考えなければならない。縄文時代の場合，注口土器は縄文時代の終わりをもって終焉する。少なくとも，弥生時代には稀有な存在である。ところが，北海道では続縄文時代に，しかも鉢形系統の土器に継続される。そのために，注口土器は縄文時代の狩猟，採集を主な生業とする社会の代表的な器形だとみなすことができる。そういう意味では，日本の注口土器は鉢形系統に始まり鉢形に帰趨したことになる。これが，日本の注口土器の大きな特徴の一つだと言うことができる。

　このように，注口土器は縄文時代において元来は鉢形系統を踏襲して発達してきた。ところが，後期以後は主に壺形系統として発達する。この鉢形から壺形への器形系統の変化，転換，さらに

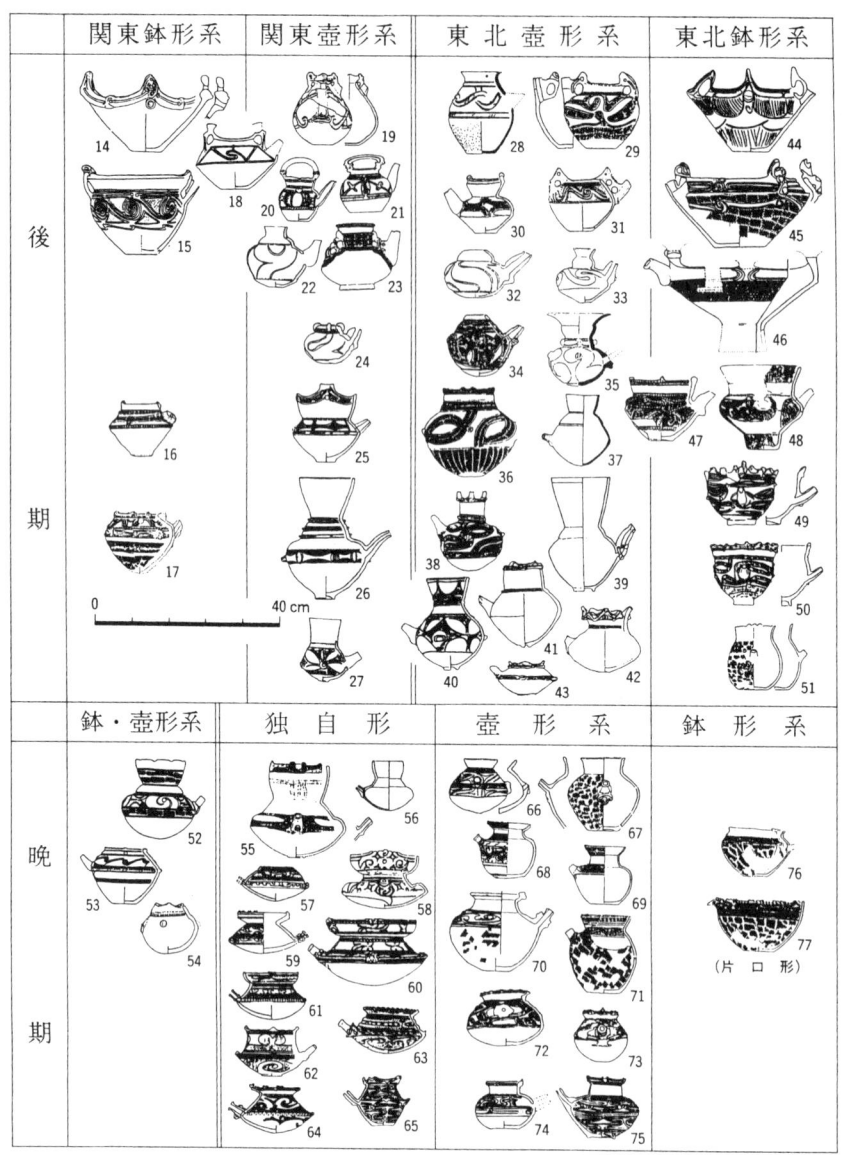

第2図 縄文時代の注口土器の変遷（2）（後期～晩期）

同じく独自な器形の注口土器の出自などがいつ頃，どの地域で行なわれているのか，そういう変遷過程を知ることが注口土器とはどういうものなのかを理解する上で重要になる。そして，その多様性に注目しなければならない。

また，注口土器とはどういう存在なのかを知るために，傍証として注口土器の持つ諸要素が他の縄文時代の諸遺物とどのように係わっているかを理解する必要がある。広義な意味で注ぎ口の付いた土器には，所謂上記3種の注口土器のほかに，多孔底，有孔筒形，環状，双胴，双口，香炉形の土器など多くの種類がある。片口土器も用途としては類似するし，注ぎ出し口と入れ口が一体なものもある。これらには，人面付きもあれば朱彩，特殊な造形の土器もある。詳細は特殊な注口土器として改めて取り上げる。

こういった機械的な把握のほかに，日常的な土器としての注口土器，非日常的な土器としての注口土器という区分もできるし，機能性だけでなく信仰の要素が投影されていることを理解することも大事なことである。

　このように，注ぎ口を持つ土器の種類は多岐にわたる。それは，注口土器の用途が一定した固定的なものでない，年代によって変わっているという証左でもある。その背景に，生活様式に基づく用途，用法が係わっていると考える。したがって，多様な種類の器形は多様な生活と用法を物語ることになる。現実に，注口土器の用途を固定観念で絞り込むことは難しい。

3　注口土器の特徴

　注口土器に関する特徴を，以下に簡明にまとめておきたい。

　注口土器の特徴は，第1にその装飾性の強い器形自体のほかに研磨手法と朱彩による見た目の美しさ，そして第2に土偶，香炉形，環状，人面付きあるいは朱彩といった宗教性のある関連遺物の多様な要素が取り込まれていて，信仰，祭祀の器を思わせる多重形式が採用されていることである。この多重形式が，注口土器の存在感を際立たせる最大の特徴と言えよう。

　反面，第3として炭化物の付着，剝れ落ちた注口部にアスファルトを使って補修して再利用するなど日常性も確実に見られる。注口土器に見られるその非日常性と日常性の相反する特徴こそ，用途を規定する要素だと考える。

　その相反する特徴は，主に器形と年代差に基づいている。器形系統の上で鉢形系統，壺形系統を基本にしながら，第4として独自な器形を生み出していることが上げられる。中期以前の鉢形系統の注口土器に炭化物が付着し，中期後葉から朱彩が施され，後期以後では壺形系統と独自な器形に朱彩が施される。そして，晩期には注口土器以外の土器に見られない独自な器形となり，一層朱彩が施される。

　したがって，器形系統は基本的に用途を反映しているが，全体として注口土器は鉢形から壺形系統と独自な器形に変遷するので，中期と後期を境に主な用途が変わっていると考えられるのである。特に，後期から第2の特徴が顕著になる。

　さらに，第5として後期になると出土状態から土壙墓に埋葬される特殊な要素が加わる。縄文時代の信仰観が根底に存在することがわかる。

　第6として遠隔分布による交流も注口土器に多く見られる。中期から後期初頭までは隣接する地域間で相互の影響が見られたが，前葉から中葉さらには晩期と遠隔な広域交流を示す類例が存在する。

　第7として，その分布が東日本ないし北日本に多く，西日本に極めて少ないことである。特徴的な器形ゆえに，日本列島における縄文文化の同一性を考える上で格好な材料となっている。

　このように注口土器に関連する特徴には，縄文時代の人々の生活や文化，社会の組織が凝縮して反映されていると考えられるのである。

4 注口土器の出土量

(1) 注口土器の出土量

　現在，日本に注口土器がどのくらい出土しているのか，そして各地域に，時期ごとに，一遺跡に何点位出土するものなのか，などという統計比率に確たる数字が示されていない。この問題は，縄文時代の人々の生活において注口土器がどういう存在であったかを知る格好の材料だと思う。

　中谷治宇二郎が昭和2年に455点を集成したが，注口部片を入れるとその当時でもその数倍はあったであろう。21世紀初頭の現在，筆者が集成した限りでは実測図が約3,000余点，注口部破片資料を含めると総数約7,000点，未報告資料がどのくらいあるかどうか不明だが，青森県だけでもすでに未報告の注口部破片資料を含めて300点以上あり，見落しや未報告資料の存在もあるはずなので筆者の収集量の2倍と仮定すれば全国に1万5千点位は出土しているだろうと想定される。そのうち，本書に3,190点を掲載した。

　実測図集成図版の掲載資料の内訳は，草創期，早期，前期の類例72点，中期の類例271点，後期の類例1,600点，晩期の類例1,247点，合計3,190点である。

　草創期，早期，前期の類例は，草創期が1点，早期が擬似注口土器を含めて8点，前期が63点，ただし早期の瀬田浦遺跡の類例は注口部のない孔だけのものなので一部のみを掲載し，擬似注口土器はほかにも存在する。前期の類例は，注口部のあるものは掲載したが，ほかに片口土器，擬似注口土器は相当量存在し破片資料を含めると100点ほどの当該類例がある。

　縄文時代の注口土器の主体をなす中期，後期，晩期の類例として3,118点を掲載し，その比率は8：51：39％である（第3図）。これに前期以前の比率を加えなかったのは，片口土器や擬似注口土器を注口土器と一緒に捉えることが妥当か否かの問題があるからである。以上により，後期の注口土器が縄文時代の半数を占め，後期と晩期で9割，残り1割を中期およびそれ以前の注口土器が占めることがわかる。

　次に，時期別に地域差の出土頻度を捉えてみたい（第4図）。

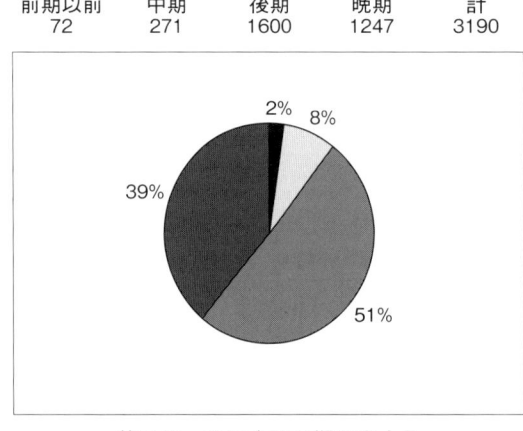

第3図　注口土器時期別出土量

　中期では，東北地方80％，関東地方15％，中部，北陸，東海地方4.5％で，東北，関東地方に集中する。東北地方の場合は中・南部に多いが，他地域に較べて突出して多いことがわかる。

　後期では，北海道22％，東北地方38％，関東地方22％，中部，北陸，東海地方14％，近畿地方2％，九州地方2％である。東日本全体にわたるが，西日本にも普及し，特に北日本が60％を占める。北海道と東北地方の比率は今後益々増大するであろう。

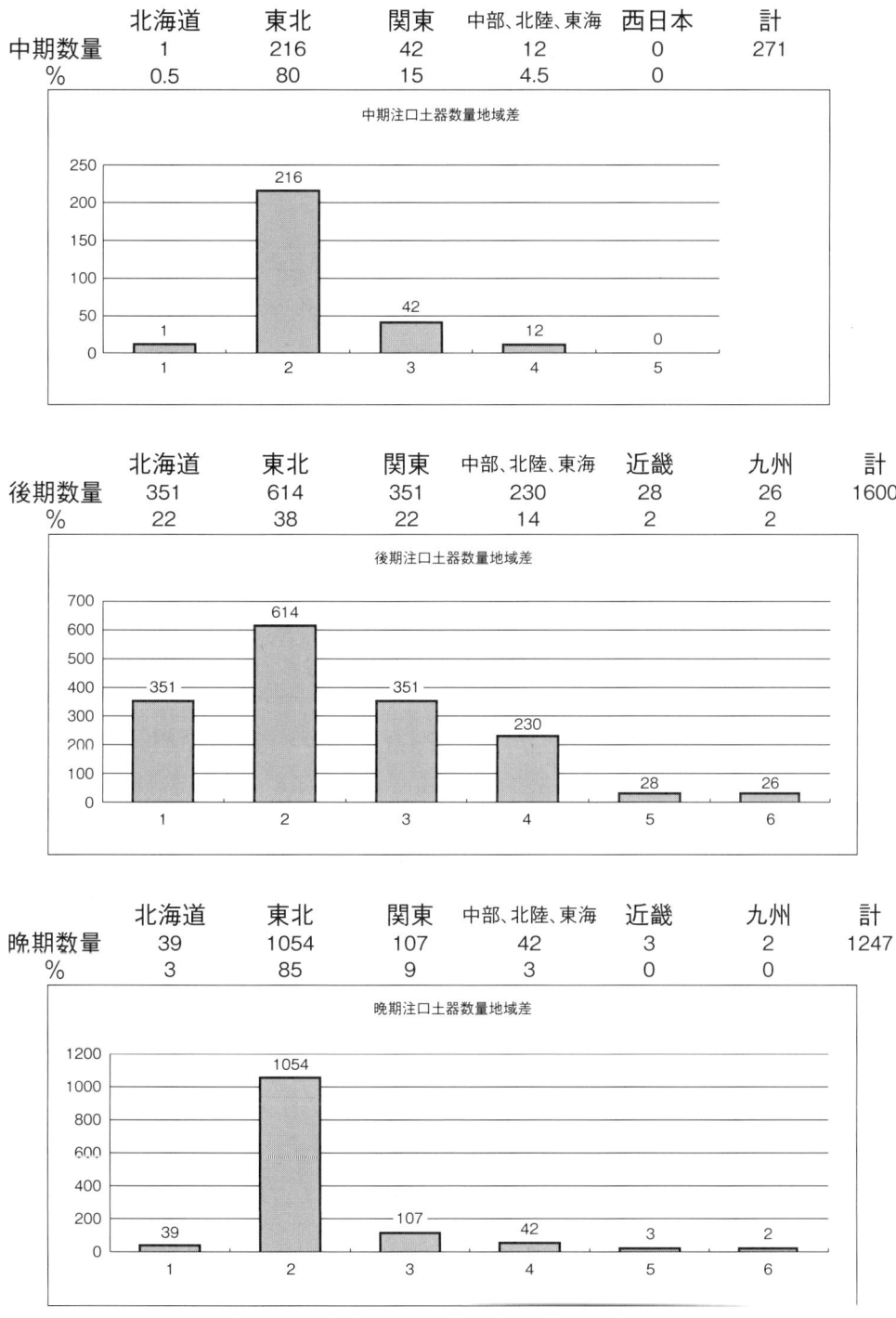

第4図 縄文時代中〜晩期の地域別注口土器出土量

 晩期では，北海道3％，東北地方85％，関東地方9％などである。東北地方を除いた地域が減少した分，東北地方が中期以上に突出し，最近の発掘事情を見ると今後もさらに増大すると予測される。

（2） 一遺跡における注口土器の出土量

一遺跡における注口土器の出土量は，地域，時期さらに細別時期によっても異なる。例えば，後期後葉の北海道，東北地方北部，晩期の東北地方では一時期に100点ほど出土している遺跡があるように，地域によって発掘すれば注口土器が相当量出土する遺跡がある。反面，注口土器を全く出土しない遺跡がある。したがって，一般論としての実態は参考程度に過ぎないので，個別な問題意識によって出土量が取り上げられるべきであろう。

一遺跡での比率を計算した例が報告されているので紹介すると，山梨県富士吉田市池之元遺跡（富士吉田市1997，第5図）では2.3％，滋賀県東近江市正楽寺遺跡（能登川町1996）では3％が示されている。以前，この問題に言及した藤村東男（1977，1980）は，試行錯誤した上で集計法によって比率差が生じることを指摘している。また，時期や遺跡の性格，遺跡での発掘地点の違いなど複雑な問題があって一律にはゆかないが，晩期の岩手県北上市九年橋遺跡では5％という数字が示されている。一般的に見て，池之元遺跡の数値は柄鏡形敷石住居跡に限定してのことで，東北地方の晩期以外では数字には現われない（1％以下）のが正確なところではないかと思う。東北地方の晩期でも粗製土器が約90％前後を占めるので，精製土器の半数近くを注口土器が占めることは異例に近い。こういう比率は発掘調査の時点で統計化する必要があるのでその都度行なって欲しいことであるが，一遺跡での注口土器の出土量によってその性格を理解することは可能であろう。例えば，晩期東北地方を除いて一遺跡一型式内で10点を越える遺跡は，埼玉県鴻巣市赤城遺跡などごく限られる。逆に，晩期東北地方北部では青森県八戸市是川中居遺跡や三戸町泉山遺跡のように100点ほど出土する場合があるし，近年北海道の後期の千歳市キウス4遺跡で200点に及ぶ多量な注口土器が出土している。キウス4遺跡は，北海道だけに見られる独特な円形周堤墓群という特別な遺跡なので，遺跡の性格によっても多寡に違いが認められる。

したがって，一般的には0に近い1％以下が普通で，2％に達したら大規模遺跡，3％を越えたら大規模遺跡でも注口土器を多用した特別な遺跡と見てよいであろう。晩期の東北地方北部（亀ヶ岡文化）では，時期や発掘地点によっても大きく異なるが，大洞B，BC式で5％に近い場合が想定され特別多用した遺跡が多いことが指摘できる。いずれにしろ，この土器の性格を考える上で興味深い問題なので，全般よりも個別に遺跡単位の正確なデータが望まれる。

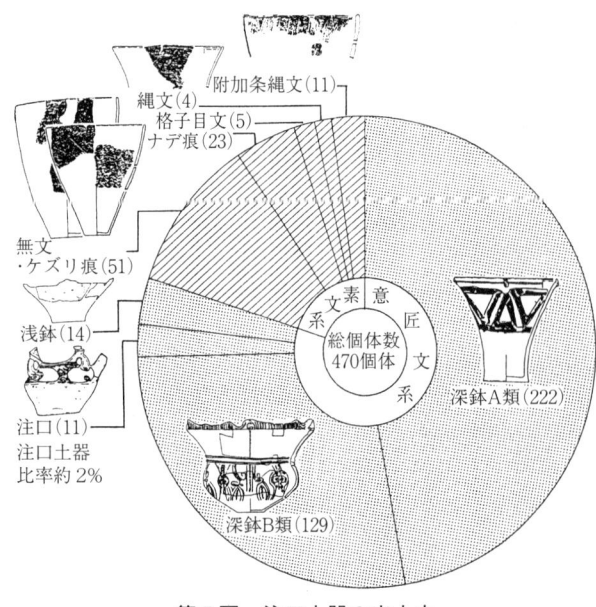

第5図　注口土器の出土率
（山梨県池之元遺跡）

第2章　注口土器の様式概念

1　注口土器の様式

(1)　中谷治宇二郎の様式概念と注口土器の様式

　中谷治宇二郎は，注口土器の研究を通して土器研究に対して様式の概念を導入したことで知られ，様式概念が中谷のタイポロジーの根幹をなすものである。ほかに，土器様式，注口土器の様式という表現も用いた。つまり，中谷治宇二郎は遺物を三段階に区分する方法の概念としての様式のほかに，注口土器の文化的な様式という二つの意味で使っているのである。その根底にある考え方は，形態学的方法に立脚するものであった。

　中谷治宇二郎（1943）の様式は，次元の異なる形式→型式→様式の構造的な概念として用いられ，その高位から低位に向かって分類する過程で，遺物の形態，文様などを客観的に観察して明らかにされるものである。具体的には，形式（form）を主観的に型式（type）に分類し，その形態，文様と相互の関係や地方的，年代的な特質を文化的環境の下にある客観的な要素（element）からなる型（pattern）とその複数の群（group）を観察して様式（style）が決定される，という方法である。つまり，型式を型と型のまとまりである群を捉えることによって様式に分類し，その様式の背景にある文化環境の歴史的変遷を考慮して文化に止揚されると考えたのである（中谷治宇二郎1943）。

　このような方法は，注口土器を全国的に初めて集成した「注口土器ノ分類ト其ノ地理的分布」（中谷治宇二郎1927a）において実践された。その中で，注口土器をA型（耳付き注口），B型（土瓶形注口），C型（急須形注口），D型（祖型注口），E型（片口形注口）に分類した（第6，11図）。今では，そのA型は堀之内式，B型は加曽利B式，C型は亀ヶ岡式，D型は後期末葉の注口土器に当たるものである。注口土器の形態分類であるA～Dを型とも型式とも表現し，その様式は各型式内の1，2の様式とも記されたように，一遺跡から出土した文様要素による土器一個体ごとの分類の羅列で「型式中の細部要素」を示したものであった。しかしながら，何よりもそれらを遺跡単位の時間推移の下に48群の型に分類したものが様式だと言えるのかという問題がある。山内清男（1929）が批判したように，時間的推移の順序がかなりの部分で時間軸に沿っていない。したがって，一様式の部分的な要素として型を摘出し文化の推移を知るものだと認識しているように，様式の実態は類型的な単位として存在するものよりも注口土器の分布の変動を捉える手段であったことがわかる。とすれば，その型式，様式は，現在我々が普遍的に用いている山内清男の型式つまり時空軸の単位とは別なものだということである。

　また，注口土器というものは様式を体現するもので，「注口土器の全様式は，大約A，B，C，

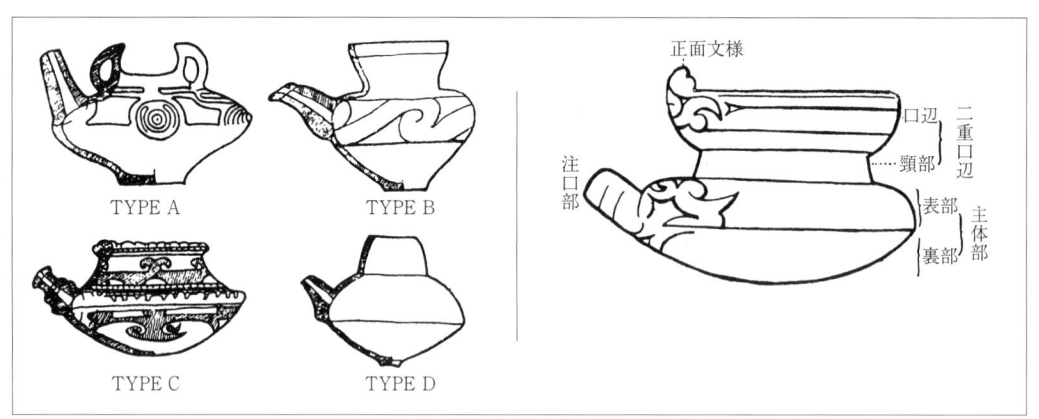

第6図　注口土器の類型分類と部位名称（中谷治宇二郎 1927a, 1936）

Dの四型に分類され」（中谷治宇二郎 1927a, 第6図），「石器時代土器の一様式を占める注口土器（中略）に四型式がある」（中谷治宇二郎 1936）と記したように，彼の考える様式とは形式から型式，様式へと順次に細分される最終段階の個々の要素としての型とその群を指すものだけでなく，併せて群をなす型の文化的な意味の総称としても認識されていたと思う。4分類が型式とも型とも表現されたのは明らかに矛盾だが，総合的に判断すると形態分類の四つの型式を包括する様式として注口土器が認識されていたと理解することができる。中谷治宇二郎は型式なるものをこれ以外に用いていないし，その概念説明さえ述べていないのは形態学上の中位階梯の分類による概念でしかなかったことのほかに，当時次々に土器型式を設定しつつあった山内清男らへの対抗意識ではないかと思う。後者のことを咀嚼すれば，同じ意味合いを念頭に置いていた可能性が高いと思われるが，様式を文化の問題に一元的に結び付けようとする戦略的思考があったと考える。型式学を思考する山内と，型式論を標榜する中谷との決定的な方法論の違いである。

つまり，中谷治宇二郎は細分された型式に存在する型の集合群が様式を決定すると考え，彼が具体的に注口土器の型式を分類した形態，文様の観察によって抽象化された型（の総体）が，逆説的に文化としての意味を持つ注口土器の様式だということになる。だから，彼は概念としての様式は示しても時空的要素ないし単位としての具体的な様式内容は明らかにしなかった。それは，何よりも彼自身に型式の中にある型とその群としての様式の体現が熟成の途上にあったからだと考える。その決定的な要因が，発掘による実証性を重んじる山内清男と年代軸に対する訓練の希薄な机上論的な中谷治宇二郎の体質によるはずである。

問題なのは，中谷治宇二郎の四つの型式が山内清男の型式とは全く異なるものであり，さらには概念として最も低位にあるはずの様式が土器様式として注口土器の様式と表現されていることである。このように，中谷治宇二郎の様式は，概念としての様式と注口土器の分類上の様式という二つの意味で用いられているのである。それは，彼の様式が文化を理解するためのものであったからである。同時に，層位的調査研究の重要性を標榜しながら年代差とした四つの型式序列に山内清男が指摘したような矛盾が露呈したことである。理論派と実践派との違いばかりか，これは致命的なことなので中谷の様式論は成就しないまま頓挫した。中谷治宇二郎と山内清男に共通

する唯物論的分類は，実は型式学に対する考え方の違いによるロン・パリ的思考と言えるほど研究目的が違っているのである。

いずれにしても，中谷治宇二郎の業績として，遺物を形式，型式，様式の順に分類してゆく方法とその考え方を示し，様式なる用語を導入し文化を止揚する概念としての様式を位置づけたことのほかに，多少表象的な点は否めないが，初めて土器様式なる用語を創出し注ぎ口を有する土器の特質的かつ斉一性のある文化的な総称概念として注口土器の様式を具象と抽象の概念で一体化しようとしたことを評価したい。

現在において，筆者もまた全国の注口土器を集成して数多を通観すれば，その概念としての注口土器（の土器様式）という考え方には共感するものがある。爾来80年経った中谷以後の注口土器研究のあり方として中谷の古典的な研究の延長線上の集成をさらに図り，注口土器の持つ文化を理解する意味で注口土器の様式を再構築したいと考えるのである。

(2) 注口土器様式概念の再構築

中谷治宇二郎が注口土器の様式を通して示した問題意識と方法論は，背景にある生活や社会構造の文化の実態を反映した様式論として分析し観察することによって再構築されてよい課題である。しかし，この問題は未確定な様式論として純粋に型式学として行なわなければ議論が散漫になってしまう。換言すれば，純粋に形態学か型式編年学か，あるいは歴史的文化論か編年論かの問題に分けて止揚しなければ一向に議論が交わらないことになる。中谷治宇二郎が志向した形式，型式，様式は，多分に文化論を指向した形態学上の概念であったはずである。

したがって，中谷が注口土器を文化史上の概念として縄文土器の中の陸奥式土器（現在の東北地方晩期の亀ヶ岡式を指す）などと同じ意味を持つ，一つの様式だとも述べたのは，広域な分布を示し伝統的に継続する特質的で斉一性のある注口部を持つ特徴的な土器の型の纏まり（群）を様式と認識すれば形態学の観点に立った歴史的文化論を指向するものとして許容できる。しかし，筆者は注口土器の土器様式を再構築するためには，上の観点から中谷治宇二郎の具体的な48の類と群なる個々の様式を年代軸に対して厳格な山内清男が言う型式学に基づいて首肯することはできない。

実際，その様式は型式を細分したものではなく，その型式とはA～D型式でもなくA～D型の4つの形態に分類された型で，本来は4つの型から成る注口土器の様式と言うべきものである。では，4つの型はどういう意味を持っているのだろうか。例えば，それは土瓶形など従来の形態分類をA～D型に置き換えた形態分類に過ぎないのである。実際，中谷のA型などは山内清男の型式に対応するものではないが，山内が指摘したとおりA型は堀之内式という細別型式に概ね相当する。型式を分類した型とその群つまり様式は48群に分けられていて，例えば堀之内式を細別した堀之内1，2式などと解釈することもできない。型とその群の内容を様式だと言うのであれば，様式として48群を再編成した類型を明らかにするなら一面中谷の様式と山内の型式を近似な関係に求めることができない訳でないが，結果論として様式の考え方（概念）は示しても個別な単位としての年代軸の様式は示すことができなかった。その背景に，事実上の中谷と山

内の型式観が違っていたことがある。考古学が目標とする歴史，文化を考えるための手段つまり方法論に相当な乖離があり，事実上 48 群の様式の内実は土器の個体別の分類に過ぎず，型式を年代軸に沿った形で分類したものではなかったのである。

　だから，中谷治宇二郎の形式，型式，様式の概念は，本来遺物の形態上の分類法であって時空単位とその編年的な機軸を意味するものでないということである。したがって，今となっては山内の型式と細分型式が普遍化しているので，そこに中谷の型式を分類するという意味での様式を挟む余地はない。

　実際，中谷が様式概念を体現するために仔細に観察した器形，文様の分類と相互の関係の内容が，山内清男（1929）の言うとおり編年的な視点に弱点があったし，その批判は地域差と年代差を明確にした上で土器形式（型式）の内容を正しく識別する形式（型式）学を確立せよと述べたものなので，山内の指摘を真摯に受け止めなければならない。そういう意味で，注口土器の様式の体系を自分なりの観点で整理し直して再構築する必要があると考えている。積極的に言えば，形態学上の様式を編年学上の階梯に応用できないかという問題である。

　本書の分析と叙述構成が，形態学を重視した上で形態学→型式学→編年論そしてやがて文化論に止揚することを模索している理由は，そういうサイレント・イメージによる。21 世紀の現段階に，往時の「ひだびと論争」のレベルに止まっては学史を止揚したことにならないからである。しかしながら，拙速主義であってはならないことも肝に銘じなければならない。

　日本考古学におけるタイポロジーとして，型式，形式，様式の概念，つまり形式（学）とは何か，型式（学）とは，様式（学）とは何かという基本問題に日本に一定の辞書めいた定義がないとか，学者間に齟齬があるのは重大な問題である。仮に上の三用語を認定した上で，形式―型式―様式の階梯順序が高位から低位に位置づけられることの是非を問題にすれば，一つには現実に我々が用いている山内清男の地域と年代上の最小単位とする型式観を正当なものと仮説して，それを細分した形で様式が認定できるかという現実的な問題が生じる。勿論，山内清男の言う型式は往時には加曽利 B 式も細別型式というものであったが，それが細細分されて今では山内清男の型式は究極に細分されたものとしての加曽利 B1 式などである。型式の大別と細別とは，細分される大別型式も型式，細分された型式も型式だとすれば型式を細別するという意味で辻褄が合うかに見えるが，それよりも年代観を機軸にして大別を様式，細分されたものを型式とする考え方を採用すれば，様式は型式を包括するものであると考えることができる。このように様式概念を再構築すれば，山内清男の型式との整合性にも矛盾せず，中谷治宇二郎の様式をも生かすことができると考えるものである。

　次に，究極に細別された最小単位の型式は，言葉通りではこれ以上分類できないはずのものとなるが，事実上の型式は複数の要素から成り，型，類，段階とか，時には 1a 式などのように細かく類別されることが多い。だから，究極とか不動の絶対的な型式は存在せず，研究の進展によって変動するものである。

　同じように型式より低位な概念が中谷治宇二郎の言う様式であったはずだが，小林行雄（1933）の好評を得たとしてもそれは誉め殺しの類で，現実にこれに様式概念を与える考古学者

は小林行雄を含めて皆無なのでコンセンサスが得られなかった。その理由に，小林行雄は型式分類と文化的環境による様式分類を混同して捉えていることを指摘している。その上で，小林行雄は弥生土器の編年研究において結果的に山内清男の型式概念に近い意味の様式（概念）論を展開した。両者において普遍的な遺物の分類法には決定的な違いがなく，問題は型式学として地域と年代の最小単位（まとまり）を様式とするか型式とするかの違いであって，縄文土器の編年研究においてそれを山内清男の型式とする以上，様式の用語を用いるのであればそれに年代観を与えて再構築した上でその型式と違う内容の概念を与えなければならないのである。よって，形態学と型式学を合体した方法によって充実した編年論を再構築するために，形式―様式―型式の階梯に順位を替え，さらに中谷治宇二郎が指摘したもう一方の文化的意味合いを持つ文化論的な内容として年代軸上の様式は型式の高位にあって複数の型式を包括するものであると定義することによって，様式を再構築することができるのではないかと考えるものである。

　なお，形態学上の分類による形式については生物学の種の如くと述べる一方で土器形式とも言い，遺物分類表（中谷治宇二郎1929，1943の179頁）によると土器を「目」の事項に置き，「種」に当たる事項に注口形を置くという矛盾が見られるので，これも再編成して「目」に相当するものを形式，「種」に当たるものを形態学に重きを置いた様式とすれば矛盾を解消できる。しかし，その合理性もまた机上論に過ぎないので，形式概念の問題は，これもその捉え方において学史的に問題があるが，あくまでも形態学として有効でも編年学としては利用できないし，それは極めて抽象的な概念である。何故なら，編年論そして型式論の実際は，須らく山内清男の型式学の考えに基づかなければならないと考えるからである。

2　注口土器の概念

(1)　注口土器の器形分類

　型式学の基本は，形態学である。形態学は，土器の形態と機能の関連性を重んじる方法だが，文様と器形との関連を考える山内清男（1964）の文様帯系統論によって形而上に論じることができるようになった。形態と機能を関連させる形態学は定義上の概念に過ぎず，実際上の用途論とは別次元のものである。だから，形態学と用途論の連動性は根本的には関連するとしてももはや古典的な解釈でしかない。形態学の本質は形態つまり器形の分類学であり，器形部位の構造的総合体が（土器の）形態である。

　縄文土器の形態すなわち器形，器種は，鉢形と壺形を基本とする。同じく，注口土器のベースに鉢形と壺形がある。これらは既存の器形に注口部が付くものである。さらに鉢形と壺形の中間的なもの，あるいはどちらにも属さない独自な器形があることに着目して，その器形系統の体系を明らかにした（鈴木克彦1997）。注口土器の類型とその出自には，年代と地域による違いがある。注口土器の器形と文様は，時には一系統として地域の古い伝統の上に改良を重ねて変化発展する場合もあれば，地域間の交流によって他地域の特徴を取り入れて複合的に変化発展する場合もある。形態学的に連続性，断続性，複合性を持ちながら系統的に発展する注口土器の類型の単

位基準として注口土器を鉢形系統と壺形系統に分類することは，この理に沿ったものである。すべての注口土器あるいは複合的な要素を持つ注口土器を，この二つの類型基準に択一することはできない訳でないが，複合性をあえて分断するよりはその系譜を明確に把握した上でその独自性に着目して，それを独自な器形と考えた方が適切ではないかと考えるのである。

この独自な器形には，注口土器と同じ器形の他の土器が存在するものと，他の土器に見られない注口土器だけに作られている器形が存在するのである。つまり，前者は注口部を持たない他の既存器形が存在するもの，後者は注口部を持たない既存器形が存在しないものである。このように，注口土器を分類する上で，注口土器のベースとなっている器形を把握することと，ほかに注口土器と同じ器形に注口部の有無を確認することが必要である。

したがって，注口土器は，先の第1表を踏まえて再構築すると，器形分類によって鉢形（A形）と壺形（B形）を基本に，両者の中間的な注口土器だけに見られる独自な器形（AB形）の三つの器形系統に大別される（第2表）。

第2表　注口土器の器形系統分類
A形：鉢形系統の注口土器
B形：壺形系統の注口土器
AB形：鉢・壺形系統の独自な器形の注口土器

これらの器形および器形系統は，時間軸に沿って相互に係わりあいを持ちながら全体として生物進化の系統樹に似た変遷の下に変化しており，その総体が注口土器様式の体系（第2表，第7図）である。

鉢形（A形）系統は，深鉢形，鉢形，浅鉢形土器に注口部を付けたものである。いわば，日常的な既存の器形に注口部を付した土器で，草創期から存在し注口土器としては最も古い形態である。これには，地域と年代によって注口部の位置，形状など様々あるが，主に器形形状によって時期差がある。深鉢形に注口部が付く注口土器は，草創期から前期まで断続的に続き，急激に多くなる前期関山式の片口・注口土器では深鉢形一色の感がするが，稀に鉢形がある。その後，概ね中期後葉まで最も多く採用される器形である。その代表的なものが，中期末から後期初頭の東北地方中部における門前型注口土器である。後期以後は，鉢形系統は主従が逆転し少なくなり，一時期関東地方では後期前葉の称名寺式土器と後葉から晩期前葉の安行式土器に見られる。浅鉢形の注口土器は前期など東北地方に見られるが，北海道では後期の一時期に僅少ながらあり，大洞A式平行期（タンネトウL式）に多い。こういった深鉢形，鉢形，浅鉢形土器の分類は，法量によるとしても多分に相対的なものである。

壺形（B形）系統は，壺形土器に注口部を付けたものである。同じく既存の器形に注口部を付した土器で，その出自は中期と比較的新しい。これにも地域と年代によって注口部の位置，形状など様々あり，特に後期後半期において北海道，東北地方の北日本に多量に出土する。北日本の晩期には，少数ながら存在する。

このように，縄文土器の器形は基本的に鉢形土器と壺形土器に二大別される。鉢形は，一般に

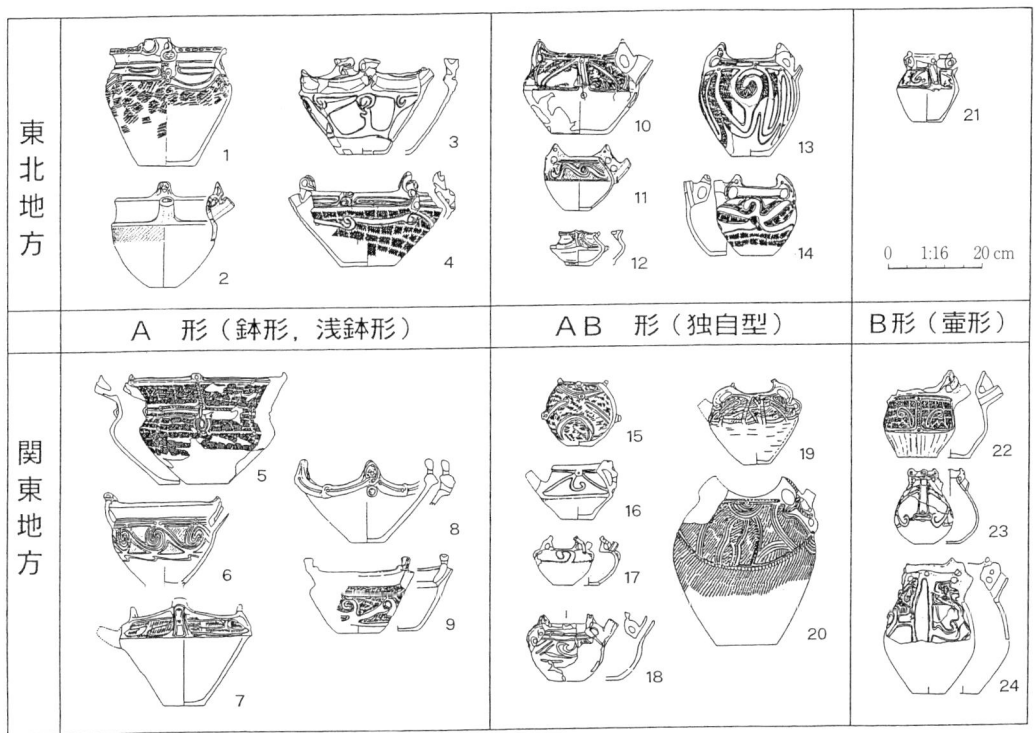

第7図　注口土器の器形系統分類

深鉢形，鉢形，浅鉢形土器に分類され，甕形土器と言う場合もあるが，台付土器，皿形土器を含めて縄文時代に通底する形態である。壺形土器も広口，長頸壺など数種に分類される。容器として煮沸，貯蔵など日常的な普遍性の強い土器として，最も出土量が多い。これらを第一系統の土器（Ⅰ系統土器）とすることができる。

これに対して，非日常的な例えば注口土器を含めて片口土器，香炉形土器などの供献の土器とも言ういわば特殊な土器とされるものを第二系統（Ⅱ系統土器）と機械的に区分することができる。

年代が下って土器の器形が複雑になると，Ⅰ系統土器に中間的な土器が作られるようになる。それは，主に壺のような鉢形（壺鉢形），鉢のような壺形（鉢壺形）という器形である。これらが，縄文土器の基本構造である（鈴木克彦1995，1996b）。同じようなバリューションはⅡ系統土器にも起こる。時には注口土器に片口土器や香炉形土器が合体したキメラのような異形同型もあるが，Ⅰ系統土器と同様にⅡ系統土器の注口土器にも壺のような鉢形，鉢のような壺形という中間的な器形が多く見られるのである。

それが，AB形：鉢壺形系統の中間的な独自の器形の注口土器である。壺のような鉢形つまり壺鉢形とは，鉢形に壺形の要素が影響した器形，鉢のような壺形つまり鉢壺形とはその逆の器形を指す。これらは，どちらにしろ鉢形か壺形としてベースとなる器形分類を択一できるが，それができないいわば系譜を追求できかねる器形もある。諸要素が影響，合体して中間的であるよりも全く新たな器形を生む場合もある。そういった解釈には見解の相違を来たしかねず煩雑なので，

AB形としてA形とB形の中間的な器形という意味で独自な器形とする。これらを，形容詞を付して鉢壺形（AB-1形）と鉢壺形（AB-2形）とすることもできる。

後期の堀之内式，加曽利B1式土器，宝ヶ峯式土器，晩期の亀ヶ岡式土器に見られる独自な器形の注口土器もその一種である。それらは，厳密に言えば壺形土器を基調にしている。しかし，A形，B形には注口部を持たない土器があるが，このAB形には原則として注口部を持たない同じ器形の土器は存在しないのである。

A形，B形，AB形は，主客はあっても共伴関係にあることが多い。その象徴的なものが関東地方の称名寺式，堀之内式土器で，是非はともかく池谷信之（1990）の綱取・堀之内型もその類である。また，AB形は論者によって齟齬が生じやすいだろうから図示する必要がある（第7図）。

(2) 注口土器の分類と類型

注口土器は，注口部，把手，口頸部，体部などの部位の有機的な組み合わせの構造体として成り立っている。その器形構造を支える言わば機械の部品に準えることができる部位すなわち名所（などころ）は，土器の部分（位）名称つまり部所のことである（高橋健自1913）。最近，今では聞き馴れない古典的なこの用語を取り上げた事典『日本土器事典』雄山閣出版，1996，1008頁）が刊行されたので参考になる。注口土器の名所を明確にし，器形と把手，器形と文様の関係を観察したのも中谷治宇二郎（1927a，第6図右）である。また，関東地方の後期前葉の注口土器に対して，山内清男（1939，1940）が把手と注口部の関係を型式分類の指標にした。把手にしろ施文，文様にしろ，一定の法則の下に行なわれているので，関東地方では同時期の注口土器に対して体部の形態を分類して段階的な変遷を捉えたり（池谷信之1990，西田泰民1992），詳細な部位形状の分類観察が行なわれている（鈴木徳雄1992，秋田かな子1994）。秋田かな子は，堀之内2式の注口土器を無頸と有頸に分類し，同時期に二つの形態が存在することを指摘した。亀ヶ岡式の注口土器（第8図）にも無頸と有頸，あるいは有頸1段と2段に分類される同型異形状つまり同型異類がある。いずれもAB形だが，この「異なる形一類」の系統的な総体を「類型＝型」とし，類型を構成する単位を「形一類」とする。

例えば，堀之内式土器には，A形，B形，AB形が共伴関係にある。堀之内式の注口土器の主体や特徴がAB形にあるなら，それを堀之内型と印象的，象徴的に呼ぶ。そして，A形，B形，AB形を総称する場合は，堀之内式（土器）の注口土器である。また，亀ヶ岡式土器のAB形は亀ヶ岡型注口土器だが，その総称である。

第3表　注口土器の様式構造

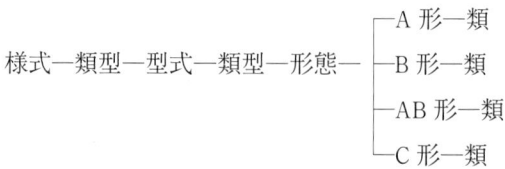

その連続的な，時には不連続的な枠組みの範囲，構造を規定する方法（第3表）が必要である。

つまり，類型は，そこに個性的であると同時に共通的であるという実態としての特殊性と斉一性のある分類上の座標である。山内清男の型式との関係で言えば，基本的に型式を構成する各種形態に見られる特徴的な器形上の単位であり特徴である。その類型は，器形と文様の様々な要素と相互関係によって構成され細分類されるが，大枠としては一つの器形に一つの文様モチーフと2～3前後の文様要素から構成される。恐らく，全国には数多な類型が存在すると予測されるので，類型の分類問題にはコンセンサスが必要である。

　本来は形態と文様の一方のみを重視することは片手落ちで，文様（の系統性）を考慮することによっても連続（不連続）的な枠組みの範囲を規定できるとすれば，それを「類型」と見なすことができる（中谷治宇二郎1936の言う形式分類の定型＝器形と文様の相関関係）。それは，中谷（1927a）による「或る器形に或る一定の文様を施す特殊形」の定型の概念として，安定した時間と空間の座標を保有する個性的かつ斉一性のある系統性が認められるものに与えられるべきである。中谷の言葉を借りるなら，定型と言った方がわかりやすいかもしれない。

　この類型と，山内清男の型式の関係について言及しておかなければならない。それは，第3表のとおり型式を構成する，時には型式を包括する高位の概念でもある。例えば，宝ヶ峯型注口土器という類型は，東北地方中部の宝ヶ峯式土器を盛行期として宮戸2a式から宝ヶ峯式を経て宮戸2b式土器まで継続する（鈴木克彦2003a）。その場合，主体となる宝ヶ峯型注口土器の器形と文様を系統的に踏襲しているなら，厳密にはその注口土器は宮戸2a式の宝ヶ峯型だが，その総体が様式としての宝ヶ峯型注口土器なのである。そして，この宝ヶ峯型注口土器には，それ以外の注口土器が共伴する。だから，宝ヶ峯式土器の注口土器は宝ヶ峯型注口土器だけで構成されるものではないし，宝ヶ峯式土器の注口土器と言えば丸底で極度に研磨された浮き彫り手法の文様を施す宝ヶ峯型注口土器以外に磨消縄文を施した注口土器も含まれるのである。そういう類型が，年代と地域によって出自，発達，消失の運命を繰り返し，やがて別な類型が時には連続的，時には断続的に形成されている訳である。

3　注口土器の器形系統と分類

(1)　器形系統論

　注口土器を，鉢形（A形）と壺形（B形），さらに中間形な要素を持つ同じ器形が存在しない独自なAB形に分けた。縄文時代全体では，中期までのA形主体の前半期，後期以後のB形主体の後半期というようにベースに採用される大枠の器形系統が存在する。これに対し，AB形はどの時期にも認められるという訳ではなく，地域，時期が限定されるが，もちろん空想的に作られたものでないのでA形とB形の器形をベースにする。

　したがって，注口土器の型式学的研究は，独自な形として形成されたAB形の出自成長の軌跡を追う器形系統論に比重が置かれる。

　AB形注口土器の成立について，特に関東地方の所謂土瓶形に対して東北地方に由来を求める所見が池谷信之以来関東地方の考古学者に一般的に採用されている。この問題についての考察は，

地域間の型式編年が対等に確立していなければならないが，所謂土瓶形注口土器について池谷信之（1990）は綱取・堀之内型とし，西田泰民（1992）は関東地方の堀之内式，加曽利B式の注口土器の間が断絶していると捉えている。

池谷の場合は，綱取式，堀之内式の注口土器という意味だが，浅鉢形の体部が球形になって独自な器形を取るようになると述べている。しかし，鉢形から壺形にそのまま変化することは器形系統の立場から認められず，鉢形および瓢箪形の影響を受けて成立するという考え（鈴木徳雄 1992）も同様である。いずれも，東北地方からの影響によって成立したとする点で共通する。東北地方の当該注口土器が関東地方の代表的な注口土器を生むという重要な問題が投ぜられたにも係わらず，東北地方からの発言が見られないのは遺憾だが，それはともかくまず所謂土瓶形を堀之内型のAB形と加曽利B1式（椎塚型）のB形ないしAB形に分けて考え，AB形からB形に変化する要因の有無を確かめることや堀之内式のB形やAB形を詳細に観察することが先決であり，それが無理なら東北地方との関連性を考えるべきである。実際は，堀之内式のB形やAB形に球形体部に移行する要素があると考える。鉢形は鉢形系統として，壺形は壺形系統として一系統に変化することが定石だからである。鉢形が壺形に豹変するものではなく，鉢形系統と壺形系統の合体を器形系統の変遷として明確にした上で立論する必要がある。

器形系統を別にする鉢形が壺形に，壺形が鉢形の系統に生まれ変わることは理論上ありえないが，相互の要素を取り入れて独自な器形に変化することはあり得るであろう。仮に異なる器形系統の類型が同時に存在したとしても，二つの類型の比較だけで系統変化が捉えられる訳ではなく，他の器形の存在にも留意するべきで，それが集成の大事さを教えてくれる。少なくとも資料が豊穣な東北地方には，池谷とは違った形で堀之内型と同じ器形の注口土器は鈴木徳雄が指摘したように古く（中期）から存在している。こういった詳細観察は，器形形状に限らず鈴木徳雄らが観察した把手についても言える。横形橋状把手についてはまだ確定的なことは言えないが，所謂土瓶形に特徴的な注口部の直上に縦に付く把手や大形で装飾的な口縁部把手もまた東北地方の中期の注口土器に見られるものである。独自な器形の注口土器は，そういう東北地方中部から関東地方にかけて後期前葉から中葉に文化として形成されているものである。

以後，注口土器は宝ヶ峯型注口土器を契機に概ね十腰内3式以後に壺形系統として北日本一帯に発展し，やがて晩期の亀ヶ岡式の注口土器一色になる。大局的には十腰内3式以後の晩期までの壺形系統と晩期の亀ヶ岡式特有の亀ヶ岡型は，宝ヶ峯型注口土器をベースに壺形を系譜にして成立している。

（2） 様式としての器形分類の必要性

注口土器が数量的にも特別な存在であることは，認められる。その存在感は，製作，施文，形，文様，あるいは朱彩などによる美しさにあるだろうが，機能性を超えた無用な装飾性の投影にこそ認められる。関東地方には注口土器だけに施文される文様があるらしく，装飾的な特定の文様が好んで用いられることが多く，注口土器が精製土器の中の代表的な土器とされる所以である。

後期の注口土器に共通して存在する器形上の特徴は，左右または表裏に付く口縁部把手，無頸

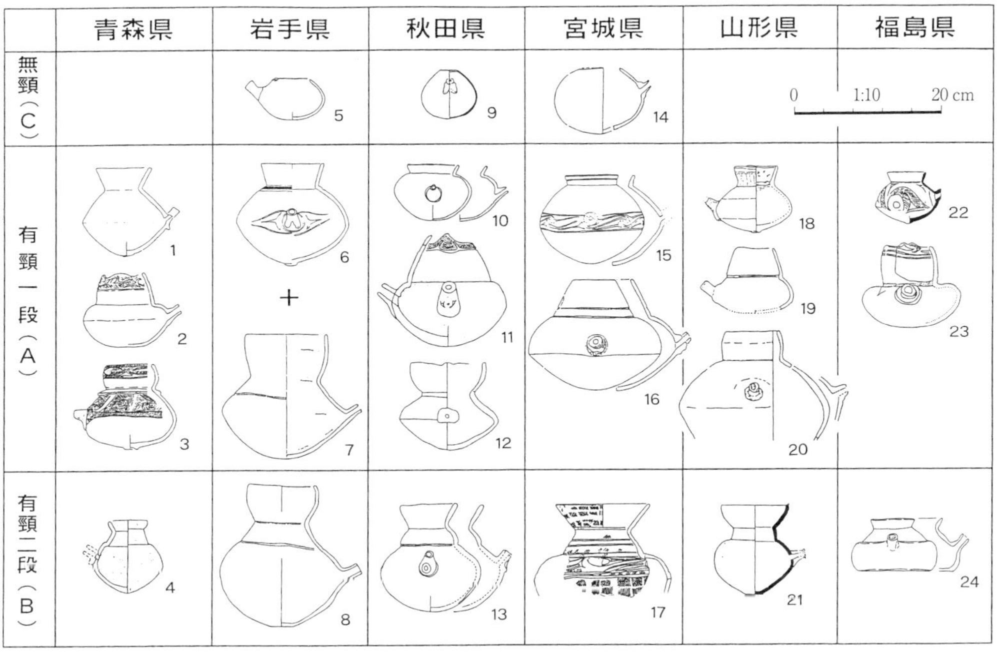

	青森県	岩手県	秋田県	宮城県	山形県	福島県
無頸（C）		5	9	14	0　　1:10　　20cm	
有頸一段（A）	1, 2, 3	6, ＋, 7	10, 11, 12	15, 16	18, 19, 20	22, 23
有頸二段（B）	4	8	13	17	21	24

第8図　亀ヶ岡式初期注口土器の器形分類

	A1類	A2類	B2類	B1類	C類
大洞BC式	1			9	
大洞C1式			4	10	11
大洞C2式		2, 3	5, 6		12, 13
大洞A式			7		14
大洞A′式			8	0　1:10　20cm	15

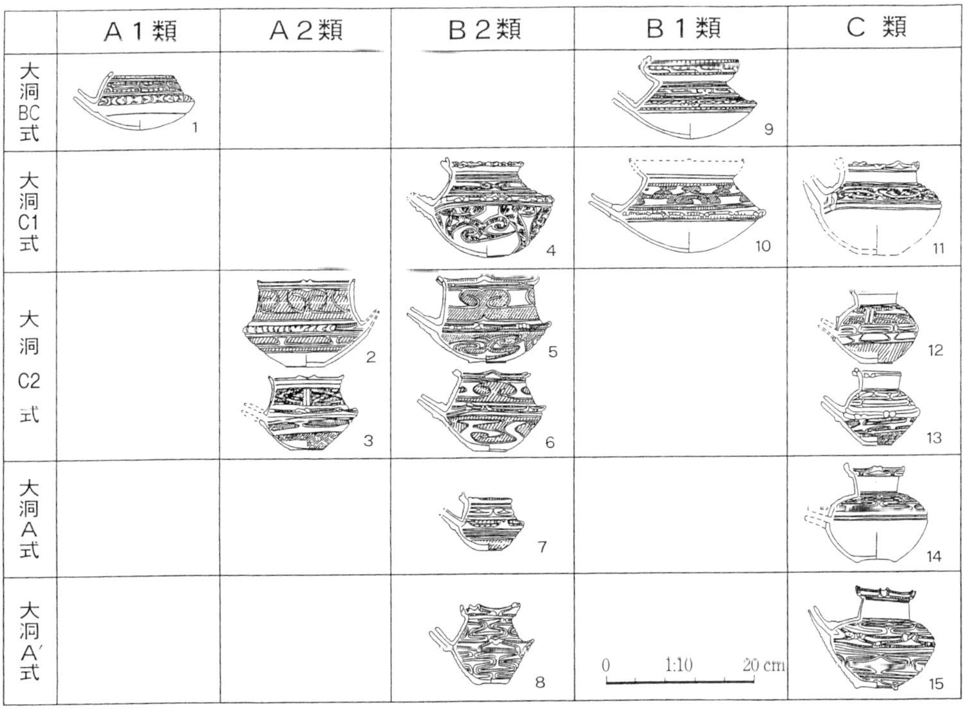

第9図　亀ヶ岡式後半期注口土器の器形分類

と有頸が対になっていることである。それ自体に機能性がなくとも，「対にする」とか細部な形状変化や装飾的な把手に見られるきめ細かい思惟を投影させる背景に深鉢形の波状縁のように縄文土器の製作上の美意識が働いていたことに相違ない。しかし，それを分類のための分類に終わ

らせず，何かもっと深い理由があるのではないかと考えて見なければならない。問題は，注口土器を信仰，儀礼の器と仮説し，そのことを形式学的にいかに論証するかということである。

　晩期の亀ヶ岡式の注口土器（第 8, 9 図）は，美しさ，機能性を超えた装飾性に代表され，沈線文で単位区画文を施文して文様帯を明瞭に区分した上で入組曲線文を施文するものから，中央部の隆起装飾帯によって体部を上下に区画して磨消縄文による文様モチーフを施文するものに推移する。中谷は相互を対立的に見て，山内清男は年代差だと指摘した。藤村東男 (1972, 1988) は，断面形状により口頸部が内傾する A 型（類），外反する B 型（類）の独自な器形と壺形の C 型（類）に分類した。その並立的器形を，機械的に細かく分類してみた（第 9 図）。その関係が，大洞 C1 式以後崩れて B 類が主体になることは岩手県北上市九年橋遺跡の注口土器を通して藤村東男 (1988) によって捉えられている。それは，第 9 図 10 が第 9 図 4〜8 に推移変遷するという考え方に立っている。しかしながら，口辺部形状を細かく分類すると第 9 図のように B 1 類と B 2 類に分けて捉えることもでき，B 2 類の器形が大洞 C1 式の段階で新たに萌芽していると捉えることもできるのである。器形系統の体系的な連続性を大局的に捉えた上で，不連続性をいかに類別するかによってその土器の器形系統の変化あるいは変革を捉えることができる訳である。いずれにしても，こういった藤村による亀ヶ岡式注口土器の器形形状の違いとそれが対になって存在することの指摘は，器形分類の大事さを教えている。

　第 8 図は，第 9 図よりも古い時期の亀ヶ岡式注口土器で大洞 B 式というよりも B1 式土器である。一般的には，B1 式と B2 式よりは B2 式と BC 式の注口土器の間に器形系統の連続性があり，第 8 図の B1 式は後期末との関連性が強い。したがって，藤村分類の A，B 類で捉える前にまず有頸と無頸に分類し，有頸を A と B に細分した。常識的には有頸 A が A 類に有頸 B が B 類に発展すると見てよいが，問題は有頸 A に藤村分類の捉え方である内傾，外傾の口辺部が見受けられることである。さらに，それ以上の問題は亀ヶ岡式注口土器のノーマルな形態に対する頸部というものの認定の仕方にある。それに関連して山内清男 (1964) の文様帯系統論のⅡa, Ⅱb 文様帯との問題があり，今後の課題としてそういう形態分類学や器形系統論にまだ曖昧さがあるという問題点を指摘したい。

第 3 章　注口土器の研究史

1　江戸，明治，大正時代──中谷治宇二郎の研究以前──

　江戸時代末期に，注口土器の絵が描かれたものがいくつかある。菅江真澄の『新古祝甕品類之図』（文政 3 年）に現在の岩手県一戸町出土などの注口土器，山崎美成の『耽奇漫録』（文政 7 年）に青森県亀ヶ岡遺跡出土の注口土器が彩色毛筆画で，比良野貞彦の『奥民図彙』（寛政元年頃），松浦武四郎の『十勝日誌』（文久元年）にも注口土器が描かれている。

　明治時代初期にも，山形県の松森胤保の『弄石餘談』に岩手県一戸出土の環状注口土器，蓑虫山人が青森県亀ヶ岡遺跡などから出土した注口土器の挿絵がある。いずれも，研究というレベルではなく珍しい土器として描かれたものである。

　考古学的に注口土器が注目されるのは，日本における考古学の祖と称えられるモースの段階に遡る。注口土器の事実上の研究は，この大森貝塚の土器の説明に開始するとも言える。大森貝塚で日本最初の考古学的発掘を行なったモースは，その報告書『大森介墟古物編』の中で土器を用途により分類し，「水入れに用いた類のすぼまった土器」として図版 10 の解説文で注口土器の注口部を注ぎ口と解説した（モース 1879，近藤義郎ほか 1983）。その図の 5 について「この土器は，

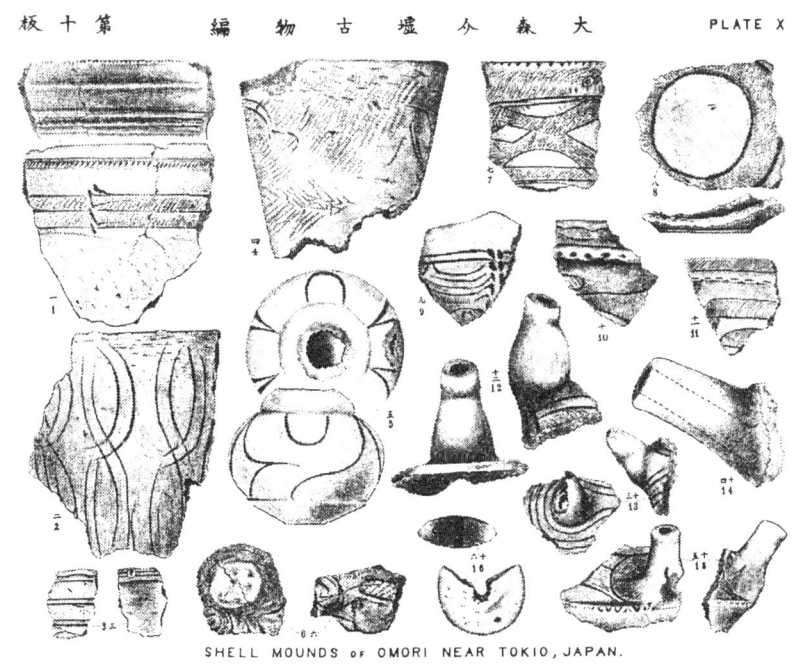

第 10 図　モースの大森貝塚出土の注口土器（モース 1879）

大森貝塚発見の他のどの土器にも似ていないから、多分、時期の違うものだろう。」と記載された類例が、実は筆者が命名した宝ヶ峯型注口土器であり、「他のどの土器にも似ていない」とした識見に驚く。また、モースの名著である『JAPAN DAY BY DAY』(『日本その日その日』1939)には注口土器について「横脇にある穴はここから内容を注ぎ出したか、或いはここに管をさし込んで内容を吸ひ出したかを示している。」と記して用途を推測している。

その後、当該土器の類例がいくつか発見され、亀ヶ岡遺跡を始めとする東北地方などの各地の類例が相次いで紹介された。それらを見ると、土瓶形、急須形の名称が用いられ、「把手なき急須の如し」(佐藤重紀1889)とか「急須形の貝塚土器」(若林勝邦1890)と表記されている(中沢澄男1898、川角寅吉1898)。また、大野延太郎(1899)が石器時代の土瓶と呼び、図示された2個の類例は急須形式と土瓶というように記述されている。その類例は急須形の場合は現在の晩期の注口土器、土瓶形の場合は後期の注口土器である。逐一参考文献を網羅しないが、当時は土器に対する研究は形態や文様のみならず非常に盛んで、活発に議論されている。注口土器に性表現の宗教思想を見る視点もその一例である(谷川磐雄1923)。また、杉山寿栄男の『原始文様集』(1923)は、類例の集成図として位置づけることもできよう。

こういった発見事例や名称のほかに、坪井正五郎(1893)が興味深い研究を試みている。扱った資料は土瓶形の注口土器で、その注口部について横口と呼び、横口に2種があり(筆者注、所謂注口土器と片口形)、これが土器80個につき1個の割合で出土し、17個の集成と茨城県から静岡県までの分布を観察し、さらにこの横口(注口部)の角度が50〜70度になることを述べている。また、坪井正五郎(1891)は、その使い方について盃の如くに用いた物で飲料を口中に注ぎ込んだのであろう、と記している。八木奘三郎(1902)は注口土器を土壜として図示し今日の茶器と同じ形式のもの、高橋健自(1913)は醬油注しのようなものだが醬油注形土器では不適当なので急須形土器と呼んでいる、と記している。

このように、明治、大正年間までは注口土器に対して数少ない珍しい形をした土器としての観点と、既述したように土器の分類、用途をその当時の日常用器に準えて考え、名称を与えてきた。こういった観点は現代においても同様だし、学問の発展過程としては当然な成り行きである。しかし、そういっ現状と考古学の体質を批判的に見て、注口土器に対して科学的な思考を取り入れようとしたのが中谷治宇二郎であった。

2　中谷治宇二郎の注口土器の研究

(1)　中谷治宇二郎の注口土器研究

中谷治宇二郎の注口土器研究における業績は、五つの事項に集約されると考える。

一は、注口土器に対する従来の慣習的な名称を、機械的に四つの型に大別して改めたことである。

二は、それぞれの注口土器を器形と文様に類別し、進化的に変遷する諸要素の数量的な相関関係を把握することによってその注口土器の主体的な器形と文様を「定型遺物」として捉えるなど

の当時としては科学的な方法論を開示したことである。

　三は，そういう注口土器の研究において，形式―型式―様式というタイポロジー上の用語を三段階に分けて考え，それぞれの概念を明らかにしたことである。

　四は，注口土器あるいは土偶など複数遺物の主体的な分布圏を重ねて捉え，それを文化圏と命名したことである。今では常識的な分布圏，文化圏の問題を，人文地理学的に整理したのである。

　五は，浜田耕作以来の全国広域な地名表，実測図作成という考古学の古典的な手法を，集成というかたちで注口土器の研究を通して実践したことである。その背景には驚くばかりに短期間に集成した基礎カードの作成があり，東京大学総合研究博物館に寄託されている。

　そして，それらの研究に内因するサイレント・キーワードは，批判的，科学的精神による方法論である。

　中谷治宇二郎（1926）が，大正14年末に初めて注口土器について口頭発表した論文が『人類学雑誌』41―5に掲載された「注口土器の分布に就いて」である。その中で，中谷の調査した類例は317点，しかも欠損品を除いているのでその数は500に近いものと推察される。その分布は全国にわたる。広い分布範囲を持ちながらも類例が関東地方と東北地方に多いことを取り上げて，海岸線を有する地帯に分布することを提起した。日本地図に注口土器の出土遺跡の分布図を示し，このような先史地理学的手法をいち早く取り入れ先鞭をつけた功績も高く評価されている（江坂輝彌1972）。また，1遺跡における割合（比率）を概ね零点以下とし，土偶などの比率に類するとした。口頭発表の背景には後年の大著があり，この論考ができていた時にはすでに稿を成していたらしいことはA～D型の注口土器の形態分類にも表われているが，注口土器の分類上のポイントは側面の曲線（断面形）にあることを記している。

　A型が関東地方の東京湾地帯，B型が関東地方，C型，D型が東北地方に多いことを明らかにした上で，分布状況から見て東北日本の沿岸地帯にこの文化の特質があってより新しい器形が東北地方に多いことから，日本の石器時代文化は西南（関東地方東京湾地帯）から東北（地方）に移行したものであろう（北漸論）と結論づけたのである。

　その直後の代表作である1927年の「注口土器ノ分類ト其ノ地理的分布」では，主に関東地方から東北地方の455点の地名表，分布図，実測図が集成されている。その大半が，薄手式（後期），陸奥式（晩期）のものである。

　海外での同類資料との比較も行ない，グローセの影響を受けて土器に施文される文様というものは工芸的なもので海外の類品とは直接的な関係はなく，日本の注口土器は日本独自に発生したものと冷静に観察している。内容としては数量編，形態編から成り，分布状況特に東日本のうち海岸線を有する関東地方（茨城県），東北地方（宮城，岩手，秋田，青森県）に偏っていることを強調して地方的差異を

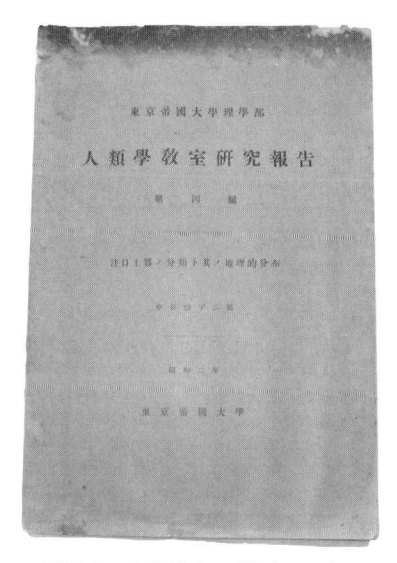

写真1　中谷治宇二郎（1927a）の注口土器古典書

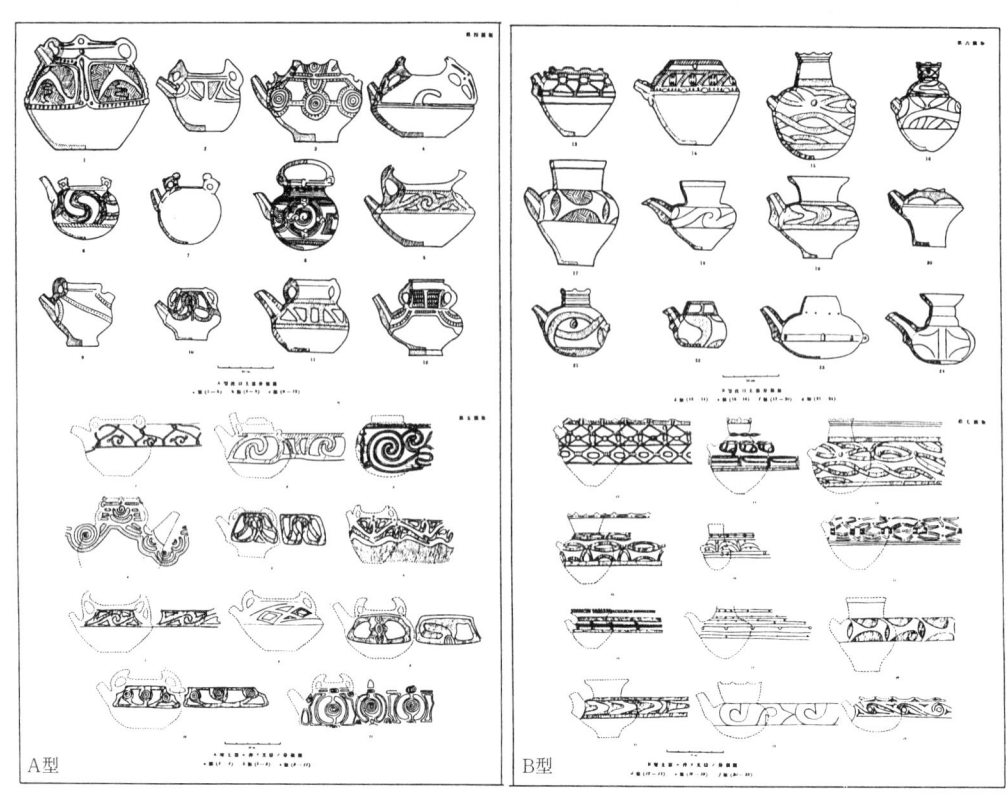

第11図　中谷治宇二郎（1927a）の注口土器類型分類

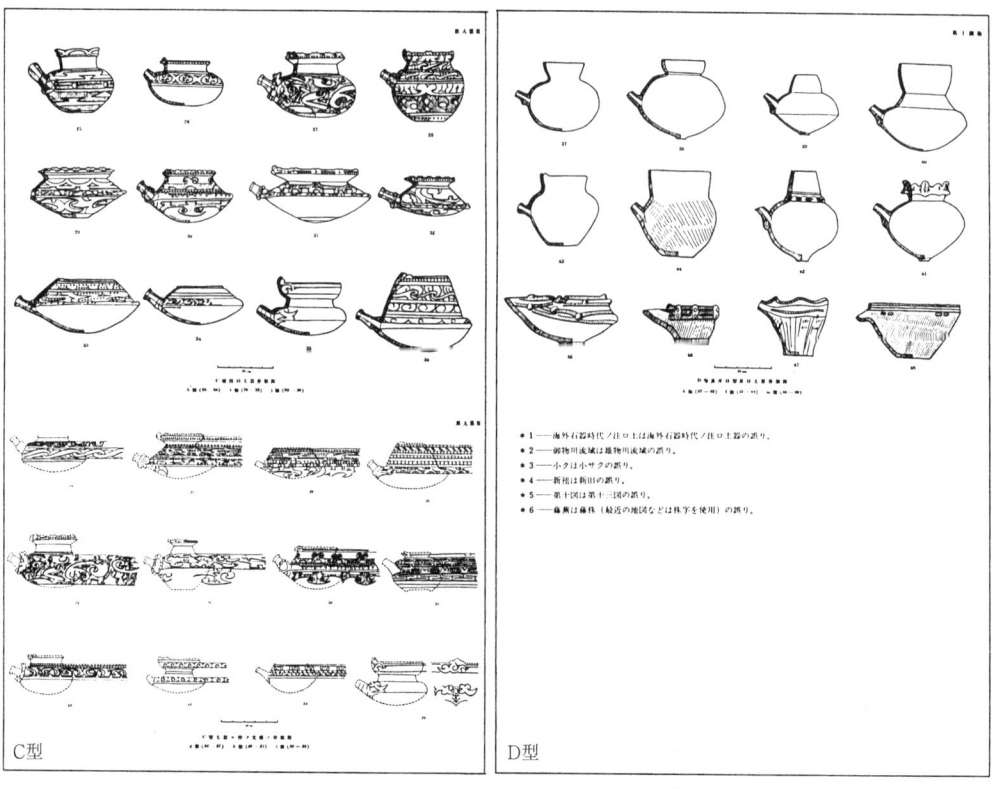

観察し，三つの地方圏と八つの地方区を設定したが，実際の記述には河川流域に沿った分布が見られ，注口土器と海岸線との直接的関係を述べている訳ではない。

　注口土器を形態の上から，A～D型に4分類した（第11図）。つまり，A型は環状の把手を持つもの（把手付き型），B型は土瓶形，C型は急須形，D型は粗型無紋でC型の退化型，他に特異型として片口型，環状型などである。A型は主に東京都，埼玉県，B型は主に茨城県，C型，D型は主に青森県に数量のうえで最も多く分布が集中し，これらのことからA型は東京湾沿岸を中心にした関東地方，B型は霞ケ浦沿岸を中心に青森県に及び，C型は青森，岩手県などの東北地方に限られ，D型はC型に付随することを明らかにした。そのほかに，例えばC型の晩期注口土器の部位名称（名所）について従来の日常用具に準えた当時の一般的な名称の呼び方を批判的に考えその各部位を機械的に分類し（第6図），注口土器に正面があるとか，晩期注口土器の形態が注口部を下方に移行し実用的意義から遠ざかり液体を容れるためには実に不利な器形で注口土器として発達した器形進化の形式と見なすなど，実によく観察している。

　分類学としては，A～D型の大分類の下に器形と文様の共変関係（相関関係）を数量的に捉えて土器の個々を様式の進化したものとして13類48群に分類した。そのうち，A型がa～c類，B型がd～g類，C型がh～j類，D型がk～m類に類別され，概ね進化（変化）の過程を示すものだと考えた。

　この考え方つまり方法論は，まず器形と文様によって四つの型式に分類することを柱にする。その上で，それぞれの器形を3～4に類別し，その器形と文様を観察すると相互に相関関係があることに着目して，器形と文様の関係を数量的に捉えて主体となる土器を浮き彫りにしてゆくものである。例えば，A型の注口土器において，器形をa，b，c，文様を1，2，3に分けた場合，b類の土器には文様2だけが施文され，文様3はa類だけに施文されているので，文様2のb類と文様3のa類がA型注口土器の支配的（主体的）な型式であると見なすことができる，という仮説を示した訳である。換言すれば，ある器形にある文様だけあるいは他の文様よりも多く施文されている文様があれば，その器形と文様がその型の注口土器の主体となる，という方法である。後にそれを「定型遺物」と呼んでいる（中谷治宇二郎1936）。それを数量的に処理して出土量の多寡を捉え，分布の主体地域，特性を明確にすることができる，と考えた。

　器形と文様の関係を点検すると，それぞれの型に支配的（主体的）な器形と文様が存在することがわかり，それを例えばA型の支配的な型式とすることができる，と考えた。そして，それぞれの土器の支配的な型式の分布を追及することによって，その文化的中心（盛行した地域＝中枢）を知ることができると考えたのである。この方法論と主旨は，土器を理解する上で極めて斬新なものであったと思う。

　この考え方と方法論は，後に明らかにした形式─型式─様式という生物学の分類法を応用した遺物の三段階に区分する思考が背景にあった。しかし，中谷の様式あるいは型式というものが編年的研究の八幡一郎や山内清男に代表される型式論とは違った文化概念を強く持つものであった。A～Dの4分類を型とも型式とも言い，a類からm類に細分類した内容が，大枠としては必ずしも年代秩序から大きく外れていないとしても，細かい点でかなり逆転して捉えられていて，今日

の編年からすれば批判的に見られるのがこの辺の事情を物語るのである。

　また，編年的序列よりも形態的分類によって器形と文様の様式の発展の新旧を論じ，その文化的中心を推し量ることは首肯できない。しかも，それがあたかも，石器時代の文化的中心を示すとさえ結論づけてその特異型を高度な文化階梯に進んだ特別な文化環境の下に生まれたものと過大評価している。ただし，多少弁護するなら中谷治宇二郎も後の杉山寿栄男も器形などの前後関係は層位的な実証的発掘によって決するべきことを述べているので，決してそういう観点を持っていなかった訳ではない。

　次いで，中谷治宇二郎は少し間を置いて，『日本新石器文化の一考究』を著わした。副題に分布圏と文化圏とあるように，注口土器と土偶の複数の遺物による複合した分布関係を文化圏と呼び，その意図するところは当時としては斬新的なものであった。しかし，注口土器の形態，文様の分類に編年的な視点を欠くために今日の所謂型式観と違っていてわかりにくいものとなっている。そのために，今日では詳細について問題が多い。

(2) 中谷治宇二郎の研究への批判

　従来まで，主に中谷治宇二郎の業績が，上記の一と三の事項にあると評されることが多い。その一方で，机上論とする向きがない訳でない。その理由は，山内清男（1929）の批判に代表されるように上記一の大別に年代序列の正鵠さを欠き，注口土器などを通した文化の主体と北漸的移動を推定した根拠を疑問視する点，また上記二の解説文章の煩雑さ，そして何よりも上記三の様式概念の未完成さにあろう。最後の点は，早世したために残念ながら止むを得ないとしても，主に名著とされる『日本石器時代提要』（1929a, 1943）に既述された短い文章から様式論に込められた中谷のタイポロジーの全容を理解することの不明さによるであろう。時には，引用文献の取り扱いにもあるかもしれない。しかし，正しくは机上論者というよりも理論派と評すべきである。そして，何よりも当時の学界の巧遅な守旧的態度に対する批判的精神を高く評価しなければならない。

　山内清男は，中谷治宇二郎の研究については批判的に見ていた。それは，当時の山内清男のスタンスからすれば，当然であったと考える。遺跡の発掘，資料調査の活動歴は比較にならないほど山内らの経験とサイレントな研究が先行している。だから，中谷と山内らは学の生い立ちとスタンスが決定的に違っており，耳を傾ける側は学の後輩に当たる中谷にあったはずである。当然，中谷の注口土器A型，B型が自ら設定した堀之内式，加曽利B式，安行式に伴うことがすでに知られていたにも係わらず，恰も今後の層位的発掘に編年的序列を待たなければならないかのような記述に不満を表明し，D型はC型に先行するものでA型，B型，C型，D型の順序の矛盾を指摘するとともに，文様観察に基づく型式の年代的序列を考慮しない方法論（様式論）の矛盾を書評という形で批判した（山内清男1929）。そして，八幡一郎（1928）もまた暗に方法論の違いを表明し，「編年」という中谷の弱点を指摘している。この点は中谷と山内，八幡の意図する考古学的方法論や歴史観の違いにもよるであろうが，中谷の研究の有為性を否定するものではないとしても今日の考古学の型式論（編年論）からすれば山内らの指摘は正しいのである。

従来，等閑視されている問題は，「定型遺物」を把握するという方法である。これには異論がなく，その方法も確かなものである。しかし，実際はA型の場合は大きな問題にならないが，B型として示したモデルはB型の「定型遺物」ではなく，C型として示したモデルもC型の「定型遺物」ではないのである。これは偶然に中谷が知りえた類例にモデルに示されたものが多かったに過ぎなかったからであろうし，当時最も一遺跡で豊かな一括資料を提供した是川中居遺跡の類例の主体は彼が1927年に掲載したC型の口の類（大洞BC式土器）で，モデルC型の類例（大洞C1式土器）ではなかったと思われる。この誤謬は，新しくなると文様が退化すると考え，それが無文のD型に近いものだと考えていたからであろう。これは，編年という観点を欠いた形態学の弱点を示すものである。D型についても1927年の時点ではC型に伴うとも記していたが，後に無文であるが故に退化と判断し，C型の後に置いたのも同じ理由によるものと思われる。しかし，一番問題なのは，数量的分析の弱点を認め，それを修正する視点を欠いたことである。量的に多いということは決定的な事実だが，多いから定型だとすることは拙速である場合がある。多さとともに質的な分析が必要である。多さには偶然性が伴う場合があり，集成の目的はその土器の持つ胎土，施文の確かさ，器形，文様，法量などの質的な観察をすることに本質がある。例えば，宝ヶ峯型注口土器を例にとると，現在最も多く出土しているのは北海道だが，それらは宮城県の宝ヶ峯遺跡から出土している同じ類型の土器に較べると上の点で見劣りするもので，量と質は必ずしも連動しない。

　同じく，統計的方法によって地域的分布の様子と文化の移動を捉えた方法も，確かに類例の多寡はその分布するあるいは出土した地域に盛行したことを示すであろうが，編年的序列（相対的年代）を考慮しないで形態的分類によって，地理的分布から文化の発展の新旧を論じ，その文化的中心や移動を推し量ることはできかねる。何故なら，A型とB型は連続性があるだろうが，B型とC型は質的に違うものだからである。

　そして，中谷が最も評価される様式について，仔細を読めば実に矛盾していることを指摘せざるを得ない。だからと言って，それを指摘するだけでは建設的でない。当時，形式，様式などの考古学上の理論的な概念は，モンテリウスなどの著作を翻訳した浜田耕作の『通論考古学』(1922)，『考古学研究法』(1932)の名著に見るだけで，他は多少の翻訳物があるものの語学に通じていた者だけが欧米の諸論文によって学ぶことができただけであった。その『通論考古学』には，当時の外国の先進的研究が凝縮されている。それによると，様式は美術史上の概念で形式の総括的外観と記されている。とすれば，当時においては考古学概念として様式は別格かつ高次な概念であって，考古学では形式―型式の概念を投入してその範疇で諸遺物を捉えるだけであった訳である。それを中谷は，型式―様式と逆転して様式を低次概念と見なして位置づけた。その真意は不明だが，少なくとも中谷の内心には錯綜したものがあると思われ，それが意図的な用語の矛盾という形で表われていると思う。

　だから，日本における様式概念は，必ずしも洋学導入の先駆的なものとして咀嚼されたものでなく（中谷が）日本独自な概念として使ったのは，いかにも日本的だと言わざるを得ない。よって，中谷の様式概念は後に実質的に否定されて用語だけが残り，新たに小林行雄（1933）は様式

の用語を用いた先駆けと評価する反面，弥生土器に対してそれを別に再構築した訳である。中谷の場合は，未消化であったためか様式の概念に二つの説明記述がある。それは，前章に記述したように抽象的な概念と，具体的な個別の注口土器に対する概念として工芸上から分類した注口土器の最小の型とその群の把握によって決定されるという意味で用いていることである。

　この点は，前章で中谷の様式概念とその矛盾を指摘した上で再構築を試みた。では，様式概念を考古学に導入できないのか，あるいはできるとすればどういう形で行なえばよいのか，ということになる。つまり，形式―型式の関係を前提にして，様式を介在するとすればどの階梯に挟めばよいのか，様式をどのように止揚するべきかということを考えると，形式―型式―様式とするよりは形式はともかく，様式―型式という形で考えるべきではなかったかと思うのである。

3　中谷治宇二郎の研究の再評価

　中谷治宇二郎（1926，1927）による注口土器の研究は，多少の誤りはあってもその体系的な研究として，その後の注口土器研究の問題意識，方法論の方向を決定づけたものとして評価できる。注口土器の断面形や把手などの器形変化による形態分類を重視し，同じ地方的文化条件の下に限られた年代に作られた定型（遺物）の存在に着目して，詳細な分類の変化を有機的に捉えようとする進化論的な分類学の方法論に文化史的な考えを加味した様式論を考古学研究に導入したことも異色であった。機械的な分類を文化を理解するための方法に止揚する，考古学本来の目的に対するその意欲を評価しなければならない。器形と文様の相関関係を数量的に分析した方法論は，編年学派たちよりも明解な説明であった。

　編年的な視点を欠く型式の分類には異論があったが，注口土器の研究とその分類は文献上では山内たちに先行しており，決して編年的な視点を持っていなかった訳ではなく形態や文様分類による様式の発展の新旧を論じその文化的中心を推し量る様式構造論が，編年研究の八幡一郎や山内清男に代表される年代軸を組み立てようとする型式論とは多少違った文化概念を持つものであったのである。問題があるとすれば，当時の編年学派の研究成果を積極的に取り入れるべきであったことである。事実，A 型 a〜c 類，B 型 d〜g 類，C 型 h〜j 類，D 型 k〜m 類の個別は，相当に現在把握されている型式の年代的序列とはかけ離れている。しかし，その批判は今だからこそ言えることであって，当時としては八幡一郎，山内清男らの編年学派が台頭し始めた初期のことである。ただし，山内清男の批判のとおり当時すでに今日の編年体系の骨子が整いつつあったことは確かだし，そういう情報を考慮しなかったかの印象は否めない。

　また，数量的考察において青森県是川遺跡の 67 点，茨城県福田貝塚の 37 点の出土例に見るように，特定の遺跡に集中して出土している問題と地域ごとの遺跡数や類例数量との関係など，山内清男が言うように提起する問題と地理的分布の問題が十分検討されたとは言いがたい印象を受ける。

　その一方で，従来喚起されていない問題として A 型の把手が中期厚手式の伝統を受けた発展型だと見なし，その把手の位置，形状変化や注口土器の形態変化を捉えた断面形の形状観察は等

閑視されているように思われる。同じく，例えばC型の晩期注口土器の部位名称（名所）について，その各部位を機械的に分類した点や注口土器に対して正面性を求めた点も評価することができる。晩期注口土器の形態が，注口部が下方に移行し実用的意義から遠ざかり液体を容れるためには実に不利な器形であるとして，注口土器が発達した器形進化の形式と見なした点も同様である。

中谷治宇二郎は多少なりとも机上論者であったとは言え，同じ唯物論者たちが相互に識見を補完し得なかったのは，文化史重視の理論派と時間軸重視の実践派の体質にあるとしても，相互に補う大事さの学史的な反省を教訓に残している。そして，むしろ問題なのは，中谷治宇二郎の問題意識と方法論を省みず放置したかのようなその後の研究にあると言わなければならない。

4　昭和時代

(1)　戦前の研究

杉山寿栄男 (1928a) の『日本原始工芸概説』は，実質的には中谷治宇二郎の筆になるものらしく（江坂輝彌 1972），中谷治宇二郎の『日本石器時代提要』と類似する点があり，当然注口土器については中谷の分類が採用され，それよりは一歩進んで整理されている。

それによると，注口土器の主体部は甕形，鉢形，壺形に注口を付し，後に注口土器としての一定の型を持つに至ったと述べ，大形から小形，高いものから低いものへ，注口部も長いものから短小にという変化が見られるとした。このような土器の形態変化を進化論的な発展形と捉える考え方は随所に見られる。特に，晩期の注口土器が土質精選，焼成発達の優秀な製作技術を認めた点のほかに，注目すべきは青森県是川中居遺跡を例に土器組成比率を求めたり（注口土器の占める割合は約18％），土器の高さと幅が同一寸法とか器高が径の3倍以内になるといった長谷部言人の九等分分類法に通じるものがある三等分正方形の比例値を考案した点は土器の形態（器形）研究をより科学的なものにした。

なお，掲載された文様図版解説は，杉山寿栄男 (1928b) の『日本原始工芸』に通じる。『日本原始工芸』の方は図版集成と地名表とも言えるが，『日本原始工芸概説』は器形と文様の関係を詳細に解説している。ほとんどは上記内容と重複するので省略するが，視点を変えれば注口土器の文様を余すところなく図解し，底部に施文される文様までも展開したその手法に学ぶべき点も少なくない。これらの杉山寿栄男の高著は注口土器のみを取り上げたものではないが，注口土器の集成図として見ることもできるので多面的に利用できるし，形態を分類し分解した手法も今日的に整理し直して見ることも一つの方法であろう。

山内清男 (1930) は亀ヶ岡式土器の研究として編年的研究に主力を注いだその中に，器形組成の一つに注口土器を取り上げて，亀ヶ岡式では注口付，香炉形は最後まで続かないと，その時間的視野の一端を述べた。

この頃には用途に関する研究も行なわれた。後藤守一 (1943) は，注口土器は（お湯をわかすものではなく）酒を容れたものと記した。酒という具体的用途を述べた最初の文献ではないかと

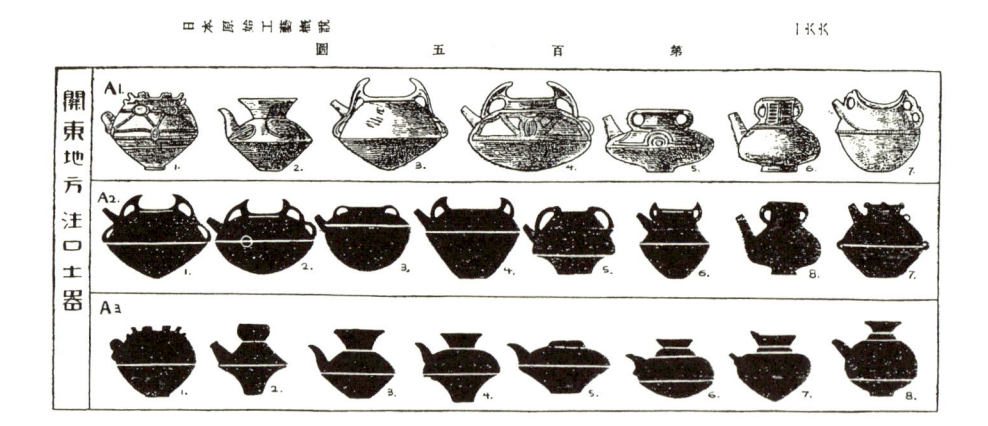

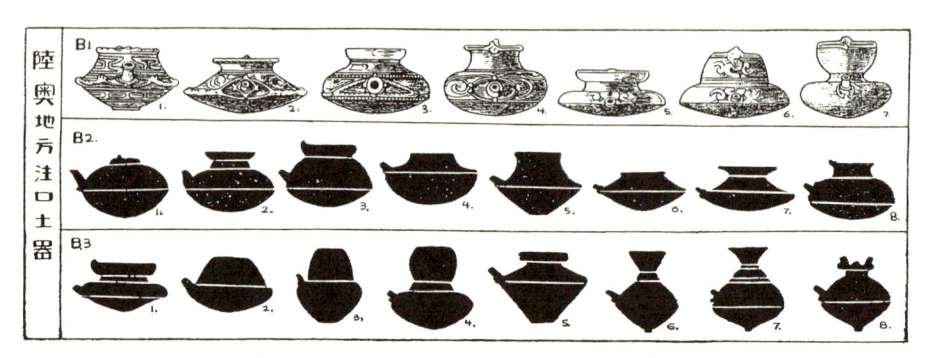

第12図 注口土器の形態（杉山寿栄男 1928b）

思うが，実は後藤守一（1927）は高橋健自の著作と同じ醬油注のようなものとも記している。その後再び後藤守一（1965）は，注口土器は液体を容れるものでその液体は果殻類を嚙んで作った酒の類であろうと述べた。

　土器の用途の問題は，推測するだけで確定することが難しい（杉山寿栄男1928a）ばかりか，中谷治宇二郎は従来の土瓶形，急須形と呼んでいるものは本来の急須形とは何ら関係ないもので，そのような用途を連想させる名称を止めて（機械的に）注口部を有する土器と一括して総称すると述べたようにあまりその問題にこだわっていなかった。それは，初めて注口部を有する土器に注目したモースに始まる土器の注口部は液体を注ぐものと当然視していたからであろう。当時すでに朱を塗ったり，吊す紐穴のある注口土器，人面付きの注口土器の存在が把握されていたり，壺形の注口土器が多いことなどが把握されていたために中谷治宇二郎は実用的なものではないと考えていた。その実用的というのは日常の生活用具なのか特殊な用具なのかという問題があって，そういう意味では学史的に当時意見が分かれていたことが伺われる。旧来の実用（日用）具とする意見に対して中谷治宇二郎は非実用具と考えた訳であるが，いずれも抽象的なものに終始した。1943年の後藤守一の意見まではそういう状態にあったと思う。それさえも酒を容れるという観点が，日用，非日用のいずれかとなると曖昧なものである。後藤守一は水を容れてご飯を食べる物や煮沸する物ではないと記しているので，どちらかというと非実用具と考えていたと受け取れる。

(2) 戦後の研究

　用途に関して，積極的な見解が打ち出されるのは戦後になってからである。後藤守一（1943，1965）の酒を容れた器説を一歩進めて，江坂輝彌（1967）は青森県八幡崎遺跡の発掘で多数の注口土器を出土した土層からカジノキの木の実が多量に堆積していた事例から，神に捧げる木の実を発酵させた果実酒を保存飲用する祭具，と具体的に述べた。この祭器説（江坂説）が，現在最も妥当なものとして一般に採用されている訳である。その結果，1960年代の概説書には特殊な用途，祭事に係わる用途が謳われるようになった。

　注口土器の出自に関して藤森栄一ら（1963）は，中部地方に発達した種子壺，酒壺の貯蔵形態（具）である鐔付有孔土器が両耳壺に移行し，一部が注口土器に変化したものと考えた。中期の勝坂期に現われて発達した鐔付有孔土器が加曽利E式の終末期に両耳壺と注口土器の形態に変化してその機能を吸収されたと考えたが，その間の経緯を必ずしも実証的に証明した訳ではない。しかも鐔付有孔土器に付いた尖端の窪んだ把手状の突起の様子が注口土器に似ているというもので，それだけでは異論が生じた場合に反論の余地がない。むしろ初期の注口土器の形態観察や中期の当該類例に共伴する注口土器の実態を把握することによって結論づけるべきもので，藤森説に否定的な資料が存在する。渡辺誠（1965）は，勝坂式と亀ヶ岡式土器が鐔付有孔土器を醸酵器とする前提の下に注口土器と結び付くと考え，土瓶形注口土器は形態に見られる耳状の突起が蓋を堅縛する機能を持ち，それに注ぎ口を付加した特徴だと推敲した。確かに後期初頭の堀之内式期の注口土器には両耳状の突起が付き，これが機能を体現した造作物であることを直ちに否定するものではない。しかし，渡辺は，鐔付有孔土器→両耳壺→土瓶形注口土器→急須形注口土器・細口壺の変遷を考慮し，同時に鐔付有孔土器の波及が遅れた関東地方に壺形が発達せず波及が早かった東北地方の後期に細口壺，小型注口土器が発生したのは勝坂式の受容のあり方が関東地方と東北地方では違うからだと述べ，鐔付有孔土器の機能による器形分化が細口壺と急須形注口土器を生み出したという訳である。

　八巻一夫（1973）は，東北地方南部の中期後半期に多く出土する注口土器についてその初現を大木8b式に求め，大木9式に他の土器とセットを構成するようになるとした。その時期の類例に小型で朱塗りの例があったり，その出土状態や複式炉跡を持つ住居跡に多いことなどに注意し，また関東地方の加曽利E式に少ないことから，東北地方南部の中期には注口土器が一般化した形態で従前の形態とは異なって煮沸，貯蔵の機能とは違った用途に変化したことを想定した。中期末葉の注口土器は小型鉢形，鉢形，深鉢形から分化して注口土器としての器形が定着したものと考え，上述の藤森栄一や渡辺誠の所論に疑問を投じた。

　亀ヶ岡式の注口土器について論じた藤村東男（1972）は，編年を基軸に据えた東北地方における晩期の注口土器の研究の緒を開き，大洞諸型式ごとの注口土器の概略の様相を明らかにした。後期の注口土器は壺形の器形と同じである反面，晩期ではそれとは違って独自な形態をとるとか，関東地方と東北地方では独自性があるなどと，後期と晩期の注口土器には形態，文様，施文に大きな違いがあると具体的な指摘を行なった。このことは，注口土器の変遷を考える上で非常に重要な問題である。その後，藤村東男（1988）は，前著で晩期第5類とした壺形に注口部の付いた

注口土器を急須形から壺形への変化として再考し，併せて注口土器の変遷を考察した。具体的には大洞C2式からA式にそれが行なわれ，それが当該期の精製土器全般に行なわれている形態変化と同じものだという訳である。しかも，それを容量に視点を求めた点や注口土器の機能が壺形に統合された結果，注口土器が減少消滅するという問題は斬新的であった。その動機に祭事の変化を想定しているが，抽象的である。また，藤村東男（1980）は晩期の諸遺跡における器形組成比率を求め，資料集計法による違いがあることを述べた上で注口土器は約2～10%になるとした。このような一連の藤村東男の研究は，晩期亀ヶ岡式土器の注口土器に口縁部が内湾するA型，膨らみをもって外反するB型，壺形に近いC型とその形態上の特徴を機械的に類型区分したり，岩手県九年橋遺跡から多量に出土した資料によって大洞諸型式土器と対比させた注口土器の編年を基軸に据えて器形と文様の関係を捉え，それらの各要素の変化を型式間で特に大洞C2式からA式に見られる複雑な動態を見極めようとする点で効果を上げた。このような考えを受けて，安孫子昭二（1982）は晩期注口土器の変遷表を作成した。今後は，それらを補足修正しながらより体系的なものに止揚することが課題である。

　一方，長沢宏昌は，有孔鍔付土器の研究を通して酒造具説を展開し，有孔鍔付注口土器をそれと関連づけて考えている（山梨県立考古博物館1984）。

　同じ頃，関東地方に多い中期末葉（加曽利E4式土器）の有孔鍔付注口土器や瓢箪形注口土器の研究が，用途や口縁部把手や器形の形態学の観点から行なわれている（内田義久1979，西山太郎1986，1989ほか）。

　丹野雅人（1982，1985）はそれらの論点を集約して，中期末から後期前葉を対象に有孔鍔付土器から有孔鍔付注口土器，瓢箪形注口土器，注口土器への変遷過程を明らかにし，有孔鍔付土器の機能を継承した上で長沢と同様に酒を注ぐ機能を付加させたものと考えた。

5　平成時代——現代——

　渡辺誠（1993a, b）は，前期の片口土器や中期の注口土器の用途にドングリのアク抜き説を主張した。前期の片口土器や中期の注口土器の9割が深鉢形で，口縁部に注口部が付くことからアクを含んだ湯を流し易いように工夫された形態だと考えた。それらの分布する地域が東北日本の落葉広葉樹林帯のドングリ類の分布する地域と重なるからだと言う訳だが，肯定も否定もできかねる（奥野麦生1996）のが現状である。また，渡辺誠（1997）は人面付き注口土器を集成し宗教的な側面を強調した。

　中期の注口土器については，宮城県七ヶ宿町大梁川遺跡（宮城県教育委員会1988）の層位的な観察がモデルになり得る。土器の編年は，その型式学的考察に優先して問題意識のある層位的な発掘によって自ずから結論づけられることを暗示している。

　長沢宏昌（1997）は，山梨県の注口土器を集成しその変遷を論じながら発酵具に注ぐ機能が付いた有孔鍔付注口土器とそれとは系譜を異にする所謂土瓶形を単に注ぐための祭器と考えた。なお，山梨県富士吉田市池之元遺跡（末木健1987，富士吉田市史編纂室1997）など各地で注目すべき

発掘調査や所見がいくつか見受けられるが，昭和時代同様に調査事例については割愛する。

中期末から後期中葉を対象に関東地方を中心に注口土器の出自や編年について，池谷信之（1990），加藤緑（1992），鈴木徳雄（1992），西田泰民（1992），秋田かな子（1994，1998）らが詳細に論じている。本書では随所に上記諸氏の所見を取り上げているのでここでは多くを触れないが，いずれも型式学的な研究として学ぶべき点が多い。特に，関東地方では中期末葉～後期初頭の瓢箪形注口土器が東北地方の影響によると考えられているように，地域の枠組みを越えて関東地方後期の注口土器の出自問題に端緒を開いた池谷信之の所論は評価できる。しかし，関東地方に中期無頸壺形や神奈川県尾崎遺跡，栃木県御城田遺跡の体部が丸みを帯びる器形などが存在するにも係わらず，また東北地方からの影響を重視する余り池谷の延長線上にある鈴木徳雄の詳細な観察も鉢形と壺形系統の基本的な解釈において筆者とは異なる。また，堀之内2式の類例を無頸と有頸に分類して捉えた秋田かな子の着想は参考になるが，編年的な問題は加曽利B1式との連続性を同時に論じてこそ相互の区分が明らかになるであろう。西田泰民は，広範囲に後期注口土器の219点の資料集成を行ない幅広い視点で注口土器を概観した。これらは，主に関東地方の後期注口土器の成立や編年を中心に論じたものであるが，東北地方との関連性を強調する点で共通し，しかも細かい部分で見解が別れている。後期前半期は全国的に注口土器が急激に増加する時期で，特に当該期における最大の問題は，東北地方と関東地方の類例がいかに相互の影響によって発展しているかを明らかにすることにあるという点で共通している。

このような各時期ごとの注口土器の編年として東北地方において，鈴木克彦（1996b，2003a）は北部の後期十腰内2式土器前後の類例やモースが日本で初めて大森貝塚で発見した注口土器がほかと違う土器だとしたそれが東北地方を主体にする宝ヶ峯型注口土器と呼ぶものであることを明らかにした。また，鈴木克彦（1997，1998a）は，主に東北地方などの類例を集成した上で縄文時代の全国的な注口土器の全体像を観察するとともに，これまで等閑視されてきた北海道の注口土器の全容を集成という形で明らかにした。そういった一連の研究を踏まえ，注口土器を全国的な観点から観察した結果，器形が鉢形と壺形の系統からなる器形系統とその体系について論じ（鈴木克彦1998b），出土状態やその属性観察を通して用途を実証的に考える必要性を提案した（鈴木克彦1999）。

東高西低の多寡において注口土器は東日本中心の器形であることは間違いないが，少数ながら近畿以西にも出土し，これまであまり知られていなかった南日本（九州地方）の実態が明らかにされた（後藤晃一2002）。それによると，九州地方全域で前，中期にはなく，後期，晩期の類例が破片資料を含めて約200点出土しているらしいが，北部に偏在し晩期前半に終焉することと，彼の地らしいその背景について指摘している。それまで集成という形では関東地方以北で行なわれてきたが，これによってようやく近畿，中国，四国地方を除いて全国的な注口土器の実態が認識できるようになった。

直近では，小林圭一（2003）が東北地方北部における晩期前葉（大洞B～BC式）の注口土器を編年的な観点から詳細に論じている。その内容は，亀ヶ岡式の注口土器の編年として最も指標になる力作である。また，鈴木克彦（2006a）は，注口土器を縄文時代の狩猟，採集を生業とする

社会の「縄文文化の祭祀の器」と定義し，それが新しい稲作を生産基盤にする弥生文化の到来によって終焉し，晩期における注口土器の変遷を地域的に捉え，西から北に向かって順次消滅するその背景に注口土器を使う祭祀への否定があるのではないかという考えを提起した。同時に，従来まで等閑視されてきた弥生文化以後の注口土器などを取り上げ，北海道において鉢形注口土器として甦り7世紀ころを最後に終焉することを明らかにして，注口土器を汎日本的に捉えた。

なお，大田区立郷土博物館（1987），青梅市郷土博物館（1991），東海大学（1997），群馬県笠懸野岩宿文化資料館（1999），青森県立郷土館（1999），東和町ふるさと歴史資料館（2002）において，注口土器の企画展が開催された。僭越ながら筆者がプロデュースした青森県立郷土館の企画展は，20世紀の集大成を意識して北海道から神奈川県に及ぶ東日本ほぼ全体の注口土器を一堂に集合させた全国初の企画であった。

このように昭和時代末から平成時代初期における注口土器研究は，関東地方の考古学者によって先んじて行なわれ大きな成果を収めることができた。同時に，北海道そして九州地方の列島全域の注口土器が明らかになった。

現在の注口土器研究は，20世紀の考古学上の大きな成果と讃えることができる山内清男が確立した土器の編年という型式論の中で論議しているが，いささか各論に終始している。だからと言う訳でないが，初めて注口土器を通観した中谷治宇二郎が開陳しようとして未完に終わった文化の系統性の問題など，まだ十分に研究が再構築されてきたとは言いがたい。考古学が細分化されつつある今日，両者の観点の整合性を意図し，問題意識と方法論を明確にしながら注口土器の研究を止揚することが今後の大きな課題だと言えよう。

第4章　注口土器の研究課題

1　注口土器研究の目的と展望

　20世紀において，前章の研究史に記したような様々な研究が行なわれ，その結果「注口土器とはどういうものか」という設問に一定の理解が得られていると思う。
　本書の役割として，過去の研究の軌跡と成果の水準を再確認し，「ここまでわかった」，「今後どういう方向に向かうべきか」という観点から論点を整理してみたい。確かに集成を成し遂げたので全国的な実態は把握できるようになったが，まだまだそれらは表層的なもので縄文時代の面立った注口土器の類型の問題でさえ明確になっていないのである。また，これまで個別研究に終始し研究の方向性を鳥瞰した議論がされていない点も指摘されよう。もちろん，たかだか80年で研究が完結し拙速に結論づけられるものでないが，これからは過去の研究を相克する問題意識と方法論の一体性を確認して座標軸のある研究に軌道修正してゆくことが，特に考古学には必要だと考える。
　さて，注口土器の研究は，その諸相を通して縄文文化の内容と歴史的変遷を考えることを目的としている。
　注口土器は，縄文時代の狩猟，採集を生業とする生活や経済の上に築いた社会と文化の中で，長い年月をかけて信仰，祭祀のために創作された特殊な形態の器である。注口土器の特徴は，その装飾的な器形，土偶などの持つ要素，朱彩などの宗教性の強い多重形式が採用されていることにある。
　したがって，注口土器を抽象概念として「信仰，祭祀，儀礼の器」と規定することが最も妥当な見解だと思うので，それは定説化してよいだろう。よって，今後の課題は信仰，祭祀と注口土器の関係において文化の内容や社会の歴史的経緯，変遷を構築してゆくことになろう。注口土器の形態学的類型分類などのタイポロジーと生活，文化や社会の問題を連係させるためには，今以上に明確な方法論と理論を構築して行くことが必要である。
　注口土器には，信仰，埋葬などと関わる宗教的な発掘事例が多い。そういう注口土器が概念として宗教的な祭祀のための器だと共通した認識を持ちながら，そのことを明確に定義づけた論考や書物がないことに事実から法則を組み立てる方法の欠如を指摘できる。しかし，実際はこれだけの問題がありながら，注口土器を専門的に継続研究する者がいないことにもよるが，事実を法則化する方法の試行錯誤がまだまだ不足している。そのためには明確な方法論に対する議論が求められる。注口土器の場合は，型式学，分類学と用途の問題を指向するために形態学の観点から考察されてきたが，その研究の目的を宗教的な注口土器を通して縄文文化の世界観や縄文社会の

組織を実証的に考える方向に転換させてゆくことが必要があろう。

2 注口土器研究の問題点

　実証的な縄文文化の世界観や縄文社会の組織などの内容を再構築するためには空想や想像的思考を排除し，注口土器の研究の主流をなす形態学，分類学などは型式学的研究に裏づけられたものでなければならない。さらには多様性を認識する「相対史観」を構築するために，「何のために研究するのか」というその役割と効果を確認する座標軸を議論することが大事である。実際上，注口土器の多様性は重要な研究課題である。

　従来の研究の方法論に関する問題として，例えば中谷による数量的，統計的方法によって注口土器の文化的中心（中枢）を求めるという方法は，的を絞り込むには有効だが発掘や出土遺物には常に偶然性が付きまとうので中枢を決定づける方法と成り得ない。むしろ，注口土器を集成し実際に観察して質的に審美であるかが中枢を判断する決め手になるということである。そういう様式の美を醸し出すものは，型式学的に分析，観察して確かな存在感である。そのほかにも，広域分布，交流論などは定義なき方法と化している。

　注口土器の軌跡を通して製作した人々の世界観を考える問題について，ごく当たり前に「縄文文化の器」と仮説した（鈴木克彦 2006）。換言すれば，それは起源・終焉論としての結論である。これには，二つの側面があり後章で詳述するが，まず一は，日本最初と最後の注口土器が鉢形系統であるということである。縄文時代の注口土器が弥生時代に継続されず，北日本において再び続縄文時代に日常性と非日常性を合体した鉢形として受け継がれる。続縄文時代の注口土器は，鉢形土器に注口部を付け，同じ鉢形土器に朱彩する単純な組成である。逆説的に，そのことと対比する形で後期，晩期の多様な特徴の根源を考えなければならない。その二は，晩期における独自な注口土器の段階的な終焉が縄文文化の終焉と符合していることである。その背景に新しい弥生文化の定着が影響していると考える。こういった仮説は，須らく型式学的な観察と編年学的な思考体系によって導き出されるものである。

　「縄文文化の器」という問題は，縄文時代の発展とともに作られ発展に深く関わっているという理由だけではなく，狩猟，採集を生業とする縄文文化の終焉とともに消滅することを明らかにして規定しなければならない。狩猟，採集社会が，始め鉢形土器として注口土器を作り，後に壺形土器を経てやがて独自な器形になってゆくことを論証してそのように規定できる。東日本に多い注口土器の終焉の軌跡は晩期において地理的に西方が早く段階的に順次北上して北日本が遅く，その背景に弥生文化の到来が介在していると推考する。縄文文化の注口土器が弥生文化に受け入れられざる祭祀の器としてあり，そこに縄文文化の祭祀を否定する社会の萌芽が存在した可能性が示されていると考える。

　その一方で，例えば「縄文文化の器」と言いながら，同じ縄文文化の範疇にある西日本に注口土器が絶対的に少ないという東高西低現象の事実をどのように解釈し，質的な問題に止揚するべきか，重要な課題が残されている。

また,「信仰,祭祀の器」という問題も,発掘事例に基づいて土壙墓などに埋納されることが多く,人面付きなどの信仰に関わる遺物に関連した要素の多重形式が投影され,さらに朱彩などの属性を観察して結論づけられる訳である。その出土状態を観察すると,一括廃棄に見る儀礼,供献,埋納という三つの側面が見られる。こういった問題に関して重要なことは,早期の土壙墓から出土する事例はともかく,炭化物が付着する中期の鉢形注口土器を日常的生活の器と仮定し,後期になって朱彩が施され独自な器形の注口土器が形成される段階を経て祭祀の器に変質してゆくと考え,北海道の円形周堤墓に多出することがそのことを決定づける証左だと考える訳である。したがって,当初から注口土器には日常性の中で何か特別な役割があった可能性が高く,時期差によって信仰や祭祀の器として定着するに至る過程を明らかにすることが大事である。

　また,注口土器の出土状態を観察すると,とりわけ北海道において後期の円形周堤墓から出土する事例が注目されるが,注口土器だけでなく石棒などのほかの遺物を多く共伴し,厚葬する風習が見られる。それを拙速に階級性あるいは階層性が存在したと考えてはならず,縄文時代に死者がすべて穴を掘った墓に埋葬されたのかという根源的な墓の存在意義と,推定人口と墓の絶対数量の乖離さえシュミレーションされていない階層性の問題よりも,まずはそういう風習があると考えなくてはならない。

　ところで,交流という問題は,興味深い課題だと思っている。従来は,東北地方の注口土器が関東地方に影響した,関東地方の注口土器が遠隔に波及しているというレベルで表層的に議論しているきらいがある。注口土器などの信仰に関わる遺物が遠隔に分布することと,土器型式を構成する器形,文様などの要素が伝播することの意味を分けて考えなければならず,人と物と情報の移動を整理しないで交流問題が議論されているばかりか,注口土器が移動伝播することとそれを受け入れることの社会的な意義さえ等閑視されている。

　事実,関東地方の堀之内型,東北地方の宝ヶ峯型注口土器,さらには亀ヶ岡式の注口土器などは,半径500 kmを超えて遠隔に分布している。物の移動の背景に人や情報の伝播,移動が介在していることは当然だが,信仰や祭祀の対象である注口土器が伝播することの意義を考えなくてはならない。こういった大広域分布に対し,中広域あるいは逆に狭域分布なども見受けられるのでそれぞれ実態を把握して論じなければならないが,同時にその他の遺物の併存の有無も確かめる必要がある。また,注口土器が流通した可能性がないのか,という問題までを想定して掛かるべきであろう。同じ物が出土すると交流の結果だと安易に唱えられることが多い交流問題は,一方的な片側交流なのか相互の交流なのか,あるいはダイレクトか間接的に行なわれているのか,地域間の社会構成の問題に止揚しなければならず,特に受け入れ側の問題として伝播受容をもたらす文化の同質性を問題にしなければならない。

　そのほかにも,考古学の本質である型式学,編年学的研究あるいは地域性の問題においても,懸案が少なくない。関東地方ではそれがますます精緻に論じられてゆくに違いないが,注口土器には地域と年代の違いによっていくつかの類型が存在することは事実なので,今後は大雑把に堀之内型,宝ヶ峯型注口土器が分布するというレベルではなく,もっと精緻に時間を止めた瞬時のかたちで型式,類型を捉えて相互の異同を論じる方向に向かわなければならないと思う。そうい

う方向性の下に，立論の根源である型式学，編年学的研究の進展に期待したいのである。

3 注口土器研究の課題

(1) 型式学的，編年学的研究の課題

　土器型式の編年学的研究の対象として，注口土器を取り上げていることが多い。これには，一つの器種，器形で型式編年が構築できるのかという問題がある。しかし，従来までの関東や東北地方あるいは全国で行なわれている諸研究の方向性をともに積極的に推進し，編年網を築くという山内清男の念願を早く達成するようにしたい。土器型式の研究が仔細に行なわれるなら，必ずや土器型式を構成する一員である注口土器の型式学的な研究が行なわれることになる。その逆もしかりで，相乗効果が期待できる。型式学，編年学的研究が編年のための編年（を論じている）という批判を克服し，編年学は土器型式を構成する器種組成や組織的な器形変化などを通して生活や文化のあり方を知る方法であるという共通したコンセンサスの下に行なうものである。

　注口土器の器形の独自性，器形と類型の多様性を明らかにすることが，重要な課題である。注口土器が鉢形，壺形の系統樹を基幹にして発達し，ある段階から注口土器独自な形態を確立してゆく経緯と内容を明確にすることによって，縄文文化におけるこの土器の性格を知ることができよう。全国に多様な注口土器の類型が存在することが明らかになっているので，型式学的な考察によってそれらの類型の地域と年代による相関関係を理解することができるようになるだろう。

　また，例えば東北地方の後期の宝ヶ峯型注口土器などは一定の年代幅と広域な地域を保有しているが，宝ヶ峯型注口土器は宝ヶ峯式土器だけの範囲で展開しているものではなく，宮戸2a式，宝ヶ峯式，宮戸2b式にわたる細分された型式を包括する上位の概念である。しかも，それが土器の文化の動態を体現していることも多いので，その伝播波及の問題は文化の移動伝播を知る上で好都合な材料である。例えば，宝ヶ峯型が東京都大森貝塚あるいは北陸地方や北海道礼文島にまで広域に分布する。その様相は，単に類似資料が存在すると説明するよりも宝ヶ峯型注口土器が分布していると説明すれば，直裁に印象づけることができる。さらに細かい編年として，宝ヶ峯式の宝ヶ峯型注口土器が出土していると指摘すれば，もっと具体的に理解され問題点を広げることができる訳である。

(2) 広域分布と交流の課題

　注口土器には，広域交流のほかに隣接地域間で移動する狭域交流の注口土器も見受けられる。関東地方と東北地方の交流問題が指摘されることが多いが，地域性区分が明確でなかったり地域独自な類型化が図られていないことが多く，移動元と移動先が実に漠然と捉えられている場合が多い。例えば，晩期の場合に関東地方の千葉県の遺跡から出土する東北地方の土器と言う場合の東北地方は，北は青森県から福島県まで入ることになりこのレベルで交流問題が論じられていることが多い。土器型式と同様に地域性区分を細かく捉えると，上の事例では東北地方南部すなわち福島県の土器型式であることが多く，そのことを指摘しなければ議論を具体的に行なうことが

できない。

　広域分布の問題は，文化の移動伝播を知る上で好都合だが，注口土器が土器型式の一員として分布しているのか，類型が単独に地域間の土器型式を飛び越えて分布しているのかの問題は研究されていない。前者は隣接する地域間で型式の変化，発展として相互に深く関わり，後者は地域の型式の変化や発展に無関係にあり注口土器だけが移動した結果を物語るであろう。これには，例えば礼文島から出土する宝ヶ峯型注口土器と言っても中枢の東北地方中部の注口土器と北部や北海道の同型注口土器では微妙な違いがあり，どの地域の宝ヶ峯型注口土器が礼文島に分布しているのかは俄かに決定づけられないとしても，どの細別時期，型式（年代）のものが分布しているのか，という問題が等閑視されている訳である。礼文島の宝ヶ峯型注口土器と言うとまるで東北地方中部から直截に彼の地に伝播しているかに見え，恰もその間に直接交流があったかに受け取れる。しかし，実際は間接的なものかもしれないのである。

　また，関東地方の堀之内型に類似する注口土器が北海道や鹿児島県の超遠隔な地域に出土し，上の宝ヶ峯型注口土器も北海道だけでなく富山県に出土し，亀ヶ岡式の注口土器が兵庫県から出土しており，交流問題が重要なテーマになっている。特定の地域に根ざす類型がそれを生み出した地域社会の絆の強さを示すという観点に基づいて，そういうものが地理的に無縁な地域に出土することの意味と単に編年上の平行関係を知るという旧態な価値観では対応できない移動伝播の実態をまず指摘しておきたい。もっと雄大な文化の交流や交易など，社会的な背景を実証的に考える必要があろう。

(3) 注口土器の多様性，発展，交流に関する歴史的認識

　注口土器に関する事実的な事象，現象を，須らく根源的に認識する必要性がある。その出自，発展，終焉の過程を年代的に位置づけ，器形分類の系統性と発展，社会的な背景あるいは出土状態，用途などの多様性を歴史的に捉えることによって，実証的に生活と文化を理解することができる訳である。

　縄文時代の人々の生活や文化あるいは社会というものを，土器の一器形に過ぎない注口土器で認識できる訳ではないが，注口土器の特質と言える日常性と非日常性を体現していることを等閑視してはならないだろう。また，縄文時代の人々が注口土器に抱いた価値観あるいは託した世界観の一端に迫る方法として，我々と縄文時代の人々との間に乖離が確実に存在することも自覚しなければならない。山内清男（1935）の名言を借りて言うと，「文化の変遷は実験する訳に行かない。連続した状態で観察するには，その当時生きて居るか，でなければ光線を追いかける他ない。両ながら不可能なことである。」という微力さを謙虚に認識した上で実証的に行なう問題である。

　注口土器には，地域と年代によって器形，属性，出土状態など多様性があり，それが注口土器の特徴の一つである。その多様性が生じる決定的な要因は明確でないが，その時代，時期の思惟，流行のかたちを反映したものであり，文化的意義を固定的に考えるものではない。その発展の過程で独自な器形を生み出したとしても注口土器が信仰や祭祀に使う道具であるという形而の本質，

つまり注口土器に対する世界観すなわち本質的役割が変わった訳でなく，狩猟，採集の経済下にあって普遍なものであって成熟度を増してゆく社会における文化の発展を反映していることに相違ないと考える。だから，用途なども固定的に考える必要がなく，信仰祭祀儀礼の器として，時には埋葬に用いられ，それにも埋納，供献，儀礼という三つの側面を持っていることを地域の発掘調査の事例が教えている。

　東および北日本において，年代と地域によって注口土器の中枢地（盛行する地域）が変動している。その決定的な理由は不明だが，信仰の盛行と生産形態，社会構成の形態との関連性など地域社会の生活と文化の発展過程に止揚する必要があろう。その一方で，列島内における北・東・西という縄文文化の文化的同一性を前提にすれば東高西低現象が著しいので，まずその是非と多寡をどのように認識するべきかを議論しなければならない。注口土器が発達する東および北日本，それに対して余り盛行しなかった西日本という地域的な対立性を縄文文化の文化的同一性という観点からどのように認識してゆくべきか，さらには信仰祭祀儀礼の器だとする用途問題からいかにも信仰の希薄な西日本というイメージができてしまうことになる。

　列島内における北・東・西の縄文文化の文化的同一性を示す現象が，交流問題特に広域交流である。これには，大別して注口土器の搬入ないし伝播，注口土器の持つ諸要素が伝播している諸形態がある。一般的には社会学的な人々の往来を示すが，経済的な流通の問題も視野に置くべきであろう。北および西日本において注口土器が後期前葉に遠隔な伝播が見られるが，受容した結果何が変わったのかを考えたい。そのためには注口土器の伝播，交流を結果的に捉えるのではなく，プロセスや内容を明らかにすることが大事である。文化の同一性という観点から考えると，仮説として文化の同一性が存在したから受容した，あるいは受容して（注口土器を製作，使用する）文化の同一性が図られた，という二つの考え方があると思う。しかし，北海道と九州地方では受容の仕方が違っている訳である。両地域の間には，それまで注口土器が主体的な存在でなかったという共通性があり，歴史的認識とは，そのこととそのことの持つ意味や意義をどのように推敲するのかという問題である。

　もちろん，こういった列島内における北と東と西の地域間の文化の同一性問題，交流問題，あるいは発展，終焉問題などに関する歴史的認識については後述するが，注口土器を通してのみでは論じられないので縄文時代の生産形態，信仰形態，集落形態などを比較しながら論じることは言うまでもないことである。

第5章　縄文時代草創期，早期の注口土器

1　草創期の注口土器（図版1）

　日本最古の注口土器は，新潟県阿賀町室谷洞窟から出土した口縁部に短い注口部の付いた深鉢形の注口土器である。草創期中葉の室谷下層式土器で，2段にくびれた口頸部に縄文帯を持ち，口縁部から少し下ってくびれた部分に付けられた注口部は平坦に整形されている。計測値は器高23.5 cm，口径19.7 cm，器厚0.5 cm，底径9 cm，色調はうすい黒褐色を呈し，胎土の粒子が細かく，焼成ともに良好であり，底部の形状は隅丸の方形を呈する。注口部は直径0.8～0.95 cm，長さ0.25 cmほどで，ごくわずかに突き出ているだけである。口頸部には，RLの縄にLの撚糸を巻きつけた附加条縄文が横位に回転して施文されている。2段にくびれた部分に撚り紐の押圧列点文が巡らされ，体部下半部は無紋である。その注口部の位置と大きさは，液体を注ぎだすという機能性を考えると体部に括れがあって実用としては必ずしも効果的な役割を果たしたと思えないが，口縁部形状がわずかに内湾して工夫が凝らされている。

　この時期の類例はこの1点のみで，その出自の系譜（起源）については不明だが，これは日本最古どころか世界最古の注口――注ぎ口を持つ――土器である。よって，注口土器は煮沸用の深鉢形の器形に注口部を付けたものが最も古い形態ということになる。それにしても，日本における注口土器は，世界に先駆けて土器が出現して間もない古い時期に胎土の選別，良好な焼成などから見ても完成された形で出現していることがわかる。

2　早期の注口土器（図版1）

　草創期からしばらく間を置いて，早期後半の中茶路式土器に日本で二番目に古い注口土器が，北海道苫小牧市静川5遺跡の土壙墓（第29図1）から出土している。それは，比較的薄手の土器で対になる波状口縁部の片側に短い注口部の付いた深鉢形の注口土器である。俯瞰して見た平面形が楕円状を呈するので，液体を注ぐには好都合な形に工夫されている。注口部はやや丸みを帯びて整形され，注口部は径2.5 cm，長さ2 cmである。器面全体に隆起線文を付け，その間に短縄文を施している。内外面に炭化物が付着し，通常の深鉢形と同様に煮沸容器であるが，墓に供献されたもので遺構に伴う最古の事例として注目され，注口土器の性格を知る上で貴重な資料である。草創期の室谷洞窟の類例とは年代と地域がかけ離れ，相互の関連性は薄いと思われる。

　ほかに，同市ニナルカ遺跡にも早期の可能性のある注口部が出土している。この時期の場合もまだ類例が少ないため，その出自の系譜などについては不明である。関連して，秋田県大館市塚

の下遺跡から片口の破片が出土している。

　このほかに，東海，中部地方の早期後半に，装飾把手が筒状を呈した深鉢形の注口土器類似の土器（疑似注口土器）がある。静岡県沼津市元野遺跡の早期後半茅山下層式の類例には，注口部とも疑定される筒状の把手が口縁部に2ヵ所付いているが，同一型式の土器に筒状にならない把手が付くこともある。長野県，愛知県にも見られ，注口状と表現されることもある。対になって2個付くので装飾の可能性が高いが，注ぎ口としては十分機能を果たすものなので疑似注口土器と見ている。その位置や傾むき具合が違い，注口土器とみなすことができない。この疑似注口土器は，前期の関東地方の関山式に見られる片口土器と何らかの関係がありはしないかと考えられることと，東日本ではこの時期から後期まで広く見られる類例なので，必ずしも前期以前における注口土器の出自の動機や過程が明瞭でない現状を考えると詳細な検討を要すると思っているので紹介した。

　九州の熊本県大津町瀬田裏遺跡に，体部に注口部とされる穿孔のある押型文，条痕文および撚り糸文を施文する早期後半期（塞ノ神式平行）の尖底土器の類例がある。深鉢形と壺形の二種があり，いずれも体部最大径の部分に径1cm前後の孔が空いている。図版1-3の土器は，器高6.5cmで外から内に向かって径0.8cmほどの孔が両端に2個付いている。穿孔部に竹管を挿せば同じ役割を果たすので注口土器の一種（緒方勉1991）とされているが，厳密には突き出た注口部がないので注口土器とは言いがたく，疑似注口土器もしくは北日本中心にほぼ全国に存在する孔が体部下半部に付く焼成前穿孔の有孔土器の一種と捉えてよいだろう（鈴木克彦1998b）。九州では類例が大分県にもあるようだが，限定された地域性の強い土器らしい。

　いずれにせよ早期の類例は，確実な注口土器としては静川5遺跡だけで静岡県や熊本県の類例はその参考事例となる。相互の関係は地理的に遠隔なので関連性はないと思われ，突発的に創作されたと考えられる。

　したがって，日本における世界最古の注口土器の起源やその後の出自過程の系譜あるいは前期以降との関係についてはまだ不明な点が多い。

第6章　縄文時代前期の片口・注口土器

1　前期の注口土器の特徴

　前期の注口土器は極めて少ない。むしろ，前期には注ぎ口を持つ土器として，注口土器と同じ役割を果たす片口土器が圧倒的に多い。しかも地域と時期が限られ，ほとんどが関東地方の前期前葉の関山2式土器前後に集中する。その片口土器は，大容量の大型深鉢形土器が基本で，注ぎ口を口縁部の口端にU字状に付け，円筒状の注ぎ口は稀に見るだけである。器面に炭化物が付着し，明らかに煮沸容器に用いられたものである。

　このように前期には，深鉢形，浅鉢形の鉢形土器を利用して注ぎ口が設けられることが最大の特徴である。この鉢形を基調にする器形系統は，後の中期の注口土器に受け継がれる。しかし，器形は共通しても片口土器から注口土器に変遷したと考える決定的な条件は見当たらない。前期の片口土器は，関東地方と関山2式という特定の地域と時期に限定され，黒浜式土器の段階に忽然と消える。関東地方以外では，福島県の会津地方まで分布している。

　その片口土器の盛行時期は，縄文海進期にあたり温暖な気候変動の下に動植物相が大きく変わった時期なので，ドングリ類のアク抜き用としてアクを捨てる機能が想定されたことがある（渡辺誠1993a）。しかし，その場合でも関東地方に多い理由にはならないので，今のところ出自の背景などは不明である。

　福島県西会津町塩喰岩陰遺跡の特大の片口土器は，容易に持ち上げられないほど大きいものである。これに液体を容れたら，とても一人で持ち上げることができないどころか，その片口から少しずつ液体を注ぎ出すことさえ無理である。その他の比較的スリムな深鉢形であっても，決して小型なものでなく注ぎ口から安定して液体を注ぎ出すことは容易でないと思われ，事実上無用な機能だという印象を持つ。しかしながら，かなりその注ぎ口付近に炭化物のこびり付きが見られるので，その容器自体は通常の深鉢形と同様に煮沸容器として用いられたことは間違いない。今では煮た食べ物を箸や杓子で掬い取るように，縄文時代と言えども同じようなことを考えついていたと思う。とすれば，この注ぎ口は満杯状態の食べ物を注ぐ装置ではなく，底に沈んだ栄養満点の最後の汁を確実に食器に注ぐために工夫されたものではないかと推測されるのである。逆説的にそれ以外では無用の長物だということになるが，よく観察すると片口土器の内面に液体を誘導する工夫と推測される粘土を貼り付けて作った低い壁状の高まりが見られ，そのことを裏づけるものであろうと考える。

　このような片口土器は，住居跡内部に廃棄された多数の土器群の中でかなりの比率を占めるので，アク抜きなどの特別な機能を課せられていたにせよ，日常生活で一般的に使われた液体を容

れる器としての役割を想定することが妥当であり，しかも炭化物の付着も多いことから特に宗教的な用途を考える要素は認められない。補修孔のあるものがあるほか，二次火熱を受けている土器が多い。

問題は，どのような役割を果たしていたとしても，こういう装置のある片口・注口土器がほとんど関東地方だけに見られるという事実である。ドングリ類などのアク抜きは，この地域に限らず全国どこでも行なっていたはずだし，特定の調理のために工夫された容器ならその地域特有な食料や調理法がどういうものであろうか，こういう土器を発明するだけのこの地域特有な食材を思い立たない。

2 北海道，東北地方の前期片口・注口土器 (図版5, 6)

北海道では，千歳市美々5遺跡（北海道1979）に片口土器と思われる破片が1点ある。北海道編年のII群a2類とされ，東北地方北部の円筒土器直前期に平行する縄文だけを施文する土器に類似するものである。

東北地方北部の前期末葉に，青森県つがる市石神遺跡から波状縁で体部に多軸絡条体圧痕文を施文する円筒下層d式の浅鉢形注口土器が出土している。これは，青森県では最古，円筒土器文化では僅少な注口土器であるばかりか，確実な注口土器として東北地方最古の類例である。石神遺跡と同じ浅鉢形の注口土器が，青森市桜峯1遺跡C35号土坑から出土している。口縁部片側に突起を付け，その直下に注口部と思われる孔の空いた円筒土器下層d式から上層a式にかけての土器で，口縁部に横位撚り紐を押捺し体部に斜縄文を施文する。C35号土坑はフラスコ形を呈しており通常は貯蔵穴だが，墓に転用されることが少なくない。

東北地方南部の前期末葉に，塩喰岩陰遺跡から大木1式直前とされる関山式類似の超大型深鉢形の片口土器が出土している。器高52 cmほどの大型な土器である。反面，多容量の割には片口部が小さい。この点は，関東地方の片口土器にも共通する。

そのほかに，疑似注口土器がある。福島県福島市宇輪台遺跡の類例 (図版5-9) は，4ヵ所に小さな筒状の注口部らしきものが付き，装飾的なものであろう。秋田県秋田市下堤D遺跡には，北陸地方に見られる波状縁突起の先端が空洞になり恰も液体を注ぎだすことができるような口縁部を持つ土器がある。勿論，注口土器の範疇とは一線を画して捉えるべきものである。

3 関東地方の前期片口・注口土器 (図版2〜5)

埼玉県富士見市上福岡貝塚に代表される深鉢形の口縁部に液体の注ぎ口を付けた片口土器は，同時期の遺跡を発掘すると相当量が出土し，珍しいものではないらしい。注ぎ口の形状に，片口と注口の二種があり，圧倒的に片口土器が多い。

奥野麦生 (1996) の集成によると，1996年の時点で合計274点の片口・注口土器が知られ，筆者の調査やその後の類例増を加えると400点近い数量になる。関東地方と関山2式前後に集中し

て出土し，地域と年代限定型である。年代幅を考えるとかなり密度が高く，埼玉県では破片なら当該期の遺跡にどこでもよく出土するものだと教えられたことがある。埼玉県さいたま市井沼方遺跡で25点，富士見市打越遺跡で16点，千葉県松戸市幸田貝塚で64点，千葉市谷津台遺跡で30点，近年では神奈川県小田原市羽根尾貝塚で19点が出土している。それらの中で主に井沼方遺跡，谷津台遺跡，羽根尾貝塚の一括土器と主要な類例を掲載した。

埼玉県東部と千葉県西部を中心に関東地方一円と一部山梨，長野県，福島県に及んで分布している。分布が集中する埼玉県東部と千葉県西部は，縄文海進期において奥東京湾沿岸の貝塚が形成される貝塚地帯である。こういった片口・注口土器は，編年的に見ると関山1式後半に発生し，関山2式に盛行して黒浜式の成立とともに消失する（奥野麦生1996）。何故こういう短い時期に限定して出土するのか，その系譜については不明である。

こういった片口・注口土器は，多少の器形変化が認められるものの基本的に深鉢形に注ぎ口を付けたものである。深鉢形の口端部にU形，C形の形状を呈する片口土器が一般的な形態で，体部に付く注口部（図版5-3）は稀有な類例である。深鉢形には平縁と波状縁があり，片口土器には平縁と波状縁，注口土器には波状縁が多い。片口は，平縁の深鉢形では半円形の2個の装飾突起の間に付けられ，波状縁の深鉢形では扇状装飾把手の谷の部分に付く。注口部の場合は，扇状装飾把手の山形の部分に付くことが多い。片口形も注口形も注ぎ口としては同じ用途であるはずだが，両者の形態差の意味は不明である。類例には，口頸部文様帯を形成するものと体部全体に縄文を施文する二種がある。

片口土器を集成した奥野麦生は，それぞれの形態差を観察してA〜F類に分類した。つまり，A類：口縁部が平縁で内湾する深鉢形，B類：直線的に外反する深鉢形，C類：体部が括れて外反する深鉢形，D類：小型の鉢形，E類：片口と注口土器との中間的器形，F類：注口土器，という具合に分け，さらに，年代差とともにそれらの組み合わせ（組成関係）が1〜5期の5段階（期）に変化していると考えた。それによると，B類主体の1期が最も古く片口土器発生期，A類主体の2期が漸増期，B類を主体にしてA類〜E類が組成関係にある3期が最も盛行した時期で，E類主体でB，C類がやや小型化する4期が衰退期，F類の5期が最後の段階に認められるという訳である。

その1期が関山1式（後半），2〜4期が関山2式，5期が黒浜式という編年学的な観点からみると，関東地方の類例は片口土器に始まってやがて注口土器に変遷するかに見えるが，数量的に見て片口土器の衰退現象に過ぎず注口土器への発展へと結びつかなかった。以後，関東地方では片口形も注口土器も中期中葉まで再出現せず空白期を迎える。

関山式などこの時期の土器群は，全国的に見ても深鉢形を基調として発達するが，縄文時代において特に縄文の種類が最も多い時期である。深鉢形の中に波状縁が見られるようになり，他地域に先駆けて大振りな扇状装飾把手の山形波状縁を発達させる特徴が見られる。そのほかに，この時期の土器には，口縁部文様帯を形成し，そこに沈線文と多種多様な縄文を施文する特徴があり，主に竹管状の押し引き沈線文による鋸歯文や渦文などが施文される。また，地文や体部全体に，斜縄文，羽状縄文，組紐押捺文，ループ文，コンパス文，貝殻条痕文などが施文される。深

鉢形には比較的大型な土器が多く，その割には注ぎ口が小さく余り用をなさないように思える。

谷津台遺跡7号住居跡（長方形住居跡）から廃絶住居の堆積土に廃棄されたハマグリ，ウミニナの貝層とともに復元土器16点のうち片口土器6点（うち破片1点）が出土している（山武考古学研究所1988）。この事例は，当然片口土器は一緒に出土した魚介類を煮沸した容器と考えるべきである。この遺跡には，同じくこういった貝層を伴う廃絶住居跡が関山式から黒浜式を経て浮島式までの間に14軒（主体は関山2式期）あり，いずれもハマグリを主体にする貝層に多かれ少なかれ片口土器が出土している。したがって，ここはそれらの資料が示すとおり片口土器に炭化物の付着もかなり見られるので，魚介類の食料を煮沸した容器だと考えて間違いないと考えられるのである。

しかしながら，貝塚の存在しない内陸地域の栃木，群馬県，あるいは長野，山梨県からも片口土器が出土しており，煮沸対象物を魚介類に限定する必要はなく，食料を煮沸する容器であると考えるべきである。このことは，その器形が深鉢形，鉢形をしていることから通常の深鉢形土器の用途と同じ機能を持つ容器に注ぎ口を付けたのが片口土器なのであって，特別な用途，機能を課せられた容器ではなかったと考えてよいであろう。

実際には同じ深鉢形でありながら注ぎ口のない深鉢形が多数出土しているので，その有無には何らかの意味があるだろうと考えたい。何故注ぎ口を付けるのか，その結論は俄かに引き出せないが，ともかく関東地方において前期の一時期にそういう片口土器を作り使用する文化があり，それが関山式土器の分布圏として周辺地域にまで影響したと捉えられる。

4　中部，北陸地方の前期片口・注口土器

片口土器は，少量ながら関山式土器が伝播する山梨県穴沢遺跡や長野県の中部地方にも出土している。

北陸地方の前期前葉の福井県若狭町鳥浜貝塚（福井県1984）に，片側に孔の空いた注口部の造作のある木製品が出土している。遺存率の極めて低い木製容器に例を見ることは，当時かなり多く製作されていた事情を物語るであろう。因みに注口形の木器は後，晩期に北陸地方で出土しているので，出土例が少なくとも木製の器は当時相当に普及していたと考えるべきであろう。

なお，石川県真脇遺跡（能都町1986）の類例は，片口土器と疑似注口土器である。名称はともかく，その報告書に類例を集成して考察がされている。

5　前期の疑似注口土器との関連性

(1)　疑似注口土器の類例（図版6-1〜5）

前期には，注口土器に形態や注口部がよく似た疑似注口土器と言える深鉢形土器がある。それは，早期後半にも見られた深鉢形土器の口縁部に注口状に空洞化した口縁部把手が付く類例（疑似注口土器）である。これには口縁部の装飾把手として波状縁の把手が空洞化するもの，注口部

のような突起として付くものがあり，後者には空洞になっていないものがある。そういう類例は，数が少ないながら東日本一帯に散見するので，管見に触れた類例を任意に紹介したい。

石川県真脇遺跡の真脇式土器に，実用的なものと言いがたい深鉢形の口縁部に片口形，筒状の装飾把手，山形口縁部把手の頂部を空洞化したものがある。いずれも装飾的なものだと考える。同じ形状の類例が秋田市下堤D遺跡から出土している。それは秋田県地域では見られない土器で北陸系統の前期末葉の朝日下層式土器から中期初頭の新保式土器に同定され，広域な型式要素の交流を示すものである。また，前期末葉（十三菩提式）の横浜市室ノ木遺跡（横須賀考古学会1973）に，口縁部把手の頂部が空洞化して注口状を呈する類例と口縁部の山形装飾把手の先端が内側に捲れて片口状を呈する二種の深鉢形土器が見られる。前者の様子は，早期の元野遺跡などの類例に似ている。長野県神ノ木遺跡（茅野市1986の図89）の口縁部に筒状の突起が付いた外見上注口土器に似た深鉢形土器は，空洞になっていないので見せかけの注口土器である。新潟県清水上遺跡出土の類例（新潟県1996b）は注口部と思しき把手が2ヵ所に付き，福島市宇輪台遺跡出土の類例は4ヵ所に注口部らしき孔が空いている。ほかに，新潟市重稲葉遺跡（巻町1994）の十三菩提式平行の真脇式土器とされる類例，青森県五戸町出土の類例があるが，いずれも注口土器とするには適切でない。

(2) 注ぎ口の装飾化

前期には，深鉢形を基本形にして片口形にしろ注口形にしろ実用と装飾的な非実用と思しき注ぎ口の付いた様々な土器がある。それらは，実用と非実用の形態が明確に分離されない段階だと受け止めることもできる。では，装飾に注口部らしき形状を採用するのは何故だろうか，このこととその多様性にはきっと意味があるに違いない。まず言えることは，注口部の形状が装飾化されていることの意味として，その注口部形状自体に意味があったと考えられることである。同時に，前期において口縁部把手が波状縁から次第に大振りな山形状を呈して発達するようになり，背景に深鉢形土器の形態自体に変化が生じ装飾性が付加されるようになることである。

こういった口縁部把手の発達は，関山式土器にも顕著である。関山式の片口土器の場合は，口縁部把手に注口部を付けるのはやや後出のものが多いことと注口部の付く位置が口縁部把手の中ほどで，実際上は上記したようになくても支障のない程度の代物（注口部）である。これに対して，疑似注口土器は端から機能性を考慮せず，むしろ装飾性に主眼を置いたものである。

とすれば，関山式の片口部自体も装飾の一環として作り出された可能性があるということも念頭において考えなければならないだろう。では，何故注ぐという機能を形態，しかも装飾に転化したのであろうか。このことは，実用か非実用かという，何故に片口・注口土器というものが製作され，後に発達することの根源を考える最も基本的な命題である。片口・注口土器の本質的な意義は，少量の液体を対面者（向き合う相手）に対して注ぐ，すなわち捧げることにある。もちろん，その行為は前期に始まったものではなく，草創期から注ぐ行為を土器の形態に投影してきたし，何よりも注ぐ行為自体は特別なものではない。しかし，それを特別な形に表わしたところに片口・注口土器の存在意義があるだろう。注ぐ行為自体とその背景には多様なものがあったに

違いないが，少なくとも前期においてはそれが文化として形而上的に造形表現されて普及する何らかの理由があったと考えなければならない。そのためのヒント（の一つ）が，疑似注口土器にあるだろうと考えるのである。

　注口土器と言えば，後期以後の土瓶，急須形の壺形系統の注口土器を念頭に考えがちだが，日本の注口土器は最初深鉢形土器をベースにして発達したことを考え，逆に少なくとも後期には原則的に深鉢形ないし鉢形の注口土器がアブノーマルであることを考慮すれば，中期を境にして前期以前と後期以後では注ぎ口を持つ土器が本質的に変容していると思われるのである。その過渡期が前期の関山式以後の中期までの間にあるだろうから，注口土器の発展の軌跡を考えると今後は（深）鉢形の注ぎ口の付く土器から脱皮する前期後半から中期中葉までの段階の実態を把握しなければならない。我々はこの命題において閉塞状態に陥っているが，案外に視野を広げて観察すれば縄文時代の注口土器の持つ本質的意義とその変遷過程に対し，思わぬヒントを得られるかもしれないのである，という意味で疑似注口土器を取り上げた。

第7章　縄文時代中期の注口土器

1　中期の注口土器の特徴

　中期の注口土器は，東北地方中南部を中心に北は北海道南部，東北地方北部，西は東海地方および北陸，関東地方まで東日本一帯に分布する。この間の中央部にあたる東北地方南部が，内容，出土量などから見て中枢地帯であると言える。現状では近畿地方以西の西日本の類例を寡聞にして知らず，存在しない可能性がある。勿論，関東，東北地方などの東日本とは係わりなく，突発的に出土する可能性はあるであろう。

　中期の注口土器は，前期の片口土器とそれに伴うわずかに見られる注口土器とは無縁に発達したものか，関連性があるのか，中期前葉の類例が少ないためその出自はまだわかっていない。前期と中期の関係を知る類例は，今のところリージョナリティーな浅鉢形注口土器の青森，福島県と千葉県だけだが，浅鉢形土器である点で共通性があるものの相互に乖離があって判断が難しく，今後の資料増を待ちたい。

　中期の注口土器は，中葉から後葉にかけて東北地方中南部の大木式土器に盛行する。関東地方では類例は少なく中部，北陸地方でも散在する程度で，中期の注口土器は東北地方が主体を占め，鉢形系統の土器の口縁部に丸く筒形の注口部を形成して従前と全く違った形になって登場する。いわば，中期中葉は縄文時代の新たな注口土器の萌芽形成の時期である。換言すれば，それは山内清男の言う注口付き土器から所謂注口土器への転換期でもある。

　中期中葉の注口土器は，深鉢形と浅鉢形土器に注口部を付ける形態で，これに壺形の要素が加わり，大木8a式土器に口縁部が内湾する浅鉢形の注口土器が出現する。その嚆矢が壺形の要素を取り入れた福島県法正尻遺跡の類例（図版7-1）で，後の注口土器の原型になると考える。

　このように，注口土器は中期前葉にはまだ断続的に出現する程度だが，中葉から主に東北地方に普及し多様な注口土器が製作され，後葉において地域差が顕著になり始める。そういう注口土器の主体を占める器形系統は，浅鉢形，鉢形，深鉢形土器に注口部が付く鉢形系統の注口土器である。そして，この段階から東北地方における注口土器の変遷過程が土器型式に対応して詳細に把握されるようになる。

　中期後葉には，注口部および注口土器自体の形態が多様性に富み，注口土器の装飾性が一層顕著になるとともに，各地域に独特な注口土器の類型が出現するようになる。その代表的な注口土器が，東北地方の瓜実形注口土器，門前型注口土器，関東地方の瓢箪形注口土器の萌芽であろう。しかし，こういった特徴的な類型のほかに，注口土器の型式学的な考察を行なう上で重要な器形は，大木8a式土器から8b式土器の壺形と浅鉢形の折衷形態と大木9式土器から大木10式土器

に至る鉢形注口土器を主体にする鉢形系統の注口土器の変遷である。それは，既存の土器に注口部を付した所謂注口付きの土器と違って，型式学的範疇として明らかに注口土器という概念を与えるに相応しい，注口土器に特有な器形の形成（出現と確立）という形で捉えられるものである。中期における東北地方の注口土器の重要性は，出土量の多寡だけでなく器形，口縁部把手の形態，位置などの特徴に見られ，後の注口土器の基本的な分類法の根幹をなすことにある。鉢形注口土器は，その形態から煮沸など日常的な容器に違いなく，それを裏づけるように炭化物が付着しているものが多い。反面，瓢箪形注口土器のように研磨が著しく朱彩を施した精製の注口土器が存在し，徐々に土坑墓に埋葬される状態で遺構に伴って出土するものが現われ，明らかに用途が特殊化する傾向が窺われるようになる。

2　北海道の中期注口土器

　北海道には，中期の注口土器は極めて少ない。八雲町落部1遺跡に，深鉢形の口縁部の突起に注口部らしき空洞のあるサイベ沢7式土器が出土している（図版6-7）。注口部は，直径が2.5cmで片口状にわずかに突出するだけで筒状に突出している訳でない。体部全面に複節LRL縄文を施文し，弧状文の沈線文を3段に施す。この文様モチーフは，山内清男の言う円筒土器直後の土器によく見られるもので，概ね東北地方北部の中期中葉に位置づけられる中の平1式土器に平行するものである。地文に複節縄文と弧状沈線文を施文するので，元来は北海道の伝統的な土器でなく東北北部の大木系土器の影響を受けた土器であることが理解されるが，このような注ぎ口を持つ類例は東北北部に見当たらない。大容量の深鉢形にしては，その注ぎ口があまり用を成さない程度の大きさで注ぎ口の役割を果たしたと思えないので，装飾的に形作られたものと見た方がよいだろう。体部上位に炭化物の付着があり，煮沸容器に用いられたものである。

　木古内町新道4遺跡BH16住居跡堆積土から，大安在B式土器と思われる鉢形の口頸部に細長く付いた注口部破片が出土している（北海道1986c）。注口部の位置に1条の沈線文とその上下に短沈線文を施し，注口部全体に北海道らしく縄文が施文されている。ほかに，登別市川上B遺跡（北海道1083，1985c）に疑似注口土器が散見する。それは，青森県の泉山式から中の平1式土器にかけて同じ形制の土器に付く口縁部突起に空洞があるものや円形の粘土紐を貼り付けた疑似注口土器に似ている。

　出土例は，道南部に限られ，今のところ道央部に寡聞にして見ない。落部1遺跡の類例は青森県の土器の文様と関連するが，新道4遺跡の類例は北海道独自の土器なので今後道南部以北に発見される可能性があるだろう。

　北日本の観点で中期の注口土器の出自を捉えると，北海道と青森県は注口土器の隆盛から外れた地域である。海峡を挟んだ青森県には少量ながら東北地方中部の搬入された大木式土器の鉢形注口土器が出土し，北海道には青森県の文様の影響が見られる深鉢形注口土器が出土する。その一方で，北海道に独自な注口土器が形成されていることが注目される。落部1遺跡の類例は注口部が筒状ではなかったが，新道4遺跡の類例は厳密に言えば早期の静川5遺跡以来の確実な注口

土器である。しかも，その注口部形状は，東日本に見られる一般的な大きく太い中期注口部と違って，細長く全体に縄文を施すという北海道独自なものである。

3 東北地方の中期注口土器

(1) 東北地方の概要

　南北に長い地勢の東北地方は，北部と南部で地域差が明確で，北の円筒土器文化圏と南の大木式土器文化圏に二大別される。縄文時代前期以来この二つの地域差は一貫して対立的であるが，しかし詳細に土器を観察すると東北地方をそういう形で二分する地域性区分は必ずしも実態に即していると言えず，筆者は予てから少なくとも中期以後から東北地方の地域性区分は北部，中部，南部の三分割して捉えるべきことを主張している（鈴木克彦2001ほか）。その理由は，同じ大木式土器でも岩手県と福島県では細別型式の内容に相当な違いがあるからである。東北地方中部と南部の地理上の境界は，宮城県仙台市の名取川河口付近に求められると考えている。

　東北地方中，南部つまり大木式土器文化圏に注口土器が多い。深鉢形土器に注口部を付けた注口付土器だけでなく多様な器形の注口土器が，大木式土器に形成される。その後の縄文時代の注口土器は，大木式土器に出自し発達して形成された注口土器の様式を踏襲して発展すると言って過言でない。これは注口土器に限ったことでなく，北海道を除いた東日本一帯の土器型式が東北地方南部の大木式土器の諸要素を中軸にして相互に影響しあって発展していることと同様であると考える。関東地方とも北陸地方とも接する地理上の位置にある東北地方南部は，相互の接触圏（潮間帯）として複合した新しい文化を生む条件を備えた地域であり，そういう地域に注口土器が出現しているのである。

　大木式土器に形成された縄文時代の注口土器の特徴は，深鉢形，（浅）鉢形と壺形と独自な器形──鉢形，壺形，それらの中間的独自な器形系統──の三位異体の注口土器である。その注口土器の様式は，初めから完成されたものではないが，東北地方南部の大木式土器がその形成に大きな役割を果たしている。

　東北地方の地域性に係わる北と南の相互の動向について説明しておきたい。中期中葉において北部に対し大木式土器が浸透し始めてそれまで根強かった北と南の明確な対立軸の均衡が崩れ，北部の円筒土器上層式土器を崩壊させ，北部に大木式土器の強い影響の下にその亜流の大木系土器文化（鈴木克彦1976）が形成される。つまり，北部の中期編年は，円筒土器上層式土器─円筒土器直後の土器─大木系土器へと変遷する。これらに対峙するのが，中南部の大木7a式から10式の大木式土器である。この間，大木8a式土器が形成される段階になって急激に大木式文化圏に注口土器が製作されるようになる。大木8a式から8b式土器は，注口土器だけでなく東日本の縄文土器全体に多大な影響を及ぼし火炎土器さえ生む極めて重要な土器型式だが，それに見られる土器の器形，文様の諸要素はその後の縄文土器の根幹を成すものである。以後，大木8a式土器を境に注口土器が東北地方に盛行するようになる。

　大木9式から10式土器に瓜実形の深鉢形注口土器が，東北地方南部に出土している（図版22，

23)。関東地方の瓢箪形注口土器に影響したと考えられているもので，瓢箪形注口土器（図版24）も少なくない。中期注口土器のクライマックスと言える存在なので，南部地域の項で後述する。

　また，近年発掘された中部地域の岩手県清水遺跡の門前式土器に伴う深鉢形注口土器（図版16～19）は，従来後期とされていたその門前型が中期末葉の大木10式土器に萌芽していることを物語る資料である。

(2) 東北地方北部の注口土器 (図版7, 9, 11)

　北部に注口土器が再び現われるのは，中葉後半の大木系土器の段階になってからである。青森県六ヶ所村富ノ沢遺跡，八戸市石手洗遺跡の大木8b式平行期の注口土器（図版7-4）は，大木系土器として在地で作られたものでなく，中部地域からの搬入の土器である。北部の円筒土器文化圏では，中期初頭にどこよりも早く注口土器を作りながら継続されなかった。中葉の注口土器も搬入土器なので，この地域の円筒上層式土器と大木系土器には注口土器を作る文化が継続されなかった。それを裏づけるように，青森県では中期後半期の注口土器は東部に上記の大木8b式土器相当が2点，富ノ沢遺跡，秋田県鹿角市天戸森遺跡に大木9式土器，八戸市田面木遺跡に大木10式土器相当各1点の5点が出土しているだけである（図版7）。しかし，注目すべきは後の注口土器の原型とも言える口縁部や注口部に付く把手と，口縁部が「く」の字状に内傾する浅鉢形の器形である。前者は，元来注口部を強化するために工夫されたものであろうが，青森県富ノ沢遺跡の類例（図版7-3）には主軸に沿って注口部基部の上位に口縁部に接した有孔の把手が付き，岩手県盛岡市柿ノ木平遺跡の類例（図版7-5）には反対側に有孔の把手が付いている。吊り下げる機能体でないことは，いずれか一方にだけ付くことでわかる。そして，今のところ青森県西部の津軽地域には見られない。

(3) 東北地方中部の注口土器 (図版7～14, 16～18)

　上述したように東北地方中部は，太平洋側では岩手県岩手町，盛岡市から宮城県仙台市までの地域を指す。日本海側では秋田県米代川南岸から恐らく山形県山形市と鶴岡市を結ぶラインまでの地域が相当するだろうが，日本海側の境界についてまだ十分に確認している訳でないのでここでは山形県全域を含めておく。

　その中部地域において注口土器が出現するのは，盛岡市大館町遺跡の大木8a式の口縁部が内湾する鉢形土器（図版11-4）からである。次いで，大木8b式土器には深鉢形，鉢形，浅鉢形土器の鉢形系統として盛行し始める。この時期の特徴は，注口部が体部に付くものがあることと口縁部把手が付くことである。岩手県盛岡市周辺に5点が知られ，ほかに山形県大蔵町白須賀遺跡（図版7-8）の口縁部がキャリパー形を呈する深鉢形の体部下半部から口縁部にかけて太い筒状に伸びた類例がある。その類型は鶴岡市八ツ目久保遺跡，西川町山居遺跡（図版13, 14）にも出土し，山形県に多く地域性を示す。こういった地域性は，八ツ目久保遺跡のように壺形土器にも見られ，中期では他地域に見られない特徴を示すように，注口土器は東北地方南部とともにこの地域において最も発達したものだと言えるだろう。そのことを裏づけるものとして，岩手県藤沢町

十文字遺跡の大木8b式から9式古手に位置づけられると思われる壺鉢形の注口土器（図版11-10）が注目される。この地域においては口縁部が内湾する鉢形が多いが，小型で体部が脹らみ，口径と底径の比が同値になる壺のような口縁部が内湾する鉢形に注口部を持つ器形は他地域には少なく，後（後期前葉）の注口土器の独自な器形の原型として先駆けをなすものだと考える。そういう意味で極めて重要な器形として注目される。

盛岡市小山遺跡と山形県鶴岡市野新田遺跡の類例（図版7-11，図版12-7）は，環状土器である。これは液体を入れる口と注ぎだす口が一緒になったもので必ずしも注口土器と言えないが，東北地方にのみ見られる後の環状注口土器の祖形をなすものであろう。

大木9式から10式土器になると，東北地方南部と同様に再び増加し鉢形注口土器が多くなり，大型化するものが現れる。ところが，大木10式後半になると中部の注口土器は，後期前葉の門前式土器に至る過程で独特な深鉢形注口土器を萌芽させる。それは，東北地方北部にも南部にも見られない独特な類型で後期初頭に継続する。その好例が，岩手県一関市清水遺跡の深鉢形注口土器群（図版16～19）である。独特な後期の深鉢形を基調とする門前式土器は，器形と文様において大木式土器の正当な後継土器型式（鈴木克彦2004）であるが，中期末葉と後期初頭の時期区分としては旗掛け文，抱球文を施文するものが中期，門前型文様を施文するものが後期に区分され，それに対して朝顔形に開く独特な深鉢形の器形変化は少ない。そういう門前型注口土器は，中部の圏外に分布せず，地域的な纏まりが強い。比較的大型なものが多く，それに大小の鉢形注口土器が伴う。

（4）　東北地方南部の注口土器（図版7，9，10，15，20～23）
①　東北地方南部の注口土器

東北地方南部という地域性区分は，土器の型式の内容から従来の東北地方南部を二分して仙台市を含めないそれ以南の，主に福島県中心の地域である。東北地方南部には，東北地方はおろか中期注口土器としては全国で最も類例が多く出土している。

福島県磐梯町法正尻遺跡，喜多方市博毛遺跡（図版7-1，2），南会津町寺前遺跡，福島市月崎A遺跡，飯坂町八景腰巻遺跡，郡山市妙音寺遺跡（図版15-1，4，6～9）の大木8a式土器の類例が最も古いものである。その中で，法正尻遺跡の壺形に近い類例と関東地方の阿玉台式系とされる寺前遺跡の浅鉢形の類例が注目される。注口土器が一般的になり始める大木8a式の特徴は，博毛，法正尻遺跡の類例からわかるように浅鉢形と深鉢形に付く注口部を装飾化し，大振りでラッパ状に開く注口部の口端に沈線文が施され装飾化していることである。元来，注口部は機能体であるが，装飾的に象徴的な作り方をしていて注ぐ役割を果たす部分に対する思い入れの強さを窺うことができる。

次の大木8b式の注口土器は，大型の深鉢形に多いが，全体的にまだ数量は少ない。福島県磐梯町天光遺跡の類例（図版7-7）は，口頸部がくの字状に窄まる広口の壺形に近いものである。

その後，大木9式以降急激に多くなり，大木10式までほぼ全域に普及する。大木9式土器には，口径と底径の差が大きい口縁部が内湾する大ぶりな鉢形注口土器が多くなり，口縁部に付く

注口部は文様の一部となって装飾化されたものや痕跡程度の注口部を示すものがある。宮城県七ヶ宿町大梁川遺跡では，大木9式から10式に至る変遷が層位的に捉えられ，注口部が深鉢形，鉢形土器から浅鉢形土器に移行する過程の様相と，注口部が装飾性から実用性に至る注口土器が発達する変遷過程を知ることができる（図版8）。大木9式段階では口縁部が内湾する大型（深）鉢形に装飾的に文様の一要素として注口部が付き，次第に小型化して注口部が独立するようになってやがて小型鉢形に変遷する。そして，この地域に大木9式土器に深鉢形に体部下半部が脹らむ瓜実形注口土器が現われ（図版22, 23），大木10式土器まで継続する（図版21-3）。

　この独特な形態の瓜実形の深鉢形は，器形の上で口頸部に鍔状の張り出しを持ち，口頸部と体部に横位の把手を付ける特徴がある。東北地方南部では福島県を主体にして出土するが，関東地方にも分布し（図版25），類似したものは中部，北陸地方にも見られる（図版27）。

　大木10式土器では，浅鉢形，鉢形，深鉢形の器形に多様性が見られ，大型な鉢形が目立つ。鉢形注口土器の形態上の特徴は，口径と底径の比が大きく口縁部が内傾し，口縁部に波状縁ないし山形の突起が2~4個付くことである。突起から捻転した把手が付くことも多いが，口縁部把手のないものもある。この鉢形注口土器に付く口縁部把手は，東北地方（南部）の大きな特徴なので型式学的な観察が求められる。通常は，鉢形注口土器には口縁部に縦位の把手が付き，主軸方向に正面あるいは裏面と両端に付く。波状縁で突起と一体になった把手，波状縁や平縁に縦位の橋状把手，捻転把手など，多様な装飾把手が発達することも特徴である。なお，図版22-11~14の土器は後期の可能性がある。

　この時期の注口土器の器形を観察する上で，口縁部が内傾する鉢形注口土器と瓜実形注口土器，瓢箪形注口土器が注目される。同時期には，注口部を持たない同じ器形が存在すると見てよい。把手は有るものと無いものがある。特に，鉢形注口土器は東北地方だけに見られる器形で，わずかに新潟県に類例（図版27-6・7）がある。

　相互に類似する特徴を持つ瓜実形注口土器と瓢箪形注口土器は，時間差の関係にある可能性があるが，関東地方と違って東北地方ではまだ十分に研究されていない。関東地方に多い瓢箪形注口土器は主に福島県に存在し，その北限が仙台市下ノ内遺跡の類例（図版24-16）である。その一方で，関東地方に類例のある半粗製土器の鉢形注口土器（図版21-1・3・4）も存在する。

　このように，中期における東北地方南部の注口土器は，縄文時代の注口土器の発達変遷を考える上で重要な問題を内在させている。そして，未だ明確な壺形注口土器が少なく，深鉢形，鉢形，浅鉢形土器の鉢形注口土器として発達している。しかしながら，田地ヶ岡遺跡の類例（図版21-6）は口縁部が内傾し広口の壺形に近い形態の要素が見られる。図版21の5と6の関係は鉢形に壺形の要素が加わることを示し，6の類例は後期注口土器の一つの類型を成す嚆矢であり，型式学的な観点から考えて実に重要な転換を成し遂げている類例と思われる。

　東北地方南部の中期注口土器の出土量は，全国的に見て突出している。その理由に，一つには背景に器形の変化に富む大木式土器自体が持つ器形の多様性と，その地域は北の東北地方中部，南の北関東地方やあるいは北陸地方との文化圏の接触圏となっているという文化の交差する地域的な特徴があるのではないかと考える。中期において東北南部の大木式土器は，例えば北陸地方

の火炎土器など他地域に対し多大な影響を与えたようにメジャーな土器型式であるばかりか，その注口土器は縄文時代の注口土器の変遷過程と本質を知る上で極めて重要な位置づけを担っているのである。その最大の特徴は，鉢形系統の注口土器である。鉢形の注口土器であるが故に，内面に炭化物の付着が多く見られ，煮沸用器として用いられたことは明白である。

② 東北地方南部の壺形注口土器

中期において明らかに壺形の注口土器は極めて珍しいもので，破片以外では宮城県松島町長根（旧名は幡谷）貝塚と山形県鶴岡市八ツ目久保遺跡（図版 12-5）の大木 8b 式土器の類例を知るだけである。福島県飯坂町八景腰巻遺跡の中期中葉とされる類例（図版 15-1）が，壺形に復元されている。

この時期にはまだ壺形土器自体が少なく，特に八ツ目久保遺跡の類例は空洞の注ぎ口が体部から口縁部まで立ち上がり，白須賀遺跡の類例（図版 7-8）に似ているが，既存の壺形に装飾的に注ぎ口を付けたものである。壺形土器に注口部を付ける壺形注口土器は後期以後に多く見られるが，中期を嚆矢とすることがわかる。しかしながら，既存器形に注口部を付けるだけで器形系統としての連続性は窺われず，上記の出地ヶ岡遺跡の類例の出現に直接影響を与えたとまでは考えられない。

大木 10 式土器に，広口壺形が普及する（図版 9-10・14 など）。それらは，一見すれば鉢形の口縁部が窄まった形態とも言える。独特な器形に違いないが，宮城，山形，福島県には少ないものでなく，宮城県六反田遺跡など後期初頭まで出土している。その田地ヶ岡遺跡の類例は，上記したとおり鉢形に壺形の要素が加わることによって成立したもので，後期に六反田遺跡，二屋敷遺跡などの諸例を経て独特な器形の注口土器に成長してゆくと思われる。

壺形の要素を取り入れる工夫は，中期大木 8a 式土器の法正尻遺跡の類例（図版 7-1）に開始してから確実に存在し，法正尻遺跡―石手洗遺跡―十文字遺跡―下ノ内遺跡の類例を経て広域に及んで変遷しているが，いずれも口頸部が発達せず算盤玉に近い器形のものであった。それが田地ヶ岡遺跡の類例の出現によって短くも口頸部が形作られるようになる。しかも，それが独特な器形の法正尻遺跡の類例から変化したものではなく，鉢形をベースにして壺・鉢形折衷の形態つまり鉢形に壺形の要素が合体した独自な器形を呈しているところに独自性があると言わなければならない。

③ 東北地方南部の瓜実形（型）注口土器

東北地方南部の中期末葉に，少し変わった器形の注口土器が存在する。それが，瓜実形注口土器（図版 22, 23）である。瓜実形注口土器とは，体部下半部が脹らみ口縁部にかけて狭まる深鉢形に注口部を付けたものである。体部直径に対して口縁部直径が短いために一見すれば細口の長頸壺形の変形に見えるが，深鉢形土器の範疇に入るものである。その形態は，東北地方南部だけに見られる訳でないが，注口土器になるものは確かに東北地方南部に多い。

これにはいくつかの特徴がある。形態上では，体部下半部が脹らんで口縁部に向かって狭まりそのままストレートに立ち上がる。それらには，口頸部に鍔状の隆帯が付くものと付かないものがあるが，孔が空けられていないので関東地方などの有孔鍔付き（注口）土器とは様相が少し違

う。特徴は，口頸部と体部下半部に横位橋状把手が付くことである。こういった特徴を東北地方南部の土器型式の変遷で捉えることが難しく，中部，関東地方との広域な相互の影響によって形成されたものと考えられるが，口縁部が狭まるのは東北地方北部の大木9式平行期である中の平3式土器（図版7-12）に見られる特徴であり，東北地方にそういう器形を生む素地がない訳でない。

このほかに，ほぼ同時期に口縁部と体部が脹らむ形態がある。口縁部が窄まらないでもう一度脹らむ形態の土器が，福島県いわき市下平石遺跡，郡山市一ツ松遺跡（図版22，23）に出土している。それにも横位橋状把手が付くものと付かないものがある。稀に，背の低い鉢形になっているものがある（図版15-7）。

このように，体部が脹らむ瓜実形注口土器には口縁部が窄まるa類と脹らむb類がある。厳密には，瓜実形はa類を指す。しかし，両者の特徴はかなり類似している。この二者を一括して瓢箪形注口土器と捉える（福島県2003a）向きがあるが，関東地方の瓢箪形注口土器とは区別して考えたいので，a類を瓜実形，b類を瓢箪形として区別するべきではないかと考える。

これらに類似するものが，関東地方の瓢箪形注口土器である。関東地方では，東北地方南部の瓜実形土器が瓢箪形注口土器に影響したと考えている。しかし，瓜実形注口土器の系譜についてはまだ不明であり，複合した文化の動態を細かな諸要素に着眼してその器形と横位橋状把手の出自を追求する必要があると思う。

類例は，福島県南相馬市上栃窪遺跡，福島市宇輪台遺跡，本宮町高木遺跡，馬場前遺跡（図版22，23）に出土し，いずれも大木9，10式土器である。

横位橋状把手は，上下左右に対になって付けられる。文様はU字，コ字，S字などの磨消縄文を施文する。その文様から橋状把手，鍔状突起のないものが古く，新しくなると両者が見られるので，この二つの特徴の来歴を考察することによって系譜が明らかになるだろうが，口縁部の鍔状突起は中部，関東地方の鍔付土器からの影響によるものであろう。a類とb類の関係とともに横位橋状把手の出自など，型式学的に追求する必要がある。

4 関東地方の中期注口土器 (図版24〜26)

(1) 関東地方の概要

関東地方の中期注口土器は全体的に少なく，後葉から末葉になって見られるようになる。今のところ，関東地方の中期で最も古い類例は，五領ヶ台式とされる神奈川県横浜市金沢文庫遺跡（神奈川県1988，破片2点），キャリパー形深鉢形土器の屈曲部に注口部を持つ勝坂式の東京都町田市常磐町遺跡（浅川利一1960）の類例である。

次いで，中葉の千葉県八千代市ヲサル山遺跡に阿玉台4式と思われる船形を呈し注口部の反対側に縦型の橋状把手が付く浅鉢形注口土器（図版25-1）が出土している。

後葉の注口土器には，有孔鍔付注口土器，瓢箪形注口土器と大型の半粗製鉢形注口土器があり，稀に深鉢形注口土器，広口の壺形注口土器を見る。加曽利E1式から次第に類例が増え，加曽利

E3式になって有孔鍔付土器から変化したかその諸要素を残存する地域性の強い瓢箪形の有孔鍔付注口土器が出現し，加曽利E4式には瓢箪形のほかに鉢形，深鉢形の注口土器が出土する。

　そのような関東地方の中期注口土器は，鉢形系統と壺形系統に分類される。鉢形系統には，浅鉢形，鉢形，深鉢形の注口土器がある。そして，最も多いものが後葉に出土する半粗製鉢形注口土器，瓢箪形注口土器である。

　壺形注口土器は，末葉にわずかに神奈川県尾崎遺跡に類例（図版25-3・4）が出土している。関東地方では，中期における明白な壺形注口土器としては嚆矢となる類例である。広口の口頸部の立ち上がりの幅が狭いことが特徴で，独自な器形と見てよいであろう。

　大型鉢形注口土器は，口縁部に2〜3cm前後の無紋帯を持ち，体部全体に縄文だけを施文する半粗製土器と体部に磨消縄文を施文する精製土器の注口土器がある。後者の類例で最も古いものは，栃木県上河内村梨ノ木平遺跡出土の口縁部が内傾する加曽利E1式の類例（図版25-2）である。ほかに，加曽利E3式と思われる東京都多摩ニュータウン380遺跡，加曽利E4式の群馬県甘楽町白倉下原遺跡から出土した類例（図版25-9・15）などがある。前者には注口部の反対側に縦型橋状把手が付き，後者には注口部の上にそれが付いている。関東地方に多く，その圏外では福島県，長野県，静岡県（図版27）など周辺地域に少量出土している。それには口縁部把手が付くものと付かないものがあり，口縁部の縦型橋状把手は中部地方の中期に見られる両耳壺形の肩部に付く把手に似ているので，相互の関連性を想定できる。

　深鉢形注口土器は，一般的な粗製深鉢形の器形に注口部が付くものはなく，体部断面形がS字状の弓なりにカーブする有孔鍔付注口土器の深鉢形を呈する範疇に入るものである。稀に，口縁部が窄まって壺形に近い半粗製の横型橋状把手を持つ朱塗り注口土器が御城田遺跡（図版25-7），栃木県那珂川町仲町遺跡（図版25-10）から出土している。この横型橋状把手は，瓢箪形注口土器にも見られるが，東北地方南部と関連する瓜実形注口土器の特徴である。

　関東地方で最も類例が多い有孔鍔付注口土器，瓢箪形注口土器には，有孔鍔付土器の小孔，鍔の要素が残存して見られるのでそれと大いに関連する土器に相違ないが，有孔鍔付土器は中部地方，有孔鍔付注口土器，瓢箪形注口土器は関東地方に多く見られる。多くは全体を研磨した無文の土器と隆線文による曲線文の文様モチーフを施文するものであり，無文研磨の精製土器が多い。その器形断面形を観察すると，口縁部が中期に多い所謂キャリパー形の器形を呈し，口縁部から底部にかけての中間部が大きくS字状に屈曲し体部最大径が体部上半部と下半部にある深鉢形，下半部が脹らみ最大径が体部下半部にある深鉢形，体部上半部と下半部の断面形が丸みを帯び壺形を二つ上下に重ねたような深鉢形とも壺形とも言える器形（ここでは他との形態差を強調する意味で便宜的に壺形と呼ぶ）の土器，の三種が存在する。稀に口縁部に縦型橋状把手を持つものがあるが，通常は横型橋状把手を口縁部と体部に付けるものである。いずれも良質な粘土を使い焼成がよく器面全体を研磨し，朱塗りが多く，独特な形態などいかにも特殊な土器という印象を与え，関東地方を代表する注口土器である。

　これらは，概ね中期末葉の加曽利E4式に分類され，後期には下らない（丹野雅人1985）とされてきたが，一部が後期初頭に位置づけられている（鈴木徳雄1992）。その場合の新しい時期の

器形は，口縁部がくの字に内傾するものや体部上半部の脹らみが下半部よりも小さいものである（例えば，図版20-8～11）。

(2) 関東地方の瓢箪形注口土器（有孔鍔付注口土器）

　関東地方から東北地方南部，中部地方に，瓢形あるいは瓢箪形と呼ぶ特徴的な注口土器が出土する。これについては，丹野雅人（1982，1985）や西山太郎（1986，1989）などの研究があり，編年については大方は中期末葉とし，一部後期に及ぶとする見方がある。長沢宏昌（1997）は有孔鍔付注口土器と呼び丹野雅人（1985）らは瓢箪形注口土器と呼ぶが，類例は関東地方に多いので後者の意見によって瓢箪形注口土器と呼ぶことにする。しかし，いずれもその出現のベースに有孔鍔付土器との関連性が考えられている。

　中期末葉の加曽利E4式の段階に見られる体部中央が曲線的になって二体に膨らむ瓢箪形の特殊な器形に注口部が付く瓢箪形注口土器の成立には，縄文時代前期の有孔土器に始まる鍔付土器を起源とする鍔付有孔土器を経て有孔鍔付土器に変化し，さらに有溝小把手付土器へと変化して出自するという変遷過程が捉えられている（田川　良1980ほか）。その変遷過程において，注口部が付くのは中期後葉の有孔鍔付土器の段階で，有孔鍔付注口土器とも称される一方で，丹野雅人（1985）によると有孔鍔付注口土器と瓢箪形注口土器は年代差の関係にあり，有孔鍔付注口土器には深鉢形と瓢箪形があってその瓢箪形の器形が発展したものが瓢箪形注口土器だと解釈されている。

　中部地方において，中期後葉の曽利2式に縦型の大きな一対の把手が付く両耳壺と呼ぶ土器が現われ，曽利3式に有孔鍔付土器が消失する。両耳壺には小孔が見られないが，鍔は残存する。関東地方では肩部に二条の隆帯文と縦型橋状把手が付く有溝小把手付土器と呼ぶ壺形が出現し，加曽利E2式～E4式にかけて発達する。これには小孔と鍔が残存するとともに，注口部が付けられる。つまり，中部地方では有孔鍔付土器が消滅して両耳壺に統一され，関東地方では有孔鍔付土器の特徴である小孔と鍔が残存して有孔鍔付注口土器（瓢箪形注口土器）へと変遷してゆく（丹野雅人1985）と考えられている。

　丹野雅人は，瓢箪形注口土器は有孔鍔付注口土器の瓢箪形から変化したものだと考えている。つまり，有孔鍔付注口土器には，口縁部に小孔と鍔を持ち，口縁部と体部に紐掛け用の横型橋状把手を付ける深鉢形と瓢箪形があり，瓢箪形注口土器との違いは小孔と鍔の有無にあり，瓢箪形注口土器にはそれらが見られないことを指摘している。有孔鍔付注口土器以前の両耳壺形から有孔鍔付注口土器の深鉢形に変化するには器形系統が違うことに留意し，その後の注口土器の系譜が壺形を基調に発達している問題を取り上げて，型式学の基本問題を指摘した。

　瓢箪形注口土器は，良質な粘土を使い焼成よく研磨され，朱塗りのものが多い。形態が体部中央で大きく括れて壺形を2個重ね合わせたような器形と括れが弱くカーブした断面形を呈する。口縁部と体部には横型の橋状把手を付けるが，口縁部の縁が溝状に湾曲し受け皿状になっているものが多く，そこに小さな孔が空けられているものとそれが見られないものがある。張り出した部分が鍔付土器の名残であろう。稀に磨消縄文を施す類例があるが，典型的な土器には無文の地

に「の」字状の微隆起線の曲線ないし渦状の文様を施す。

　その器形が深鉢形をベースにしているものの，体部が丸みを帯びる器形は壺形にも見える。直前に縦型の橋状把手が付く両耳壺形がこの地域に多く出土していて，それとの関連性が考えられているので瓢箪形に屈曲する器形にはそういう壺形の要素が取り入られていると見てよいであろう。しかし，縦型と横型の橋状把手の関係は，大型の鉢形注口土器に縦型，瓢箪形注口土器には横型の口縁部把手が付くので，両耳壺形とともに瓢箪形注口土器に較べると一時期古い東北地方南部の瓜実形注口土器の存在は重要だと考える。

5　中部，北陸，東海地方の中期注口土器（図版27）

　中部，北陸，東海地方には中期の注口土器は少ない。中部地方には中葉に深鉢形の類例，末葉に（浅）鉢形の類例，北陸地方には鉢形，深鉢形の類例，東海地方に後葉の類例が出土しているだけで，これらの地域全体で把握している類例は破片を含めて20点ほどである。

　中部地方には，深鉢形に空洞になった大きな装飾把手が付く土器がある。それには，体部側面に沿って太く立ち上がる長野県茅野市棚畑遺跡の井戸尻式とされる類例（図版27-2）と口縁部に1～2個筒状に付ける長野県岡谷市花上寺遺跡（図版27-11）の類例があり，後者は山梨県北杜市海道前C遺跡（山梨県2000c）でも出土している。棚畑遺跡の類例は体部下半に孔が空き，液体を注ぎ出すには有効でも実用的なものとは考えられないが，大型な把手と注口部が一体化されている。このような装飾把手を持ち体部に孔のある大型深鉢形注口土器は，秋田県鹿角市大湯遺跡にも出土し，山形県白須賀遺跡の類例などこの時期に共通性がある形態かも知れない。長野県岡谷市花上寺遺跡の深鉢形土器に2個向かい合って付けられた空洞のある筒状の口縁部把手は体部に繋がっているが，これも装飾的な要素の強いものである。

　ほかに，外見上は同じ形の装飾把手を示しながら体部に孔が空かない類例があり，実用性はともかく空洞のある把手がこの地域の中期中葉の土器に装飾的に付けられている。中部地方にはこういった類例が少なくなく，茅野市勝山遺跡など注ぎ口として孔が体部と繋がっていないものは見かけ上の注ぎ口でしかなく，注口土器とすることはできない。

　中期末の加曽利E4式平行期に長野県信州新町宮平遺跡（図版27-3・4）で，関東地方と同様な深鉢形注口土器が出土している。キャリパー形を呈し，体部の口縁部突起と注口部の位置が連動して縦型橋状把手で結ばれている。長野県千曲市屋代遺跡の大型鉢形の注口土器（図版27-10）は関東地方に見られる器形で，静岡県伊豆市大塚遺跡の類例（図版27-8）とともに相互の関連性が窺われる。

　北陸地方の富山県朝日町境A遺跡20号住居跡から出土した中期中葉の台付鉢形土器（図版27-1）は厳密に注口土器と言えるものではないが，内面片側に付く孔の上に空洞のある装飾把手が付いて意図的な配置を示す。穴の内部に厚く炭化物が付着し，その用途は煮沸用であろう。北陸の火炎土器を含めて，大型で装飾性の強い深鉢形土器などには一様に炭化物が付着する。

　新潟県新発田市貝屋A遺跡（図版27-5）では，大木10式平行の深鉢形注口土器，新潟県城之

腰遺跡では浅鉢形注口土器が出土している。この時期の注口土器は，後期とされる佐渡市垣ノ内遺跡（図版27-7）と同様に，概ね東北地方の様相に類似している。

東海地方では，静岡県伊豆市大塚遺跡（図版27-8）から関東地方と同じ半粗製の浅鉢形注口土器が出土している。これと，図示していないが富山市花切遺跡の類例が，筆者が知り得た中期における最も西の類例である。

関東地方以西の地域には注口土器の破片資料はいくつかあるもののまだ類例が少なく，考古学的な評価を述べる段階にない。いずれも鉢形系統の注口土器を見るだけである。ただ，中期後葉から末葉においては，新潟県の類例は東北地方に与（くみ）し，長野，静岡県の類例は関東地方に類似すると言えよう。

6 中期注口土器のまとめ

中期の注口土器は，その本質的な意味において縄文時代の注口土器の遡源をなすものである。その中で，東北地方中・南部が重要な役割をなすので要点的にまとめておきたい。

中期の注口土器の特徴は，初期段階とは思えない器形上の類型に多様性があることである。その器形の基本は鉢形系統だが，深鉢形，鉢形，浅鉢形土器のほかに，量的に少ないとは言え壺形，独自な器形，環状の注口土器が萌芽していることである。分類上は，後期初頭から前葉と大差ない。後期の注口土器と関連する装飾把手もまた少なくない。

深鉢形土器の注口土器では，中部の門前型注口土器の前身になる特徴的な注口土器と南部の瓜実形の注口土器が注目される。前者は自己完結型，後者は隣接する地域間で相互に関わり，後に盛行する関東地方の中期後葉から後期前葉の注口土器の形成と関連している。比較的大型な鉢形注口土器（菅生田型）が，福島県から新潟県に及んで分布している（図版9，10，20，22，27-7）。その他に，壺形土器の注口土器が注目されるが，鉢形とも壺形土器とも類別できない独自な器形の注口土器の存在がこの地域と時期の最大の特徴である。

時期的には，大木8a式から大木10式土器に鉢形や壺形土器の類型化できる特徴的な注口土器と地域特有な注口土器が発達していて，縄文時代の注口土器の発展を考える上で中期大木式後半期の土器の役割は非常に重要である。中期大木式土器文化が後の日本の縄文土器文化のスタイルを決定づける役割を果たしていると考えており，注口土器の場合も例外でない。注口土器のスタイルすなわち様式は，この段階に萌芽しているのである。このように，この地域の中期注口土器は，縄文時代の注口土器の体系を考える上で重要な問題を投じていると思うので，編年学的研究を通して型式学的に整理した形で再検討する必要があると思っている。

第8章　縄文時代後期の注口土器

1　後期の注口土器の特徴

　縄文時代において，注口土器が北海道から九州まで全国に拡大して最も多く出土する時期が後期である。従来は最も多く出土する地域が東北地方であったが，近年の発掘調査により今では北海道に最も多く出土している。量的には青森県以北の北日本に多い。しかし，内容は単調である。質的には，器形に多様性が認められる東北地方南半部と関東地方が優れている。そして，その大半が独自な器形と壺形系統の注口土器である。後期全体では年代差と地域差があり，特に後期前葉と後葉の注口土器に地域差が著しい。なお，本書では従来不問に等しかった関東地方以西の西日本の注口土器の実態を明らかにしたい。

　後期の注口土器を観察する一つの視点は，中期からの継続性と晩期への継続性の問題である。それを体現している地域が，東北地方である。関東地方の場合は，初葉から前葉において，かなり東北地方との関連性が強い。

　従来，縄文時代の注口土器の研究が関東地方の後期前葉に求められてきた。それには理由があり，関東地方の後期前葉は縄文時代では注口土器が最も発達した地域であることと，類型が比較的明確で注口土器の形態学的分類，型式学的研究を行なう上で最も安定した捉え方ができるからである。しかも，その類型に多様性があり注口土器としての独自な器形を生み，その出自系譜，複雑な内容に隣接する地域間の相互の関係が絡み合っていて後期という時代相がよく反映されている。さらに，その類型が広範囲に分布し複線的に文化の広域交流を理解でき，幅広い知識と分析力を必要とする研究テーマとしての妙味があるからである。勿論，決定的な背景に，山内清男以来の全国土器型式編年のモデル地域としての詳細な型式学的研究の進展があることは言うまでもない。実は，このことが最も重要なことで土器型式の詳細な型式学的研究が確立していなければ注口土器の研究は砂上の楼閣となるのである。

　縄文時代後期は，縄文文化が最も安定的に発展した時期である。注口土器研究の立場から言えば，各地域において個性的な類型が成立し，地域間の交流を背景に最も隆盛した時期である。そのピークが，関東地方では堀之内式，加曽利B1式土器の段階，東北地方では綱取式，宝ヶ峯式土器とその平行期の段階にある。以後，関東地方では急速に衰退し，反面東北地方に壺形を主体にする注口土器が発展し，それが北海道において後葉の堂林式土器の段階に伝播して大量に出土するようになる。

　また，人面付き，環状，双口，双胴など多様な器形の注口土器が形成され，朱彩が施され，信仰，儀礼の要素が明確に投影される。その出土状態が土壙墓に埋納されて発見され，特に北海道

では部族的共同墓地である環状土籬（周堤墓遺跡）に伴い，宗教的な葬送に利用されることが顕著になる。

このように後期の注口土器は，他の遺物や他の器形の土器に較べて，生活様式，社会構成，文化交流の問題に止揚することができるという利点がある。その際，後期全体を俯瞰して注口土器を通して文化的，歴史的変化の軌跡を考える前に，地域の実態を具体的に把握した上でそれを行なわなければ説得力を失う。注口土器が縄文土器の一器種に過ぎないとしても，地域に2～3型式の短い年代幅で出自，発展，消滅の過程を示す纏まった類型があり，その成立の要因などを通して方法論として具体的にそして象徴的に捉えた方が説得力を持つだろう。それを具体的に行なうことができるのは在地研究しかないし，平面的な観点を立体的な観点に替えてゆく必要がある。後期前葉には，堀之内式，加曽利B式とその平行期に地域においていくつかの類型が存在するので，本章では例えば池谷信之（1990）の土器型式に対応した捉え方で加曽利B1式の注口土器という形で説明しながら，それを椎塚型注口土器（図版77-1）などと表現して第15章に繋げたいと思っている。

従来，西日本の注口土器については，その実態があまり知られていなかった。東日本に較べると質量において劣る点は否めないが，関東地方からの影響によるものと地域独自な器形の注口土器がある。前段階の中期に皆無に等しいので，その出自形成の過程はまだわからないことが多い。また，個人的にはその各地域の土器型式の内情についての知識を欠くために交流という観点から汎日本的に鳥瞰する程度の記述しかできない。まだまだ遺漏があると思うので，これを呼び水として地域研究の進展を期待したい。

2　北海道の後期注口土器 （図版28～44）

北海道の注口土器の特徴は，北海道の独自性が見られる一方で東北地方北部と密接な関係を持っていることである。前者は鉢形をベースにする独特な注口土器（手稲型），後者は東北地方に発達した宝ヶ峯型注口土器の波及とその影響による後半期の堂林式以降の地域色の強い壺形注口土器である。量的には道南部よりも道央部に多く知られており，次第にその全貌が明らかになってきた（鈴木克彦 1998a）。

北海道の後期で最も古い注口土器は，前葉の知内町湯の里1遺跡の類例（図版44-1）である。その後空白が続き，一般に見られるのは船泊上層式，手稲式の時期になってからである。札幌市手稲遺跡，礼文町船泊遺跡，千歳市美々4遺跡（図版47-1～4）などに，鉢形，壺形に注口部を付けた注口土器が存在する。特に，手稲遺跡を標識とする手稲型の鉢形注口土器（第13図1）は北海道独自なものとして注目される。それがどの細別土器型式に伴うものかが不明であるが，ウサクマイC式，船泊上層式との関係が考えられる。その時期は，後期において北海道に注口土器が定着する初期の段階で，東北地方の宝ヶ峯型注口土器の直前に位置づけられる大湯型注口土器がまず流入しており，関東地方の加曽利B1式土器に平行すると思われる類例が千歳市キウス5遺跡（図版42-28）で明らかになった。それは，あえて比較すれば遠因に関東地方，福島県にも

第 8 章　縄文時代後期の注口土器

北海道	道　南　部	道　央　部	道東・北部、外	青森
上風呂式暦	0　1:10　20cm	1　2	3	大湯式
手稲 a	4	5　6　7	8	十腰内2式
手稲式 b、c	9	10　11　12　13		丹後平式
鮱澗式	14　15　16	17　18　19　20　21　22　23	24	十腰内3式
忍路（テリモB）式	25　26	27　28　29	30	十腰内4式
堂林式	31　32　33	34　35　36		十腰内5式
堂林式	37	38　39　40	41	風張式
三ツ谷式	42　43	44　45　46	47	大湊近川式
御殿山式	49	50　51　52	48　53	十腰内6式

第 13 図　北海道の縄文時代後期注口土器変遷図（鈴木克彦 1998a）

関連する櫛描き文を施文するもので，最近では東北地方北半部でも類例が増加しつつある。東北地方北端の青森県ではまだ少なく弘前市根の山遺跡（図版47-10）に少量知られているだけだが，そういう注口土器が道央部に入っていること自体が問題になる希少な類例である。

　中葉の注口土器の特徴は，東北地方の宝ヶ峯型の注口土器が波及して道央部を中心に席巻することである（図版33）。これには東北地方の類例と比較しても遜色ないものがあり，青森県より遥かに多い数量が知られていて，北上するエネルギーの強さを知ることができる。このことは，北海道の当該期の土器文化の性格を物語るものとして，筆者はそれを東北地方の後期土器の北漸（鈴木克彦1998a）と見なしている。したがって，北海道編年の手稲式を中心にウサクマイC式，船泊上層式から忍路B式までは，器形や文様において東北地方北部の青森県編年と大差ない平行型式として理解することができる。

　北海道において宝ヶ峯型注口土器の流入は一気に行なわれたものではなく，底辺部が立ち上がる大湯型およびその広義な範疇ないし直前型式の注口土器がまず初めに漸進して行なわれ，やがて急激に普及し道央部に定着して，海を越え日本最北の礼文島（船泊遺跡，図版33-1）にまで達した。今や，北海道における宝ヶ峯型注口土器の数量は東北地方北部以上に多い。しかし，北海道では大湯型がまだ少なく，それに対して東北地方北部には大湯型が形成され一定量出土しているので，順次北に向かって漸進しながら手稲式の段階になって宝ヶ峯型注口土器が急激に定着していることを裏づける。強弱はともあれ，宝ヶ峯型注口土器の時期には，東北地方と同様に同じ文様モチーフの磨消縄文を施文する注口土器が知られているし，当然ながら青森県などの東北地方北部そして道南部を経由して道央部に伝播していることは同時期の岩手県などに見られる鉢形注口土器（図版29-4，図版34-5・8）の存在などの組成関係の類似性からも理解することができる。

　小樽市忍路土場遺跡などの諸例を観察すると，器形，文様が類似する当該期の土器には，胎土などから見て在地で製作されたもの，模倣されたもの，搬入されたと思われるものがあり，いずれも東北地方の北半部の土器型式とは瓜二つである。例えば，東北地方北部の十腰内2式，丹後平式，十腰内3式土器に類似する土器は，北辺の礼文島だけでなく旭川市末広7遺跡，神威古潭7遺跡（旭川市1992，1993，1995など）やそこに出土している華燭土器の存在（鈴木克彦2004b），凸面体の壺形および注口土器，あるいは道東部の北見市トコロ南尾根遺跡の類例（図版34-13・14）などは現状では貫入的な出土例である。

　この北漸論は，近年益々現実的に実証されるようになってきた。それは，東北地方の十腰内4，5式土器の文様モチーフを施文する球体を呈する朱彩の特殊な注口土器が搬入品として函館市垣ノ島A遺跡（図版30-1），八雲町野田生1遺跡（図版31-1），千歳市キウス4遺跡（図版37-12，図版41-1）で相次いで発見されたからである。それまでは長沼町12区B遺跡（長沼町1984）の朱彩双胴土器の半損品が東北地方から搬入された注口土器であろうと推測される程度であったが，岩手県軽米町長倉1遺跡の類例（図版56-5・9・10）とは勝るとも劣らない逸品が北海道に出土することとなったのである。これによって，北海道のほぼ全域が十腰内文化圏に組み入ることが決定的になった。環状の注口土器，後期では東北地方北部にさえ見られない香炉形の注口土器（図版41下段）を製作し，恰も独自性を発揮する。しかし，恐らく東北地方の模倣ではないかと思

う。このように，搬入と模倣の土器が共伴する。

　北海道らしい個性が発揚されるのは，後葉の堂林式土器以降（図版35 など）になってからである。元来は，北漸論の影響の下にあるので堂林式までの器形や文様構成は東北地方の壺形注口土器と大差ないが，堂林式以降では文様に磨消縄文が著しく少なくなり，縄文を地文にして沈線文で文様構成する土器が多くなって地域性が顕著になる。符合して，北海道にしかない環状土籬（周堤墓遺跡）に伴う場合が多くなり，その後の湯の里3式，御殿山式土器になると器形，文様がさらに独自性を強める。その背景には突瘤文土器の存在が考えられる。しかしながら，現状では突瘤文を施文する注口土器が存在しない。北海道の土器が，北海道としての独自性と主体性を体現するものが突瘤文土器なので，これが注口土器に取り入れられない事実は逆説的に注口土器というものが北海道においてどういう存在であったかを如実に物語るものだと言えるだろう。

　後期後葉の堂林式土器は，年代幅の広い型式である。主に道央部に分布し，これに対応する道南部の編年が不明な状態なので青森県の編年では十腰内5a，5b式と風張式土器に平行すると考える。北海道では，この堂林式土器において注口土器が最も多く，周堤墓の千歳市キウス4遺跡では170点に及ぶ壺形注口土器が出土している。これだけ多量な注口土器を出土する遺跡は，全国でも他に例を見ない。道央部の恵庭，千歳市には周堤墓が点在し，当然ながらこの地域の注口土器の出土量は全道の半数以上を占める。このほかにも道東部の斜里町朱円栗沢周堤墓遺跡および新ひだか町御殿山遺跡の集団墓からも注口土器（図版35，43）が出土している。したがって，注口土器は墓に伴う埋葬や葬送儀礼に関係して用いられたことがわかる。

　キウス4遺跡の注口土器群（図版36〜42）は，青森県の十腰内3，4式土器に平行する鯑澗式，忍路B式土器から始まり，その段階に磨消縄文による弧状文のモチーフとミミズ腫れ状微隆線文を施す壺形注口土器（図版37-12・13，図版41-1 など）が見られる。次いで，十腰内5式に平行する堂林式土器の段階から襷掛け状文のモチーフを施文する土器に磨消縄文によるものと同じモチーフで地文として体部全体に縄文を施した上に沈線文を施文するものが現われ，後者が主体を占めるようになる。風張式土器に平行する堂林式土器後半には，襷掛け状文のモチーフの幅が狭まり小さな瘤，多重沈線文が多用され，幾何状文，入り組み状文のモチーフが施文されるようになる。こういった土器の変遷は，基本的に器形，文様モチーフ，瘤付きの状態などから青森県および東北地方北部の土器型式と大差ないものだが，多重沈線文が多用される堂林式後半期になって青森県とは大きく変わるし，土器の形態がかなり歪んでいる。地文縄文に沈線文が施される土器は，東北地方では青森県下北半島のむつ市大湊近川遺跡（図版62-1）だけに見られるものである。

　キウス4遺跡の古手前半に対応するものが，函館市垣ノ島A遺跡（図版30）と八雲町野田生1遺跡（図版31，32）の注口土器群である。それらは，器形，文様モチーフがしっかりしていて青森県など東北地方北部の土器型式に比較して何ら遜色がないものである。こういった類例の中で注目されるのは，青森県でさえ良好な資料を欠く上記したミミズ腫れ状微隆線文を施す壺形注口土器（図版30-1，31-1 ほか）である。器形の特殊性だけでなく全体に朱彩され，まさに儀礼の器に相応しい見事な注口土器である。

そして，後期末葉の湯の里3式，茂辺地式，御殿山式土器には再び東北地方の後期末葉の様相に近くなり，やがて晩期亀ヶ岡式土器と一体になる。しかし，注口土器は急激に減少する。湯の里3式には無紋の壺形注口土器，茂辺地式には著名な人面付きの幾何状磨消縄文を施文する注口土器（図版29-19・20）があり，いずれも底部が小さな平底を呈する。御殿山式土器もまた幅広いもので，主に多重沈線文を施文し底部の直径が広い前半（図版35）と尖底に近い後半（図版43）の土器に二分される。

　北海道の注口土器を理解する上で，注目されるのは上記した北海道型つまり手稲型の鉢形注口土器である。全体に縄文を施文する鉢形，注口部が異常に太いもの（図版37-15など）が少数ながら断続的に存在する。それらと地文に縄文を施文する注口土器（図版35上段）を，筆者はこの地域に特有なものとして北海道型と呼んでいる（鈴木克彦1998a）。北海道型注口土器とは，鉢形，浅鉢形，縄文多用の土器の総称である。ほかに，注口部の形状も太く短く独特で，注口部まで縄文を施すなど一見して判別できる。残念ながら，突瘤文のある注口土器の例を寡聞にして知らない。しかし，北海道型の存在は，北日本あるいは東日本の注口土器様式の潮流において北海道の独自性を確保したサイレントな意志を表示するものであろう。注口土器を作る文化と，それを受容した文化との相対的な関係を教えているように思われる。

　北海道における注口土器は，搬入と模倣として常に客体であった。だから，搬入土器と見なされる以外の注口土器の数々は，器形などどこか崩れて必ずしも典型でない。日常生活容器としての必要性を認めて受容したに違いないが，やがて埋葬儀礼に転用して墓に投入している。もとより，本州でも墓に埋納する事例がない訳でない。しかし，後期後葉以後はそういう事例が少なく，日常生活において大事な器が故に精製し益々精緻巧みに製作するようになる東北地方の注口土器のあり様とは違う。

3　東北地方の後期注口土器（図版44～65）

(1)　後期前葉の東北地方の注口土器

　後期初頭には，東北地方北部に体部が皮袋状になる片口土器（図版44-2）が見られる以外に，今のところ注口土器は知られていない。

　中部には，前葉にかけて門前式土器に伴って鉢形つまり門前型注口土器（図版17～19，44-4・12・13など）が目立つほか，鉢形，浅鉢形と壺形系統の注口土器が揃っている。門前型注口土器については後述する。

　南部には，綱取1，2式土器に伴って鉢形，浅鉢形のA形系統の注口土器，中期終末期から続く瓢簞形注口土器（図版20-8～11）が出土する。中期後葉に発達した瓢簞形注口土器は，北関東地方と東北地方南部に残存するもので後期になると体部に比して口縁部が小さくなる。

　後期前葉においては，北部では十腰内1式土器（図版46-1・2・4・9・10），中部では湯舟沢A式あるいは南境式土器（図版46-5・6）の段階から既存の壺形に注口部を付けた注口土器が出土するようになる。その後，東北地方全域に関東地方の広義な堀之内2式の影響が見られる（図版

46-7・11・13など)。その一部は北部に及び，中部そして南部という具合に関東に近い地域に影響の度合いが濃厚になっている。

　東北地方中部と南部の境界に当たる仙台市六反田遺跡，蔵王町二屋敷遺跡の類例（図版45）は，後期前葉の実態と地域差を物語る。それらは，主に綱取式土器とされ，関東地方の後期注口土器（堀之内1式土器）の原型とされた（池谷信之1990ほか）類例である。それらは，関東地方では称名寺式と堀之内1式土器に平行し図版45と図版46-12〜25が相当する。

　それらの類例は，総体的に鉢形と壺形に大別できる。基本的にこれらの器形系統は，中期の器形と連続する関係にあるとみてよい。また，体部が算盤玉形の類例は中期の福島県田地ヶ岡遺跡（図版21-5・6，田地ヶ岡類型）と関連すると思われる。中期に少数存在した鉢形，壺形とも分類される器形をベースに諸要素を取り入れた器形ではないかと考える。いずれにしても，この時期には無頸と有頸，体部最大径が体部中央部（算盤玉形）と体部上半部に来る器形などの「対をなす」という器形上の特徴を持つ。この無頸と有頸などと同じく対になる関係に，様式の確立を見るのである。

　前葉の注口土器には，既存器形に注口部を付けた注口土器と口縁部に装飾把手を付けた注口土器がある。前者は在地の土器である。後者は関東地方の影響を受けた注口土器である。後者は北部に稀で中南部に多く，実に混沌としている。

(2) 後期前葉から中葉の東北地方の注口土器

　この段階は，北部では十腰内1b式―十腰内2式―丹後平式―十腰内3式土器，中部では荊内A式―宮戸2a式―宝ヶ峯式―宮戸2b式土器，南部では未命名式―番匠地式―弓手原A式―川原式土器の時期である（鈴木克彦2003a）。北部・中部と南部との地域差は明白で，対立的である。南部には関東地方の加曽利B1式土器の影響が見られ，中部以北にはそれが見られないし，地域差を端的に示す底部に網代痕のある注口土器もまた南部だけに出土する。ところが，従来まで南部の編年は，地域固有の編年学的研究を放棄するかのように関東編年のカンニング型式で済ましてきたために，東北地方における当該期の注口土器の変遷を考える上でキーになる東北独自な注口土器と関東の影響を受けた注口土器との相関関係が不明瞭な状態にある。該期のうち古手の注口土器は，その変遷を全国的なレベルで考える上で重要な意味を持つが，中部以北においてこの段階を代表するものが壺形をベースにする大湯型と宝ヶ峯型注口土器である。それらは，いわば東北地方の独自性の発揚と注口土器すなわち「東北」というイメージを印象づける重要な存在である。とりわけ，宝ヶ峯型注口土器は歴史的認識において以後の縄文時代の注口土器の有り様と注口土器すなわち東北地方の存在感を決定づけた。

　その宝ヶ峯型注口土器の前身と言えるものが，大湯型注口土器（図版47-6・7・20〜25）である。それは，基本形は壺形で口縁部が「く」の字状に内傾し，口頸部で強く屈折し，底部は平底ないし高台状の台部をなし底辺部が立ち上がる形状を示す。稀に，無頸，鉢形（図版47-19・20）の場合もある。文様に櫛描き文を施し，磨消縄文や研磨手法による文様を施すものは少ない。北部に宝ヶ峯型に先駆ける類例として秋田県大湯遺跡に良好な類例が知られ，宝ヶ峯型の素型になる

		東北地方北部	東北地方中部			
		青森県・岩手・秋田県北部	秋田県南部	岩手県南部	宮城県北部	
宝ヶ峯型注口土器	十腰内1b式	弘前市 1		永徳寺 14	宝ヶ峯 23	荻内A式
	十腰内2式	大湯 2　家の下 3	越上 11	崎山弁天 15		宮戸2a式（荻内B式）
		下村 4		相ノ沢 16	王ノ塩 24	
	丹後平式	白長根館 5		貝鳥 17	宝ヶ峯 25	宝ヶ峯式（川口2式）
		家の下 6	男鹿市 12	小沢 18	宝ヶ峯 26	
	十腰内3式	寒沢Ⅱ 7	前野 13	大付 19	宝ヶ峯 27	宮戸2b式
		寒沢Ⅱ 8		磯鳥 20	宝ヶ峯 28	
	十腰内4式	藤株 9		上鷹生 21		西ノ浜古式
		十腰内 10		貝鳥 22		

第14図　東北地方の後期（宝ヶ峯型）注口土器の変遷（鈴木克彦 2003a）

ものと思われる。それは，十腰内 1b 式後半から 2 式前半の時期に相当し，関東地方の堀之内 2 式後半や加曽利 B1 式土器との関係も考えなければならない。

　上記したように，最大の特徴が口縁部の内傾と高台状底部である。現状では，その出自が不明だが，恐らく後期初葉に各地において鉢形の口縁部が内傾する注口土器が見られるので諸要素が複合して形成されたものであろう。その直前期および平行期に見られる複合する諸要素を形態と文様の面から解析すると，形態では内傾する口縁部に) 状ないし (状の帯状文が施され，時には関東地方の影響による口縁部装飾把手（図版 47-10）が前後に付くものがある。そういった器形の注口土器に施文される文様要素を観察すると，櫛描き文，多重沈線文，磨消縄文，無文を採用し，さらに文様モチーフを観察すると，弧状文を基調にした半月状文，木葉状文，鋸歯状文，帯状入組み文などが施文されていることがわかる。こういった諸要素は，十腰内 1b 式から 2 式前半の間に見られるものであるが，従来の捉え方では単一型式に絞り込むことが難しい。しかしながら，それらの文様は基本的に北部から中部に多用されるものであり，それに外来的な器形の要素が加わって形成されたと考えられる。弧状文と入組み文の曲線的なモチーフは明らかに北部の系譜を引き，それが基調になって変遷し，やがて無文化して宝ヶ峯型注口土器に至る。

　関連する大きな問題点は，大湯型の出自だけでなく，関東地方との関連性や宝ヶ峯型注口土器に移行する過程をどのように捉えるかである（第 14 図）。

　南部には，大湯型の器形を引くもの（図版 48-4）と関東地方の堀之内 2 式（図版 48-3・13），加曽利 B1 式（図版 48-9・10・16）に類するものが見られるが，福島県の場合後者の傾向が強い。それは，例えば加曽利 B1 式と見てよい関東地方の特徴であるいわき市番匠地遺跡，三春町柴原 A 遺跡の底部に見られる網代痕にも窺われ，搬入品もある（図版 48-10・16）。この網代底は，東北地方南部以南の特徴で関東，中部，北陸地方の地域性を表わしているものである。

　宮城県石巻市（旧河南町）宝ヶ峯遺跡から出土した注口土器を標識にする宝ヶ峯型注口土器（鈴木克彦 1997, 図版 48, 50）は，壺形とそれをアレンジした洗練された器形と研磨，朱彩を特徴とする。北日本の後期編年を研究する過程で，大森貝塚図版 10-5（第 10 図）の説明に「この土器は大森貝塚発見の他のどの土器にも似ていない」と記した初めて来日した外国人とは思えないその識眼に感動し，モースの大森貝塚の注口土器に類するものとして命名した（鈴木克彦 1997）。以来，それを筆者はモースの注口土器と呼んでいるが，その編年的な変遷を捉えたものが第 14 図である（鈴木克彦 2003a）。

　一般に縄文文化の注口土器の最高峰は，好みにもよるとしても亀ヶ岡式土器の注口土器とされるが，それは宝ヶ峯型注口土器の製作手法などが継承されたいわば改良品である。宗教性を思わせる朱彩，研磨，彫刻的技法などの想像を逸する巧みな工芸品としての評価だけでなく，装飾性を器形造作に一体化した凸面体部（二体々部）を呈し，そういう研磨手法による A 類と磨消縄文手法による B 類，さらには口縁部が外向する形と内向する形という二対性の下に発達する。そういう二対性が亀ヶ岡式土器の注口土器に引き継がれ，そのベースを築いたのが宝ヶ峯型注口土器だという訳である。通常，宝ヶ峯型注口土器というとモースの注口土器と同じ研磨，彫刻手法の A 類を指すが，それに B 類が共伴する関係にあるものである。

A類は，大湯型の底辺部が反りながら立ち上がる形状を引き継いだ平底から丸底に変化する過程で，山内清男が凸面体，筆者が二体壺形と表現した特有の形態や受け皿状底部を経て丸底に移行する。関東地方に見られる把手は付かず，注口部の基部に小さな袋状の突起を付け，やがて体部にやや大きな瘤状突起を持つようになる。文様は，波状入組み文，弧状線文を基調に展開する。特に，凸面体の形態は宝ヶ峯型に開始する特徴で，以後後期全体と亀ヶ岡式の注口土器に継承される。東北北部において，十腰内2式を経て丹後平式，十腰内3式土器に盛行することが編年的に捉えられており（鈴木克彦前掲書），主体は丹後平式，中部では宝ヶ峯式土器である。いずれにせよ，この土器を観察すると朱塗りや朱漆塗りの類例があり，研磨された製作はもとより器形，文様と言い，いかにも特別な器の感を強くするものがある。

　宝ヶ峯型注口土器の広域分布については，改めて第15章で取り上げるが，極めて広範囲な分布範囲を示す。それが，北海道に数量のうえで最も多いことは上記した。南限は太平洋側では東京都大森貝塚（図版81-4），日本海側では富山県魚津市早月上野遺跡（図版88-13），石川県志賀町酒見新堂遺跡である。その広範囲な分布状況は，広域な文化の影響と相互の年代的平行関係を示す重要な資料である。

(3)　後期中葉の東北地方の注口土器

　東北地方北部編年では，十腰内3，4，5式土器，中部編年では宮戸2b式，西の浜式土器，南部編年では新地1式土器の，まだ東北地方全体に地域差が根強い時期である。しかし，この頃から東北地方では北部と南部で注口土器の多寡に地域性が表われだし，特に北部3県に優位性が著しくなる。十腰内3式から次第に磨消縄文によるモチーフが発達するようになり，4式から磨消縄文による壺形注口土器にミミズ腫れ状文を施文する注口土器が伴うようになる。その後者の出自はまだ十分に研究されていないが，十腰内5式土器とそれ以後の後葉まで継続される。見た目で美しいよく研磨された土器が多く，器形，施文，文様，朱彩の観点から見た秀麗という意味では宝ヶ峯型注口土器の後継器種と言える存在感を持っている。これに対して，同時期に伴う磨消縄文を施文する注口土器は出土量の多さから通常の壺形をそのまま利用した形態が多いが，十腰内3式土器（図版49-3）までは研磨が発達する。

　その十腰内3式土器には，丹後平式土器に出自する口頸部に凸面体（筆者の二体壺形）と呼ぶ特徴的な壺形注口土器が発達し，器形が球形を呈するようになり，体部に大きな瘤が付き始める。この瘤は，丹後平式土器（図版49-2・6など）にすでに出現していると思われ，初め大きく角張ったものから突き出すような大きなものを嚆矢として十腰内4式および新地1式土器から次第に小さくなり，所謂瘤付土器様式（安孫子昭二1989）が開始する。

　また，注意したいのは粗製の注口土器（図版47-12・13）で片口状を呈し，図版47-13は多孔底土器である。多孔底土器は北陸地方から東北地方南部に見られるものだが，今では少数ながら東北地方一円に分布が知られるようになった。

　後期中葉を代表するものは，ミミズ腫れ状微隆線文を施文する注口土器である。類例としては福島県新地小川貝塚の類例（図版61-15）が古くから知られていたが，必ずしも型式同定されて

第 8 章　縄文時代後期の注口土器

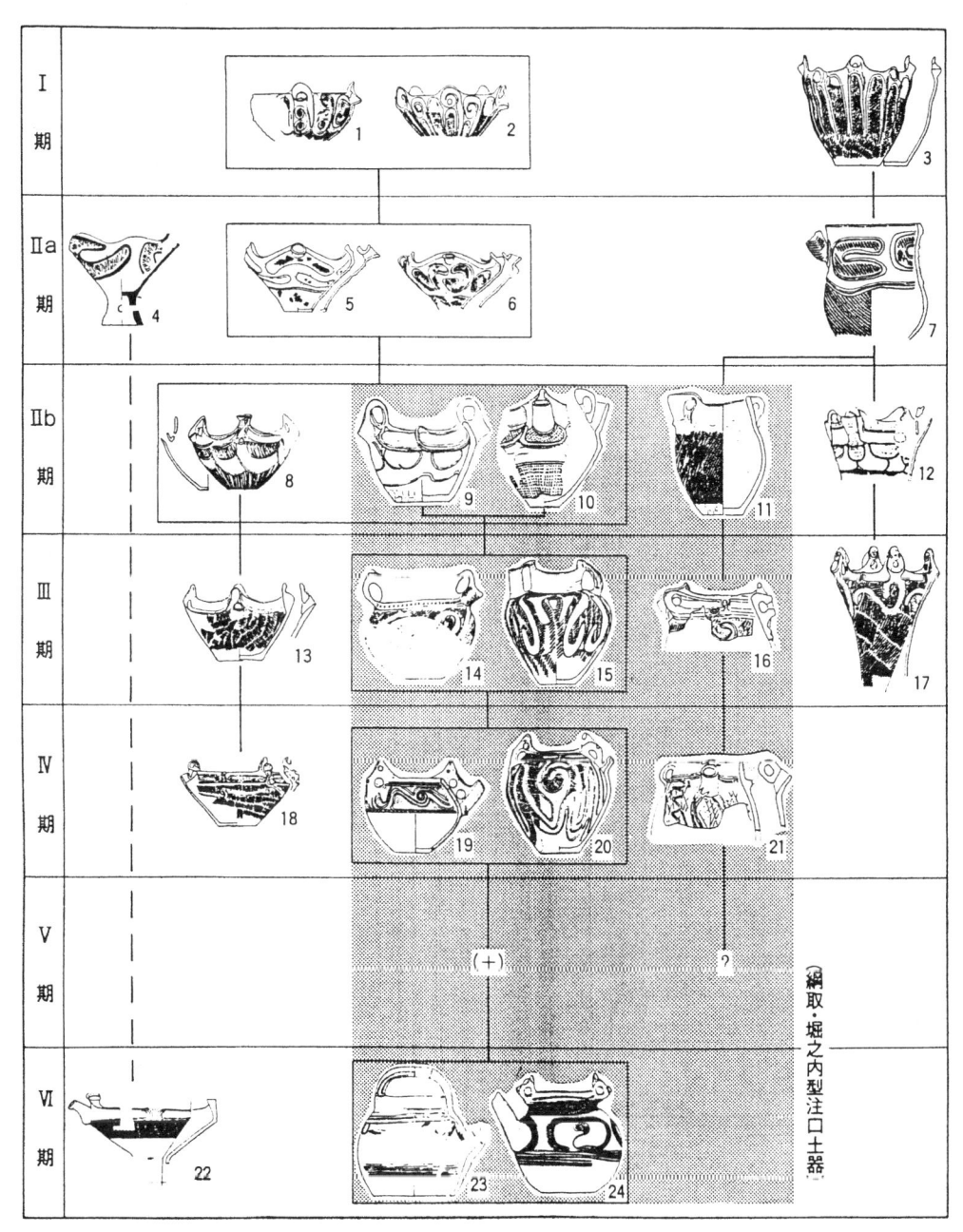

Ⅰ期：大木 9 式
Ⅱ期：大木 10a 式　　　　　Ⅲ期：大木 10b 式
Ⅳ期：門前，南境，綱取式　　Ⅴ期：宮戸 1b，綱取 2 式
Ⅵ期：堀之内 2，加曽利 B 式平行

第 15 図　東北地方の中期～後期注口土器の変遷 (池谷信之 1990)

こなかった。これの初期の様相は多重沈線文に関連し、その類例の嚆矢（図版 58-1）を西の浜式に平行する十腰内 5a 式土器に求め（鈴木克彦 1998a, 2001），十腰内 5b 式土器に盛行すると思われる。

近年，岩手県軽米町長倉 1 遺跡に凸面体のある秀麗な類例（図版 56-5・9 など）が発見された。それは，図版 58-1・2・4 の十腰内 5a 式，図版 56-5・9 の十腰内 5b 式土器と変遷するであろう。こういった文様要素は，さらに風張式土器の後半期（風張 b 式）まで継続するであろう（図版 56-12～15）。その間，凸面体が発達し，時には双胴，環状の異形注口土器が作られ，次第に口頸部が細長くなり，丸底に近い不安定な壺形の器形に変遷する。同時に，無文注口土器が目立ち始め，やがて大湊近川式土器になると今度は底部が平底になってゆく。

（4） 後期後葉の東北地方の注口土器

ミミズ腫れ状微隆線文を施文する注口土器は，風張式土器の後半期（風張 b 式）まで継続すると思われる。その間，凸面体が発達し，時には双胴，環状の異形注口土器が作られ，次第に口頸部が細長くなり，丸底に近い不安定な器形に変遷し，やがて平底が目立つようになる。同時に，無文注口土器が目立ち始め，大湊近川式土器になると今度は底部が平底になり，高台状の底部が現われるようになる。磨消縄文のモチーフは縄文幅が極度に狭まり帯状化してゆく。

大湊近川式土器は地域性の強い土器で，北海道に多い地文に縄文を施文した上に沈線文でモチーフを施文するものが見られる（図版 62-1）。体部の瘤も細かい粒状になるもの，外側に突き出た疣状になっているものがある。これに対比するものが小井田 4 式土器（鈴木克彦 1997, 2001）ではないかと考える。疣状突起が発達し，狭い縄文帯で弧状文，襷掛け状文，帯状文を構成するもの，多重沈線文によるモチーフを構成するものがあるが，文様モチーフは幾何状モチーフを施文する大湊近川式土器と大差ない。ところが，そういう注口土器に施文される文様と違って，深鉢形土器には帯状入り組み磨消縄文や襷掛け状文が施文される。また，大湊近川式土器の最大の特徴は，深鉢形に三叉状沈線文が出現することであったが，現状では小井田 4 式土器にはまだそれが見られない。注口土器の形制は従前から伝統的な範囲にあるが，凸面体の膨らみがひ弱く単に長頸壺形に注口部を付した形態に戻っている。

（5） 後期末葉の東北地方の注口土器

後期末葉の編年は，東北地方北部では駒板式，家ノ後式，十腰内 6 式土器，中部では宮戸 3b 式，金剛寺式，新地 4 式土器が相当する。しかし，現状では中部における注口土器の実態が編年的に明確にされていないのが実情である。北部の 3 型式は，基本的には岩手県，秋田県，青森県の地域差を表わしているものだろうが，十腰内 6 式は駒板式，家ノ後式を包括するものだと理解される。実態としては，家ノ後式土器が後期の最後の姿を表わしているだろう。

北部の駒板式の類例は，標識遺跡の岩手県軽米町駒板遺跡 IIIC87-5 土壙に一括廃棄された土器群（岩手県 1986g）と共伴した無文注口土器（図版 64-14・15・17・18）によって当該期の様相を知ることができる。口縁部が外向するものと内向するものがあり，底部は高台状を呈する。秋田

県大館市家ノ後遺跡（秋田県 1992）の無文注口土器にはいくつかの器形差があるが，高台状底部はなく，不安定な尖底に近い突起状底部と丸底の注口土器が出土し，捨て場 2-6a 層から出土しているのは突起状底部の注口土器（図版 64-29～32），これらと同じ土層から図版 63-2・3 が出土している。また，十腰内 6 式土器とされる無文注口土器（図版 64-4・5・10）は，突起状底部と丸底である。したがって，駒板遺跡と家ノ後遺跡の無文注口土器を比較すると，前者が後者より古いものだと言える。これに十腰内 6 式を考慮すると，後期末葉の無文注口土器の底部形態は，基本的に高台状—突起状—丸底へと変化していることがわかるのである。こういった無文注口土器に，口縁部と口頸部に装飾が加わる注口土器が共伴関係にあるだろうし，無文注口土器にも口縁部が波状縁と平縁になるものがあり，波状縁に三叉文が施される場合がある。

このような末葉の注口土器の特徴については，簡単に説明したことがある（鈴木克彦 1981，1997）。それは，晩期の亀ヶ岡式注口土器と非常に近い関係を示す注口土器であるということである。

東北地方南部の場合，北部に較べると類例が少ないが，山形県（図版 65）にいくらか好例がある。無文が多いことや口縁部や底部などの特徴は北部と同様だが，無頸注口土器（図版 63-18・20，図版 65-16）の存在も侮れない。

後期末葉の注口土器を理解する上で，問題になるのは肥厚する隆帯状の口縁部波状突起に三叉文を持つ類例などである。家ノ後式，特に十腰内 6 式土器の編年上の位置づけについては後期と晩期の境界に係わる難しい問題があり意見が分かれているが，小さな突起状底部を持つものは後期の注口土器と見てよいし，基本的にはそのように後期注口土器の概念を規定して考えてよいと思う。それには，丸底および尖底の注口土器が伴う場合があるであろう。しかしながら，以上の観察は主に底部形態による器形の分析に主眼を置いた考え方の一端であるということである。後期と晩期の境界に関するさらなる問題は，これに加えてもっと詳細な器形の分析と文様の変遷を考慮して型式分類を捉えなければならないのである。

4 関東地方の後期注口土器（図版 66～82, 134）

(1) 後期前葉の関東地方の注口土器

関東地方の注口土器は，称名寺式の類例が少なく堀之内 1 式から堀之内 2 式土器にかけて次第に多くなり，加曽利 B1 式土器まで盛行する。

称名寺式から堀之内 1 式土器にかけて，口縁部が大きく開き一定幅で I 文様帯を形成する浅鉢形に近い大型鉢形の注口土器（図版 66～68）が一般的に見られるほか，中期末葉の有孔鍔付注口土器に発する瓢箪形の系統を引く横位（橋状）把手を持つ長胴体部の称名寺式の壺形注口土器（図版 66-5・6・9～11）がある。称名寺 1 式とされる神奈川県羽沢大道遺跡の壺形（図版 66-7）は，後の関東地方の独自な器形の注口土器の発展を考える上で大きな問題を投げかけるものである。しかし，後期初頭の注口土器には，まだ不明な点が多い。

堀之内 1 式土器の段階になると，器形や文様に多様性が見られるようになる。鉢形（A 形）は，

称名寺式と同様な器形の大型浅鉢形（図版67-1〜4）と鉢形 a 類（図版73-1），b 類（図版70-19，図版72-2，図版73-6），c 類（図版72-1），d 類（図版73-9）などに分類される。

壺形（B形）は，沈線文や隆線文を施文する長胴の体部を呈する a 類（図版67-5〜10），口頸部が発達する b 類（図版72-6），地文に縄文を施文した上で沈線文で施文する c 類（図版72-3・9）に分類される。壺形の少ない関東地方では明らかに長胴の体部を呈する壺形 a 類を池谷信之(1990)は中期の深鉢形から変化した関東地方独自な形態の在地的注口土器と考え（第16図），鈴木徳雄(1992)は中期の有孔鍔付注口土器の瓢箪形から変化したものと観察した。中期の有孔鍔付（注口）土器は元来壺形系統に所属するもので，一時期に深鉢形の器形要素（キャリパー形）を取り入れて形成されたものが独特な瓢箪形だと思う。この器形形状および横位橋状把手と三角形のモチーフは，東北地方に見られる。しかし，同じ器形の壺形はあっても注口土器の類例は東北地方に存在しないし，瓢箪形の器形は東北地方では福島県に関東地方からの影響として見られるだけである。c 類は東北地方と関連するだろうが，b 類は東北地方には見られない。

堀之内2式の注口土器の多くは，体部が算盤玉形や丸みを帯びた形態である。これを AB 形とする。千葉県市川市堀之内貝塚の典型的な注口土器（図版73-7・12・15・18・21）により，堀之内型注口土器と呼びたい。この AB 形は，関東地方に多い器形で中谷治宇二郎，山内清男の先学の分類を嚆矢とする関東地方で一般的に行なわれている把手と注口部が一体になる堀之内1，2式土器の所謂土瓶形とされるものである。これには沈線文を施文する a 類と縄文を施文する b 類があり，どちらかというと a 類は体部が算盤玉形，b 類は丸みを帯びる。いずれもわずかに口頸部を持つ有頸とそれを持たない無頸があり，器形や文様から細分は可能だが，器形形状から見て b 類は東北地方と関係するであろう。関東地方の考古学者たちが，東北地方（六反田，二屋敷遺跡など，南境式）に由来する注口土器だと考えているものである。そのためには，それらが堀之内1式よりも確実に古いことを明らかにする必要がある。しかし，現状の編年では型式観が分かれ，AB 形 a 類と b 類，そしてその原型とされた東北地方の類例は多少古手の様相を持つとしてもほぼ平行する関係にある可能性がある。特に東北地方の後期初頭の類例は A 形（図版9-14，図版22-11〜14）で，AB 形が多い訳ではない。

沈線文主体の a 類（図版67-11・12，70-8・15，72-4・5，73-5・7，76-1〜8）は，体部の最大径が上半部と下半部にあるもの，形状が球形と「く」の字状に屈折するもの，に区分できる。文様モチーフが三角形の構図に c，j 字あるいは「の」の字状に施文するもの（図版67-11・12）が堀之内1式でも古手とされている。沈線文のみによる施文の注口土器は東北地方に原則として存在しないが，三角形区画文のモチーフは存在する。また，ソロバン形や最大径が体部中央にある器形は東北地方のものではない。堀之内2式土器を含めてこれらの関東地方の注口土器が大木10b式土器の浅鉢形から形態変化して成立したとみなし，関東地方の考古学者が一様にこの池谷説を寄り所にして立論していることが多い。これらの関東地方の注口土器は決して一系統のものではなく，三角形の構図は東北地方，その反面，器形系統は関東地方に潜在するという複合した要素によって成立し，それを所謂土瓶形として独自な器形とするならば AB 形に与えられよう。例えば，称名寺式とも堀之内1式土器ともされる神奈川県青根上野田遺跡などの類例（図版67-11〜

第 8 章　縄文時代後期の注口土器

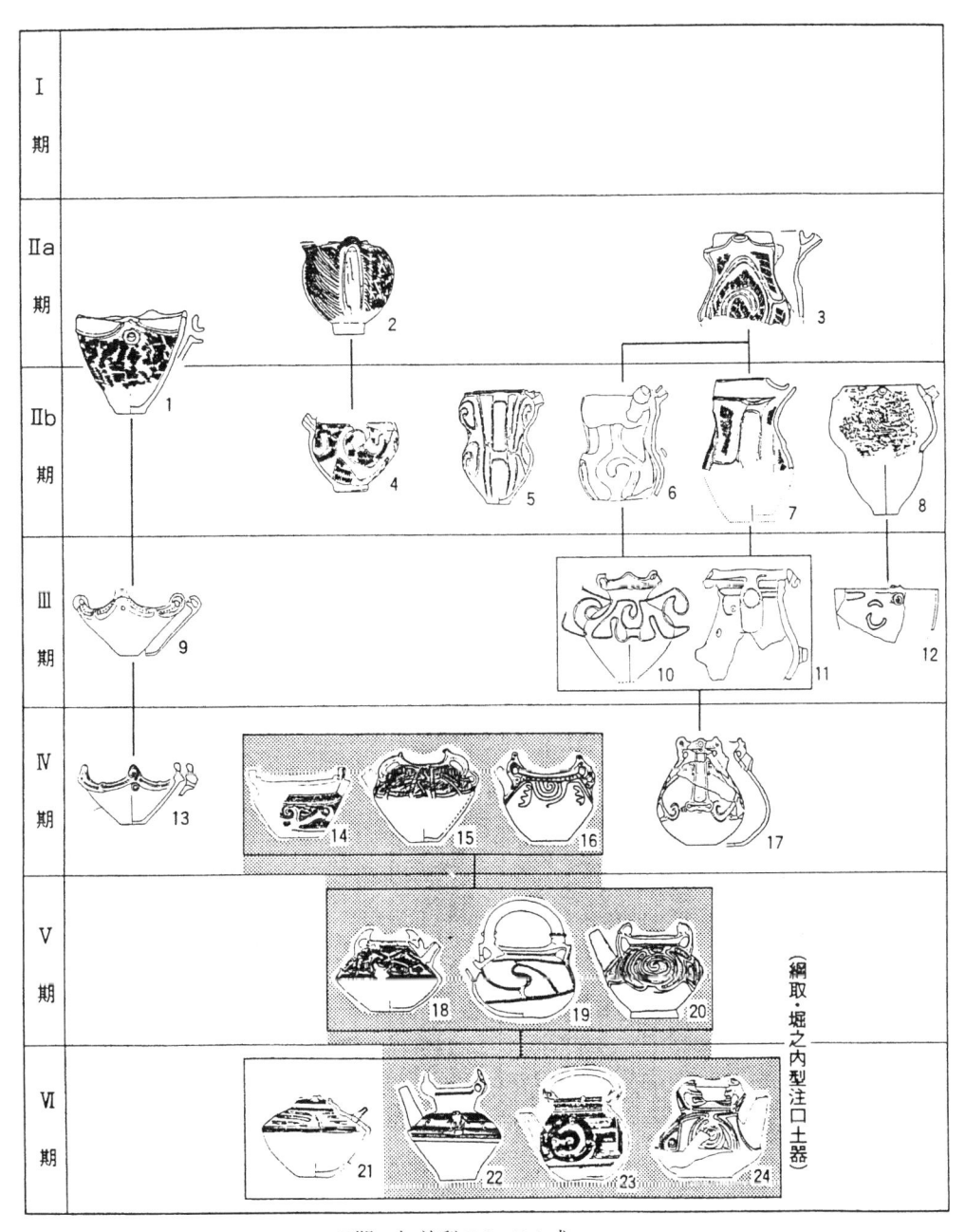

Ⅰ～Ⅱ期：加曽利 E 3，E 4 式
Ⅲ期：称名寺式　　　　　Ⅳ期：堀之内 1 式
Ⅴ期：堀之内 2 式　　　　Ⅵ期：加曽利 B 式

第 16 図　関東地方の中期～後期注口土器の変遷（池谷信之 1990）

13）は，東北地方には類例がなくその把手や体部の形状などから羽沢大道遺跡と繋がるとすれば，そこに東北地方とは違う関東地方独自な器形の存在をみることができる。一方，縄文を多用するb類（図版70-1・9・10・16，図版72-7・14，図版73-3・4・8・11）は，体部に丸みを帯びる傾向にある。このようにどの要素を取って見ても，これらの注口土器が一系統だと断定するに足るものではない。

　この器形系統の問題は，注口土器の体系を考える上で重要な問題である。池谷（1990，92頁5～7行）の言う「球形に近い器形」とは，筆者の言う壺形に所属するAB形を指すのだが，それを「他の器種と器形を共有しない独自な形態の浅鉢形」と表現した。しかし，東北地方の中期のAB形は無頸で，これに関東地方に出自した中期（尾崎遺跡）と称名寺式（羽沢大道遺跡）の類例に見る壺形の伝統的な器形が深く係わって無頸，有頸のAB形を派生させていると考えるのである。つまり，無頸で体部が算盤玉形の群馬県太田市大島遺跡の類例（図版67-13）はその把手の形状が羽沢大道遺跡と関連し，当該期の東北地方の類例（図版45，46）は体部の屈折部つまり最大径が上半部にあって体部形状が丸みを帯びるのに対して，この二例は中央部付近にあって算盤玉形に角張る。この器形上の特徴は，堀之内1，2式の関東地方独特な注口土器のもう一方のベースになっているものと推察されるのである。

　堀之内2式の注口土器は基本的にAB形で堀之内1式の延長線上にあり，その後半に多様性がさらに強くなる。体部が算盤玉形と球形になるもの，底辺部が張り出し気味に立ち上がるものなどがある。堀之内2式は細分されるので，その後半に体部が丸味を強くするものが見られるようになる（図版75-12・17ほか）。この時期にはA形が消失し，B形とAB形が一体化するようになり，主軸方向に把手が対に付くものが一般的である。その把手は，環状，靴べら形，吊り手状を呈する。文様には無文，磨消縄文，地文に沈線文を施文するもの，沈線文のみによるものなどがあり，曲線文，渦文，幾何学文などによる文様構成が見られる。このような堀之内2式の注口土器には，器形と文様から見て前後に段階差（時間差）がある。秋田かな子（1998）は，それらの形態を基準に有頸型と無頸型に分類して系統性を捉えようとしたように，それらの器形系統の系譜を明確にした上で算盤玉形と球形の体部あるいは無頸と有頸が対になる関係などを捉えて個々の形状差とその変遷を辿ることや，器形に採用される文様の関係を把握することによってもっと細かい分類と変遷の軌跡を明確にする必要があると思う。

　全体として関東地方の注口土器は，AB形の新たなもう一つの土瓶形の注口土器に収束されてゆく方向性が伺われる。換言すれば，算盤玉形主体の堀之内1式とは違う球形の新たなAB形ないしC形の確立である。その時，東北地方に関連すると思われるAB形b類を引く類例（図版75-17，図版76-17）は命運を尽きてしまう。いずれにしても，堀之内2式土器の段階は関東地方としては注口土器全盛の時期である。そして，堀之内2式後半期に西田泰民（1992）が有頸底部張出し型と呼んだ器形の口頸部文様帯を形成する注口土器，あるいは球形や有頸肩部張り出し型と呼んだ加曽利B1式に多くなる注口土器などが現われる。西田分類の二つの器形から構成される壺形の要素を多分に取り入れた特徴的な器形は，他の土器と器形を共有しないという意味で独自な器形のAB形から変化したC形に収斂されるであろう。

(2) 後期中葉から後葉の関東地方の注口土器

関東地方の注口土器は，加曽利B1式以降曽谷式にかけて次第に少なくなる。加曽利B1式土器は，図版77-1に代表される体部球形のC形と図版77-3，図版79-15に代表される肩部張り出し形のAB形と図版79-10・11に代表されるB形に大別される。そのセット関係を示す好例が，埼玉県蓮田市雅楽谷遺跡（図版77-16～20）である。いずれも無頸と有頸があり，櫛歯状の櫛描文を施文し，C字を組み合わせたリボン文を持つものと持たないものがある。その有無をもって加曽利B1式の判別基準にする考えもあるが，それのないものも多く，例えば共伴資料ではないものの千葉県木更津市伊豆島貝塚の類例（図版78-1～3）を分別できるのかという問題があり，層位的な共伴関係の把握と型式学的研究を待ちたい。また，把手を持たない注口土器が見られるようになる。西田泰民は櫛描文の出自について触れ，西関東から中部地域に求めている。

加曽利B2式になるとこの関係が逆転して，磨消縄文が多用される。基本的にはB形だが，広口壺となる。口頸部が発達するものと短頸になるものがある。加曽利B3式，曽谷式の類例（図版80-5・12）も同様だが，極端に少なくなる。A形がない訳ではない（図版80-4）が，気になる点は報告書で明確な型式同定が行なわれていない場合が多いことと，細口の壺形注口土器に対して東北系統と表現されることが多いことである。図版80-23・24が加曽利B1～2式，3が安行1，2式のようだ。これらに平行するものが東北系とされる図版81下段であるが，茨城県外塚遺跡の20～22は新地式（後半＝筆者）とされている。東北地方北部の編年に対比すると，11・12・16が十腰内3式，10・13・14が十腰内5式，15・17が十腰内5式後半，26・28が風張式，24が十腰内6式に平行するものであろう。因みに，曽谷式は十腰内4式に平行すると思われる。このように関東地方の注口土器が少なくなってその独自性が失われ，東北地方に類似した器形，文様を持つB形の注口土器が多くなることは確かのようである。

この時期の注口土器を考える上で忘却できない資料は，モースが大森貝塚で発掘した宝ヶ峯型注口土器（図版81-4）の存在である。図版81-2～5と8・9は共伴関係にあるだろうし，11・12・16はその後半の注口土器である。その中で，4は搬入されたものと考える。また，1は大湯型に比定されるものである。

(3) 後期末葉の関東地方の注口土器（図版82）

後期末葉に，関東地方にだけ深鉢形土器の体部上位に注口部を付けた独特な深鉢形注口土器が出土する。深鉢形というよりは甕形というべきかもしれない。注口部を持たない同じ器形が存在する。口縁部が平縁で内湾し最大径が体部中央にあり，底部が尖底とも言えるように著しく小さい。休部上位に丸い穴を空けているものもある。

一応，関東地方一円に分布しているが，主に安行2式の時期に埼玉，千葉県に多いらしく安行3a式まで継続する。後期と晩期の区別は，文様によって分類されているが，見方を替えると関東地方ではこういう地域独自な注口土器の形制からは後期と晩期は文化的に連続的，伝統的なので明瞭な区別ができないことを物語るであろう。

関東地方では，こういった地域独自な注口土器が存在するにも関わらずほとんど研究されてい

ないのは，編年学的研究でしか土器を捉えていないからである。少なくともこの時期に深鉢形（A形）注口土器が存在すること自体が異質なので，その意味を考える上でも今後の地域研究を待ちたい。また，その深鉢形注口土器が単独に存在するものか，それに壺形注口土器（図版81-9・10）が伴うものなのか，伴うものがあればその組成関係が筆者には不明である。東北地方には同じ形制にある類例（例えば図版63-1と図版81-26など）がいくつか存在するので，それが明らかになれば相互の平行関係を理解することができるだろう。

5 中部，北陸，東海地方の後期注口土器

(1) 中部地方の後期注口土器（図版83～85, 136）

山梨県の注口土器について長沢宏昌（1997）がまとめているので，それを一部改定した（図版83）。称名寺式の瓢箪形の注口土器が見られる。長野県を含めて，この地域の注口土器は関東地方の影響の下に堀之内1, 2式土器に盛行する。堀之内1式の大型な（浅）鉢形注口土器が存在し関東地方と大差ないが，加曽利B1式土器以降急激に少なくなる。

長野県（図版84, 85）の場合も基本的には同様で，その様相は関東圏だと見てよいであろうことは，当該地域の編年が関東地方の土器型式を借用して使っていることにも伺われる。無文で小型な注口土器が目に付く。ほとんどが堀之内式，加曽利B1式の範疇に入る。宮田村中越遺跡に口縁部が内傾する曽谷式平行と思われるもの（図版85-7）があるが，後半期の類例が極端に少ない。

長野県などは一般的に関東地方の影響を受けた地域であることに相違ないが，その図版85-7の特徴は北陸地方の西部ないし東海地方の土器と関連するものではないかと思われる。

(2) 北陸地方の後期注口土器（図版86～91, 135上段）

北陸地方の土器型式編年については，南久和（2001）がまとめているので参考になる。新潟県以外では思いのほか注口土器が少ないが，石川県，福井県にまとまった資料が出土している。新潟県には後期全般を通じて見られ，各型式ごとでは量的に少ないが関東地方よりは東北地方との関連性が見られる反面，地域性を見せるものがある。関東地方の堀之内1式，加曽利B1式の注口土器も存在する（図版86-2・8）。その地域性は，前葉の深鉢形注口土器（図版86-1・24）や中葉の加曽利B1式平行期の鉢形注口土器（図版86-6・7），あるいは三仏生式の壺形注口土器（図版86-5）の器形に窺われる。東北地方の影響と見られるものに，宝ヶ峯型の注口土器（図版86-13～16）や後葉の東北地方北部編年で風張式，大湊近川式に平行する新発田市中野遺跡の凸面体のある注口土器（図版88-2ほか）に窺われる。富山県は基本的に新潟県と同様だが，後半期の凸面体のある注口土器に地域色が強く，石川県加賀市横北遺跡の類例（図版88-25・26）は独特なものである。堀之内2式後半から加曽利B1式古手に平行する福井県永平寺町鳴鹿手島遺跡の類例（図版91下段）は，北陸地方の注口土器としては関東地方との関連性が窺われる。

宝ヶ峯型注口土器の類例は，新潟県南部の柏崎市刈羽大平遺跡，小丸山遺跡（図版86）などの

ほかに，富山県魚津市早月上野遺跡（図版88-13），石川県酒見新堂遺跡（富来町1974）に出土している。その後，石川県米泉遺跡，北中条遺跡，御経塚遺跡（図版89〜91）の資料に変遷する。前半期には関東地方や東北地方の影響のある類例が出土し，後半期では東北地方の十腰内5a式土器に比定されるもの（図版89-4）があり，その後は在地系の注口土器が主体を占める。

残念ながら，こういった東北地方の注口土器が在地のどの注口土器や土器型式に伴うものかは筆者にはわからないが，遠距離交流の実態を知る上で興味深い。

問題は，その在地の注口土器である。石川県野々市町御経塚遺跡では後期後半期の八日市新保式土器の注口土器（図版91）が未掲載資料を含めて20点ほど出土している。それらの注口土器は，とても東日本の範疇では理解できないものである。石川県は現在も東日本か，西日本に所属するのか複雑らしく境目地域であることは間違いないが，縄文時代にはどうも西日本に所属すると理解した方がよいように思える。

しかしながら，それより前の福井県鳴鹿手島遺跡の類例（図版91）は，明らかに東日本の範疇に入る注口土器群を受け入れている。

(3) 東海地方の後期注口土器（図版92, 136）

静岡県の堀之内2式，加曽利B1式の注口土器には，中部地方に形態が類似するもの（図版92-1），あるいは近畿圏に近いもの（図版92-5）などがある反面，関東地方に類似するもの（図版92-2・4・6・7）が多く，地理的特徴を表わしている。磐田市西貝塚の類例（図版92-5）は，大型である。曽谷式土器平行と思われるもの（図版92-9・10）がある。

東海地方では，静岡県を境により以西に注口土器が極めて少なくなる。加曽利B1式平行の八王子式とされる愛知県西尾市八王子貝塚の類例（図版92-13）は，口縁部が内傾し磨消縄文を施文する。この口縁部形状の特徴は，関東地方の加曽利B1式やその直後に稀に見られても堀之内2式後半から加曽利B1式に平行する東北地方の人湯型注口土器に多いものである。しかし，同じ地域で同時期の関東地方の曽谷式平行の西貝塚の類例と比較しても形態や文様に見る違いが大きく，この時期の広域な注口土器のあり方を考える上で両者の存在意義は大きい。

後期最終末期の愛知県小坂井町稲荷山遺跡の類例（図版92-8）は，この地方としては非常に珍しい資料である。関東地方にもあまり見ないもので，東北地方から搬入された可能性がある。

三重県明和町天白遺跡（三重県1995）から，破片を含めて10数点の後期中葉から後葉の注口土器が出土している（図版136）。在地系の注口土器に東北地方南部の川原式土器もしくは北関東地方の磨消縄文を施文する壺形土器の破片が出土しているが，宝ヶ峯型注口土器は見当たらない。

6 西日本の後期注口土器

(1) 近畿地方の後期注口土器（図版93）

近畿地方には，あまり注口土器が出土していない。最近，滋賀県東近江市正楽寺遺跡で堀之内2式土器に平行する時期の纏まった資料（図版93）が発掘された。それらには，在地のものと関

東地方からの影響がみられるもの，搬入されたと思われる注口土器がある。在地の注口土器と思われるものには，丸底で縄文，無文が簡素に施文され，太目の注口部が付き口縁部把手が見られない。関東地方から影響を受けたと思われる注口土器（図版93-2）には充塡縄文の波状入組み文を施文し，渦巻き沈線文の土器（図版93-1）には片側に口縁部把手が付く。搬入と思われるもの（図版92-5～7）は大きな耳状把手を前後に付ける。相互は注口部の製作法や形状も異なり，これに堀之内2式の注口土器が伴うというパターンがこの地域の特徴なら，近畿地方の注口土器は関東地方の影響によって製作されたことになる。

京都府向畑遺跡の類例（図版93-17）は一乗寺K式土器，大阪府縄手遺跡の類例（図版93-19）は北白川上層式土器とされている。

なお，西田泰民（1992）によると，上記のほかに滋賀県で1遺跡，京都府で2遺跡，奈良県で1遺跡，大阪府で1遺跡，和歌山県で2遺跡に堀之内2式，加曽利B1式平行期の類例が出土しているほか，近年少し資料が追加されている。

(2) 中国，四国地方の後期注口土器（図版92）

この地域にはわずか2点を知りえたのみで，実態は不明である。西田泰民によると，中国地方では岡山県で1遺跡，鳥取県で3遺跡，四国地方では香川，愛媛県に各1遺跡が知られ，それに図示した類例が加わる程度でいずれも前葉の堀之内2式平行期である。

著名な愛媛県波方港遺跡の加曽利B1式平行の類例（図版92-15）は，関東地方の影響を窺わせるものとしては最も南に出土している類例である。

(3) 九州地方の後期注口土器（図版94, 95）

九州地方の注口土器については，近年後藤晃一（2002）が集成と考察を行なっている。それによると，鹿児島県を除いて50余遺跡，破片資料を含めて約150点ほどが集成され，それに筆者の調査を加えると鹿児島県にも類例が出土しているので分布については全域，資料数は160点ほどになる。九州地方では北久根山式土器とされる福岡県山鹿貝塚の類例（図版94-4），鐘崎式土器の下吉田遺跡の類例（図版94-3）が最も古いらしく，主に北部に前葉の類例が出土し，その他は三万田式，鳥井原式，御領式土器など後葉に集中する傾向がある。

後藤による集成，編年，分布図（第17, 18図）を見ると，福岡，大分，熊本県に多いように九州北部に偏った分布状況を知ることができ，古手の類例が相対的に多いことからより東方（近畿，中国地方）からの影響によって出現したと考えられている。福岡県北九州市下吉田遺跡では九州地方で唯一口縁部把手の見られる注口土器や加曽利B式平行期の土器が出土している。また，壺形の器形を呈する点では滋賀県正楽寺遺跡の在地系注口土器に類似するので妥当な見解かも知れない。

熊本県に，後期後半の三万田式土器の類例が知られている（図版95）。注口部の先端が口縁部に及ぶ，特徴的な平底の注口土器である。

最も西の鹿児島県加治木町干迫遺跡に，外来系と思われる3点の後期注口土器が出土していて

注目される。それらは，関東地方の堀之内式土器に関連するもの（図版94-17, 95-16）と北陸西部地方に関連するもの（図版94-16）と思われる。前者は関東地方の鉢形注口土器（図版66, 67）の国衙型（第32図7）や堀之内2式土器に見られる櫛描文に，後者は大分県杉園遺跡の類例（図版94-14）とともに石川県横北遺跡，米泉遺跡，北中条遺跡などの類例（図版88～90）の横北型注口土器（第33図17）に類似する。

このようにして詳細な要素を見ると，図版94-16のIIa文様帯の膨らみ（凸面体部）が気掛かりである。というのは，福岡県上唐原遺跡の類例（図版94-1）がヘラ状文に類似するものなら，石川県米泉遺跡に類例（図版89-1）があり，言うまでもなくその文様モチーフは明らかに東北地方の影響によるものだからである。このように見ると，干迫遺跡の類例は共伴関係にあるというよりも時間差を示している可能性がある。

いずれにしても，注口土器は東高西低の印象は否めない。その理由は，出土量に歴然と表われている。西日本の類例は，堀之内2式，加曽利B1式平行期の前葉に集中する傾向が強い。後葉では在地系の注口土器が占め，口縁部が内傾する独特な器形を呈している。強いて東方との類似性を求めるなら，石川県御経塚遺跡の類例（図版91）が近いのではという指摘（南久和2001）が参考になるかも知れないが，九州地方の類例は近畿，中国地方の類例増を待って議論される余地が強いとしても，九州独自な注口土器の類型を明確にする必要があろう。また，注口土器が激減する後半期から晩期初頭において，九州地方で三万田式土器の時期に比較的まとまって出土しているのは，その時期の縄文文化の変遷を考えるとリージョナリティーな問題として興味深いものがある。

7 後期注口土器のまとめ

後期の注口土器に関する特徴として，多様な類型，器形の多様性，地域差，土壙墓，広域交流など，多くの問題点を挙げることができる。

後期の注口土器は，中期の注口土器の継続として発展している。関東地方と東北地方中・南部を中心に器形の多様性として東日本各地に様々な類型が存在し，地域差が顕著に表われている。その中で，深鉢形注口土器が東北地方中部だけに門前型として残存する以外は，鉢形と浅鉢形注口土器が主体になってゆく。中期の特徴である大型化も鳴りを潜め衰退し，次第に小型化してゆく。わずかに関東地方において後期初頭に大型鉢形注口土器（図版66），瓢簞形注口土器（図版66-9～11）から変化する大型壺形注口土器（図版67-6・7, 図版71-1）が見られる。特に，神奈川県北原9遺跡，栃木県八剣遺跡の類例などが瓢簞形の名残である口縁部の膨らみが退化しただけなのか，それとも他地域の器形から影響を受けて形成されたのか，課題が多い。そういう時期を経て，次第に注口土器が小型化する方向に向かう。

そして，後期の注口土器の最大の歴史的な意義，特徴は，土壙墓から出土する類例が多く見られることである。まず初頭から前葉にかけてそれが関東地方に出自し，現象的には小型化に関連していると思う。後に，北海道においてそれが後期後葉に普及するが，相互の関連性については

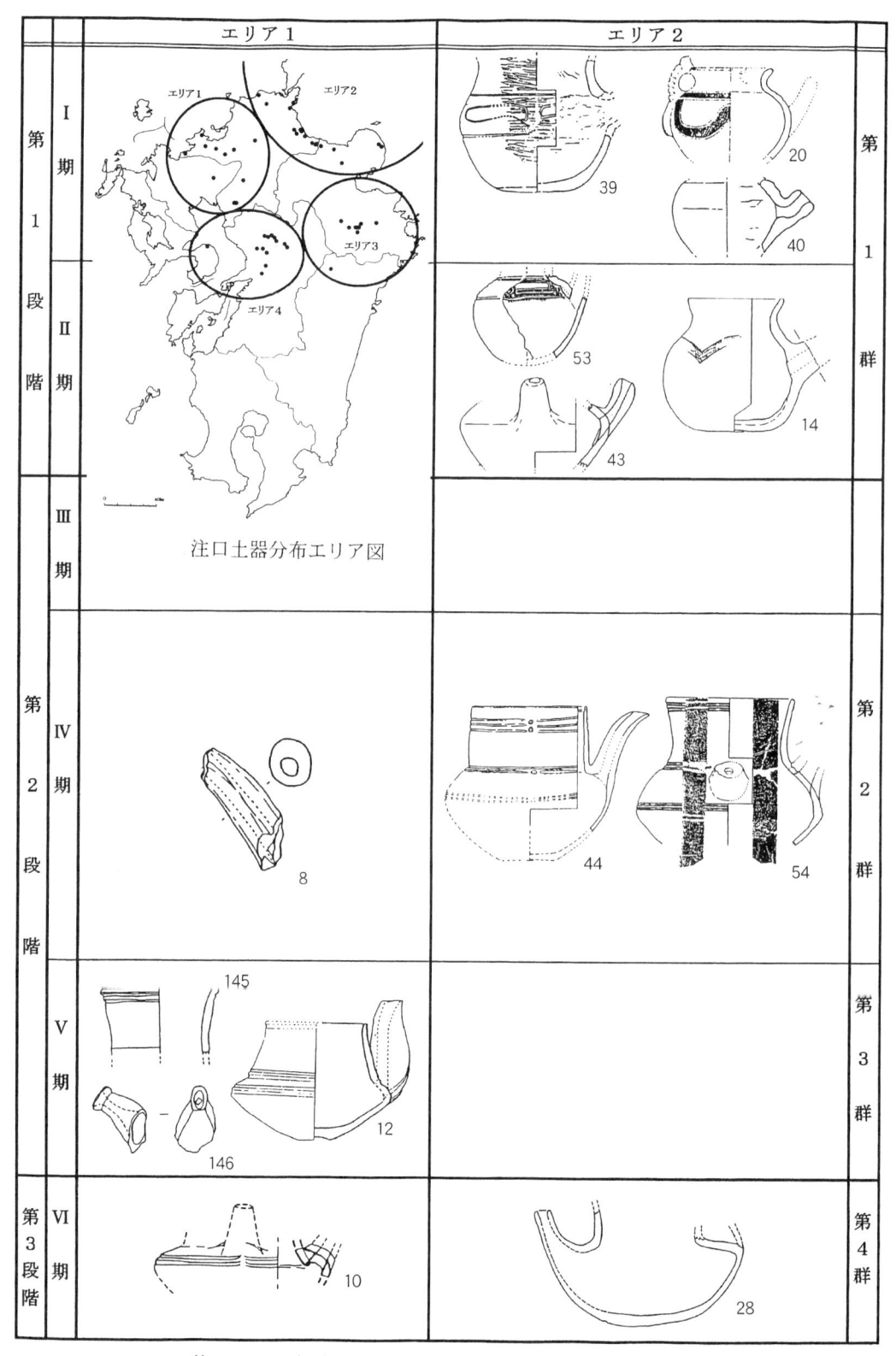

第17図　九州地方の後期注口土器変遷図（1）（後藤晃一 2002）

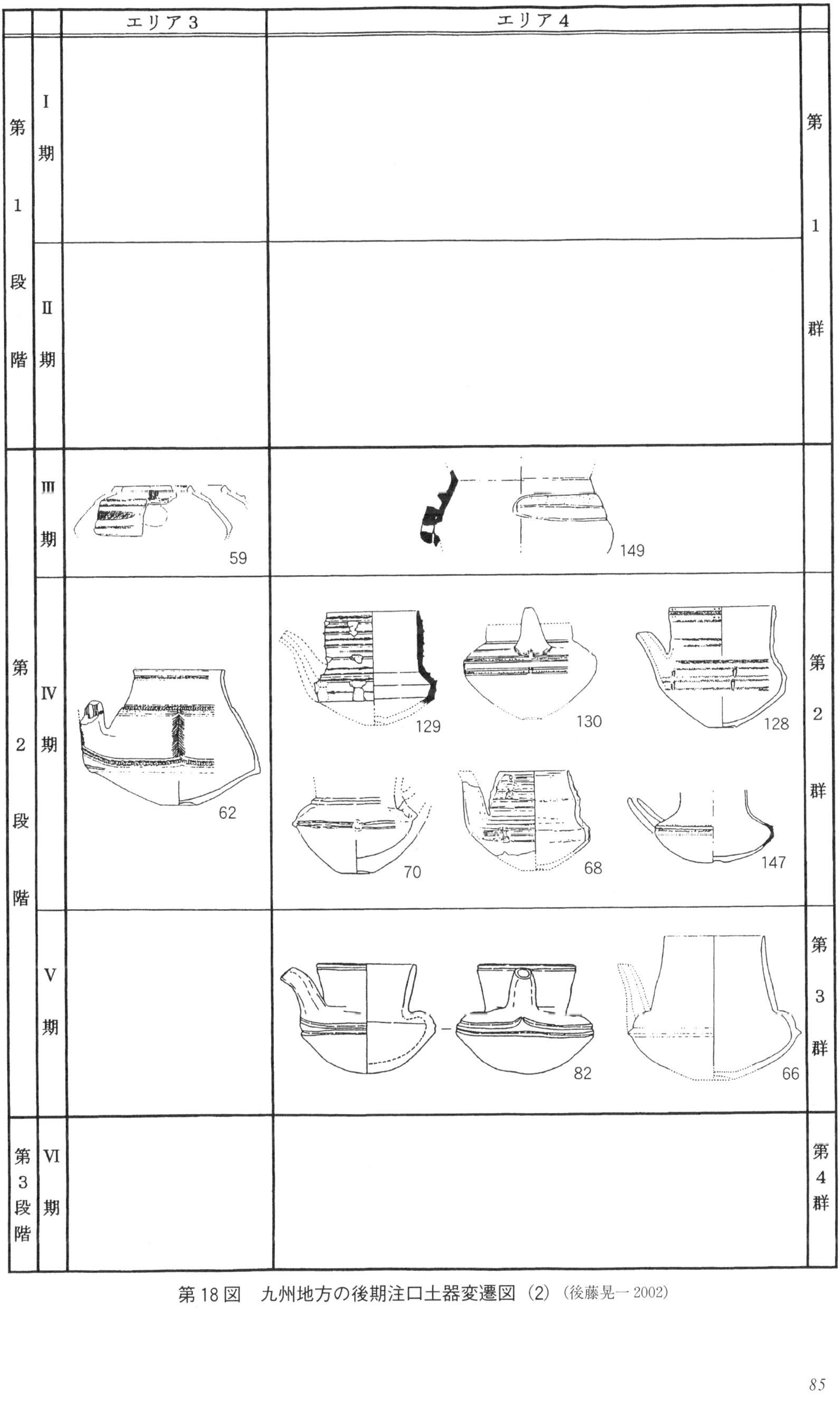

第8章 縄文時代後期の注口土器

		エリア3	エリア4	
第1段階	I期			第1群
	II期			
	III期	59	149	第2群
第2段階	IV期	62	129　130　128　70　68　147	
	V期		82　66	第3群
第3段階	VI期			第4群

第18図　九州地方の後期注口土器変遷図（2）（後藤晃一 2002）

不明である。関連するとしても中間の地域，時期が不明なので遠因でしかないが，埋葬に関連して注口土器が用いられる風習は潜在的に行なわれていたことは十分考えられる。

こういった型式学的な編年問題に関して，古くから綱取・堀之内型（池谷1990）の注口土器の形成問題が論じられてきた。堀之内型注口土器の形成に東北地方の影響を観察した点で評価されるが，東北地方の鉢形注口土器からの変化が強調され小型な壺形注口土器の系譜はあまり考慮されていない。堀之内型注口土器は，体部の器形が菱形，球形と鉢形の3者があり，そして文様においても構造体になっている点が注目される。それは，注口土器の器形が構造体を成す最初の類型である一方，関東地方の注口土器の類型が堀之内型にほぼ統一されるという点において注目される。堀之内型注口土器が形成される直前の称名寺式から堀之内1式までの段階に多様な類型と器形の多様性が生じ，東北地方南部を組み込んで地域差が顕著に認められる訳である。

関東地方の後期の注口土器が堀之内型に統一され規格化される反面，堀之内型注口土器の器形，文様の多様性は，把手の発達などとともに実に複合的である。編年学的研究が進んでいる関東地方において，堀之内型注口土器の体系を土器型式の細分分類に基づいて器形と文様の系譜を時間軸に沿った形で整然と並べ立てる研究成果に期待したい。堀之内型注口土器の体系は，注口土器の型式学的，芸術的な様式を体現させたという意味で，その後の注口土器の斯くあるべき姿の模範になるものである。その気風を継承しているのが，後の東北地方の宝ヶ峯型，亀ヶ岡型注口土器である。

こういった後期の諸類型の個別問題については，他に北海道型注口土器，ミミズ張れ文様の新地小川型注口土器の出自など，編年に関する問題として例挙にいとまが無く多岐にわたることやある程度既述してきたのでここでは言及しない。いわば，まだまだ究明すべき問題がたくさん存在するのである。

後期の注口土器の従前と違う点のキーワードは，広域交流だと思う。注口土器自体は以前にもまた後にも隣接する地域間の中広域交流として発展している。しかし，堀之内型とその直後の注口土器には，上記の宝ヶ峯型，亀ヶ岡型注口土器とともに広大な交流が見られ，その嚆矢とも言える存在である。いわば，土器と土器の持つ諸要素とその情報が広範囲に波及した，あるいは流通したとさえ言えるのである。その波紋の強弱は距離の遠近に比例している点では法則的だが，中には想像を超える距離で情報が移動している。当然，その理由，背景などに興味深い問題があるとしても，注口土器だけが移動，伝播している訳でないので注口土器だけに限定して考えるよりも当該期の土器型式との伝播の問題に関連させて考えてゆくべきであろう。この時期に特有な，そしてそれを齎す社会的な動向が地域間で働いていると思うので，複線的に考えてゆきたい問題である。

最後に，後期の特徴の一つとして，九州地方など西日本に注口土器が存在し，次第に内容，実態が明らかになりつつあることを指摘しておかなければならない。少なくとも汎日本的に注口土器を考えることが注口土器研究の大きな懸案であったので，石川県，滋賀県や九州地方の類例などが明らかになったことは光明である。残念ながら，筆者の力量不足により北日本以外の細別土器型式編年に疎いために十分な型式同定ができなかった部分があることを了解されたい。

第 9 章　縄文時代晩期の注口土器

1　晩期の注口土器の特徴

(1)　亀ヶ岡式の注口土器の存在感

　縄文時代晩期の注口土器は，全国に出土する晩期全体の注口土器の 85% を占める東北地方の優れて精巧な亀ヶ岡式土器の注口土器に代表される。究極に発展した亀ヶ岡式の注口土器こそ，縄文文化の注口土器の象徴だと考えるものである。それは，縄文時代の注口土器様式のフィナーレに相応しく燃え尽きる直前の炎のように美の極みを尽くしたものとして，美麗，秀麗と最大限の修飾語で表現して余りあるものである。また，学史的にも先史美術，工芸の観点から高く評価されてきた。

　注口土器の盛衰が，生活や文化の活力やそれを側面から支えた信仰と連動していると仮定すれば，多寡や盛行は絶対的な意味を持つ。特に，亀ヶ岡式の注口土器は亀ヶ岡文化圏外に波及している。それには，搬入と模倣の伝播があり，それも文化の活力によるものと仮定すれば，遠距離波及と質量が必要かつ十分な条件を満たすことになるだろう。縄文文化における注口土器の意義を考える上で，亀ヶ岡式の注口土器に係わる実態が最も直截的にそのことを認識できるという意味で重要な役割を果たすであろう。

　芸術性の問題は，美しさを意図して製作され，研磨，朱彩が著しく見た目の美しさの効果が明確に意識されていること，既存器形に存在しないつまり注口部を持たない同一器形が存在しない独自な器形であること，A類，B類の異なる器形がペアーで存在する器形構造を示すこと，時には土偶，香炉形などその他の信仰に係わる要素が反映され多重形式であること，などに表われている。いわば，それは信仰に裏打ちされた芸術，様式であると認識される。

　もう一つの，交流の問題は，その注口土器が兵庫県にまで遠隔に及んで分布しているように，搬入，模倣の注口土器が存在すること，他地域に器形，文様の諸要素が伝播して関東地方に折衷の注口土器が形成されること，当然そこには人々の往来や情報の伝播が内在されていることになる。

　どの要素をとって見ても，それは縄文時代晩期の人々の生活，文化，社会の内容の一端を体現しているものであり，亀ヶ岡文化の内的事情の信仰的芸術性，対外的事情の交流の側面から亀ヶ岡式の注口土器を認識しなければならないのである。

　亀ヶ岡文化の信仰的芸術性については，注口土器に限らず遮光器土偶，岩偶，岩版，石刀，石棒などの諸遺物質量の多様性によく表われているとおりだが，注口土器においても例えばそれに液体を入れた場合，注口部の位置が体部中央にあるように半分程度しか入らない容器として無駄

な造形が行なわれていることにもよく表われている。

　また，遠隔な交流や文化の伝播についても注口土器に限らず，遮光器土偶なども一緒に移動の対象にされている。その反面，重要なことは注口土器が圏外に波及しても圏外から亀ヶ岡文化圏内に齎された注口土器が一つもないということである。

　そういう亀ヶ岡式の注口土器もやがて衰退してゆく。その衰退は，そのまま縄文文化に育まれてきた縄文時代の注口土器の終焉を意味することになる。しかし，衰退の要因を考古学的に明らかにすることは容易なことでないが，衰退の軌跡を明らかにすることによってそれに代えることができる。もしこれらのことが十分に論証して説明できるなら，それは縄文時代の一つの歴史叙述に等しい。

　晩期の注口土器の様相は，亀ヶ岡式の注口土器が波及していない九州地方や四国地方を除いて，地域によって濃淡はあれども亀ヶ岡式の注口土器の展開とその影響という形で認識される。その考察上の機軸が，亀ヶ岡式の注口土器とその搬入，模倣，折衷と各地域の在地系の注口土器を対立的に捉えることである。したがって，各地域の注口土器の実態を説明した上で，在地系と搬入系の注口土器を対立的に捉え，その盛衰と終焉を説明してゆきたい。縄文時代晩期の注口土器を全国的視点に立って観察すると，東北地方とそれ以南という形で盛衰の様相が対立的に大きく分かれているのである。

　従前においても注口土器の盛衰は幾度か見られたことであったが，晩期における衰退はもはや甦ることのない廃絶の凋落である。それには，縄文文化から弥生文化の移行が深く係わっていると考える。

(2)　亀ヶ岡文化圏の注口土器——亀ヶ岡式の注口土器

　亀ヶ岡式土器が，大洞B，BC，C1，C2，A，A′式に細別されている（山内清男1930）のは周知のとおりである。この間，注口土器が最も盛行するのは，前葉の大洞B，BC式土器の時期である。衰退は大洞C1式から始まり，大洞C2式を経て大洞A式土器の段階に顕著になり，大洞A′式土器には今のところ岩手県北上市九年橋遺跡でしか知られていないので，実質的には大洞A式土器の段階で消失すると見てよい。

　亀ヶ岡式土器の注口土器の変遷（第19図）は，亀ヶ岡式土器の変遷と同じで主に文様のメルクマールによって判別される。その特徴は，小型，薄く華奢で焼成がよく全体を研磨し，文様に伸び伸びとした曲線文をバランスよく施文し，朱彩されて見た目に美しいことである。器形は前半期が不安定な丸底を呈し，大洞C2式以後は平底になる。器形にバラエティーがあり，断面形により独自な器形のA類，B類と壺形のC類に分類されている（藤村東男1972）。最後の大洞A式土器の段階になると，C類が多くなる。

　亀ヶ岡式土器の注口土器は，岩手，秋田県北部および青森県の東北地方北部に盛行する。現状では晩期の最初と最後の大洞B1式，大洞A式，A′式土器の類例が少ないと言えるにしても，大洞B2式から大洞C1式土器にかけて出土量，優品が多い。地域的にも青森，岩手県馬淵川流域，新井田川流域，あるいは秋田県森吉川流域の山間部に好例が出土している。

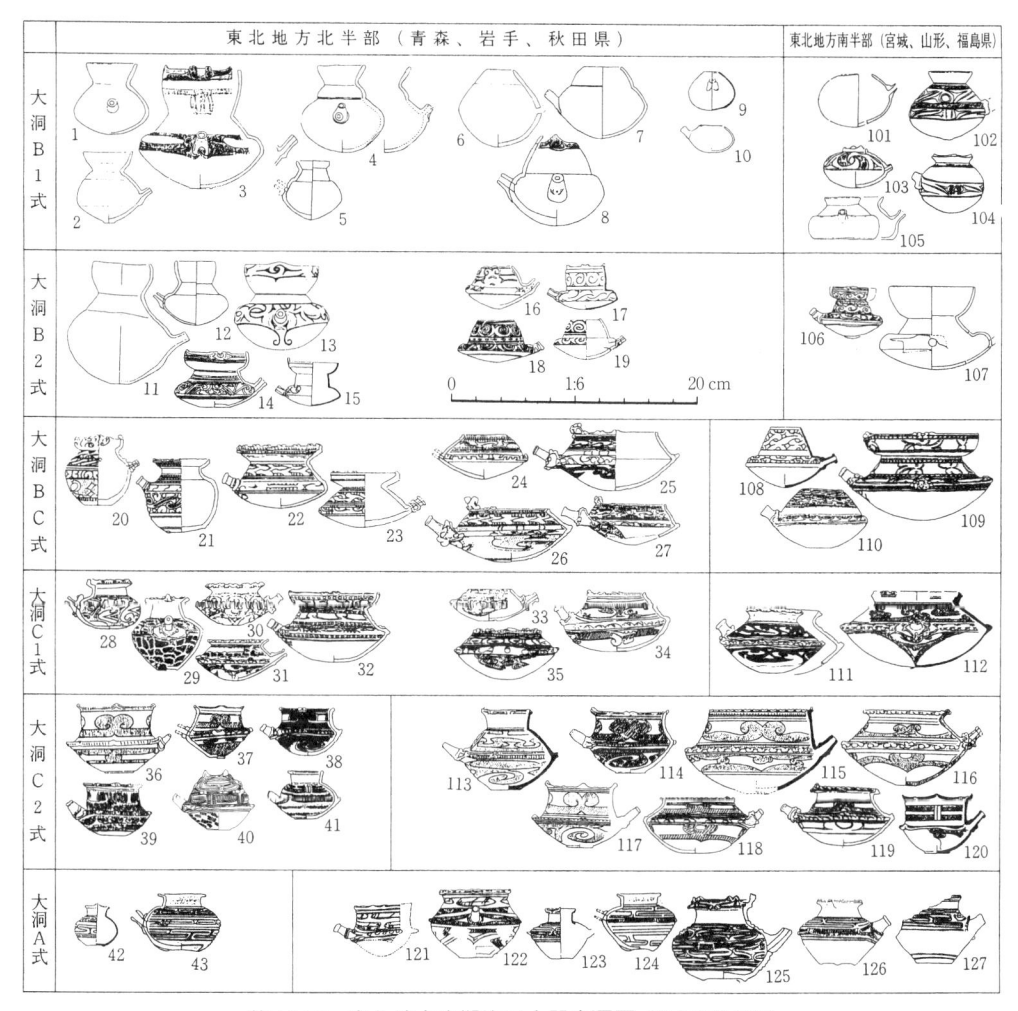

第19図 東北地方晩期注口土器変遷図（鈴木克彦1997）

　それらを通観すると，主に無文の注口土器の大洞B1式土器を経て，大洞BC式土器までは研磨と彫刻手法の単位文様が施文される。大洞C1式土器で磨消縄文による文様が施文されるようになり，大洞C2式土器になると注口土器だけに見られる磨消縄文による鉢巻文の帯状文が多用され，壺形の大洞A式の注口土器にはもはや縄文は施文されない。大洞C2式の時期を境に注口土器が壺形の形態に替わり，変節期を迎えることは見逃してはならないことである。

(3) 亀ヶ岡文化圏外の在地系，搬入，模倣，折衷系注口土器

　亀ヶ岡文化圏外すなわち東北地方以外の注口土器は，在地系と搬入，模倣，折衷系の注口土器に分類される。

　在地系とは，地域の伝統により形成された地域固有な器形，文様を持つ注口土器である。その代表的な類例は，北海道におけるタンネトウL式土器などの鉢形注口土器（図版97-15〜18，図版98）や関東地方の安行3a，b式の深鉢形注口土器（図版132-1ほか），浮線網状文土器の鉢形注口土器（図版132-19），北陸地方の御経塚式の注口土器（図版132-21〜27）などである。

搬入，模倣，折衷系とは，ここでは主に亀ヶ岡式の注口土器が圏外に齎されたものが搬入，それを模倣して作ったと考えられるもの，折衷系は在地系の注口土器に亀ヶ岡式の器形，文様が影響，反映されているもので，模倣，折衷系を亀ヶ岡系と呼ぶことができる。搬入，模倣，折衷系の見分け方は，相当な経験と眼識が必要で，時には意見が分かれることもあるが，その判断規準は次のとおりである。

搬入は，亀ヶ岡式の注口土器そのものであり，極端に言えば圏外に出土したそれを圏内に再度持ち込んだ時に判断ができないものとなるが，例えば圏内に青森県と綾絡文を施文する福島県で相当違う地域差があるように，判断が難しい。ところが，この綾絡文を逆手にとれば案外見分け易い。しかし，この問題は比較研究の分野なのでこの集成によりそういう心配が少しは避けられるであろう。一般的に，関東地方などから出土する注口土器および亀ヶ岡式土器は筆者の知見では中枢の青森県周辺の類例は皆無，ほとんどが福島県周辺のものであった。現在のところ，千葉県市原市祇園原遺跡の大洞B式注口土器（図版132-14）が恐らく東北中部から齎された可能性のある圏内最奥からの搬入品であろう。

模倣は，誰が製作したかを不問にして当時の贋作とも言えるものなので相当に本物に類似することになる。多分に器形は似せている。文様もよく特徴を摑んでいる。しかし，細かい部分に落とし穴があるもので，そこを読み取らなければ判断できない。

亀ヶ岡式だけでないが，土器の型式には製作に当たって約束事があり，にわか作り故に器形と文様帯と文様の関係まで会得していない場合が多い。最も判断が難しいのが，搬入と見ても止むを得ない茨城県水戸市金洗沢遺跡から出土した注口土器（図版129-7）であろう。恐らく亀ヶ岡人なら，口縁部を内湾させIIb文様帯の玉抱き三叉文をその口縁部に施文するだろう。

折衷系は，在地系の注口土器に亀ヶ岡式の器形，文様の要素が影響しているもの，基本的に器形，文様が亀ヶ岡式に類似しても亀ヶ岡式とは言えないもので中間的な要素を持つものである。関東地方の三叉文を施文する安行3a，b式の注口土器（図版129-29～31ほか）が，その類である。

こういった判断基準のほかに，搬入にしろ模倣，折衷系にしろ，いかなる社会構成の下に行なわれたのかという文化的交流に関する重要な問題がある。それは，搬入つまりそれを運搬した主体者，亀ヶ岡人が彼の地に行ってそこで製作した場合と圏外の人が情報や見本を入手して製作する場合，生地（粘土）をどこで調達したのかでも相当な違いが生じる。そして，何よりも他地域，他の文化圏の器を搬入したり，模倣したりする理由，必要性があるのかという根源的な問題がある訳である。

以下，こういった在地系，亀ヶ岡系の注口土器を比較しながら各地域の注口土器について地域単位に説明する。

2　北海道の晩期注口土器　（図版96～98）

北海道の晩期注口土器は，道央部を境に南と北，東では地域差が明瞭である。北と東では極めて少ないため較べようがないが，富良野市無頭川遺跡，斜里町ウナベツ川遺跡などの破片資料を

見ると，注口が太く鉢形の北海道型注口土器が見られる。それは，大洞C2式～A式平行のタンネトウL式土器で，この時期に集中している。タンネトウL式には亀ヶ岡式の壺形が伴うことがある。晩期の北海道型注口土器が，何故この時期に出現するのか，まだわかっていない。それが出土しているのは，道央部の石狩，空知地域（図版97-15～17，図版98）である。寿都町の2例（図版97-11・12）は，その影響を受けたものであろう。いずれにしても，そういう地域に亀ヶ岡式土器は出土していても，その注口土器はまだ知られていない。

　北海道型注口土器は，浅鉢形土器で片口とそれに似た注口部を持ち，平面形は円形と楕円形を呈する。全面に縄文を施し，幾何状の沈線文で文様を施す。注口部やその基部に孔が2個あり，あまり実用的なものと言い難い。底部がやや丸くなるのは，北海道系土器の特徴である。図版98-1・5の土器は，伏せるとラッコの形を示す動物型で何か特殊な用途があったと推考される。

　北海道の注口土器の文化は，元来は東北地方からの北漸の文化であったように，道央部には亀ヶ岡式の影響を受けた亜流在地系の注口土器が出土し（図版96-14～16，図版97中段），道南部には東北地方北部から搬入された亀ヶ岡式の注口土器が出土する（図版96，97上段）。本流在地系と言える北海道型注口土器と亜流在地系の注口土器の違いは形態に明瞭に表われ，前者は浅鉢形土器，後者は石狩町志美4遺跡，余市町大川遺跡（図版97-5～10）に見られるように形態や文様に何らかの形で亀ヶ岡式の影響が見受けられる。特に，形は不整だが，口縁部が香炉形の台付き注口土器は岩手県央部以北の亀ヶ岡式中枢圏に見られるキメラの注口土器であり，この地域独自に存在し得ないものである。したがって，亜流在地系の注口土器は亀ヶ岡式の影響によって形成されたものだということがわかるし，例えば形が注口土器ながら注口部を真似ただけで孔が空いていない珍しいもの（図版97-9）があり，亀ヶ岡式の注口土器の情報を得て模倣した努力が窺われるものさえある。

　道南部は概して注口土器が盛行する亀ヶ岡文化圏の一部と見なされてきたが，意外と注口土器の出土例は少ない。一般的には，松前町高野，東山遺跡，北斗市添山遺跡，函館市日古遺跡に代表される道南部でも津軽海峡に面した地域に止まる。そういう地域でさえも，注口土器の比率が対岸側の青森県などの亀ヶ岡文化圏に較べると比較にならないほど少ないのが実態である。

　近年，道央部の苫小牧市柏原5遺跡（図版96-3・4・10～13）で亀ヶ岡文化圏の中枢に置いても遜色のない大洞B式の類例が纏まって出土し，これまでとは違った認識を持てるようになった。この遺跡が道央部に近い苫小牧市に所在するせいか，搬入と思われる注口土器と在地系統の注口土器が共伴している。その類例を考慮すると，貫入的な波及を示す注口土器の存在から予想以上に亀ヶ岡文化が北進している可能性があるし，北海道における亀ヶ岡式土器は貫入的に道東部方面まで伝播していることは間違いないとしても，亀ヶ岡式系統の注口土器はせいぜい苫小牧市当たりで止まり道央部には根付いていないと考えてよいだろう。隣接する千歳市美々4遺跡の類例（図版96-2・5～9）は形態は踏襲しているものの，やはりいかにも文様が北海道的である。

　柏原5遺跡に出土している大型の大洞B1式注口土器（図版96-3）は，明らかに搬入の土器である。また，松前町高野遺跡で模倣と思われる大洞B式のA類注口土器，東山遺跡で搬入，折衷系の大洞B～C1式の注口土器，泊村堀株遺跡の大洞BC式，白老町社台1遺跡の大洞C1式，

伊達市南稀府5遺跡の大洞C2式の搬入の注口土器，また道南部の木古内町札苅遺跡で珍しい在地の聖山1式の壺形注口土器（図版97-1～4）が出土している。

3 東北地方の晩期注口土器（図版99～128）

　亀ヶ岡式土器の編年については，山内清男（1930）が示した三叉文，羊歯状文などのメルクマールによって型式が細別されているので，文様などによって型式と変遷を理解することができる。亀ヶ岡式の注口土器の基本的な系譜が，東北地方の後期注口土器の壺形系統が底流にあることは間違いない。その一方で，独自な器形を形成していることにも注目しなければならない。藤村東男（1972，1988）は，注口土器を形態学的に分類して編年的に捉え，それらが後期後半からの延長線上にあることを認めた上で晩期初頭に伝統の断絶を認め壺形と急須形に類型化し，急須形を口縁部が内傾するA型（類）と口縁部が外反し二段に括れた頸部のB型（類）に分類し，壺形から分離した急須形を経て再び壺形に変遷するという一系統の考え方を明らかにした。また，九年橋遺跡を通して後半期の注口土器に対して文様と器形形状の細部の変化が型式の中での段階的な変遷を表わす，つまり一つの型式には時間差のある複数の細分された器形が共伴する関係にあることを観察した。この優れた論考に特に異論がある訳でないが，後期から晩期の移行期における類例の集成が不十分であったと思うので晩期注口土器の出自系譜の問題などについて形態学的な分類に補足ないし改定を要する部分があると思う。

　亀ヶ岡式土器の成立に関して長い論争があり，大洞B1式の成立に齟齬がある。この問題を考えるために，他の器種に較べて微妙な器形変化が捉えられる注口土器が編年学的研究の対象にされてきた（鈴木克彦1981，小林圭一2003）。通常は，三叉文の出現によって後期と晩期を区分するが，その文様はすでに後期に出現していて決定的なメルクマールとなりえないことがわかってきた。また，後期から晩期にかけて層位的に捉えたものが，岩手県一戸町山井遺跡の発掘資料（図版107）である。その下層26・27層から出土したものが，最も古い亀ヶ岡式土器の注口土器であると仮説してよいだろう。そういう土器は，例えば図版62～65のとおり後期の無文の注口土器と大差がないことがわかるであろう。そのためにどこで境界を引くかが問題になり，それに上の齟齬が生じているのである。

　この端境期の注口土器は，概ね無文であることが多い。その無文の注口土器は壺形を呈し，低部に高台や乳頭形の突起が付く。基本的に高台状を呈するものは後期，乳頭形突起と尖底が後期と晩期，丸底が晩期である。しかし，山井遺跡下層には三叉文のある注口土器に高台状，乳頭形を呈する注口土器が伴っており，その層位的編年の解釈が頓挫した。山井遺跡の発掘資料に学ぶ反省として，器形組成の問題と端境期の類例を集成して藤村東男の器形分類をベースに大洞B式の概念を再構築しなければどこで区切っても堂々巡りに陥る。

　今度は口縁部に注目すると，後期にあまり見られない器形に無頸，短頸の注口土器（第8図，図版100-11・12，105-1など）がある。その出現を晩期と仮説するなら，それは藤村分類にない器形なので再構築することも一つの方法であろう。後期から晩期に継続する器形は藤村分類の口縁

部が外反する B 類なので，それを主軸に内傾する A 類の成立ともう一つの無頸注口土器の成立とそれら相互の共伴関係によって大洞 B 式土器（の注口土器）の概念を構築しなければならない。この無頸注口土器は極限られた一時期（大洞 B 式古手）に存在するものだが，山井遺跡出土資料には欠けている。それが A 類に収斂されるものであれば A 類の成立に係わりそれよりも古いことになるが，並存する独立した器形ならこの三つの器形の組成関係を把握して変遷の系統性を追及してみる必要がある。その際，文様帯の問題を考慮しなければならない。

この無頸注口土器に平行するものが，壺形の短頸注口土器（図版 115-1 など）だと考える。その口縁部が内湾するもの（図版 106-37），開いて立ち上がるもの（図版 111-8），その手に初めて A 類（図版 106-1）が伴う可能性がある。それらに伴う B 類が図版 100-13・14 なのか，図版 107-30・31・36 なのかを定めることができるとすれば，小林圭一が積極的に行なっている大洞 B 式二細分は根本から再検討を余儀なくされることになる。したがって，注口土器の B 類を主軸にした A 類などの器形組成の関係を体系的に把握する必要がある。晩期の概念と大洞 B 式の概念は，将来的には一体に止揚しなければならないが，型式学的研究のプロセスは別途に考える方がよい。しかしながら，こういった細かい問題に逡巡することが果たして建設的なことなのか，元来大洞 B1 式土器が B 式の古手のものという以上の何ものでもないはずのものを机上論と形而下に概念を構築しようとしたことに問題の本質がある。と同時に，注口土器の変化は編年の指標になるとしても，亀ヶ岡式の器種組成を捉えて全体として亀ヶ岡式土器の様式構造を追及する姿勢を忘却してはならない。

大洞 B 式の成立，概念の問題（大洞 B 式問題）が固まれば，後は比較的器形の断面形と文様の関係を追及すれば序列がわかる。その際，B 式問題と雨滝問題の轍を踏まないために大洞 B 式と同じように大洞 C 式，大洞 A 式の概念を定めた上で，発掘調査の所見を得て詳細を観察しなければならない。

そういう意味で，A 類の口縁部に三叉文を施文する B1 式，展開文の B2 式，あるいはその突起の形状と文様（ノ字状文―巴状文）により細分した小林圭一の分類（第 20 図）は一つの指標になるものである。ところが，すべての諸段階に過渡期の中間があるために，概念を規定しなければ変化の順序は理解できても型式に同定すれば同じ轍を踏む結果になるのである。

大洞 BC 式土器のメルクマールの羊歯状文を施文する注口土器の場合でも，A，B 類に各々 2 種の器形差（第 9 図，図版 112-2・3・6・9・17）が並存する。A 2 類に口縁部が外反りの器形が現われ，大洞 C1，C2 式の主要な器形（図版 112-4・5）になってゆく。

また，注口土器の肩部で説明すると，当初膨らんでいたものが押しつぶされた状態になり，やがて降帯化するようになると磨消縄文が施文されるようになる。その一つのメルクマールに鉢巻文（リボン文様）が施文され大洞 C2 式の指標（図版 113-20〜26，114-13〜16）とされるが，この文様は大洞 BC 式（図版 107-8・10 など）に彫刻的に施文されている。羊歯状文は大洞 BC 式のメルクマールだが，その肩部は隆帯化されている（図版 108-12・13・33）。

岩手県盛岡市手代森遺跡と上平遺跡により，器形を重視し A 類，B 類を細分してモデルをわかりやすく作成した（図版 112）。鉢巻文の 5 と 10 は，器形が異なるので文様だけでは規準にな

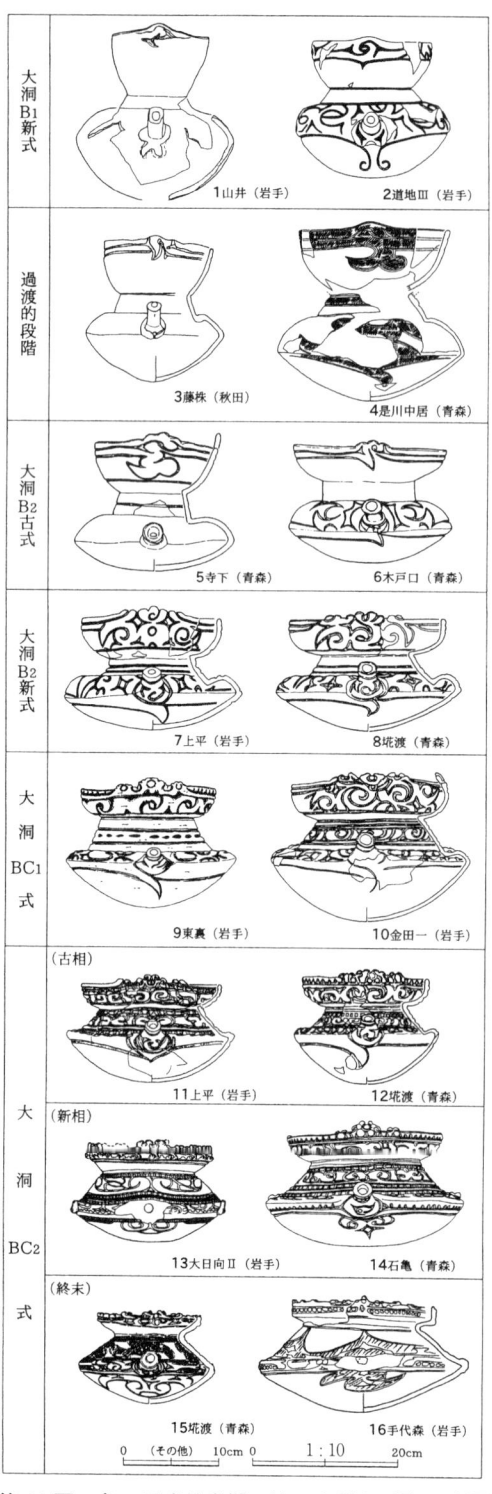

大洞B1新式	1山井(岩手)	2道地Ⅲ(岩手)
過渡的段階	3藤株(秋田)	4是川中居(青森)
大洞B2古式	5寺下(青森)	6木戸口(青森)
大洞B2新式	7上平(岩手)	8坩渡(青森)
大洞BC1式	9東裏(岩手)	10金田一(岩手)
大洞BC2式(古相)	11上平(岩手)	12坩渡(青森)
大洞BC2式(新相)	13大日向Ⅱ(岩手)	14石亀(青森)
大洞BC2式(終末)	15坩渡(青森)	16手代森(岩手)

第20図　亀ヶ岡式前半期の注口土器(B類)の変遷
(小林圭一2005)

らない。反面，断面形だけを詳細に分類すれば画期が見えてこなくなるきらいがあり，変化の不連続性を読み取ることが大事である。A，B類とその細別器形の組成の共伴関係によって型式に止揚するとすれば，それらの器形に施文される文様もまた細かく分類する必要がある。

編年学研究を促進するために大事な点は，型式同定の誤差は想定内なので遺跡単位で観察し分類することである。それに成功したのが九年橋遺跡の分類（図版114）で，それまで類例の少なかった大洞C2式，A式の注口土器の指標になった。ただし，分類が甘く器形も文様も単調な壺形一色に見えるが，第9図のようにA2，B2類を主体にC類が伴うのが基本構図であり，B2類とC類の組成が大洞C2式，C類が多くなるのが大洞A式土器である。いわば，亀ヶ岡式の注口土器の最大な変革期で，4個の疣状突起の底部に木葉文（図版114-36〜38）が見られる事実上の縄文時代最後の注口土器である。九年橋遺跡ではA′式の注口土器についてわずかに存在すると述べられているだけだが，第9図に示した。

晩期後葉（大洞A式土器）に多いC類（壺形）注口土器は，大洞B1式土器のみならず各時期に少数存在する（図版100-6・15・16，104-11・12〜17ほか）。それらには，粗製の壺形（図版101-11〜13ほか）と半精製の壺形（図版108-42・44ほか）の注口土器があり，東北地方北部に見られる地域的な特徴である。

また，数は少ないが，鉢形（図版103-50，116-1），深鉢形（図版106-33）の注口土器が存在する。その33は片口土器に類するもので，やはり東北地方北部に多い。片口土器には，片口の上位にブリッヂが付くものと付かないものがあり，33はブリッヂ形片口土器と言えよう。

4　関東地方の晩期注口土器（図版129～132）

　関東地方は，亀ヶ岡文化圏外では注口土器の出土量が最も多い地域である。東北地方に近い北部と遠い西部との地域差がはっきりしている。その理由は，東北地方の亀ヶ岡文化からの影響の強弱によるものと思われる。茨城県に多く，次いで埼玉，千葉県に多い。地理的関係から茨城県に多いのは当然としても，相対的に栃木県に少ないが小山市寺野東遺跡には破片資料として10点ほどが出土している。全体的には，わずかに大洞A式平行の類例（図版132-15）があるものの大洞C1式平行の類例さえ少なく，ほとんどが大洞B，BC式平行の類例で特に大洞B式平行の類例が多い（図版129～132）。すなわち，安行3a，b式土器の時期である。

　関東地方の注口土器の特徴は，在地系の安行3a，b式の深鉢形注口土器（図版129-1，130-6～11，131-1～3・11，132-1～3）と亀ヶ岡式の大洞B，BC式のメルクマール文様を受け入れた球体丸底の注口土器で，その好例が埼玉県鴻巣市赤城遺跡の類例（図版131）である。後者を亀ヶ岡式の影響を受けた折衷系とすることができる。在地系の深鉢形注口土器は，後期の安行1，2式の安行型注口土器（第15章，第32図参照）から系譜を引く関東地方独自な口縁部が内向する器形である。さらに細かく指摘すると，在地系には深鉢形注口土器のほかに，図版129-9・15・16・17・18・23，132-5～7・19などの在地系の小型鉢形，壺形の注口土器が存在する。特に，19は数少ない浮線網状文土器の注口土器，関東地方最後の注口土器である。

　そのような関東地方の晩期注口土器は，在地系の深鉢形注口土器，東北地方からの搬入および模倣の亀ヶ岡式の注口土器，亀ヶ岡式の影響を受けた折衷系の注口土器に大別される。

　関東地方には，明らかに東北地方から搬入されたと思われる亀ヶ岡式の注口土器（図版129-21・22・26，130-20～24，131-10，132-14・15・17・18），模倣されたと思われる注口土器（図版129-6・7，130-25，131-9，132-13・17）が存在する。そして，最も量的に多いのが折衷系と在地系（a：深鉢形，b：鉢形，壺形）の注口土器である。折衷系の特徴は，文様を外して見た場合に器形は亀ヶ岡式に類似するもののアレンジされ，文様が亀ヶ岡式の文様要素は取り入れていてもモチーフが亀ヶ岡式文様と違う点にあり，特に縄文が多用されることである。器形も仔細に部位断面形を分析すると，隣接する福島県と比較しても相当な違いを見て取れる。これらのように，例えば図版129の栃木県の類例，図版131の赤城遺跡の最下段の類例の数々に施文される文様は亀ヶ岡式には存在しないものだが，器形の特徴は確かに受け入れていると思う。そして，それが安行3a式に顕著で安行3b式まで継続している。

　模倣の注口土器の判断は，例えば最も難しい類例を取り上げて説明すると，図版129-7の器形は完璧に亀ヶ岡式でも，IIb文様帯に玉抱き三叉文を施文する土器は亀ヶ岡式にはなく通常は無文帯（図版102-26・27，107-36）になると判断したからであるが，例外（図版99-12）がない訳でない。図版129-6の場合も，IIb文様帯相当部に縄文を施文する土器は亀ヶ岡式に存在しない。

　安行3b式期以後は，関東地方でも折衷系，在地系の注口土器が急速に減少し，量的には少ないとしても搬入の注口土器が出土する。

茨城県高萩市小場遺跡，埼玉県さいたま市小深作遺跡，蓮田市ささらⅡ遺跡，川口市精進場遺跡，東京都町田市なすな原遺跡，千葉県松戸市貝の花貝塚，市原市祇園原貝塚，白井市向台Ⅱ遺跡（図版130, 132）などの搬入されたと思われる注口土器は，大洞B式，BC式，C1式，C2式，A式の注口土器で，一応全時期にわたる。問題は，東北地方のどこから齎されたものかである。貝の花貝塚などの類例を調べた限りでは，綾絡文を施文する土器が伴うことが多いので福島県の場合が多いと見ている。また，祇園原貝塚の類例（図版132-14）は，宮城県摺萩遺跡の類例（図版126-7など）と同類で，こういう口径が狭い器形は北部にはないと思う。類例は，新潟県仁谷野遺跡（図版133-9）にも出土している。

　また，埼玉県蓮田市ささらⅡ遺跡（図版130-21）の場合でも東北地方南部の注口土器に似ている。恐らく出土した遺跡かその周辺で模造されたものであろうし，埼玉県さいたま市小深作遺跡の類例（図版130-22）も底部がやや平底になり，口頸部が無文になる福島県大熊町道平遺跡の類例（図版128-20）に似ている。

　亀ヶ岡式の影響を受けた注口土器は，形態が東北地方南部に見られないもの，形態は類似しても文様が違うもの，そして判断が難しいのは形態，文様の上でかなり類似するものである。その好例が，赤城遺跡の一括注口土器の類例（図版131）である。その中でも，前葉の安行3a式とされる入組み磨消縄文と三叉文を施文する底部が丸みを帯びた注口土器（図版131-7～14），あるいは図版129-29～31などは，東北地方とは違う形制を示す。このことは，晩期前葉の類例は後期末葉において深く東北地方の土器文化と係わっていた，そういう素地があって可能で，突然，偶然に影響して製作されたものでないことを物語ると考える。したがって，晩期の前葉は関東地方と東北地方はかなり密接な関係で土器様式が変遷していると思われる。それが，安行3b式の段階になって相互の関係が薄れ，安行3c式以後は客体的に搬入された注口土器を出土するだけになる。

　そして，関東地方の最後の注口土器は，千葉県白井市向台Ⅱ遺跡の東北地方南部から搬入されたと思われる大洞A式の壺形注口土器（図版132-15）と東京都多摩市一の宮遺跡の珍しい浮線網状文を施文する千網式の鉢形注口土器（図版132-19）である。ともに，例外的なものである。

　ところで，埼玉県赤城遺跡（図版131）に安行3a, b式土器の在地系a, bと折衷系が纏まって出土している。人面付注口土器や多数の石棒を含む祭祀遺物や完形土器集中地点があるように特殊な遺跡として注口土器の占める割合が非常に高く，遺跡の性格を知ることができる。その全体が，安行3a, b式土器の注口土器群である。折衷系と言うと，いかにも在地系と対峙するかのように捉えられるが，そうではなく本来は関東地方に形成された在地の土器なのである。

　底部にまで縄文帯を下げているとか，口縁部の形状などの違いから見て亀ヶ岡式とは似て非なるものがあり，口頸部や体部下半部に縄文帯を形成する注口土器は東北地方に存在しない。その一群の中に，東北地方南部から搬入されたと思われる研磨手法の注口土器（図版131-10），模倣されたと思われる体部に縄文を施文する注口土器（図版131-28）が伴う。これが関東地方の実態であり，圏外における亀ヶ岡系と在地系注口土器のあり方をよく示している好例である。なお，図版131-10は福島県武ノ内遺跡の類例（図版128-9）に類似している。

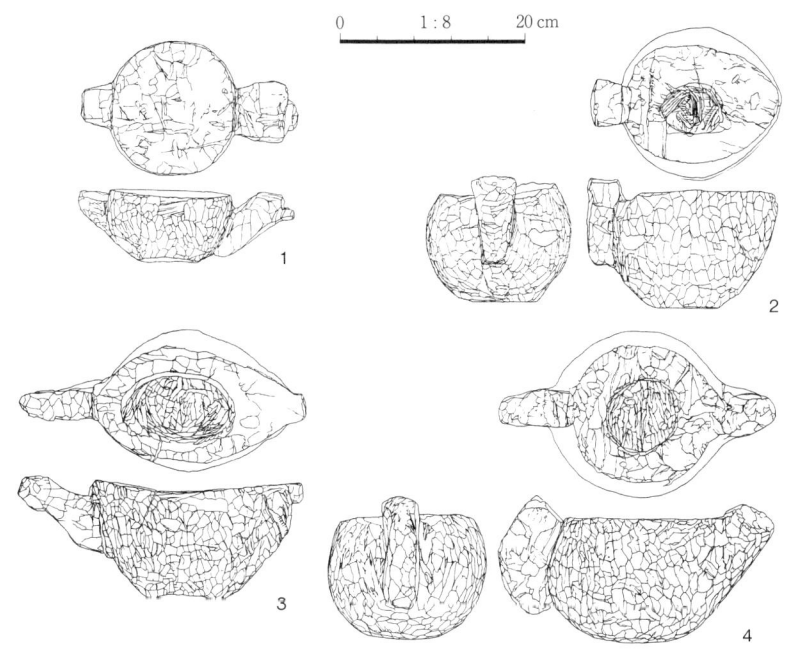

第 21 図　新潟県御井戸遺跡出土の注口木器未成品（前山精明 1999）

5　北陸地方の晩期注口土器（図版 132, 133, 135）

　北陸地方には数量的に注口土器自体が少ない。しかし，その西部と北部で地域差が明瞭である。それは，新潟県が東北地方に接していることによるし，新潟県北部は一般論として亀ヶ岡文化圏内であったように晩期前葉では関東地方より東北地方に近い様相が窺われる。反面，現状では全体に類例が関東地方より遥かに少ないことも留意する必要がある。

　北陸地方において，注口土器が多く見られるのは前葉の大洞 BC 式土器平行期までである。中でも，亀ヶ岡式土器の注口土器は，新潟県北部において大洞 BC 式土器に多く，大洞 C1 式（図版 133-19）以後急激に少なくなり，現状では大洞 C2 式以降は皆無である。新潟県朝日村熊登遺跡（図版 135），五泉市矢津遺跡，柏崎市刈羽大平遺跡（図版 133）など北半部に出土し，柏崎市周辺が亀ヶ岡文化圏の外縁の境界になっている。それらは，新潟県北の熊登遺跡を含めて東北地方南部の器形や文様が類似し，福島県に多い結節回転文（綾絡文）が見られる。また，熊登遺跡出土の注口土器にみられる文様帯を上下に区画する部位に刻目文列が多用される類例（図版 135-16・19）は，地域性を考える上で注目される。

　ところが，新潟県糸魚川市寺地遺跡以西の類例（図版 132, 133）は様子が異なり，量的に極めて少なくなる。その一方で，地域特有な注口土器が存在する。したがって，北陸地方といっても新潟県南部の糸魚川市や富山県を境に北と西では地域差がある。亀ヶ岡式土器の波及は糸魚川市周辺が一つの鬼門と言えよう。そこの親不知海岸を西に越えると石川県御経塚遺跡のように在地の土器の器形に亀ヶ岡式のメルクマール文様が受け入れられている（図版 132-20）。新潟県糸魚

川市寺地遺跡，富山県朝日町境A遺跡などの亀ヶ岡式類似土器を見ても破片資料ではそれなりに出土を見るが，注口土器自体は御経塚遺跡のように在地系のもの（図版132-21～27）で，御経塚型と類型化することができる。それらは，無頸の丸底に近い器形に磨消縄文で方形を基調とする文様モチーフなどを構成する。例えば，図版132-27などはとても晩期と思えない代物だが，時間差があるらしい（南久和2001）。退化した羊歯状文の壺形の注口土器（図版132-20）は，明らかに亀ヶ岡式（大洞BC式-C1式の中間）の影響によるものだが，東北地方にはそういう球形の器形はなく在地製作ではないかと思う。図版132-23に平行する関係にあるようなので，御経塚遺跡の注口土器は大洞BC式後半に平行すると思われる。御経塚型注口土器は，新潟県南部の寺地遺跡（図版133-21）まで分布している。そして，それ以北に類例を見ない。

　なお，新潟市御井戸遺跡から，注口形の漆塗り刳り貫きの木製の未製品（第21図，片口形？）が出土している（前山精明1999）。当時こういった木製品が相当量普及していたと考えるべきである。

6　中部地方の晩期注口土器（図版133）

　中部地方には類例が意外と少なく，長野県山ノ内町佐野遺跡，大町市一津遺跡の類例（図版133-25・26）は，恐らく亀ヶ岡文化圏南部からの搬入によるものであろう。信濃川に沿えば，新潟県の北部あるいは福島県と関連すると見ることができよう。中部地方において知りえた限りでは，大洞C1式までの注口土器を見るだけである。

　佐野遺跡，一津遺跡の亀ヶ岡式注口土器は，東北地方南部の福島県と関連すると思われる。実測図だけでは不明瞭だが，報告書掲載遺物を見ると佐野遺跡（長野県考古学会1967a）では綾絡文，一津遺跡（大町市1990）では多段の充塡刻目文列が見られる。宮田村田中下遺跡（宮田村1994）でも多段充塡刻目文列を施文する注口土器が出土している。それらの文様要素は，いずれも福島県の土器に多用されるもので，亀ヶ岡文化圏と圏外の土器文化の交流を知るメルクマールである。こういった細かい施文および文様要素を捉えて比較すれば，仔細な交流問題が具体的に理解されることになるだろう。

　山梨県都留市咲原遺跡（未掲載）にも亀ヶ岡式の注口土器が出土している。佐野遺跡などの破片資料も思いのほか関連性が強いと思われるが，新潟県北部の方に分があると思うし，東北地方との関連性はせいぜい福島県止まりのものでそれ以北とは微妙に形，文様つまり注口土器の形制が異なると思われる。つまり，中部地方の亀ヶ岡式土器およびその注口土器は，熊登遺跡など新潟県北部を経由して派及していると考えられる。

7　東海，近畿地方の晩期注口土器（図版133）

　東海地方では，愛知県一宮市馬見塚遺跡（未掲載）に三叉文を持つ注口部破片が出土している。恐らく，北陸系であろう。

近畿地方では，類例は極めて少なく，滋賀県大津市滋賀里遺跡，奈良県橿原市橿原遺跡（図版133）の27，28は滋賀里式，29は橿原式とされている。29の橿原遺跡の類例は，西日本の縄文時代最後の注口土器であろう。なお，兵庫県神戸市篠原遺跡（未掲載）から搬入された亀ヶ岡式の注口土器（破片）が遮光器土偶とともに出土している。大阪府東大阪市馬場川遺跡の類例（未掲載）も好例で，模造か東日本（関東圏）からの搬入であろう。しかし，大洞C1式平行の橿原遺跡の注口土器は例外的なのでこの地方ではかなり早くから注口土器の土器文化は実質的に消滅していたと考えてよいであろう。なお，中国，四国地方の注口土器の類例は，寡聞にして知らないが，島根県には注口土器の破片が出土しているらしい。

8　九州地方の晩期注口土器（図版133）

九州地方では，福岡県瀬高町権現塚北遺跡，北九州市貫川遺跡の類例（図版133-30・31），ほかに長崎県島原市小原下遺跡（未掲載）で注口土器の破片が出土している。小原下遺跡の注口土器は，筆者が知り得た最も西の晩期注口土器である。いずれも晩期前葉のもの（後藤晃一2002）で，以後注口土器が見られない。ということは，九州地方が列島で一番早く注口土器が終焉する地域ということになる。

九州地方で注口土器が終焉するのは，晩期初頭の天城3式土器の時期とされている（後藤晃一2002）。もともと九州地方は注口土器の少ない地域だが，全国的に逸早く終焉する地域でもある。その事情の詳細については，次章に述べる。

西日本には極めて類例が少ない。というよりも，稀でしかないと言ってよい。西日本に極めて少ないという背景には，晩期全体の遺跡数の少なさとも関連するだろうが，縄文時代の同じ列島内の生業や社会構成の問題として考えると，絶対量の少なさはそのまま受け入れざるを得ない。何故なら，少ないのは晩期だけでなく，全時代において少ないからである。いち早く木製品に移行したことも考えられなくはないが，後期でも注口土器が少なかったので注口土器を重宝しない社会的な背景があるのではないかと思う。つまり，社会における信仰の比重，度合いが違うのではなく，注口土器を用いる祭祀，儀礼行為の形（仕組み）が違うのではないかと考えるのである。

9　晩期注口土器のまとめ

晩期もまた，注口土器の出土量などその質量の内容が東高西低にある。晩期の注口土器は，東北地方すなわち亀ヶ岡文化圏に集中している。その一方で，亀ヶ岡式土器の注口土器は多少なりとも圏外に出土する。もちろん，圏外に出土する土器は注口土器だけでないが，その注口土器は，独特な器形，良質粘土，薄手，研磨，朱彩を特徴とするため目立ち，圏外の在地の土器に較べると比較的判別し易い。そのため，広域交流を考える上で格好の材料となっている。

晩期の注口土器は，亀ヶ岡文化圏（圏内）と圏外の注口土器という具合に質量の上から対立的に捉えられる。同時に，その注口土器を推敲する上で，圏内と圏外のそれぞれの地域差は十分認

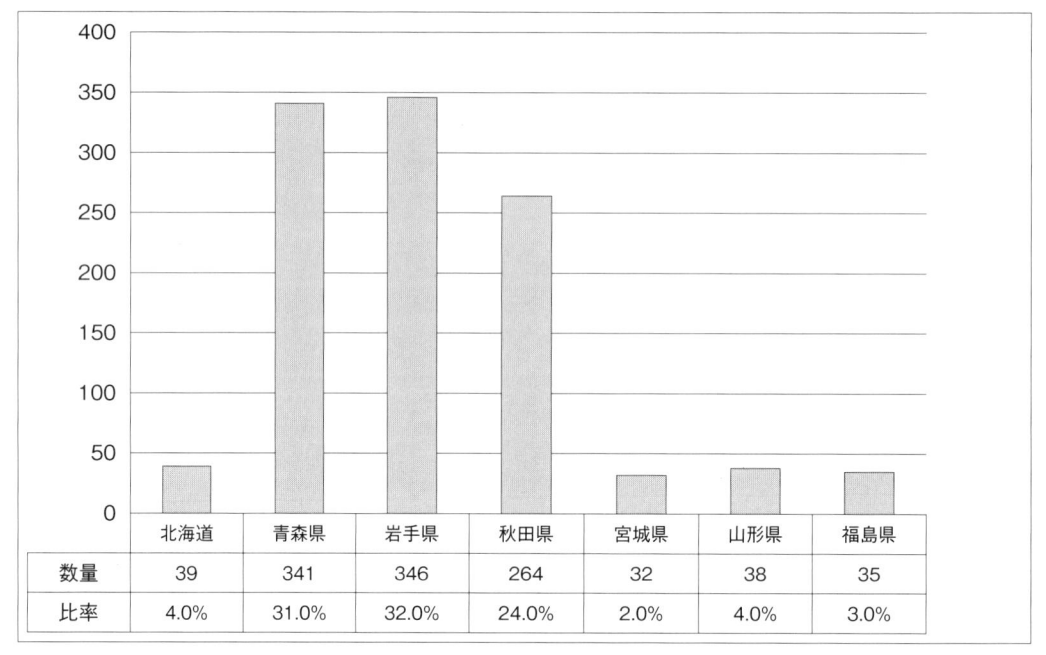

	北海道	青森県	岩手県	秋田県	宮城県	山形県	福島県	計
数量	39	341	346	264	32	38	35	1,095
比率	4.0%	31.0%	32.0%	24.0%	2.0%	4.0%	3.0%	100.0%

	北海道	青森県	岩手県	秋田県	宮城県	山形県	福島県
数量	39	341	346	264	32	38	35
比率	4.0%	31.0%	32.0%	24.0%	2.0%	4.0%	3.0%

第22図　東北地方の晩期注口土器出土数値

識して観察しなければならないし，年代差を加味した確かな座標軸を据えて，それが縄文時代最後の注口土器であるという歴史的認識が不可欠である。そうして東高西低の現象や広域伝播の問題，東北地方に盛行することの理由や意義を考察してゆくことが大事である。

　晩期全体の注口土器の85％を占める東北地方の注口土器のうち，9割が北半部に出土し，相対的に中部，南部に少なく圧倒的に北部に偏っている（第22図）。現状では，岩手県を除いて，北緯40度ライン以北の東北北部に圧倒的に多い。1遺跡に100点ほどの出土量を見るのは北部でしかないので，その中枢圏は明白である。その北部にも例えば青森県の場合，南部地域あるいは下北地域，津軽地域の細かい地域差，東北地方全体の出土量の多寡に見られる地域差，年代的な観察による地域差が認められる。

　こういった亀ヶ岡式土器の注口土器の器形は，後期に較べると器形の多様性が乏しいが，A類とB類を対にして発展している。圏内の注口土器の地域差について，作図に際してもこのA類とB類の相対的多寡について留意した（図版103, 105, 108など）。

　北部ではA類とB類が青森県泉山遺跡で両者が拮抗し（図版103），岩手県蒔前遺跡ではB類が圧倒する（図版108）。量的に少ないとは言え，中・南部に大洞B，BC式土器にB類が少ない（図版126～128）。大洞B1式土器において，A類の器形で無頸の球体体部の類例（図版100-11・12）は青森県のほかに山形県に類例があるが，同時期に短い頸部が付くB類（図版99-42, 106-37, 107-29, 111-8, 115-1, 118-2・3, 119-21, 124-10, 126-1～3, 128-2）が通有である。同時期には無

文の注口土器が多く，それにはA類（図版105-1）が稀で大半をB類（図版99-41～47）が占め，北部に類例が多い。大洞B式土器の宮城県摺萩遺跡の類例（図版126-7）は，北部にない器形である。大洞B，BC式の注口土器の審美的な形制としてA類とB類の典型は，馬淵川と新井田川流域から出土する類例である。大洞BC式土器において，A類の口縁部の傾きが強い岩手県平泉町東裏遺跡の類例（図版115-11・12）は，この地域独特な器形である。大洞C1式土器の体部下半が発達する類例（図版116-7・8・10・11）やそこに縄文を施文する類例，平底の器形，大洞C2式からA式の類例が多いことも，中部の特徴である。この時期には注口土器の器形が大きく変わり，大洞C2式に平底，大洞A式にC類（壺形）が顕著になり（図版114），多寡の比率が岩手県九年橋遺跡など中部に主体が移る。大洞A式の類例は，青森県では極めて少ない。つまり，最後の注口土器が北部ではなく中部に多いという現象は，重要な問題である。それには理由があるだろうと思っているので，今後の在地研究の大きな課題である。

　また，北部の青森県では南部地域と津軽地域に地域差が見られるが，注口土器の出土量では65%：35%である。下北地域を入れると，62%：3%：35%となる。下北地域に僅少なのは，津軽海峡の対岸部である道南部に通じる現象である。注口土器から見た南部地域と津軽地域の地域差を一言で表現するとすれば，形態と文様の関係における形制のバランスの違いにあると思う。津軽地域の注口土器は，現状では盛行期の大洞BC式土器の類例が少ないが，一般的に口縁部，頸部，体部の形状に張りが見られないものが目に付き，大洞BC式のB類の口縁部文様帯が発達せず，頸部の文様帯の幅が狭い傾向にあり，細かく刺突文を刻目文風に施す簡素な文様（図版104-32，105-33，106-23）などを特徴とする。南部地域の盛行期に見られるA類の口縁部文様帯の多帯化（図版103-18・20など）も，津軽地域に希薄である。審美という観点から，南部地域の馬淵川，新井田川流域が中枢である。

　さて，圏外の場合である。1：亀ヶ岡式の影響のある（強い）地域＝北海道南部，関東地方，北陸地方北部，2：その影響が希薄な地域＝北陸地方西部～近畿地方，3：影響がない独自な地域＝北海道道央部以北，以東，九州地方などの近畿地方以西，という形で大きく分けて地域性が捉えられる。その1の場合，関東地方を除いて注口土器が出土する時期は亀ヶ岡文化外縁圏である。関東地方の場合，前葉に集中し器形，文様に類似性があるようにその出自において共通する要素を持っている。そのせいか，後々まで搬入の注口土器が出土する。その2は，北陸地方西部～近畿地方の独自性のある注口土器に少量の亀ヶ岡式の特徴を体する注口土器が客体的に伴って存在するだけである。その3の内，北海道の場合は今後発見される可能性があるが，九州地方では一番早く注口土器が消失した。

　晩期の注口土器に関する地域性として，圏外において亀ヶ岡式土器との関連から北陸地方も近畿地方も重要な地域だしそれぞれ問題があるが，同じく比較研究の対象として関東地方における様相は興味深い。圏外では最も多く注口土器が出土する地域ではあるが，前葉の安行3a式に偏っていること，僅少ながらどの地域よりも亀ヶ岡式の注口土器を後々まで満遍なく受け入れている地域である。一つには東北地方と陸続きで隣接するという地勢的な理由があるとしても，早く消失した北陸地方と比較すると地勢的な理由だけでは解釈できない。圏外としては，他地域と違

って東北地方と同質な縄文的信仰祭祀が根強い社会，反面，東北地方とは質的な意味で違う社会にあったものと考える。

　注口土器の盛衰の背景に，生業形態に基づく縄文的信仰祭祀の隆盛が考えられることはたびたび既述した。これは，何も注口土器だけの問題ではなく，土偶などの信仰遺物一般にも言えることなので，総合的に考える問題でもある。その亀ヶ岡文化の特質は，宗教的遺物の多さと多様性にあるので，それと連動していることは確かであろう。社会の仕組みが相対的なものとして東高西低の背景にあるのではないかと思われる。信仰の根強い社会において，遺跡，遺物の多さ，多様性などは生活や文化の活力を示すとすれば，縄文社会において注口土器などが圏外に遠く波及する現象は，川の流れのように文化が高きから低きに流れることと同じに解釈してよいだろうが，反面，北と西では社会の質的内容が異なりつつあるのでそういう一面的な解釈はできない。

　そのことを，晩期注口土器すなわち縄文時代の注口土器の終焉の様相が物語っていると思う。それは，西方から始まり順次東日本に移動して行き，最後に北日本の東北地方で終焉を迎える。換言すれば，東北地方に注口土器が盛行する時に，すでに西日本の縄文文化は終息に向かいつつあるどころか弥生文化に与していたと考えられるのである。同時に，それに逆行する形で亀ヶ岡式の注口土器が圏外に伝播している。この矛盾こそが，歴史的認識の上で重大であると考えるのである。それについては，次章に述べることにする。

第10章　縄文時代の注口土器の終焉

1　晩期注口土器の終焉の背景

　縄文時代の注口土器は，晩期に終焉する。その終焉の様相は，一律でなく地域と時期によって内容が異なっている。その終焉は，注口土器が持つ役割を終えたということを意味する。それには理由や背景があると考える。そのことを考える上で最も重要なことは，その終焉の過程を明らかにすることである。採集，狩猟の生業の下に執り行なわれる祭祀の器が役割を終えるということは，そういう縄文的祭祀の衰退，凋落を意味する。その背景に木製品の普及という代役の存在も考えられるが，最も重要な仮説として弥生文化の影響が考えられる。

　全国的観点から注口土器の消失，つまり各地域における最後の注口土器の時期と内容を捉えると，一番早く消失するのは九州地方の晩期2期とされる前葉である。そして，最も遅く消失する地域が東北地方で末葉の大洞A′式土器である。その間，晩期において西日本から東日本にかけて年代を下げて順次段階的に消失してゆく訳である。

　近畿地方では関東地方方面からと思われる亀ヶ岡式系統の注口土器と東北地方の亀ヶ岡式の注口土器が出土し，北陸，中部地方や関東地方には亀ヶ岡式土器の注口土器が出土する。その一方で，東北地方の場合には他の地域から搬入されたと思われる注口土器が出土していない。また，九州地方の晩期では，すべて在地系の注口土器だけが出土し，外部から搬入された形跡がない。

　これらのことは，九州，四国地方を除いて何らかの形で外部特に東北地方の亀ヶ岡式土器の注口土器が係わっていることを物語る。その理由と背景については今後の大きな課題だが，何らかの理由により注口土器が製作されない事情が生じ，それを補填する形で当時最も優れた亀ヶ岡式土器の注口土器が齎されたことは考えられる。このことは後に説明するとして，まず亀ヶ岡式土器の影響がない九州地方で何故いち早く注口土器が作られなくなったのか，その理由が内的要因なのか，外的要因なのかを考えてみる必要がある。

　元来，九州地方は後期においても注口土器自体が少ない地域である。しかし，少ないとはいえ後期に三万田式土器に立派な注口土器があり，それが急激に晩期になって衰退する。その背景に弥生文化の到来，影響があるだろうと考えられている（俊藤晃一 2002）。

　言うまでもなく，縄文文化の終焉は弥生文化の到来と定着によって，あるいはそれに符合して北部九州地域から東や北に向かって移動している。その軌跡は，考古学では土器型式の変遷を通して理解され，例えば弥生時代前期では遠賀川式土器の東方への波及という形で捉えられる。その影響が本州最北の青森県においても確実に存在するが，遠賀川式土器の波及は稲作農耕文化の列島全域に渡る最後の仕上げとして行なわれたもので，その間少しずつ北部九州に定着した弥生

文化が東漸して行ったはずである。この弥生文化の影響によって，新しい生業の技術などを会得した縄文時代の人々はそれまでの伝統的な生業に代えて新しい農耕へと主体的な生業を代えてゆくことになり，当然社会自体が農耕社会へと次第に移行してゆく。新しい社会が形成される過程で生業が変化するということは，道具や技術だけでなく生業のために執り行なってきた信仰や祭祀の対象や形態を変えることになる。こうして，伝統的な祭祀の器が役割を終えることになる訳であるが，いつの時代でも変革は一夜にして成就するものでない。新しく身に付け始めたばかりの農耕には不安定さも付きまとい，過渡期に両用の生業が行なわれることになるのが常である。在地系の注口土器の終焉と搬入の注口土器の存在は，そういう事情を物語っていると考えられる。

2 晩期注口土器の終焉の過程

(1) 終焉の様相

　全国的に見られる注口土器の終焉が，晩期において行なわれたこと自体も問題だが，他地域への主に亀ヶ岡式の注口土器の搬入が一過性の出来事であってそれが地域に定着ないし復活せず，搬入を受け入れた直後にそれぞれの地域において注口土器が消滅していることに注目したい。

　晩期において亀ヶ岡式土器の遠隔伝播は，相当な質量で広域に行なわれていることが古くから問題となり研究されてきた。しかし，遠く近畿地方などまで流布した実態は捉えられているが，その理由に結論が得られていない。現在言えることは，晩期における亀ヶ岡式土器の伝播に年代と地域による違いがあるという程度のことである。近畿地方などに及ぶ時期は，前葉の大洞BC式土器の段階である。それに対して，より近い関東地方では量的に大洞B式，BC式土器の段階に多いが，概ね後葉の大洞A式土器の段階まで継続して伝播した形跡がある。近畿地方などに大洞BC式土器の段階で搬入が行なわれるのは，ちょうど弥生文化の到来と定着の端境期に当たるからだと思われ，東北地方の亀ヶ岡文化が最も隆盛した時期と重なり，兵庫県神戸市篠原中町遺跡に亀ヶ岡式の注口土器と遮光器土偶の破片が出土しているのもこの時期である。一方で，この時期に大阪府東大阪市馬場川遺跡（未掲載）から出土している亀ヶ岡式の文様（二叉文）を施文する大洞B式平行の注口土器は，東北地方というよりも関東地方方面から齎されたものと思われる。

　そのほかに，西日本では北陸の石川県野々市町御経塚遺跡から羊歯状文の退化した大洞BC式〜C1式古手の注口土器が出土している。それは，文様は亀ヶ岡式でも器形が異なり，出土した地域か亀ヶ岡文化圏外で製作（模倣）された可能性が高いものである。西日本と北日本の境目にあたるこの北陸地方が，注口土器の地域性を考える上で重要な鍵になる地域である。晩期前葉の御経塚遺跡の注口土器は，在地系の独自な鉢形に近い丸底の器形と磨消縄文を施文する地域色の強いもので，同じ北陸でも新潟県糸魚川市寺地遺跡に止まり，それより北に及んでいない。それに対して，御経塚遺跡に伴う亀ヶ岡式の注口土器は文様を受け入れていても壺形で亀ヶ岡式そのものの注口土器ではない。一方，亀ヶ岡文化圏の新潟県北部は前葉に亀ヶ岡式の注口土器を出土するのは当然だとしても，後葉になると亀ヶ岡文化圏から抜け出して北関東地方の浮線網状文土

器（千網式土器）を受け入れるようになり注口土器を出土しない。この浮線網状文土器の文化は，注口土器が東京都多摩市一ノ宮遺跡（図版132-19）にわずか1点しか知られていないように，注口土器を持つ文化ではない。中葉から注口土器を製作しなくなって弥生文化に向かう北陸西部に対し，北部は段階的に移行して関東地方と同じプロセスを取るように思われる。

中部地方は，比較的早くから関東圏に与する一方で亀ヶ岡式の注口土器もまた受け入れているが，後葉に注口土器を出土せず北陸北部と同一歩調を取るようである。

関東地方は比較的複雑で，前葉までは在地系の深鉢形注口土器，亀ヶ岡式の影響の強い注口土器に搬入の亀ヶ岡式の注口土器を出土する。しかしながら，中葉から在地系の注口土器が見られず，以後は大洞A式土器まで注口土器を東北地方から断続的に搬入として受け入れている。

東北地方の場合，上述のとおり一切外部から影響を受けた形跡がなく，美麗な注口土器を一貫して製作し注口土器が一番隆盛した地域である。その盛行期が，前葉の大洞B式，BC式土器の段階である。それ以後大洞C1式からC2式にかけて衰退し始め実質的に大洞A式土器の段階まで継続し，晩期最後の大洞A'式土器で断絶する。同時に，大洞A式土器の段階には青森県亀ヶ岡遺跡（青森県1974，青森県立郷土館1984）でガラス玉，籾殻などを出土し，弥生文化の影響が認められるようになる。弥生時代前期の砂沢式土器の段階には遠賀川式土器や管玉を出土するようになり，注口土器は破片を含めて5点もない。

こういった注口土器の盛衰と各地域の在地系，搬入の注口土器を年代的に形跡を辿ってみると，注口土器は，晩期前葉の大洞B式，BC式土器の時期に盛行し，その時期を境にして以後製作されなくなる関東地方を含めた以西の地方，継続する東北地方，という大きな地域性区分ができる。東北地方の場合でも，大洞A式土器の時期に弥生時代の文物を迎え入れるとともに注口土器が激減する。従来，晩期の諸遺物に見られる盛衰を単なる文化の変化として内的に捉えることが多かったが，今後はその中に弥生的要素が顕在化していなくても仮説として外的要因を念頭に諸遺物を観察する必要がある。

(2) 西から東，北への段階的な終焉の過程（第23図）

① 西日本における九州地方から近畿地方の終焉の過程

注口土器の終焉が一番早い九州地方は，晩期前葉にかけて急速に消失する。実態としては，後期末葉に終焉していると見てよいだろう。福岡県権現塚北遺跡の第23図1は，後期の三万田式土器の伝統を引く晩期1式，2が晩期2式と捉えられている（瀬高町1985）。その終焉の背景に，弥生文化の到来が想定されていることは既述したが，その波及，定着の様相は明らかにされていない。

中国地方では島根，岡山県に，三叉文を施文する注口土器が2点出土している。近畿地方では，兵庫，和歌山，奈良，滋賀県，大阪府に10点ほどが見られる。和歌山県海南市溝ノ口遺跡（和歌山県1997），遮光器土偶を共伴する兵庫県神戸市篠原中町遺跡の類例が，搬入された亀ヶ岡式土器の注口土器である。この地域には，絶対量は少ないものの大洞B，BC式土器の類例がみられる。奈良県橿原市橿原遺跡の滋賀里IIIb式土器とされる4は，北陸地方を除けば西日本にお

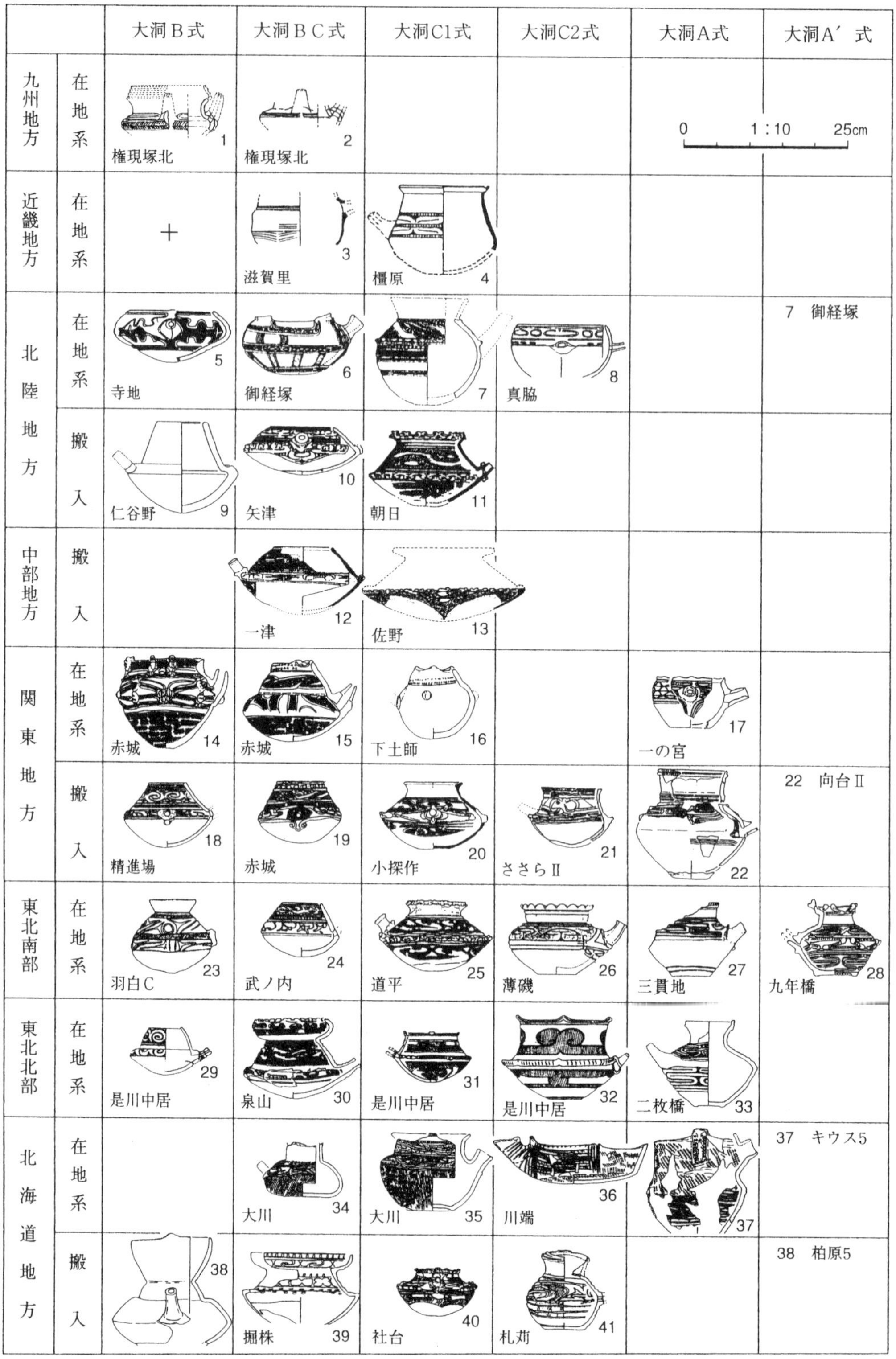

		大洞B式	大洞BC式	大洞C1式	大洞C2式	大洞A式	大洞A′式
九州地方	在地系	権現塚北 1	権現塚北 2			0 1:10 25cm	
近畿地方	在地系	＋	滋賀里 3	橿原 4			
北陸地方	在地系	寺地 5	御経塚 6	真脇 7	8		7 御経塚
	搬入	仁谷野 9	矢津 10	朝日 11			
中部地方	搬入		一津 12	佐野 13			
関東地方	在地系	赤城 14	赤城 15	下土師 16		一の宮 17	
	搬入	精進場 18	赤城 19	小探作 20	ささらⅡ 21	22	22 向台Ⅱ
東北南部	在地系	羽白C 23	武ノ内 24	道平 25	薄磯 26	三貫地 27	九年橋 28
東北北部	在地系	是川中居 29	泉山 30	是川中居 31	是川中居 32	二枚橋 33	
北海道地方	在地系		大川 34	大川 35	川端 36	37	37 キウス5
	搬入	38	掘株 39	社台 40	札苅 41		38 柏原5

第23図　縄文時代晩期注口土器の終焉の地域差（鈴木克彦 2006a）

ける最後の注口土器である。

　西日本の範疇に入る北陸地方西部では，新潟県糸魚川市青海遺跡，富山県朝日町境A遺跡，石川県野々市町御経塚遺跡，能登町真脇遺跡などに破片資料を入れると相当量が出土している。御経塚遺跡（野々市町1983）には，この地域特有の御経塚式の御経塚型注口土器（第23図5・6）がまとまって出土しており，それに亀ヶ岡式土器の文様を施文する注口土器（7）が伴う。真脇遺跡の在地系注口土器（8）は，その地域の最後の類例である。いわば，在地系注口土器に少量の亀ヶ岡式土器の注口土器が伴うという構成が，近畿地方を含めた西日本のあり方ではないかと思う。御経塚型注口土器の西方の分布範囲については不明だが，青海遺跡以北には見られないので能登半島，富山県以西の石川県周辺とその以西に中枢があるのであろう。

　このような在地系注口土器に亀ヶ岡式土器の波及した注口土器が伴う構成の北陸地方西部，近畿地方北部の注口土器は，まず絶対量が僅少である。その中で，大洞B，BC式土器の時期の類例にピークがあり，大洞C1式土器の時期には亀ヶ岡式土器の注口土器の波及が途絶え在地系の注口土器がごくわずかに存在する程度なので，実質的には前葉で終焉すると見てよいだろう。

　② 中部日本における終焉の過程

　東海地方では，愛知県馬見塚遺跡（一宮市1970）に御経塚型注口土器の朱塗り破片が出土している。静岡県はともかく，恐らく近畿地方の様相と類似するものと思われる。

　中部地方の場合は，大洞BC式からC1式土器の搬入の注口土器が見られるほか，在地系では無文の類例があるだけで近畿などの西日本と様相が異なる。長野県一津遺跡（第23図12, 大町市1990），田中下遺跡（宮田村1994）の類例には，新潟県朝日村熊登遺跡（図版135-19など）に見られる帯状の細かい充塡刻目文列が施され，新潟県北部との関連性が窺われる。長野県山ノ内町佐野遺跡（長野県考古学会1967a）の大洞C1式土器の類例以後は，北陸北部ないし新潟県北部にさえ大洞C2式土器の注口土器が出土していないので，佐野の類例が亀ヶ岡式土器の搬入注口土器の最後であろう。長野，山梨県には大洞BC式土器の搬入の注口土器が出土し，在地系が希薄である点で西日本との違いが明白である。

　一方，安行式系統の注口土器が山梨県から出土しているので（図版83-28），関東地方に関連する注口土器（比較する意味で第23図16）がもっと発見される可能性がある。しかし，後葉以後には浮線網状文土器に組み込まれるので，新潟県北部以上にその時期の注口土器は期待できないと思う。

　北陸地方北部の場合は，前葉までは亀ヶ岡文化圏とされてきたとおり，亀ヶ岡式土器の注口土器が少なくない（図版133, 135）。大洞B式から大洞BC式土器に集中し，大洞C1式土器（第23図11）の時期に急激に減少し，それ以後見当たらない。柏崎市周辺に大洞B，BC式土器の類例（図版133）が出土していることは，注目されてよいだろう。大洞C2式土器以後に見られない理由の一つに，浮線網状文土器の波及が考えられる。

　③ 関東地方における終焉の過程

　関東地方の注口土器は，他のどこの地域よりも在地系と亀ヶ岡式土器の搬入の注口土器に大別され，両者の関係が明白である。この地域の独自性は，在地系（第23図14・16），搬入された亀

ヶ岡式土器の注口土器（18～22）のほかに，折衷系の注口土器（15）が出自することに特質があり，そういう三形態が構成されるのはこの地域をおいてない。また，唯一例外的に在地系として浮線網状文土器の注口土器（17）が存在する。

在地系の注口土器は，安行3a，b式土器の段階で折衷系の注口土器を伴う形で終焉するが，搬入の注口土器は大洞B式から大洞A式土器まで僅少ながら出土している。したがって，現象的には恰も東北地方と同じように注口土器が存続するかに見えるが，実質的には大洞C1式平行期の段階で地域の独自性が失なわれていると見てよいであろう。問題は，搬入の注口土器が前葉に多いとしても，何故長期に渡って補充するかのように見られるのかということである。搬入元は，例えば千葉県向台IIの22が福島県三貫地の27に類似するように東北地方南部と見て間違いないと思う。

本来は，地理的に関東地方を中部日本という枠組みで捉えてよいが，別立てした理由は，長野県や新潟県北部と違う地域性を示したかったからである。換言すれば，日本海側と太平洋側の地域性には，大きな違いがあるということである。相互に対立的に捉えると，少なくとも大洞C1式土器の段階以後に注口土器を出土しない日本海側，搬入として受容する太平洋側，それは晩期という時期の歴史的認識に止揚されるものである。

④ 東北地方における終焉の過程

東北地方北部に大洞A式土器の注口土器の類例が少なく，中・南部に多い。これは，注口土器が西方ないし南方から消滅するという構図から矛盾することになる。ただし，青森県下北地域には数例（図版100-38～42）知られているので未だ発見されていない可能性がある。現状では，岩手県南部の九年橋遺跡（図版114）に突出して多く，この遺跡は注口土器の供給地であった可能性がある。

東北地方の最後の注口土器は，大洞A′式土器までわずかに存続するが，現状では九年橋遺跡（図版114-32～38）だけなので実質的に注口土器は大洞A式土器をもって消滅している。

⑤ 北海道における終焉の過程

北海道の在地系注口土器は，文様を模倣した類例（第23図34・35）から大洞C2式からA式土器の段階に独自な鉢形系統の注口土器（36・37）をもって終焉する。なお，聖山式土器の注口土器（41）は，本来は在地系に入れるべきものである。北海道最後のキウス5遺跡の鉢形注口土器（37）が，後の続縄文文化の鉢形注口土器と関連するであろう。

3　注口土器の終焉の意味

晩期の注口土器の出土量は，東北地方以外は極めて少ない。逆に，東北地方が余りにも多く，その中でも北部が突出している。しかし，盛行した大洞BC式土器以後急速に減少する。実は，この大洞BC式平行期の時期が問題なのである。この時期は，東北地方以外の地域で注口土器が実質的に終焉し，逆に東北地方北部では最も盛行するのである。特に，東北地方北部の場合は，注口土器だけでなく信仰関連遺物が最も多く出土する時期である。また，東北地方の亀ヶ岡式土

器の注口土器と関わりなく一時的に盛行する北陸西部の御経塚式土器，関東地方の安行 3b 式土器の注口土器が存在するように，何か歴史的な諸事情が集約された時期ではないかと思われる。

　縄文時代の注口土器は，九州地方から始まって最後の東北地方まで年代差とともに段階的に地域単位で終焉することに加え，御経塚式以後注口土器を出土しない北陸地方，後々まで亀ヶ岡式の注口土器を搬入として受け入れている関東地方，他地域から一切搬入されることのない東北地方，の対照的な終焉関係に集約されるであろう。さらには，終焉の過程において一部前葉に関東地方の注口土器が中部地方などに影響し，近畿地方から関東地方にかけて主に東北地方の亀ヶ岡式の注口土器が搬入され，隣接，遠隔の錯綜した地域間の交流が行なわれている。こういったことは，注口土器の歴史的認識として極めて重要なことだと考える。

　特に，西日本に対する亀ヶ岡式の注口土器の波及問題に注目しなければならない。それが何故亀ヶ岡式の注口土器なのか，その結果何を齎したのか，という問題がある。これについては，列島内で西日本から新しい農耕文化が波及する過程の複雑な人々の往来と，生業の大きな転換期における矛盾として縄文的祭祀から弥生的祭祀へ移行する過程で，一時的に縄文的祭祀を執行する必要性にせまられることがあった時の応急的な対応としての亀ヶ岡式の注口土器を補充した現象と考えられるほかに，文化が高きから低きに流れるという抽象的な表現でしか今のところ説明できない。西日本への所謂亀ヶ岡式土器の波及，伝播は注口土器だけのことでなくワン・オブ・ゼムに過ぎないので，波及しているのは土器と土偶だけなのか，その他のアセンブリッジすなわち遺物だけなのか文化として影響を与えているのかなどを総合的に観察した上で，土偶などの信仰の道具と打製石斧などの生業の道具などはもとより集落形態の変化，農耕の内容を知る植物性遺存物などから学際的に追及してゆかなければならず，注口土器だけでは解決できない問題が多いのである。

　また，晩期における注口土器の衰退，終焉の理由が，内的要因なのか，外的要因によるものかという問題として，九州から北進する現象に晩期特有の問題として弥生文化の波及，到来との関連性がある。大局的な観点から，外的要因としてはそのように認識してよいと考える。しかし，それには地域単位に弥生文化の伝播，定着の実態を実証的に明らかにするという課題が残されている。

　内的要因として，土偶などの信仰の道具の変化と大型打製石斧の存在には注目したい。特に，比較的研究されている晩期の土偶の衰退と亀ヶ岡文化の遮光器土偶の盛行は，対立的に捉えられる。亀ヶ岡文化圏外の土偶衰退と遮光器土偶の盛行は，注口土器の終焉に符合している側面が強い。また，農耕用と思われる大型打製石斧の存在は注口土器の減少に反比例している可能性が高い。また，晩期後葉から末葉の減少に関東地方に主体的な浮線網状文土器との関連性が濃厚である。浮線網状文土器は東海，北陸，中部地方から東北地方南部にかけて広域に波及するが，それには 1 点の注口土器が存在するとしても元来は注口土器と無縁なものと思われる。そして，問題は東北地方の亀ヶ岡文化圏の大洞 A 式土器に対する認識が重要な問題点になるだろう。浮線網状文土器に平行する時期の大洞 A，A′ 式土器とその注口土器は，多分に所謂亀ヶ岡式土器の形制から外れる（要素を内に持つ）ものと思っているので，その時期に注口土器が急速に衰退する

109

ことと関連すると思われる。

　それらの最大の問題である歴史的認識として，縄文文化と弥生文化の対立的な構図がこの時期に存在したことは間違いないものと思われる。弥生文化が短期間に列島（九州島，本州島）全体に波及し，縄文時代の終末が地方によって大きな年代差を持たず畿内と東北の2,3型式の差でしかなかった（山内清男1932, 1939a），つまり西と東で大差ないとする認識は，移行期における注口土器の地域単位の段階的な変遷と西日本における縄文文化を代表する信仰に係わる土偶や注口土器の歴史的経緯とその認識と文化的変遷の実態から考えて首肯できない。少なくとも近畿地方で大洞BC式期以後，中部地方で大洞C1式期以後には縄文的な文化の実態は相当希薄である。反面，関東地方なら東北地方と大差ないと言えるかもしれない。

　縄文時代の終末問題は，各地域における土器型式の編年として精緻に論じられているので，注口土器だけでこの問題に言及することはできない。しかしながら，注口土器に限って言えば，祭祀儀礼の器を放棄するということは，そういう信仰儀礼の形態が終焉することを意味するだけでなく，文化としての伝統的な祭祀形態を支えてきた人々の世界観を変えるか否定するに等しいので，その背景に弥生文化が存在するならそこには相当な精神的葛藤が起こっているものと推考する。縄文時代から弥生時代の移行がスムーズに行なわれたと考えられることが多いが，それは侵略とか征服という形で武力的に行なわれたものでないという前提であって，仮に宗教的葛藤（例えば大げさに言えば宗教戦争）がなかったと言うものではない（鈴木克彦2006a）はずである。特に，亀ヶ岡文化圏外における注口土器と土偶の衰退，消滅が符合しているので，内的にその軌跡は重大な心理の戦だと思うのである。（民族として）伝統的な信仰を変える，変わるということの意味を，重大視して考えなければならないと思うのである。

第11章　弥生時代以後の注口土器

1　弥生時代の注口土器

(1)　東日本から北日本に出土する弥生時代の注口土器（第24図）

　注口土器は，弥生時代やそれ以後にも確実に存在する。弥生時代とそれ以後の注口土器は，縄文時代の注口土器の様式を継承するものと，縄文時代の注口土器と無縁な独自に作られたものがある。前者は縄文時代から継続する要素を持つ注口土器で東日本から北日本に出土し，後者は注口部を持つ土器で西日本に出土する。その様相は注ぎ口を持つ土器としての共通性があっても，器形と文様すなわち様式が多分に違うものである。いずれも，出土量は極めて少ない。

　なお，これまで弥生時代以後の注口土器については資料が少ないせいもあって，縄文時代の類例との関連性などに関して等閑視され，全国的視野に立って未だ誰もこの問題を言及したことがなかったが，近年鈴木（2006a）がその問題を取り上げた。

　関東，東北地方の類例もまた壺形であることが多く，それは縄文時代晩期の壺形と器形が同じである。東北地方の場合は，注口部の形状が太く緩やかに上向くなどの違いがあり，全体に縄文を施文するので縄文文化の要素を引き継いでいる。その中で，福島県会津坂下町屋敷遺跡から出土する類例（第24図9）には，口縁部が亀ヶ岡式土器の香炉形土器に見られた王冠状の装飾が付いていて，亀ヶ岡式土器の名残りが認められる。青森県弘前市砂沢遺跡（13），むつ市瀬野遺跡（14）の類例は，形態や文様の上で縄文時代晩期の注口土器との関連性が認められる。

　東日本で類例が一番多く出土している地域は，長野県である。約50点ほどの類例を確認しているが，栗林式土器の赤く朱彩した下脹れの壺形土器が多く，稀に鉢形がある。次いで多いのは，東北地方だが破片を含めて10点強で，ほかに関東地方に2点（7，8）が知られている程度である。

　栗林式土器の赤彩壺形注口土器（5）は，赤い土器とも言われるものでハレの器とされている。しかし，それがどのような地域的な文化や社会の下に作られたものか不明であるが，器形は縄文時代の壺形と違う。

(2)　西日本に出土する弥生時代の注口付土器（第24図）

　西日本では，九州地方北部の福岡県と長崎県壱岐市原の辻遺跡に2点と広島県三次市を中心に中国，四国地方にまたがって計10点ほどの類例が出土している。

　長崎県原の辻遺跡は周知のとおり『魏志倭人伝』に見える一支国の王都の遺跡で，そこから出土している類例（1）は高坏形の壺形に2個注口部が付いた特殊な器である。また，三次市周辺

111

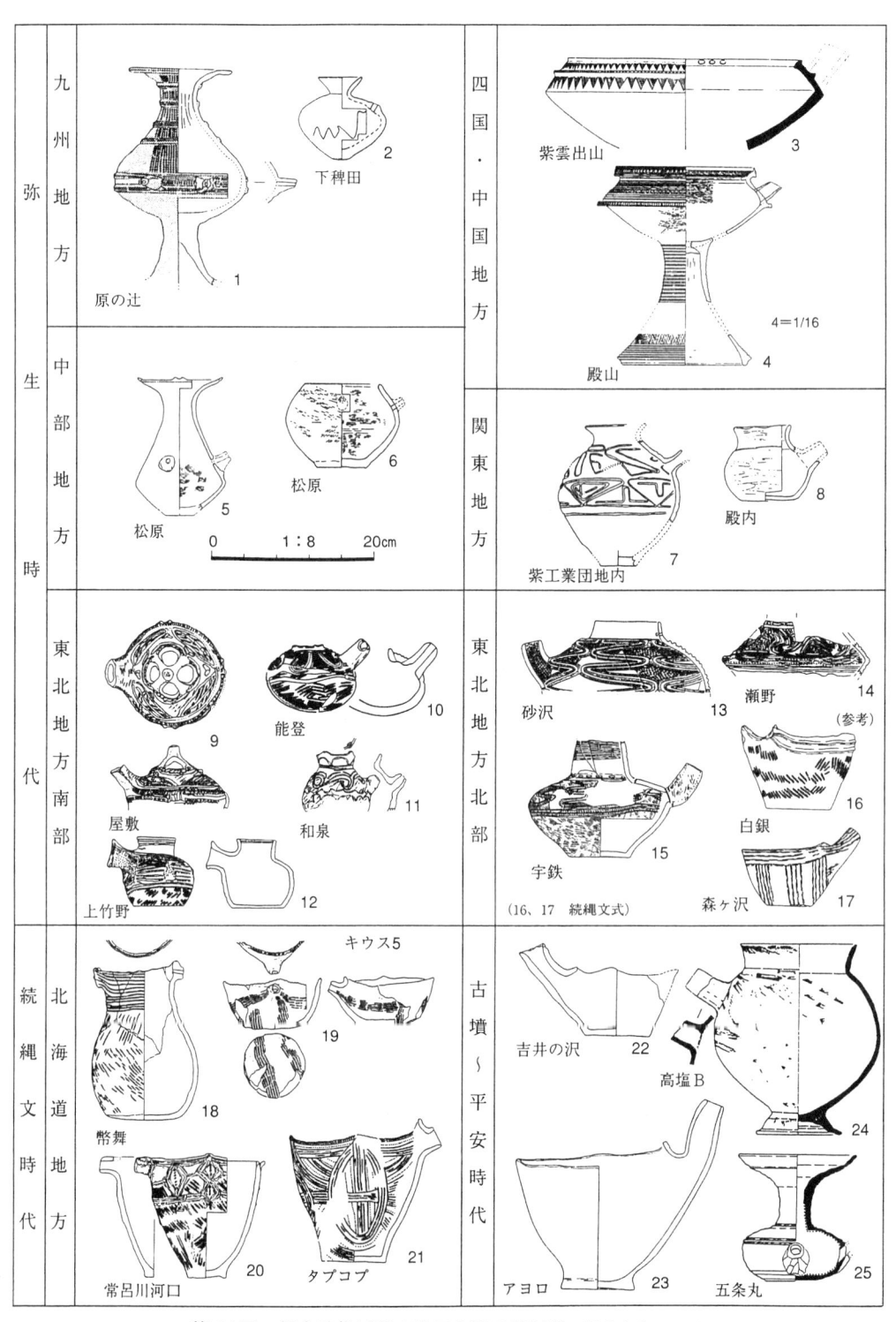

第24図　縄文時代以後の注口土器の地域差（鈴木克彦2006a）

と瀬戸内地方から出土する高坏鉢形に立派な注口部を持つ特殊な器形（3，4）は，墳墓に伴い農耕祭祀に係わる儀式用の祭器と考えられている（妹尾周三 1992）。

　これらのように，西日本から出土する類例は，器形において縄文時代の注口土器とは全く異質なものであり，弥生時代の地域国家や有力集団が政治的な祭祀儀礼に用いるものとして存在感を高めようとして形而上的に製作したものと考えられる。

　そこにはもはや縄文的な要素が認められず，そういう器の名称を注口土器とすることができないので，採集，狩猟経済下の縄文文化の祭祀の器としての注口土器と区別する必要がある。また，西日本と東日本の類例は，形態などにおいて全く異質なものだということがわかる。

2　古墳時代以後の注口土器——日本最後の注口土器

(1)　古墳時代の注口付土器

　古墳時代には，注口部を付けた土師器と須恵器がある。今のところ純粋な素焼の土師器の注口付土器は，新潟県柏崎市高塩 B 遺跡に台付き甕形に注口部が付いた1例（第24図24）を知るのみである。山口県秋根遺跡には，鼓形器台とセットになる須恵器の影響を受けた祭祀用と思われる壺形注口付土器が出土しており，単なる飲料水を保存した器でないことを示している。

　古墳時代には，類似する器に須恵器の𤭯が存在し，5世紀前後に盛行するようだ。大陸から伝来した窯で焼く須恵器なので日本の類似土器との関連性は薄いが，製作技法が異なるとは言え𤭯の用途は正に注口土器，注口付土器と同じである。全国に見られ，古墳から出土することが多い。𤭯には，稀に小孔の部分が突き出て注口状になっているものが見られる。その小孔に竹筒を差し込んで吸い口にして，飲酒したものである。ほかに，体部に孔の空いた樽形𤭯や提瓶の須恵器があり，用途は同じものであろう。いずれも祭器と考えられることが多い。

　埼玉，静岡県からは𤭯を手に持つ人物埴輪が出土しており（上福岡市立歴史民俗資料館 1986），その用途，用法を知ることができる。埼玉県の注口付壺形を掌中にする埴輪破片，6世紀前半頃の静岡県浜松市郷ケ原9号墳から出土した人物埴輪は，明らかに𤭯を両手で摑んで自分に吸い口を向けて祭りに捧げた酒を飲まんとする状態のリアルなものである。このように，古墳時代になっても注ぎ口を持つ器の役割が低下するどころかますます存在価値を高めていると推測される。

　𤭯の出現によって少なくとも注口付土器の役割が失せ，また当時はすでに木器が相当に普及していると考えられるので，その消滅の原因がそこにあるだろうと考える。恐らく，狭い登り窯で焼くためにスペース上の効率性やその部分が破損しやすいためと竹筒で補えば注口付土器の役割を果たすだろうから，小孔を空けただけの𤭯が製作されたものと思われる。

　それらは，縄文時代から続く注口土器や弥生時代の注口付土器と系統性がないが，祭祀の器としての機能は共通する。このように，注ぎ口のある器は時代を超えて常に特殊な役割を課せられていることが理解されるだろう。

(2) 北海道の江別式土器の注口土器

　古墳時代は，北海道では続縄文時代にあたる。その名称のとおり，採集，狩猟経済の縄文文化が継続された時代という意味で名づけられたものである。この北海道の続縄文時代は，B.C 2世紀から A.D 7世紀まで続いたと考えられており，その間を続縄文文化と呼んでいる。その文化に作られた土器は，弥生時代に相当する宇津内式土器，古墳時代相当の後北式（後期北海道式薄手縄文土器の略称）または江別式土器，飛鳥・奈良時代相当の北大式土器に分類されている。その後の，主に平安時代に当たるものが擦文式土器を作る擦文文化，擦文時代，その間に主に北部や東部に A.D 5世紀から13世紀のオホーツク文化とオホーツク式土器が形成される。

　注口土器が出土しているのは，宇津内式土器（第24図18）に数点，江別式土器（19～21）に多数，北大式土器（22・23）に少量，オホーツク式土器に2点である。江別式土器の注口土器は，鉢形を呈し全体に帯状の特殊な縄文を施文し，北海道全域に多量に分布する。稀に朱彩の土器があるが，多くは炭化物が付着し日常的な煮沸として使われている。しかし，もし単なる煮炊き容器であっても獲物を捕え食用にされた食材への感謝と豊かな恵みの継続性を祈念する意味が込められて鉢形注口土器が使われたものではないかと考えている。自然環境が寒冷でありながら食材の豊富な北海道という地域とそこに住む人々は，伝統的に常に自然界に感謝の気持ちを持ち続けて自然と共生して暮らしてきた。だから，既存の日常的な容器に注口部を付けて信仰心を日常生活の中に敷衍させ，毎日の生活に溶け込んだ感謝と祈りの心が日常容器に注口土器を使わせる大きな要因であったと考える。先史の「北海道」とは，そういう所なのである。

　そういう鉢形注口土器は，江別C式土器になると急激に増大し，その分布は本州の青森県を中心に岩手，秋田県に多く，最も西では新潟県巻町にまで拡大して及んでいる。やがて，北大式土器（第24図22・23）になると器面が無紋になり，消失してゆく。

(3) 日本最後の注口土器

　最後の注口土器は，現在ロシア領土になっている国後島から出土した海馬（トド）注口土器と呼ぶオホーツク式の深鉢形注口土器（7～9世紀代，未掲載）である。注口部が動物の形を呈する例外的なものかもしれないが，それ以前の江別式土器に鳥の頭をかたどった鉢形注口土器が出土しており，その用途を知る上で興味深い資料である。

　オホーツク文化は，サハリン，千島列島と北海道北部，東部で漁労を生活の糧に暮らしていた北方少数民族による海洋文化の生活様式である。海馬注口土器は，北の海の雄獣であるトドの頭を模したもので，それまで日本に多数出土している注口土器の中で唯一動物信仰が投影された珍しい土器というよりも，そのフィナーレに相応しく注口土器の持つ，あるいはそれに込めた人々のポリシーを余すところなく表現した傑作であると評価することができる。そしてまた，日本の注口土器が縄文時代初期に深鉢形に始まって，最後にこのオホーツク文化において再度深鉢形注口土器に帰趨することに本質的な意味があると考えるものである。

第12章　注口土器の観察と特殊な注口土器

1　注口土器自体の観察

「土器（の研究）は土器をして語らしめよ」という言葉があるように，土器の研究は型式学的研究によって行なわなければならない。土器を知る上で，土器をよく見ること，つまり土器自体の観察が一番肝心なことである。

注口土器の場合，機能，用途に関する問題など，机上論として語られていた部分が多々ある。勿論，液体を注ぐために好都合な注ぎ口が付く器形なので，この器を初めて考古学的に注目したモースが指摘したとおりの見解には何人も異論のないところであるが，今では北海道の後期の事例などによって祭祀儀礼の（祭）器とする見解（鈴木克彦1999）が最も妥当かと思われる。その一方で，一点に絞って明らかにこれだと言い切れるだけの実証的な結論はない。というよりも，その不確かな多様性こそが実態と本質を表わしていると思うのである。

注口土器には，上の見解のように特殊で非日常的な事例と日常的な主に煮沸に用いられた事例が見られる。

(1)　日常的な器としての要素
①　補修痕跡

破損した注口土器に，補修孔のあるもの，アスファルトや漆を使って補修したものがある。特に，注口土器は製作上の理由で注口部が剥がれ落ちることが多く，そういう弱点を補うための接着剤にアスファルトがよく利用されている。一度接着した注口部が再び剥がれ落ちている場合があり，容易に観察される。また，土器の焼成時にひび割れが生じた際にもアスファルトを塗って水漏れを防ぐことが行なわれている。そういう例が，青森県八戸市風張1遺跡など（図版52-2，56-22ほか）に多数見られ，剥がれ落ちた注口部の穴にアスファルトを塗って塞いだ例もある。ほかに，北海道小樽市忍路土場遺跡では，アスファルトのほかに漆が使われた類例が出土している。こういった事例は，注口土器が日常容器として一回限りでなく頻繁に使われたことを物語るし，大事に使い続けられた証左でもある。

②　底部の使用痕跡

壺形注口土器の底が相当に磨り減っているものがあり，そういう底部の使用痕跡は案外見落しがちである。一，二度の使用回数で土器の底が磨り減ることは考えられず，たびたび使用されたことを物語るであろう。

③ 炭化物付着

東北地方南部の中期末葉から後期初頭,晩期亀ヶ岡式,北海道続縄文時代の鉢形注口土器に,口縁部,注口部などに炭化物が付着しているものがある。宮城県七ヶ宿町大梁川,仙台市六反田遺跡などの鉢形注口土器を観察すると,多量に付着したものが相当出土している。これには,儀礼に捧げる液体を煮付けたことも考えられるが,日常的な食料の煮汁(スープ)を作る容器として用いられたものと思われる。

(2) 非日常的な器としての要素

① 研磨,赤彩

注口土器を研磨,赤彩するようになるのは,中部,関東地方の中期後葉の有孔鍔付注口土器からだと思われる。

北日本の後期や晩期亀ヶ岡式の注口土器に,全体を研磨し表面に赤く塗彩したものが多く存在する。というよりも,例えば後期中葉の宝ヶ峯型注口土器は,研磨と赤彩しないものがないと言って過言でない。最近相次いで出土した北海道八雲町野田生1遺跡(口絵3),函館市垣ノ島A遺跡などが,その好例である。それらは全体を塗彩したものだが,忍路土場遺跡などの宝ヶ峯型注口土器に黒漆を塗った後に朱漆を塗布した漆彩文の後期注口土器がある。その赤色には,ベンガラよりも水銀朱が使われている。その注口部に硫化水銀が塗布されていることを,モース(1879)がすでに指摘している。完形品は未だ存在しないが,破片では注口部に赤と黒の彩文が見られる類例が東日本一帯に出土している。

注口土器は,研磨赤彩するものだと相場が決まっていたとさえ思えるし,実は亀ヶ岡式の遮光器土偶も同じなのである。目立つということと,神聖な色として赤色に込めた当時の人々の強烈な意識が窺われる。祭祀の器という所以である。

② 注口土器だけに見られる要素

注口土器だけに見られることなので,それをもって特殊であると決定づけるものではないが,器体における注口部の位置,正面性,複数の注口部の存在などは,注口土器の用途,用法を考える上で重要な要素である。

注口部の位置とは,器体における垂直軸上の位置のことであり,亀ヶ岡式の注口土器には体部中央と稀に下位にある場合がある。液体が半分しか入らない作り方は,機能的にいかにも無駄な部分であり,それが芸術だと言えるのである。

注口部と装飾突起の一体性による亀ヶ岡式の注口土器の正面性は古く中谷治宇二郎らが指摘したことだが,文様も注口部に集中するので慧眼であると言えよう。

複数の注口部の存在は,東北地方の中期末葉から後期初頭の門前式土器の深鉢形注口土器と,弥生時代の長崎県原の辻遺跡に1例存在する。前者は,機能上ほとんど役をなさないものだが,後者はその遺跡の性格から別格としか言いようがない。

(3) その他の特徴

日常か特殊かは別にして，様々な用途，用法を思わせる要素が注口土器に見られる。そのいくつかを紹介する。

① 体部に見られる有孔

安行式に口縁部ないし体部上半部に大きな孔の空いた注口土器がある。それは，装飾的なものと思われる。稀に使用痕らしい摩滅痕があるものがあり紐を通す穴の可能性があるが，摩滅痕が観察されないものもある。

② 装飾把手と突起

中期の注口土器に，例えば瓢箪形の系譜を引く注口土器に横位と縦位の橋状把手（図版22-1，図版24-1・9など）が付くものが多く，種々様々である（図版15-10，25-1など）。一般に中期後葉から後期前葉に見られ，それらは機能性よりも装飾性が強いものである。関東地方の堀之内式の注口土器に付く装飾突起もまた同様で，地域的な文化の様式を示すものと言えよう。

後期の椎塚遺跡（図版77-1），寺改戸遺跡（図版78-14）の類例は，木器にそういう橋状把手を付けた例があってそれを写実的に摸したものではないかと思われる。土製では液体を容れると相当な重さになり，把手はその重量に耐えられないはずである。

東北地方には後期に瘤付土器が盛行し，その貼瘤と同じ突起に小さな穴が空いたものがあり細い紐を通すと注口土器を吊り下げることができる。しかし，液体を入れて軒下や屋根裏に吊り下げることは，液体が蒸発するだけで無意味である。醸酵を目的にするなら地面に埋めた方がよいだろうから，単なる装飾であろう。事実，その小さな孔が塞がっているものが少なくない。

③ 丸底の注口土器

亀ヶ岡式の注口土器に代表されるように，晩期の注口土器は置くに不安定な丸底を呈しているものが多い。また，北日本の後期後半期の十腰内式系統の壺形注口土器，関東地方の後期安行式の深鉢形注口土器，北陸地方の晩期前葉の御経塚式の注口土器もまた丸底である。このように，注口土器がいかにも不安定な形態を呈するのは何故だろうか。木製の安定台の存在が想定される。

扁平な形の亀ヶ岡式の注口土器は丸底といっても転ぶほどの高さがないが，十腰内式系統の壺形注口土器，安行式の深鉢形注口土器に至っては仕掛けがなければ液体が零れてしまう。そのためにか，後者には口縁部付近に大きな穴が空いており，紐で吊り下げたと思われる擦痕が付いている場合がある。前者の場合は，地面に軽く穴を掘ってそこに置くか，受け皿様の台がなければ安定しない。こういった器形は，文化としての様式を表わすものだが，使い方が限られるか，手から手に回して受け渡すものであったことも考えられる。

2　特殊な注口土器（第25図）

特殊な注口土器とは，特殊な器形の注口土器，珍しい稀少例の異形注口土器のことである。これには，日常的な器と考えられる多孔底土器に注口部が付くもの（第25図11），人面付注口土器（1～6）など信仰的な要素を持つもの，他の器形の要素を取り入れたキメラの注口土器（16～18），

あるいは機能体として用をなさないもの，などがある。それらの類例は，第25図のほかに各地域の図版の中に掲載しているので，参照されたい。全国の図化されている著名な類例は，ほぼ網羅している。

(1) 人面付注口土器（口絵4，第25図1〜6）

人面ないし人形を表現した造作のある注口土器は，知見では後期と晩期亀ヶ岡式土器に約10数点ほど出土しており非常に稀な類例だと言える。

北海道恵庭市柏木B遺跡では第1号環状土籬の土壙墓の壙墓口から体部に人面を表現した朱塗りの後期後葉の注口土器が出土し，供献されたものと思われる。土壙墓の壙底には30個の丸玉，鮫歯が出土している。

このような人面付注口土器は，後期では環状を呈する青森県七戸町道地遺跡，秋田県潟上市狐森遺跡，埼玉県桶川市高井東遺跡，晩期では福島県浪江町七社宮遺跡，茨城県北茨城市上野台遺跡，稲敷市福田貝塚，千葉県成田市荒海貝塚などに出土している。ほかに，図版中に掲載したとおり双胴の土器に人面が表現された北海道北斗市茂辺地遺跡（図版29-19など）など著名な資料が少なくない。上野台遺跡の類例は口頸部に遮光器型土偶の眼部を表現し，福田貝塚の類例は中谷治宇二郎が土偶と注口土器の複合形式と記したように，単に人面を体部に表現しただけではなく立体的に造作されている。つまり，口頸部が土偶，体部が壺形の注口土器で言わばキメラの注口土器である。

(2) 双口形注口土器（第25図7・9・10）

液体を入れる口が二つあるもの（7・10）と，注ぎ口が二つあるもの（9）がある。注ぎ口と入れ口が同一なもの（図版7-11），注ぎ口が4ヵ所のもの（図版44-4）さえある。それぞれには，装飾性だけでなく二つの異なる口から液体を入れて一つの孔から注ぎ出す一体感など何か意味があるだろうし，いかようにも解釈できるだろう。

(3) 環状形注口土器（第25図8，第26図1）

注口土器の体部が，環状を呈する類例は少なくない。初現は，中期中葉までさかのぼる（図版7-11）が，後期後半から晩期前半まで数は少ないながら出土している。秋田県北秋田市高森岱遺跡の類例（第26図1）は，人面部分が欠落したものである。

(4) 多孔底注口土器（第25図11）

新潟県を中心として，後期，晩期に土器の底に多数の孔を空けた多孔底土器が出土する。北日本に分布圏があり，青森県大鰐町上牡丹森遺跡がその北端である。新潟県に近い福島県袋原遺跡に，鉢形の完形が出土している。果汁などを絞って液体を貯めて注ぎ出すように工夫されている。

第12章　注口土器の観察と特殊な注口土器

人面付
1 柏木B
2 道地
3 高井東
4 荒海
5 福田
6 上野台

双口形
7 深沢

環状形
8 町B

双口形
9 馬場中路
10 上利別

多孔底形
11 袋原

有脚形
12 塚越

香炉形
14 美々4
15 美々4

(キメラ)
16 安堵屋敷
17 是川中居

異形台付形
13 雅楽谷

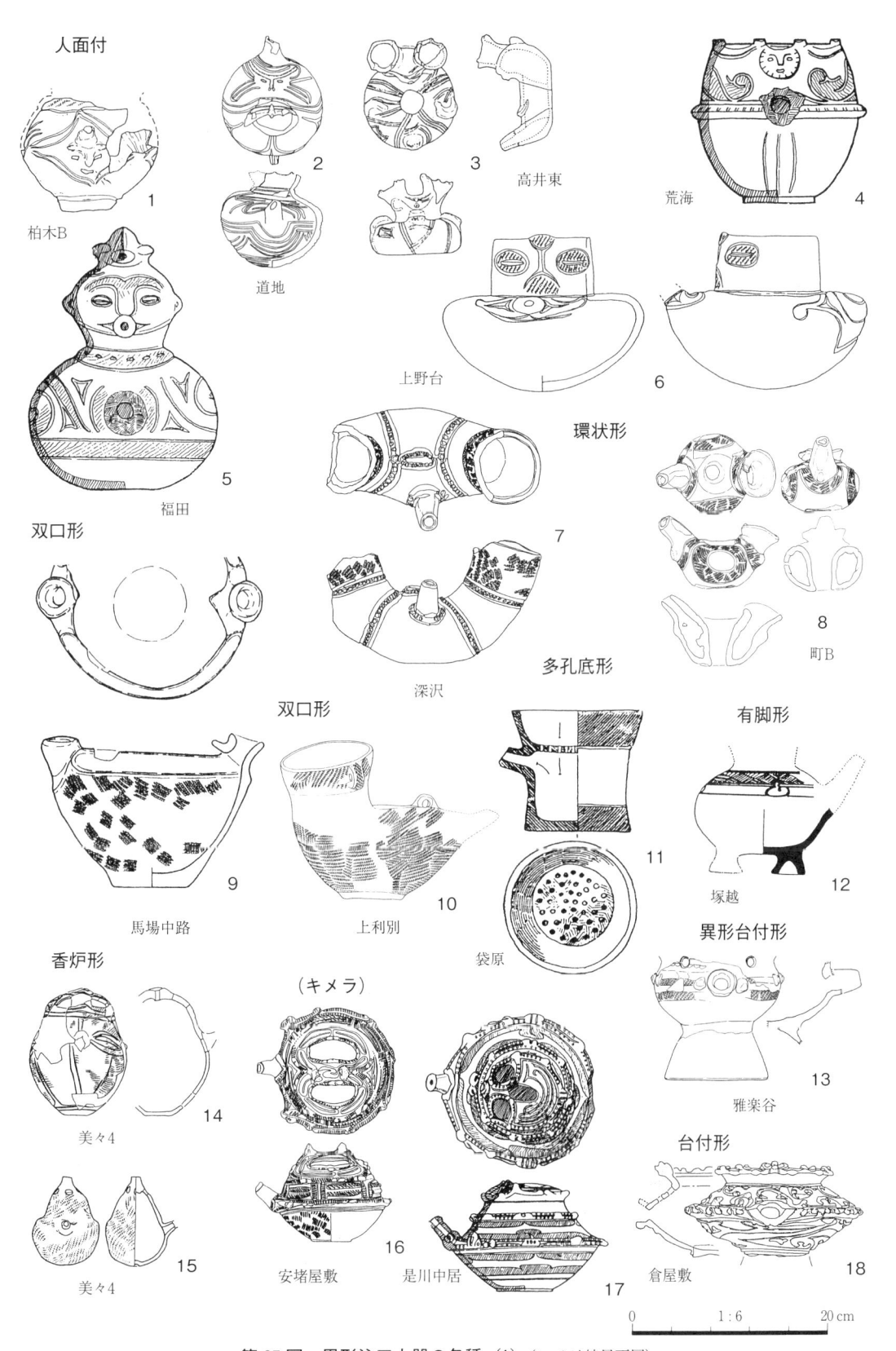

台付形
18 倉屋敷

0　1:6　20 cm

第25図　異形注口土器の各種（1）（4〜6は縮尺不同）

119

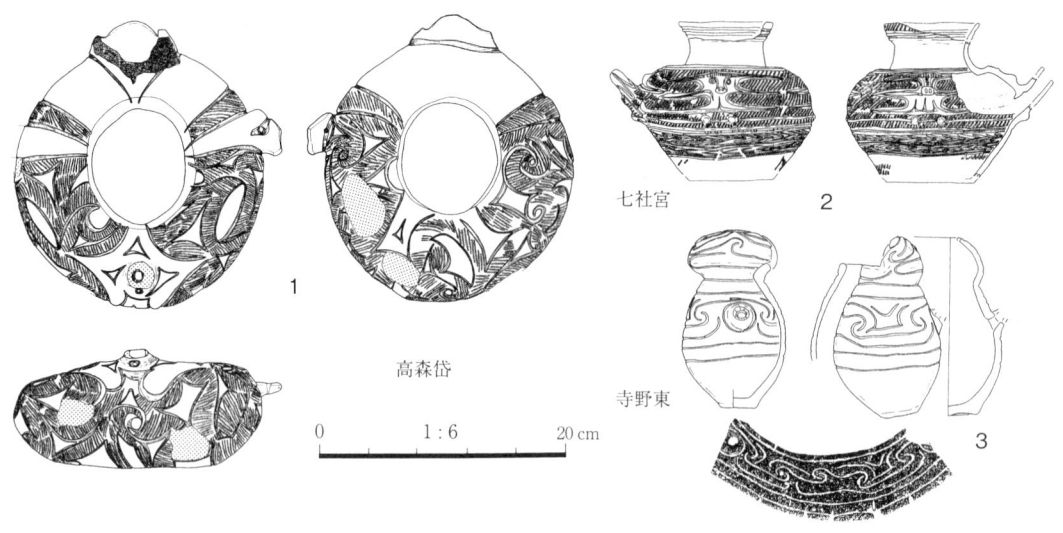

第 26 図　異形注口土器の各種（2）

(5) 異形台付形注口土器（第 25 図 13）

　関東地方を中心に後期中葉に異形台付形土器が出土するが，その体部の筒状突起に短い注口部が付く場合がある。用途において関連するものであろう。異形台付形土器自体は，北海道石狩地域まで分布している。

(6) キメラ注口土器（第 25 図 14〜18）

　2 種類の器形体部を合わせ持つ土器を，山内清男（1964）は青森県是川中居遺跡の類例（第 25 図 17）を引き合いにしてキメラ（異体同体）の土器と呼んだ。キメラ注口土器の類例は，土偶の要素を取り入れるもの，香炉形の器形と合体するものの二種があり，東日本と北日本に見られる。人面付注口土器もこの類である。北日本では，口縁部が香炉形の注口土器が北海道の後期末葉と東北地方の晩期大洞 C2 式前後に知られている。それは，注口土器と香炉形土器が同じ使われ方をしたものであることを意味するであろう。これには，香炉形の器形要素を持つものと香炉形に注口部を付けるもの（18）がある。

　群集墓から出土した千歳市美々 4 遺跡の類例は，口縁部が香炉形を呈する注口土器である。青森県八戸市是川中居遺跡と岩手県花巻市安堵屋敷遺跡の類例は大洞 C2 式，福島県倉屋敷遺跡の類例は香炉形に注口部の付いた大洞 C1 式，屋敷遺跡の類例（第 24 図 9）は弥生時代の珍しい類例である。

(7) 注口部基部の袋状突起

　後期の注口土器から，注口部の基部に袋状突起の突起が付くようになる。嚆矢は宝ヶ峯型注口土器からで，太く丸いもの，下に突き出るものを経て，後期末葉から晩期初頭に左右 2 個に分かれるものがある（図版 61-28 など）。注口部とこの形状が，信仰に基づく男性自身を表わしたものと解釈する向きが根強い。

(8) 袖珍の注口土器

　小型土器と袖珍土器は異なる。小型土器は相対的なものだが，それより小さい超小型の手捏ね作りの袖珍の注口土器は東北地方の後期末葉から見られる。粗雑なもの，必ずしもそうでないものなどがあるが，注口土器だけに見られるものではない。無文や粗雑な文様が施文されるものが多い。その用途は，古墳時代の模造品のように信仰に係わる儀礼上の祭器と思われるが，小型土器と同様に玩具説などがある。

(9) その他 （第25図12）

　そのほか，台付き，双胴，有脚などの異形注口土器がある。底部が馬蹄形を呈するもの（図版85-9）もその類である。極め付けは，注ぎ口が塞がっているもの（図版97-9）で，北海道には続縄文時代にいくつか存在する。これらは，注口部が装飾化されたもの，無用のものなどである。

(10) まとめ

　以上の諸例および図版中に掲載した諸例は，稀有な事例である。しかしながら，注口土器の意義を知る好例である。あるいは，こういった特殊な類例に，注口土器の本質的な役割，用途が的確に反映されている可能性が高い。それらをして，例えば人面付などは注口土器に土偶の頭が乗っかっている訳だから信仰に関連すると説明してもわかりやすい。

　また，その土器の形態にも多様性があり，鉢形，壺形系統のありとあらゆる器種に注口部が付けられている。この柔軟性は，例えば深鉢形に人面が付くものがあるが，他の器種に較べて特に注口土器に著しく，変幻自在のキメラが注口土器の特質と言えよう。例えば，環状土器自体も稀有で特殊な器形だが，さらにそれに人面を付けたり，香炉形に注口部と台部を付けるという過飾性に，強い意志が読み取れる。注口部を付すことによっても特異性が表現できるにも係わらず，追い討ちをかけるようなキメラ（異体同体）にすることによって存在感を絶対的なものにしたのであろう。

　このように注口土器自体でも祭祀の器として用をなすにも係わらず，さらに土偶とか双口形，香炉形などの諸要素をそれに取り込むことは，既存の器形とは異なるオンリー・ワンとしての特異な形態の誇張にあると考える。そして，諸要素を取り入れた土器自体も，注口土器と同様な信仰に用いられた器であることを物語っていると認識されるのである。

3　蓋形土器

　蓋形土器については，蓋形土製品（杉山寿栄男1928c）と呼ぶ場合もある。杉山は，蓋のような形をしているが日常容器の蓋ではなく，他の用途を考えて土製品とした。しかし，蓋以外の用途が考えられない形態と特徴を持っている。杉山寿栄男が指摘したとおり後期と晩期に多いが，弥生時代にも少なくなく，稀に中期にも出土している。関東地方の後期の注口土器には口縁部内面に蓋受け状の造作が見られるものがあるが，出土状態や共伴関係から明白に対になって出土した

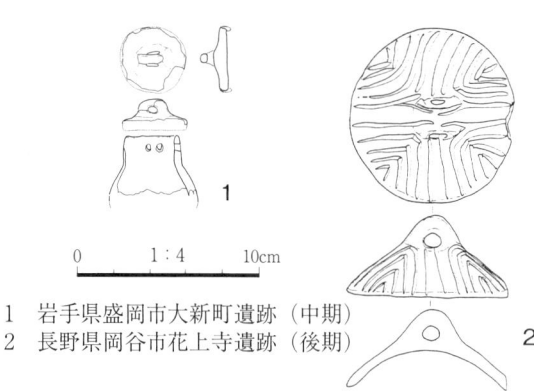

1 岩手県盛岡市大新町遺跡（中期）
2 長野県岡谷市花上寺遺跡（後期）

第27図　蓋形土器

事例は見当たらない。したがって，注口土器と蓋が必ず対になって使われていたのかは不明である。

集成では破片まで数えると500点を下らない数になると思うが，まだ正確に数えたことがない。後期前葉の関東地方と東北地方中・南部に圧倒的に多い。形態だけでなく，大小，孔，文様の有無などから，10数種が存在する。

縄文時代の蓋形土器は，I類：無把手，II類：有把手，III類：穿孔把手に大別される。

I類：無把手蓋形土器は，上面中央部に突起ないし把手の無いものである。これは，形態から板状，皿状，笠状，凹湾状，盃状，（土器の）底部状に分類できる。笠の部分に左右対に1ないし2孔が空けられているものと無孔のものがあるが，無孔であることが通有である。大半は無文だが，文様が施されているものもある。

II類：把手付蓋形土器は，上面中央部に1個の突起ないし把手が付くもので，その把手の形状を俯瞰した場合に平面形が丸形と楕円形のものがある。そのほかに，左右に1個ずつ付いているものがある。形態から，板状，皿状，笠状に分類できる。把手には，無孔と有孔，複数孔のもの，無文と文様が施されているものがある。

III類：穿孔蓋形土器は，中央が穿孔されているものである。形態から，笠状，盃状，底部状に分類できる。

蓋形土器の機能は，保温，虫除け，ゴミ除けなど現代の用途と同じであろう。また，木製あるいは応急的に広い葉を被せても用を果たすことができる。把手や笠に見られる孔は，摘まみ易さの工夫，容器本体に固定する紐孔と思われる。なお，底部状蓋形土器の場合は，埋葬用土器棺の蓋として使われている場合がある。

一般的には，蓋を被せる本体の容器として注口土器，壺形土器などが想定されるが，鉢形土器にも用いられたことも想定される。いずれにしても，注口土器と蓋形土器の関係を固定的に考える要素は少ないと思われる。

第13章　注口土器の出土状態

　注口土器の用途を実証的に考える上で欠くことのできない考古学的観察は，発掘調査による遺構との共伴関係とその出土状態である。その事実関係を捉えることによって，注口土器をどのように使用したかを知る手掛かりを実証的に得ることができる。

　これまでの発掘調査によって，住居跡，土坑墓などの遺構に伴う事例が明らかになっている。反面，注口土器の出土状況を見ると，8割以上が包含層から出土したもので遺構に伴う事例は限られる。そのことも大きな問題となることだが，近年北海道の後期の環状土籬（周堤墓）から極めて多量に出土することがわかった。

　以下に紹介する遺構などに伴う事例はごく一部に過ぎないが，いずれも出土した注口土器の使用法を知る好例である。その用途を一つに限定して考えるというものではなく，多様性が認められるのである。しかしながら，信仰や葬送儀礼などの宗教的な利用の仕方が多かったことは言えると思う。

1　住居跡床面出土事例

　筆者らが発掘した青森県弘前市十腰内2遺跡（青森県立郷土館2002，鈴木克彦・岩淵宏子2004）の住居跡床面から十腰内4式の大型注口土器と壺形土器が共伴して出土した（口絵3，写真2）。大型注口土器は磨消縄文による文様を施文する宝ヶ峯型注口土器B類で，壺形土器とともに対に使用されたものと考えられる。このような注口土器と他の器形の土器がペアーで出土した類例には後述する東京都寺改戸遺跡土壙墓出土例（加曽利B1式注口土器と鉢形土器）があり，液体を注ぐ器に対し液体を受ける器が存在したことを知る数少ない貴重な資料である。

　岩手県野田村根井貝塚（岩手県立博物館1987）では，1号住居跡床面から十腰内5式の注口土器（図版58-12）を含む7

写真2　青森県弘前市十腰内2遺跡注口土器出土状態

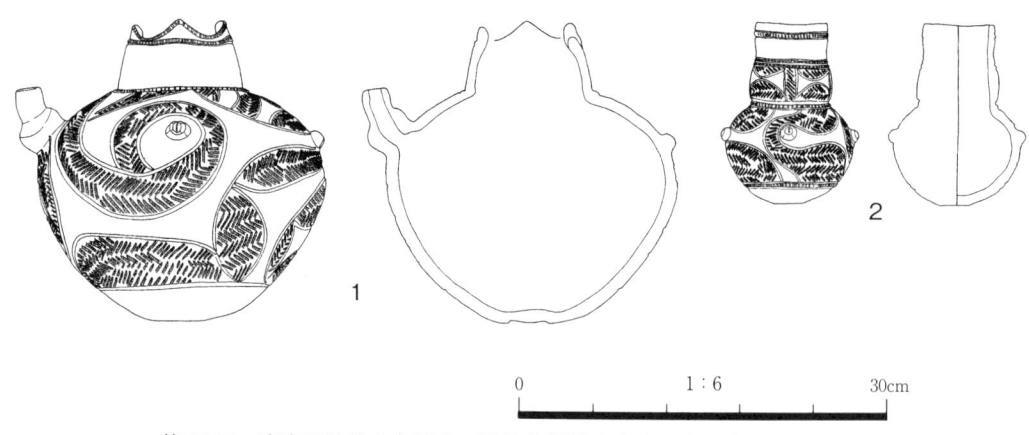

第28図　青森県弘前市十腰内2遺跡住居跡内出土の注口土器と壺形土器

点の土器が出土している。うち注口土器など5点の土器には赤色顔料の原材料となる赤色粘土が充填され，ほか2点の小型土器には100点を越えるヘビ目の椎骨が収納されている。

　群馬県渋川市空沢遺跡（渋川市1978）では，JH1号柄鏡形敷石住居跡の石囲い炉跡と張り出し部分の間に加曽利E4式の鉢形注口土器（図版25-14）が埋設されている。

　東京都多摩市百草遺跡（多摩市遺跡調査会1982，第30図16）では，JSI-1柄鏡形敷石住居跡に伴う深さ1.4mの土壙から堀之内1式の注口土器（図版75-10）が出土している。この土壙は住居跡が使用された時は粘土で蓋をするように覆われており，内部から高濃度のリンが測定された。このことから，土器の埋設とともに動物が埋納されていたことが想定されている。

　東京都町田市なすな原遺跡（なすな原遺跡調査会1984，第30図17）では，102号住居跡床面から堀之内2式の注口土器（図版75-18～20）が3点出土し，113号，149号住居跡床面と127号柄鏡形住居跡床面から堀之内1式の注口土器（図版75-3～5）が出土している。

　山梨県富士吉田市池之元遺跡（富士吉田1997）では，柄鏡形の第1号敷石住居跡の床面を浅く掘り窪めた溝状の施設から堀之内2式の注口土器3点（図版83-17～19）が並んで出土している。

　長野県岡谷市花上寺遺跡（岡谷市1996）では，53号敷石住居跡から堀之内2式の注口土器（図版84-24）と石棒，石剣が出土している。

　なお，このほかに青森県弘前市十腰内1遺跡（晩期），十腰内2遺跡（後期）など，北海道から中部地方において中期から後期，晩期にかけて住居跡の堆積土や床面出土の約80ヵ所の事例報告が見られる。

2　配石遺構出土事例

　東京都町田市田端遺跡（町田市1969）では，S1周石墓と呼ぶ円礫を並べて組んだ長楕円形の周石墓から1個の注口土器（図版80-16）が出土している。この遺跡には鰹節形の硬玉製大珠が出土している。このほかに，茨城県小場遺跡，山梨県池之元，中谷遺跡，長野県尾越遺跡などに類

例がある。

3 群集墓，環状土籬（周堤墓）出土事例

群集墓，環状土籬は，縄文時代後期後葉に道南部を除いた北海道だけに造られた北海道特有の大規模共同墓地である。

北海道千歳市末広遺跡 IIK2 環状土籬（千歳市 1982）では，土壙墓の壙口や周堤上に供献された注口土器（図版 35-1・2・17）が出土している。その反面，IIK1 環状土籬からは確実な注口土器は出土していない。

千歳市美々 4 遺跡（北海道 1977，第 29 図 2・3）の X2, X4 周堤墓，盛土墓と呼ばれた P325, P396 などから注口土器が出土している。

恵庭市柏木 B 遺跡 1 号環状土籬（恵庭市 1981）に伴う竪穴に所在する 1106 土壙墓の壙口から注口部の下に人面の付いた小型注口土器（第 25 図 1），1110 土壙墓付近に供献されたと思われる状態で 2 個の復元できる注口土器（図版 35-10・11），5 号環状土籬に関係する 365 土壙墓の壙口付近に注口土器（図版 35-18）が出土している。

苫小牧市美沢 1 遺跡 JX4 環状土籬（周堤墓，北海道 1979）の竪穴から，注口土器（図版 35-9）が出土している。壙口に供献されたものであろう。

近年，キウス周堤墓群の一部キウス 4 遺跡が発掘され，実測図で復元された注口土器約 200 点，拓影図の破片資料を含めると 300 点を越す後期後葉の注口土器（図版 36～42）が出土することが明らかになった。この遺跡は，環状土籬（周堤墓）を取り巻く盛土遺構，土壙墓，建物跡などの集落跡で周堤墓の内部を発掘したものでないが，その遺跡と注口土器の関係を理解する上で重要である。なお，一遺跡での出土量は全国一番である。

この他にも，土壙墓に注口土器が出土した類例が多くある。注口土器が出土する場合が傾向としては確かに多いのだが，鉢形，袖珍土器などや石棒，玉類，漆器などの豊富な副葬品を伴うことが多いので特に注口土器に限って出土するという訳ではない。

4 土壙および土壙墓出土事例

(1) 北海道地方

苫小牧市静川 5 遺跡（苫小牧市 1996，第 29 図 1）で，壙底から浅鉢形，磨製石斧などが出土した直径約 1.2 m，深さ 0.5 m の円形土壙墓の卜部から早期後半の中茶路式の深鉢形注口土器（図版 1-2）が出土している。明らかに遺構に伴う注口土器として，最も古い事例である。

(2) 東北地方

青森県むつ市大湊近川遺跡（青森県 1987b）で，フラスコ型の 147 号土壙の底面から朱塗りの後期の注口土器（図版 62-14）と朱塗りの土偶が出土している。弘前市鬼沢猿沢遺跡（図版 59-

21・24），八戸市丹後谷地遺跡5，53，75号土壙（八戸市1986）から後期の注口土器の破損品が出土している。特に，75号では直径50 cm，深さ15 cmの円形土壙の直上に供献された注口土器破損品が出土している。八戸市風張1遺跡（八戸市1991）で注口土器を出土した10，23，24，27，34，88，269号土壙のうち，10，88，23，269号の場合は供献ないし埋納された状態を示す。34号の場合は，フラスコ型土壙で風張式の注口土器（図版62-3）が出土している。

青森県三戸町泉山遺跡（青森県1994d，第29図8・9）で，円形の284，286号土壙から晩期大洞B式の注口土器（図版103-27・28）が出土している。

(3) 関東地方

群馬県太田市中江田遺跡A1号土壙（新田町1997，第29図4）から，称名寺式の鉢形注口土器（図版66-3）が伏せた状態で出土している。

埼玉県蓮田市雅楽谷遺跡（埼玉県1990b，第30図10～12）の5号土壙では，安行3a式の注口土器と4点の土器，13号土壙では安行1式の注口土器，26号土壙では安行3a式の注口土器と3点の土器が伴出している。さいたま市神明遺跡（埼玉県1987，第29図6・7）で，61，172号土壙から堀之内2式の注口土器（図版72-16・20）が出土している。松伏町本郷遺跡6号土壙（松伏町1990，第29図5）堆積土に，堀之内1式の注口土器3点（図版72-4～6）を含む7個の土器が埋納されている。

東京都青梅市寺改戸遺跡（青梅市1986，第30図14，口絵2）では，大きな礫を伴う9号土壙から加曽利B1式の注口土器（図版78-14）と小型鉢形土器がセットで出土している。

千葉県市原市能満上小貝塚（市原市1995，第30図13）では，深さ2.5 mの113号土壙堆積土から安行3a式の注口土器（図版82-13）が出土している。

(4) 中部地方

長野県岡谷市花上寺遺跡では，中区南（18区）のK359小竪穴から堀之内1式の注口土器（図版84-24）が倒立した深鉢形土器とともに埋納されて出土している。

なお，このほかに土壙（壘）から注口土器が出土した類例は全国的に見ても少なくない。

5　デポ，埋設出土事例

青森県八戸市鴨平2遺跡（青森県1983）の3層に，デポの可能性のある後期末の注口土器（図版62-7）が単独で横転して出土している。

福島県飯舘村宮内B遺跡（福島県1988b）では，浅いレンズ状の窪みに後期中葉の注口土器（図版50-24）を置いた出土例がありデポの可能性がある。

福島県飯舘村上ノ台A遺跡の14号埋甕（福島県1990a）は，土器の直径より一回り広い掘り方に大木10式の注口土器（図版22-7）を埋設した例である。

神奈川県横浜市帷子峯遺跡（横浜新三ッ沢ジャンクション遺跡調査会1984，第30図15）で，周囲

に遺構などが発見されない所から底部に穿孔された堀之内1式の注口土器（図版67-8）が単独で出土している。土器の土壌をリン分析した結果，やや高い濃度が測定されている。

　山梨県都留市中谷遺跡の堀之内1式の注口土器（山梨県1996，図版83-5）は，第3遺物集中区の斜面に置かれた状態で出土したものである。

6　集中廃棄出土事例

(1)　青森県田子町石亀遺跡の亀ヶ岡パターン

　東北地方北部の晩期（亀ヶ岡文化）には，遺跡のある場所に直径約10～20m前後の範囲で土器を中心とする遺物が集中して出土する亀ヶ岡パターン（鈴木克彦1977）と呼ぶ遺物の廃棄が見られ，足の踏み場もないほど多量な遺物が折り重なって出土する。そのような場所から出土する遺物は，土器に限らず石器，土偶，岩版などの信仰に係わる遺物も含まれ，遺物の墓場としてその場所が祭祀や信仰の聖なる場所であった可能性が高いものである。少なくとも，集落の中に遺物を1ヵ所にまとめて廃棄する習慣があったことは間違いない。晩期前葉大洞BC式主体の石亀遺跡（平安博物館1991）の場合でもそれが確認された。この遺跡では一括集中場所が3グループあり，そのうちの1グループから復元土器が166点出土し，うち注口土器11点（7％）が出土している（図版101下段）。

(2)　埼玉県鴻巣市赤城遺跡の祭祀遺物集中地点

　赤城遺跡（埼玉県1988，図版131）では，E区に安行3a式主体の完形土器集中地点（直径約10mの範囲：A）と祭祀遺物集中地点（直径約3mの範囲：B）が約20m離れた場所に存在する。Aには人面土器を含む各種の土器や人面付土版などが出土し，図化された土器のうち注口土器の割合は約15％である。Bには108点48個体の土偶や石棒，石剣を主体に袖珍土器，耳飾りなどが出土し，図化された土器のうち注口土器の割合が約60％（破片数で見れば約14％）を占める。両者は土器型式から見て短期間に営まれたと考えられるが，いずれも注口土器の占める割合が高率である。特に，Bには人面付注口土器（図版131-21）さえ見られ，土偶などの広義の宗教遺物の多さからもこの場所の性格を推測できると思う。

7　まとめ

　注口土器の出土状態を観察すると，最も多いケースは包含層から他の遺物とともに主に壊れた状態で出土することである。また，キウス4遺跡の後期の盛土遺構，集中廃棄の亀ヶ岡パターンも一種の包含層出土として土器の廃棄である。そのほかに，住居跡の堆積土から出土する場合も廃棄である。そういった廃棄に，完形品と破損品がある。山梨県富士吉田市池之元遺跡の1号住居跡床面に並んで出土した注口土器3点の内訳は，完形品1と破損品2，これも廃棄の事例である。

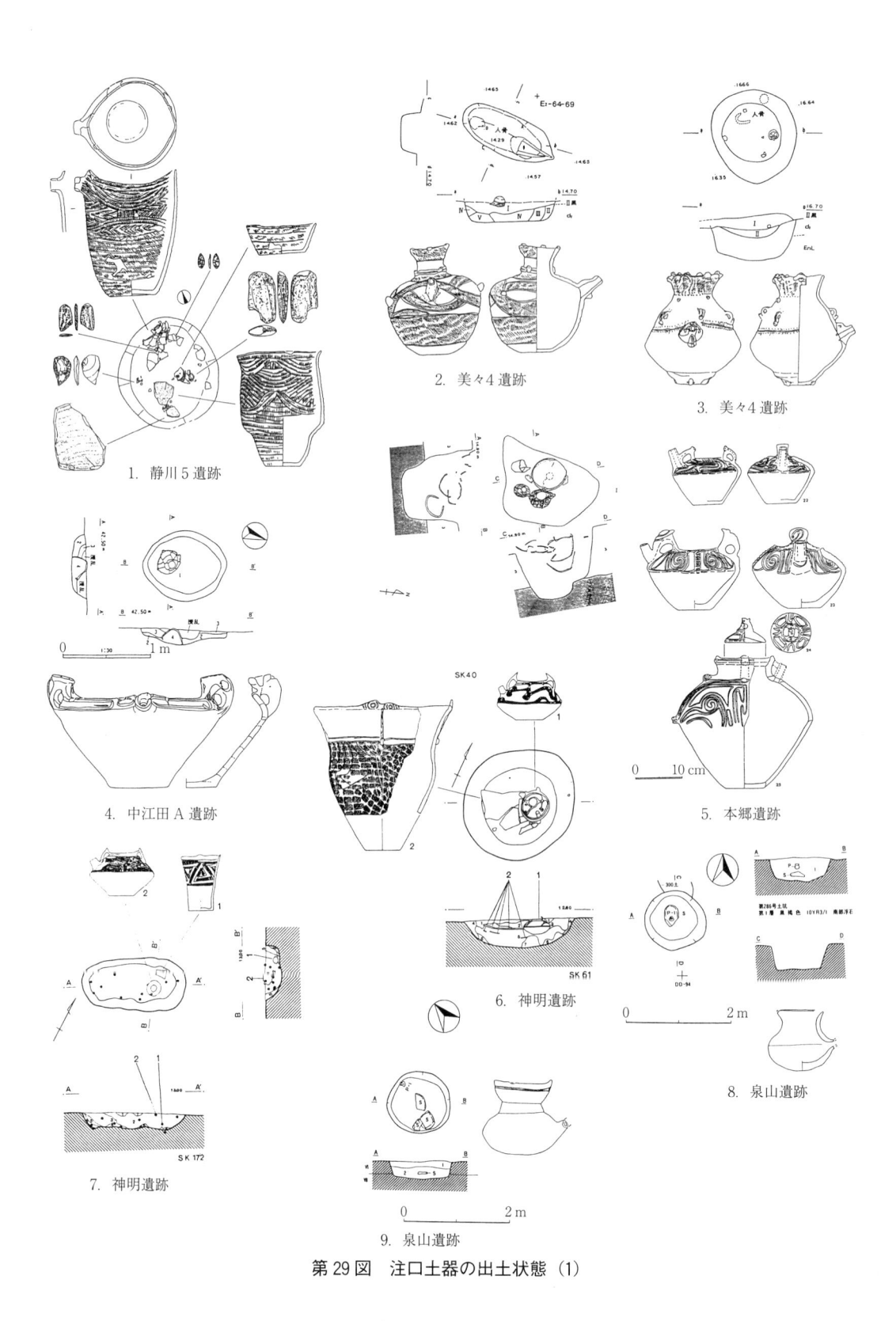

1. 静川5遺跡
2. 美々4遺跡
3. 美々4遺跡
4. 中江田A遺跡
5. 本郷遺跡
6. 神明遺跡
7. 神明遺跡
8. 泉山遺跡
9. 泉山遺跡

第29図　注口土器の出土状態（1）

第13章 注口土器の出土状態

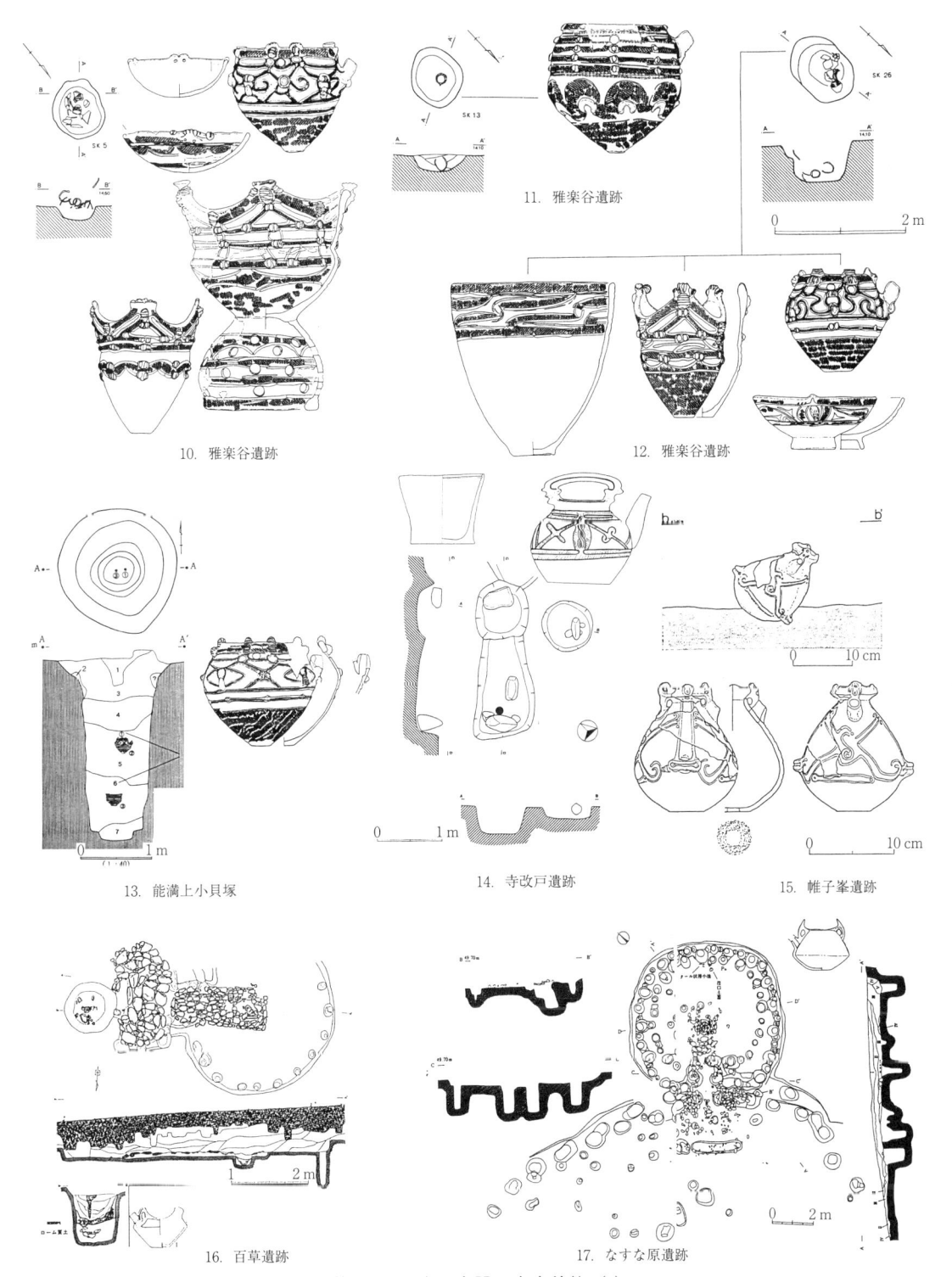

10. 雅楽谷遺跡
11. 雅楽谷遺跡
12. 雅楽谷遺跡
13. 能満上小貝塚
14. 寺改戸遺跡
15. 帷子峯遺跡
16. 百草遺跡
17. なすな原遺跡

第30図 注口土器の出土状態 (2)

案外判断が難しいのが土坑から完形品と破損品が出土する場合で，廃棄なのか埋納なのかの判断は発掘者にしかできない。事実記載だと称して出土状態を記しても事実に基づく観察をしないのでは，千載一遇の機会を逃すことになる。発掘者の責任においてぜひ観察所見を記載して欲しいものである。その一方で，包含層出土ながら周堤墓に関連するキウス4遺跡の性格から注口土器の用途を類推できる場合もある。

　縄文時代で二番目に古い早期の静川5遺跡の注口土器が，土壙（墓）から出土している事例は侮れない。問題は，その後しばらく間を置いて主に関東地方において中期末葉，後期初頭にそれが一般化することである。その場合でも，注口土器がみな土壙（墓）から出土している訳でなく，北日本でも北海道の環状土籬を除けばそういうケースが多いというものではないし，亀ヶ岡文化圏の青森県つがる市（旧木造町）亀ヶ岡遺跡で土壙（墓）群を発掘した経験でもそこから注口土器は出土しなかった。

　その一方で，土坑や土壙墓から注口土器が出土する場合は少なくなく，北海道では人骨とともに出土する場合がある。その出土状態を見ると，土壙墓の中と上位ないし傍らに出土する場合がある。前者は埋納，後者は供献と考えられる。また，どちらにせよそこに注口土器だけが出土している訳でなく，他の器種も少なくないのである。多種な器形の土器が用いられていることは，葬送祭祀の形態を知る上で重要なことで，そこに盛大さ，華やかさを見て取れようが，相対的に多いのが注口土器なので祭祀の器の主体は注口土器にあったと思う。そして，一般に注口土器が土壙墓に埋納，供献されるのは後期以後のことであり，それまでは信仰の儀礼上の祭器であった可能性が高い。

　今後は，信仰儀礼と葬送儀礼が一体化する過程を具体的に追及する必要がある。そのためには，その出土状態を地域，年代の下に整理して体系的に変遷の過程を明らかにすることが課題であると思っている。

第14章　注口土器の用途

1　注口土器の用途に関する諸説

　注口土器を考古学的に初めて注目したモース（1879）が，その注口部を「水を注ぐ口」と指摘したように，液体を入れて注ぐための容器であることに何人も異論がないだろう。そして，大方はその溶液を果実酒と見ている。しかし，溶液がどういうものであるかを発掘資料から特定化することは不可能に等しいので，注口土器の用途論は形而上の問題として考えるべきである。

　用途問題として従来の考え方は，実用説，非実用説に大別される。非実用説は，中谷治宇二郎（1927）が実用的意義を離れたものと述べたことに始まるが，内容を具体的に述べた訳ではない。通常の土器の用途である煮沸，貯蔵の用を実用，信仰などの用途を非実用とみなすと思うので，恐らく信仰などに用いられたことを想定していたと思う。当然，その場合は（儀礼上の果実）酒を容れる器（後藤守一 1943）という意味が込められていたと推測する。

　実用説には，藤森栄一ら（1963）の種子壺説，渡辺誠（1993a，b）のドングリのアク抜き説，江坂輝彌（1967），長沢宏昌（1997）の果実酒醸酵具説がある。渡辺は，前，中期の片口，注口土器に対し，後期以後の注口土器と違う用途としてドングリのアク抜き説に基づき注ぎ口がアクを含んだ水を捨てる機能を果たしたと考えている。しかし，福島県塩喰岩陰遺跡から出土した前期の大型片口土器はそのままでも重く持ち上げることさえ容易でなく，それに水を入れたら尚更で，しかも小さな口から液体を注ぎ出すどころか溢れてしまう代物である。また，既述したように中期の鉢形注口土器に多量に付着する炭化物は実用であったことを物語るであろうし，底部がかなり磨り減っているもの，補修されているものが少なくないから，実用説は決して否定されるものではない。醸酵具説の場合も，注口部は醸酵させるために用を成すものでなく醸造後の分配や飲酒として注口部が有効になるものであって，それを一元的に背負わせた器という意味が込められていると推測する。注口土器と飲酒の問題を結びつけることはできない訳ではないが，少なくとも醸造の問題とは切り離して考えなければならない。むしろ，醸造具としては後期の孔が底辺部に付く有孔筒形土器（鈴木克彦 1998b）が有効であろう。

　非実用説として，江坂輝彌が神に捧げるための果実酒造具とその容器とする祭器説を述べ，現在ではこの江坂説が最も有力である。それは，日常的な酒飲というよりも儀礼上の献上酒というものである。また，大場磐雄（1922,23）による注口土器の突き出た注口部を男性性器に見立て性表現とする（豊穣祈願の）性崇拝信仰説は，古典的で普遍的な考え方として理解が得られやすい。この考えは，注口土器の用途論を縄文文化の世界観として純粋に考えるべきものであるということを教えている。東北地方の後期のある段階から注口土器の注口部には2個の袋状の突起が

131

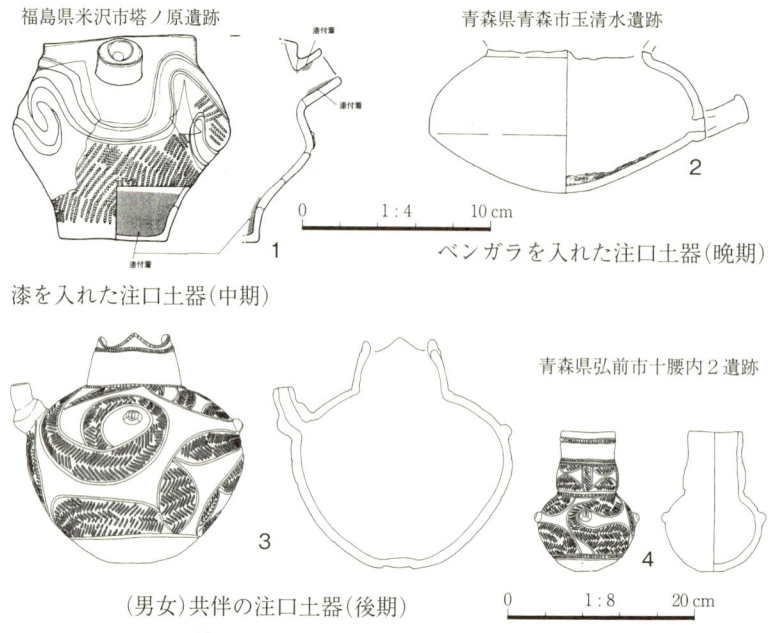

福島県米沢市塔ノ原遺跡　　　　青森県青森市玉清水遺跡

0　　1:4　　10cm

ベンガラを入れた注口土器(晩期)

漆を入れた注口土器(中期)

青森県弘前市十腰内2遺跡

(男女)共伴の注口土器(後期)

0　　1:8　　20cm

第31図　注口土器の用途，用法の事例

左：注口土器
右：ベンガラ

写真3　ベンガラの入った注口土器とベンガラ破片（玉清水遺跡）

写真4　磨製石斧の入った注口土器（桜塚遺跡）

付き，子供のペニスに似たリアリズムを意識して作られているかに見えるものが少なくない。もちろん皆そういうものではないとしても，土偶の陰部に女性自身の表現が見られることと同じように，案外さり気なく表現される造作に事の本質が秘められている可能性があるのではないかと思う。渡辺誠（1997）がこの点を強調しているが，そのように見ると青森県十腰内2遺跡から対になって出土した注口土器と壺形土器（第31図）に対して注口形を男性，壺形を女性に見立てることができない訳でない。このように，注口土器は大場説を背景にして江坂説を加味した信仰，祭祀など広義の意味の宗教的行為，祭式に果実酒を容れて使われたと考えるのが学史的に最も妥当な考え方だと思う。

いずれにせよ，酒造具，アク抜きの実用説は，中期の地域性の強い有孔鍔付注口土器や片口土器，大型深鉢形注口土器を対象にしたもので，注口土器全体とその機能の普遍性を述べたものでない。同時に，大場，江坂説には真理はそれにあるだろうとしても，注口土器の研究を通して実証的な所見というよりも一般論の嫌いが無きとしない。

したがって，注口土器の普遍的な機能，用途論は，先学の所見に立って縄文時代全般のその実態として諸地域，年代による多様性と諸事例を見据えた上で，純粋に考古学的な観点から推考，立論しなければならないのである。その過程で，注口土器の属性，出土状態，内容物あるいは閉塞状況から脱皮するがための化学分析などの観察が必要だが，この問題をその歴史的経緯から認識すれば，炭化物が付着する鉢形系統の中期の注口土器と朱塗りの壺形系統の後期以降の注口土器では主なる用途が異なっていたと考えるべきで，注口土器はその器形と年代差によって用途が変わっていると考えることができるのである。そういう用途の多様性は，形而下に実態として認めてよいと考える。

考古学的な発掘事例には，そういった諸説に反して注ぐという注口土器の本来の機能とは程遠く多様なものがある。例えば，磨製石斧が入っていた東京都八王子市桜塚遺跡（笹津備洋1956），漆の入った山形県塔ノ原遺跡（米沢市1994），ベンガラの入った青森県青森市壬清水遺跡（鈴木克彦2003）がある（第31図，写真3，4）。しかし，それらは用途の多様性，臨時的な用途を示すアブノーマルなものと思われ，ワン・オブ・ゼムの事例と言えよう。

用途問題は，思い付きを述べるものであってはならず須らく実証的に捉えるべきだが，かつて膠着状態に業を煮やして中期の注口土器に付着している炭化物の化学分析によって一気に解決を図ろうと考えたことがあった。そうしているうちに旧石器捏造問題が起こり，関与した脂肪酸分析の所見は実にいい加減なことがわかった。将来的に科学的分析に委ねる部分があるとしても現在の脂肪酸分析によって拙速に結論づけようなどと考えるよりは，考古学の方法としてこの問題を真摯に考えることがいかに重要であるかを教えている。やはり，同じことを考える研究者がいて，注口土器にイノシシ，ニホンジカの動物性脂肪酸を分析した（小林公治ほか2000）。捏造問題一端に連座したと指摘された（文献省略）ことに反論して身の証を立てるまでは分析者のポリシーを問わずして脂肪酸分析は使えない。しかし，化学分析で炭化物が動物性か植物性のものかを判断することはできるだろうと思う。やはり脂肪酸分析を絶賛した佐原真（文献省略）の紹介もはばかるエスノロジーを引いたという精液の蓄え，それよりまだ増しな動物血の蓄え（後藤晃一

2002）も同じく立証できるだろうか。

2　注口土器の用途

　中期から後期，晩期にかけて注口土器の用途は，本質的に転換していると考えている。その大きな転換期は中期末葉から後期前葉にあり，その要因として第1に器形変化，第2に法量の小型化，第3に朱彩，第4に非実用的な信仰的要素，第5に土壙墓からの出土状態などを挙げて指摘できる。

　中期末葉から後期前葉に東日本において，注口土器の器形が鉢形から壺形土器に変化してゆく。同時に，小型化し朱彩が施され，研磨など製作が入念になり，人面表現や美を意識した過度な装飾性を施し，見た目で美しい芸術的な注口土器が作られるようになる。そして，墓から注口土器が出土することが多い。その五つの特徴から導き出されるキーワードは，儀礼，信仰，祭祀ではないかと思う。

　後期になると，まず初めに関東地方で大型な鉢形の注口土器が単体で土壙墓に埋納され，後に北海道で玉類などとともに小型な壺形の注口土器が環状土籬（円形周堤墓）の土壙墓に多量に埋納されるようになる。その間，関東地方と東北地方では様態や共伴遺物を異にしているので，この軌跡を考古学的に追求することによって地域間の注口土器に対する形而上の意識，問題が理解されることになろう。とりわけ，東北地方中部と関東地方の後期前葉に注口土器独自な器形が作られ，中葉以後に壺形として東北，北海道地方に盛行する。それらの背景に，実用から祭祀用器への転換という用途，用法の違いが反映されているものと考える。やがて晩期になると，明らかに既存の器形と違う芸術の極みと言って相応しい小型で美麗な注口土器独自の形態に発展する。この形而の上下を体現した本質を，まずは器形変化に知るべきである。

　注口土器が盛行する背景に，旺盛な信仰，祭祀や葬送儀礼などが介在していたと見てよいだろう。例えば，葬送儀礼に用いられる場合に，関東地方では土壙墓に一括で廃棄されたり底面に伏せた形で出土する場合がある。北海道では墓の中から出土する埋納と墓の上部や傍らに出土する供献の二者があり，後期前半までは前者が多く後半から後者が見られる。これも葬送儀礼の変化として重要な問題であり，その背景に後期後葉における玉類，石棒などの信仰儀礼に使われる遺物の多様性と厚葬の風習の萌芽が関連すると思われる。厚葬の風習は，北日本に顕著で共有性のある土器とともに埋葬される人物が生前に所有していたと思われる櫛とか玉類，石棒などの装身具，威信財に読み取れる。こういった葬送儀礼の風習の変化とともに，埋納あるいは供献という注口土器の利用の仕方も当然変わっていると考えなければならない。事実，晩期になると注口土器の埋納事例が後期よりは遥かに低下しているので，逆説的に晩期社会には葬送儀礼と違った形而上の祭祀儀礼用器に昇華したかたちで日常的に定着してゆくものと思われる。このように注口土器は，地域と年代によって役割，用法などの内容が質的に変わっている訳である。

　注口土器が土壙墓に埋葬される事例は，すでに北海道の早期の静川5遺跡に見られたように古くから行なわれているが，以後途切れて後期に復活し始める。反面，確かに注口土器は墓から出

土することが多いとしても，一様に出土している訳でなく墓に埋納あるいは副葬される目的で製作されたものであるかどうかを決定づけるものではない。また，出土量が比較的多い後期の堀之内式，晩期の亀ヶ岡式の注口土器は，北海道を除けば土壙墓に埋葬される事例が極めて少ないことも事実である。したがって，全国的に見ると，注口土器と埋納ないし土壙墓内出土には蓋然性が乏しいことも現状である。

　その製作目的を傍証する要素は，鉢形とも壺形とも決めがたい注口土器独自な器形の存在と朱彩にあるのだろうと考える。独自な器形の注口土器の存在は，注口土器として創作された器形で鉢形器形からの逸脱を意味するであろう。ベースとなる器形系統の違いは基本的には年代差による注口土器に対する意識の違いを反映し，朱彩は日常性，実用性と非日常性，非実用性の区別表現であろう。

　それらに対して，比較的多いのが北海道の後期中葉以後に見られる美々4遺跡などの土壙墓群および後葉の有名なキウス4遺跡などの円形周堤墓から出土する事例である。この場合も，その注口土器は既存の壺形に注口部を付したもので，特に埋葬用に作られた注口土器とは認められない。しかも，注口土器だけが単体で埋葬されるものではなく，その他の土器あるいは玉類，漆塗り櫛などとともに一括して副葬されるもので極めて地域的な独自性の強い厚葬事例である。

　こういった諸事例には，注口土器と土壙墓の深い関係を示すものとそうとは言いがたいものがあり，埋葬，副葬の葬送儀礼のために注口土器が作られたと決め付けるものではない。このような土壙墓から出土する事例は，本来の用途から離れて墓に転用されたものが多いのではないかと考える。しかし，少なくとも後期以後に土壙墓から出土する事例が多いことには，それなりの理由があったと考えなければならない。関連して，例えば信仰の道具である土偶は，土壙墓に埋納される事例が極めて少ない。それに対して，装身具である翡翠玉などは土壙墓から出土することが多い。信仰と葬送儀礼の関係を考えると意外なことだが，土偶は人間を超克した人（神）格を持つ別格なもので土偶を人と一緒に埋葬しないタブーがあったのであろう。装身具である翡翠玉などは生前に身に着けていたものと考えられ，生前と死後の所有権を継続させ一体のものと解釈すれば人の死とともに一緒に埋葬されることは，死者や埋葬する家族との所有関係に変化が生じてきたことを示すと考えることができるであろう。

　信仰あるいは祭祀と通過儀礼の一形態である葬送の儀礼は，縄文時代において極めて密接で不可分な関係にあったものと推定する。その信仰の根源は，当然ながら採集，狩猟を生業とする社会と文化を背景とする豊饒祈願など多様なものであったに違いない。埋葬事例を除いて，用途，機能を特定化する要素は認められない。よって，注口土器は普遍的に縄文文化の信仰，祭祀儀礼の器，具体的には祭壇を飾る儀礼の用具と理解されるのである。もちろん，そういう器が注口土器だけでないとしても，祭式，祭壇の主役を成す器であったと考えてよいだろう。

3　注口土器の用法と問題点

　古くから注口土器を祭器とする考えが根強いのは，他の土器に較べて器形が独特で変化に富み

朱彩など装飾性が著しいからである。信仰，祭祀，葬送の儀礼にハレとケの違いがあるとしても，一体化していて精神的には明確に区分できかねる要素が強い。同じく，信仰，祭祀，葬送の儀礼は，意図する目的が違うものであったとしても，儀礼などの生活の中で用いられる器がそれぞれ別々に信仰などの対象を分別して用いられていたとは考えにくい。例えば，子供の誕生の祭りの儀礼に用いられた器が，時には同じく身内の死の葬送儀礼の器に使われることがあっても何ら不思議なことではないと思うのである。したがって，注口土器は祭壇を飾り祭式に用いる祭祀儀礼の器の一つとして本来の用途があったとしても，臨機応変に使われたのではないかと思う。

祭壇の主役を成す注口土器の存在感を考える上で，見逃すことができない要素は朱彩である。朱彩は，数多ある縄文土器の中で注口土器に最も多いものである。朱彩によって見栄えが向上し，区別が瞭然とする効果がある。もちろん，赤色に対する特別な意識は認めてよいと思う。後期中葉には北海道や東北地方に，鮮やかな水銀朱を漆に混ぜた丹塗りで凸面帯のある独特な器形の宝ヶ峯型注口土器が出土する。東北地方の晩期亀ヶ岡式土器では壺形土器とともに頻繁に見られ，亀ヶ岡文化では土偶のほかに土版，石棒などの信仰に関わる宗教的遺物に多く見られることは周知のとおりである。縄文文化において赤色と信仰は密接な関係を保有していると見てよいので，注口土器に朱彩が多いという事実はその器の意義，性質を十分に物語るものと言えよう。

当然，注口土器が液体を注ぐ器である以上，対として液体を受ける容器が必要である。液体を注ぐ器と受ける器が対になって出土した事例が，東京都寺改戸遺跡（青梅市 1986）と青森県弘前市十腰内2遺跡（鈴木・岩淵 2004）に存在する。前者では注口土器と小型鉢形土器が土壙墓から出土し，後者では注口土器と小型壺形土器が住居跡から出土している。注ぐ器と受ける器を共伴したこの2例が，注口土器の本来のあり方，使い方を物語るものと考える。

注口土器の用途，用法を考える上で，いくつか等閑視されている問題がある。それは，超小型な袖珍の注口土器，装飾性に欠け見てくれの悪い粗製の注口土器，注ぎ口の孔の空け方が不十分なものはよく見かけるが，北海道には注口部が始めから塞がったものさえ存在する。儀礼が形骸化すれば生気の失せた注口土器が作られ，儀礼が頻繁に行なわれると粗製濫造となろう。

しかしながら，こういった注口土器の外観的な問題点よりも今後考古学が注口土器を通して考えてゆかなければならないことは，祭祀儀礼の主催者である人々や社会構成，あるいは祭祀儀礼の対象に関する認識についての問題である。例えば，後期の宝ヶ峯型注口土器に研磨手法のA類，磨消縄文手法のB類，亀ヶ岡型注口土器のA類，B類，あるいは堀之内型の注口土器など，対になる異系統類型の組成，共存関係が存在し，その意味をどのように止揚するべきかという問題がある。それらを共有する主催者たちの家族や集落構成員に異なる氏族的な出自系譜があり複合した系譜の氏族の共存共栄を祈願するとか，動物類と植物類などの豊穣という祈願対象の違いとか，何らかの意味があると考える。注口土器の分類や類型を，分類のための分類に止めてはならないのである。

第 15 章　注口土器の地域的様相と類型編年

1　注口土器の類型

(1)　注口土器の類型の方法と目的

　注口土器には，地域と年代によって特徴的なまとまりのある類型がある。類型とは，一定の年代幅と地理的分布を持つ共通性のある個性的な器形と文様の注口土器群である。それは，山内清男の編年学に立脚して中谷治宇二郎の文化史的な捉え方を加味したものである。中谷治宇二郎の未完成な注口土器の様式論は，注口土器の様式—様式の中の類型—類型の中の型式—型式に潜在する類型要素—その類型要素のタイプ＝類，という階梯分類の総体として再構築できるだろうと考えることを第 3 章で述べた。

　山内清男の型式に潜在する類型要素は，型式を通して抽象的な概念として類型に止揚されるものである。つまり，細分された土器型式の中に潜在する類型要素と複数の型式を超えてそれを包括する類型が一体となって形成され，その諸類型の全体が注口土器の様式を構成すると認識される。その場合の土器型式は山内清男 (1937) の例えば，堀之内式などである。ところが，その後の研究によって堀之内式は堀之内 1, 2 式，加曽利 B 式は加曽利 B 1～3 式などに細分されるようになった。その細分された型式に潜在する類型要素にはいくつかのタイプがあり，その個性的な特徴に着目して類に分類する。そういう分類作業を通して注口土器の問題を編年学としての手段から文化の様式を理解する方向に止揚することが中谷治宇二郎の目標とするものであったと考えるので，こういう型式学的な観察と研究を文化と歴史構成の問題に止揚する方法が今後の大きな課題であると考えている。

　注口土器を類型化する目的は，その類型を歴史的認識に止揚することにある。そのために類型は個性的，印象的なものであることが共通認識を得る条件になるが，類型要素の観察と分類によって確実になる。類型を図る目的が，何のために行ない，どういう効果を期待できるのかという問題として，様式問題とその類型を縄文時代の社会構造を考えるための手段（方法）に止揚したいと考える。

　つには，例えば後述する地域完結型の門前型注口土器などの類型は，方言や習俗などを共有するコミュニティの部族的な地域の文化として形成されたものと考える。

　他に，例えば宝ヶ峯型や亀ヶ岡型注口土器に内在する A 類，B 類は，そういうコミュニティを構成する要因として複合した血縁，地縁などに基づいた氏族的集団の存在を表わしていると考える。あるいは，氏族的集団の構成員が信奉する主なる祭祀の系譜に基づいて人々の間に心の絆が築かれていて，サイレント・ランゲイジの表現形態として A 類，B 類が存在するのであろう。

一つの類型に A 類，B 類が共存するのは，A 類を嗜好する集団に B 類の集団から入った異なる祭祀の系譜（家系）を持つ人間が共存することを意味すると考えるのである。

さらに，宝ヶ峯型注口土器などは形成において複合した要素を持ち，また自らの文化圏を越えて拡大的に広域に分布するので，文化の交流を知る格好の材料となる。しかし，その成長のプロセスは細分された土器型式として分類することによって出自，展開，消滅が理解されるもので，そういう意味では純粋に編年学の範疇である。それを文化の問題に止揚するとしても，土器の型式としての機械的な観察と分類を通して可能であって何か特別な文化や生活様式が浮かび上がるというものでないし，個性的であるとしても縄文文化の枠組みを超える存在ではない。そういう意味では，純粋に唯物論として思考するべきことである。

言うまでもなく，様式には美しさとか技を究めるとか芸術的な要素が多分にあり，製作者だけでなくそれを容認した社会の思惟といった芸術思想——芸術論の問題がある。

(2) 注口土器様式の諸類型（第 32，33 図）

具体的にどういう類型が存在するのか，それが最も関心を引く問題であろう。これには二つの側面があり，土器型式に基づく機械的な分類，他はそれの持つ文化的な性格による分類である。例えば，各地域，年代において，局所的に分布する地域限定型，年代幅の小さい年代限定型，他に影響を与えないで消失する（自己）完結型，広域に分布する拡大型，諸要素が後に継続する発展型，他に影響を与える開明型，などの性格を持つ様々な注口土器の類型が全国に形成されている。それらの一部を掲載した（第 32，33 図）。

地域限定型には，北海道だけに見られる鉢形系統の北海道型（後期，晩期），安行型深鉢形（後期，晩期）注口土器などがある。年代限定型には，東北地方北部の大湯型（後期），山形県周辺の白須賀型（中期）注口土器がある。完結型は門前型注口土器，分布圏が広域に渡る拡大型は堀之内型（後期），加曽利 B1 式の椎塚型（後期）注口土器，発展型は瓢箪型（中期，後期）注口土器，宝ヶ峯型（後期）注口土器などメジャーなものである。そして，極め付けは広域な文化圏を形成し大広域に分布する構造的な亀ヶ岡型（晩期）の注口土器である。堀之内型も同じ構造型だと思っている。そのほかにも，例えば東北地方南部に特徴的な器形の諸類型，未だ十分明らかになっていないというよりも研究されていない諸類型などがあり，多様な注口土器の類型あるいは類型予備軍を含めた類型候補が全国に存在するので，百花繚乱の注口土器類型を全国に築き，そういう研究が今日の閉塞的な編年学研究に一石を投じるものと期待したい。

次に，類型が全国でどのように捉えられるのか，思案して見たい。

2　注口土器の類型編年と分布の地域的様相

(1) 北海道
① 地域相

北海道には独自な注口土器が形成されている。北海道の注口土器は，本州系（搬入系）と在地

第15章　注口土器の地域的様相と類型編年

1. 法正尻型

2. 菅生田型

3. 田地ヶ岡型

4. 宇輪台型　（瓜実形）

中期：1～5　後期：6～13
晩期：14, 15

5. 江原台型　（瓢箪形）

6. 門前型

7. 国衙型

8. 堀之内型

9. 氷川前型

10. 椎塚型

11. 大湯型

12. 宝ヶ峯型

13. 安行型

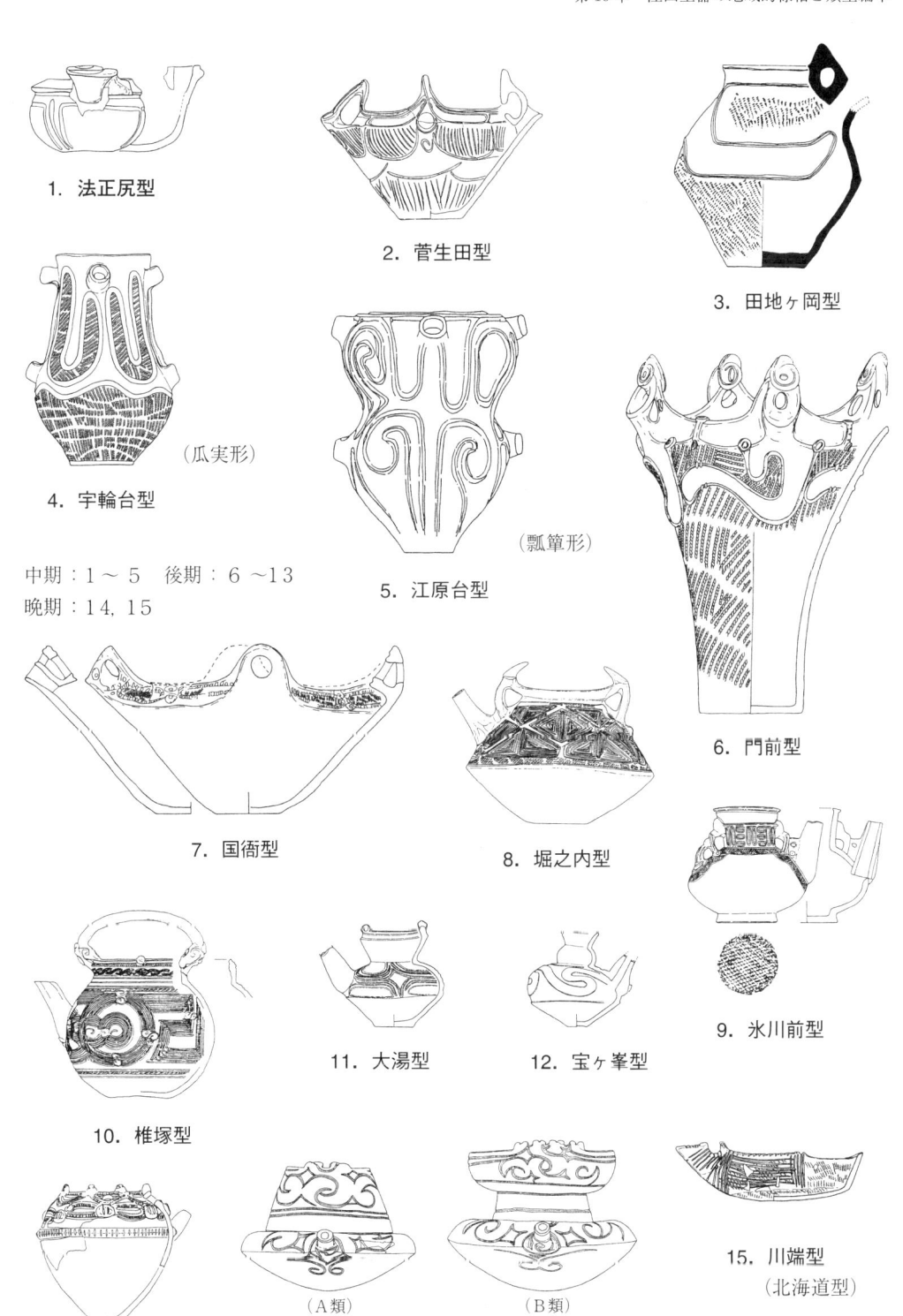

14. 亀ヶ岡型（A, B類）　（A類）（B類）

15. 川端型（北海道型）

0　　1:8　　25cm

第32図　縄文時代注口土器の諸類型（1）

139

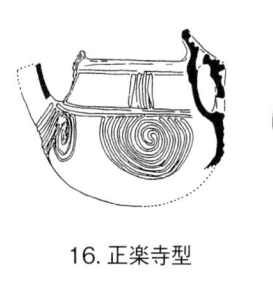

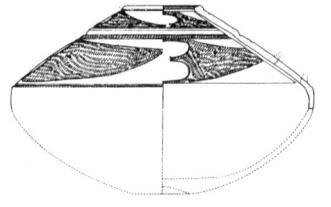

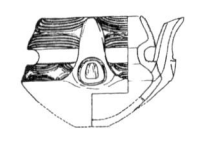

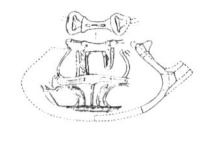

16. 正楽寺型　　　17. 横北型　　　18. 八日市新保型　　　19. 御経塚型

第33図　縄文時代注口土器の諸類型（2）

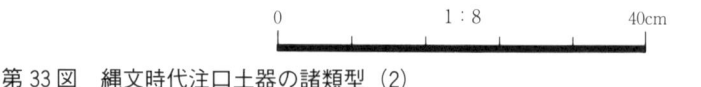

系に二分され，本州からの北漸による本州系が主体を占める。その初期の段階は鉢形の注口土器で，間もなく壺形の注口土器が定着するようになる。その中にあって，まず中期中葉に在地系が八雲町落部1遺跡に深鉢形（図版6-7）として芽生えるが継続せず，再度後期前葉に札幌市手稲遺跡で鉢形注口土器（図版47-1）が出現する。落部1遺跡の類例は東北地方北部の青森県の土器型式に近いものだが，手稲遺跡のそれは明らかに北海道独自な北海道型注口土器である。在地系として独自に注口土器が製作されるのは，この手稲遺跡の鉢形土器（船泊上層式）が嚆矢である。しかし，いずれも単発的で根づかず，その後に晩期後葉にタンネトウL式土器の北海道型の一形態である全体に縄文を施文する川端型浅鉢形注口土器（図版97下段，98）が形成されて北海道独自な注口土器となる。その独特な形態（鉢形注口土器）が続縄文式特有な鉢形注口土器に発展したと考える。このように多少の盛衰があっても，鉢形系統を一貫して継続し作りつづけた地域は北海道をおいてほかになく，そこに強い独自性が現われている。

　その他，後期には本州から搬入型，折衷型あるいは模倣型と言える本州系の注口土器が多く出土する。宝ヶ峯型注口土器でさえも，現状で一番多く出土するのは北海道である。量的に北海道で一番多く出土する後期後葉の堂林式の注口土器は，北海道独特な共同墓地である周堤墓に出土し，一遺跡としては最大出土量を見る。今では注口土器の用途を考える上で，北海道は重要な役割を果たしている。

　② 北海道型と川端型注口土器（第32図15）

　北海道型とは，後期と晩期に北海道でしか見られない独特な在地系の注口土器の総称である。鉢形のほか，浅鉢形が多く，片口になっているものも少なくない。平面形は楕円形，底は丸底，大きく太い装飾的な注口部，時には動物の頭や手（前足）を表現し，信仰的な要素が加わる。地文に縄文を施し，沈線文などの文様を施文する。本州とは様相が異なる鉢形注口土器は，現状では手稲タイプから発して川端型を経由し，やがて続縄文式の注口土器に発展すると考えられる。その系譜を北海道にしか見られない独特なものとして，鉢形系統であることを基本にした北海道型注口土器と総称する（鈴木克彦1998a）。

　それを代表するものが，晩期後葉のタンネトウL式土器に多く見られる浅鉢形の由仁町川端遺跡による川端型注口土器（図版97）である。製作法，器形，文様は独特で平面形が楕円形，菱

形でやや丸底に近く，全体に縄文や沈線文を施文する。注口部と口縁部を結ぶ把手が付く場合がある。太く大きな注口部を特徴とし，動物の頭，前足の造作に信仰的な要素が見られる。片口土器になっているものも少なくないし，注口部に孔が空かないで装飾的なものさえ存在する。

こういった特徴は，後の続縄文文化の宇津内式土器に継承され，続縄文土器の鉢形に統一される北海道特有な注口土器の母体になるものと考える。

(2) 東北地方

① 地域相

東北地方は後期前葉までは北部，中部，南部に三分され，後期中葉の宝ヶ峯型注口土器の形成によって地域性が一体化するようになる。それまでは，注口土器は主に中部において発達しているが，その地域の中期後半期の注口土器は全国的にみて極めて重要な展開を見せ付け，注口土器様式の実質的な礎を築くものである。その宝ヶ峯型注口土器は，やがて晩期の亀ヶ岡式土器様式の主なる器種である亀ヶ岡型注口土器の母胎を形成する。

中期には大梁川遺跡（図版8）に見られた深鉢形，鉢形の注口土器が発達し，それに壺形の注口土器が伴うことも重要な問題だが，壺形と鉢形の折衷形，鉢形の注口土器が現われ，それが関東地方の堀之内型注口土器に影響していると考える。この中期の注口土器の変遷は，在地としてあまり研究されておらず，中期後半から後期前葉にかけて六反田型などの類型予備軍があり今後続々と類型化されるだろうし，そういう研究を期待したい。

注口土器が他地域に先駆けて発達するのは，東北地方中・南部（の大木式土器）である。多くは鉢形系統だが，それに少数ながら壺形注口土器が伴う。同時期に異形土器があり，それらと注口土器が関連している。東北地方南部から北陸，関東地方において大型の鉢形注口土器などが出土し，実用性，特異性の東北地方南部に特殊性のある関東地方の注口土器の要素と特徴が加わって縄文文化の注口土器の土台が築かれる。このように，東北地方の主に中部における注口土器は，注口土器の定型的な形制に対して母体的役割を一貫して果たしてきた。その基礎を築いたのが中期の大木式土器であることを忘却してはならない。

後期前葉の綱取式の注口土器群は，関東地方の同時期の注口土器とその形成に深く関連する。その中で，大湯型の注口土器が出自し，その特徴が宝ヶ峯型注口土器に引き継がれている。その間，堀之内型，椎塚型などの注口土器が貫入され，それが北海道や東北地方北部にまで及んでいる。そういう大広域な文化的交流が背景にあって宝ヶ峯型注口土器が形成されたものと考える。

この宝ヶ峯型注口土器の分布圏は極めて広く，東日本一帯に及んでいる（第34図）。宝ヶ峯型注口土器の特徴は，無紋研磨手法と朱彩にあるが，一番特徴的なのは口頸部の膨らみつまり山内清男の言う凸面体の器形にある。この器形は後期後葉に引き継がれ東北地方の壺形注口土器の大きな特徴となり，晩期に継承されている。そして，注口土器における東北地方の存在感を不動にしたものが，晩期の亀ヶ岡型注口土器である。

② 法正尻型注口土器（第32図1）

中期中葉は，東日本一帯に深鉢形，鉢形の器種が主体を占める。当然それらに注口部を持つ土

器が存在するが，その中にあって壺形に近い後の注口土器特有な器形の注口土器が福島県法正尻遺跡に出現する。この浅鉢形と壺形の折衷形式の器形が発明されて，注口土器の形の規範ができたものと考える。注口土器とは，その形とは，斯くあるべきものだという製作者の意思を読み取ることができる嚆矢だと評価できる最も古い類型である。

③ 菅生田型注口土器（第32図2）

中期末葉から後期初頭に口縁部をくの字に内傾する定型的な鉢形の注口土器が，東北地方中部から南部と新潟県北部に分布している。それらには，炭化物が付着していることが多い。

この類型が，関東地方の後期初頭の国衙型注口土器（第32図7）と関連性があるのかどうかが今後の研究課題である。

④ 田地ヶ岡型注口土器（第32図3）

注口土器の器形が，中期主体の鉢形系統から後期の壺形系統に変遷する過程は注口土器研究の根幹をなす部分である。また，中期末葉には東北地方では大木10式土器とそれに平行する段階に，東北地方南半部と関東，中部地方に様々な器形の注口土器が作られている。そういう過渡期または揺籃期にはまだ深鉢形を基調とする注口土器が形成されるが，東北地方南部に田地ヶ岡型のように壺形の器形に移行する様相が芽生え始める。

⑤ 宇輪台型（瓜実形）注口土器（第32図4）

中期末葉の瓜実形土器（図版22〜24）は，体部下半部が脹らむ深鉢形に注口部を付けたものである。中には，口縁部が脹らむものがある。その形態は，必ずしも東北地方南部だけに見られる訳でないが，注口土器となるものは確かに東北地方南部に多い。学史的には知る限りでは福島県南相馬市上栃窪遺跡が嚆矢だが，特徴をよく示す福島市宇輪台遺跡により宇輪台型としておく。

形態上では，体部下半部が脹らんで口縁部に向かって狭まりそのままストレートに立ち上がるものと，口縁部が再度脹らむものがある。それらには，口頸部に鍔状の隆帯が付くものと付かないものがあるが，孔が空けられていないので関東地方などとは様相が少し違う。最もわかりやすい特徴は，口頸部と体部下半部に横位把手が付くことである。こういった特徴が，東北地方南部の土器型式の変遷として捉えることが難しく，中部，関東地方との広域な相互の影響によって形成されたものと考えられる。

これに類似するものが，関東地方の瓢箪形注口土器（図版24, 26）である。関東地方では，瓜実形の器形は中部地方にも多いのにも係わらず東北地方南部の瓜実形土器が瓢箪形注口土器に影響した結果だと考えているが，瓜実形の器形は深鉢形に広口壺形の要素を取り入れた折衷的な器形で，東北地方では大木9式から10式土器に見られる特徴である。しかし，鍔付土器の特徴は元来東北地方にはなく，むしろ壺形が発達しなかったこの地域における瓜実形の器形自体の出自を追求する必要があり，資料的に多い東北地方南部での研究が待たれる。

⑥ 門前型注口土器（第32図6）

東北地方中部にのみ分布する後期前葉の門前式土器（鈴木克彦2004a）の初期に，器形が朝顔形に開く独特な深鉢形の注口土器がある。その器形は，それまでの注口土器の変遷の系統的な流れを変える独特な深鉢形の地域完結型である。近年，岩手県一関市清水遺跡（図版16〜19）にお

第 15 章　注口土器の地域的様相と類型編年

大湯型（大湯）

宝ヶ峯型（宝ヶ峯）

船泊

忍路土場　キウス
　　　　美沢

風張
小沢
船越前野
宝ヶ峯
刈羽大平
酒見新堂
大森

（大森）

大湯型（■）
宝ヶ峯型（●）

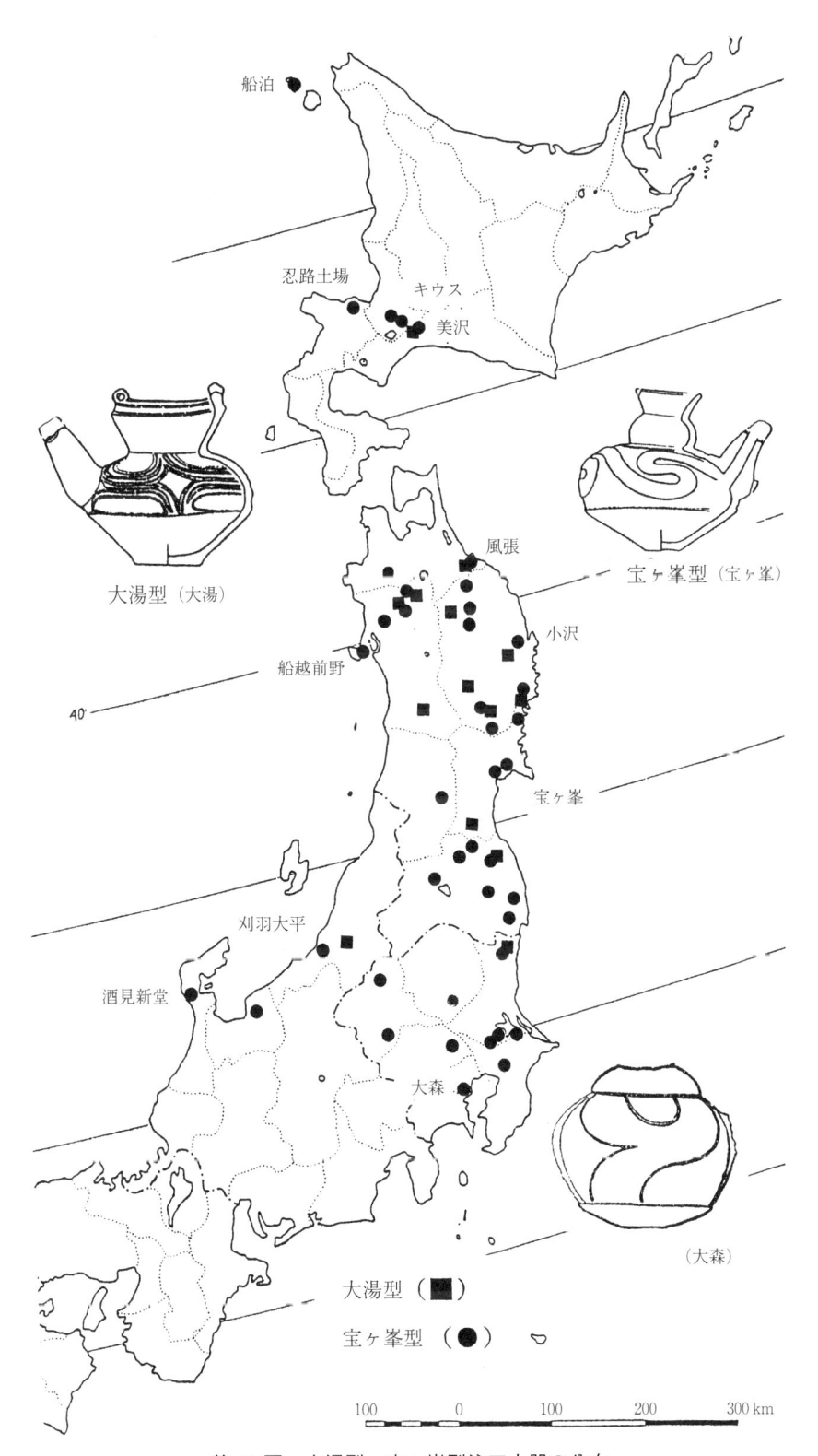

100　0　100　200　300 km

第 34 図　大湯型，宝ヶ峯型注口土器の分布

143

いて従来の後期初頭という編年観を再認識する必要がある良好な資料が明らかになり，大木10式土器の最後の段階に出現していることがわかってきた。器形は独特だが，そこに施文される門前型文様は広域型式編年上の標識になるものである。

その分布は，北では盛岡市付近，南では宮城県蔵王町二屋敷遺跡を越えることがない地域限定である。大型深鉢形を特徴とするが，これに複数の注口部を持つものがありその実用的な機能性が疑問視されるもので，そこから静かに液体を注ぎ出すことは至難の技である。

⑦ 大湯型注口土器（第32図11）

壺形の口縁部がくの字に内傾することと底辺部が外反りに少し立ち上がり気味になる特徴がある。関東地方の堀之内2式に平行すると思われるが，その特徴は全国的に見られるものである。宝ヶ峯型注口土器の直前に位置し，十腰内1b式から2式の古い時期に相当する。この外反りになる底辺部の形状が，宝ヶ峯型注口土器の古い段階に共通している。

⑧ 宝ヶ峯型注口土器（第32図12）

宮城県石巻市宝ヶ峯遺跡を標識とする宝ヶ峯式土器（鈴木克彦2003a）は，東北地方中部の後期編年の中核をなす。それに朱彩，研磨の入組み曲線文を施文する注口土器と磨消縄文による文様を施文する注口土器（図版49-15）が共伴する。器形は，口縁部がラッパ状に開き球形体部にもう一つの小さな饅頭を乗せたような口頸部（二体体部，凸面体体部とも言う）が最大の特徴である。宮戸2a式土器から宝ヶ峯式を経て宮戸2b式土器まで継続する（第14図）。以後，この二体体部が東北地方北部の壺形注口土器に継承され，亀ヶ岡式前半期の注口土器の基本形となる。

宝ヶ峯型はこの形状と丸底になる特徴があり，宮戸2a式，宝ヶ峯式，宮戸2b式土器に盛行する。主体となる地域は，東北地方中部である。

宝ヶ峯型の分布（第34図）は，東北地方全域を主体に北は北海道礼文島，札幌市付近（図版33），南は太平洋側で東京都大森貝塚（図版81-4），日本海側で富山県早月上野遺跡（図版88-13），石川県志賀町酒見遺跡などに及び広範囲にわたる。いわば東日本を席巻した注口土器だと言える。この背景には，十腰内2式，丹後平式土器，それに平行する加曽利B1，2式土器の広範囲な分布が係わっており，広域編年を考える上で鍵になる存在である。

⑤ 亀ヶ岡型注口土器（第32図14）

亀ヶ岡型注口土器とは，晩期の亀ヶ岡式土器様式における注口土器の総体という意味で，A，B類の二対から構成される主要な器形に壺形，鉢形の注口土器が伴う構造型の注口土器群である。晩期前葉において，盛岡市以北から青森県にかけて最も盛行する。大洞C1式土器を契機に注口土器が変わり始め，大洞C2式土器を経て減少化し，大洞A式土器の段階で注口土器独自な形態が壺形（C類）の器形となって実質的に亀ヶ岡型注口土器が終焉するが，大洞A′式土器まで残存する。いわば，縄文時代最後の注口土器である。

その優れた注口土器は，考古学的に評価すれば器形組成が構造体を形成していることである。この注口土器について，藤村東男がA類，B類，C類に分類し，その組成関係が編年的に捉えられた。器形組成が構造的だという点で他の類型と違うが，A類，B類，C類には大洞B式からC1式土器まで一貫性がありそれぞれの器形は共伴関係にある。大洞C2式土器からC類が多く

なり，大洞C2式とA式の間に器形と文様に大きな変化が起こる。以後，C類の九年橋タイプに収斂される。

　亀ヶ岡式土器の全国的な分布について，古くから南漸・北漸論として搬入か模倣かの論争があったことは有名だが，分布圏が北は北海道苫小牧市から西は近畿兵庫県神戸市篠原遺跡，石川県野々市町御経塚遺跡，新潟県糸魚川市寺地遺跡，長野県大町市一津遺跡など実に広大に分布し，東京都町田市なすな原遺跡など特に関東地方に多く，主に東日本一帯に搬入として齎されることが多い。

(3) 関東地方
① 地域相

　最も古い時期の類型は，関東地方の前期前葉の片口土器群（図版2～5）である。注口土器とは無関係な器形に見えるが機能的に類似し，それにわずかながら注口土器が伴う。注口土器が一般化する前の形態として注目される。その片口土器は，比較的年代幅が短く，関山1式土器に始まり，関山2式土器の段階に盛行し，黒浜式土器で消滅する。主に関東地方一円に分布するが，東北地方南部の福島県会津地方には確実に分布している。近年の神奈川県小田原市羽根尾貝塚（図版4）では，東海系の上の坊式の片口土器が出土し，従来の地域完結型として捉えられてきたことと違った展開が予測できるようになってきた。

　従来の研究によって確実に類型化できるものが，関東地方の瓢箪型注口土器（群）である。東北地方南部との関連性などが明らかにされ，中期末葉の一時期に出自し消滅したとされていたが，北関東では後期初頭まで継続することが栃木県小山市寺野東遺跡（図版66-9・10）で明らかになり，後期の大型壺形土器とその注口土器との関連性が今後の課題になるであろう。また，近年でも福島県楢葉町馬場前遺跡，本宮町高木遺跡で良好な資料が発掘され東北地方南部に類例が多い。朱彩，独特な器形，体部の横位橋状把手などその後の壺形土器の形成に影響し，朱彩注口土器の嚆矢としてもその後の注口土器のありようを変える開明型の注口土器である。その直前に，東北地方には縦位横位橋状把手を持つ大木式の大型壺形土器が発達するが，それには注口土器がなく対照的である。

　関東地方の後期前葉において百花繚乱の注口土器群を，池谷信之（1990）は綱取型と堀之内型にまとめて合理的に解釈した。堀之内型注口土器の形成に綱取型が影響しているとしても形成過程はなお不明で，堀之内式，加曽利B1式の注口土器とともに各々の地域の精緻な研究が待たれる。地域間を横断する研究は，地域単位の研究を連携して進展するもので，池谷が示したモデルを参考に東北地方の側が吟味しなければならない。それはともかく，称名寺式や堀之内式土器にはこの地域特有の大型鉢形注口土器，大型壺形注口土器などが形成される。

　後期末葉から晩期前葉に，安行型鉢形注口土器が存在する。底部が小さく不安定なものである。晩期前葉には亀ヶ岡式土器の器形や文様の影響を受けた注口土器が少なくない。そして，関東地方にはかなり後まで亀ヶ岡型注口土器が搬入される。その終末には浮線網状文土器が形成され，注口土器が実質的に終焉する。

② 瓢箪型注口土器（第32図5）

関東地方の中期末から一部後期初頭にかけて，瓢箪形，瓢形とか有孔鍔付注口土器と呼ぶ特徴的な注口土器が出土する。

これには注口部がない（有孔）鍔付土器と，注口部の付く有孔鍔付注口土器がある。朱塗りであることが多いらしい。中期の加曾利E4式土器の中で盛行と終焉が行なわれたとか，堀之内1式まで継続するという考えもあるが，加曾利E3式から後期の称名寺1式まで見られ，有孔鍔付土器―有孔鍔付注口土器―瓢箪形注口土器に変遷する過程で東北地方南部の瓜実形注口土器（宇輪台型）と関連し，急速に終焉したと考えられている。

中部地方主体の有孔鍔付土器が，東北地方の影響を受けて有孔鍔付注口土器，瓢箪形注口土器として関東地方に盛行し，称名寺式土器で壺形注口土器に変遷するという成長魚のような発展型の注口土器である。

この注口土器の分布圏の主体は関東地方にあり，北関東を越えて福島，宮城県まで分布する。

③ 国衙型注口土器（第32図7）

関東地方一帯に大型の（浅）鉢形注口土器が分布している。平縁，波状縁があるが，群馬県安中市国衙遺跡により便宜的に国衙型注口土器とした。その時期は称名寺式だが，その直前にやはり大型の鉢形粗製注口土器があり，基本的にはそれから発展したと考えるが，東北地方の菅生田型との関連性も視野におく必要があるだろう。

④ 堀之内型注口土器（第32図8）

関東地方において，堀之内2式土器から加曾利B1式土器に至る型式の細別編年について様々な議論がある。堀之内2式土器の注口土器の把握にそれぞれ着眼が異なる池谷信之（1990），西田泰民（1992），秋田かな子（1994）の所見を参考にすれば，その注口土器は東北地方の宝ヶ峯型注口土器，亀ヶ岡型注口土器と同様に構造的な類型であると考えられる。池谷と西田はそれらの体部形態，秋田は有頸と無頸や把手形状変化などに着目して文様を考慮しながら分類している。例えば，池谷などが区別した体部が球形と算盤形の注口土器は，東京都なすな原遺跡の類例（図版75）などに見るとおり共伴関係にあるものである。また，秋田の分類の二種も千葉県伊豆島遺跡の類例（図版78）に見るとおりである。したがって，本来は第32図の堀之内型（8），椎塚型（10）の単一な表示は単なるモデルでしかなく，実態は宝ヶ峯型や亀ヶ岡型と同様な複合構造の類型として異なる器形と文様構成を持つ注口土器が「対」になって存在するものであり，A類，B類などに細別されるべきものである。その堀之内型，椎塚型の類型細別を明らかにして，相互の変遷を系統的に捉え編年に止揚しなければならない。同時に，堀之内型，椎塚型と後に記す氷川前型が，それぞれ年代差なのか地域差を示すのか，それとも共伴関係にあるのか，従来の堀之内2式土器，加曾利B1式土器の注口土器という捉え方では氷川前型は堀之内型と椎塚型に一部共伴する関係にあると捉えられているように思われ（池谷信之による第16図），池谷によると綱取・堀之内型とされる。

池谷の分類によると，それぞれが少なくとも三種程の細別が行なわれ，系統的に変遷していると理解される。その所論は綱取型としているように元（祖形）を東北地方南部に求めたもので，

それ自体が広域に複合した形成過程を辿って成立したものだということがわかり，堀之内型の性質を理解することができる。実際，その類型を形成する要素などが実に広域に分布しているのは，そういう理由による部分があるからだと思う。その形成にそういう複合した地域的な係わり合いがあることは，西田も指摘している。

しかしながら，堀之内型が，東北地方南部の綱取型の影響によって堀之内1式の段階に形成され，加曽利B1式まで継続したと仮定した場合，第16図の他の鉢形や瓜実形，瓢箪形の注口土器の系統は縦軸に沿って系列立てが行なわれているが，堀之内型IV期の14～16がV期の18～20，そしてVI期の21～24とそれぞれどのような系譜関係にあるものかが不明なのである。

関東地方の型式編年に精通している訳でないが，V期の18～20が共伴関係にある以上，算盤形や球形体部の器形と独特な文様構成を細かく分類すれば，在地に根強い要素，広域に分布している要素を選り分けすることができるのではないかと考える。

類例が，福島県はもとより北には北海道キウス5遺跡（図版42-28），青森県根の山遺跡（図版47-10），秋田県藤株遺跡（図版46-11），西では福井県鳴鹿手島遺跡（図版91下段），滋賀県正楽寺遺跡（図版93上段）どころか三重県天白遺跡（図版136-6），鹿児島県十迫遺跡（図版94-17）に，類似する注口土器が出土しているように非常に広い縄文時代最大の分布圏（第35図）を示す。

⑤ 氷川前型（福田）注口土器（第32図9）

堀之内2式土器に，壺形を基調に口頸部が長く撫で肩で底部が高台状になる注口土器が関東地方に出土する。しかし，その特徴的な器形の出自は不明とされている（西田泰民1992）。低部形状は東北地方の大湯型に類似するので，平行関係にあるだろう。体部に稜のある器形は，田地ヶ岡型に由来する越田和遺跡（図版46-25）や皿沼遺跡（図版72-3）の類例などを経て変化していると思うが，口頸部と口縁部把手の形状から考えると複合した諸要素を取り入れて発達していると思われる。茨城県稲敷市福田貝塚の著名な注口土器（東京大学蔵）を標識にするが，図化されていないので埼玉県富士見市氷川前遺跡の出土土器により氷川前型としておく。

⑥ 椎塚型注口土器（第32図10）

後期中葉の加曽利B1式の注口土器は，堀之内型ほどでないが，器形，文様から見て複合型であると思う。椎塚型注口土器は，著名な茨城県稲敷市椎塚貝塚の球形体部に櫛描多重沈線文にリボン文を施文する研磨が著しく美麗に製作された土器を標識とする。短頸，平底で弓なりの吊り橋形把手（弓状把手）を持ち器形上から無頸と有頸の形態を対にし碇肩，下膨れ形（撫で肩）の体部，大きな突起の有無のほかに，磨消縄文を施文する注口土器が共伴関係にあって多様性がある。堀之内型，宝ヶ峯型あるいは亀ヶ岡型と同様に広範囲な分布（第35図）を示す。

⑦ 安行型深鉢形注口土器（第32図13）

後期安行2式土器から晩期安行3式土器にかけて見られる深鉢形注口土器についてはほとんど研究されていないらしく，系譜などの詳細は不明である。同じ形制の注口部のない土器が存在し底部の径が著しく小さく不安定な土器で，口縁部に大きな孔が空き，紐で吊るしたと思われる擦り痕が付くものがあるようだ。地域限定型で，この時期としては深鉢形を呈する珍しい注口土器である。

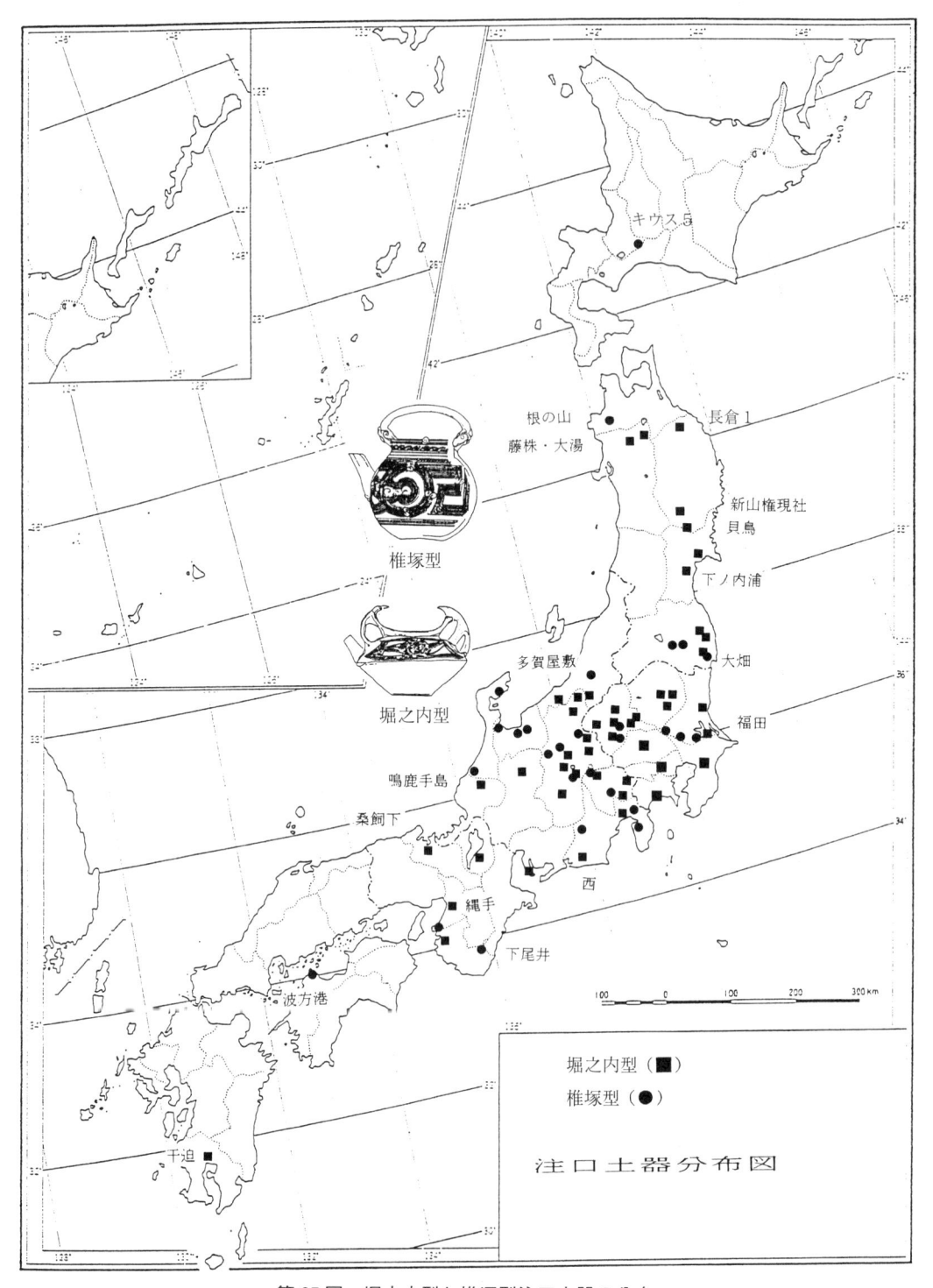

第35図　堀之内型と椎塚型注口土器の分布

(4) 西日本地方
① 北陸地方西部の地域相

西日本の注口土器の実態は，あまり知られていない。類例が少ないせいもあると思うが，後期，晩期には十分に類型化できる注口土器が存在する。

北陸地方では富山県と石川県で東西を分けられ，比較的地域差が明瞭である。富山の友人に富山県は東日本に入るのか西日本なのかを尋ねたら東日本だということで納得したことがある。同じ質問を金沢の友人に尋ねたら，かなり微妙な回答であった。南久和（2001）が九州地方との関連性を指摘したことがあるが，確かに類似するものがある。石川，福井県は東西の境界地域だが，その境界は後期前葉と後葉で逆転している。より西の福井県鳴鹿手島遺跡では堀之内式の時期に関東地方と関連し，石川県御経塚遺跡では後期後葉に西日本と類似する。ということは，この両遺跡を比較すると，より東の石川県が西日本と深い関係になったのは後期後葉からだということがわかる。

もう一つ，新潟県糸魚川市周辺と県北部でも地域差があるように思われ，狭い地域ながら複雑な展開を見るが，新潟県北半部は確実に東北，関東圏，それに対して石川，福井県は明らかに様相が異なる。北陸地方西部には，ほかに石川県米泉遺跡，中条遺跡，御経塚遺跡などにそれぞれ時期が異なる類例が出土している。鳴鹿手島遺跡に関東地方の神奈川県下谷戸遺跡，王子ノ台遺跡と同類の注口土器（堀之内2式）が出土している。

北陸地方西部の注口土器は，事実上は後期前葉に始まる。その嚆矢は，堀之内2式土器平行の石川県能登町真脇遺跡（図版88-24）と金沢市米泉遺跡（図版89-7）の類例ではないかと思うので，そうであれば関東地方の影響がこの地域に注口土器を齎したことになる。福井県永平寺町鳴鹿手島遺跡ではまだその色彩を保ち，次の段階の石川県津幡町北中条遺跡，加賀市横北遺跡，米泉遺跡ではオリジナリティーを確立している。その地域性を知る上で，無頸ないし短頸の段差の付く横北型注口土器（第33図17）は変遷のトランスになり，それによって東日本との関連性から外れ独自な地域性を確立することになる。三重県天白遺跡にも分布している。

石川県加賀市横北遺跡出土土器（石川県1977）を標識とする横北型注口土器は，大型で口縁部がすぼまり頸部に段差をもち，体部が丸みを帯びた算盤形，丸底ないし平底を呈する。文様が特殊で，巻貝を回転施文した擬縄文の一種の磨消縄文を体部に施文する。こういった文様（巻貝回転擬縄文）は，広島県でも見学したことがあるので西日本に広く見られるものかもしれないが，この地域では井口式土器から存在するようである。モチーフは，剣菱風の横三角形ないし東北地方北部の丹後平式土器のヘラ状文様（洋食ナイフの刃先または石膏ヘラ先）に類する。北中条遺跡の類例（図版90-2）には，口縁部内面に蓋受け状の工夫が見られる。

以後，この地域には東北系の宝ヶ峯型注口土器などが波及し，再び地域性を発揚するのは後葉の八日市新保1式土器の段階になって御経塚遺跡の八日市新保型（第33図18）の注口土器が形成される。こういう断続的な盛衰の理由は中間資料を欠くので未だわからない部分があるが，それによって少なくとも西日本という枠組みが確立することになる。

八日市新保型注口土器については，口頸部に大きく段差を持つ類例を掲載した。実に重要な形

制の注口土器なので，在地で再検討して欲しい。寸断される沈線文，弧状線文を施文し，器形が特徴的で口縁部まで直立して立ち上がる注口部が付けられる。こういった注口部の特徴は後期後葉の九州地方および西日本の注口土器の共通した特徴である。くの字に屈折して段差を持つ口縁部の形状は，年代差があるのでそのまま比較できないが，福岡県の権現塚北遺跡の類例（図版94-6）に見る。

晩期では，石川県御経塚遺跡にまとまった類例（図版132下段）が出土している。在地系の注口土器に大洞ＢＣ式，C1式中間の注口土器（第18図6）が1点あり，概ね前葉に比定される。器形は無頸鉢形，丸底で，磨消縄文による文様を施文する。現状では新潟県糸魚川市寺地遺跡に分布する。それ以北に及んでいるかどうか，寡聞にして知らないが，まとまりのある一群で御経塚型注口土器と理解してよいと考える。

御経塚型注口土器（第33図19）は，広口の無頸の鉢形系統の注口土器ではないかと思う。体部の器高が低く丸底を呈し，磨消縄文による幾何学的な文様を施文する。菱形，三角形，方形のモチーフはとても晩期と思えないが，所々に三叉文が見られる。近畿，東海地方に分布するように思われる。

② 東海地方の地域相

意外に資料の希薄な地域が，東海地方である。関東，神奈川県に接する静岡県でさえ少ない。注口土器に関して言えば，恐らく現在の東海道ルートは縄文時代では往来の主要なコースでなかった可能性があろう。

三重県明和町天白遺跡に比較的まとまった資料（図版136）が出土しており，その中に堀之内式の注口土器が見られる。

東海地方の後期注口土器は，まさに東と西の中間的様相を示している。堀之内式土器平行以後，口縁部がくの字状に内傾する注口土器（図版92-9, 10）が，東海，近畿地方あるいは四国地方に見られる。東海地方のこういった形制の注口土器は，類型化されてよいと思われる。

③ 近畿，中国，四国地方の地域相

近畿地方では，滋賀県東近江市正楽寺遺跡に堀之内2式土器平行の好例（図版93上段）が出土している。しかし，同時期の鳴鹿手島遺跡に較べると関東地方からの影響度の濃淡が明瞭である。正楽寺遺跡に裏側に縦位の把手を持つ類例（図版93-1）が出土しており，文様が異なるものの同じ把手が福岡県北九州市下吉田遺跡（図版94-3）に出土しているので，丸底の1を正楽寺型（第33図16）としたい。

四国地方の愛媛県波方港遺跡から出土した加曽利Ｂ1式平行の注口土器は，遠方にしては加曽利Ｂ1式の口縁部の特徴を捉えていて搬入された可能性がある。

このように見てくると，これらの地域の注口土器は，関東編年の櫛描条線文を施文する堀之内2式土器と口縁部が内傾する加曽利Ｂ1式土器の時期に集中していることがわかる。その時期には，1：在地系（図版92-9・10・14），2：折衷型（図版92-13・15），3：搬入（図版93-2・5〜7）の注口土器があり，搬入は堀之内型注口土器である。

また，留意したいのは，後期末葉から晩期初頭と思われる乳頭状突起の底部を呈する愛知県小

坂井町稲荷山貝塚の類例（図版92-8）である。これに類似するものは，東北地方以外では北関東の茨城県ひたちなか市太田房遺跡の類例（図版81-24）に見るだけで，これも搬入の類であろう。

④ 九州地方の地域相

　九州地方では，一応全域に後期の注口土器が出土している。中期などそれ以前の状況は不明だが，晩期にはわずかに北部に見られる程度である。後期の場合は，中国，近畿地方との関連性はありそうだし，北陸地方西部との関連性が想定される注口土器もある。無文であることが多いが，注口部の立ち上がり具合などからこの地方の独自な注口土器と理解される。その中で，鹿児島県干迫遺跡の比較的大型な注口土器（図版94-17）は，櫛目状文が施され関東地方との関連性が考慮される。

　九州地方で注口土器が一番隆盛する時期が，三万田式土器の後期後葉である。文様は平行沈線文だけと簡素で長い注口部を持つ三万田式土器の注口土器（図版95-14）を，三万田型注口土器と呼ぶことができよう。分布は，九州地方，それに三重県天白遺跡（図版136-2），石川県御経塚遺跡（図版91-3・4）が関連すると思われる。その中で留意したい類例は，福岡県瀬高町権現塚北遺跡（図版94-6）と御経塚遺跡（図版91-7），大分県杉園遺跡（図版94-14）と石川県北中条遺跡（図版90）などの注口土器の類似性である。

　これまで，注口土器と言うと，東日本エリアで議論されてきた点は否めない。しかし，後藤晃一（2002）によって九州地方の注口土器群の全容（第17，18図）が明らかになった意義は大きい。通観すると，九州地方の独自性は認められるものの西日本エリアの中で広域に議論を展開する必要性があることを示している。恐らく，大分県の杉園遺跡の類例は北陸地方の横北型注口土器ではないかと思われる。とすれば，福岡県坂田遺跡（図版94-5）の注口部基部の形状や太い注口部が口縁部の水平面に及ぶ形制などから，八日市新保型と三万田式の注口土器との類似性を指摘した南久和（2001）の慧眼が現実味を帯びてくる。干迫遺跡だけでなく，九州地方全体が閉鎖的な地域でないことを裏づけることになるだろう。

(5) まとめ——遠隔交流を考える方法論のために

　以上のとおり，選択的に全国の注口土器の類型を示した。勿論，もっとたくさんの類型が存在する。そういう類型化を試みた目的は，現状の煩雑で余所者には入り込めない土器型式の把握，理解を迂回して余所者でも見た目でわかり易く注口土器を理解するために，中谷治宇二郎が意図した精神（様式論）を体現しようとしたものである。それには，山内清男の「土器型式」の把握が不可欠なのである。線路のように平行線にあるとされる古典的な山内清男（の型式論）と中谷治宇二郎（の様式論）の土器観の融合が図れないものなのかを，思案した次第である。山内清男の型式論についても，いつまでも年代上の尺度としか認識しなくてよいのだろうか，という思いもある。

　さて，諸類型の設定が目標とするものは文化の交流と歴史的認識の問題である。注口土器の諸類型が定まれば，その主要な分布圏，文化圏を確実に把握する必要がある。どの類型にも出自，展開，消滅の起承転結があり，それを編年学に明確にする必要がある。その上で，分布圏を把握

する。その際，仮に遠隔地分布が明らかになったとしても，その土器が単体で移動している可能性が高いのか，その他の土器や遺物も影響しているのか質量とともに出土遺跡全体を理解しなければならない。

　この問題は考古学の基本スタンスとして，まず遠隔地に出土したその土器を観察し分類することから始まる。注口土器の分類とは形態学であり，その方法は型式学である。その場合，まずその土器が，1：在地のオリジナルなものか（在地系），2：他地域から運ばれたものか（搬入），3：形態や文様などの諸要素が類似する（模倣：折衷）か否か，などが判断される。仮に，2と結論づけられたとしても直ちに交流，交易論に走るのは早計である。それには経済学的な方法の援用が必要であり，考古学として論じるなら併せて交流，交易の社会学，経済学理論を導入して行なわなければならない。3の場合は，純粋に考古学上の問題なので比較研究つまり型式学的な分類学である。

　上の2の搬入という仮説の下には，多数の土器ではなく少量の土器がもたらされる。実は，この搬入の土器の見極め方が非常に難しいことである。努々(ゆめゆめ)化学分析によって拙速に判断しようと思うなかれ，それをやる前に自己の考古学力を磨きたまえ，と言いたい。科学よりも正確なのがその道に精通している考古学者の眼識であって，否定まではしないが科学は所論を裏づける参考に過ぎない。

　上の3の模倣という仮説の下には，自分たちの生活に使う土器にわざわざ無縁な地域の土器を模倣する必要性がないという前提で，後期中葉には一個の土器ではなく地域の集団が関東地方に多い文様などを土器に取り入れて汎日本的に動向し，各地域の土器型式がそういう当時の風潮の下に制作されていることを認識した上でその当否を結論づけなければならない。その上で，類似する文様などが採用されているなら何らかの理由により地域が文化としてそれらを受け入れた文化的融合，折衷の所産と考えるべきである。その際，例えば干迫遺跡の類例などは鹿児島県地域だけが関東的な器形や文様を受け入れることはあり得ず，その間の地域においてもそれらが広く受け入れられているかどうかを確認しなければならない。こういう考え方と検証を経て実証的に考えるのが考古学の交流，交易論である。

第 16 章　注口土器の文化的, 歴史的考察

1　注口土器研究の編年学的視点──文化的, 歴史的考察の座標軸──

　これまで, 縄文時代における注口土器について年代観と地域性に基づいて説明してきた。つまり, その揺籃は草創期にあり, 早期を経て前期に関東地方の片口土器群の中に注口土器が萌芽し, 中期中葉に関東地方や東北地方南部に主に鉢形系統の注口土器が普及し始めて定着する。やがて, 後期前葉に壺形および独自な形態として関東地方一円に, そして中葉に壺形をベースに独自な器形として東北地方中部に盛行し, 後期後半期には東北地方北部から北海道道央部一帯に急激に増大し, 晩期において東北地方北部に集約的に盛行した後に衰退を辿る, という軌跡が縄文時代の注口土器の大まかな発展史である。

　このことを全国の土器型式編年網に対比し, 出土量に基づいて年代的に注口土器の盛衰や変遷過程を表わしたのが第4表である。絶対値によるものでないので注口土器の変遷を平面的にしか示していないが, 相対的数量の多い型式 (時期) をゴシック体で表わしている。ゴシック体で表わした型式群あるいは集中する地域が中枢地であり, その中枢地が年代とともに変動していることがわかる。

　その間の発展の過程において, 注口土器の型式学, 編年学的視点に立脚した研究によって地域と年代による器形, 類型, 出土状態および用途などに関する多様性を認識し, 全国的視点に立ち東高西低現象や広域分布などを観察した。本章では, その意味, 社会的な背景, 文化的交流などの問題を提起しておきたい。今後, こういう三次元的な思考の下に, 縄文時代の社会組織や仕組みを理解し縄文文化における歴史的な認識を再構築しなければ注口土器研究の展望が開けない。

　例えば, その出現が草創期であるとか室谷下層式だと認識するだけでなく, 注口土器の器形体系の上からそれが深鉢形であること, 次の早期でも前期でも深鉢形, 中期ですら深鉢形土器であることの器形系統を直視して, その意味を考えなければならないのである。だから, その出現は何も特別な形で作られたものでなく, ごく日常の生活の中に生まれたものであると推測され, そういう中で注口部を付すことによって他の日常的な器と区別するという意味で注口土器が作られたと考える訳である。もちろん, 他の土器と違うことの表現形態だけなら大振りの突起や装飾的把手でも構わないはずだが, それが注口であることに意味があると考えるべきである。注口部には機能性があったと見るべきなので, 液体を容れ少しずつ注ぎ出すために発案された形態であることは間違いないであろう。始めから儀礼などの信仰に関係して創案されたかどうかは不明だが, 早期に北海道静川5遺跡で土壙墓から出土している事例は参考になる。

　注口土器が盛行し始めるのは中期中葉である。注口土器が, 実質的に縄文時代の人々に受け入

153

第4表　東日本の縄文時代土器型式編年と注口土器の多寡

	関東地方	東北南部	東北中部	東北北部	北海道
前期	花積下層式	上川名上層式	上川名上層式	天狗森式	松江式
	関山1式			早稲田6式	吉井沢1式
	関山2式	大木1式	大木1式	深郷田式	春日町式
	黒浜式	大木2式	大木2式	円筒下層a式	温根沼式
	諸磯a式	大木3式	大木3式		虎杖浜2式
	諸磯b式	大木4式	大木4式	円筒下層b式	函館空港4式
	諸磯c式	大木5式	大木5式	円筒下層c式	サイベ沢1式
	十三菩提式	大木6式	大木6式	円筒下層d式	サイベ沢2-4式
中期	五領ヶ台式	大木7a式	大木7a式	円筒上層a式	サイベ沢5式
	阿玉台1式				
	勝坂1式、阿玉台2式	大木7b式	大木7b式	円筒上層b式	サイベ沢6式
	勝坂2式、阿玉台3式				
	勝坂3式、阿玉台4式	大木8a式	大木8a式	円筒下層c式	サイベ沢7a式
	加曽利E1式			泉山式	サイベ沢7b式
	加曽利E2式	**大木8b式**	**大木8b式**	榎林式	元和D式
	加曽利E3式	**大木9式**	**大木9式**	中の平3式	大安在B式
	加曽利E4式	**大木10式**	**大木10式**	大曲1式	余市式
後期	称名寺1式	綱取1式	上野平式	上村式	湯川式
	称名寺2式		門前式	韮窪式	涌元1式
	堀之内1式	綱取2式	観音堂式	馬立式	矢不来2式
			貝鳥式	薬師前式	涌元2式
	堀之内2式	+	宮戸1b式	十腰内1a式	トリサキ式
		+	南境式	十腰内1b式	大津式
	加曽利B1式	番匠地式	宮戸2a式	十腰内2式	白坂3式
	加曽利B2式	弓手原式	宝ヶ峯式	丹後平式	手稲式
	加曽利B3式	川原式	宮戸2b式	十腰内3式	鮎澗式
	曽谷式	新地式	西の浜式	十腰内4式	忍路B式
				十腰内5a式	釜谷2式
	安行1式		宮戸3a式	十腰内5式	堂林式
		金剛寺式	金剛寺式	風張式	
	安行2式	金剛寺式	宮戸3b式	小井田4式、大湊近川式	湯の里3式
				駒板式、十腰内6式	御殿山式、茂辺地式
晩期	安行3a式	大洞B1式	大洞B1式	大洞B1式	東三川1式
		大洞B2式	大洞B2式	大洞B2式	札苅B式
	安行3b式	大洞BC1式	大洞BC1式	大洞BC1式	上ノ国式
		大洞BC2式	大洞BC2式	大洞BC2式	
	安行3c式	大洞C1式	大洞C1式	大洞C1式	杜台1式
	安行3d式	大洞C2式	大洞C2式	大洞C2式	シビシウス式
	千網式	大洞A1式	大洞A1式	大洞A1式	タンネトウL式
		大洞A2式	大洞A2式	大洞A2式	
	荒海式	大洞A′式	大洞A′式	大洞A′式	緑ヶ岡新式

（ゴシックは多寡を示す）

れられて普及し始めたことを物語る。問題は，その普及，盛行の理由である。それが，注口土器に関する最大の本質的な問題なのである。ともあれ，中期中葉まで定着，普及しなかったという事実認識は明白である。

中期の注口土器が鉢形系統であることは，当時の縄文文化にはまだ壺形土器が普及していないという理由があるとしても，深鉢形土器を器の主体としてきた縄文文化が深鉢形の注口土器を創作することは当然のことだと考えた上で，その後何故壺形土器や独自の器形に系統が変化してゆくのか，その初現時期を把握し，その背景に用途の変化を考えてみることが必要である。

また，土器型式編年網（第4表）に対比すると，注口土器の多寡による盛行期と中枢地が中期から後期前葉まで東北地方南部にある。その後，後期中葉の宮戸2a式土器までは関東地方と東北地方南部に中枢地があり相互の関連性が強かったものが，宝ヶ峯式土器以後は北日本に中枢が移動していることも知ることができる。その間，注口土器の普及に大木8a，8b式土器の注口土器が重要な役割を果たしている。また，大木10式土器や関東地方の加曽利E4式土器の注口土器に著しい多様性が認められ，後期初頭に地域差が顕著になる。それを収斂したものが堀之内型注口土器であり，加曽利B1式期の椎塚型注口土器で美学的に昇華したが，やがて中枢地が宝ヶ峯型注口土器に代表される東北地方に移行する。この間，注口土器は一系統として変遷したものではない。特に，堀之内型注口土器から椎塚型注口土器への変遷，椎塚型注口土器と宝ヶ峯型注口土器との関連性には型式学的な分析に課題が残っている。

これらのように，注口土器研究の機軸は型式学，編年学的研究にあるのである。本文では各々の注口土器の型式同定をあまり明白にしていないが，それは北日本以外の全国各地の土器型式に精通していない筆者の力量不足によるものである。弁解する訳でないが，各地域の編年が詳細に組み立てられている現状では，在地研究に期待するほか無いと思っている。

2 縄文文化と信仰祭祀儀礼としての注口土器の「東・西」認識

（1） 縄文文化の器としての「東・西」認識

従来，中谷治宇二郎以外に全国的な注口土器の地域的な量的多寡が統計によって比較観察されることはなかった。それは，東西を比較して西日本の出土量が極めて少ないために統計処理しても数値に表われないレベルにあり，比較することの意味が乏しかったことによるだろう。確かに，西日本全体で中期が皆無，後期で4%弱，晩期で0.4%という状態なので，注口土器が極めて少なく発達しなかった地域であることは事実である。しかし，東西は早期から共通した石器などの生業の道具やあるいは信仰の道具である土偶など類似した諸遺物を共有し，相互は採集，狩猟，漁労の共通した生業を基盤に発展しており縄文文化の枠組みを何ら逸脱していない。だから，注口土器は中期以前はともかく，以後であればどこで製作されても不思議でない。にも係わらず西日本に極端に少ないことには，それなりの理由があると考えなければならない。

西日本，特に九州地方における注口土器の多寡や歴史的認識は，その地域の注口土器の出現と終焉の軌跡を追及することによって理解されることになる。後藤晃一（2002）の集成研究による

と，嚆矢が関東地方の加曽利B式土器，東北地方の丹後平式土器に平行する時期と思われる福岡県上唐原，下吉田，山賀遺跡の類例（図版94-1, 3, 4）であったが，上唐原遺跡より古い関東地方の堀之内2式土器に平行する鹿児島県干迫遺跡の類例（図版94-17, 95-16）がある。そして，盛行期が後期後葉，終焉は晩期初頭なので実に短い期間でしかなく，型式ごとの出土量も相対的に極めて少ない。つまり，九州地方には，現状で干迫遺跡以前の類例が存在せず，干迫遺跡で初めて注口土器が出土するということは，それ以前に注口土器を用いる祭祀儀礼が存在しなかったことを物語る。出自が極めて遠隔な関東地方の（要素の）影響によることも問題だが，東日本とは文化的に隔絶した地域が干迫遺跡の類例の段階で受容したことの意味は重大である。しかし，あまり定着せず一過性に終わったかに見えるが，後期後葉には近畿地方などの西日本との枠組みで類似した注口土器が出土しているので，それらの理由や意味を考慮しなければならないし，東西には歴史的に注口土器を使う祭祀儀礼の形態や風習，慣習の伝統の違いがあるのではないかと考える。これに関連して，東西の縄文文化の同一性という重要な問題があると思うので後述するが，後期前葉に注口土器が出自する地域は九州地方だけでなく北海道もほぼ同時期である。一旦受容した後，ますます増大する北海道とは実に対照的な展開を見せる。

　縄文文化における東高西低現象は注口土器に限ってのことでなく，遺跡数，土偶などの信仰遺物量などについても言えるために，縄文文化の東西問題を文化の同一性として比較研究して考えるべきである。この問題は，例えば「奥羽南漸・北漸問題」（八幡一郎1930，藤村東男1987など）として古くから議論されてきたが，常に現象（地理的環境，遺物など）の違いは指摘されても，編年学派の限界としてその本質的な違いの意味について究明された試しがないままにされてきた。

　「東・西問題」は，気候，植生などの自然環境の違いは決定的なものだが，因果関係がそこだけにあるとは思えない。相対論として，①自然環境が齎す生産力，天然物に対する依存度，②信仰への依存度，注口土器に関して言えば，③注口土器に対する執着度の強弱さがあると考える。①に関して，東には四季の恵みという自然力に支えられた生産力の豊かさを否定できないが，西には自然の社会化つまり根菜類植物栽培が優れ，天然物を補う生業がより発達していたのではないかと思っている。②について，信仰に根ざした芸術の表現力の豊かさは東が有利に思える。西日本の立場からすれば異論があろうが，西から発信されて東，北に向かう信仰に関わる多くの諸遺物が見当たらない。しかし，自然力は人々の生活を保証しても保証を約束するものでなく，気象変化，自然災害，あるいは乱獲など負の部分を背負うことになる。それを克服する一つの手段が祈願信仰であったと思うので，信仰を裏づけ実証する遺物が相対的に少ないことをどのように認識するべきか，という問題は注口土器の問題を含めて議論の余地があろう。

　③については，西日本における信仰の有無とは別問題として東日本は注口土器を嗜好する風習，慣習を持つ文化の地域性（地域的な文化）に支えられていたと解釈するべきで，西日本では元来注口土器を利用する祭祀儀礼の風習が無かったので，それに対する価値観が希薄であったと思う。こういった対立的体質は，東日本より装飾性の薄い西日本の簡素な縄文土器一般に通じる合理性を追求する土器作りなどに表われているように，潜在的な縄文文化の東西に根ざしている信仰観，世界観の違いを反映していると考える。では何故，後期になって注口土器を受容するのであろう

か，それは信仰観の変化を意味するのであろうか。

　注口土器が採集，狩猟，漁労を生業とする縄文文化の器であることの意味は，弥生文化にほとんど存在しないことのほかに，北方の続縄文文化に再出現することにも表われている。続縄文文化とは縄文文化が続いたという意味よりもそういう生業が継続されたという意味であることは言うまでもない。続縄文文化こそ①，②，③の比重を高くするものでその再出現は有力な傍証であり，ここにも東・北と西の潜在的な思考観念が表われていると思う。とすれば，逆説的に西日本の地域は，弥生文化をスムーズに受け入れやすい生業や社会組織の体質を潜在的に内在した地域ではないかと考える。言うなれば，東西は縄文文化の質的内容が異なっていると思うのである。端的に言えば，東日本とは違った唯物的思考の強い社会体質を持った地域と認識されると思う。

(2)　信仰祭祀の器としての「東・西」認識

　縄文時代における東西問題は，共通する部分と異なる部分を明確に分けて比較検討しなければ認識できない。東西は早期から共通した石器などの生業の道具やあるいは信仰の道具である土偶など類似した諸遺物を保有し，採集，狩猟，漁労の共通した生業を基盤に発展している。反面，東西には遺跡数，遺物量の多寡には相当な開きがある。信仰の道具である土偶，祭祀儀礼の注口土器は，西にも存在するが少ない。「存在する」という部分を取り上げると同一性，「少ない」という部分を見れば地域差ということになり，それぞれ着眼点によって見解が分かれ，優越をつけようとすれば堂々巡りに陥るだけで総論で語ることに意味を見出さないのである。

　九州地方で注口土器は，後期に出自しそれ以前に存在しなかった。それまでは注口土器を用いる習慣や祭祀儀礼が行なわれておらず，後期になって慣習化する。それは，一面東西の慣習や祭祀儀礼が同一化することを意味する。しかし，全く同じ儀礼などが行なわれたかどうか，土壙墓などの遺構に伴う事例が見当たらないので不明である。九州地方を含めた西日本では，その一時的な定着，普及のあり方を考慮すると，東と同等，同質な信仰祭祀儀礼の器として用いられた可能性は少ないかもしれないので，多寡を冷静かつ客観的に捉えるべきであることは言うまでもない。

　しかしながら，西日本に信仰（心）が無いとか，死者への畏敬，厚葬などが希薄だったというレベルに置き換えてはならず，元来東高西低現象は相対史観によるものなので，西日本において後期に一時的に普及定着したが一過性に終わっていることを考慮すると，注口土器を主座に据える信仰祭祀儀礼の習慣つまり東西は信仰観，世界観が違う社会を形成していたと考えるべきではないかと思う。だからこそ，後期における注口土器の受容が問題になる訳である。

　九州の鹿児島県干迫遺跡だけでなく概ね西日本（近畿地方）の初期の注口土器が堀之内2式土器の影響によるものなので，それまで存在しなかった地域に東日本から影響を受けた注口土器を使う祭祀儀礼が形成されたことを縄文文化の同一性と認識し，実証的に考えてみることが大事ではないかと思う。その大きな役割を担ったのが，後期中葉の注口土器だと思われる。その後，比較的多い後期後葉の三万田式土器の段階に盛行したあと晩期初頭に短期間に急速に終息しているが，一時期にせよ文化的に東西が一体化した時期が存在し同化することの歴史的意義は大きい。

その一方で，何故東日本に先駆けてその祭祀儀礼の形態が急速に終息したのか，その決定的な理由に，採集，狩猟，漁労を生業とする縄文文化の社会とは全く異質な農耕社会による弥生文化の到来が介在している（後藤晃一 2002）ことと，その意味は既述した。しかし，その終焉は九州や西日本だけの現象ではなく東日本を含めた全国的な方向性なので，それが西に早く起こった背景をすべて外的要因と地政学的位置だけに求めて解釈するのは安易ではないかと考える。

　つまり，（信仰が根強い）縄文社会において，信仰祭祀の内容および形態を変えるということの意味は重大である。主なる生業が変わったから信仰が変わるということは言うに容易いが，社会，人間において信仰を変える，変わるという意味を短絡的に考えてはならない。そこには複雑な心理的葛藤や生業，文化の伝統に対する葛藤があったと考える。だから，注口土器の出現と終焉が地域と年代によって異なっているのであり，その違いを具体的に明らかにしその地域差を考古学的に深く認識しなければ歴史的認識の深層を理解できないであろう。また，縄文から弥生への移行が平和裏にスムーズに行なわれたという意見があるが，筆者は違うと思っているのでそれについては賛同出来ない。土偶とともに注口土器，換言すれば縄文的信仰の終焉には，弥生維新と言うべき縄文時代終末の歴史のドラマがあると考えている。

3　注口土器の文化的，歴史的認識

（1）　注口土器の広域分布，交流の背景

　地域間の文化的交流は，何も注口土器だけの現象ではなく諸遺物にも見られ，特に基本的な問題を投じているのが土器型式の文化圏の問題である。文化圏は，人々の日常的かつ恒常的な習慣や方言などを共有して必然的に形成された生活圏と，人の往来や物，情報の伝達を容易にするネットワークが構築された（鈴木克彦 1996a）最大限の地理的領域としての交流圏である。通常は，プライマリーな文化圏の半径は 50～100 キロで，それ以上になると地域差が顕著になる。こういった地域内および隣接する地域間の交流に対し，ここで問題とするのは文化圏を大きく飛び越えた遠隔交流である。

　例えば，関東地方の影響による大型な鉢形と櫛目文を施文する鹿児島県干迫遺跡の注口土器は，千キロの距離がある広域分布，交流の最大の現象を示す。発信元は点としては不明だが，地域としては概ね関東地方の文化的要素の影響によるものだと推定される。関東地方と九州ないし鹿児島県は，縄文時代においてそれまでは歴史的に無縁なものであったと理解してよいだろうし，その後においてそれを機に相互間に交流が恒常的に続いた節が見られない。こういった現象がどういう社会背景の下に起こるのか，その結果何を齎すことになるのか，いわば原因，動機は何か，結果はどうか，という問題を考えるために，プロセスを明らかにし考古学的に実証することが最も重要である。こういった重要な社会の歴史的認識問題を注口土器のみに背負わせることはいかにも負担だが，現象には原因がある訳だから与えられた資料に基づいた範囲で方法論と考察を述べたい。

　まず，関東地方に見られる文様を施文する干迫遺跡の注口土器（図版 94-17）の分析として，

それ自体が（関東地方から直接）遠隔に搬入されたものでなく，土器を製作する上の情報が手段や経路として中間を介して間接的に影響，伝播したものと観察される。つまり，関東で作られたものが直接運搬されたものでないと判断される一方で，関東地方と鹿児島県の中間地域からの運搬は否定しない。手段や経路と担い手として，その中間地域の特定と情報伝播の主体者が干迫遺跡（側の人）なのか仲介者が干迫遺跡に赴いたのかはわからないので，製作者と製作地は不明である。しかし，関東の住民でないこと，関東の人間が干迫遺跡に移動して製作したものではないことは明白である。そこで，干迫遺跡から一緒に出土しているもう一つの図版 94-16 と 14 の杉園遺跡の類例に注目したい。それらは，17 より 1 型式程度新しい横北型注口土器に類する器形の注口土器と思われ，北陸地方西部から破片資料で三重県，和歌山県に類似したものが散見されるので，そういう類例が近畿地方周辺に存在するのではないかと思われる。櫛目文を施文する注口土器もまた，東海，北陸地方西部から近畿地方東部周辺に少なくないので傍証になるだろう。

　ところが，関東地方以外に存在しない図版 95-16 の大型鉢形注口土器は，そういう躊躇する所見を一新させるに値するものである。関東地方では，称名寺式土器から堀之内 1 式土器に多いことと埋葬に利用されることが多い。多少の年代差はあるが地域限定型の注口土器なので，間違いがなければ搬入しか考えられず，千キロ交流問題が西でも証明されることになる。

　仮に，近畿，北陸地方との関連性を前提にすれば，何故中間の地域の人間が自らの地域の土器でなく干迫遺跡とは反対側に当たる地域の注口土器の製作情報を伝播したり，あるいは干迫遺跡に出向いて製作する必要性があるのか，あるいは齎すのか，その当否とともに理由を考えなければならない。干迫遺跡に齎した担い手が近畿の人間なら鹿児島県ないし九州と近畿が当時どういう関係にあるのか，それもまた歴史的に無縁な地域なら関東や北陸地方の注口土器自体とそれを取り巻く社会的背景に伝播を齎す決定的な要因があったものと見なくてはならない。

　縄文時代における交流の原則すなわち法則は，地縁関係にある親近の度合いが決定的な条件をなし，往来できる範囲（距離）を原則として例えば同じ方言を共有する地域として理解してよい。ところが，実際は地縁関係が無縁な地域に黒曜石などの諸遺物が移動していることは周知のとおりで，それは物資の移動すなわち運搬，流通として捉えられる。発信元から着信地に物資が移動，運搬される背景には，ダイレクトなマラソン型と間接すなわち人から人に中継地を経由して飛び石に伝達する駅伝型が考えられる。

　流通には，物資の移動，運搬という意味と商い（商行為）すなわち交易という意味がある。これには物資（注口土器）の移動，運搬（行商型）のほかに，製作者が移動して彼の地でその土地の粘土を使って製作する移動在地製作型，定着する移住在地製作型，情報が間接的に伝播して彼の地でその土地の粘土を使って製作する情報在地製作型が考えられる。干迫遺跡の類例は，それらのことを考える上で極めて重要な問題を提起するであろう。

　遠隔地域間で注口土器を商いや流通の対象にした可能性の高い類例が，岐阜県下呂市前田遺跡出土の関東地方中・南部から搬入されたと思われる堀之内 2 式土器の注口土器（野口義麿編 1981，『縄文土器大成』3-193，未掲載）であろう。ほかに，単体で出土した北海道の船泊遺跡の宝ヶ峯型注口土器もその可能性が高い。

その受容の背景には，採集，狩猟，漁労を生業とする縄文文化の社会の共通した基盤と枠組みで行なわれたことを前提として，第一義的に文化の同一性を志向した事情（流行など）が考えられる。逆説的に，関東と九州では，実態の文化内容すなわち地域性が異質なものである。しかも，祭祀儀礼の器を受容している訳だから，過去に注口土器を用いる文化としての伝統（既成事実）が無かったので，受容した段階で祭祀儀礼の文化的な同一性が図られたことになる。少なくとも関東地方の堀之内式土器の影響を受けた注口土器を受容した背景には，後期前葉から中葉にかけて土器型式の広域な動態が見られることと大いに関連するであろう。換言すれば，この時期の広域な注口土器の伝播は，単に物の移動という側面だけで考えるのではなく，注口土器を用いる祭祀儀礼の浸透として考えるべきではないかと思う。

　極めて遠隔な広域分布，交流は，実態としては相当に行なわれていたと思う。しかし，顕在化されている限りではどの時期にも同等，同質に行なわれたと思われない。また，日常的かつ恒常的か頻繁に行なわれていたかどうかは，ここでは留保する。資料的には後期前葉から中葉と一部後葉，そして晩期前葉の時期に限られる。宝ヶ峯型注口土器などに関しては既述したので，それ以外の500キロ以上の広域分布事例として天白遺跡（三重県1995）では，在地の注口土器に伴って東北地方の丹後平式，宝ヶ峯式ないし十腰内3式，川原式土器（鈴木克彦1998d, e, 2003a, 2005）に相当する注口土器などが出土している。実見していないが，0段多条の縄文原体を施文していると思われるものがあり東北地方から搬入か移住を含めた移動在地製作型の可能性が高い。

　注口土器の広域分布は，後期前葉の堀之内型注口土器，中葉の加曽利B式土器の注口土器，宝ヶ峯型注口土器と続き後期前葉から中葉に集中し，後に後期後葉にも好例が存在するが，晩期前葉の亀ヶ岡型注口土器まで断続的に行なわれている。各々の時期および土器型式に対応して，搬入，模倣，影響などの伝播の度合いの内容が異なる。それらの中で，分布範囲と質量において最大規模を示すものは堀之内型注口土器である。その影響という視点では，北は北海道，西は鹿児島県とほぼ列島全体に及んでいる。その直後の加曽利B1式土器では愛媛県今治市波方港出土の類例（図版92-15）に代表されるが，中枢地には僅少化するものの東北地方の大湯型に影響するほかその特徴である口縁部が内傾する器形の注口土器は西日本に少なくない。以後，広域に分布する注口土器の類型とその中枢地は関東地方から東北地方に移り，宝ヶ峯型注口土器が広域に分布圏を拡大する。こういった注口土器の広域分布が後期前葉から中葉において集中する背景には，当然人々の往来を基盤にした信仰祭祀の器としての注口土器自体，その製作情報，交流，流通などが根強く行なわれた社会の組織が背景に存在したことを物語るであろう。その本質的動機は，信仰祭祀の器であることにあり，交流，流通はその結果を示すものである。

(2)　注口土器の広域分布，交流の歴史的認識

　信仰祭祀の器である注口土器の広域な伝播，交流という問題として，象徴的な事例が北海道礼文島船泊遺跡の宝ヶ峯型注口土器（図版33-1），岐阜県前田遺跡の堀之内2式土器の注口土器（未掲載），鹿児島県干迫遺跡の堀之内2式土器の注口土器（図版94-17, 95-16）などである。前田遺跡の場合は不詳だが，注口土器以外の外来的土器が見当たらないことは注目してよい。

北海道船泊遺跡の事例は，礼文島のノーマルな在地の土器型式（船泊上層式）に本州（東北地方中部）の土器を貫入的に波及ないし受容したものである。この北海道に特有な土器型式に異質な土器を単体で受け入れていることの意味を，文化の同一性という観点から考える必要がある。恐らく単体で出土したと思われる岐阜県前田遺跡の事例は，多少地理が近い福井県鳴鹿手島遺跡の類例（図版91-16）もあるので驚くに足るものでないかも知れないが，鹿児島県干迫遺跡の類例は，単体としての大型鉢形注口土器と堀之内2式土器の文様を施すように器形ではなく文様要素，つまり二つの要素を受け入れている。つまり，注口土器が単体で搬入される船泊型，鉢形注口土器と文様要素を受け入れる干迫型，複数の在地製作の鳴鹿手島型などという具合に，それぞれ解釈に影響する組成関係の内容が異なっている訳である。

　北海道では，中葉に東北地方の宝ヶ峯型注口土器が出土するようになってから後葉になると急激に増大し出土量が逆転してしまう。その背景に，土壙墓から多量に出土する供献具としての使い方が盛行するという理由がある。このことを，文化の同一性が図られた結果だと解釈するべきであろうか。それに対して，西の九州地方では一時的に後葉に増加現象が見られるが，蜉蝣のごとく一過性として消滅する。つまり，北と西では注口土器の波及，影響の仕方，過程が異なっているのである。

　北・東（中）・西という地理領域は，習慣や言語（方言）などが異なる文化的領域の部族の違いを反映していると思われる。さらに，その根源的な背景に人種的遺伝子の系統による部族の違いがあるとすれば，信仰の器に使われる注口土器を受容することの意味は重要である。また，受容の仕方が違うことも当然で，それは受容の主体性の問題として考えることである。すなわち，このことを文化の同一性が存在したから受容したという問題と，受容して注口土器を用いる祭祀行為の文化の同一性が図られたという問題に止揚して考えるべきであろう。

　ところで，縄文文化の同一性の問題について簡単に説明しておきたい。特に後期に文化の同一性が図られたというと，それまで同一な文化でなかったかのように受け取られかねないが，石器などの道具を見ても類似性があり西も東も北も狩猟採集経済を基盤にする縄文文化であることは確かである。そういう意味で，同じ縄文文化の枠組みとして北と東と西で同一な文化と社会形態が存在したと言えるし，反面，土器（型式）や信仰の土偶などの多寡に見る文化と社会の地域性がそれぞれ異なることもまた明白である。だから，文化の同一性が存在したから受容がスムーズに行なわれたこともまた真理であろう。しかし，注口土器は中期から後期前葉までは西日本に皆無，北日本の北海道でも極めて僅少であったことは確かである。このことを縄文文化の質的内容の違いとして見ることも可能である。

(3)　注口土器の終焉の歴史的認識――縄文～弥生問題

　縄文文化の祭祀儀礼の器である注口土器が，縄文時代の終焉と機を一にして消滅する。第10章に既述したとおり，その終焉は九州地方が最も早く晩期初頭，次いで近畿地方が晩期前葉，そして中部地方，北陸地方に移り，関東地方を経て東北地方が一番最後である。その段階的終焉の連鎖は偶然ではなく，一体として考えるべきである。いずれも東北地方を除いて，前葉で実質

に消滅していると見てよい。概ね，東北地方の大洞BC式土器の時期である。逆に，この時期が東北地方で亀ヶ岡型注口土器が最も盛行した時期である。終焉と盛行という対立的な地域差が同時期に実存することの解釈が，縄文～弥生の歴史的認識の本質的な命題である。

　終焉の過程や様相に地域差があり，西から東，北に向かって段階的に行なわれていることを編年学的に捉えることができること，その間亀ヶ岡文化の注口土器が圏外に出土しても圏外から圏内に受容した注口土器が存在しないとの事実関係と，終焉が（縄文文化の疲弊体質として）内的に行なわれたのか，外的な要因によって引き起こされたのかという問題についても弥生文化の到来と波及による可能性が高いことは認めてよいだろうと考える。

　しかし，それは優れた外来文化が到来したから縄文文化を棄てたかのように移行したというに等しい安易な選択肢でもあり，受容した主体者の歴史認識としては片手落ちである。現在，必ずしも弥生文化の地域的な到来と定着の実質的な過程が十分に明らかになっていない以上，平行して縄文文化の内側からこの問題を考えることが大切であろう。

　内的要因として，土偶の消失と連動する可能性が高く，信仰遺物の全体の中で考えてゆかなければならない。その間，主に北陸地方と関東地方の特徴がその時代の様相を端的に示している。北陸地方と関東地方の違いは，独自な注口土器が形成される点で共通性があるが，北陸地方が早く消失し原則的に中葉以後出現しないし，恰も決別するかのように関東地方のような搬入も見られない。対して，関東地方は新しい時期になるにつれて僅少になるが，晩期全般を通して搬入として受け入れている。相互の地域の決定的な様相の違いは，亀ヶ岡式土器と無縁の独自な御経塚型注口土器の北陸地方西部，それとの折衷形である三叉文を多用する安行3a式の注口土器を比較的多く出土する関東地方というように晩期初頭から前葉の在地系注口土器に表われている。こういう亀ヶ岡文化圏外の注口土器の終焉過程にみられる日本海側と太平洋側の明瞭な地域差は，現実的に弥生文化と亀ヶ岡文化からの影響の有無として捉えられ，縄文文化から弥生文化の移行期における複雑な関係を示していると考える。

　亀ヶ岡式の注口土器との関係では，北陸地方でその影響は新潟県北半部に濃厚だが，一時晩期前半期に亀ヶ岡文化圏に組み込まれたその地域でさえ大洞C2式土器の段階以後に注口土器が見られない。新潟県中部の柏崎市周辺には亀ヶ岡式の注口土器が大洞BC式土器に伝播し，親不知海岸を西に越えると模倣の注口土器が作られている。一方，関東地方では安行3a式の折衷形のほかに，少ないながら全般に搬入，模倣と思われる亀ヶ岡式の注口土器が出土している。さらに問題を複雑にしているのが，近畿地方の類例に対する歴史的な意味合いの解釈である。その問題については，注口土器だけを取り上げて論じては表象でしかないのでここでは深く言及しない。

　移行期における複雑な関係は，各々の地域に出土する注口土器自体にも表われている。例えば，晩期の注口土器の外観的構成は，亀ヶ岡文化圏の構造的な亀ヶ岡型注口土器（A）と亀ヶ岡文化圏外の注口土器（B）に大別される。圏外の注口土器（B）は，在地の地域独自な注口土器（C），亀ヶ岡型注口土器の影響を受けた注口土器（D），その搬入の注口土器（E＝A）に分類できる。

　すべてを実見している訳でないが，富山県以西の北陸地方はC，D，関東地方はC，D，E，近畿地方はEの注口土器を出土している。北陸地方のDは僅少でしかなく，関東地方のD，Eも

同様である。また，Dは，模倣（D-a）と折衷（D-b）に区別される。同じく，Dは器形（D-a-1）と文様（D-a-2）が模倣されている場合があり，御経塚遺跡の類例は（D-a-2）のパターンである。

AとBの関係は対立的なものだが，北陸，関東地方は亀ヶ岡文化圏の祭祀儀礼の器を共有しているという意味で同一な信仰観念を保有していると捉えられる。しかし，少量の単体でしか存在しない近畿地方はその概念から外れるものと思う。

各地域において，在地系（C）と搬入などの外来的（D，E）注口土器の有無は，信仰観念の共有性を判断する材料となるだろう。圏外の場合は，それがどういう注口土器なのかを分別し，DやEならその時期がいつなのか，どの地域から伝播したのか，という事実関係を把握することが歴史的認識を決定づける条件となる。さらに，その対立的構図として，Bに何故Aが出土するのか，伴うのか，Cさえほとんど存在しない地域に何故E＝Aが出土するのか，を考えなければならない。つまり，すでに在地の独自な注口土器が存在しながら何故Aが伝播，流入するのかという問題，伝統的に注口土器が希薄な地域に何故Aが伝播，流入するのかという問題がある。すなわち，その意味としてそれが歴史的変遷の過程において受容が合理なのか非合理なことなのか（換言すれば，必然性が有るのか無いのか）を考える弁証法的な思考によって歴史的認識に止揚することができよう。

Aの伝播，流入の背景に，終焉の方向に向かった圏外地域の縄文的信仰祭祀儀礼の衰退を補完する作用があるのではないかと考えられる。弥生文化の伝来と受容の背景に人々や社会が縄文的信仰を否定する心理的な風潮が起こり，一方で古い体質（伝統的な生業，文化，社会のシステム）と新進の葛藤が渦巻いていたはずである。時代の流れ，方向性が一定方向にある時に，逆行とも言える現象（補完作用）が何故起こっているのかという問題は，社会が守旧から変革に向かい縄文文化から弥生文化に移行する過程の法則性の矛盾である。その矛盾の克服（伝統的な祭祀形態の継続と否定行為）が地域間で段階的に行なわれた所産が，注口土器の段階的衰退を物語るのであろう。移行，変遷の過程で，旧態な生業による信仰祭祀が一時的に必要に迫られる時に，応急的に求められた結果ではないかと推測する。このことは，新しい生業形態への移行が貫入的に行なわれたものでなく，一進一退の状況にあったことを物語るであろう。

移行期において信仰祭祀儀礼の器の衰兆が認められるという現実を，縄文的信仰に対する何らかの否定的な理由によって引き起こされた形而下の現象と仮定し，その意味を十分に認識することが必要ではないかと思う。縄文から弥生の移行問題は，武力戦争により革命的に行なわれたものでなく稲作農耕という生業の転換によって平和裏に行なわれたというコンセンサスがあるが，心理としての宗教（信仰）的戦争（葛藤）が無かったか否かの問題が等閑視されている。注口土器が宗教的な縄文文化の信仰の器であるが故に，新しい弥生文化に受け入れられざる器，つまりその衰兆は一面縄文的信仰の否定的拒絶（反応）を物語る現象ではないかと考える。縄文文化の信仰という部族の精神的アイデンテティーを成す祭祀儀礼の器が，少なくとも次代の祭祀儀礼の器とは認知，継承されていない証拠でもあろう。そこで，問題は注口土器が何故弥生文化の祭祀の器に成りえず（継続されず），弥生文化の伝来が縄文文化の祭祀の器を放棄したのかということである。

先般の全国的な「土偶とその情報」研究会での，西日本における晩期前葉以後の土偶の衰退は規定事実である（文献省略）と思う。注口土器の衰退が縄文的信仰の衰退の一端を意味するとすれば，単に少なくなったという事実関係に終始するのではなく，東北地方以外は全国的に土偶，注口土器を含めて信仰遺物自体が衰退しており，その社会的な背景に縄文的信仰を否定する動きが存在したと仮説してみることも一考に価するであろう。それが事実として受け入れられるなら，伝統的な信仰，いわば宗教の否定が民族としてどういう意味を持つのか，真摯に論じなければならない。移行期の人々は，新進な弥生文化がどういうものなのかは十分認識していたと思われるが，結果として何を齎すことになるのかということよりも自らの安寧な生活の維持が保証されるのか，という一点に関心があっただろうからハムレットのように悩み続けたに違いない。そういう縄文信仰社会の維持と新進な生業社会，異質な信仰への移行に択一を迫られつつある時の複雑な対応関係が，生業と信仰において伝統的な立場を維持しようとする象徴的亀ヶ岡文化の注口土器の伝播，波及を齎したのではないかと考える。その矛盾は，安寧な生活の保証が「祈る」（信仰）ことよりも「働く」（新しい生業）ことにあると気づき始める前哨の証であると考えるのである。

4　注口土器の盛衰の社会的背景

(1)　注口土器の盛行の背景

　縄文時代の注口土器は，主として東日本において中期後半期，後期前半期と後半期，晩期前半期に盛行している。その中で，全国的に最も盛行する時期が後期前葉から中葉である。その盛行つまり中枢地は一定でなく，中期後半期と後期前半期が関東地方と東北地方中南部，後期後半期は東北地方北部と北海道道央部，晩期前半期は東北地方北部であった。年代が新しくなるとともに注口土器が増大してゆく地域は，唯一東北地方北部だけである。

　いずれにせよ，盛行期と中枢地が何故年代と地域によって変化し移動するのか，つまり注口土器が盛行する理由が明確でない。縄文文化が隆盛した結果だと，月並みに答えても説得力を欠き理解が得られるとは思えない。信仰祭祀儀礼の行為が活発化する直接的な動機は，生業と信仰の活性と連動していると考えるが，逆に注口土器が少ない時期や地域に生業と信仰が停滞した証左が得られないので，考古学的にそれらを裏づけることが難しい。これまでの我々の研究が注口土器の盛衰を数量的に捉えてきても，土偶などの信仰関連遺物と注口土器の盛衰，多寡の関係を数量的に比較するなど，その要因を考える観点を怠ってきたのではないかと思っている。

　一つの仮説として，亀ヶ岡文化の注口土器の盛行期に遮光器土偶などの信仰に係わる諸遺物が非常に多いので，概ねそういった信仰に係わる諸遺物などの出土量や遺跡数などの多寡と連動しており，生産力とそれを支える生業と信仰の強さを背景に地域社会の生活力と文化力を反映しているものではないかと考える。東北地方北部の晩期前葉に注口土器が急速に増大することと関連するのが，亀ヶ岡文化における香炉形土器，朱彩漆塗り土器，信仰に関わる遺物では遮光器土偶並びにその他の諸遺物であり，そういう広義な意味の信仰関連遺物の盛行と一致することを総体

的に指摘できる。土壙墓などの遺構に遮光器土偶と注口土器が出土した事例は無いが，亀ヶ岡文化には物送り場と思われる亀ヶ岡パターン（鈴木克彦1977）と呼ぶ一括遺物廃棄が行なわれ，青森県田子町石亀遺跡（平安博物館1991）では注口土器（図版101-25～36）とともに土偶，岩偶などが出土している。亀ヶ岡文化においては，遮光器土偶などを首座に据えて注口土器などがセットで用いられ，儀礼の形式として華やかな祭壇を構成していたものと想定される。もちろん，注口土器だけで実証できないので信仰に関わる土偶などの諸遺物全体を通して理解する必要がある。

では，亀ヶ岡文化圏以外でも同じことが言えるのであろうか。ところが，東北地方南部に注口土器が増大し始める中期後葉，北海道道央部に急激に増大する後期後葉には比較的土偶が少なく，注口土器と土偶の多寡が必ずしも一致する訳でない。縄文時代で注口土器が最も盛行する時期が後期前葉（堀之内式期）から中葉（宝ヶ峯式期）で，これらの時期には土偶の増加現象は確かに見られる。しかし，関東地方の堀之内式期において注口土器が多い地域は埼玉，千葉，神奈川県などの南関東だが，土偶が多いのは北関東とされ（安孫子昭二1997），関東地方全体で見れば符合しても細かく観察すれば必ずしも一致していない。宝ヶ峯式期においても，東北地方中部で最大規模の土偶218点を出土した後期前葉から中葉の岩手県花巻市立石遺跡（大迫町1979a）の注口土器（図版60-16）はわずか1点のみ，しかも同時期のものでないので土偶信仰が盛行する時期に注口土器が皆無であった可能性がある。

注口土器が8点出土している（図版74-1～8）千葉県市原市武士遺跡（千葉県1998）では土偶が6点出土しているが時期を特定できず，君津市寺ノ代遺跡（千葉県2001b）では北側に集石（敷石）を伴う012住居跡から多数の堀之内1式土器と注口土器（図版74-9, 10, 12）が出土しているが，土偶は出土していない。神奈川県原出口遺跡（横浜市1995）では，20号火災住居跡から注口土器3点（図版76-19，ほか未掲載）と土偶，筒形土偶，石棒が出土し，特殊な事例と思われる。多数の注口土器（図版68, 69）を出土している横浜市稲荷山貝塚（かながわ考古学財団2002a）では，筒型土偶（図版69-13），土偶14点が出土している。

もう一つの仮説として，特に北海道において注口土器が最も盛行する後期後葉の円形周堤墓に見られる墓制との関連性は重要である。しかし，周堤墓からは注口土器だけが出土している訳ではない。関東地方の後期初頭から前葉にも土壙墓から注口土器が出土し，瓢箪形から変化した大型壺形注口土器は埋葬用の土器棺に関連する可能性があり，今後は出土状態の詳細な観察を行ない墓制との関連性を追及する価値があると思っている。

このように現状では，信仰に係わる祭祀儀礼行為，形態（形式）として注口土器と共伴関係にある遺物を特定することは難しいので，あるいはそういうセット関係としてではなく，単独に注口土器を主体とする儀礼行為，形態を考えた方がよいと思われる。盛行期と中枢地の注口土器は，審美的にして美しく独自な器形であるという点に共通性がある。その最大の特徴が広域分布に見られる広域交流なので，その促進に注口土器が一役担っていたと推測すれば芸術的に昇華した注口土器とそれを用いる祭祀儀礼の形式が人々の間に広く受け入れられる当時の風潮があって広く伝播したのではないかと思う。いずれにしても，注口土器には上記のとおり隆盛の画期があって，それは縄文時代の採集，狩猟経済の下に多様で旺盛な信仰祭祀儀礼が執り行なわれたことを理解

するためのバロメーターとしての役割を示すことになろう。今後はそういう問題意識の下に，縄文文化の信仰祭祀儀礼の内容を明らかにしてゆくことが課題である。出土状態一つ取ってみても漫然と都合よく資料が得られる訳でないので，仮説を立てて組成関係のデーターを出してみることなどの試行錯誤が必要である。

また，縄文時代に注口土器が最も盛行した主として関東地方の注口土器に見られる後期前葉の時期の重要性を逆説的に考えてみたい。元来，注口土器を伝統的に持たなかった北海道や九州に注口土器（の文化）を齎したことの意義を咀嚼すると，普及する理由としてそこには何か従前と違う強力で決定的なインパクトがあったのではないか，と考える。

その地域と時期の最大の特徴は，初めて日常容器と違う独自な器形の注口土器の形制を構築した点にあることと，土坑ないし土壙墓，住居跡，敷石住居跡などの遺構に伴い始める時期である。このことから，注口土器の所有形態が，集団の共有から家族的な所有形態に移行する時期ではないかと解釈される。それが私有を意味するのかは拙速に決めがたいので今後の課題としたいが，この時期や地域が何か突出した社会構成を形成し始めたことは認められないので，特別な社会構造の変化という背景よりも信仰祭祀儀礼の形態が変化するとか，注口土器が盛行するという事情の範囲内での変化があったと思われるのである。注口土器が家族的な所有形態に移行することがもっと正確に実証されるなら，あるいは注口土器が列島内に広域に普及する要因がそこにあることも十分に考えられることである。つまり，後期前葉において土壙墓，住居跡，敷石住居跡から出土し始める事例が増大する理由として，埋葬と家屋内祭祀の一元的な祭祀儀礼行為が図られることになり，祭祀儀礼行為の主体性が家族的な行事として多様な目的の下に行なわれるようになって盛行した可能性を指摘できるのである。もちろん，それがその時期に急激に起こったものではないと思われるので，中期末葉から後期の事例を詳細に観察する必要がある。

(2) 注口土器の衰退，終焉の背景

注口土器の衰兆には，二つの側面がある。一つは衰退，他は終焉（消滅）であり，いずれも地域差がある。衰退はある地域に盛行した注口土器が時間の経過に伴い廃れる場合，終焉は二度と甦ることのない晩期の事例である。それぞれの地域には主に多寡による波状曲線を描く盛衰があり，その理由は主に内的要因によると思われるが，それに対して終焉（消滅）には晩期における弥生文化の到来という外的要因による社会的環境が大きく作用していると考えられる。

九州ではいち早く注口土器が消滅し，北陸西部では地域性の強い御経塚型の注口土器が盛行した直後に急激に消滅し，東北地方では益々隆盛する。その間，遠隔な近畿，北陸西部地方などに東北地方の亀ヶ岡式の注口土器が一時的に波及し，関東地方ではそれが恒常的に波及している。その地域間の矛盾は，弥生文化の波及と受容に対する（守旧か革新かの選択を迫られた時の）地域の対応の仕方を反映していると考える。

晩期における注口土器を含めた信仰関連遺物の衰退を亀ヶ岡文化の崩壊として必然的な現象と認識するための内的条件は，言わば過剰な信仰関連遺物の豊穣さにあるのではないかと考える。唯物史観（マルクス主義経済史観）の立場から，それは生産形態の発展の過程において信仰に比

重を置いた社会の歴史的必然性だという訳である。信仰が生産基盤と密接な関係の下に表裏一体で執り行なわれた社会では，概ね注口土器の盛衰は連動して縄文的信仰祭祀の盛衰を意味すると思うので，晩期における注口土器の消滅はすなわち信仰を生活に強く取り込んで発展した縄文文化の終焉を物語ることになる。

(3) まとめ——研究のあるべきスタンス

　注口土器に関する様々な問題について，類例の集成に基づいて編年学研究の立場から通観し諸問題を試行錯誤しながら明らかにした。そして，本書では拙速な結論をさけ，基本的な事例と考え方を述べるに止めた。しかし，出土状態に関する観察や類型問題などに課題を残したことなど自省する点も少なくなく，未だ拙速に結論づけられる問題が何一つ無いと言って過言でない。本書の全国的な集成によって，皆が共有できる資料を提示できたので，今後は，縄文文化における注口土器の存在感を文化と歴史の問題に止揚するために，さらなる資料と事実関係の分析によって仮説や理論化を図ることが求められよう。理論を構築するためには，集成に基づいて資料とその分類すなわち型式学的な観察，分析や考察が確かなものでなければならない。それには全国の数多な資料自体の観察，見学が必須なのである。

　考古学が永遠に存続し得る証と目標とする歴史叙述に至る過程は，集成と巧緻主義でしかない。昨今の考古学の風潮を顧ると注口土器研究だけでなく考古学自体が巧緻主義であるべきだが，それも 1927 年の中谷治宇二郎の研究以来たかだか 80 年で成就するものでない。だから，我々が今なすべきことは，20 世紀の発掘調査の成果を集大成し問題点を整理して明白にすることである。注口土器に関わる事実関係を捉えて最小限の所見を明らかにしたつもりだが，過去の研究スタンスが編年主義に偏っていたことは否めない。その反動として，それが編年学的思考の体質的限界にあると批判されているのではないかと思うが，反編年主義の空理な見解，解釈論の命運はたかだか 10 年，皆が共有できる基礎資料の集成の成果は普遍，永遠なのである。もちろん，その批判を真摯に受け止め，その基礎を土台に注口土器の研究が文化的，歴史的な考察にシフトしてゆかなければならない。確かに，これまでは資料の持つ本質的，根源的な問題に対する追求が巧緻に過ぎた点は否めない。その巧緻主義が問題ではなく，山内清男を筆頭とする時代の編年主義を継承するポスト編年主義が日本考古学の発展の趨勢と乖離してきたことは認めざるを得ない点があるとしても，山内清男の迎合主義に拠らない学的スタンスを継承した上で注口土器の研究並びに考古学研究はますます古典的な型式学をベースにしてオーソドックスに行なうべきものであるということを述べて擱筆する。

あとがき

　これまで比較的類例の少なかった北海道において，近年注口土器の出土量が著しく実に内容が充実してきている。それによって，今や全国的に縄文時代の注口土器の全容がほぼ出揃ったと見てよいだろう。中期以前，関東以西の注口土器がほとんど知られていなかった中谷治宇二郎の時代に較べると隔世の感がする。全国の縄文時代を対象にした注口土器の初めての専門書として，本書の上宰が研究に寄与することができるなら望外の喜びとしなければならない。

　埋文行政70年体制により発掘最前線を拓いた我々が，後学に凛として胸を張ることができるのは20世紀第四半期に発掘した確かな資料の提供と基礎的作業としての集成を図り，さらなる研究の進展を託すことではないかと思っている。

　思えば，学生時代に中谷治宇二郎の『人類学教室研究報告　第四編』を偶然に仙台市の古本屋で入手したことが，今では運命的な邂逅のような気がしない訳ではない。考古学を学ぶ学生として，中谷治宇二郎は魅力的な考古学者であった。せめて，その延長線上のことだけは果たしたいと思うようになったのが，いろいろのことがあって生涯考古学でどのように生きてゆくのか思案し始めた40歳の頃である。同じ頃，モースの注口土器が東北の（宝ヶ峯遺跡の）宝ヶ峯型注口土器（嚆矢は大田区1980の「みちのくの土瓶」と鈴木加津子の解説文）だと気づいて集成と研究に熱中した。そうしているうちに，勤務最後となるはずの特別展を企画する機会があり，有終の美と思い迷わず注口土器をテーマに選んだ。東日本の注口土器を集成して，大きな展示場に溢れるばかりの注口土器を集めた。偶然にも大森貝塚120年に重なりモースの注口土器と宝ヶ峯型注口土器を向かい合わせることを企画し，斎藤報恩会理事長の故斎藤養之助氏に門外不出を曲げてご理解を賜わったことなどの思い出がある。館始まって以来のオープン2週間で図録が売れきれるほどの人気で，かつてない企画展示，圧倒された，などと後にインターネットに感想が掲示されていることを知った。注口土器に対する注目度が，いかに高いかがわかる。

　それにしても，注口土器を収集し始めてから15年以上の歳月が経過した。その間，江坂輝彌先生の御推薦もあってある出版社から集成図主体の単行本を出版することになっていたが，原稿，図版を紛失され途方に暮れたことがあった。幸い図版のコピーを取っていたために難を逃れたが，もしそうしていなかったらこんな重労働に再挑戦する気も起こらなかったと思う。

　資料の収集にあたり各地の埋蔵文化財センター職員の学兄，学友のご助力と高梨財団の助成金を得て，約7千点ほどの注口土器の実測図を集成することができた。全国には遺漏した資料が多々あると思うが，エンドレスに等しいのでひとまず区切りをつけてその実測図を本書に掲載した。それも慶応義塾大学江坂輝彌名誉教授より有意義なことだとご助言とご指導をいただいた賜物である。真に，感謝申し上げる次第である。また，2006年春に整形外科の大きな手術をしたので出版が危ぶまれたが，出版と校正の労をとっていただいた雄山閣の宮島了誠氏のご支援に感謝したい。

引用・参考文献（論文など）

青森県立郷土館　1999　『至高の縄文祭祀芸術』
青森県立郷土館　2002　「弘前市十腰内2遺跡の調査（第3次）」『青森県立郷土館調査研究年報』26
秋田かな子　1994　「加曽利B1式注口土器の成立」『東海大学校地内遺跡調査団報告』4
秋田かな子　1998　「伊勢原市三ノ宮・下谷戸遺跡出土の注口土器」『東海大学校地内遺跡調査団報告』8
秋田かな子　1999　「注口土器の系統変化」『季刊考古学』69
浅川利一　1960　「勝坂式注口土器について」『多摩考古』2
浅川利一　1974　「田端の環状積石遺構にみる縄文時代後・晩期の葬法推移について」『長野県考古学会誌』19，20
新井和之　1982　「黒浜式土器」『縄文文化の研究』3
安孫子昭二　1969　「東北地方における縄文後期後半の土器様式」『石器時代』9
安孫子昭二　1978　「縄文式土器の型式と編年」『日本考古学を学ぶ』1
安孫子昭二　1982　「縄文時代後・晩期」『村山市史』
安孫子昭二　1989　「瘤付土器様式」『縄文土器大観』4
安孫子昭二　1997　「関東地方縄文後期の動態」『土偶研究の地平』1
安孫子昭二　2006　「縄文世界の注口土器」『考古学ジャーナル』550
阿部昭典　2006　「注口土器成立期の様相」『考古学ジャーナル』550
池谷信之　1990　「綱取・堀之内型注口土器」『縄文時代』1
石坂　茂　1992　「三原田遺跡出土後期初頭の土器について」『三原田遺跡』
磯崎正彦　1964　「後期の土器」『日本原始美術』1
市川市立考古博物館　1987　『市川の縄文土器II』
岩手県立博物館　1982　『岩手の土器』
上野真由美　2004　「瓢箪形注口土器の成立と展開」『埼玉県埋蔵文化財調査事業団研究紀要』19
内田義久　1979　「有孔鍔付注口土器について」『江原台』
江坂輝彌　1956　「東北―各地の縄文式土器」『日本考古学講座』3
江坂輝彌　1957　『考古学ノート』2
江坂輝彌　1964　「前期の土器」『日本原始美術』1
江坂輝彌　1967　『日本文化の起源』
江坂輝彌　1972　「学史上における中谷治宇二郎の業績」『日本考古学選集』24
青梅市郷土博物館　1991　『注口土器展図録』
大川　清・鈴木公雄・工楽善通編　1996　『日本土器事典』
大田区立郷土博物館　1987　『注口土器』
大野延太郎　1899　「石器時代土瓶」『東京人類学雑誌』14―156
大場磐雄　1922，1923　「石器時代宗教思想の一端」『考古学雑誌』13―4，5，8
大場磐雄　1935　『考古学』
大森貝塚保存会　1967　『大森貝塚』
緒方　勉　1991　「熊本県大津町瀬田裏遺跡出土の縄文早期の注口土器」『考古学雑誌』77―1
奥野麦生　1996　「関山式における片口土器の基礎的研究」『埼葛地域文化研究』
笠懸野岩宿文化資料館　1999　『群馬の注口土器』
笠原烏丸　1933　「飛騨発見の特異型注口土器」『考古学』4―6

加藤　緑　1992　「注口土器雑考」『大田区郷土博物館紀要』2
金子裕之　1989　「安行式土器様式」『縄文土器大観』4
上福岡市立歴史民俗資料館　1986　『埼玉の甑とその周辺』
川角寅吉　1898　「常陸国福田貝塚発掘報告」『東京人類学雑誌』14—153
神田孝平　1887　「古土器図解，石版図付」『東京人類学会報告』2—17
甲野　勇　1953　『縄文土器のはなし』
児玉卓文　1979　「信州新町宮平遺跡の注口付深鉢型土器」『長野県考古学会誌』34
後藤晃一　2002　「九州縄文時代注口土器の研究」『古文化談叢』48
後藤守一　1927　『日本考古学』
後藤守一　1943　『先史時代の考古学』
後藤守一　1965　「衣・食・住」『日本考古学講座』3
小林圭一　2003　「東北北半における縄文晩期前葉の注口土器」『山形県埋蔵文化財センター研究紀要』創刊号
小林圭一　2004　「岩手県安代町曲田Ⅰ遺跡出土の晩期縄文土器（前編）」『山形県埋蔵文化財センター研究紀要』2
小林圭一　2005a　「岩手県安代町曲田Ⅰ遺跡出土の晩期縄文土器（後編）」『山形県埋蔵文化財センター研究紀要』3
小林圭一　2005b　「縄文時代晩期初頭注口土器の一様相」『北奥の考古学』
小林公治・中野益男・中野寛子・長田正宏　2000　「磨石・敲石類，石皿と注口土器の使用法に関する一事例」『山梨県埋蔵文化財センター研究紀要』16
小林達雄　1977　「縄文土器の世界」『日本原始美術大系』1
小林達雄　1981　「縄文土器の用途と形」『縄文土器大成』2
小林達雄編　1989　『縄文土器大観』4
小林行雄　1933　「先史考古に於ける様式問題」『考古学』4—8
近藤義郎・佐原　真　1983　『大森貝塚』　岩波文庫
犀川会　1933　『北海道原始文化聚英』
笹津備洋　1956　「小形石斧を収蔵せる注口土器の一例」『石器時代』3
佐藤重紀　1889　「アイノ沢遺跡探究記」『東京人類学雑誌』5—45
佐藤伝蔵　1894　「常陸国福田村貝塚探究報告」『東京人類学雑誌』9—100
佐藤初太郎　1903　「奇形の土偶」『東京人類学雑誌』19—211
柴田常恵　1911a　「常陸福田発見の石器時代土器」『人類学雑誌』27　1
柴田常恵　1911b　「下総立木貝塚発見の朱塗土器」『人類学雑誌』27—1
柴田常恵　1912　「常陸稲敷郡福田貝塚発見の土器」『人類学雑誌』28—6
島津義昭　1989　「黒色磨研土器様式」『縄文土器大観』4
下村三四吉・大野延太郎　1896　「本邦石器使用人民の美術思想」『東京人類学雑誌』12—130
下村三四吉・大野延太郎　1897　「本邦石器使用人民の美術思想（承前）」『東京人類学雑誌』12—132
末木　健　1987　「富士吉田市内遺跡分布調査報告」『富士吉田市史研究』2
杉山寿栄男　1928a　『日本原始工芸概説』
杉山寿栄男　1928b　『日本原始工芸』
杉山寿栄男　1928c　『日本原始工芸図版解説』
鈴木一男　1989　「神奈川県大磯町大磯小学校遺跡出土の注口土器」『考古学雑誌』74—3
鈴木克彦　1976　「東北地方北部に於ける大木式土器文化の編年的考察」『北奥古代文化』8

鈴木克彦　1977　「廃棄論の再構成と課題」『考古学ジャーナル』142
鈴木克彦　1981　「亀ヶ岡式土器」『縄文文化の研究』4
鈴木克彦　1984　「小型土器の考察」『考古風土記』9
鈴木克彦　1986　『日本の古代遺跡 29　青森』
鈴木克彦　1987　「亀ヶ岡文化圏の様相」『月刊文化財』281
鈴木克彦　1995　「亀ヶ岡式土器の器形・器形組成から見た地域性」『北海道考古学』31
鈴木克彦　1996a　「亀ヶ岡式土器分布論序説」『青森県埋蔵文化財調査センター研究紀要』1
鈴木克彦　1996b　「東北地方における十腰内式土器様式の編年的研究」『考古学雑誌』81―4
鈴木克彦　1997　「注口土器の研究」『青森県埋蔵文化財調査センター研究紀要』2
鈴木克彦　1998a　「北海道における注口土器の研究」『野村崇先生還暦記念論集』
鈴木克彦　1998b　「有孔筒形土器の研究」『時の絆』　石附先生を偲ぶ
鈴木克彦　1998c　「注口土器の体系」『日本考古学協会 64 回総会研究発表要旨』
鈴木克彦　1998d　「東北地方北部における十腰内式土器様式の編年学的研究・2（上）」『考古学雑誌』83―2
鈴木克彦　1998e　「東北地方北部における十腰内式土器様式の編年学的研究・2（下）」『考古学雑誌』83―3
鈴木克彦　1999　「注口土器の用途」『日本考古学協会 65 回総会研究発表要旨』
鈴木克彦　2001　『北日本の縄文後期土器編年の研究』
鈴木克彦　2003a　「宝ヶ峯式土器の研究」『縄文時代』14
鈴木克彦　2003b　「ベンガラの入った注口土器」『青森県立郷土館調査研究年報』27
鈴木克彦　2004a　「門前式土器様式の編年学的研究」『考古学雑誌』88―4
鈴木克彦　2004b　「華燭土器」『縄文時代』15
鈴木克彦　2005　「東北南部後期前，中葉の番匠地編年の再検討」『縄文時代』16
鈴木克彦　2006a　「注口土器・終焉の様相」『縄文時代』17
鈴木克彦　2006b　「宝ヶ峯型注口土器とその広域分布」『考古学ジャーナル』550
鈴木克彦・岩淵宏子　2004　「弘前市十腰内 2 遺跡の発掘調査」『青森県立郷土館調査研究年報』28
鈴木公雄・林　謙作編　1981　『縄文土器大成』4
鈴木徳雄　1992　「縄文後期注口土器の成立―形態変化と文様帯の問題―」『縄文時代』3
須藤　隆　1992　「東北地方における晩期縄文土器の成立過程」『東北文化論のための先史学歴史学論集』
妹尾周三　1992　「注口付きの脚台付鉢形土器について」『古代吉備』14
芹沢長介　1960　『石器時代の日本』
高橋健自　1913　『考古学』
田川　良　1980　「「鍔付形土器」小考（I）」『奈和』18
田中　琢　1978　「型式学の問題」『日本考古学を学ぶ』1
谷川磐雄　1923　「石器時代宗教思想の一端（三）」『考古学雑誌』13―8
丹野雅人　1982　「注口土器について」『多摩ニュータウン遺跡―昭和 56 年度―』（第 5 分冊）
丹野雅人　1985　「注口土器小考」『東京都埋蔵文化財センター研究論集』3
東海大学校地内遺跡調査団　1997　『注口土器の美』
東和町ふるさと歴史資料館　2002　『注ぐ器「注口土器の世界」』
坪井正五郎　1891　「ロンドン通信（急須形の貝塚土器）」『人類学雑誌』6―58
坪井正五郎　1893　「西ケ原貝塚探究記報告其三」『東京人類学雑誌』9―91
中沢澄男　1898　「常南総北の遺跡」『人類学雑誌』14―152

長沢宏昌　1997　「山梨県内出土の注口土器について」『山梨県史研究』5
中谷治宇二郎　1926　「注口土器の分布に就いて」『人類学雑誌』41—5
中谷治宇二郎　1927a　「注口土器ノ分類ト其ノ地理的分布」『東京大学人類学教室研究報告』4
中谷治宇二郎　1927b　「上野国吾妻郡の先史考古学的考察」『人類学雑誌』42—10
中谷治宇二郎　1929a　『日本石器時代提要』
中谷治宇二郎　1929b　「弥生式注口形土器なる文をみて形式分類の立場を論ず」『史前学雑誌』1—3
中谷治宇二郎　1936　「日本新石器文化の一考究」『考古学』7—1，2
中谷治宇二郎　1943　『校訂日本石器時代提要』
中谷治宇二郎　1993　『考古学研究の道』
中谷治宇二郎　1999　『日本縄文文化の研究』
西岡秀雄編　1967　『大森貝塚』
西田泰民　1989　「堀之内・加曽利B式土器様式」『縄文土器大観』4
西田泰民　1992　「縄文土瓶」『古代学研究所研究紀要』2
西田泰民　2006　「注口土器の用途」『考古学ジャーナル』550
仁科義男　1929　「甲斐国北都留郡上野原遺跡に就て」『人類学雑誌』44—1
西山太郎　1986　「微隆起線文土器群の変遷と分布」『千葉県文化財センター研究紀要』10
西山太郎　1989　「成田市長田雉ヶ原遺跡出土の鍔付注口土器について」『長田雉ヶ原遺跡・長田香花田遺跡』
西山太郎　2003　「瓢箪型注口土器考」『印旛郡市文化財センター研究紀要』3
丹羽　茂　1972　「縄文時代における中期社会の崩壊と後期社会の成立に関する試論」『福島大学考古学研究会研究紀要』1
野口義麿　1955　「福田貝塚の注口土器」『石器時代』2
野口義麿編　1981　『縄文土器大成』3
野口義麿・安孫子昭二　1981　「磨消縄文の世界　『縄文土器大成』3
樋口清之　1929　「弥生式注口形土器について」『史前学雑誌』1—2
平光吾一　1929a　「千島及び弁天島出土土器破片に就て」『人類学雑誌』44—4
平光吾一　1929b　「千島及び弁天島出土土器破片に就て（三）」『人類学雑誌』44—7
福田友之　1982　「八戸市田面木発見の異形注口土器」『遺址』2
藤森栄一・武藤雄六　1963　「中期縄文土器の貯蔵形態について」『考古学手帖』20
藤村東男　1972　「東北地方における晩期縄文時代の注口土器について」『史学』44—2
藤村東男　1977　「晩期縄文式土器の器形組成」『萌木』12
藤村東男　1980　「東北地方における晩期縄文式土器の器形組成」『史学』50
藤村東男　1982　「注口土器」『季刊考古学』創刊号
藤村東男　1987　「奥羽文化南漸・北漸論争」『論争・学説日本の考古学』3
藤村東男　1988　「岩手県九年橋遺跡出土の注口土器について」『萌木』23
前山精明　1999　「第3項　木工技術」『新潟県の考古学』
馬目順一　1968　「台の上貝塚に於ける土器意匠文の研究」『小名浜』
南　久和　1989　「北陸晩期土器様式」『縄文土器大観』4
南　久和　2001　『編年』
モース　1879　『大森介墟古物編』　東京大学理学部紀要1—1
モース　1939　『日本その日その日』（石川欣一訳）　創元社
山崎美成　1824（文政7年）　『耽奇漫録』
八木奘三郎　1893　「埼玉県大宮公園より所出の土器」『東京人類学雑誌』8—90

八木奘三郎　1902　『日本考古学』
八巻一夫　1973　「東北地方南部における縄文時代中期末葉の集落構成」『福島考古』14
山内清男　1929　「Nakaya: A Study of the Stone Age Remains of Japan I」『史前学雑誌』1―3
山内清男　1930　「所謂亀ヶ岡式土器の分布と縄文式土器の終末」『考古学』1―3
山内清男　1932　「縄紋土器の終末」『ドルメン』1―6, 7
山内清男　1935　「縄紋式文化」『ドルメン』4―6
山内清男　1937　「縄文土器型式の細別と大別」『先史考古学』1―1
山内清男　1939a　『日本遠古之文化』
山内清男　1939b　『日本先史土器図譜』II, III, IV
山内清男　1940　『日本先史土器図譜』VI, VII
山内清男　1941　『日本先史土器図譜』X, XI
山内清男　1964　「縄紋式土器・総論」『日本原始美術』1
山内清男　1967　『日本先史土器図譜』(再版・合冊)
山梨県立考古博物館　1984　『縄文時代の酒造具』
八幡一郎　1928　「書評　中谷治宇二郎著　注口土器の分類と其の地理的分布」『人類学雑誌』43―1
八幡一郎　1930　「奥羽文化南漸資料」『考古学』1―1, 2, 3
八幡一郎　1953　『日本史の黎明』
吉田　格　1956　「関東―各地の縄文式土器」『日本考古学講座』3
吉本洋子・渡辺　誠　1999　「人面・土偶装飾付土器の基礎的研究」『日本考古学』1
若林勝邦　1890　「貝塚土器図解」『東京人類学雑誌』5―54
若林勝邦　1893　「陸奥国二戸郡小鳥谷村石器時代の遺跡」『東京人類学雑誌』8―84
若林勝邦　1894　「常陸国福田村貝塚探究報告」『東京人類学雑誌』9―100
若林勝邦　1894　「陸前磐城両地方二三ノ遺跡」『東京人類学雑誌』9―102
渡辺　誠　1965　「勝坂式土器と亀ケ岡式土器の様式構造」『信濃』17―2
渡辺　誠　1993a　「縄文時代の片口付き土器」『名古屋大学文学部研究論集』116
渡辺　誠　1993b　「縄文中期の注口土器」『よねしろ考古』8
渡辺　誠　1997　「第5編　人面装飾付注口土器の機能について」『双葉』(双葉町史別冊1)
渡辺　誠　2006　「下部単孔土器と注口土器」『考古学ジャーナル』550

注口土器掲載資料の出典文献（五十音順）

北海道

旭川市教育委員会　1992　『神威古潭 7 遺跡』
旭川市教育委員会　1993　『神威古潭 7 遺跡 II』
旭川市教育委員会　1995　『神威古潭 7 遺跡 IV』
足寄町教育委員会　1990　『上利別 20 遺跡』
厚沢部町教育委員会　1979　『目名尻遺跡』
石狩町教育委員会　1979　『SHIBISHIUSUI』
恵庭市教育委員会　1981　『柏木 B 遺跡』
恵庭市教育委員会　1989　『ユカンボシ E 8 遺跡』
恵庭市教育委員会　1992a　『ユカンボシ E 3 遺跡 B 地点』
恵庭市教育委員会　1992b　『ユカンボシ E 3 遺跡 A 地点』
恵庭市教育委員会　1992c　『ユカンボシ E 8 遺跡 B 地点』
恵庭市教育委員会　1992d　『ユカンボシ E 3 遺跡 A 地点，ユカンボシ E 8 遺跡 B 地点』
恵庭市教育委員会　1993　『ユカンボシ E 9 遺跡，ユカンボシ E 3 遺跡』
恵庭市教育委員会　1997　『カリンバ 4 遺跡』
大谷敏三　1975　「北海道縄文晩期における墓制について (1)」『先史』9
大場利夫・石川　徹　1956　『手稲遺跡』
乙部町教育委員会　1976　『元和』
乙部町教育委員会　1977　『栄浜遺跡』
上磯町　1997　『上磯町史　上巻』
加藤晋平　1972　『縄文時代のたんの』
上ノ国町教育委員会　1987　『新村 4 遺跡』
木古内町教育委員会　1974　『札苅遺跡』
釧路市埋蔵文化財センター　1994　『釧路市幣舞遺跡調査報告書 II』
児玉作左衛門・大場利夫　1952　「礼文島船泊砂丘遺跡の発掘に就て」『北方文化研究報告』7
犀川会　1933　『北海道原始文化』
札幌市教育委員会　1998　『N30 遺跡』
静内町教育委員会　1984　『御殿山遺跡とその周辺における考古学的調査』
知内町教育委員会　1979　『知内川中流域の縄文時代遺跡』
知床博物館　1980　『オクシベツ川遺跡』
寿都町教育委員会　1985　『寿都町文化財調査報告書 III』
千歳市教育委員会　1981　『末広遺跡における考古学的調査（上）』
千歳市教育委員会　1982　『末広遺跡における考古学的調査（下）』
千歳市教育委員会　1994　『丸子山遺跡における考古学的調査』
千歳市教育委員会　1996　『末広遺跡における考古学的調査 IV』
戸井町教育委員会　1988　『釜谷 2 遺跡 II』
戸井町教育委員会　1990　『浜町 A 遺跡 I』
常呂町教育委員会　1976　『トコロチャシ南尾根遺跡』
常呂町教育委員会　1996　『常呂川河口遺跡』
苫小牧市教育委員会　1972　『苫小牧東部工業地帯の遺跡群 IV』（柏原 16 遺跡）

苫小牧市教育委員会　1984　『タプコプ』
苫小牧市教育委員会　1997　『柏原5遺跡発掘調査報告書』
苫小牧市埋蔵文化財センター　1996　『静川5遺跡発掘調査概要報告書』
長沼町教育委員会　1984　『長沼町B12区B遺跡の発掘調査』
東川町教育委員会　1966　『幌倉沼の墳墓』
福田正宏・前田　潮　「縄文時代後，晩期の礼文島」『先史，考古学研究』9
北海道教育委員会　1977　『美沢川流域の遺跡群』I
北海道教育委員会　1978　『美沢川流域の遺跡群』II
北海道教育委員会　1979　『美沢川流域の遺跡群』III
北海道先史学協会　1975　『後北式土器実測図集』
北海道先史学協会　1980　『アヨロ』
北海道文化財研究所　1992　『堀株1，2遺跡』
北海道文化財保護協会　1983　『南稀府5遺跡』
北海道埋蔵文化財センター　1981a　『美沢川流域の遺跡群IV』
北海道埋蔵文化財センター　1981b　『社台1遺跡，虎杖浜4遺跡，千歳4遺跡』
北海道埋蔵文化財センター　1982　『吉井の沢の遺跡』
北海道埋蔵文化財センター　1983　『川上B遺跡』
北海道埋蔵文化財センター　1985a　『美沢川流域の遺跡群VII』
北海道埋蔵文化財センター　1985b　『千歳5遺跡』
北海道埋蔵文化財センター　1985c　『川上B遺跡』
北海道埋蔵文化財センター　1986a　『美沢川流域の遺跡群IX』
北海道埋蔵文化財センター　1986b　『湯の里3遺跡』
北海道埋蔵文化財センター　1986c　『建川1・新道4遺跡』
北海道埋蔵文化財センター　1986d　『湯の里3遺跡』
北海道埋蔵文化財センター　1987a　『美沢川流域の遺跡群VIII』
北海道埋蔵文化財センター　1987b　『新千歳空港用地内埋蔵文化財発掘調査報告書』
北海道埋蔵文化財センター　1989　『忍路土場遺跡・忍路5遺跡』(2分冊)
北海道埋蔵文化財センター　1990a　『美沢川流域の遺跡群』XIV
北海道埋蔵文化財センター　1990b　『朱舎川右岸遺跡，稀府川遺跡』
北海道埋蔵文化財センター　1994　『オサットー1遺跡，キウス7遺跡』
北海道埋蔵文化財センター　1995　『オサツ2遺跡(1)，オサツ14遺跡』
北海道埋蔵文化財センター　1996a　『キウス7遺跡(3)』
北海道埋蔵文化財センター　1996b　『キウス5遺跡(3)』
北海道埋蔵文化財センター　1997a　『キウス4遺跡』
北海道埋蔵文化財センター　1997b　『キウス5遺跡(5)』
北海道埋蔵文化財センター　1998a　『キウス4遺跡(2)』
北海道埋蔵文化財センター　1998b　『キウス7遺跡(5)』
北海道埋蔵文化財センター　1999　『キウス4遺跡(3)』
北海道埋蔵文化財センター　2000a　『キウス4遺跡(5)』
北海道埋蔵文化財センター　2000b　『キウス4遺跡(6)』
北海道埋蔵文化財センター　2001a　『キウス4遺跡(7)』
北海道埋蔵文化財センター　2001b　『キウス4遺跡(8)』
北海道埋蔵文化財センター　2003a　『キウス4遺跡(9)』

北海道埋蔵文化財センター　2003b　『キウス4遺跡（10）』
北海道埋蔵文化財センター　2003c　『野田生1遺跡』
北海道埋蔵文化財センター　2003d　『落部1遺跡』
北地文化研究会　2004　『根室市トーサムポロ遺跡R-1地点の発掘調査報告書』
松前町教育委員会　1974　『松前町高野遺跡発掘調査報告書』
松前町教育委員会　1978　『鬼沢B遺跡・棚石遺跡調査報告』
松前町教育委員会　2005　『東山遺跡』
南茅部町教育委員会　1972　『北海道南茅部町の先史』
南茅部町教育委員会　1980　『臼尻小学校遺跡』
南茅部町教育委員会　1992a　『八木A遺跡』
南茅部町教育委員会　1992b　『八木B遺跡』
南茅部町教育委員会　1994　『豊崎N遺跡』
南茅部町教育委員会　1996　『磨光B遺跡』
南茅部町埋蔵文化財調査団　1990　『川汲遺跡，川汲口遺跡』
南茅部町埋蔵文化財調査団　2004　『垣ノ島A遺跡』
八雲町教育委員会　1992a　『浜松2遺跡』
八雲町教育委員会　1992b　『コタン温泉遺跡』
由仁町教育委員会　1997　『川端遺跡，川端2遺跡』
余市町教育委員会　1989　『沢町遺跡発掘調査報告書』
余市町教育委員会　2000a　『大川遺跡』
余市町教育委員会　2000b　『大川遺跡における考古学的調査Ⅰ』
余市町教育委員会　2000c　『大川遺跡における考古学的調査Ⅱ』
余市町教育委員会　2001　『大川遺跡』
余市町教育委員会　2002　『大川遺跡』
余市町教育委員会　2004　『大川遺跡』
蘭越町教育委員会　1970　『港大照寺遺跡』
礼文町教育委員会　2000　『礼文町船泊遺跡発掘調査報告書』
渡辺俊一　1978　「元中野出土の注口土器について」『苫小牧郷土の研究』4
渡辺俊一　1980　「苫小牧市ときわ町出土の後期土器」『北海道考古学』16

青森県

青森県教育委員会　1974　『亀ヶ岡遺跡発掘調査報告書』
青森県教育委員会　1975　『土井3号遺跡発掘調査報告書』
青森県教育委員会　1976　『泉山遺跡発掘調査報告書』
青森県教育委員会　1977a　『水木沢遺跡発掘調査報告書』
青森県教育委員会　1977b　『近野遺跡発掘調査報告書』
青森県教育委員会　1978a　『三内遺跡発掘調査報告書』
青森県教育委員会　1978b　『源常平遺跡発掘調査報告書』
青森県教育委員会　1979a　『細越遺跡発掘調査報告書』
青森県教育委員会　1979b　『むつ小川原開発予定地域内遺跡発掘調査報告書』
青森県教育委員会　1981　『前平(1)遺跡発掘調査報告書』
青森県教育委員会　1982a　『右エ門次郎窪遺跡発掘調査報告書』
青森県教育委員会　1982b　『馬場瀬遺跡発掘調査報告書』

青森県教育委員会　1983　『鴨平(2)遺跡』
青森県教育委員会　1984a　『韮窪遺跡発掘調査報告書』
青森県教育委員会　1984b　『一ノ渡遺跡発掘調査報告書』
青森県教育委員会　1985　『尻高(2)・(3)・(4)遺跡発掘調査報告書』
青森県教育委員会　1987a　『牛ヶ沢(3)遺跡発掘調査報告書』
青森県教育委員会　1987b　『大湊近川遺跡発掘調査報告書』
青森県教育委員会　1988a　『上尾駮(1)遺跡C地区』
青森県教育委員会　1988b　『上尾駮(2)遺跡（I）』
青森県教育委員会　1988c　『小田内沼1』
青森県教育委員会　1989a　『二ツ石遺跡発掘調査報告書』
青森県教育委員会　1989b　『表館(1)遺跡発掘調査報告書』
青森県教育委員会　1989c　『館野遺跡』
青森県教育委員会　1990　『中崎館遺跡』
青森県教育委員会　1991a　『鬼沢猿沢・尾上山(2)・(3)遺跡発掘調査報告書』
青森県教育委員会　1991b　『雷遺跡，西山遺跡』
青森県教育委員会　1992a　『富ノ沢(2)遺跡Ⅴ』
青森県教育委員会　1992b　『沢堀込遺跡発掘調査報告書』
青森県教育委員会　1993a　『富ノ沢(2)遺跡Ⅵ』
青森県教育委員会　1993b　『野脇遺跡発掘調査報告書』
青森県教育委員会　1994a　『朝日山遺跡Ⅲ』
青森県教育委員会　1994b　『畑内遺跡Ⅰ』
青森県教育委員会　1994c　『家ノ前Ⅱ遺跡発掘調査報告書』
青森県教育委員会　1994d　『泉山遺跡』
青森県教育委員会　1995a　『高野川(3)遺跡発掘調査報告書』
青森県教育委員会　1995b　『泉山遺跡』
青森県教育委員会　1996　『上田遺跡』
青森県教育委員会　1997　『宇田野(2)遺跡』
青森県教育委員会　1998a　『根の山遺跡』
青森県教育委員会　1998b　『西張(2)遺跡』
青森県教育委員会　1998c　『水吉遺跡』
青森県教育委員会　1999　『山下遺跡，上野尻遺跡』
青森県教育委員会　2000　『餅ノ沢遺跡』
青森県教育委員会　2001　『十腰内(1)遺跡Ⅱ』
青森県教育委員会　2002　『野尻(1)遺跡Ⅳ』
青森県教育委員会　2003a　『有戸鳥井平(7)遺跡』
青森県教育委員会　2003b　『松石橋遺跡』
青森県立郷土館　1984　『亀ヶ岡石器時代遺跡』
青森県立郷土館　1989　『三厩村宇鉄遺跡発掘調査報告書（Ⅱ）』
青森県立郷土館　1997　『馬淵川流域の遺跡調査報告書』
青森市教育委員会　1985　『長森遺跡発掘調査報告書』
青森市教育委員会　1986　『田茂木野遺跡発掘調査報告書』
青森市教育委員会　1993　『小牧野遺跡発掘調査概報』
青森市教育委員会　1994　『三内丸山(2)，小三内遺跡発掘調査報告書』

青森市教育委員会　1996　『小牧野遺跡』
青森市教育委員会　1998　『桜峯(1)遺跡発掘調査報告書』
板柳町教育委員会　1993　『土井Ⅰ号遺跡発掘調査報告書』
岩木山刊行会　1968　『岩木山』
岩田　満　1985　「青森県中里町深郷田遺跡出土の土器」『遺址』5
江坂輝彌・渡辺　誠・高山　純　1967　「大間町ドウマンチャ貝塚」『下北』
大畑町教育委員会　2001　『二枚橋(2)遺跡発掘調査報告書』
大鰐町教育委員会　1986　『上牡丹森遺跡発掘調査報告書』
岡田康博　1983　「木造町神田遺跡出土の注口土器」『遺址』3
小山彦逸　1990　「七戸町道地遺跡出土の人面付き土器」『青森県考古学』5
葛西　励　1972　「青森市周辺の後期縄文土器 (2)」『うとう』78
川内町教育委員会　1996　『鞍越遺跡発掘調査報告書』
菊池徹夫・岡内三眞・高橋龍三郎　1996　「青森県虚空蔵遺跡出土の土器について」『日本考古学協会第62回総会研究発表要旨』
菊池徹夫・岡内三眞・高橋龍三郎　1997　「青森県虚空蔵遺跡出土土器の共同研究」『早稲田大学大学院文学研究科紀要』42
黒石市教育委員会　1985　『長坂1遺跡発掘調査報告書』
黒石市教育委員会　1987　『石名坂遺跡発掘調査報告書』
黒石市教育委員会　2000　『築館遺跡，石倉下遺跡』
五所川原市教育委員会　1988　『観音林遺跡発掘調査報告書』
五所川原市教育委員会　1991　『観音林遺跡発掘調査報告書』
古代学協会　1997　『青森県石亀遺跡における亀ヶ岡文化の研究』
小泊村教育委員会　1991　『縄文沼遺跡発掘調査報告書』
三戸町教育委員会　2000　『沖中遺跡・沖中(2)遺跡』
三戸町教育委員会　2002　『沖中1遺跡』
鈴木克彦　1978a　「青森県の弥生時代土器集成Ⅰ」『考古風土記』3
鈴木克彦　1978b　「「県重宝指定の亀ヶ岡遺跡出土遺物」について」『青森県立郷土館調査研究年報』4
鈴木克彦　1981　「亀ヶ岡式土器」『縄文文化の研究』4
鈴木克彦　2002　「風韻堂コレクションの縄文土器 (1)」『青森県立郷土館調査研究年報』26
鈴木克彦　2003　「風韻堂コレクションの縄文土器 (2)」『青森県立郷土館調査研究年報』27
須藤　隆　1984　「北上川流域におりる晩期前葉の縄文土器」『考古学雑誌』69—3
芹沢長介　1960　『石器時代の日本』
相馬俊也　2005　「堀合(4)遺跡における縄文後期末葉～晩期中葉の土器について」『北奥の考古学』
高橋龍三郎　1981　「亀ヶ岡式土器の研究」『北奥古代文化』12
辰馬考古資料館　1977　『展観の栞』3
辰馬考古資料館　1979　『東日本の縄文文化』
辰馬考古資料館　1986　『展観の栞』14
辰馬考古資料館　1989　「縄文式注口土器とその時代」『展観の栞』17
田村誠一　1968　「大平野1号遺跡」『岩木山』
十和田市教育委員会　1984　『明戸遺跡発掘調査報告書』第3集
名川町教育委員会　1978　『虚空蔵遺跡発掘調査報告書』
浪岡町教育委員会　2003　『平成14年度浪岡町文化財紀要Ⅲ』(中屋敷遺跡)
階上町教育委員会　1995　『滝端遺跡発掘調査報告書』

注口土器掲載資料の出典文献（50音順）

階上町教育委員会　2000　『滝端遺跡発掘調査報告書』
八戸市教育委員会　1978　『是川中居遺跡地内発掘調査概要―土壙墓・赤染人骨』
八戸市教育委員会　1983　『是川中居遺跡発掘調査報告書』
八戸市教育委員会　1985　『縄文の美』
八戸市教育委員会　1986　『八戸新都市区域内埋蔵文化財発掘調査報告書』（丹後谷地遺跡）
八戸市教育委員会　1988a　『八戸新都市区域内埋蔵文化財発掘調査報告書Ⅴ』（田面木平遺跡）
八戸市教育委員会　1988b　『八戸新都市区域内埋蔵文化財発掘調査報告書』（丹後平2遺跡）
八戸市教育委員会　1988c　『八幡遺跡発掘調査報告書』
八戸市教育委員会　1990　『八戸市内遺跡発掘調査報告書1』（石手洗遺跡）
八戸市教育委員会　1991　『風張(1)遺跡』
八戸市教育委員会　1992a　『八幡遺跡発掘調査報告書』
八戸市教育委員会　1992b　『八戸市内遺跡発掘調査報告書』（館平遺跡）
八戸市教育委員会　1994　『舟渡ノ上遺跡，大槻窪遺跡』
八戸市教育委員会　1999　『是川中居遺跡』
八戸市教育委員会　2002a　『是川中居遺跡（長田沢地区）』
八戸市教育委員会　2002b　『是川中居遺跡1』
八戸市教育委員会　2004a　『是川中居遺跡3』
八戸市教育委員会　2004b　『是川中居遺跡（中居地区G，L，M）』
八戸市教育委員会　2005　『是川中居遺跡4』
平賀町教育委員会　1979　『石郷遺跡発掘調査報告書』
平賀町教育委員会　1983　『木戸口遺跡発掘調査報告書』
平賀町教育委員会　1994　『石郷(1)遺跡発掘調査報告書』
弘前市教育委員会　1988　『砂沢遺跡　図版編』
弘前市教育委員会　1992　『砂沢遺跡　本文編』
弘前市教育委員会　1997　『弘前市内遺跡発掘調査報告書1』
弘前市教育委員会　2005　『十腰内(2)遺跡出土遺物集』
弘前大学人文学部　2004　『亀ヶ岡文化遺物実測図集』
深浦町教育委員会　1998　『日和見山遺跡』
福田友之　1982　「八戸市田面木発見の異形注口土器」『遺址』2
藤村東男　1972　「東北地方における晩期縄文時代の注口土器について」『史学』44―2
平安博物館　1991　『青森県石亀遺跡における亀ヶ岡文化の研究』
蛍沢遺跡調査団　1979　『蛍沢遺跡』
三厩村教育委員会　1995　『宇鉄遺跡発掘調査報告書』
脇野沢村教育委員会　1979　『家ノ上，外崎沢(1)遺跡』
脇野沢村教育委員会　1998　『青森県脇野沢村瀬野遺跡』

岩手県

一戸町教育委員会　1986　『蒔前』
一戸町教育委員会　1995　『山井遺跡』
岩手県教育委員会　1960　『岩手県史』第1巻
岩手県教育委員会　1979　『東北縦貫自動車道関係埋蔵文化財調査報告書1』（高屋敷遺跡）
岩手県埋蔵文化財センター　1979　『東北新幹線関係埋蔵文化財調査報告書Ⅰ』（五十瀬神社遺跡）
岩手県埋蔵文化財センター　1980a　『東北縦貫自動車道関係埋蔵文化財調査報告書Ⅲ』（大明神遺跡）

岩手県埋蔵文化財センター	1980b	『東北縦貫自動車道関係埋蔵文化財調査報告書Ⅵ』（東裏遺跡）
岩手県埋蔵文化財センター	1980c	『御所ダム建設関連遺跡発掘調査報告書』（堂ケ沢遺跡）
岩手県埋蔵文化財センター	1981	『東北縦貫自動車道関係埋蔵文化財調査報告書Ⅶ』（大地渡遺跡）
岩手県埋蔵文化財センター	1982a	『扇畑Ⅱ遺跡発掘調査報告書』
岩手県埋蔵文化財センター	1982b	『御所ダム建設関連遺跡発掘調査報告書』（荢内遺跡）
岩手県埋蔵文化財センター	1982c	『御所ダム関連遺跡発掘調査報告書』
岩手県埋蔵文化財センター	1983a	『赤坂田Ⅰ遺跡発掘調査報告書』
岩手県埋蔵文化財センター	1983b	『湯沢遺跡発掘調査報告書』
岩手県埋蔵文化財センター	1983c	『叺屋敷Ⅰa遺跡発掘調査報告書』
岩手県埋蔵文化財センター	1983d	『馬場野Ⅰ遺跡発掘調査報告書』
岩手県埋蔵文化財センター	1983e	『滝谷Ⅲ遺跡発掘調査報告書』
岩手県埋蔵文化財センター	1983f	『君成田Ⅳ遺跡発掘調査報告書』
岩手県埋蔵文化財センター	1983g	『上の山Ⅶ遺跡発掘調査報告書』
岩手県埋蔵文化財センター	1983h	『道地Ⅲ遺跡発掘調査報告書』
岩手県埋蔵文化財センター	1984a	『江刺家遺跡発掘調査報告書』
岩手県埋蔵文化財センター	1984b	『安堵屋敷遺跡発掘調査報告書』
岩手県埋蔵文化財センター	1984c	『長者屋敷遺跡発掘調査報告書（Ⅲ)』
岩手県埋蔵文化財センター	1984d	『嶽Ⅱ遺跡発掘調査報告書』
岩手県埋蔵文化財センター	1984e	『上斗内Ⅲ・Ⅳ・Ⅴ遺跡発掘調査報告書』
岩手県埋蔵文化財センター	1985a	『川口Ⅱ遺跡発掘調査報告書』
岩手県埋蔵文化財センター	1985b	『海上Ⅰ遺跡発掘調査報告書』
岩手県埋蔵文化財センター	1985c	『曲田Ⅰ遺跡発掘調査報告書』
岩手県埋蔵文化財センター	1986a	『五庵Ⅲ遺跡発掘調査報告書』
岩手県埋蔵文化財センター	1986b	『広沖遺跡発掘調査報告書』
岩手県埋蔵文化財センター	1986c	『水神遺跡発掘調査報告書』
岩手県埋蔵文化財センター	1986d	『手代森遺跡発掘調査報告書』
岩手県埋蔵文化財センター	1986e	『五庵Ⅰ遺跡発掘調査報告書』
岩手県埋蔵文化財センター	1986f	『大日向Ⅱ遺跡発掘調査報告書』
岩手県埋蔵文化財センター	1986g	『駒板遺跡発掘調査報告書』
岩手県埋蔵文化財センター	1986h	『竹林遺跡発掘調査報告書』
岩手県埋蔵文化財センター	1986i	『馬場野Ⅱ遺跡発掘調査報告書』
岩手県埋蔵文化財センター	1987	『大堤Ⅱ遺跡発掘調査報告書』
岩手県埋蔵文化財センター	1988	『大久保・西久保遺跡発掘調査報告書』
岩手県埋蔵文化財センター	1989	『手前Ⅰ遺跡発掘調査報告書』
岩手県埋蔵文化財センター	1991	『上川岸Ⅱ遺跡発掘調査報告書』
岩手県埋蔵文化財センター	1992	『林崎館遺跡発掘調査報告書』
岩手県埋蔵文化財センター	1993a	『新山権現社遺跡発掘調査報告書』
岩手県埋蔵文化財センター	1993b	『泉屋遺跡発掘調査報告書』
岩手県埋蔵文化財センター	1994	『向館遺跡発掘調査報告書』
岩手県埋蔵文化財センター	1995a	『柳上遺跡発掘調査報告書』
岩手県埋蔵文化財センター	1995b	『上米内遺跡発掘調査報告書』
岩手県埋蔵文化財センター	1995c	『水吉Ⅵ遺跡発掘調査報告書』
岩手県埋蔵文化財センター	1995d	『大日向Ⅱ遺跡発掘調査報告書』

注口土器掲載資料の出典文献（50音順）

岩手県埋蔵文化財センター　1996　『横町遺跡発掘調査報告書』
岩手県埋蔵文化財センター　1997　『上鷹生遺跡発掘調査報告書』
岩手県埋蔵文化財センター　1998a　『大日向Ⅱ遺跡発掘調査報告書（第6次～第8次）』
岩手県埋蔵文化財センター　1998b　『本内Ⅱ遺跡発掘調査報告書』
岩手県埋蔵文化財センター　1999a　『大芦Ⅰ遺跡発掘調査報告書』
岩手県埋蔵文化財センター　1999b　『長谷堂貝塚発掘調査報告書』
岩手県埋蔵文化財センター　1999c　『野沢Ⅳ遺跡発掘調査報告書』
岩手県埋蔵文化財センター　2000a　『相ノ沢遺跡発掘調査報告書』
岩手県埋蔵文化財センター　2000b　『清水遺跡発掘調査報告書』
岩手県埋蔵文化財センター　2000c　『下村遺跡発掘調査報告書』
岩手県埋蔵文化財センター　2000d　『長倉Ⅰ遺跡発掘調査報告書』
岩手県埋蔵文化財センター　2000e　『川岸場Ⅱ遺跡発掘調査報告書』
岩手県埋蔵文化財センター　2000f　『山王山遺跡第9次発掘調査報告書』
岩手県埋蔵文化財センター　2001a　『野尻Ⅲ遺跡発掘調査報告書』
岩手県埋蔵文化財センター　2001b　『市部内遺跡発掘調査報告書』
岩手県埋蔵文化財センター　2002a　『泉屋遺跡第16・19・21次発掘調査報告書』
岩手県埋蔵文化財センター　2002b　『清水遺跡発掘調査報告書』
岩手県埋蔵文化財センター　2003a　『清田台遺跡発掘調査報告書』
岩手県埋蔵文化財センター　2003b　『本宮熊堂A遺跡第17次発掘調査報告書』
岩手県埋蔵文化財センター　2003c　『久田遺跡発掘調査報告書』
岩手県埋蔵文化財センター　2004　『長谷堂貝塚発掘調査報告書』
岩手町教育委員会　1995　『高梨遺跡発掘調査報告書』
岩手県立博物館　1982　『岩手の土器』
岩手県立博物館　1987　『根井貝塚発掘調査報告書』
大槌町教育委員会　1974　『崎山弁天遺跡』
大迫町教育委員会　1979a　『立石遺跡』
大迫町教育委員会　1979b　『小田遺跡発掘調査報告書』
大迫町教育委員会　1986　『観音堂遺跡』
大迫町教育委員会　1987　『稗貫川流域遺跡群詳細分布調査報告書Ⅰ』（天神ケ丘遺跡）
大迫町教育委員会　1992　『板橋遺跡』
大船渡市教育委員会　2000　『大洞貝塚範囲確認調査報告書』
大船渡市教育委員会　2002　『宮野貝塚緊急発掘調査報告書』
金ヶ崎町教育委員会　1992　『永徳寺遺跡』
北上市教育委員会　1977　『九年橋遺跡第3次発掘調査報告書』
北上市教育委員会　1978a　『八天遺跡』
北上市教育委員会　1978b　『九年橋遺跡第4次発掘調査報告書』
北上市教育委員会　1979　『九年橋遺跡第5次発掘調査報告書』
北上市教育委員会　1980　『九年橋遺跡第6次発掘調査報告書』
北上市教育委員会　1984　『九年橋遺跡第7次発掘調査報告書』
北上市教育委員会　1985　『北上川東岸遺跡発掘調査報告書』
北上市教育委員会　1987　『九年橋遺跡第十次発掘調査報告書』
北上市教育委員会　1988　『九年橋遺跡第11次発掘調査報告書』
北上市教育委員会　1995　『横欠遺跡』

久慈市教育委員会　1985　『大芦遺跡発掘調査報告書』
久慈市教育委員会　1993　『二子貝塚』
浄法寺町教育委員会　2001　『上杉沢遺跡』
紫波町教育委員会　1985　『城内遺跡発掘調査報告書』
芹沢長介　1960　『石器時代の日本』
滝沢村教育委員会　1986　『湯舟沢遺跡』
東和町教育委員会　1996　『町内遺跡発掘調査報告書 VI』
奈良文化財研究所　1999　『岩手県足沢遺跡資料』
花泉町教育委員会　1971　『貝鳥貝塚』
藤沢町教育委員会　1997　『十文字遺跡発掘調査報告書』
宮古市教育委員会　1983　『宮古市遺跡分布調査報告書』1
宮古市教育委員会　1984　『宮古市遺跡分布調査報告書』2
宮古市教育委員会　1986　『宮古市遺跡分布調査報告書 4』（小沢遺跡）
宮古市教育委員会　1992a　『高根遺跡』
宮古市教育委員会　1992b　『重茂館遺跡群』
宮古市教育委員会　2001　『近内中村遺跡』
盛岡市教育委員会　1984　『大館町遺跡群』（大新町遺跡）
盛岡市教育委員会　1985　『柿ノ木平遺跡』
盛岡市教育委員会　1989a　『大館遺跡群』
盛岡市教育委員会　1989b　『小山遺跡群』
盛岡市教育委員会　1990　『上平遺跡群』
盛岡市教育委員会　1993　『大館遺跡群』
陸前高田市教育委員会　1997　『堂の前貝塚発掘調査報告書 1』

秋田県

秋田県　1977　『秋田県史　考古編』
秋田県教育委員会　1975　『鹿角大規模農道発掘調査略報』
秋田県教育委員会　1976　『新秋田空港周辺遺跡鹿野戸遺跡発掘調査報告書』
秋田県教育委員会　1978　『湯出野遺跡発掘調査概報』
秋田県教育委員会　1979　『塚の下遺跡発掘調査報告書』
秋田県教育委員会　1981a　『東北縦貫自動車道発掘調査報告書 I』（居熊井遺跡）
秋田県教育委員会　1981b　『藤株遺跡発掘調査報告書』第 85 集
秋田県教育委員会　1981c　『杉沢台遺跡，竹生遺跡』
秋田県教育委員会　1982　『東北縦貫自動車道発掘調査報告書 III』（飛鳥平遺跡）
秋田県教育委員会　1983a　『東北縦貫自動車道発掘調査報告書 VI』（猿ヶ平 II 遺跡）
秋田県教育委員会　1983b　『平鹿遺跡発掘調査報告書』
秋田県教育委員会　1984a　『東北縦貫自動車道発掘調査報告書 XII』（白長根館 I 遺跡）
秋田県教育委員会　1984b　『三十刈 I, II 遺跡』
秋田県教育委員会　1984c　『中山遺跡発掘調査報告書』
秋田県教育委員会　1988a　『中小坂遺跡発掘調査報告書』
秋田県教育委員会　1988b　『玉内遺跡発掘調査報告書』
秋田県教育委員会　1989a　『木形台 II 遺跡発掘調査報告書』
秋田県教育委員会　1989b　『八木遺跡発掘調査報告書』

秋田県教育委員会　1990　『はりま館遺跡発掘調査報告書（上巻）』
秋田県教育委員会　1991　『東北横断自動車道秋田線発掘調査報告書IX』
秋田県教育委員会　1992　『曲田地区農免農道整備事業に係る埋蔵文化財発掘調査報告書II』（家ノ後遺跡）
秋田県教育委員会　1994a　『桂の沢遺跡発掘調査報告書』
秋田県教育委員会　1994b　『白坂遺跡発掘調査報告書』
秋田県教育委員会　1994c　『東北横断自動車道秋田線発掘調査報告書XVIII』（小田IV遺跡）
秋田県教育委員会　1995a　『家の下遺跡発掘調査報告書』
秋田県教育委員会　1995b　『寒沢遺跡発掘調査報告書』
秋田県教育委員会　1998　『虫内I遺跡』
秋田県教育委員会　2000a　『桐内C遺跡』
秋田県教育委員会　2000b　『戸平川遺跡』
秋田県教育委員会　2000c　『潟前遺跡（第2次）』
秋田県教育委員会　2000d　『根下戸道下遺跡』
秋田県教育委員会　2001　『松木台III遺跡』
秋田県教育委員会　2002　『からむし岱I遺跡』
秋田県教育委員会　2003a　『和田III遺跡』
秋田県教育委員会　2003b　『前通遺跡』
秋田県教育委員会　2003c　『向様田A遺跡』
秋田県教育委員会　2003d　『向様田下遺跡』
秋田県教育委員会　2004　『堀量遺跡』
秋田県教育委員会　2005a　『柏子所II遺跡』
秋田県教育委員会　2005b　『日廻岱B遺跡』
秋田市教育委員会　1980　『上新城中学校遺跡』
秋田市教育委員会　1982　『下堤D遺跡発掘調査報告書』
秋田市教育委員会　1984　『秋田臨空港新都市開発関係埋蔵文化財発掘調査報告書』（坂ノ上E遺跡）
秋田市教育委員会　1985　『秋田臨空港新都市開発関係埋蔵文化財発掘調査報告書』
秋田市教育委員会　1989　『上新城中学校遺跡』
秋田市教育委員会　1992　『上新城中学校遺跡』
安孫子昭二　1981　「瘤付土器」『縄文文化の研究』4
鹿角市　1982　『鹿角市史』第1巻
鹿角市教育委員会　1975　『鹿角大規模農道遺跡発掘調査略報』（草木遺跡）
鹿角市教育委員会　1984　『天戸森遺跡』
鹿角市教育委員会　1986　『大湯環状列石周辺遺跡発掘調査報告書（2）』
鹿角市教育委員会　1987　『大湯環状列石周辺遺跡発掘調査報告書（3）』
鹿角市教育委員会　1988　『大湯環状列石周辺遺跡発掘調査報告書（4）』
鹿角市教育委員会　1989　『大湯環状列石周辺遺跡発掘調査報告書（5）』
鹿角市教育委員会　1993　『大湯環状列石周辺遺跡発掘調査報告書（9）』
鹿角市教育委員会　1997　『大湯環状列石周辺発掘調査報告書（13）』
清野謙次　1969　『日本貝塚の研究』
五城目町教育委員会　1983　『中山遺跡』
協和町教育委員会　1989　『木形台II遺跡発掘調査報告書』
琴丘町教育委員会　1983　『高石野遺跡発掘調査概報』

高橋忠彦　1993　「大型遮光器土偶と環状注口土器」『秋田県埋蔵文化財センター紀要』8
富樫泰時　1978　「人面付環状注口土器」『考古学雑誌』63—4
奈良修介・豊島　昂　1967　『秋田県の考古学』
能代市　1995　『能代市史　資料編考古』

宮城県

角田市教育委員会　1976　『梁瀬浦遺跡』
後藤勝彦　1962　「陸前宮戸島里浜台囲貝塚出土の土器について」『考古学雑誌』48—1
斎藤報恩会　1991　『宝ヶ峯』
斎藤良治　1968　「陸前地方縄文文化後期後半の土器編年について」『仙台湾周辺の考古学的研究』
白石市　1976　『白石市史　別巻考古資料編』
仙台市教育委員会　1981　『六反田遺跡発掘調査報告書』34集
仙台市教育委員会　1987a　『六反田遺跡 III』102集
仙台市教育委員会　1987b　『山田上ノ台遺跡』
仙台市教育委員会　1989　『上野遺跡発掘調査報告書』
仙台市教育委員会　1990　『下ノ内遺跡』
仙台市教育委員会　1995a　『六反田遺跡』199集
仙台市教育委員会　1995b　『高柳遺跡』
仙台市教育委員会　1995c　『伊古田遺跡』
仙台市教育委員会　1996　『下ノ浦遺跡，山口遺跡』
築館町教育委員会　1976　『築館町史』
松島町　1989　『松島町史　資料編1』
宮城県教育委員会　1978　『東北自動車道遺跡調査報告書 I』
宮城県教育委員会　1979　『宇南遺跡』
宮城県教育委員会　1982a　『東北自動車道遺跡調査報告書』VI
宮城県教育委員会　1982b　『東北自動車道遺跡調査報告書 VII』(菅生田遺跡)
宮城県教育委員会　1982c　『東北自動車道遺跡調査報告書 IX』(二屋敷遺跡)
宮城県教育委員会　1982d　『青木畑遺跡』
宮城県教育委員会　1985　『香ノ木遺跡発掘調査報告書』
宮城県教育委員会　1986a　『畑中貝塚遺跡発掘調査報告書』
宮城県教育委員会　1986b　『田柄貝塚』I
宮城県教育委員会　1986c　『宮城町観音堂遺跡，新宮前遺跡』
宮城県教育委員会　1987　『中ノ内A遺跡，本屋敷遺跡，他』
宮城県教育委員会　1988　『大梁川，小梁川遺跡』
宮城県教育委員会　1990　『摺萩遺跡』
宮城県教育委員会　1992　『下草古城跡ほか』

山形県

朝日村教育委員会　1984　『砂川A遺跡発掘調査報告書』
安孫子昭二　1967　「谷定出土の深鉢とその編年位置について」『庄内考古学』6
安孫子昭二　1981　「瘤付土器」『縄文文化の研究』4
阿部明彦　1977　「村山市山ノ内岩倉遺跡出土の土器をめぐって」『さあべい』2—4
尾花沢市教育委員会　1982　『漆坊遺跡発掘調査報告書』

佐藤鎮雄　1967　「高畑出土の後期後半，晩期初頭の縄文式土器について」『庄内考古学』6
真室川町教育委員会　1986　『釜渕C遺跡発掘調査報告書』
村山市　1982　『村山市史』別巻1
山形県　1969　『山形県史　資料編II』
山形県教育委員会　1976　『小林遺跡』
山形県教育委員会　1988　『原の内A遺跡第3次発掘調査報告書』
山形県教育委員会　1990　『川口遺跡発掘調査報告書』
山形県教育委員会　1993　『山形西高敷地内遺跡第5次発掘調査報告書』
山形県教育委員会　1995　『宮の前遺跡発掘調査報告書』
山形県埋蔵文化財センター　1996a　『渡戸遺跡発掘調査報告書』
山形県埋蔵文化財センター　1996b　『野新田遺跡発掘調査報告書』
山形県埋蔵文化財センター　1997　『宮下遺跡発掘調査報告書』
山形県埋蔵文化財センター　1998　『山居遺跡発掘調査報告書』
山形県埋蔵文化財センター　1999a　『八ツ目久保遺跡発掘調査報告書』
山形県埋蔵文化財センター　1999b　『宮の前遺跡第3次発掘調査報告書』
山形県埋蔵文化財センター　2001　『小山崎遺跡第4次発掘調査報告書』
山形県埋蔵文化財センター　2003a　『砂子田遺跡第2，3次発掘調査報告書』
山形県埋蔵文化財センター　2003b　『釜淵C遺跡』
山形県埋蔵文化財センター　2003c　『かっぱ遺跡発掘調査報告書』
遊佐町教育委員会　1971　『神矢田遺跡1次・2次』
遊佐町教育委員会　1972　『神矢田遺跡3次～5次』
米沢市教育委員会　1975　『米沢市八幡原中核工業団地造成予定地内埋蔵文化財発掘調査報告書』
米沢市教育委員会　1994　『塔ノ原』
米沢市教育委員会　1999　『大樽遺跡第2・3次発掘調査報告書』

福島県
会津高田町教育委員会　1983　『会津高田町遺跡試掘調査報告書』
飯舘村教育委員会　1982　『日向遺跡』
飯野町教育委員会　2003　『和台遺跡』
いわき市教育委員会　1966　『寺脇貝塚』
いわき市教育委員会　1968　『小名浜』
いわき市教育委員会　1975　『大畑貝塚調査報告』
いわき市教育委員会　1985　『愛谷遺跡』
いわき市教育委員会　1988　『薄磯貝塚』
いわき市教育委員会　1989　『下平石遺跡発掘調査報告書』
いわき市教育委員会　1993　『久世原館，番匠地遺跡』
いわき市教育委員会　1997　『相子島貝塚』
大熊町教育委員会　1983　『道平遺跡の研究』
大熊町　1984　『大熊町史』2巻
小野町教育委員会　1994　『矢大臣遺跡III』
郡山市教育委員会　1982　『河内下郷遺跡群II』
郡山市教育委員会　1983　『郡山東部』III
郡山市教育委員会　1995　『郡山東部』16（妙音寺遺跡第1次）

郡山市教育委員会　1997　『一ツ松遺跡』

郡山市教育委員会　2002　『築場遺跡』

郡山市教育委員会　2003a　『石畑遺跡（第1，2次），馬場中路遺跡（第2次,）馬場小路遺跡（第2次）』

郡山市教育委員会　2003b　『馬場小路遺跡（第2次)』

郡山市教育委員会　2004　『柳橋遺跡』

郡山市教育委員会　2005　『町B遺跡』

山都町教育委員会　1983　『上林遺跡』

相馬市教育委員会　1982　『馬貝塚遺跡発掘調査報告書』

白河市教育委員会　1987　『下黒川遺跡』

新地町教育委員会　1978　『三貫地』

高郷村教育委員会　1985　『博毛遺跡』

高田　勝　1988　「郡山市湖南町船津山ノ神遺跡出土の注口土器」『福島考古』29

滝根町教育委員会　1985　『滝根町遺跡分布調査報告』3

田島町教育委員会　1992　『寺前遺跡』

富岡町教育委員会　1981　『富岡町埋蔵文化財調査報告3』（上ノ町B遺跡）

浪江町教育委員会　1998　『七社宮』

西会津町　1958　『西会津町史　続編』第壱集

丹羽　茂　1972　「縄文時代における中期社会の崩壊と後期社会の成立に関する試論」『福島大学考古学研究会研究紀要』1

東湯野村教育委員会　1953　『上岡遺跡』

福島県教育委員会　1975a　『東北自動車道遺跡調査報告』47集（川原遺跡）

福島県教育委員会　1975b　『田地ヶ岡遺跡発掘調査報告書』

福島県教育委員会　1980　『二本木遺跡発掘調査報告書』

福島県教育委員会　1982　『又兵衛田A遺跡発掘調査報告書』

福島県教育委員会　1984a　『国営会津農業水利事業関連遺跡調査報告書II』（下谷地ケ地平遺跡）

福島県教育委員会　1984b　『真野ダム関連遺跡発掘調査報告書V』（上ノ台A遺跡第1次）

福島県教育委員会　1984c　『真野ダム関連遺跡発掘調査報告書VI』（松ケ平D遺跡）

福島県教育委員会　1984d　『一斗内遺跡発掘調査報告書』

福島県教育委員会　1985a　『小田口・D遺跡発掘調査報告書』

福島県教育委員会　1985b　『母畑地区遺跡発掘調査報告19』（荒小路遺跡）

福島県教育委員会　1985c　『岩下A遺跡発掘調査報告書』

福島県教育委員会　1986a　『真野ダム関連遺跡発掘調査報告VIII』（日向南遺跡）

福島県教育委員会　1986b　『北原遺跡発掘調査報告書』

福島県教育委員会　1987a　『日向南遺跡発掘調査報告書』

福島県教育委員会　1987b　『真野ダム関連遺跡発掘調査報告』IX（日向南遺跡第3次）

福島県教育委員会　1988a　『浜伊場B遺跡発掘調査報告』

福島県教育委員会　1988b　『真野ダム関連遺跡発掘調査報告XI』（宮内B遺跡）

福島県教育委員会　1988c　『真野ダム関連遺跡発掘調査報告XII』（羽白C遺跡）

福島県教育委員会　1989a　『三春ダム関連遺跡発掘調査報告2』（柴原B遺跡）

福島県教育委員会　1989b　『東北横断自動車道遺跡調査報告』5（天光遺跡）

福島県教育委員会　1989c　『真野ダム関連遺跡発掘調査報告XIII』（宮内A遺跡）

福島県教育委員会　1990a　『真野ダム関連遺跡発掘調査報告書』XIV（上ノ台A遺跡第2次）

福島県教育委員会　1990b　『角間遺跡発掘調査報告書』

福島県教育委員会　1990c　『東北横断自動車道遺跡発掘調査報告 7』（北向遺跡）
福島県教育委員会　1990d　『東北横断自動車道遺跡発掘調査報告 10』（能登遺跡）
福島県教育委員会　1990e　『飾山遺跡発掘調査報告』
福島県教育委員会　1990f　『東北横断自動車道遺跡調査報告 8』（角間遺跡）
福島県教育委員会　1990g　『真野ダム関連遺跡発掘調査報告』XV（日向南遺跡第 4 次，宮内 A 遺跡第 2 次）
福島県教育委員会　1990h　『大森 A 遺跡発掘調査報告書』
福島県教育委員会　1991a　『東北横断自動車道遺跡調査報告 11』
福島県教育委員会　1991b　『東北横断自動車道遺跡調査報告 12』（屋敷遺跡）
福島県教育委員会　1991c　『東北横断自動車道遺跡調査報告 13』（和泉遺跡）
福島県教育委員会　1991d　『請戸川地区遺跡発掘調査報告』I（大富西畑遺跡）
福島県教育委員会　1993　『三春ダム関連遺跡発掘調査報告』7（紫原 A 遺跡）
福島県教育委員会　1994a　『東北横断自動車道遺跡調査報告 25』（塩喰岩陰遺跡）
福島県教育委員会　1994b　『東北横断自動車道関係遺跡調査報告 26』（羽黒山遺跡）
福島県教育委員会　1996a　『三春ダム関連遺跡発掘調査報告 8』（越田和遺跡）
福島県教育委員会　1996b　『摺上川ダム遺跡発掘調査報告 II』（獅子内遺跡）
福島県教育委員会　1997　『摺上川ダム遺跡発掘調査報告 III』（弓手原 A 遺跡）
福島県教育委員会　2002a　『福島空港・あぶくま南道路遺跡発掘調査報告 15』（宮ノ前 A 遺跡）
福島県教育委員会　2002b　『常磐自動車道遺跡調査報告 36』（本町西 C 遺跡）
福島県教育委員会　2003a　『阿武隈川右岸築堤遺跡発掘調査報告 3』（高木，北ノ脇遺跡）
福島県教育委員会　2003b　『常磐自動車道遺跡調査報告 34』（馬場前遺跡）
福島県立博物館　1988　『三貫地遺跡発掘調査報告書』
福島市　1969　『福島市史』6
福島市教育委員会　1990　『宮脇遺跡発掘調査報告書』
福島市教育委員会　1992　『清水遺跡発掘調査報告書』
福島市教育委員会　1993　『第三期山村振興農林漁業対策事業水原小谷地地区農道改良工事関連遺跡発掘調査報告』（宇輪台遺跡）
福島市教育委員会　1994　『月崎 A 遺跡（第 10・15・17・18 次調査）』
福島市教育委員会　1995a　『下ノ平 D 遺跡弓手原 A 遺跡（第 1 次）』
福島市教育委員会　1995b　『宮畑遺跡発掘調査報告書』
福島市教育委員会　1995c　『月崎 A 遺跡（第 10・15・17・18 次調査）』
福島市教育委員会　1997a　『月崎 A 遺跡（第 6・16・18〜26 次調査）』
福島市教育委員会　1997b　『大平・俊関遺跡 2』
福島市教育委員会　1997c　『摺上川ダム埋蔵文化財発掘調査報告 5』（入トンキャラ遺跡）
福島市教育委員会　1998　『西ノ前遺跡』
福島市教育委員会　2003　『邸下遺跡』
船引町　1984　『船引町史　資料編』1
文献資料刊行会　1974　『上栃窪遺跡』
三島町教育委員会　1986　『銭森遺跡 II』
三春町教育委員会　1987　『西方前遺跡 II』
三春町教育委員会　1989　『西方前遺跡 III』
三春町教育委員会　1993　『西方前遺跡 IV』
三春考古学研究会　1994　『西方前遺跡の縄文土器』

柳津町教育委員会　1991　『石生前遺跡発掘調査報告書』
柳津町教育委員会　1996　『石生前遺跡II』
柳沼賢治　1981　「郡山市倉屋敷遺跡出土の縄文式土器について」『福島考古』22
霊山町教育委員会　1986　『霊山・式ノ内遺跡発掘調査報告』

茨城県

石川日出志　2005　『関東・東北弥生土器と北海道続縄文土器の広域編年』
井上・早川・宮本・大内　1971　「茨城県縄文文化研究資料集録」『那珂川の先史遺跡』4
茨城県　1976　『小山台貝塚』
茨城県　1979　『茨城県史料』
茨城県教育財団　1980　『冬木A貝塚・冬木B貝塚』
茨城県教育財団　1982　『常磐自動車道関係埋蔵文化財発掘調査報告書4』（砂川遺跡）
茨城県教育財団　1984　『竜ヶ崎ニュータウン内埋蔵文化財調査報告書10　南三島遺跡1・2区　（下）』
茨城県教育財団　1985a　『水海道都市計画事業・小絹土地区画整理事業地内埋蔵文化財調査報告書3』（大谷津A遺跡　下）
茨城県教育財団　1985b　『大谷津A遺跡（下）』
茨城県教育財団　1986a　『常磐自動車道関係埋蔵文化財発掘調査報告書9』
茨城県教育財団　1986b　『小場遺跡発掘調査報告書』
茨城県教育財団　1987　『竜ヶ崎ニュータウン内埋蔵文化財調査報告書16』（南三島遺跡3，4区I）
茨城県教育財団　1995　『中台遺跡発掘調査報告書』
茨城町史編纂委員会　1987　『茨城町小堤貝塚』
勝田市　1979　『勝田市史　考古資料集』
勝田市教育委員会　1994　『久慈川・那珂川流域の貝塚』
貝塚文化研究会　1981　『中妻貝塚の研究II』
神野遺跡調査会　1978　『茨城県神野遺跡調査報告書』
岸崎浩実　1993　「縄文時代後期の注口土器」『国学院大学考古学資料館紀要』9
下館市教育委員会　1985　『外塚遺跡』
杉原荘介・戸沢充則・小林三郎　1969　「茨城県殿田（浮島）における縄文弥生両時代の遺跡」『考古学集刊』4—3
取手市教育委員会　1972　『取手と先史文化』上巻
取手市教育委員会　1981　『取手と先史文化』下巻
藤本弥城　1977　『那珂川下流の石器時代研究I』
藤本弥城　1980　『那珂川下流の石器時代研究II』
藤本弥城　1988　「茨城県広畑貝塚出土の晩期縄文土器」『考古学雑誌』73—4
古河市　1988　『古河市史　通史編』
星山芳樹　1976　「水海道市築地遺跡出土の注口付土器について」『常総台地』7
守谷町教育委員会　1981　『郷州原遺跡』
渡辺　誠　1991　『福田（神明前）貝塚』

栃木県

氏家町　1983　『氏家町史　上巻』
大和久震平・塙　静夫　1972　『栃木県の考古学』
上河内村教育委員会　1975　『梨木平遺跡第4次発掘調査報告書』

注口土器掲載資料の出典文献（50音順）

上河内村教育委員会　1986a　『古宿遺跡』
上河内村教育委員会　1986b　『梨木平遺跡』
芹沢清八　1987　「栃木県小川町内出土の注口土器をめぐって」『唐沢考古』7
栃木県　1981　『栃木県史　1 通史編』
栃木県教育委員会　1972　『東北縦貫自動車道埋蔵文化財発掘調査報告書』
栃木県教育委員会　1981　『下都賀郡国分寺町柴工業団地内遺跡調査報告』
栃木県教育委員会　1985　『上欠遺跡』
栃木県教育委員会　1986　『御城田遺跡』
栃木県教育委員会　1994a　『塙平遺跡 I』
栃木県教育委員会　1994b　『三輪仲町遺跡』
栃木県教育委員会　1994c　『古宿遺跡』
栃木県教育委員会　1995　『槻沢遺跡 II』
栃木県教育委員会　1997a　『寺野東遺跡 V』
栃木県教育委員会　1997b　『浄法寺遺跡』
栃木県教育委員会　1999a　『寺野東遺跡 II』
栃木県教育委員会　1999b　『藤岡神社遺跡（遺物編）』
栃木県教育委員会　2001a　『八剣遺跡』
栃木県教育委員会　2001b　『松山遺跡』
栃木県教育委員会　2001c　『御霊前遺跡 II』
栃木県教育委員会　2001d　『藤岡神社遺跡（本文編）』
栃木県教育委員会　2003　『萩ノ平遺跡』
前沢輝政　1963　『御厨高松遺跡の研究』

群馬県

安中市教育委員会　2003　『東上秋間遺跡群発掘調査報告書』
粕川村教育委員会　1981　『稲荷山 K1・安通洞 A3』
桐生市教育委員会　1973　『千網谷戸遺跡東南地点発掘調査報告』
桐生市教育委員会　1980　『千網谷戸遺跡調査報告』
群馬県企業局　1992　『三原田遺跡　3 巻』
群馬県教育委員会　1985a　『荒砥二之堰遺跡』
群馬県教育委員会　1985b　『荒砥前原遺跡，赤石城址』
群馬県教育委員会　1986a　『中畑遺跡，諏訪西遺跡』
群馬県教育委員会　1986b　『下佐野遺跡』
群馬県教育委員会　1987　『深沢遺跡，前田原遺跡』
群馬県教育委員会　1988　『田端遺跡発掘調査報告書』
群馬県教育委員会　1992　『二之宮千足遺跡発掘調査報告書』
群馬県教育委員会　1993a　『五月牛清水田遺跡発掘調査報告書』
群馬県教育委員会　1993b　『内匠上之宿遺跡』
群馬県教育委員会　1993c　『上戸塚正上寺遺跡発掘調査報告書』
群馬県教育委員会　1994　『白倉下原・天引向原遺跡 II』
小保方紀久　1971　「群馬県大根遺跡出土の舟形注口土器」『考古学ジャーナル』54
小保方紀久　1982　「太田市大島出土の注口土器」『太古』31
山武考古学研究所　1991　『横俵遺跡群 II』

山武考古学研究所　1994　『E14 保美地区遺跡群』
山武考古学研究所　1997　『行田梅ノ木平遺跡』
渋川市教育委員会　1978　『空沢遺跡』
榛東町教育委員会　1991　『茅野遺跡概報』
富岡市教育委員会　1990　『新井・坂詰遺跡』
千網谷戸遺跡発掘調査会　1978　『千網谷戸遺跡発掘調査報告』
長野原町教育委員会　1990　『欅II遺跡』
新田町　1987　『新田町誌　2巻資料編上』
新田町　1990　『新田町誌　1巻通史編』
新田町教育委員会　1994　『下田遺跡』
新田町教育委員会　1997　『中江田遺跡群（第一分冊）』
東村教育委員会　1978　『佐波郡東村曲沢遺跡』
藤岡市教育委員会　1982　『C4 小野地区遺跡群発掘調査報告書』
藤岡市教育委員会　1988　『C7 神明北遺跡，C8 谷地遺跡』
松井田町教育委員会　1992　『国衙遺跡群II』
山崎義男　1973　『先史遺跡考　みやま文庫』52

埼玉県

上尾市教育委員会　1974　『後山遺跡』
岩槻市遺跡調査会　1976　『黒谷田端前遺跡』
浦和市教育委員会　1977　『前窪遺跡発掘調査報告書』
浦和市教育委員会　1981a　『大北遺跡，井沼方遺跡発掘調査報告書』
浦和市教育委員会　1981b　『井沼方遺跡発掘調査報告書』
浦和市教育委員会　1981c　『人古里遺跡発掘調査報告書』
浦和市教育委員会　1983　『馬場（小室山）』
浦和市教育委員会　1985　『馬場小室山遺跡（第9次）発掘調査報告書』
浦和市教育委員会　1986a　『井沼方遺跡（第8次）発掘調査報告書』
浦和市教育委員会　1986b　『井沼方遺跡（第9次）発掘調査報告書』
浦和市遺跡調査会　1980　『大間木内谷・和田西・吉場・井沼方遺跡発掘調査報告書』
浦和市遺跡調査会　1994　『井沼方遺跡発掘調査報告書（第12次）』
浦和市遺跡調査会　1996　『前窪遺跡発掘調査報告書（第3次）』
大宮市　1968　『大宮市史1』
大宮市遺跡調査会　1984　『深作東部遺跡群』
大宮市教育委員会　1969　『奈良瀬戸遺跡』
大宮市教育委員会　1971　『小深作遺跡』
大宮市教育委員会　1976　『丸ヶ崎遺跡発掘調査報告』
大宮市教育委員会　1985　『東北原遺跡』
大宮市教育委員会　1986　『染谷遺跡群発掘調査報告書』
大宮市教育委員会　1989　『御蔵山中遺跡』
川口市　1986　『川口市史　考古編』
川口市教育委員会　1977　『川口市石神貝塚』
川口市教育委員会　1992　『精進場遺跡（1）』
川口市遺跡調査会　1989　『赤山　本文編第1分冊』

注口土器掲載資料の出典文献（50音順）

春日部市教育委員会　1988　『花積33，34，38号遺跡』
埼玉県　1980　『新編埼玉県史』
埼玉県教育委員会　1974　『高井東遺跡（図版編）』
埼玉県教育委員会　1984　『寿能泥炭層遺跡発掘調査報告書』
埼玉県埋蔵文化財調査事業団　1984　『東北新幹線遺跡発掘調査報告書』
埼玉県埋蔵文化財調査事業団　1985　『国道122号線バイパス関係遺跡発掘調査報告書』
埼玉県埋蔵文化財調査事業団　1987　『神明，矢垂』
埼玉県埋蔵文化財調査事業団　1988　『赤城遺跡』
埼玉県埋蔵文化財調査事業団　1989a　『中三谷遺跡』
埼玉県埋蔵文化財調査事業団　1989b　『新田裏，明戸東，原遺跡』
埼玉県埋蔵文化財調査事業団　1989c　『上組II』
埼玉県埋蔵文化財調査事業団　1989d　『県道深谷妻沼線関係遺跡発掘調査報告書』
埼玉県埋蔵文化財調査事業団　1990a　『県立蓮田養護学校関係遺跡発掘調査報告書』
埼玉県埋蔵文化財調査事業団　1990b　『雅楽谷遺跡』
埼玉県埋蔵文化財調査事業団　1992a　『東谷遺跡』
埼玉県埋蔵文化財調査事業団　1992b　『新屋敷東・本郷前東』
埼玉県埋蔵文化財調査事業団　1993a　『県営桶川川田谷団地関係遺跡発掘調査報告書』
埼玉県埋蔵文化財調査事業団　1993b　『原ヶ谷戸・滝下』
埼玉県埋蔵文化財調査事業団　1993c　『一般国道17号深谷バイパス関係遺跡発掘調査報告書』
埼玉県埋蔵文化財調査事業団　1994a　『原山坊ノ在家遺跡』
埼玉県埋蔵文化財調査事業団　1994b　『中妻三丁目遺跡発掘調査報告書』
埼玉県埋蔵文化財調査事業団　1996　『今羽丸山遺跡』
埼玉県埋蔵文化財調査事業団　1997a　『石神貝塚』
埼玉県埋蔵文化財調査事業団　1997b　『戸崎前遺跡』
埼玉県埋蔵文化財調査事業団　1997c　『原ノ谷畑』
埼玉県埋蔵文化財調査事業団　2000a　『石神貝塚II』
埼玉県埋蔵文化財調査事業団　2000b　『上敷免北遺跡』
埼玉県埋蔵文化財調査事業団　2000c　『浜平岩蔭，入波西遺跡』
埼玉県埋蔵文化財調査事業団　2002　『池上・諏訪木』
埼玉県埋蔵文化財調査事業団　2005　『雅楽谷遺跡II』
埼玉県立博物館　1990　『大針貝塚，浮谷貝塚発掘調査報告書』
さいたま市遺跡調査会　2002　『水深西遺跡（第3次）』
白岡町教育委員会　1987　『白岡町史資料　原始古代II』9
白岡町教育委員会　1983　『皿沼遺跡発掘調査報告書』
庄和町教育委員会　1970　『神明貝塚』
庄和町風早遺跡調査会　1979　『風早遺跡』
奈良国立文化財研究所　1992　『上福岡貝塚資料』
奈良国立文化財研究所　1997　『山内清男考古資料8』
新座市遺跡調査会　1990　『沢遺跡』
早川智明・梅沢太久夫　1970　「椚谷遺跡発掘調査報告」『埼玉考古』8
深谷市教育委員会　1983　『城下遺跡』
深谷市教育委員会　1985　『深谷町遺跡』
富士見市教育委員会　1976　『打越遺跡IV』

富士見市教育委員会　1978a　『打越遺跡』
富士見市教育委員会　1978b　『中央遺跡群 I』
富士見市教育委員会　1979　『富士見市中央遺跡群 II』
富士見市教育委員会　1986　『富士見市史　資料編 2 考古』
富士見市教育委員会　1990　『富士見市遺跡群 VIII』
松伏町教育委員会　1990　『本郷遺跡 II』
宮代町教育委員会　1995　『宮代の遺跡』
和光市教育委員会　1993　『丸山台遺跡群 I』
和光市教育委員会　1997　『四ツ木遺跡・仏ノ木遺跡』
山崎　丈　1978　「埼玉県小児町出土の注口土器」『New Wave Archeology』3

　千葉県

市川市教育委員会　1976　『曽谷貝塚 C 地点』
市川市教育委員会　1983　『市川東部遺跡群発掘調査報告』
市川考古博物館　1992　『堀之内貝塚資料図譜』
市原市文化財センター　1987　『外迎山遺跡，唐沢遺跡，山貝塚遺跡』
市原市文化財センター　1992　『市原市山田橋亥の海道遺跡』
市原市文化財センター　1995　『市原市能満上小貝塚』
市原市文化財センター　1999　『祇園原貝塚』
印旛郡市文化財センター　1988　『岩戸広台遺跡 A 地区，B 地区発掘調査報告書』
印旛郡市文化財センター　1989　『長田雉子ヶ原遺跡，長田香花田遺跡』
印旛郡市文化財センター　1991　『向台 II 遺跡』
印旛郡市文化財センター　1995　『小菅法華塚 I・II 遺跡』
印旛郡市文化財センター　2004　『井野長割遺跡』（第 4 次調査）
江原台第 1 遺跡発掘調査団　1979　『江原台』
小川和博　1988　「御宿町上布施打越遺跡出土の堀之内 2 式土器」『竹箆』5
上総国分寺台遺跡調査団　1977　『西広貝塚』
香取郡市文化財センター　1995　『キサキ遺跡』
君津郡市文化財センター　1993　『藪台遺跡』
幸田貝塚発掘調査団　1975　『幸田貝塚の調査（4）』
国学院大学考古学資料館　1986　『余山貝塚資料図譜』
桜井清彦・高橋龍三郎　1983　「千葉県堀之内貝塚，伊豆島貝塚，三ツ作貝塚」『史観』109
佐倉市遺跡調査会　1983　『佐倉市吉見台遺跡発掘調査概要 II』
山武考古学研究所　1988　『谷津台遺跡』
芝山町　1992　『芝山町史　資料集 1』
菅谷通保　1992　「茂原町石神貝塚並びに周辺の堀之内 2 式について」『長生郡市文化財センター年報』6
杉原荘介　1977　『加曽利北貝塚』
千葉市　1953　『千葉市誌』
千葉県都市公社　1973a　『袖ケ浦町山野貝塚』
千葉県都市公社　1973b　『千葉ニュータウン埋蔵文化財調査報告書 II』（地国穴台遺跡）
千葉県文化財センター　1972　『千葉市源町すすき山遺跡発掘調査概報』
千葉県文化財センター　1976　『千葉市中野僧御堂遺跡』

千葉県文化財センター　1978a　『千葉市荒屋敷貝塚』
千葉県文化財センター　1978b　『千葉市築地台貝塚・平山古墳』
千葉県文化財センター　1979　『千葉東南部ニュータウン7（木戸作遺跡第2次）』
千葉県文化財センター　1980　『佐倉市江原台遺跡発掘調査報告書II』
千葉県文化財センター　1981　『矢作貝塚』
千葉県文化財センター　1982　『千葉東南部ニュータウン10』（小金沢貝塚）
千葉県文化財センター　1983　『主要地方道成田松尾線V』
千葉県文化財センター　1984a　『常磐自動車道埋蔵文化財発掘調査報告書II』
千葉県文化財センター　1984b　「自然科学の手法による遺跡，遺物の研究3」『研究紀要』8
千葉県文化財センター　1985　『主要地方道成田安食線道路改良事業地内埋蔵文化財調査報告書I』
千葉県文化財センター　1986a　『八千代市ヲサル山遺跡』
千葉県文化財センター　1986b　『常磐自動車道埋蔵文化財調査報告書II』
千葉県文化財センター　1986c　『主要地方道成田松尾線IV』
千葉県文化財センター　1986d　『酒々井町伊篠白幡遺跡』
千葉県文化財センター　1987　『沓掛貝塚』
千葉県文化財センター　1991　『銚子市余山貝塚』
千葉県文化財センター　1992　『東関東自動車道埋蔵文化財調査報告書VII』
千葉県文化財センター　1996　『主要地方道松戸野田線埋蔵文化財調査報告書』（上貝塚）
千葉県文化財センター　1998　『市原市武士遺跡2』
千葉県文化財センター　2001a　『主要地方道松戸野田線住宅宅地関連埋蔵文化財調査報告書』（三輪野山貝塚）
千葉県文化財センター　2001b　『君津市寺ノ代遺跡』
千葉市遺跡調査会　1982　『谷津台貝塚』
千葉市教育委員会　1987　『子和清水遺跡，房地遺跡，一枚田遺跡』
千葉市文化財調査協会　1996　『千葉市海老遺跡』
長生郡市文化財センター　1990　『岩川・今泉遺跡』
長生郡市文化財センター　1982　『龍角寺ニュータウン遺跡群』
成田山霊光館　1982　『北総の原始古代』第1遺跡発掘調査団
成田市教育委員会　1977　『成田市の文化財』
流山市遺跡調査会　1983　『千葉県流山市富士見台第II遺跡』
船橋市　1985　『古作貝塚』
船橋市遺跡調査会　1983　『古作貝塚II』
松戸市教育委員会　1973　『貝の花貝塚』
松戸市教育委員会　1975　『幸田貝塚第5次』
松戸市教育委員会　1977　『殿平賀遺跡』
松戸市教育委員会　1979　『幸田貝塚第8次』
松戸市教育委員会　1985　『島崎遺跡，幸田貝塚（第10次）』
松戸市教育委員会　1986　『幸田貝塚（第11次），東平賀貝塚（第4次）』
松戸市立博物館　1993　『縄文土器の世界』

東京都
浅川利一　1960　「勝坂式注口土器について」『多摩考古』2
浅川利一　1974　「田端の環状積石遺構にみる縄文時代後・晩期の葬法推移について」『長野県考古学会

誌』19, 20
荒川区教育委員会　1990　『日暮里延命院貝塚』
稲城市遺跡調査会　1981　『平尾台原遺跡』
青梅市遺跡調査会　1985　『裏宿遺跡』
青梅市遺跡調査会　1986　『寺改戸遺跡』
大島町教育委員会　1984　『下京洞遺跡発掘調査報告書』
大田区　1974　『大田区史　考古 I』
大田区　1980　『大田区史　考古 II』
大田区教育委員会　1997　『大田区の縄文貝塚』
落川・一の宮遺跡調査会　2002　『落川・一の宮遺跡』
北江古田遺跡調査会　1987　『北江古田遺跡発掘調査報告書（1）』
北区教育委員会　1992　『中里峡上遺跡滝野川教会地点遺跡発掘調査報告書』
北区教育委員会　1994　『西ケ原貝塚 II，東谷戸遺跡』
多摩市遺跡調査会　1982　『和田・百草遺跡群』
多摩市教育委員会　1978　『多摩市道1458号線遺跡』
鶴川第2地区遺跡調査会　1991　『真光寺・広袴遺跡群 V』
東京都埋蔵文化財センター　1982　『多摩ニュータウン遺跡　昭和56年度』
東京都埋蔵文化財センター　1989　『多摩ニュータウン遺跡　昭和62年度』
東京都埋蔵文化財センター　1993　『多摩ニュータウン遺跡　平成3年度』
東京都埋蔵文化財センター　1996a　『多摩ニュータウン遺跡発掘調査報告書』第24集
東京都埋蔵文化財センター　1996b　『多摩ニュータウン遺跡発掘調査報告書』第25集
東京都埋蔵文化財センター　1998　『多摩ニュータウン遺跡発掘調査報告書—No.72・795・796遺跡—』
鶴川遺跡群調査団　1972　『鶴川遺跡群』
中里遺跡調査会　1989　『中里遺跡発掘調査報告書』
なすな原遺跡調査会　1984　『なすな原遺跡No.1地区調査』
なすな原遺跡調査会　1996　『なすな原遺跡』
前原遺跡調査会　1976　『前原遺跡』
八王子市椚田遺跡調査会　1977　『椚田遺跡群1976年度調査概要』
平尾遺跡調査会　1971　『平尾遺跡調査報告 I』
八王子バイパス町田地区遺跡発掘調査団　1984　『相原遺跡発掘調査報告書』
町田市教育委員会　1969　『出端遺跡調査概報—第一次—』
三鷹市教育委員会　1979　『出山遺跡』
四葉遺跡調査会　1994　『四葉地区遺跡』
武蔵野公園泥炭層遺跡調査会　1984　『武蔵野公園低湿地遺跡』

神奈川県

大磯町教育委員会　1985　『城山遺跡 II』
大磯町教育委員会　1992　『石神台』
大倉　潤　1994　「縄文後期の有脚土器」『東海大学校地内遺跡調査団報告 4』
神奈川県教育委員会　1976　『草山遺跡 I』
神奈川県教育委員会　1972　『東正院遺跡調査報告』
神奈川県教育委員会　1977a　『尾崎遺跡発掘調査報告書』
神奈川県教育委員会　1977b　『当麻遺跡，上依知遺跡』

注口土器掲載資料の出典文献（50音順）

神奈川県教育委員会　1977c　『下北原遺跡』
神奈川県教育委員会　1977d　『尾崎遺跡』
神奈川県埋蔵文化財センター　1988　『金沢文庫遺跡』
神奈川県埋蔵文化財センター　1989　『長津田遺跡群年報』8
神奈川県埋蔵文化財センター　1994　『宮ヶ瀬遺跡群IV』
かながわ考古学財団　1994　『青根上野田遺跡』
かながわ考古学財団　1995　『宮ヶ瀬遺跡群V』
かながわ考古学財団　1996　『宮ヶ瀬遺跡群VII』
かながわ考古学財団　1997　『長津田遺跡群III』
かながわ考古学財団　2002a　『稲荷山貝塚』
かながわ考古学財団　2002b　『原口遺跡III』
神奈川県立博物館　1970　『神奈川県考古学資料集成2』
神成松遺跡調査団　1995　『神成松遺跡発掘調査報告書』
川崎市教育委員会　1990　『神奈川県川崎市麻生区岡上丸山遺跡発掘調査報告書』
鈴木一男　1989　「神奈川県大磯町大磯小学校遺跡出土の注口土器」『考古学雑誌』74—3
鈴木公雄　1964　「横浜市港北区下田西貝塚付近出土の注口土器」『あるかいあ』5
県営羽沢団地内遺跡発掘調査団　1993　『羽沢大道遺跡発掘調査報告書』
大和市教育委員会　1990　『月見野遺跡群相ノ原遺跡』
玉川文化財研究所　1984　『平台北遺跡群発掘調査報告書』
玉川文化財研究所　2003a　『羽根尾貝塚』
玉川文化財研究所　2003b　『遠藤山崎，遠藤広谷遺跡』
多摩区No.61遺跡発掘調査団　1998　『No.61遺跡』
茅ヶ崎市　1980　『茅ヶ崎市史　考古民俗編』
茅ヶ崎市教育委員会　1963　『茅ヶ崎市文化財資料集第2集　堤貝塚』
沼目，坂戸II遺跡発掘調査団　1999　『沼目，坂戸遺跡第II地点発掘調査報告書』
藤沢市　1970　『藤沢市史　1』
藤沢市教育委員会　1964　『西富貝塚発掘調査報告』　藤沢市文化財発掘調査報告書1
藤沢市西部開発地域内埋蔵文化財発掘調査団　1993　『遠藤貝塚（西部217地点）』
横浜市教育委員会　1990　『山田大塚遺跡』
横浜市教育委員会　1995　『川和向原遺跡』
横浜市ふるさと歴史財団　1992　『稲毛遺跡A地点発掘調査報告』
横浜市ふるさと歴史財団　1993a　『華蔵台南遺跡』
横浜市ふるさと歴史財団　1993b　『牛ヶ谷遺跡』
横浜市ふるさと歴史財団　1995　『川和向原遺跡，原出口遺跡』
横浜市ふるさと歴史財団　2003　『西ノ谷貝塚』
横浜市道高速2号線埋蔵文化財発掘調査団　1981　『横浜市道高速2号線埋蔵文化財発掘調査報告書　No.6遺跡—I』
横浜新三ツ沢ジャンクション遺跡調査会　1984　『帷子峯遺跡』
横須賀考古学会　1973　『横浜市室ノ木遺跡』
横須賀考古学会　1974　『神奈川県金子台遺跡』
上郷猿田遺跡調査会　1983　『上郷猿田遺跡』

山梨県

上野原町教育委員会　1992　『穴沢遺跡，カイル遺跡』
上野原町教育委員会　1993　『上野原小学校遺跡』
大泉村教育委員会　1987　『姥神遺跡』
末木　健　1987　『富士吉田市内遺跡分布調査報告』
高根町教育委員会　1987　『石堂B遺跡』
高根町教育委員会　1997　『社口遺跡第3次調査報告書』
都留市教育委員会　1981　『中谷・宮脇遺跡』
都留市教育委員会　1982　『山梨原遺跡』
豊富村教育委員会　1995　『高部宇山平遺跡II，浅利氏館跡，三枝氏館跡』
長沢宏昌　1997　「山梨県内出土の注口土器について」『山梨県史研究』5
韮崎市教育委員会　1992　『宮ノ前遺跡』
韮崎市教育委員会　1996　『新田遺跡』
韮崎市教育委員会　2000　『宿尻遺跡』
御坂町教育委員会　1979　『御坂町の埋蔵文化財』
富士吉田市史編纂室　1997　『池之元遺跡発掘調査研究報告書』
山梨県教育委員会　1986　『釈迦堂I』
山梨県教育委員会　1989a　『金生遺跡II（縄文時代編）』
山梨県教育委員会　1989b　『一の沢遺跡調査報告書』
山梨県教育委員会　1990　『丘の公園第5遺跡』
山梨県教育委員会　1993　『川又坂上遺跡』
山梨県教育委員会　1994　『水口遺跡』
山梨県教育委員会　1996　『中谷遺跡』
山梨県教育委員会　1997　『大月遺跡』
山梨県教育委員会　2000a　『大月遺跡第7・8次調査』
山梨県教育委員会　2000b　『塩瀬下原遺跡』
山梨県教育委員会　2000c　『海道前C遺跡』
山梨県教育委員会　2001　『塩瀬下原遺跡（第4次調査)』
山梨県立考古博物館　1984　『縄文時代の酒造具』

長野県

飯田市教育委員会　1994　『中村中平遺跡』
上田市教育委員会　1997　『八幡裏遺跡II』
大桑村教育委員会　1988　『大明神遺跡』
大町市教育委員会　1990　『一津』
岡谷市教育委員会　1986　『梨久保遺跡』
岡谷市教育委員会　1996　『花上寺遺跡』
軽井沢町教育委員会　1968　『軽井沢町茂沢南石堂遺跡』
軽井沢町教育委員会　1983　『茂沢南石堂遺跡』
児玉卓文　1979　「信州新町宮平遺跡の注口付深鉢形土器」『長野県考古学会誌』34
小諸市教育委員会　1995　『石神』
佐久町教育委員会　1979　『宮の本』
佐久市教育委員会　1987a　『後平遺跡』

注口土器掲載資料の出典文献（50音順）

佐久市教育委員会　1987b　『北西の久保』
佐久市教育委員会　1988　『鶉タネ』
下伊那教育会　1991　『下伊那史　1巻』
諏訪市　1995　『諏訪市史　上』
茅野市　1986　『茅野市史　第1編』
茅野市教育委員会　1990　『棚畑』
茅野市教育委員会　1994a　『勝山遺跡』
茅野市教育委員会　1994b　『立石遺跡』
東部町教育委員会　1985　『戌立遺跡』
東部町教育委員会　1986　『不動坂遺跡群II・古屋敷遺跡群II』
東部町教育委員会　1990　『東部町誌　歴史編上』
東部町教育委員会　1995　『辻田遺跡』
戸倉町教育委員会　1990　『円光房遺跡』
中村龍雄　1980　『中部山地縄文土器集成』
波田村教育委員会　1972　『長野県東筑摩郡波田村緊急発掘調査報告書』
長野県　1988　『長野県史　考古資料編』
長野県教育委員会　1972　『長野県中央道埋蔵文化財包蔵地発掘調査報告書』（尾越遺跡）
長野県教育委員会　1973　『長野県中央道埋蔵文化財包蔵地発掘調査報告書』
長野県教育委員会　1975　『長野県中央道埋蔵文化財包蔵地発掘調査報告書（諏訪市その3）』（千鹿頭社遺跡）
長野県教育委員会　1976　『長野県中央道埋蔵文化財包蔵地発掘調査報告書（諏訪市その4）』（十二后遺跡）
長野県教育委員会　1988　『中央自動車道長野線埋蔵文化財発掘調査報告書2』（御堂垣外遺跡）
長野県教育委員会　1991　『上越自動車道埋蔵文化財発掘調査報告書（佐久市その2）』（吹付遺跡）
長野県教育委員会　1993a　『中央自動車道長野線埋蔵文化財発掘調査報告書11』（北村遺跡）
長野県教育委員会　1993b　『松原遺跡III』
長野県教育委員会　1994　『県道中野豊野線バイパス志賀中野有料道路埋蔵文化財発掘調査報告書』（栗林遺跡）
長野県教育委員会　1998　『上信越自動車道埋蔵文化財発掘調査報告書（長野市内その3）』
長野県教育委員会　2000a　『上信越自動車道埋蔵文化財発掘調査報告書（小諸市内3）』
長野県教育委員会　2000b　『上信越自動車道埋蔵文化財発掘調査報告書（更埴市内その3）』
長野県教育委員会　2000c　『更埴条里遺跡・屋代遺跡群―縄文時代編』
長野県考古学会　1967a　『佐野』
長野県考古学会　1967b　『海戸，安源寺』
長野市教育委員会　1991　『松原遺跡』
長野市教育委員会　1993　『松原遺跡III』
長野市教育委員会　1997　『吉田古屋敷遺跡』
野沢温泉村教育委員会　1985　『岡ノ峯』
藤森栄一　1965　『井戸尻』
藤森栄一・武藤雄六　1961　「長野県富士見町信濃境大花第一号竪穴調査概報」『信濃』13―2
穂高町教育委員会　1972　『離山遺跡』
松本市教育委員会　1972　『長野県松本市女鳥羽川遺跡緊急発掘調査報告書』
松本市教育委員会　1986　『松本市林山越遺跡』

松本市教育委員会　1990　『松本市坪ノ内遺跡』
宮田村教育委員会　1990　『中越遺跡』
宮田村教育委員会　1994　『田中下遺跡』
望月町教育委員会　1984　『竹之原城遺跡・浄永坊遺跡・浦谷B遺跡』
望月町教育委員会　1989　『平石遺跡』

新潟県

朝日村教育委員会　1976　『熊登遺跡』
朝日村教育委員会　1978　『駒山』
朝日村教育委員会　1996　『奥三面ダム関連遺跡発掘調査報告書V』（樽口遺跡）
朝日村教育委員会　1998　『奥三面ダム関連遺跡発掘調査報告書VIII』（アチヤ平遺跡中・下段）
朝日村教育委員会　2002a　『奥三面ダム関連遺跡発掘調査報告書XIII』（アチヤ平遺跡上段）
朝日村教育委員会　2002b　『奥三面ダム関連遺跡発掘調査報告書XV』（元屋敷遺跡III）
石原正敏　1993　「十日町市林の下遺跡採集の注口土器」『北越考古学』6
糸魚川市教育委員会　1964　『長者ヶ原』
青海町　1987　『史跡寺地遺跡』
大潟町教育委員会　1985　『戸々島遺跡』
小国町教育委員会　1969　『延命寺ケ原遺跡発掘調査報告書』
奥三面を考える会　2001　『三面川流域の考古学1』（熊登遺跡）
柏崎市教育委員会　1985　『刈羽大平・小丸山』
柏崎市教育委員会　1987　『柏崎市史資料集　考古編1』
柏崎市教育委員会　1990　『剣野山縄文遺跡群』
清野謙次　1969　『日本貝塚の研究』
越路町教育委員会　1983　『多賀屋敷遺跡調査報告書』
越路町教育委員会　1993　『多賀屋敷遺跡―第二次発掘調査報告書』
塩沢町教育委員会　1988　『万條寺遺跡』
新発田市教育委員会　1992　『館ノ内遺跡発掘調査報告書』
下田村教育委員会　1981　『赤松遺跡発掘調査報告書』
大和町教育委員会　1988　『水上遺跡』
田中耕作　1988　「加治川村貝屋A遺跡の縄文中期注口付き土器」『北越考古学』1
津南町教育委員会　1984　『八反田遺跡発掘調査報告書』
十日町市教育委員会　1997　『野首遺跡発掘調査報告書』
十日町市教育委員会　1998　『笹山遺跡発掘調査報告書』
長岡市教育委員会　1998　『中道遺跡』
長岡市立科学博物館　1964　『室谷洞窟』
中郷村教育委員会　1986　『籠峰遺跡』
中郷村教育委員会　1987　『籠峰遺跡発掘調査』
中村孝三郎　1966　『先史時代と長岡の遺跡』
新潟県　1986　『新潟県史　通史編1』
新潟県教育委員会　1991　『関越自動車道関係発掘調査報告書』（城之腰遺跡）
新潟県教育委員会　1996a　『清水上遺跡発掘調査報告書』
新潟県教育委員会　1996b　『清水上遺跡II』
新潟県教育委員会　1996c　『国道17号線小千谷市バイパス関係発掘調査報告書II』78集

新潟県教育委員会　1997　『中ノ沢遺跡』
新潟県教育委員会　2005a　『磐越自動車道関係発掘調査報告書』（北野遺跡II）
新潟県教育委員会　2005b　『日本海沿岸東北自動車道関係発掘調査報告書』（昼塚・江添遺跡）
新穂村教育委員会　1981　『新潟県佐渡郡垣ノ内遺跡発掘調査報告書』
西山町教育委員会　1983　『高塩B遺跡発掘調査報告書』
北越考古学研究会　1997　「新潟県北部における縄文時代後，晩期の研究」『北越考古学』8
巻町　1994　『巻町史　資料編1』
三島町教育委員会　1988　『根立遺跡発掘調査報告』
見附市教育委員会　1971　『耳取遺跡』
見附市教育委員会　1982　『羽黒遺跡』
村松町　1980　『村松町史　1巻』
安田町教育委員会　1973　『ツベタ遺跡発掘調査報告』
安田町教育委員会　1974　『藤堂遺跡発掘調査概報』
安田町教育委員会　1984　『ツベタ遺跡』
立教大学考古学研究会　1963　『新潟県佐渡三宮貝塚の研究』
立教大学考古学研究会　1966　『新潟県安田町ツベタ遺跡の調査』
立教大学考古学研究会　1967　『葦生遺跡』
立教大学考古学研究会　1971　『水原郷の遺跡・遺物』
渡辺裕之　1998　「新潟県水原町石船戸遺跡出土の縄文晩期前葉の土器群」『北越考古学』9

富山県
井口村教育委員会　1980　『井口遺跡』
小島俊彰　1966　「東礪波郡井口遺跡出土遺物の紹介」『大境』2
富山県教育委員会　1972　『本江・広野新遺跡』
富山県教育委員会　1976　『富山県魚津市早月上野遺跡第2次緊急発掘調査概報』
富山県教育委員会　1991　『北陸自動車道遺跡調査報告　朝日町編6』
平村教育委員会　1982　『東中江遺跡』
滑川市　1979　『滑川市史　考古資料編』

石川県
石川県教育委員会　1976　『能都町・波並西の上遺跡発掘調査報告書』
石川県教育委員会　1977　『加賀市横北遺跡発掘調査報告書』
石川県教育委員会　1997　『六橋遺跡』
石川県埋蔵文化財センター　1985a　『門前町道下元町遺跡』
石川県埋蔵文化財センター　1985b　『鶴来町白山遺跡・白山町墳墓遺跡（II）』
石川県埋蔵文化財センター　1987　『小松市中海遺跡』
石川県埋蔵文化財センター　1988　『下安原海岸遺跡』
石川県埋蔵文化財センター　1989　『金沢市米泉遺跡』
石川県埋蔵文化財センター　1990　『松任市一塚イチノツカ遺跡』
石川県埋蔵文化財センター　2002　『藤江C遺跡IV，V』
金沢市教育委員会　1986　『金沢市新保本町・チカモリ遺跡第4次』
金沢市教育委員会　1993　『金沢市馬替遺跡』
加賀市教育委員会　1985　『藤ノ木遺跡』

津幡町教育委員会　2002　『北中条遺跡 A 区』
能都町教育委員会　1986　『真脇遺跡』
野々市町教育委員会　1983　『野々市町御経塚遺跡』
野々市町教育委員会　1989　『御経塚遺跡 II』
富来町　1974　『富来町史　資料編』

福井県
福井市　1990　『福井市史　資料編 1 考古』
福井県教育庁埋蔵文化財センター　1988　『鳴鹿手島遺跡』
福井県教育委員会　1984　『鳥浜貝塚』

静岡県
磐田市教育委員会　1961　『西貝塚』
加藤学園考古学研究所　1983　『駿豆地方の縄文土器集成』
佐久間町教育委員会　1982　『半場遺跡 1978 年度発掘調査報告書』
静岡県　1992　『静岡県史　資料編 3』
修善寺町教育委員会　1982　『修善寺大塚遺跡』
沼津市教育委員会　1975　『元野遺跡発掘調査報告書』
三島市教育委員会　1988　『北山遺跡 II』

東海地方
笠原烏丸　1933　「飛騨発見の特異型注口土器」『考古学』4—6
戸田哲也　1993　「飛騨を中心とする縄文後期前半土器の様相」『先史考古学研究』4
一宮市　1970　『一宮市史　資料編 1』
知多古文化研究会　1997　『南知多町の考古資料』
紅村　弘　1979　『東海先史文化の初段階』
天子神社貝塚保存会　1968　『天子神社貝塚』
刈谷市教育委員会　1968　『中条貝塚』
清野謙次　1969　『日本貝塚の研究』
南山大学　1981　『塩屋金清神社遺跡』
見晴台考古資料館　1993　『名古屋の縄文時代』
南知多町教育委員会　1983　『林ノ峰貝塚 I』
三重県埋蔵文化財センター　1995　『天白遺跡』

近畿地方
泉　拓良　1981　「近畿, 中国, 四国地方」『縄文土器大成 3 後期』
家根祥多　1981　「近畿地方の土器」『縄文文化の研究』4
湖西線関係遺跡調査団　1973　『湖西線関係遺跡調査報告書（図版編）』
能登川町教育委員会　1996　『正楽寺遺跡』
京都府埋蔵文化財調査研究センター　1997　『京都府遺跡調査概報』第 79 冊（平遺跡）
平安博物館　1975　『桑飼下遺跡発掘調査報告書』
大阪府文化財調査研究センター　2000　『向出遺跡』
大阪府埋蔵文化財協会　1986　『仏並遺跡』

柏原市教育委員会　1984　『大県・大県南遺跡』
東大阪市教育委員会　1971　『縄手遺跡』
枚方市　1967　『枚方市史　第1巻』
橿原考古学研究所　1982　『箸尾遺跡発掘調査概報』
末永雅雄　1986　『宮瀧の遺跡』
海南市教育委員会　1984　『海南市溝ノ口遺跡 I』
和歌山県教育委員会　1981　『紀伊考古図録』
和歌山県文化財センター　1997　『溝の口遺跡発掘調査報告書』
北山村教育委員会　1979　『和歌山県北山村下尾井遺跡』
辰馬考古資料館　1986　『展観の栞』14

中国地方
岡山大学埋蔵文化財調査センター　1994　『津島岡大遺跡4』
岡山県教育委員会　1996　『南溝手遺跡2』
岡山県教育委員会　1999　『田益田中（笹ヶ瀬川調整池）遺跡』
岡山県教育委員会　2004　『久田原遺跡』
岡山県教育委員会　2005　『久田堀ノ内遺跡』
笠岡市教育委員会　1956　『岡山県笠岡市高島遺跡研究調査報告』
鳥取県教育文化財団　1983　『長瀬高浜遺跡発掘調査報告書』VI
島根県教育委員会　1998　『板屋III遺跡』
島根県教育委員会　2000　『三田谷I遺跡 Vol.3』
島根県埋蔵文化財センター　1988　『旧石器，縄文時代の島根県』
深田　浩　1996　「島根県頓原町下山遺跡出土の屈折像土偶」『考古学雑誌』81—4
広島県埋蔵文化財調査センター　1987　『大判・上定・殿山』

四国地方
片岡鷹介　1962　「愛媛県越智郡波方町波方港出土の注口土器」『あるかいあ』創刊号
高知県教育委員会　1996　『船戸遺跡』
詫間町文化財保護委員会　1964　『紫雲出』
十亀幸雄　1982　「北条市前田池遺跡出土の縄文後期土器」『遺跡』22

九州地方
荒田比貝塚調査団　1970　『荒田比貝塚』
北九州市埋蔵文化財調査室　1985　『下吉田遺跡』
瀬高町教育委員会　1985　『権現塚北遺跡』
行橋市教育委員会　1982　『下稗田遺跡調査概報』
山鹿貝塚調査団　1972　『山鹿貝塚』
福岡県教育委員会　1996　『大原台遺跡群1』
長崎県教育委員会　1995　『壱岐，原の辻遺跡』
長崎県教育委員会　1998　『原の辻遺跡　下巻』
百人委員会　1974　『筏遺跡』
大分県教育委員会　1992　『遺跡が語る大分県の歴史』
大分県教育委員会　1995　『宇佐道路埋蔵文化財発掘調査報告書（3）』

大瀬町教育委員会　1992　『瀬田裏遺跡調査報告　資料II』
大津町教育委員会　1993　『瀬田裏遺跡調査報告II』
熊本県教育委員会　1980　『古保山・古閑・天城』
熊本県教育委員会　1994　『ワクド石遺跡』
熊本市教育委員会　1981　『上南部遺跡発掘調査報告書』
乙益重隆　1969，前川威洋　1969　「縄文後期文化―九州」『新版考古学講座3』
杉山寿栄男　1928　『日本原始工芸』(熊本県當尾遺跡)
宇土市教育委員会　1985　『西岡台貝塚』
宮崎県埋蔵文化財センター　2000　『竹ノ内遺跡』
鹿児島県立埋蔵文化財センター　1997　『干迫』
鹿児島県立埋蔵文化財センター　2003　『中原遺跡』
水ノ江和同　1997　「北部九州の縄紋後・晩期土器」『縄文時代』8
上加世田市教育委員会　1985　『上加世田遺跡―1』

資　料　編

縄文時代注口土器実測図集成

図版　目次

縄文時代草創期，早期，前期注口土器

図版 1　草創期，早期の注口土器ほか
図版 2　埼玉県さいたま市井沼方遺跡出土の前期片口土器
図版 3　千葉県千葉市谷津台遺跡住居跡内出土の前期片口土器
図版 4　神奈川県小田原市羽根尾貝塚出土の前期片口土器
図版 5　関東地方などの前期片口土器，注口土器

縄文時代中期注口土器

図版 6　前期，中期の注口土器
図版 7　東北地方の中期中〜後葉注口土器
図版 8　宮城県七ヶ宿町大梁川遺跡出土注口土器の変遷
図版 9　東北地方の中期末葉注口土器（1）（大木10式土器）
図版 10　東北地方の中期末葉注口土器（2）（大木10式土器）
図版 11　秋田，岩手県出土の中期注口土器
図版 12　宮城，山形県出土の中期注口土器
図版 13　山形県西川町山居遺跡出土の中期注口土器（1）
図版 14　山形県西川町山居遺跡出土の中期注口土器（2）
図版 15　福島県出土の中期注口土器
図版 16　岩手県一関市清水遺跡出土の注口土器（1）（中期）
図版 17　岩手県一関市清水遺跡出土の注口土器（2）（中〜後期，門前型）
図版 18　岩手県一関市清水遺跡出土の注口土器（3）（中〜後期，門前型）
図版 19　岩手県一関市清水遺跡出土の注口土器（4）（後期，門前型ほか）
図版 20　福島県出土の中期注口土器（上），後期注口土器（下）
図版 21　福島県出土の中期末葉注口土器（1）
図版 22　福島県出土の中期末葉注口土器（2）
図版 23　福島県出土の中期末葉注口土器（3）
図版 24　東北，関東地方の中期末葉瓢箪形注口土器
図版 25　関東地方の中期注口土器（1）
図版 26　関東地方の中期注口土器（2）
図版 27　北陸，中部，東海地方の中期注口土器

縄文時代後期注口土器

図版 28　北海道南部の後期注口土器（1）
図版 29　北海道南部の後期注口土器（2）

図版 30　北海道函館市垣ノ島 A 遺跡出土の後期注口土器
図版 31　北海道八雲町野田生 1 遺跡出土の後期注口土器 (1)
図版 32　北海道八雲町野田生 1 遺跡出土の後期注口土器 (2)
図版 33　北海道の後期宝ヶ峯型注口土器
図版 34　北海道の後期注口土器
図版 35　北海道の後期後葉注口土器
図版 36　北海道千歳市キウス 4 遺跡出土の後期注口土器 (1)
図版 37　北海道千歳市キウス 4 遺跡出土の後期注口土器 (2)
図版 38　北海道千歳市キウス 4 遺跡出土の後期注口土器 (3)
図版 39　北海道千歳市キウス 4 遺跡出土の後期注口土器 (4)
図版 40　北海道千歳市キウス 4 遺跡出土の後期注口土器 (5)
図版 41　北海道千歳市キウス 4 遺跡出土の後期注口土器 (6)
図版 42　北海道千歳市キウス 4 遺跡出土の後期注口土器 (7) ほか
図版 43　北海道の後期末葉注口土器
図版 44　北海道，東北地方の後期前葉注口土器
図版 45　宮城県出土の後期初頭注口土器
図版 46　東北地方の後期前葉注口土器 (1)
図版 47　東北地方などの後期前葉注口土器 (2)
図版 48　東北地方中，南部の後期中葉注口土器
図版 49　東北地方の後期中葉注口土器
図版 50　東北地方の後期宝ヶ峯型注口土器
図版 51　東北地方の後期中〜後葉注口土器
図版 52　青森県出土の後期後葉注口土器 (1)
図版 53　青森県津軽地域出土の後期注口土器
図版 54　青森県出土の後期注口土器
図版 55　岩手県軽米町長倉 1 遺跡出土の後期注口土器 (1)
図版 56　岩手県軽米町長倉 1 遺跡出土の後期注口土器 (2)
図版 57　岩手県軽米町長倉 1 遺跡 (3)，大日向Ⅱ遺跡出土の後期注口土器
図版 58　東北地方の後期後葉注口土器 (1)
図版 59　青森県出土の後期後葉注口土器 (2)
図版 60　東北地方の後期後葉注口土器 (2)
図版 61　東北地方南部の後期注口土器
図版 62　東北地方北部の後期末葉注口土器 (1)
図版 63　東北地方の後期末葉注口土器
図版 64　東北地方北部の後期末葉注口土器 (2)
図版 65　東北地方南部の後期後〜末葉注口土器

図版66　関東地方の後期前葉注口土器（1）
図版67　関東地方の後期前葉注口土器（2）
図版68　神奈川県横浜市稲荷山貝塚出土の後期前葉注口土器（1）
図版69　神奈川県横浜市稲荷山貝塚出土の後期前葉注口土器（2）
図版70　関東地方北部の後期前葉注口土器（堀之内1，2式土器）
図版71　栃木，埼玉県出土の後期注口土器
図版72　埼玉県出土の後期前葉注口土器（堀之内1，2式土器）
図版73　千葉県出土の後期前葉注口土器（堀之内1，2式土器）
図版74　千葉県出土の後期注口土器
図版75　東京都出土の後期前葉注口土器（堀之内1，2式土器）
図版76　神奈川県出土の後期前葉注口土器（1）（堀之内1，2式土器）
図版77　関東地方の後期中葉注口土器
図版78　関東地方南部の後期前葉注口土器
図版79　神奈川県出土の後期前葉注口土器（2）
図版80　関東地方の後期中葉注口土器
図版81　関東地方の後期東北系注口土器
図版82　関東地方の後期注口土器
図版83　山梨県出土の注口土器の変遷
図版84　長野県出土の後期注口土器（1）
図版85　長野県出土の後期注口土器（2）
図版86　新潟県出土の後期注口土器
図版87　新潟県朝日村アチヤ平遺跡，元屋敷遺跡出土の後期注口土器
図版88　北陸地方の後期注口土器
図版89　石川県金沢市米泉遺跡，津幡町北中条遺跡A区出土の後期注口土器
図版90　石川県津幡町北中条遺跡A区出土の後期注口土器
図版91　石川，福井県出土の後期注口土器
図版92　東海地方ほかの後期注口土器
図版93　近畿地方の後期注口土器
図版94　九州地方北部の後期注口土器
図版95　熊本県出土の後期注口土器

縄文時代晩期注口土器

図版96　北海道の晩期注口土器（1）
図版97　北海道の晩期注口土器（2）
図版98　北海道の晩期注口土器（3）（北海道型）
図版99　青森県八戸市是川中居遺跡出土の晩期注口土器

図版 100　青森県南部地域出土の晩期注口土器（1）
図版 101　青森県南部地域出土の晩期注口土器（2）
図版 102　青森県馬淵川流域出土の晩期注口土器
図版 103　青森県三戸町泉山遺跡出土の晩期前葉注口土器
図版 104　青森県出土の晩期注口土器
図版 105　青森県津軽地域出土の晩期注口土器（1）
図版 106　青森県津軽地域出土の晩期注口土器（2）
図版 107　岩手県一戸町山井遺跡出土の晩期注口土器
図版 108　岩手県一戸町蒔前遺跡出土の晩期前葉注口土器
図版 109　岩手県軽米町大日向Ⅱ遺跡ほか出土の晩期注口土器
図版 110　岩手県北部出土の晩期注口土器
図版 111　岩手県北半部出土の晩期注口土器
図版 112　岩手県中部出土の晩期注口土器
図版 113　岩手県南半部出土の晩期注口土器
図版 114　岩手県北上市九年橋遺跡出土の晩期注口土器
図版 115　岩手県南部出土の晩期注口土器
図版 116　亀ヶ岡式大型注口土器（晩期・東北地方）
図版 117　秋田県北秋田市白坂遺跡出土の晩期注口土器
図版 118　秋田県北部出土の晩期注口土器（1）
図版 119　秋田県北部出土の晩期注口土器（2）
図版 120　秋田県北秋田市向様田A遺跡出土の晩期注口土器（1）
図版 121　秋田県北秋田市向様田A遺跡出土の晩期注口土器（2）
図版 122　秋田県北秋田市向様田C，D遺跡出土の晩期注口土器
図版 123　秋田県中・南部出土の晩期注口土器
図版 124　秋田県横手市虫内1遺跡出土の晩期注口土器
図版 125　秋田県横手市前通遺跡ほか出土の晩期注口土器
図版 126　宮城県大和町摺萩遺跡ほか出土の晩期注口土器
図版 127　山形県出土の晩期注口土器
図版 128　福島県出土の晩期注口土器
図版 129　茨城，栃木県出土の晩期注口土器
図版 130　栃木，群馬，埼玉県出土の晩期注口土器
図版 131　埼玉県鴻巣市赤城遺跡出土の晩期注口土器
図版 132　関東地方，北陸地方の晩期注口土器
図版 133　北陸，中部，近畿，九州地方の晩期注口土器

補　遺

図版 134　関東地方の後期注口土器

図版 135　新潟県朝日村熊登遺跡出土の後期，晩期注口土器

図版 136　三重県明和町天白遺跡ほか出土の注口土器

草創期 (1)
早期 (2~9)

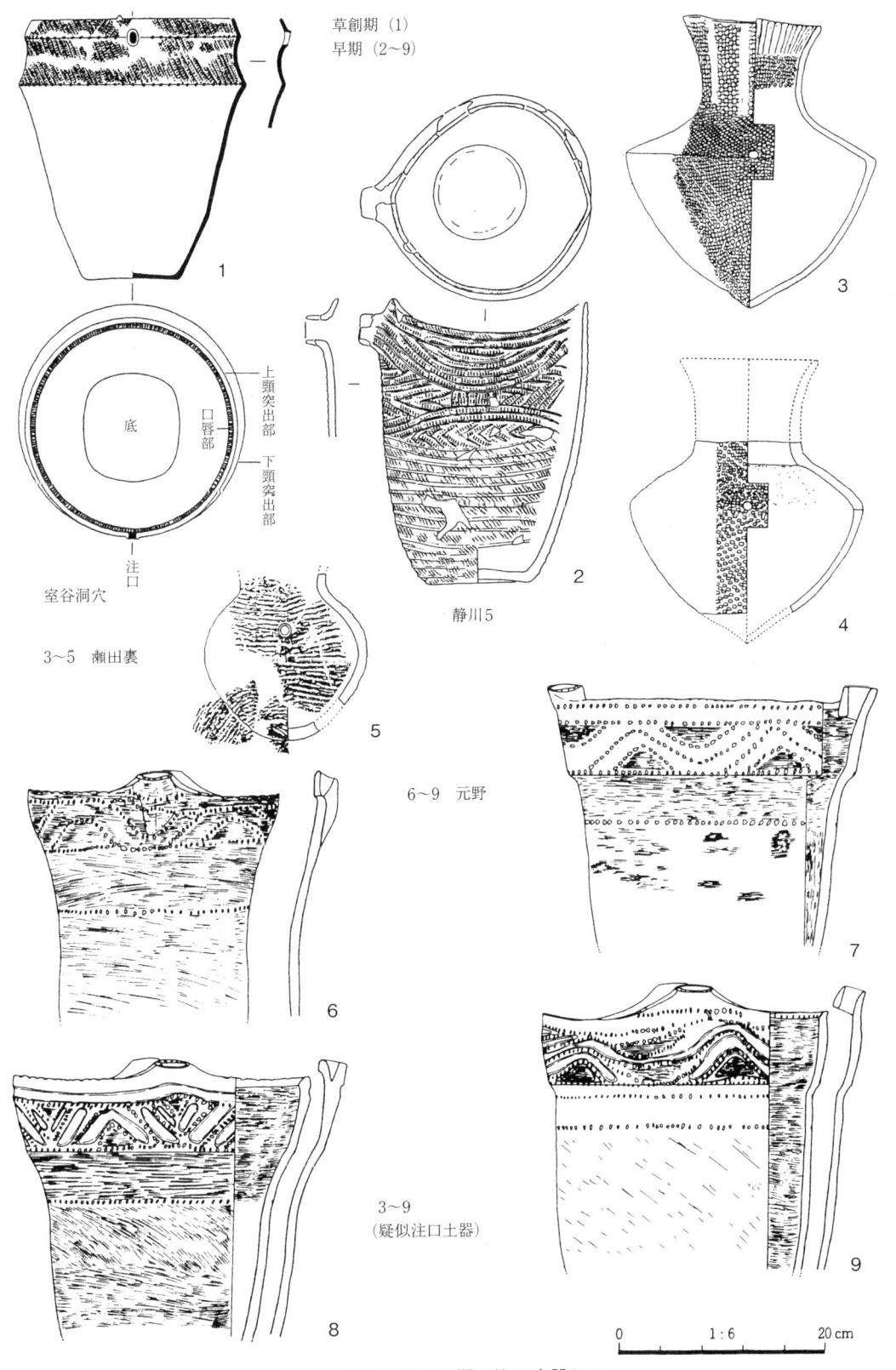

上顎突出部
口唇部
下顎突出部
底
注口

室谷洞穴

3~5 瀬田裏

静川5

6~9 元野

3~9
(疑似注口土器)

0 1:6 20 cm

図版1 草創期, 早期の注口土器ほか

草～前期

草〜前期

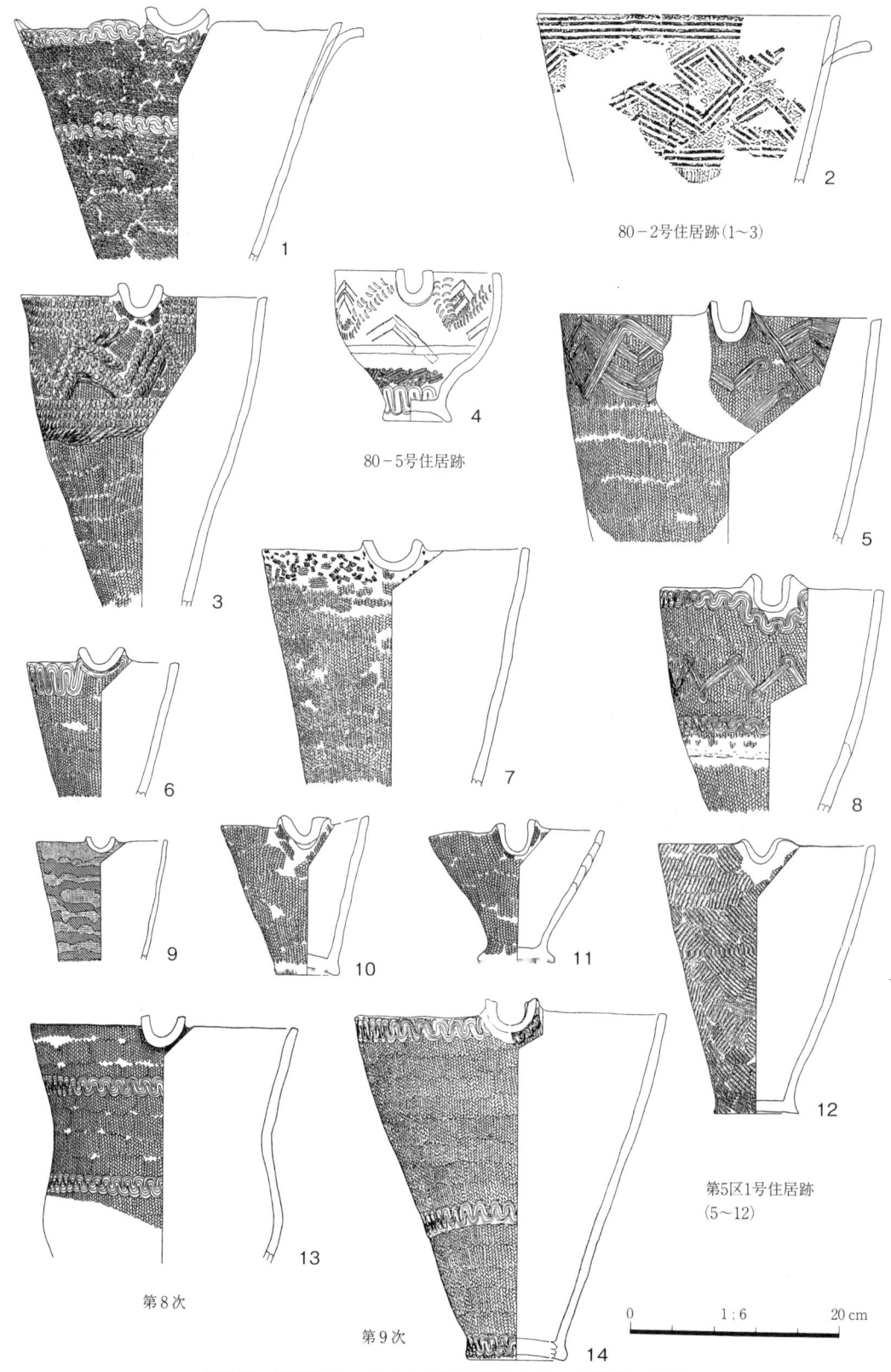

80-2号住居跡(1〜3)

80-5号住居跡

第5区1号住居跡
(5〜12)

第8次

第9次

0　　　1:6　　　20 cm

図版2　埼玉県さいたま市井沼方遺跡出土の前期片口土器

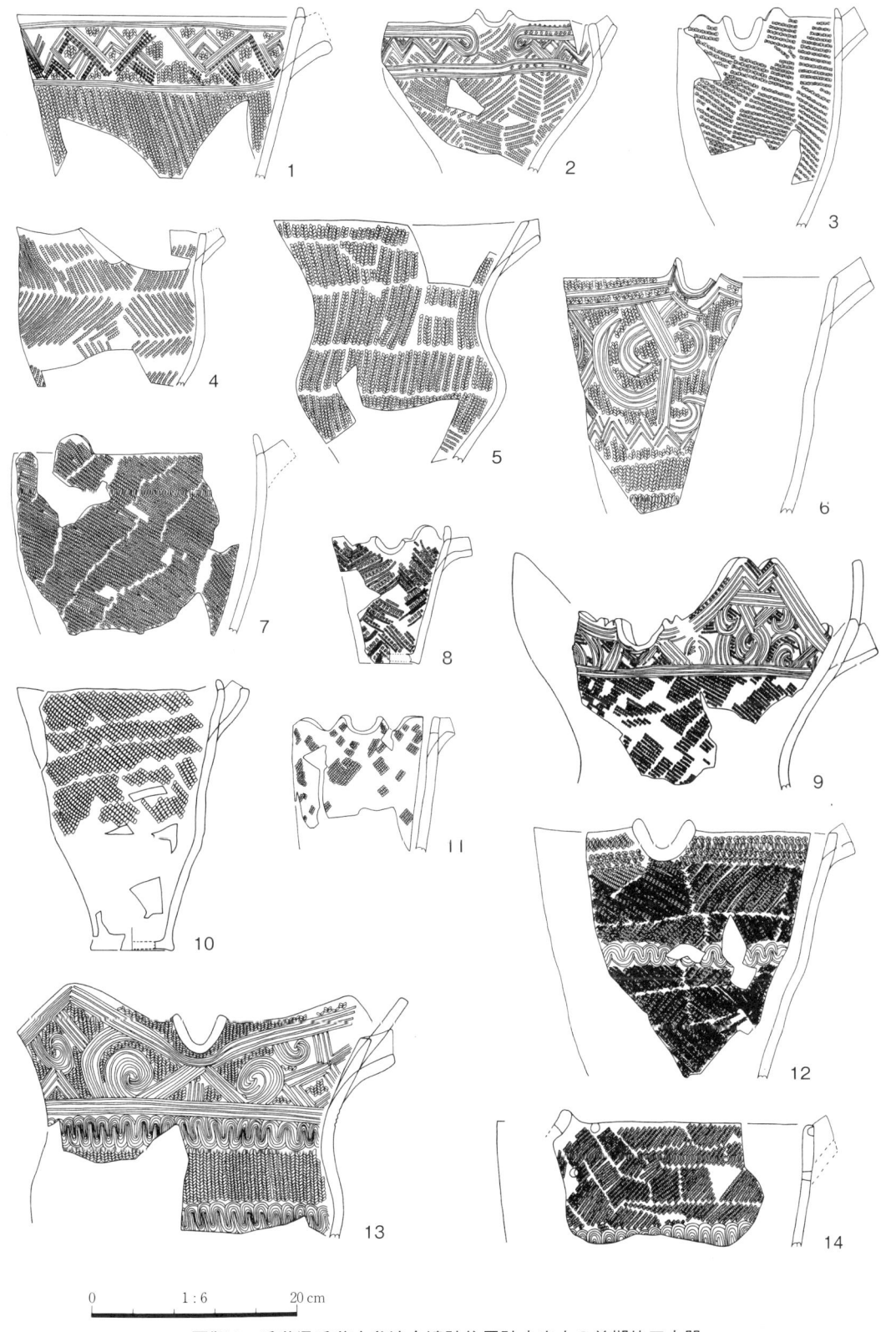

図版3 千葉県千葉市谷津台遺跡住居跡内出土の前期片口土器

草～前期

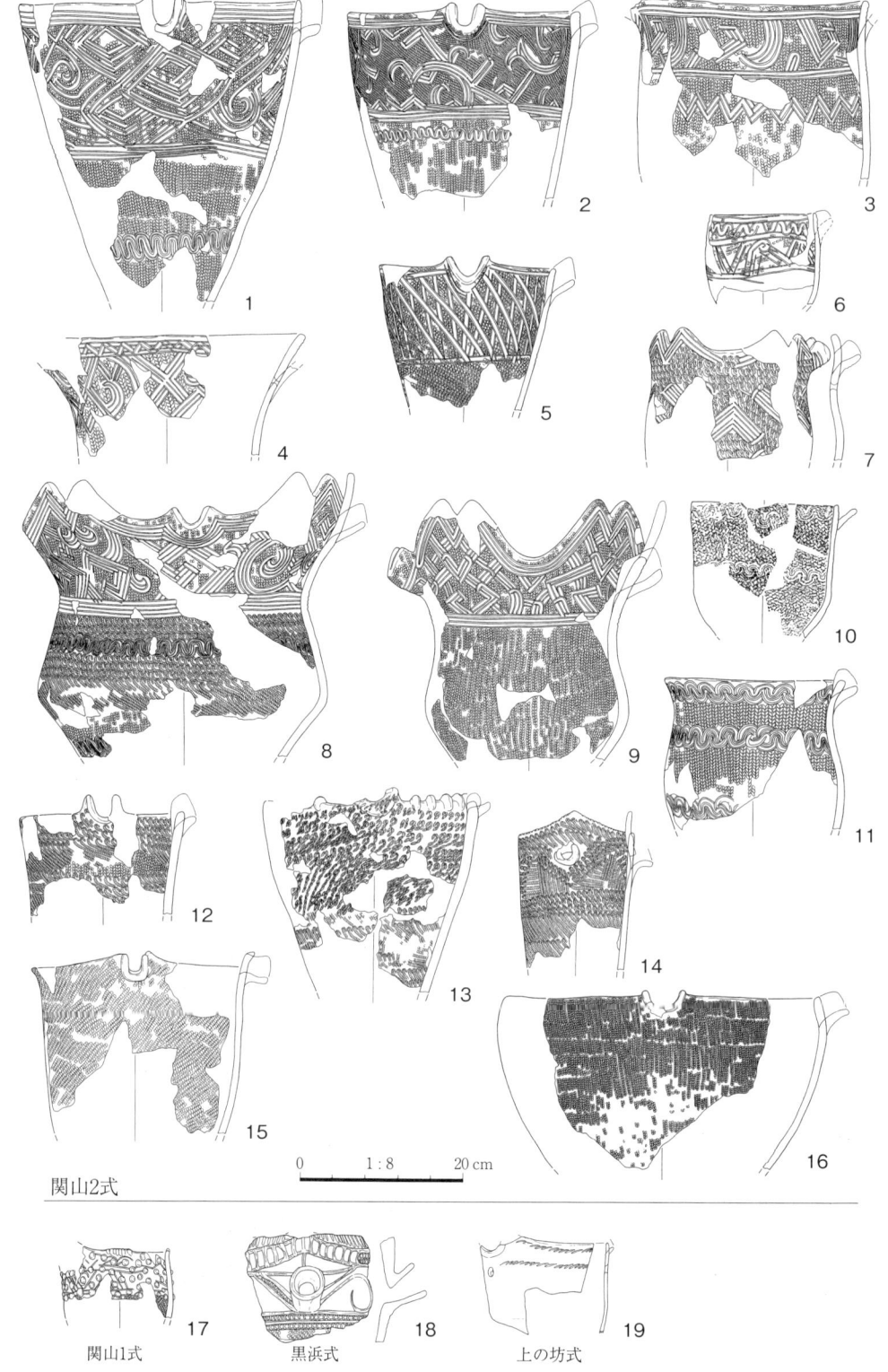

関山2式

0   1:8   20cm

関山1式　　　黒浜式　　　上の坊式

図版4　神奈川県小田原市羽根尾貝塚出土の前期片口土器

草〜前期

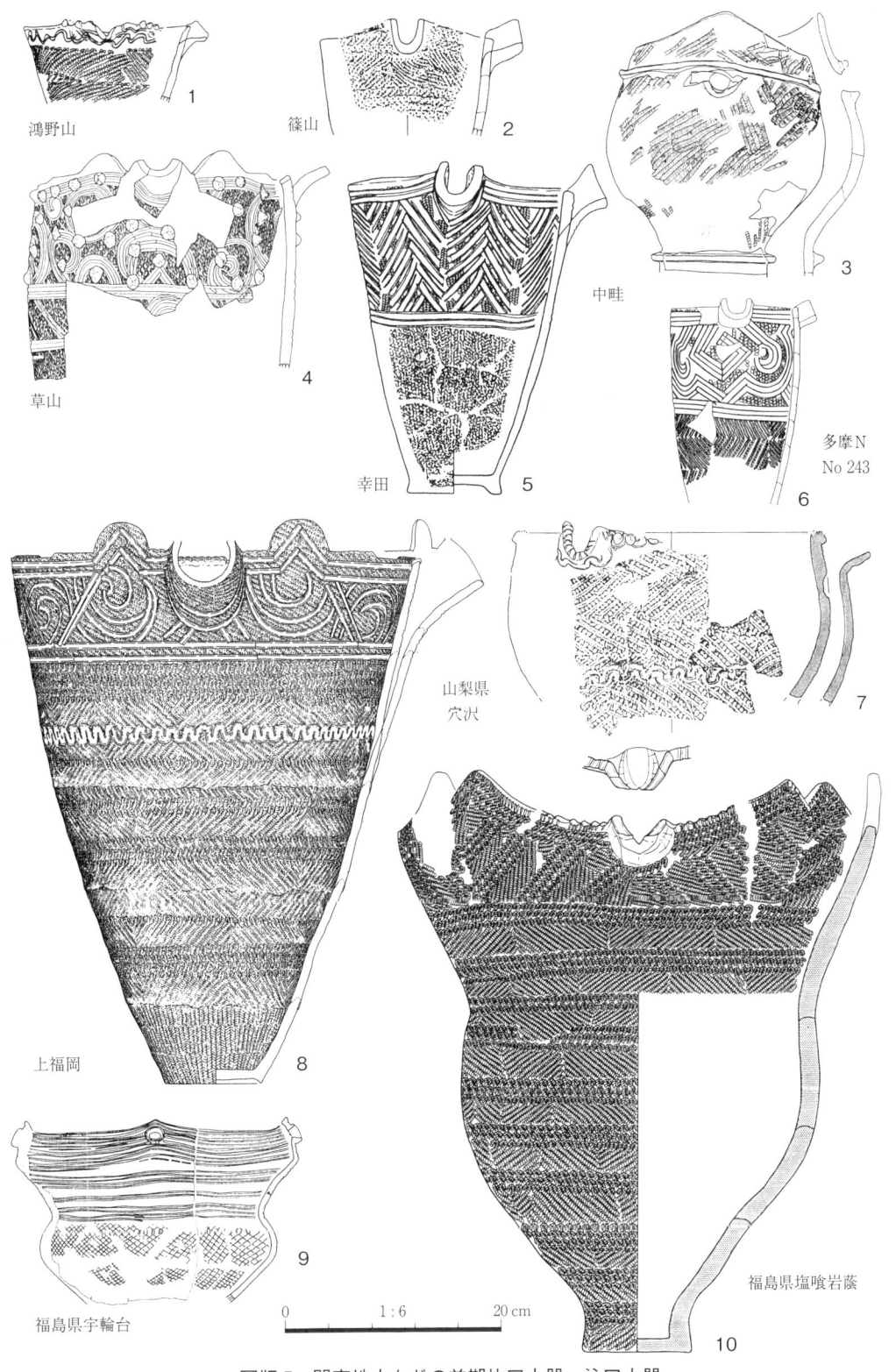

1 鴻野山
2 篠山
3 中畦
4 草山
5 幸田
6 多摩N No 243
7 山梨県穴沢
8 上福岡
9 福島県宇輪台
10 福島県塩喰岩藤

0 1:6 20cm

図版5　関東地方などの前期片口土器，注口土器

中期

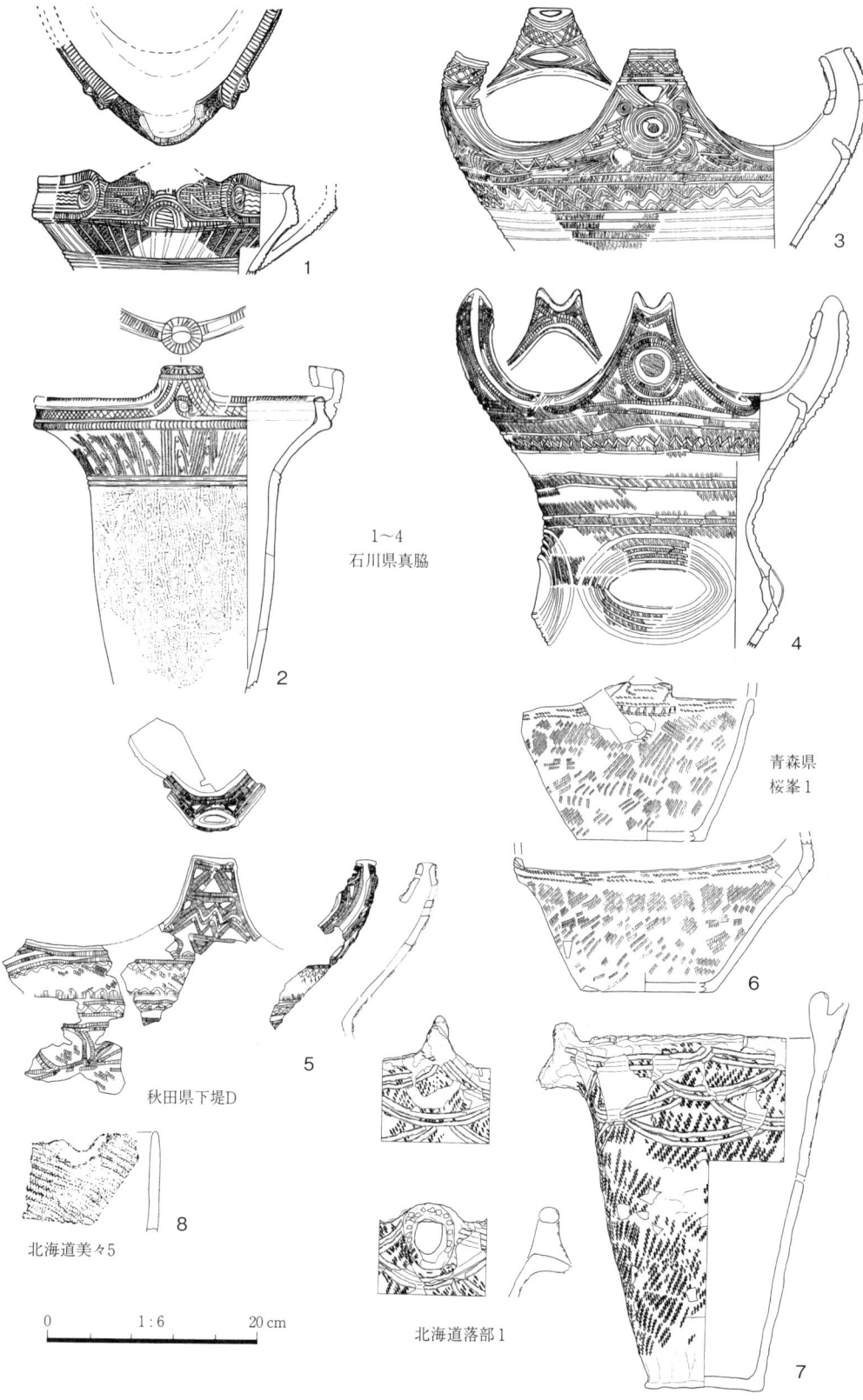

1〜4
石川県真脇

青森県
桜峯1

秋田県下堤D

北海道美々5

北海道落部1

0　　1:6　　20cm

図版6　前期，中期の注口土器

大木8a式	1 法正尻　0　1:6　20cm 2 博毛
大木8b式	3 富ノ沢　7 天光　8 白須賀 4 石手洗　9 林崎館 5 柿ノ木平　11 6 大地渡　小山　10 大地渡
大木9式	12 天戸森　13 大館町　16 富ノ沢 14 上ノ台A 15 上野　17 観音堂

図版7　東北地方の中期中〜後葉注口土器

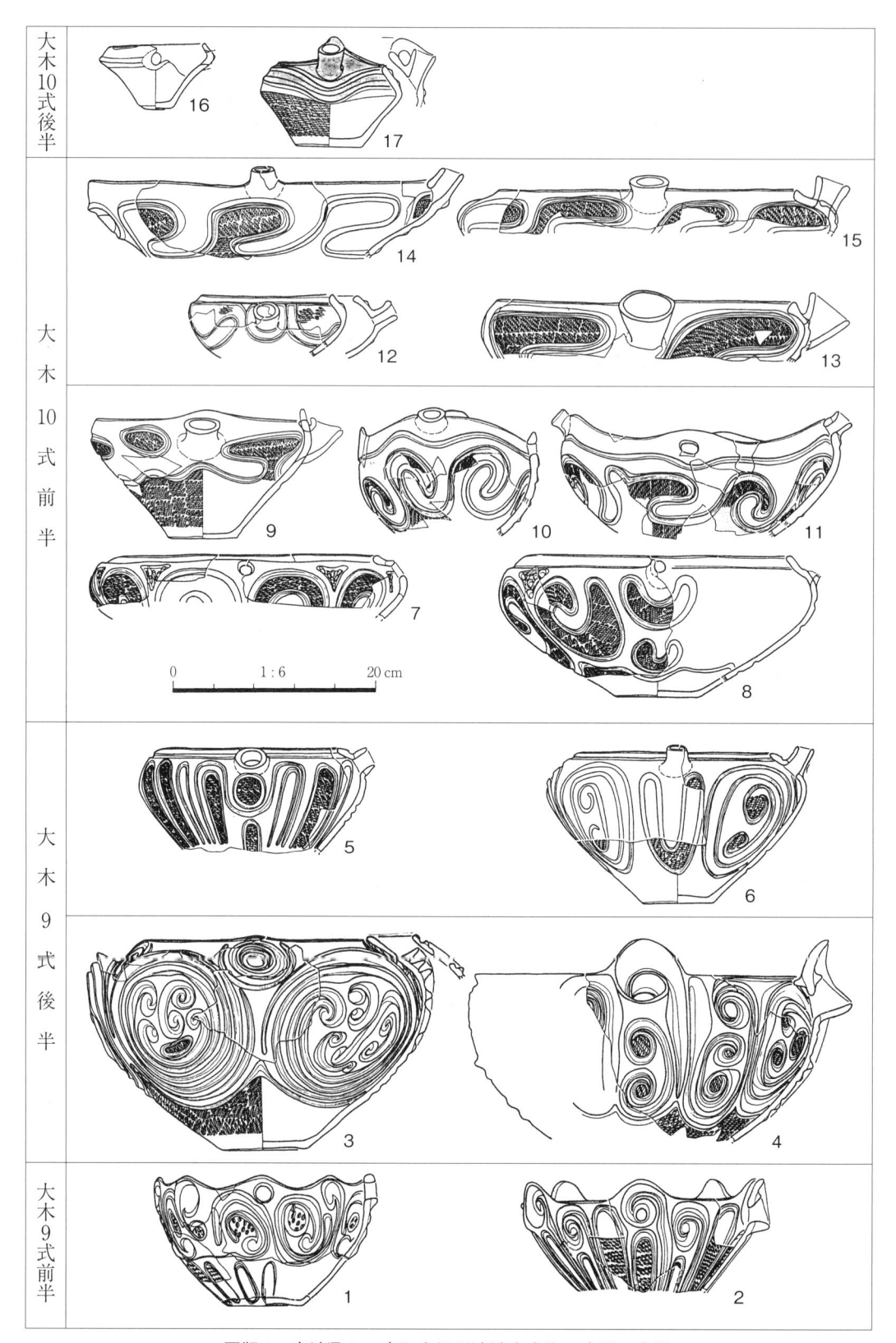

図版 8　宮城県七ヶ宿町大梁川遺跡出土注口土器の変遷

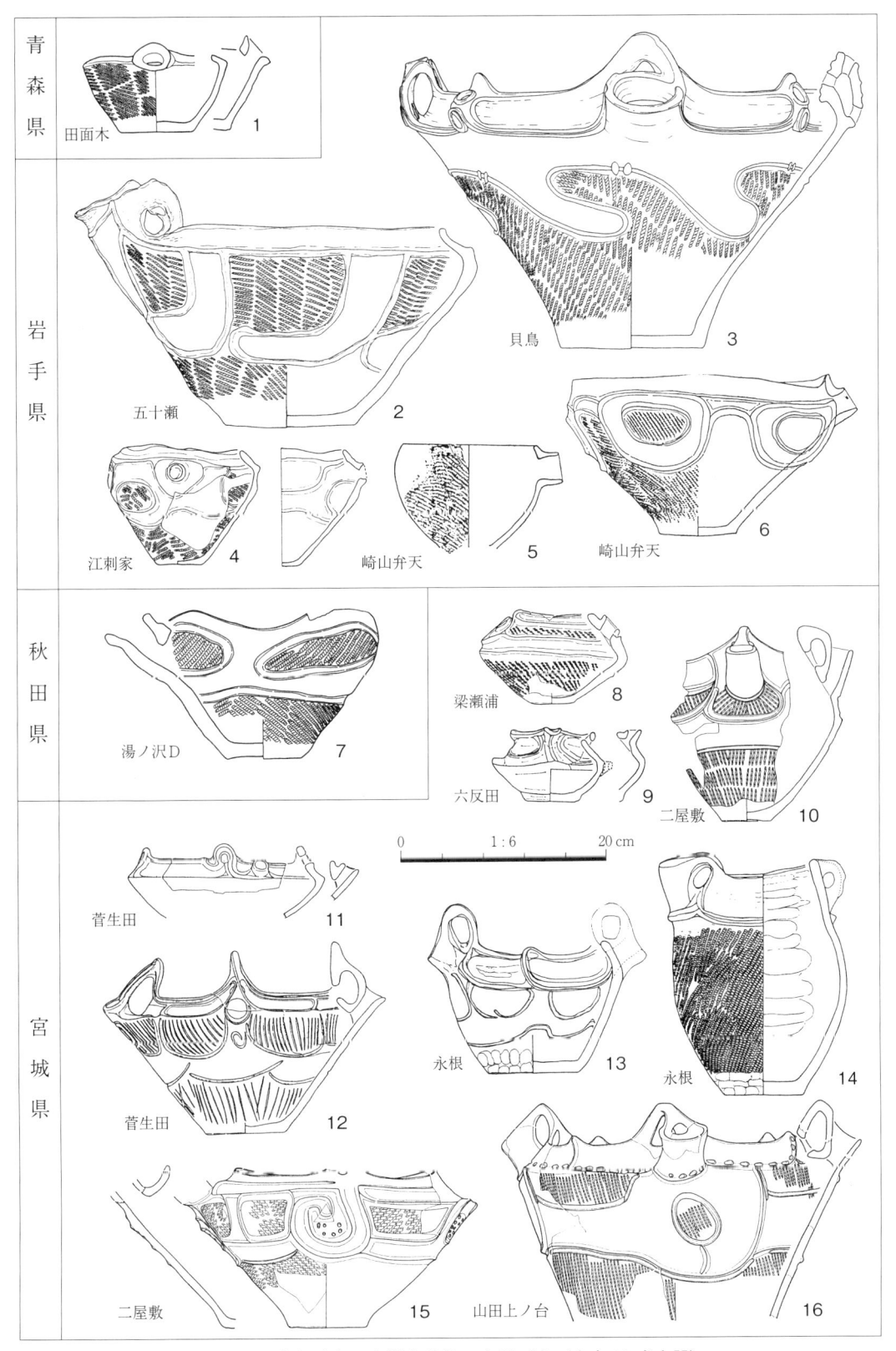

青森県	田面木 1
岩手県	五十瀬 2 / 貝鳥 3 / 江刺家 4 / 崎山弁天 5 / 崎山弁天 6
秋田県	湯ノ沢D 7 / 梁瀬浦 8 / 六反田 9 / 二屋敷 10
宮城県	菅生田 11 / 菅生田 12 / 永根 13 / 永根 14 / 二屋敷 15 / 山田上ノ台 16

中期

図版9 東北地方の中期末葉注口土器 (1) (大木10式土器)

山形県 小林 1
宮下 2
堂森B 3

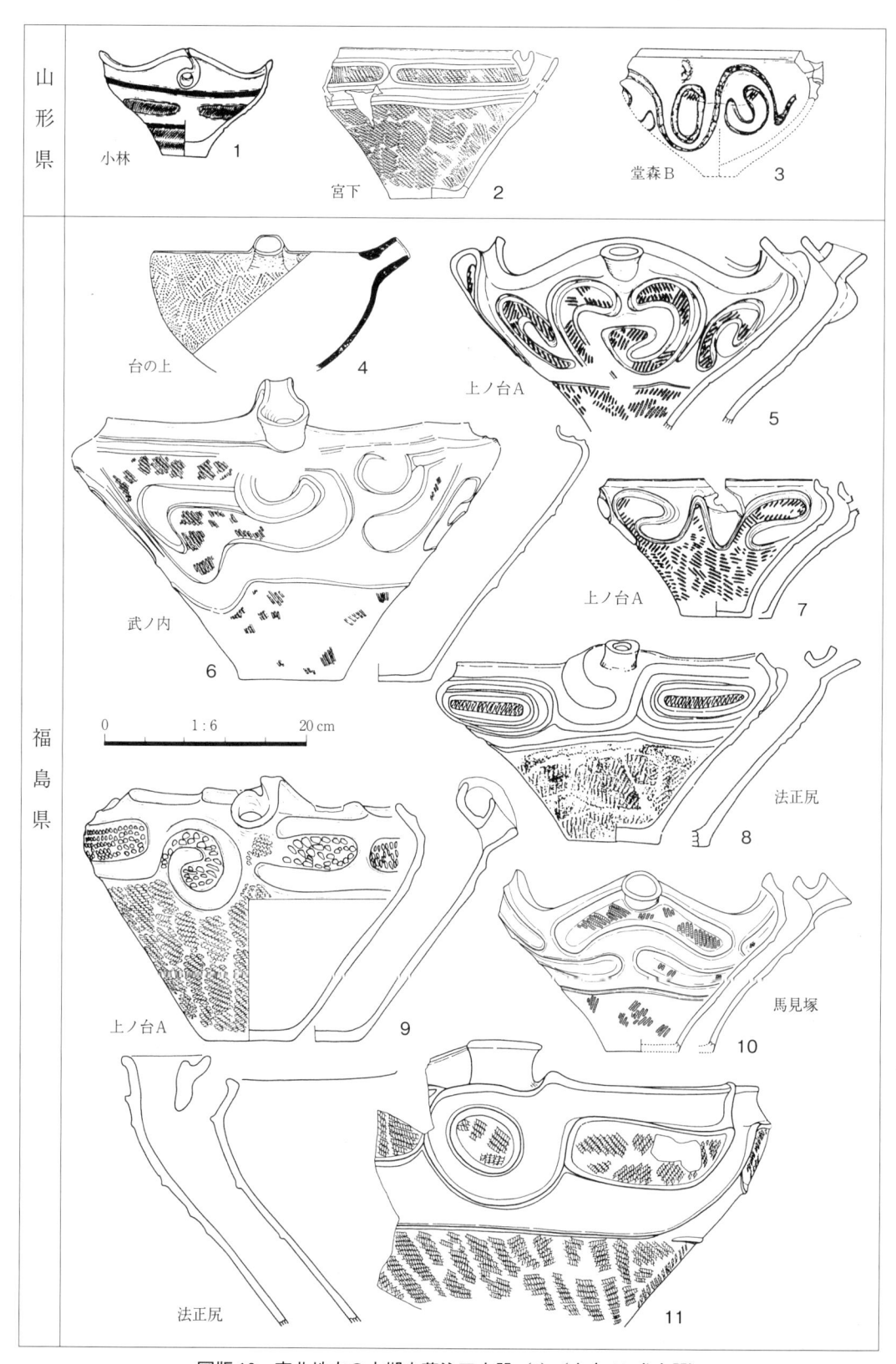

福島県
台の上 4
上ノ台A 5
武ノ内 6
上ノ台A 7
法正尻 8
上ノ台A 9
馬見塚 10
法正尻 11

図版10 東北地方の中期末葉注口土器（2）（大木10式土器）

秋田県

岩手県

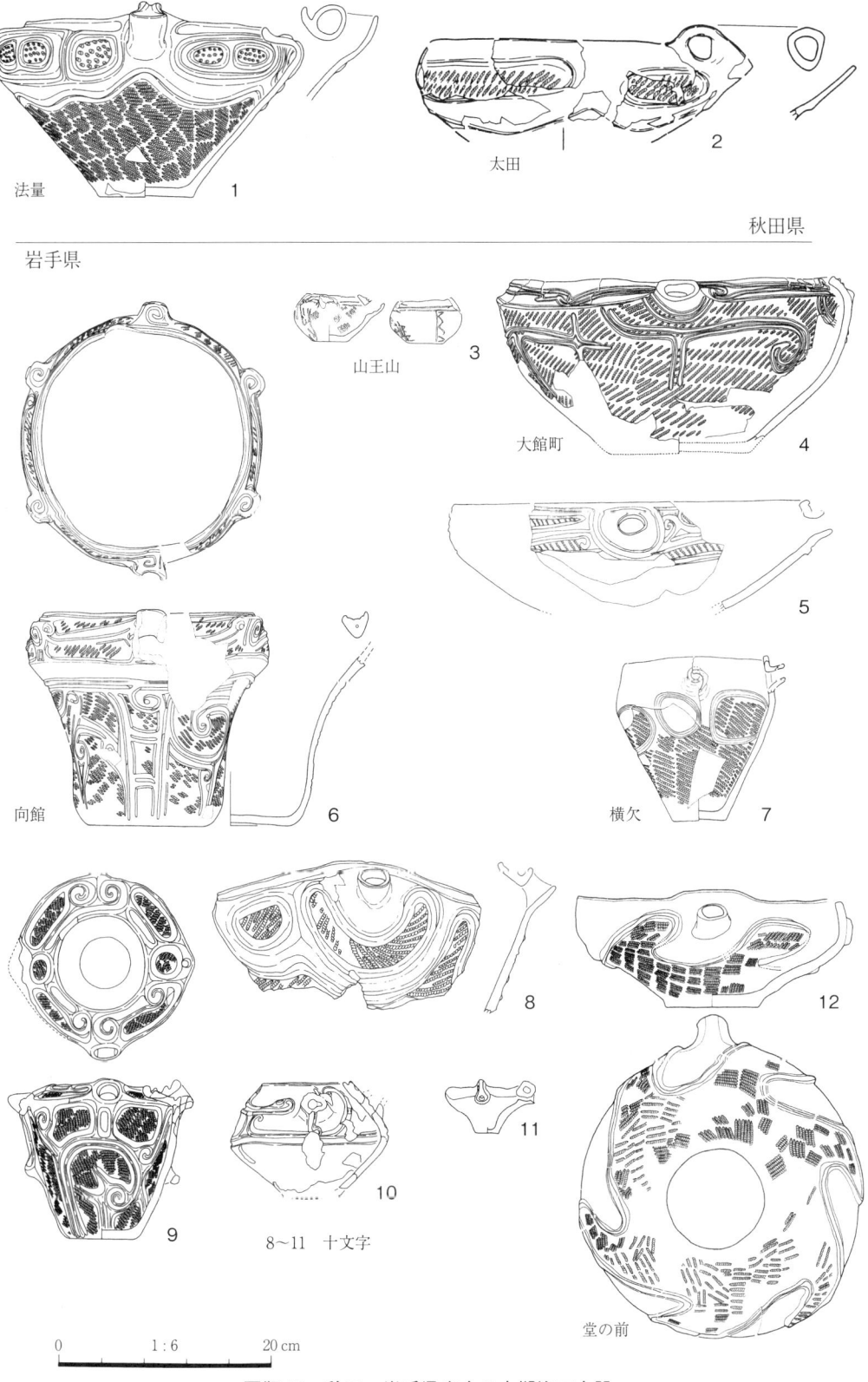

中期

法量 1
太田 2
山王山 3
大館町 4
5
向館 6
横欠 7
8〜11 十文字
9
10
11
12
堂の前

0　　1:6　　20cm

図版11　秋田，岩手県出土の中期注口土器

中期

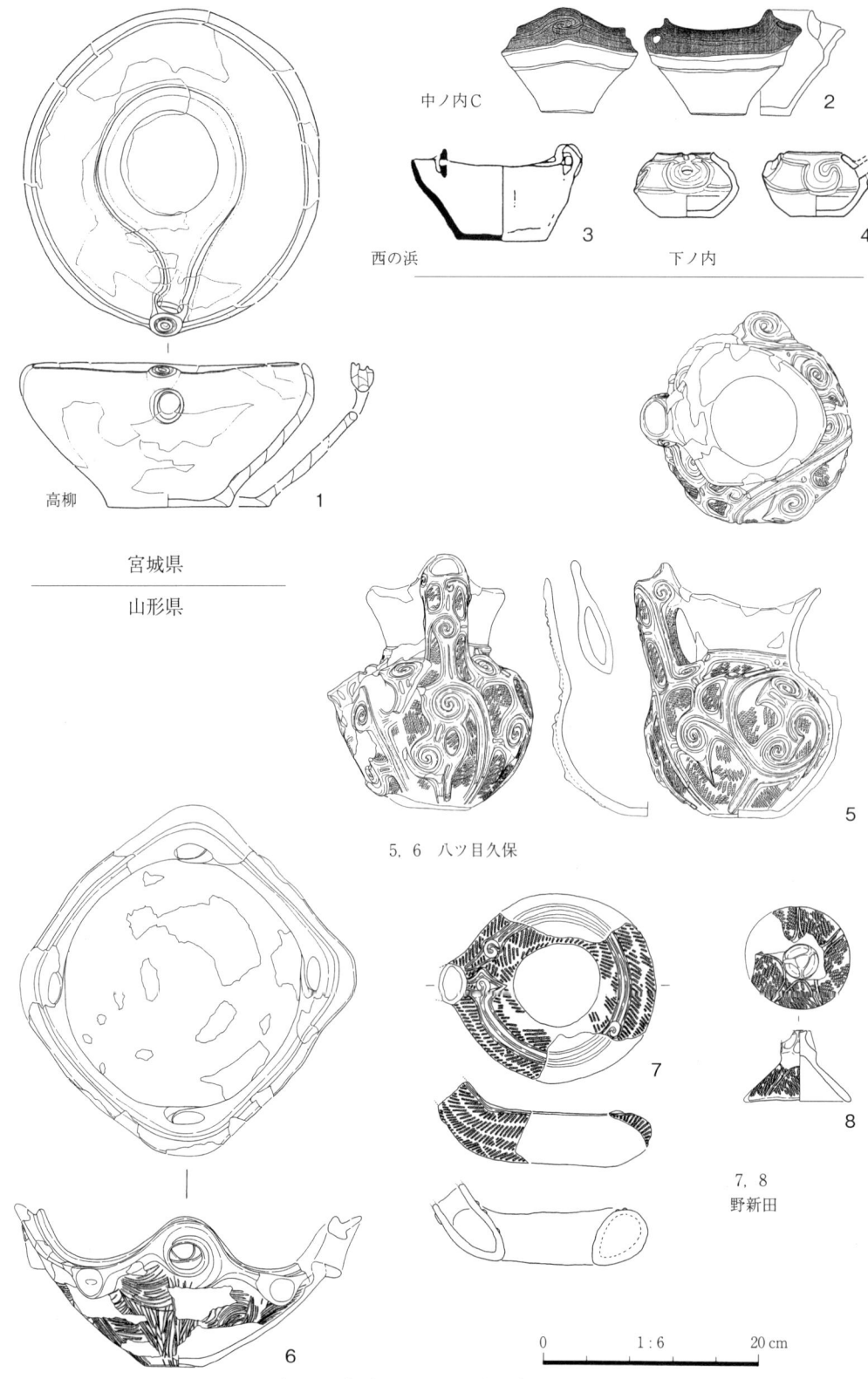

中ノ内C

西の浜　　下ノ内

5, 6　八ツ目久保

7, 8 野新田

高柳

宮城県
山形県

0　　1:6　　20cm

図版12　宮城，山形県出土の中期注口土器

中期

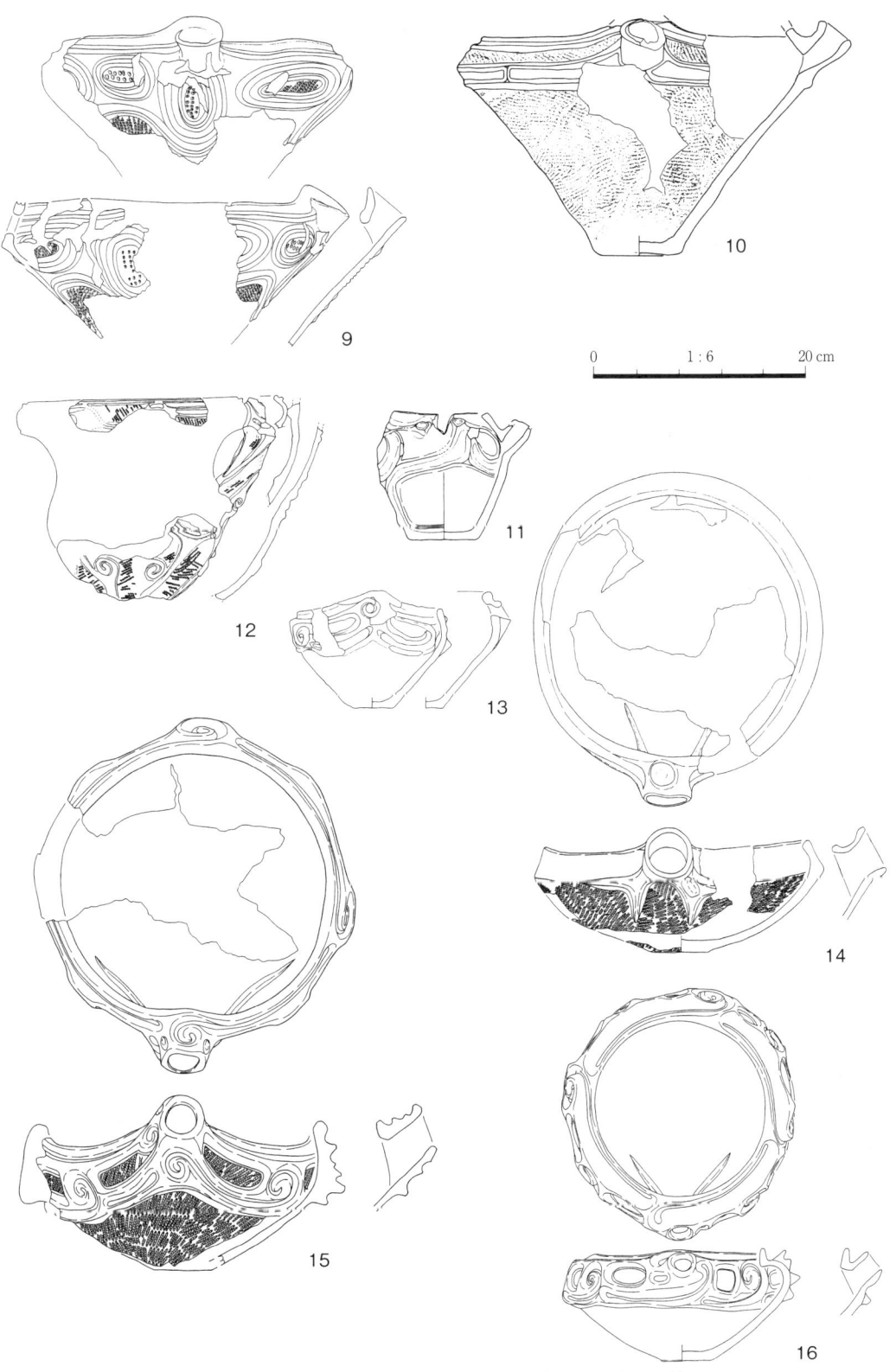

図版 13　山形県西川町山居遺跡出土の中期注口土器 (1)

中期

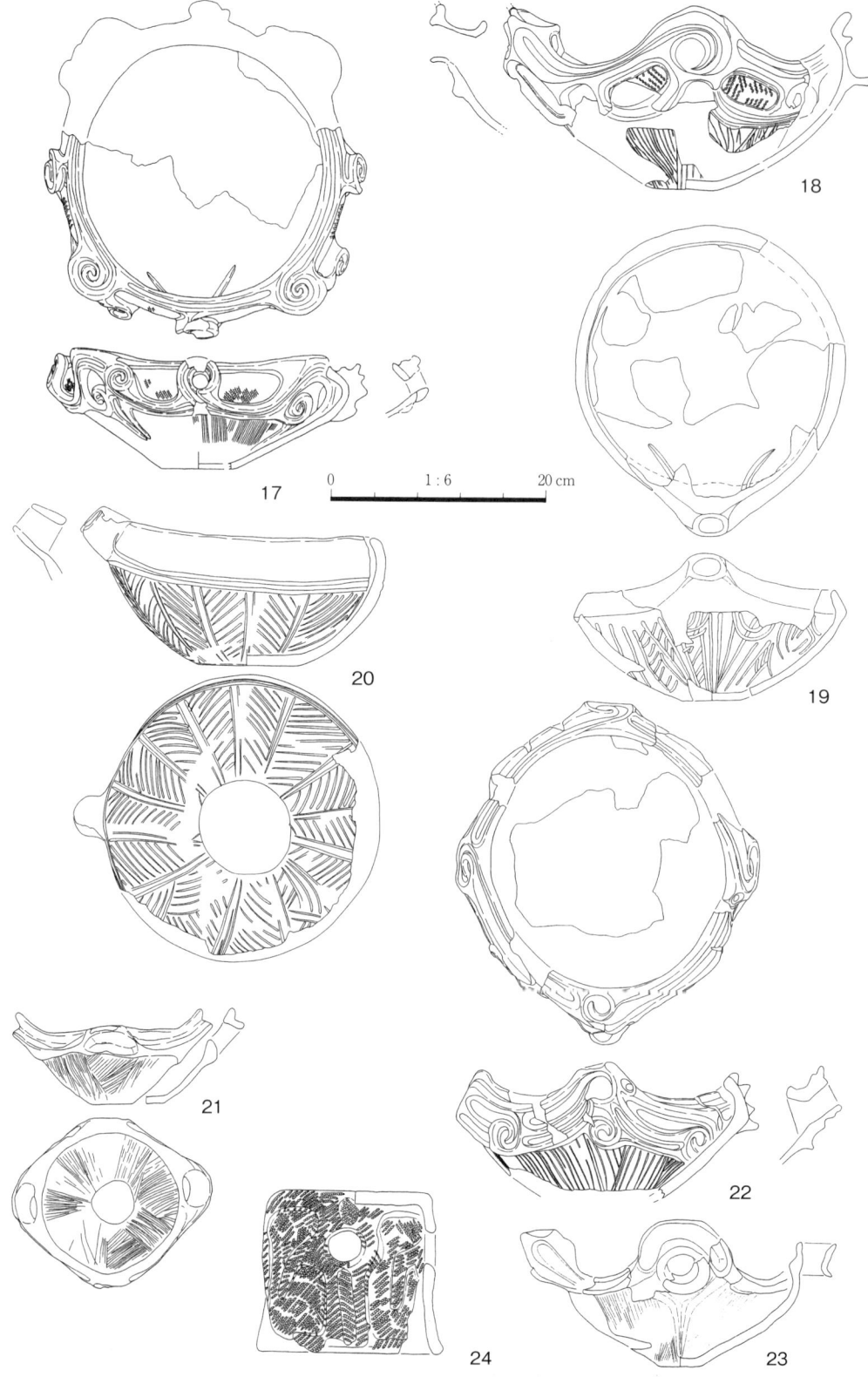

図版14 山形県西川町山居遺跡出土の中期注口土器（2）

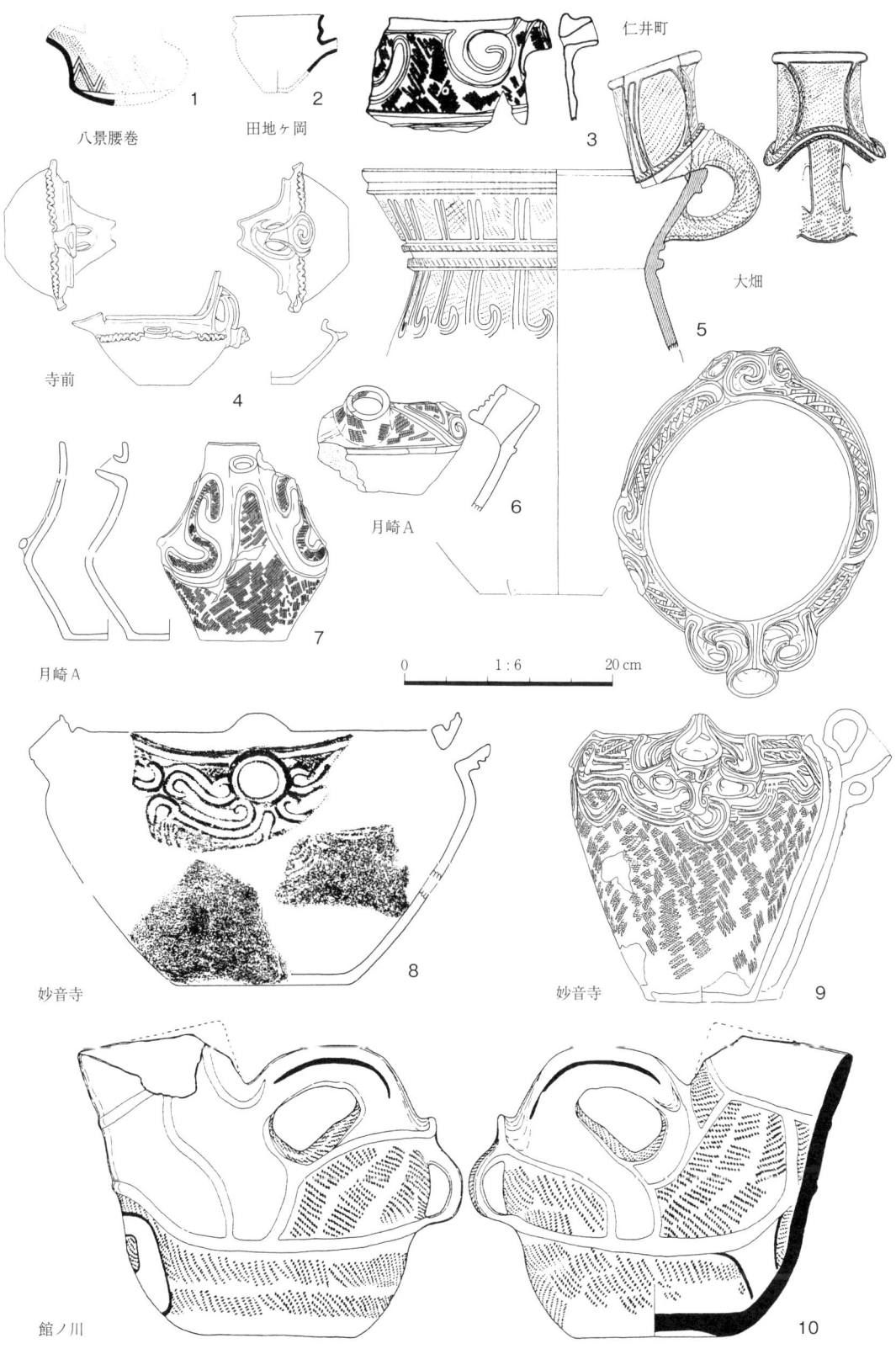

八景腰巻 1
田地ヶ岡 2
仁井町 3
寺前 4
大畑 5
月崎A 6
月崎A 7
妙音寺 8
妙音寺 9
館ノ川 10

0　1:6　20cm

中期

図版15　福島県出土の中期注口土器

中期

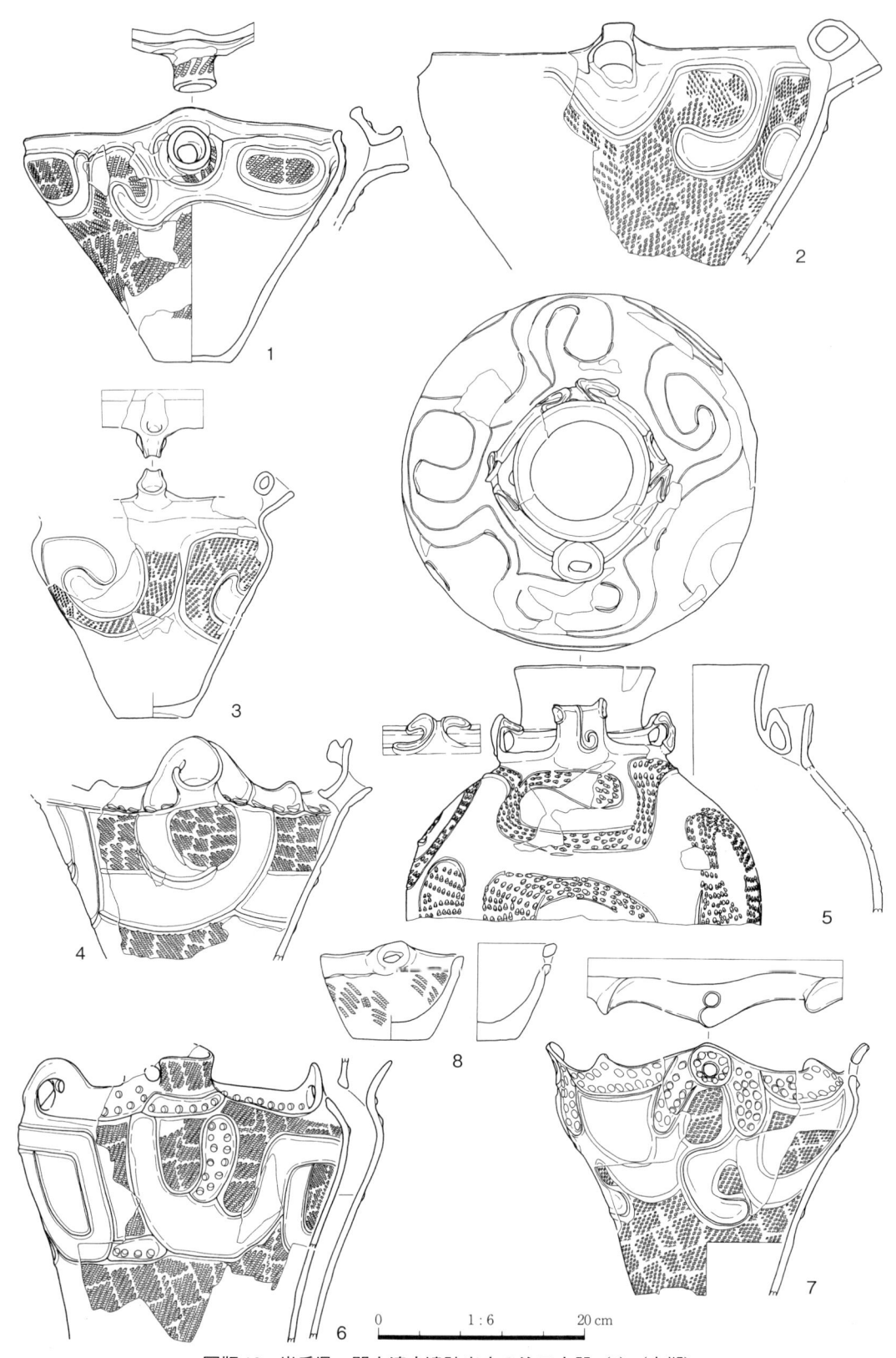

図版16　岩手県一関市清水遺跡出土の注口土器（1）（中期）

(旗掛文)

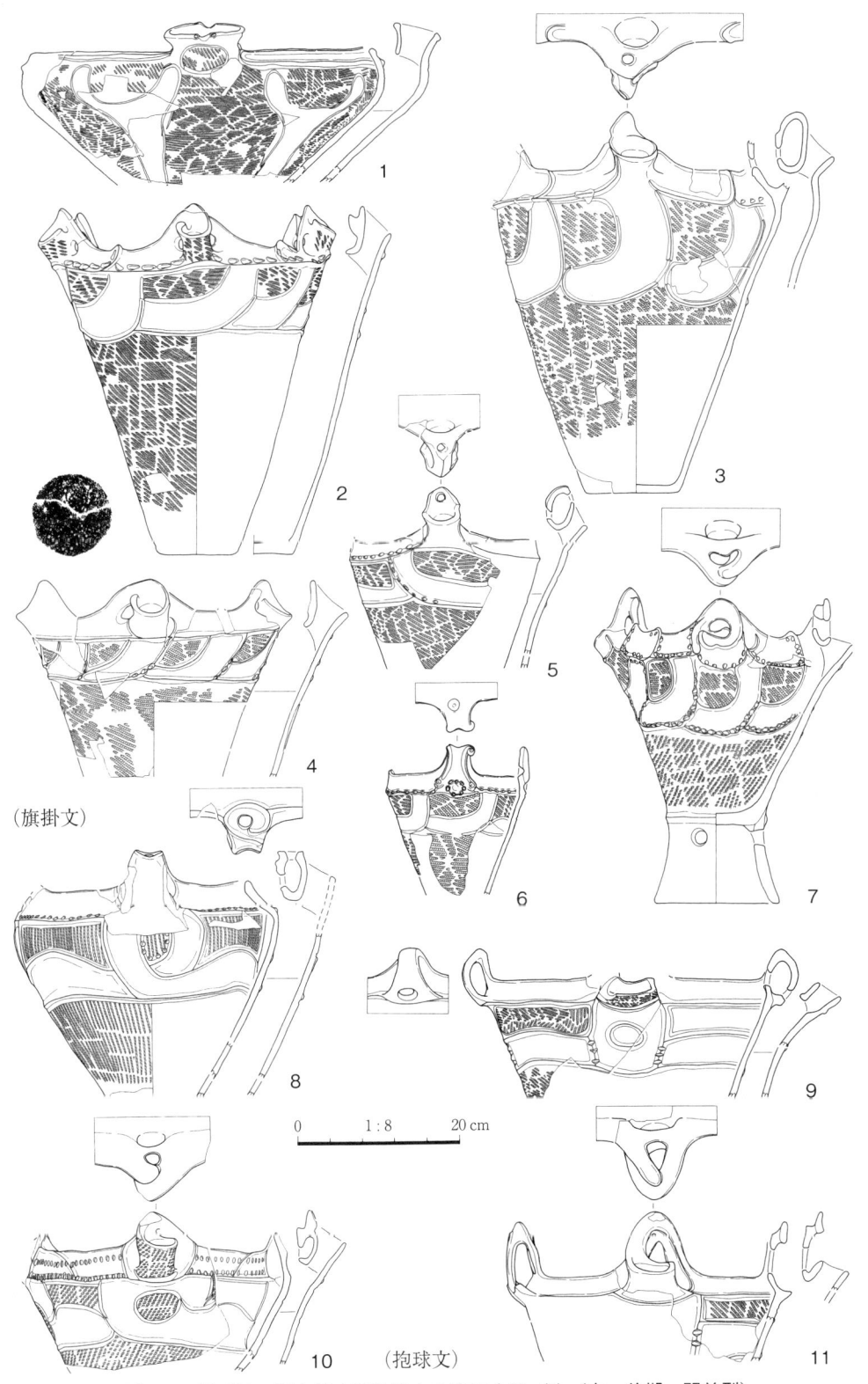

(抱球文)

図版17 岩手県一関市清水遺跡出土の注口土器 (2)（中〜後期, 門前型）

中期

中期

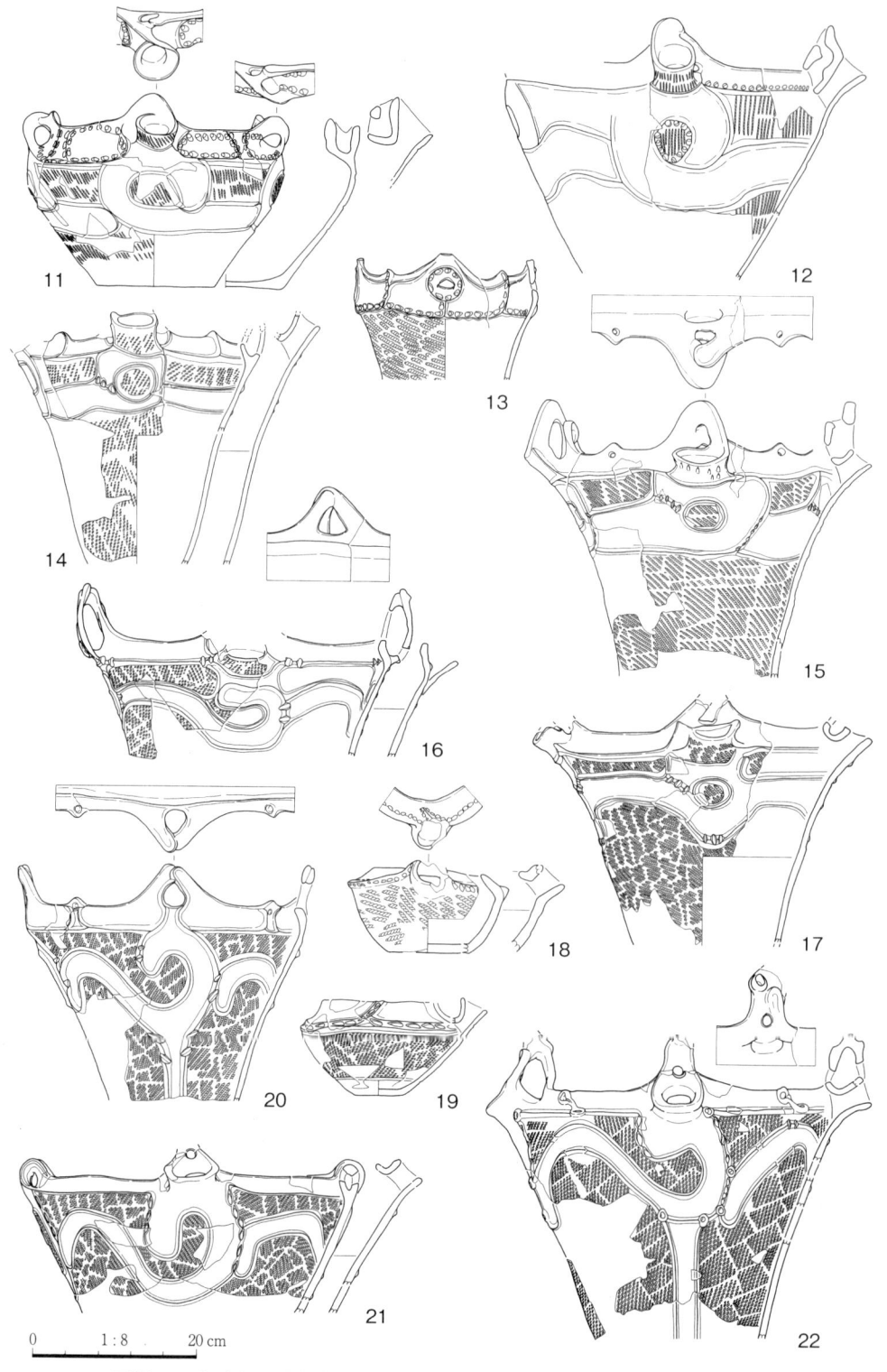

図版18 岩手県一関市清水遺跡出土の注口土器（3）（中〜後期，門前型）

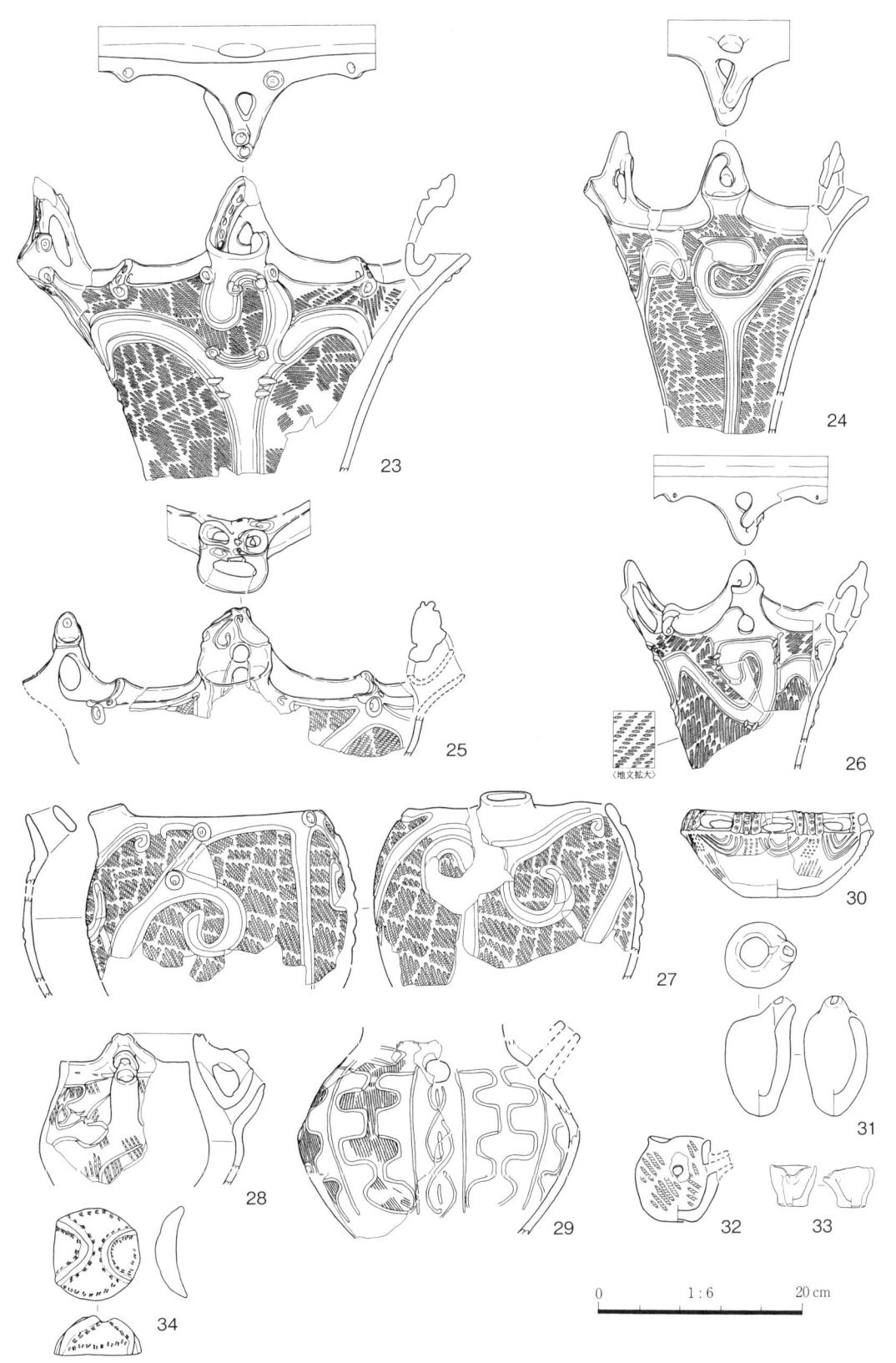

図版 19　岩手県一関市清水遺跡出土の注口土器（4）（後期，門前型ほか）

中期

中期

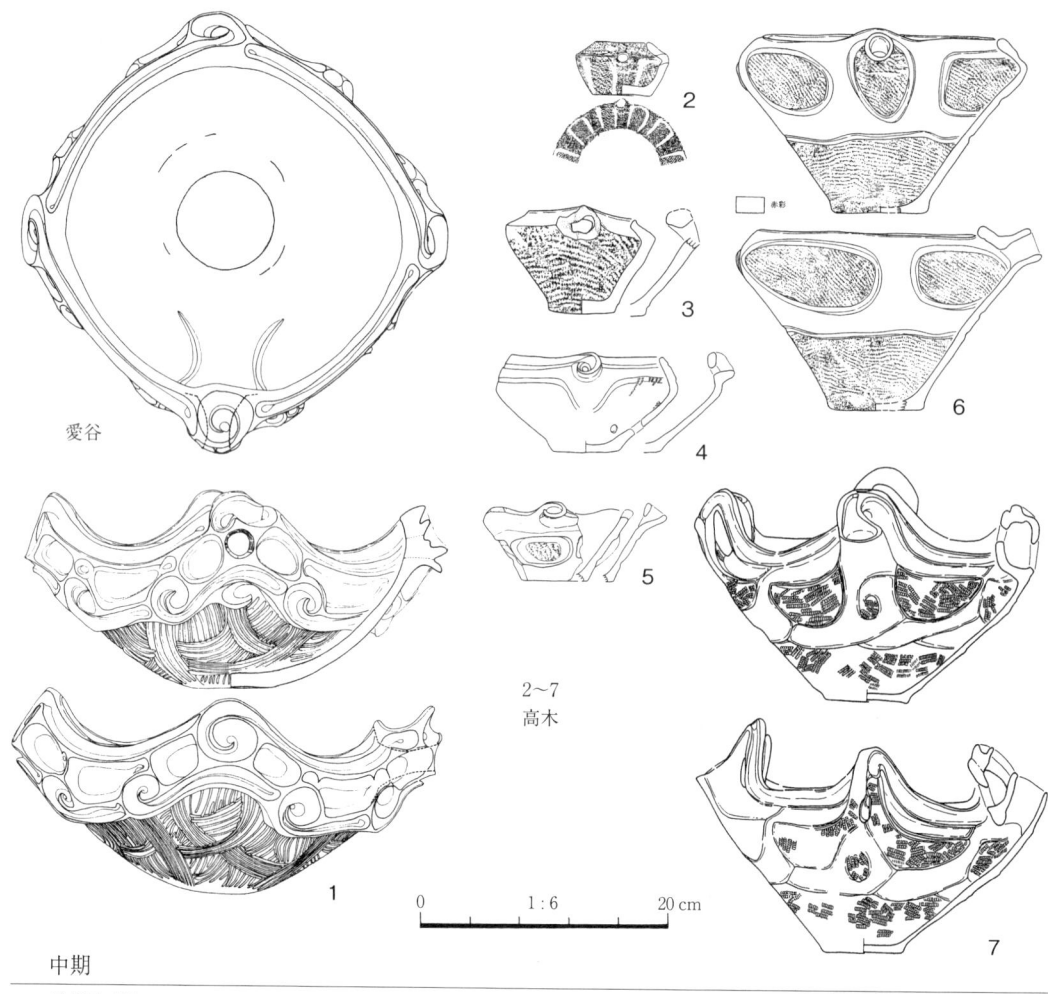

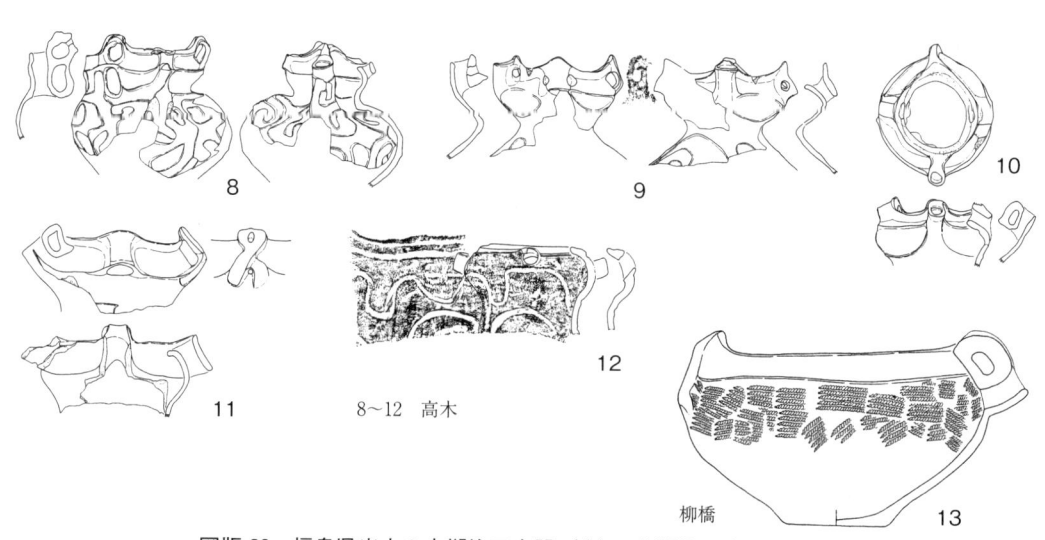

愛谷

2〜7 高木

0 1:6 20cm

中期
後期初頭

8〜12 高木

柳橋

図版20　福島県出土の中期注口土器（上），後期注口土器（下）

上ノ台A

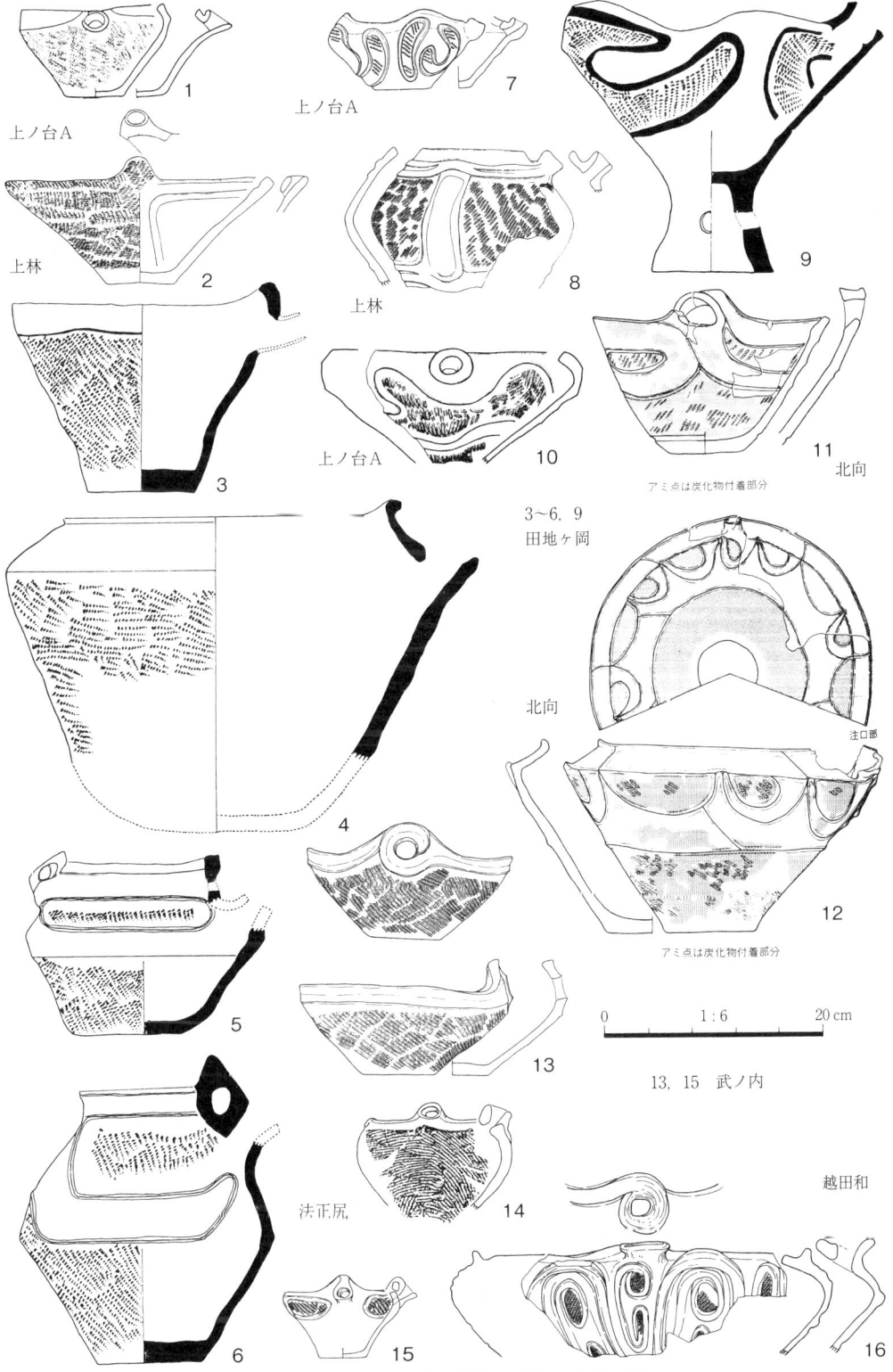

上林

上ノ台A

上林

上ノ台A

3〜6, 9
田地ヶ岡

北向

アミ点は炭化物付着部分

北向

注口部

アミ点は炭化物付着部分

0　　　1:6　　20cm

13, 15　武ノ内

法正尻

越田和

図版21　福島県出土の中期末葉注口土器（1）

中期

中期

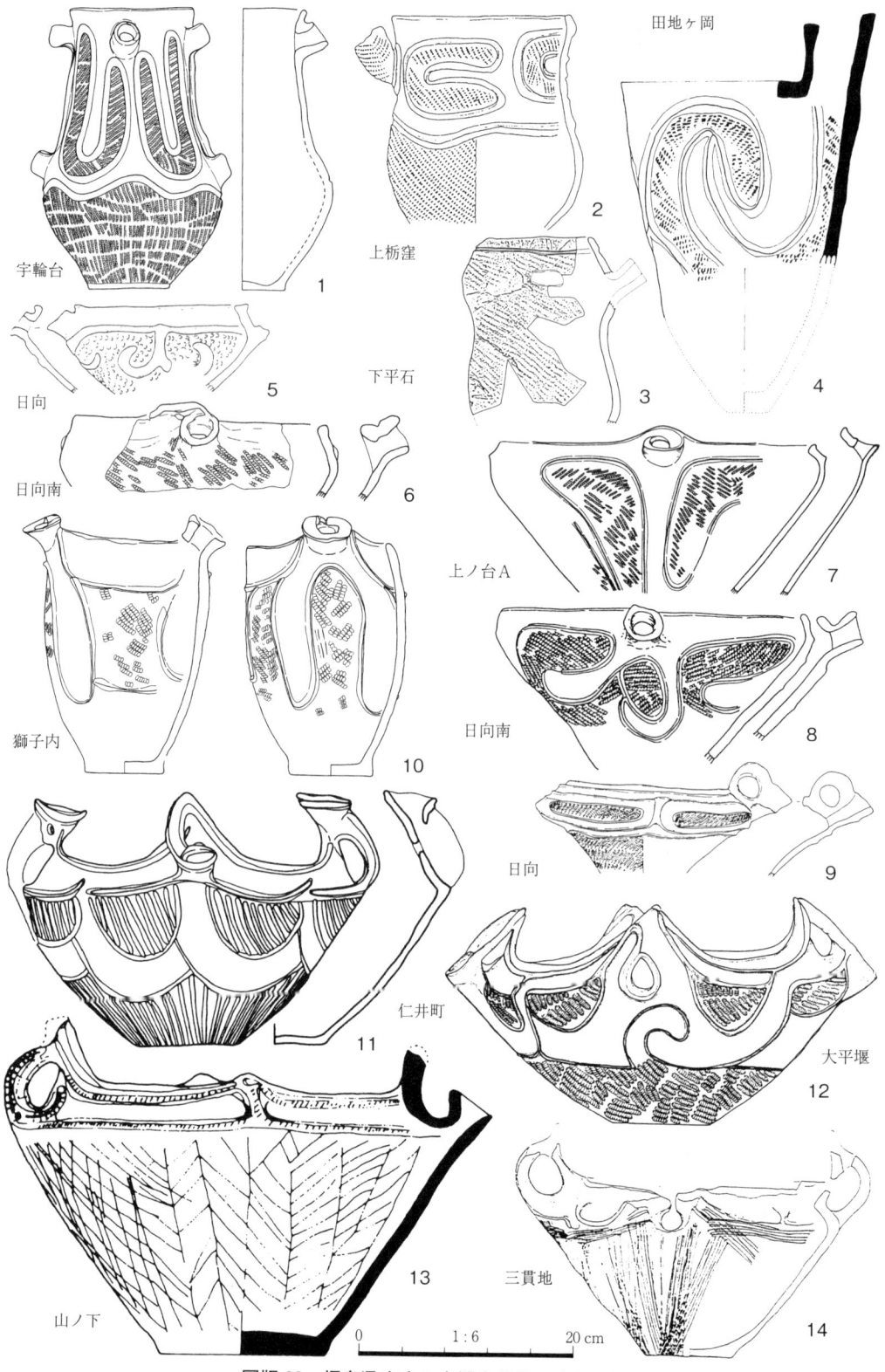

宇輪台 1
上栃窪 2
下平石 3
田地ヶ岡 4
日向 5
日向南 6
上ノ台A 7
日向南 8
日向 9
獅子内 10
仁井町 11
大平堰 12
山ノ下 13
三貫地 14

0　　　1:6　　　20cm

図版22　福島県出土の中期末葉注口土器 (2)

中期

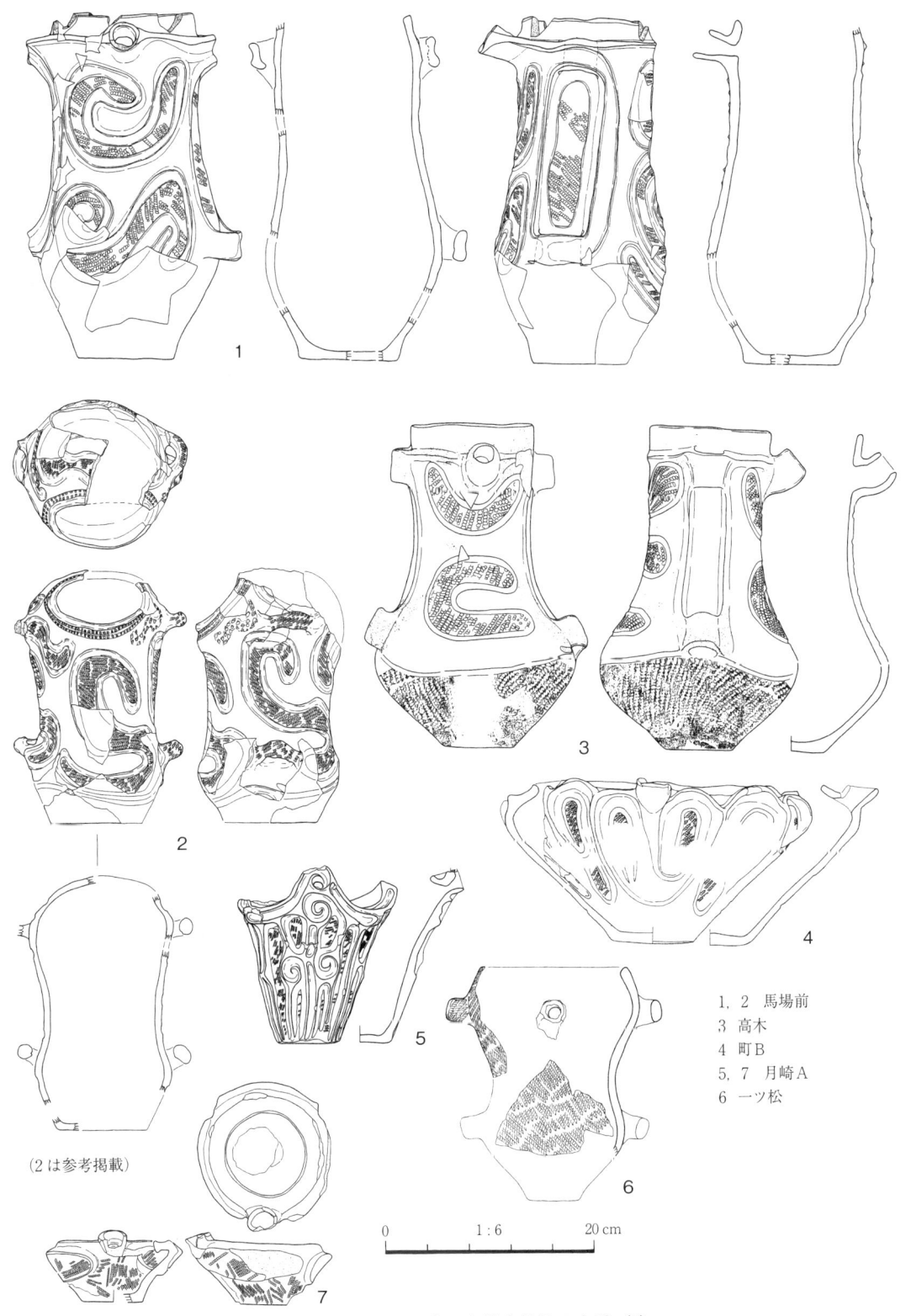

1, 2 馬場前
3 高木
4 町B
5, 7 月崎A
6 一ツ松

(2は参考掲載)

0　　1:6　　20cm

図版23　福島県出土の中期末葉注口土器（3）

中期

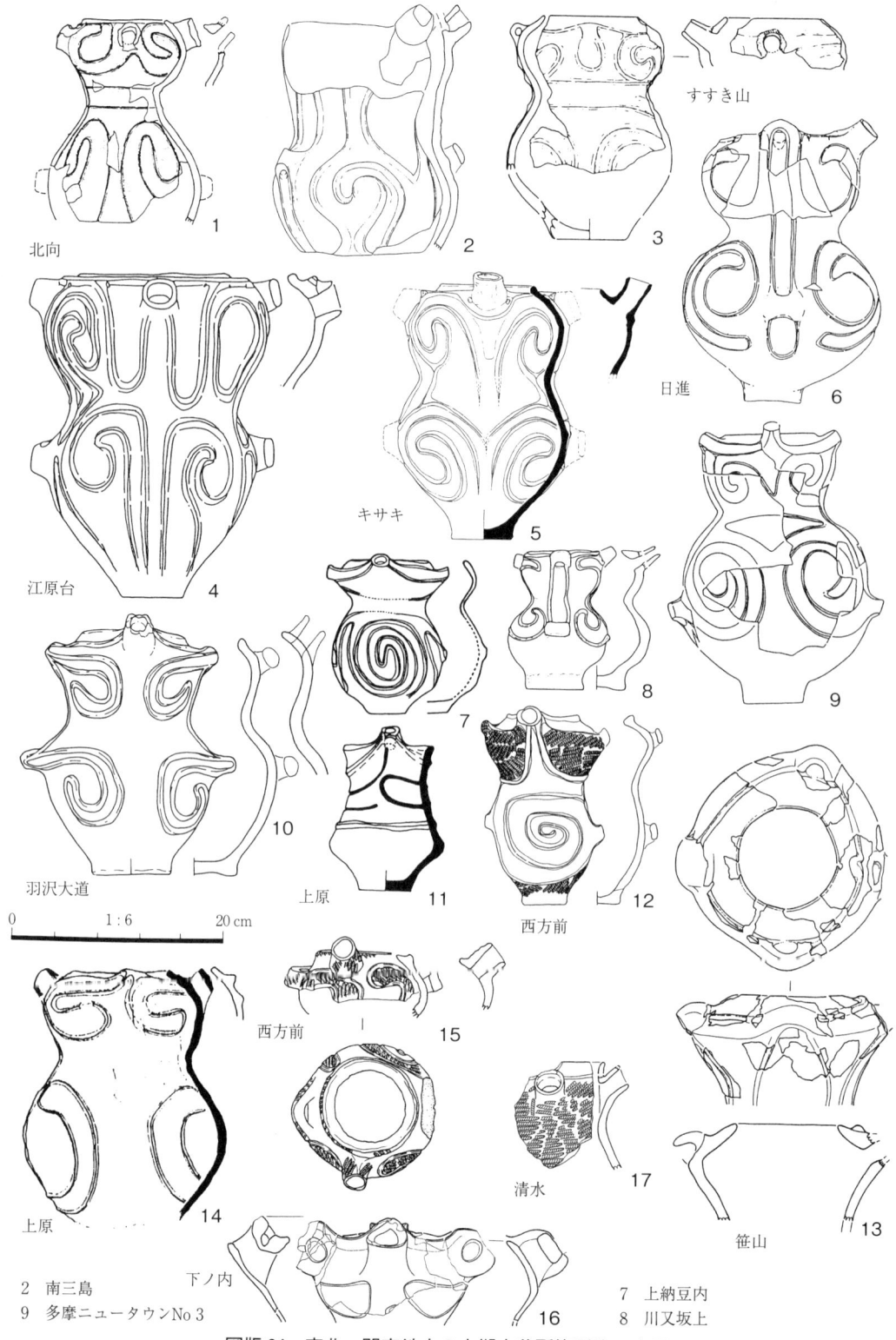

1 北向
2 南三島
3 すすき山
4 江原台
5 キサキ
6 日進
7 上納豆内
8 川又坂上
9 多摩ニュータウンNo 3
10 羽沢大道
11 上原
12 西方前
13 笹山
14 上原
15 西方前
16 下ノ内
17 清水

0　1:6　20cm

図版 24　東北，関東地方の中期末葉瓢箪形注口土器

ヲサル山 1

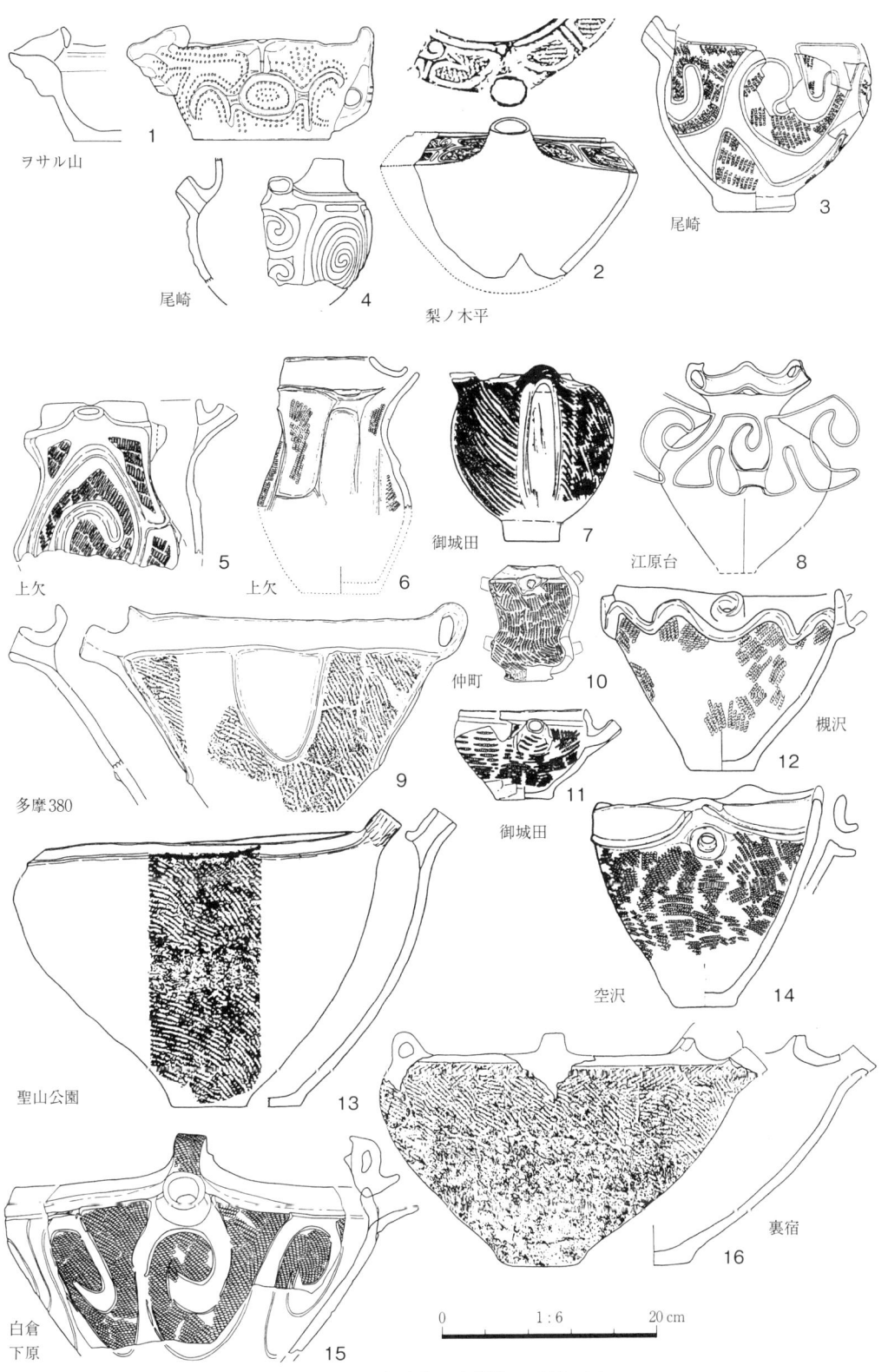

尾崎 4

梨ノ木平 2

尾崎 3

上欠 5

上欠 6

御城田 7

江原台 8

多摩380 9

仲町 10

御城田 11

槻沢 12

聖山公園 13

空沢 14

白倉下原 15

裏宿 16

0　1:6　20 cm

図版 25　関東地方の中期注口土器 (1)

中期

中期

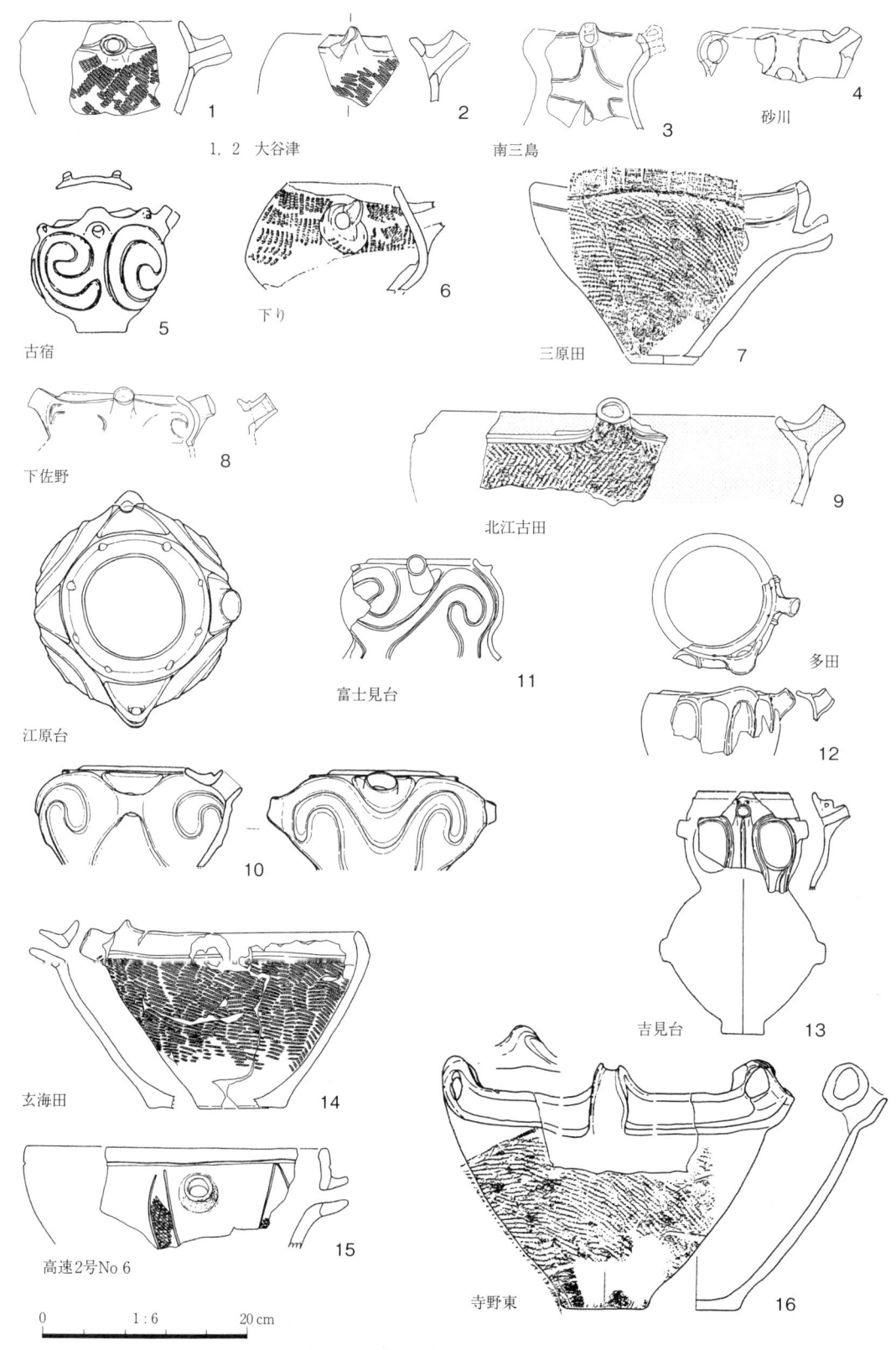

1, 2 大谷津　　3 南三島　　4 砂川

5 古宿　　6 下り　　7 三原田

8 下佐野　　9 北江古田

江原台　　11 富士見台　　多田　　12

10

13 吉見台

14 玄海田

15 高速2号No 6

16 寺野東

0　　1:6　　20cm

図版26　関東地方の中期注口土器（2）

境A 1 棚畑 2

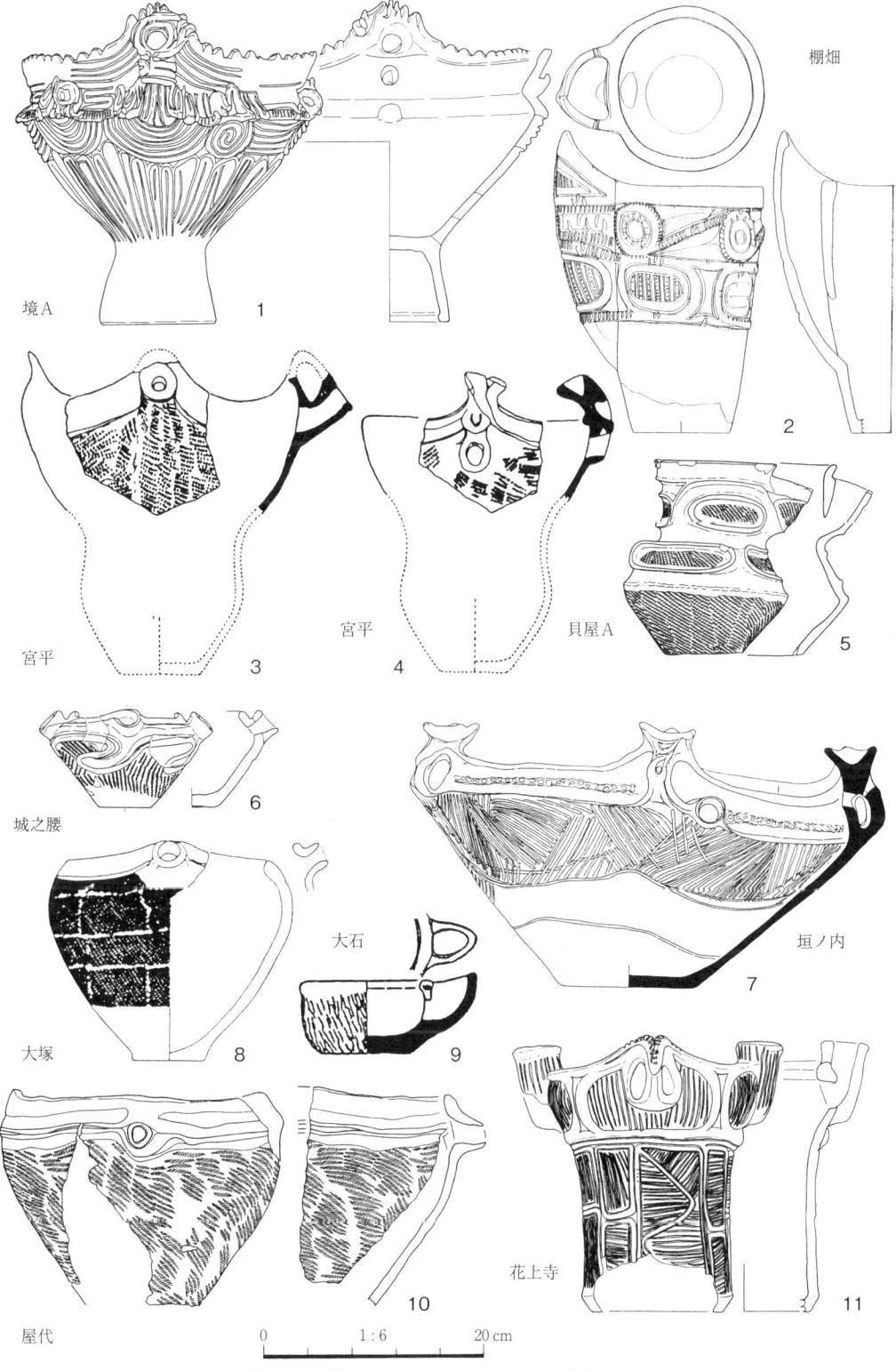

宮平 3 宮平 4 貝屋A 5

城之腰 6 垣ノ内 7

大塚 8 大石 9

屋代 10 花上寺 11

0　　　1:6　　20cm

図版27　北陸，中部，東海地方の中期注口土器

中期

後期

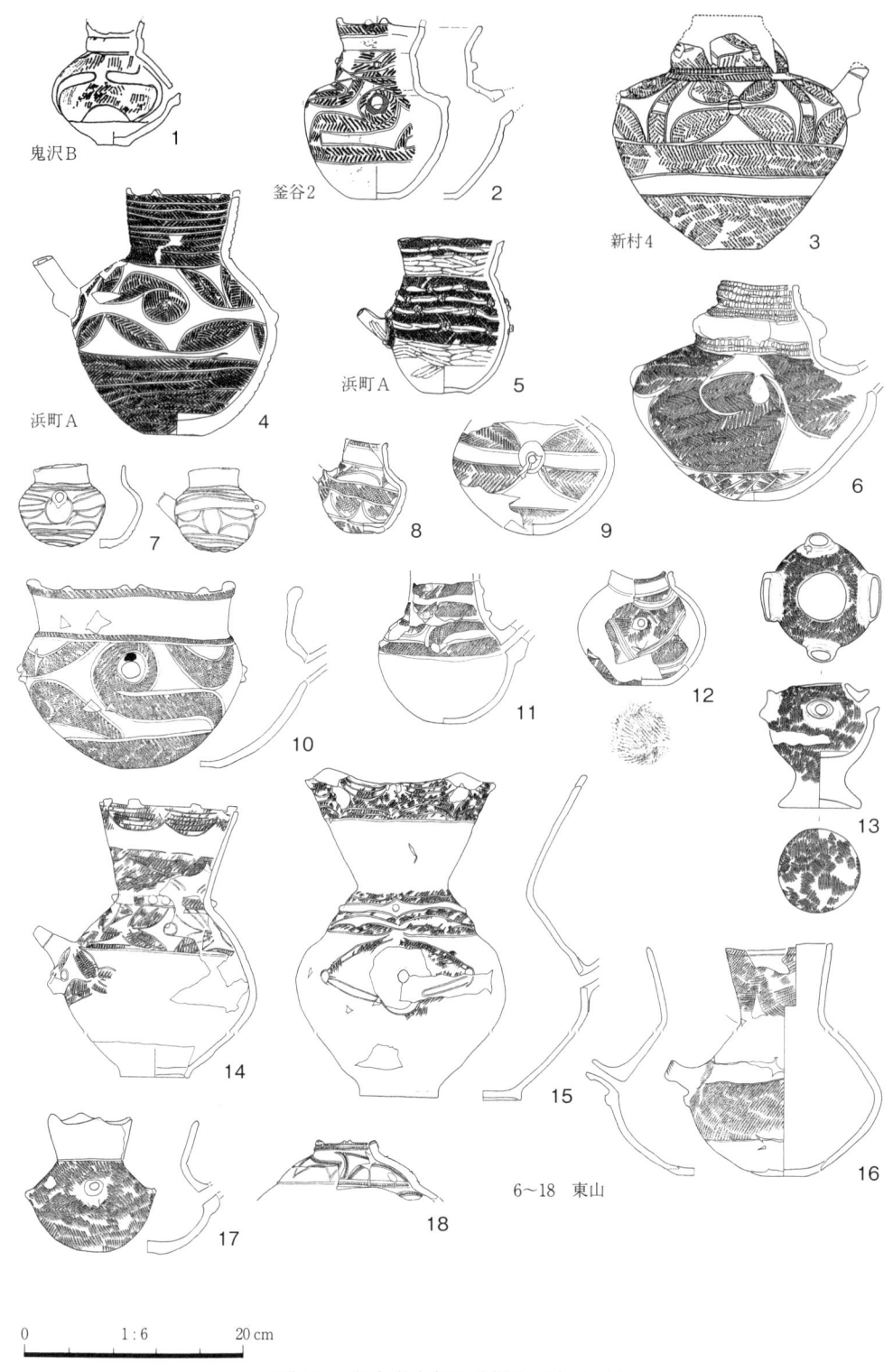

鬼沢B 1
釜谷2 2
新村4 3
浜町A 4
浜町A 5
6
7 8 9
10 11 12
13
14 15 16
17 18

6〜18 東山

0 1:6 20cm

図版28 北海道南部の後期注口土器（1）

後期

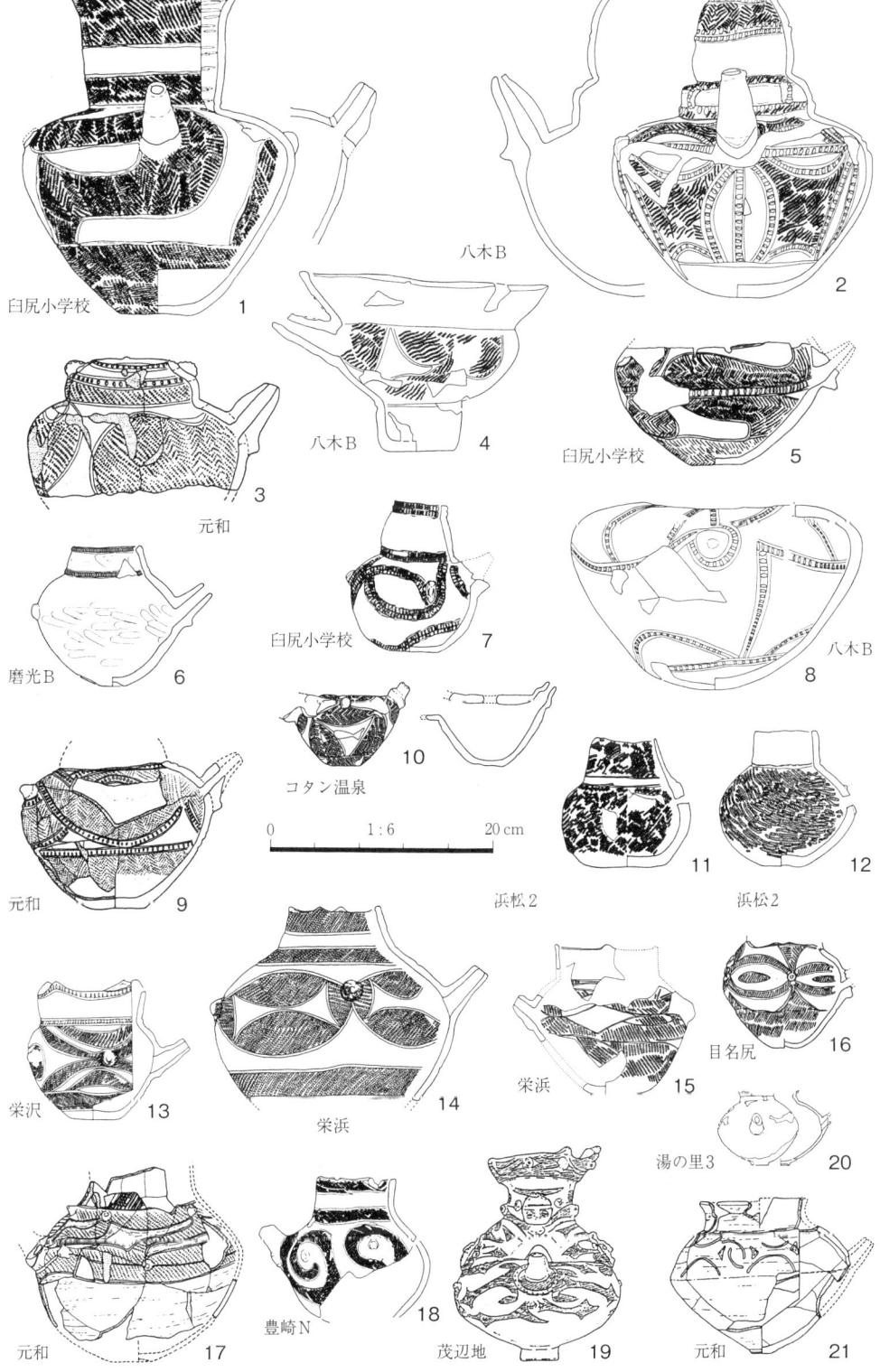

図版 29 北海道南部の後期注口土器 (2)

後期

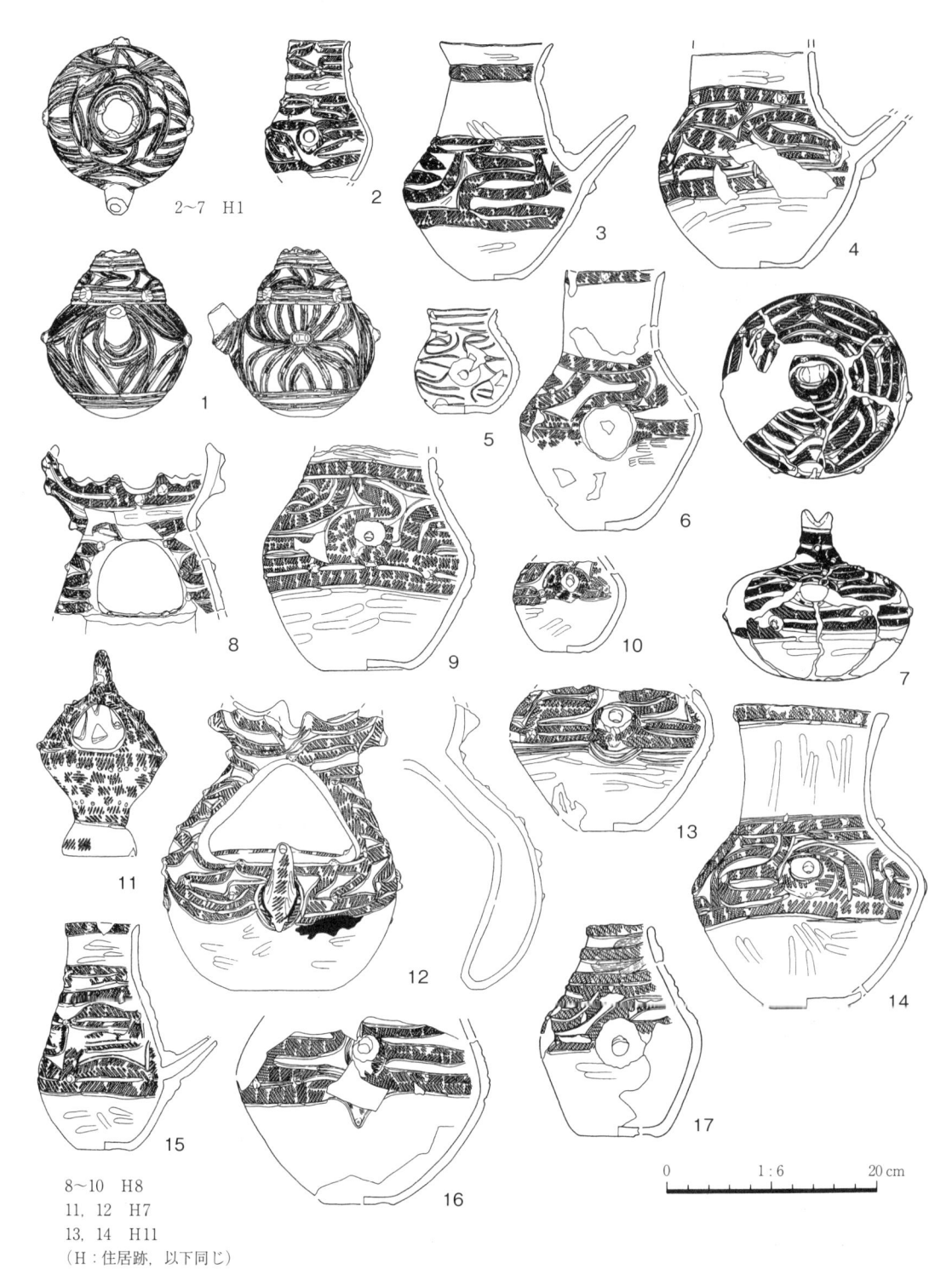

2～7　H1

8～10　H8
11, 12　H7
13, 14　H11
（H：住居跡，以下同じ）

0　　　1:6　　　20 cm

図版 30　北海道函館市垣ノ島 A 遺跡出土の後期注口土器

AH6床

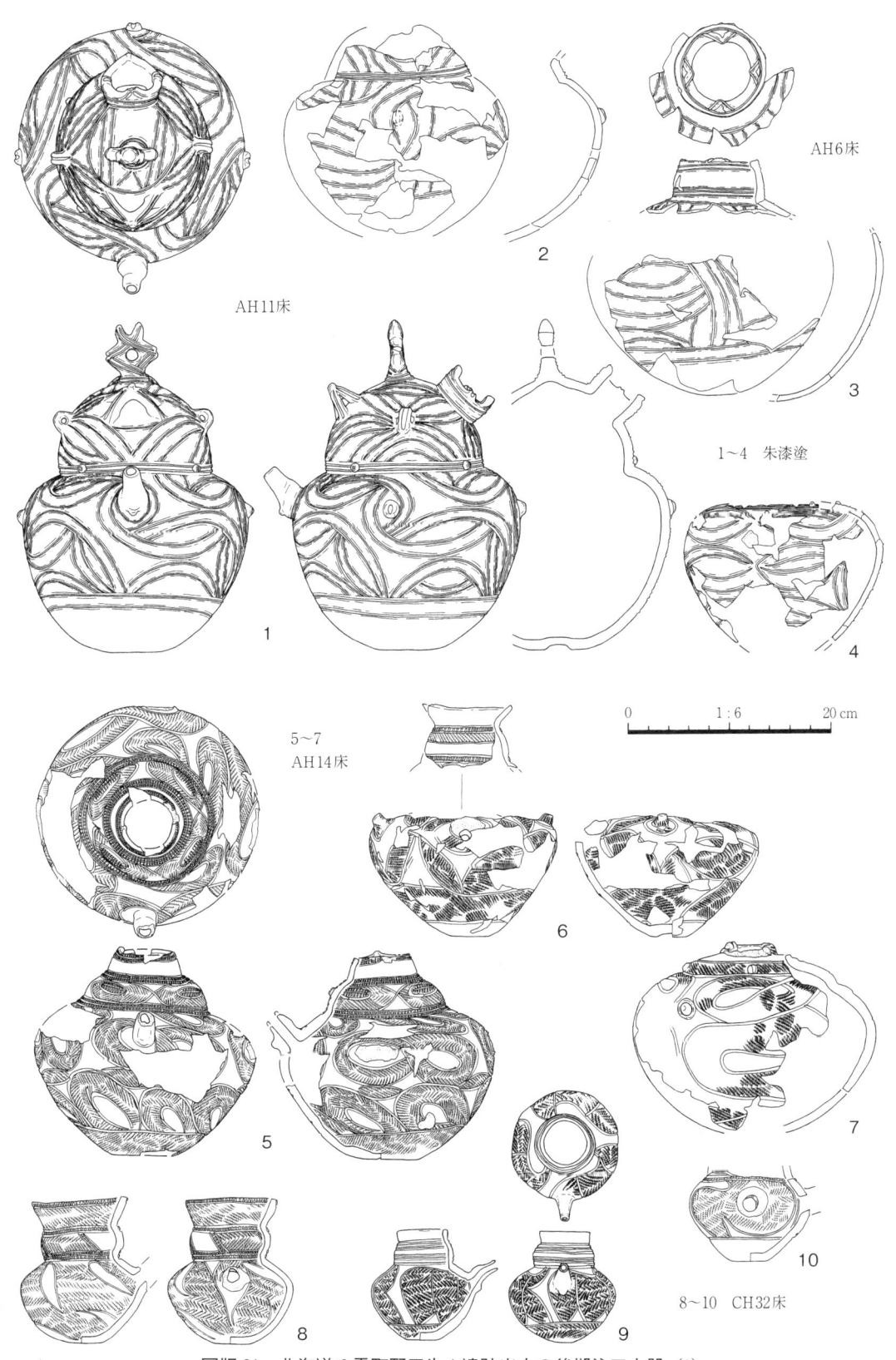

AH11床

1〜4 朱漆塗

後期

5〜7
AH14床

0 1:6 20cm

8〜10 CH32床

図版31 北海道八雲町野田生1遺跡出土の後期注口土器（1）

後期

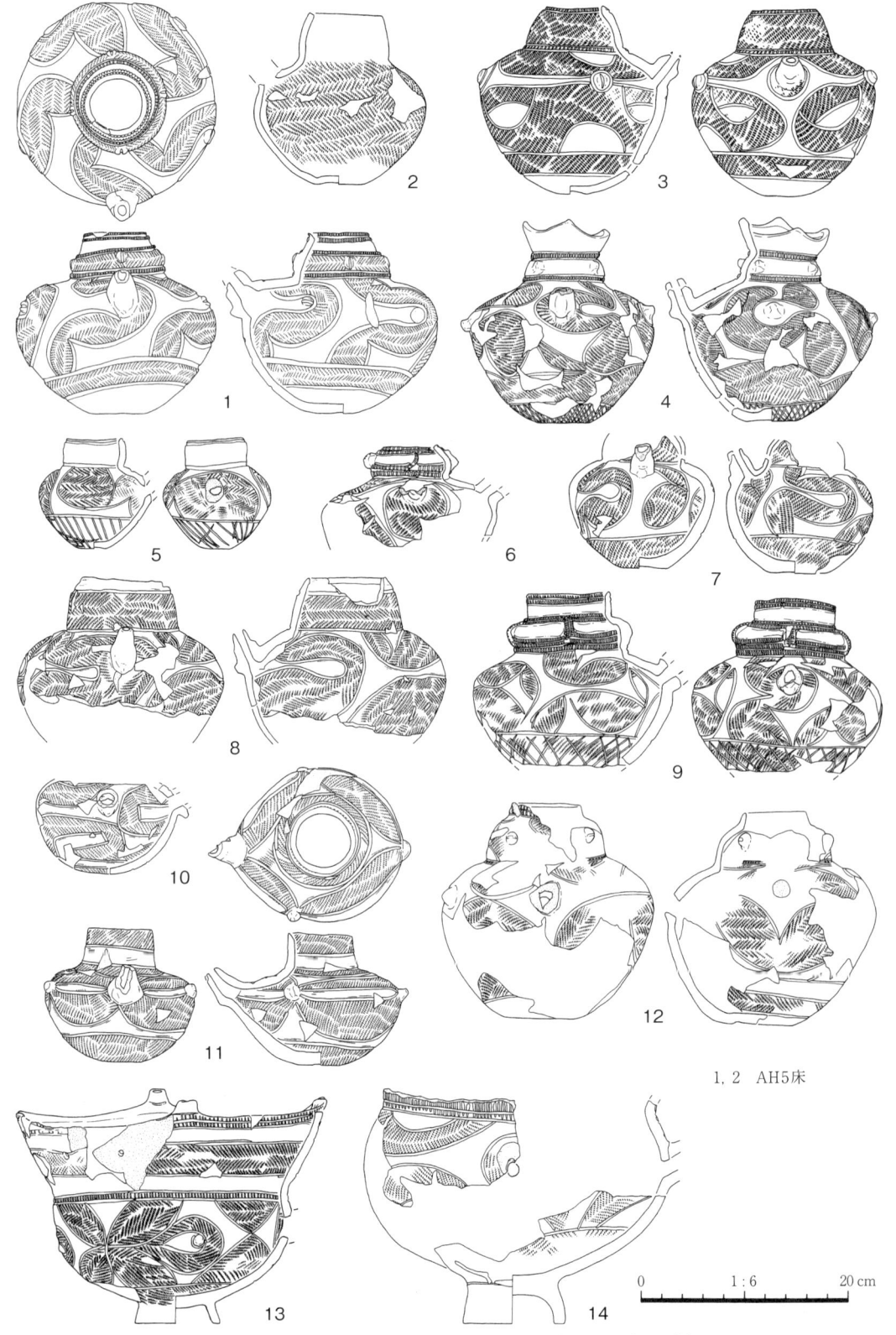

1, 2 AH5床

図版32　北海道八雲町野田生1遺跡出土の後期注口土器（2）

礼文町

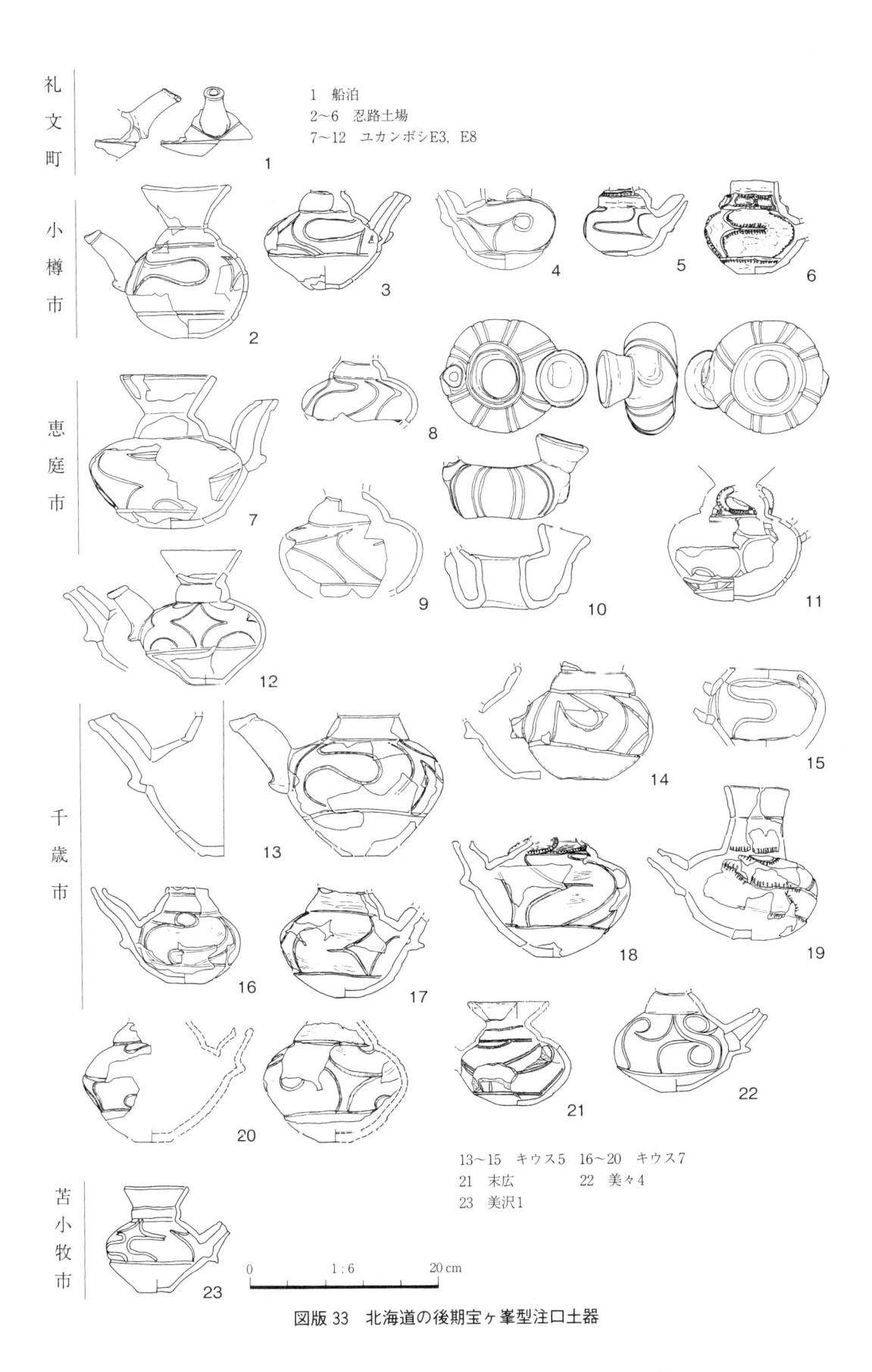

1 船泊
2〜6 忍路土場
7〜12 ユカンボシE3, E8

小樽市

恵庭市

後期

13〜15 キウス5　16〜20 キウス7
21 末広　22 美々4
23 美沢1

千歳市

苫小牧市

0　　1:6　　20cm

図版33　北海道の後期宝ヶ峯型注口土器

後期

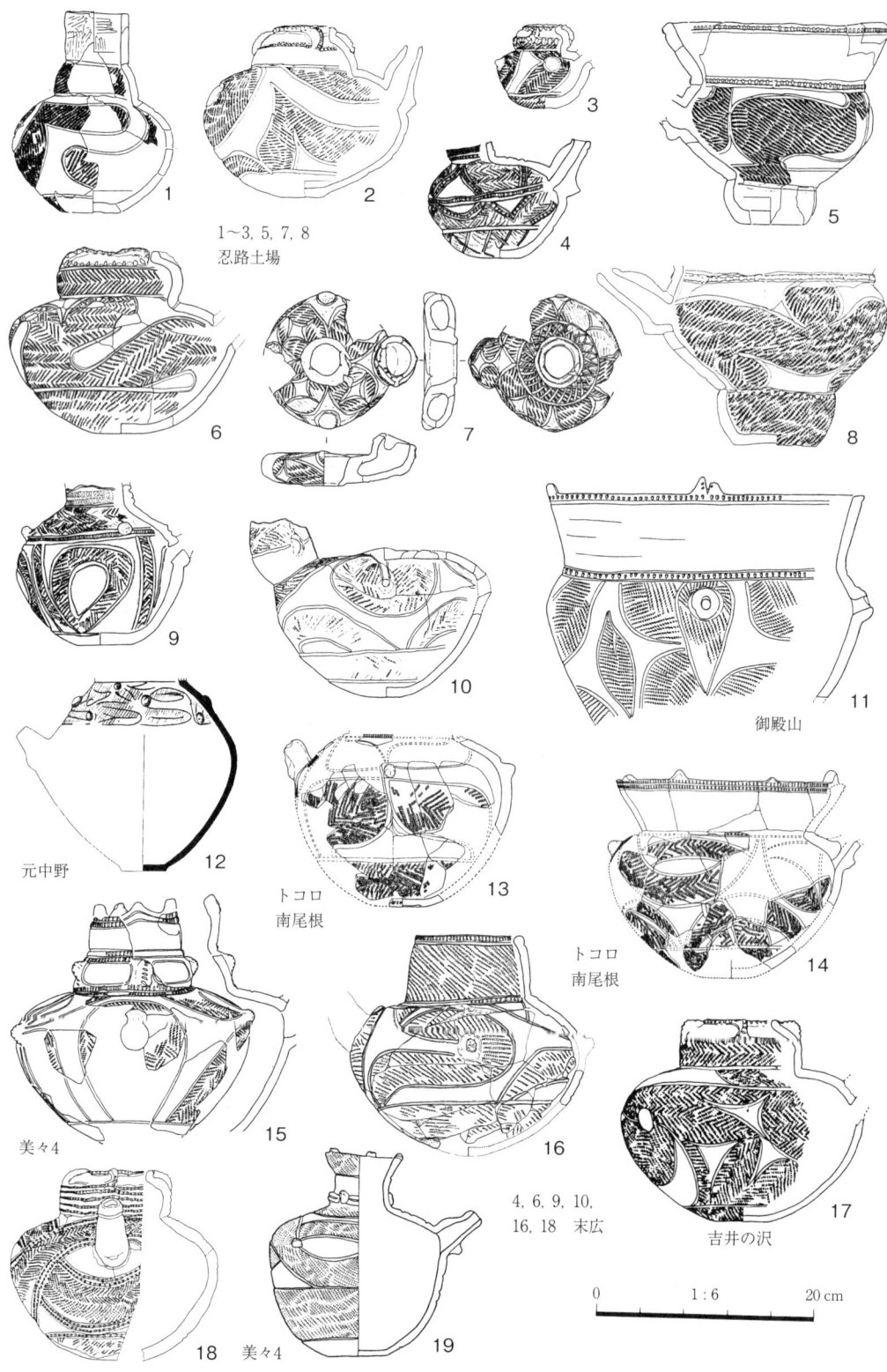

1～3, 5, 7, 8 忍路土場

御殿山

元中野

トコロ南尾根

トコロ南尾根

美々4

4, 6, 9, 10, 16, 18 末広

吉井の沢

美々4

0　1:6　20 cm

図版 34　北海道の後期注口土器

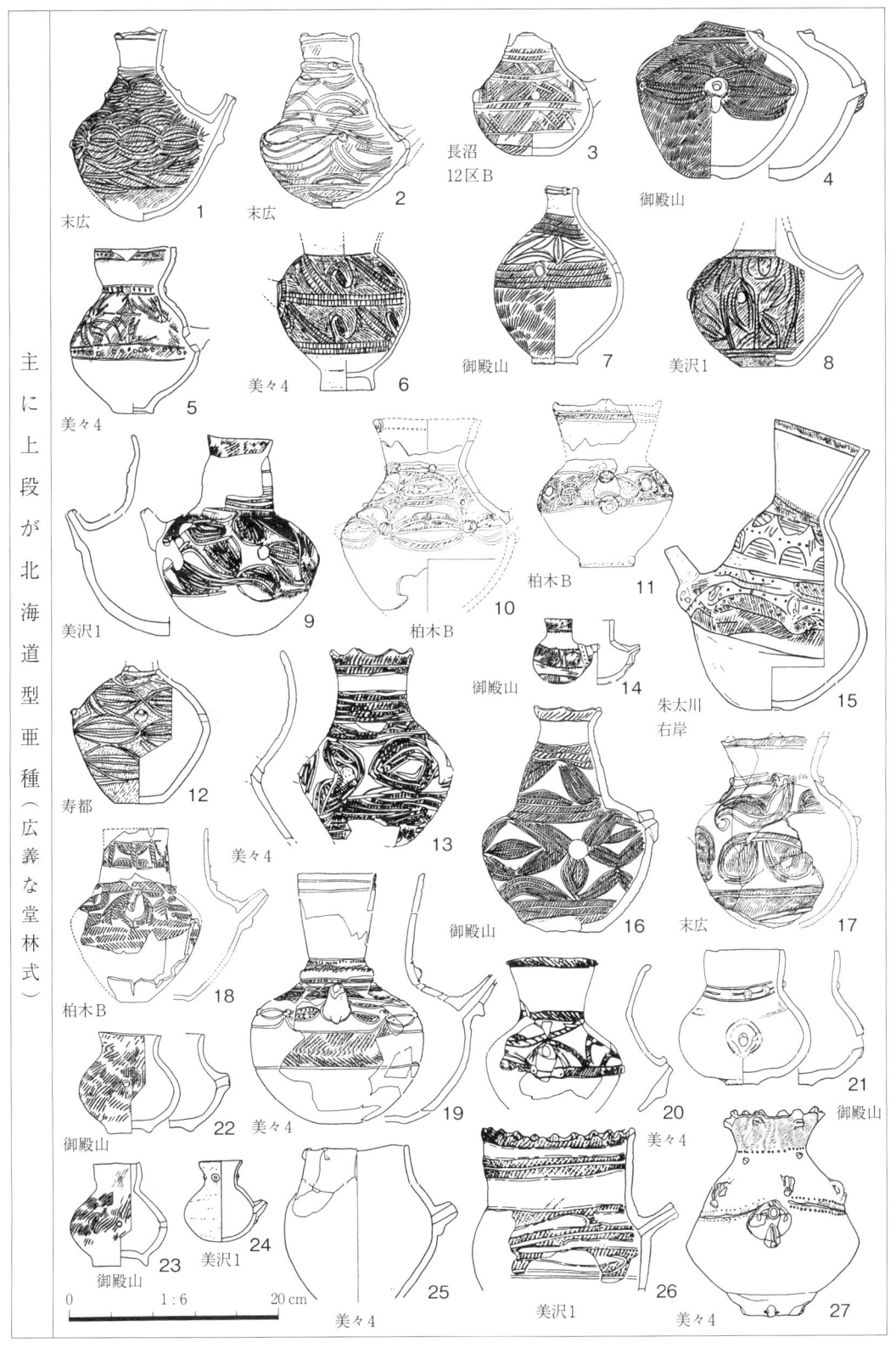

主に上段が北海道型亜種（広義な堂林式）

末広 1
末広 2
長沼12区B 3
御殿山 4
美々4 5
美々4 6
御殿山 7
美沢1 8
美沢1 9
柏木B 10
柏木B 11
寿都 12
13
美々4
御殿山 14
朱太川右岸 15
御殿山 16
末広 17
柏木B 18
御殿山 19
20
21 御殿山
御殿山 22
美沢1 23
美々4 24
美々4 25
美沢1 26
美々4 27

0　1:6　20 cm

後期

図版 35　北海道の後期後葉注口土器

後期

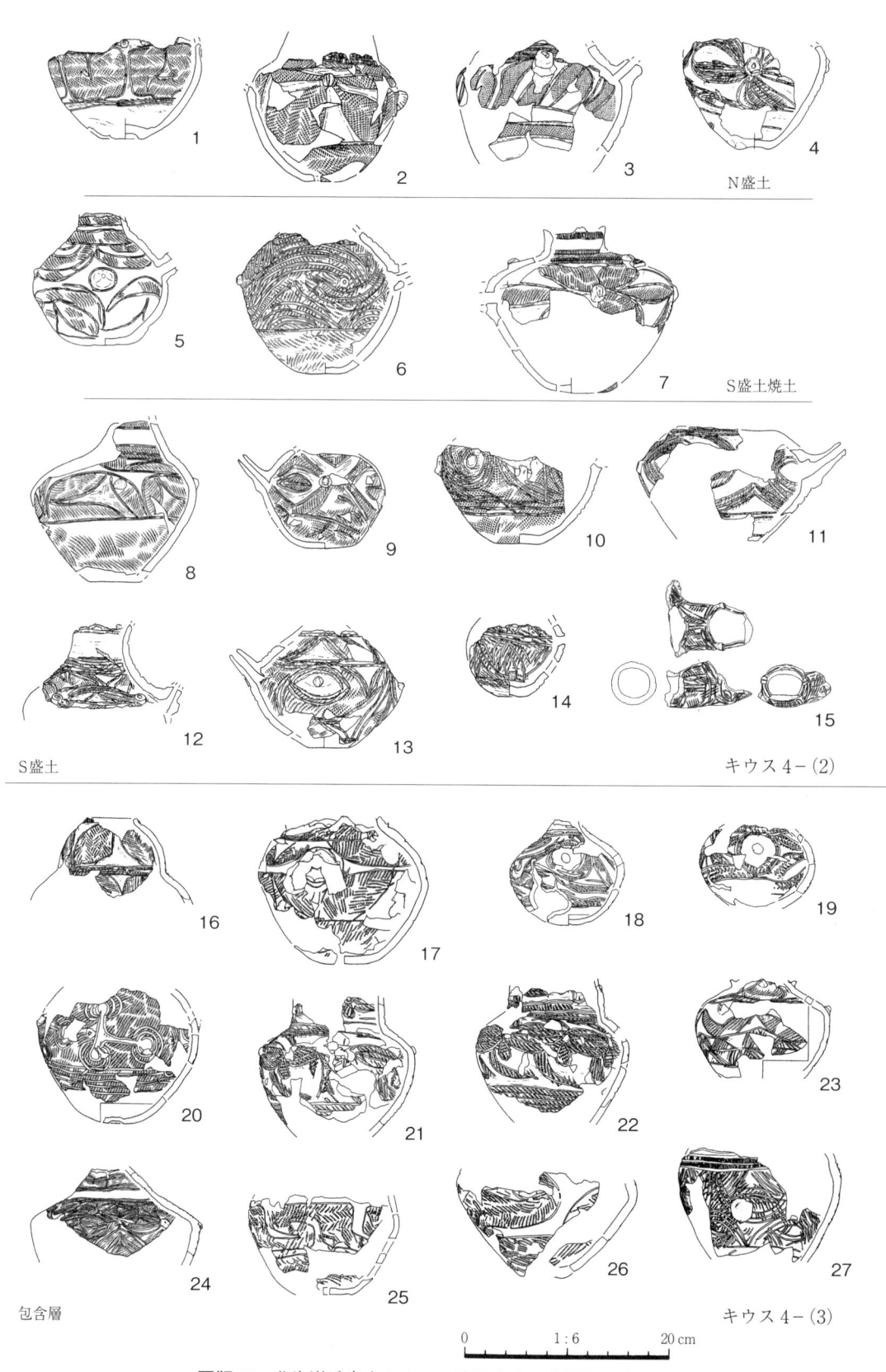

N盛土

S盛土焼土

S盛土

キウス4−(2)

包含層

0   1:6   20cm

キウス4−(3)

図版36　北海道千歳市キウス4遺跡出土の後期注口土器（1）

キウス4−(5)

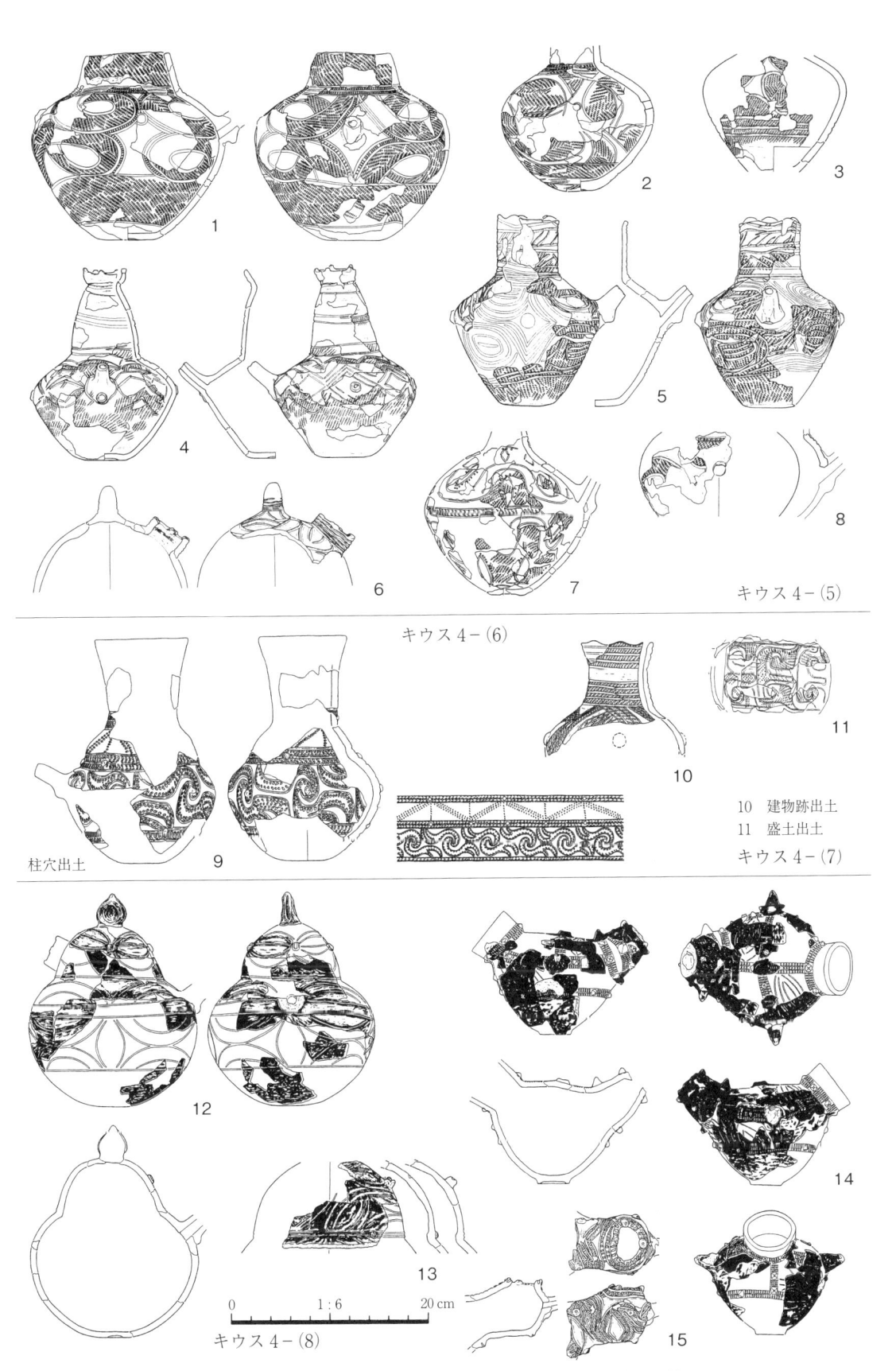

キウス4−(6)

10 建物跡出土
11 盛土出土

柱穴出土

キウス4−(7)

0　　1:6　　20cm

キウス4−(8)

後期

図版37　北海道千歳市キウス4遺跡出土の後期注口土器（2）

後期

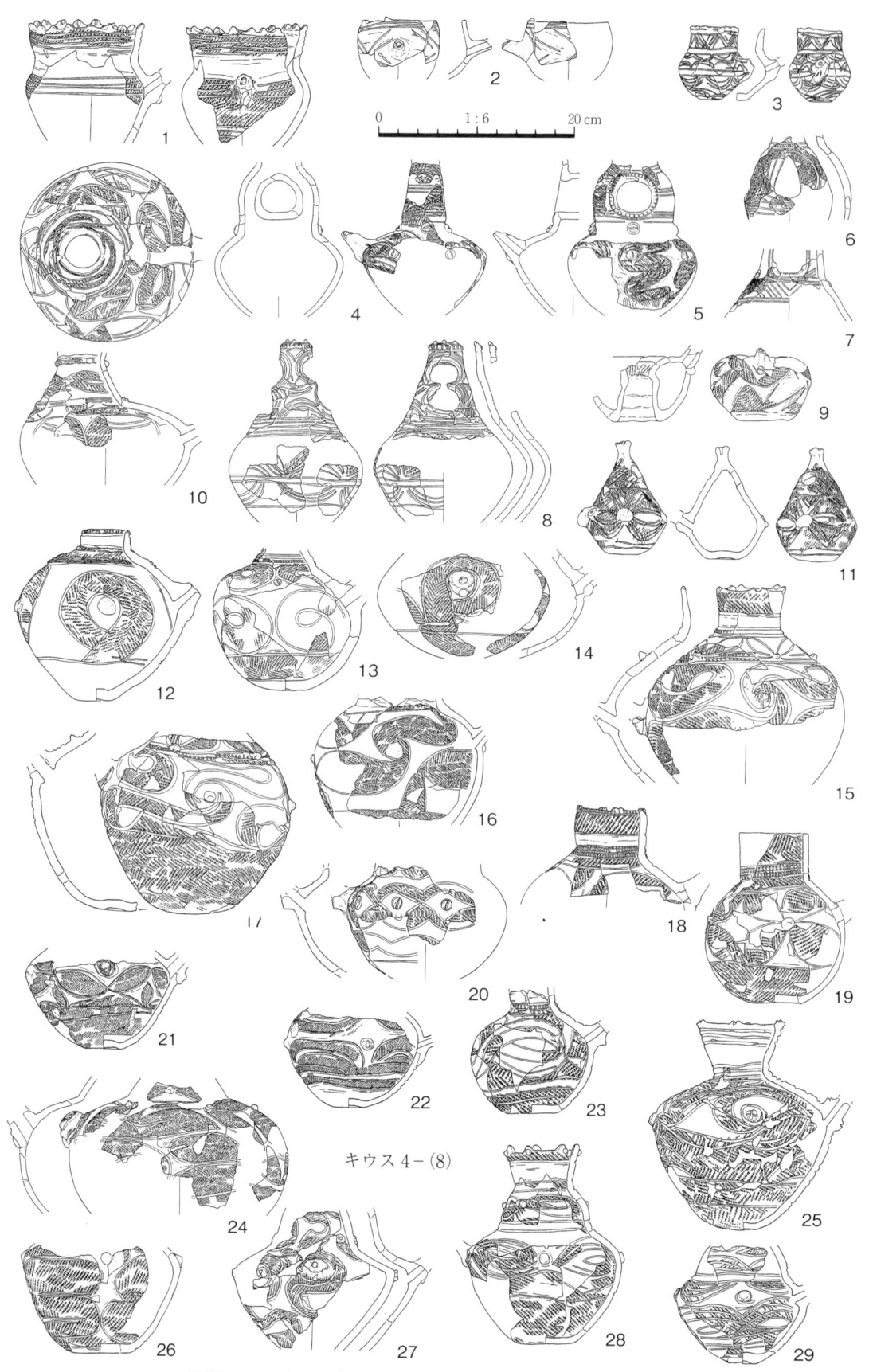

図版 38　北海道千歳市キウス4遺跡出土の後期注口土器（3）

後期

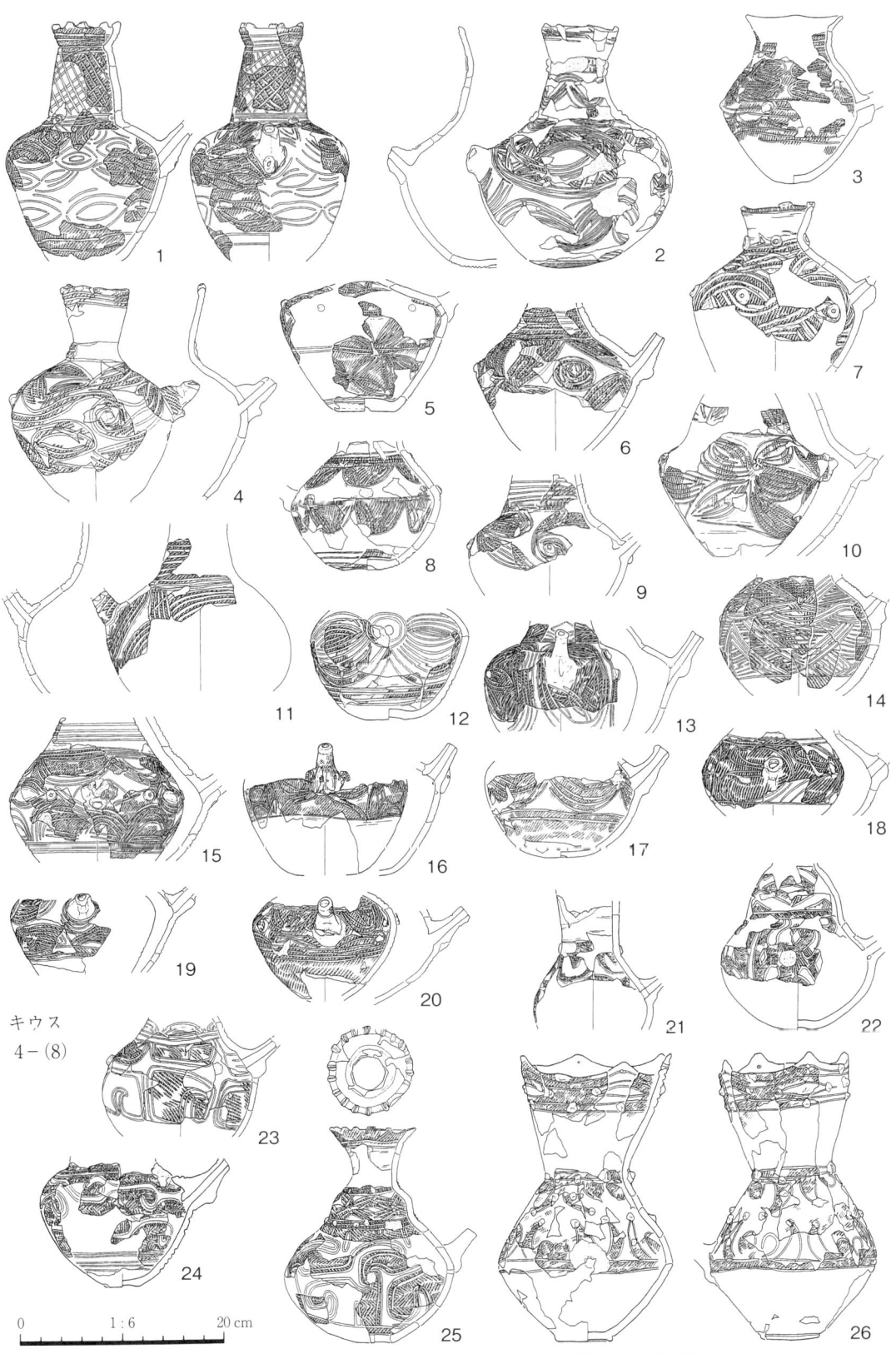

図版 39　北海道千歳市キウス 4 遺跡出土の後期注口土器 (4)

後期

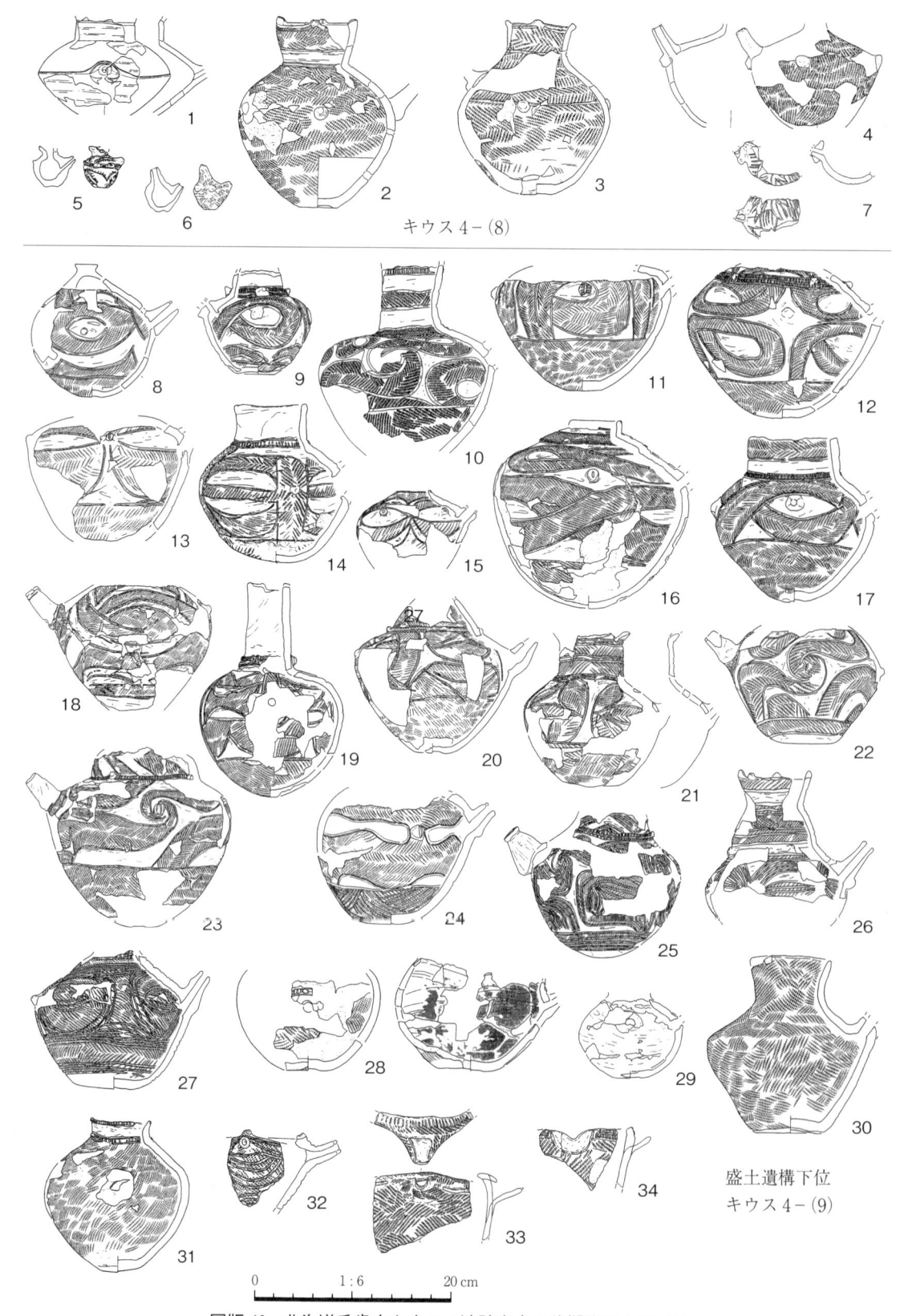

キウス4-(8)

盛土遺構下位
キウス4-(9)

0　　1:6　　20cm

図版40　北海道千歳市キウス4遺跡出土の後期注口土器 (5)

キウス4-(9) 盛土遺構下位

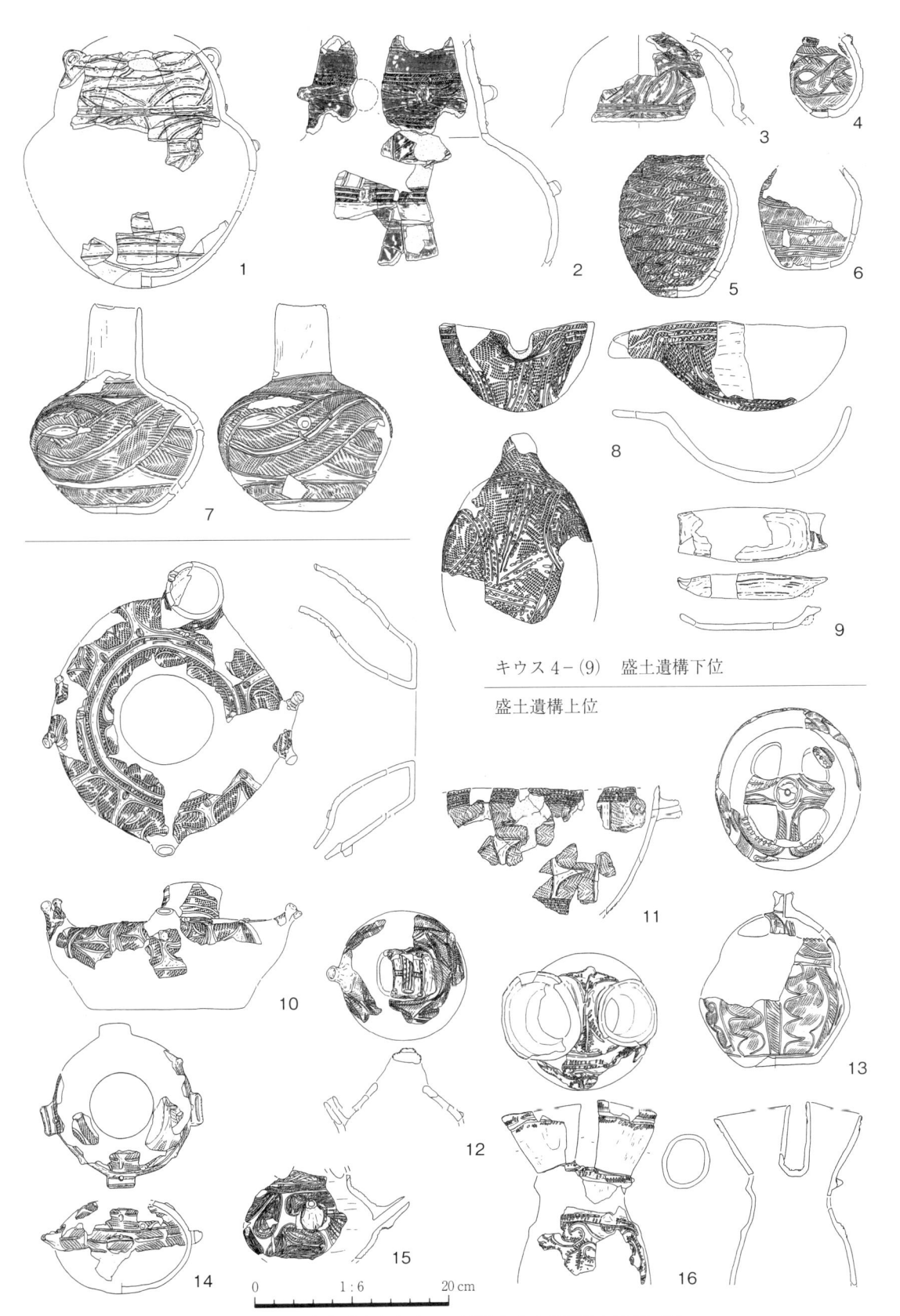

盛土遺構上位

後期

図版41 北海道千歳市キウス4遺跡出土の後期注口土器（6）

キウス4-(9) 盛土遺構上位

22〜25 N30
26、27 ユカンボシE3
28、29 キウス5

図版42 北海道千歳市キウス4遺跡出土の後期注口土器（7）ほか

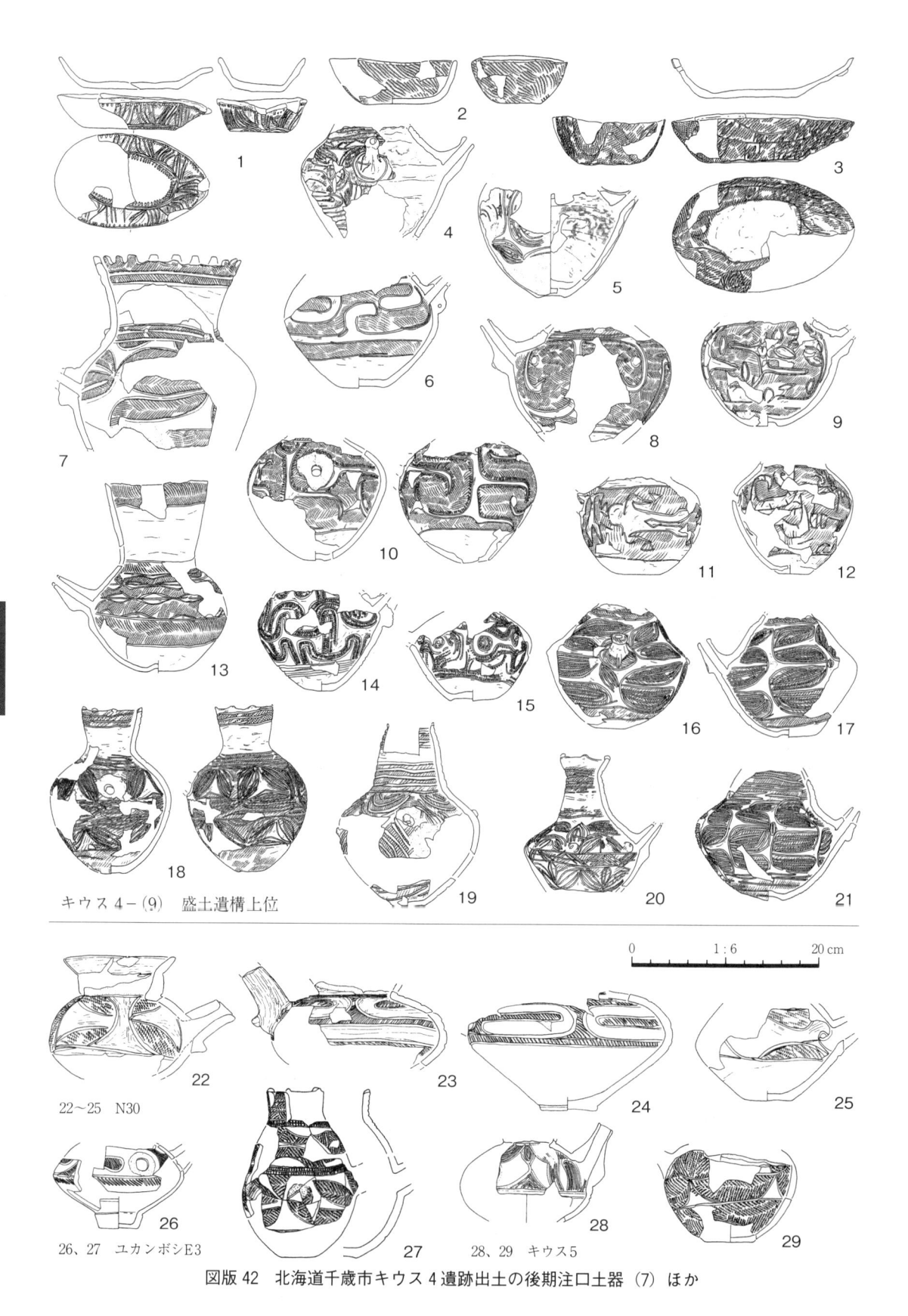

長沼
12区B 1

長沼
12区B 2

3

美沢1 4

5

北川 6

7

8

9

柏原5 10

11

美沢2

12

13

14

15

16

17

18

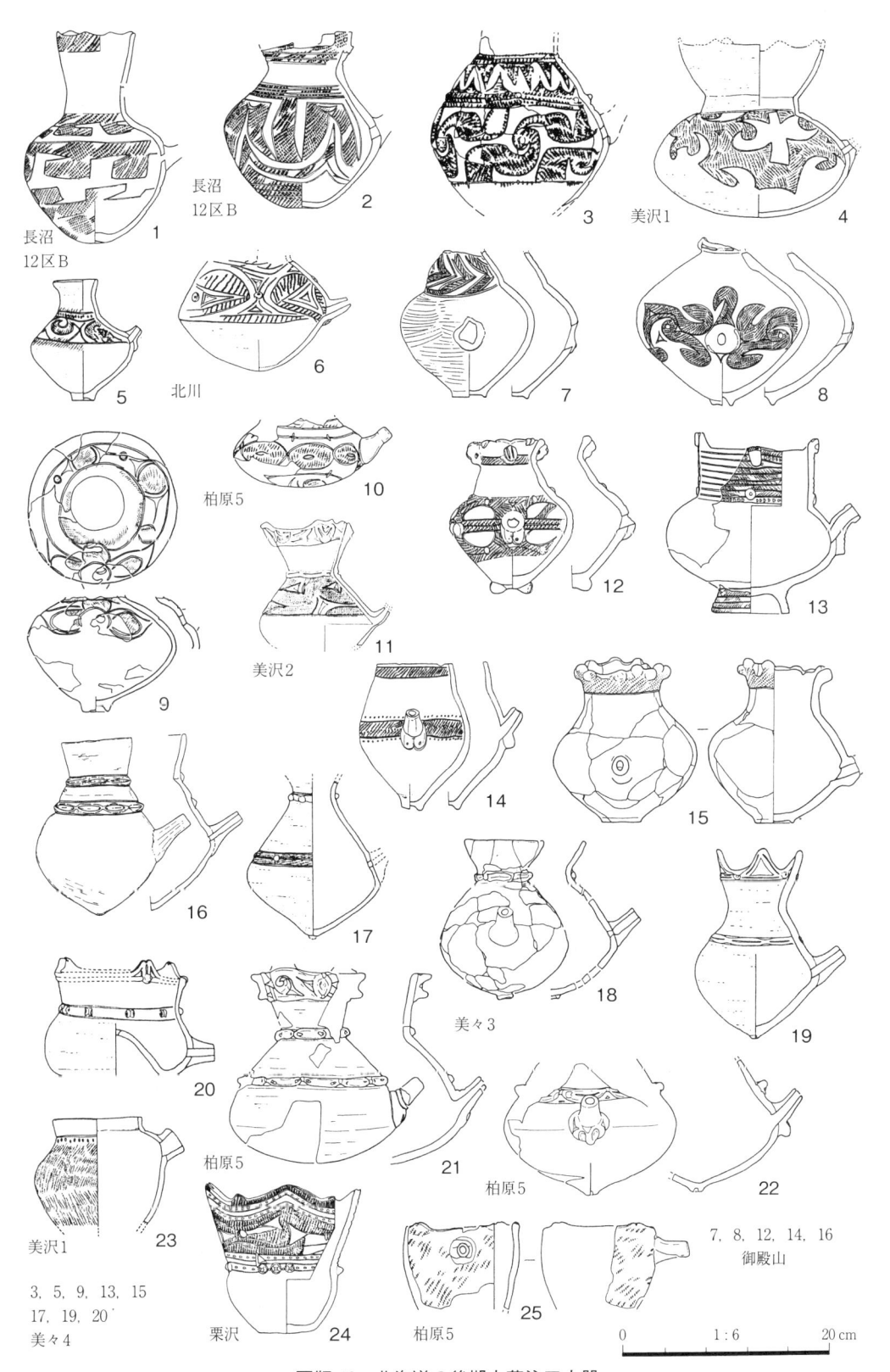

美々3

19

20

柏原5

21

柏原5

22

美沢1 23

栗沢 24

柏原5 25

7、8、12、14、16
御殿山

3、5、9、13、15
17、19、20
美々4

0   1:6   20cm

図版43　北海道の後期末葉注口土器

後期

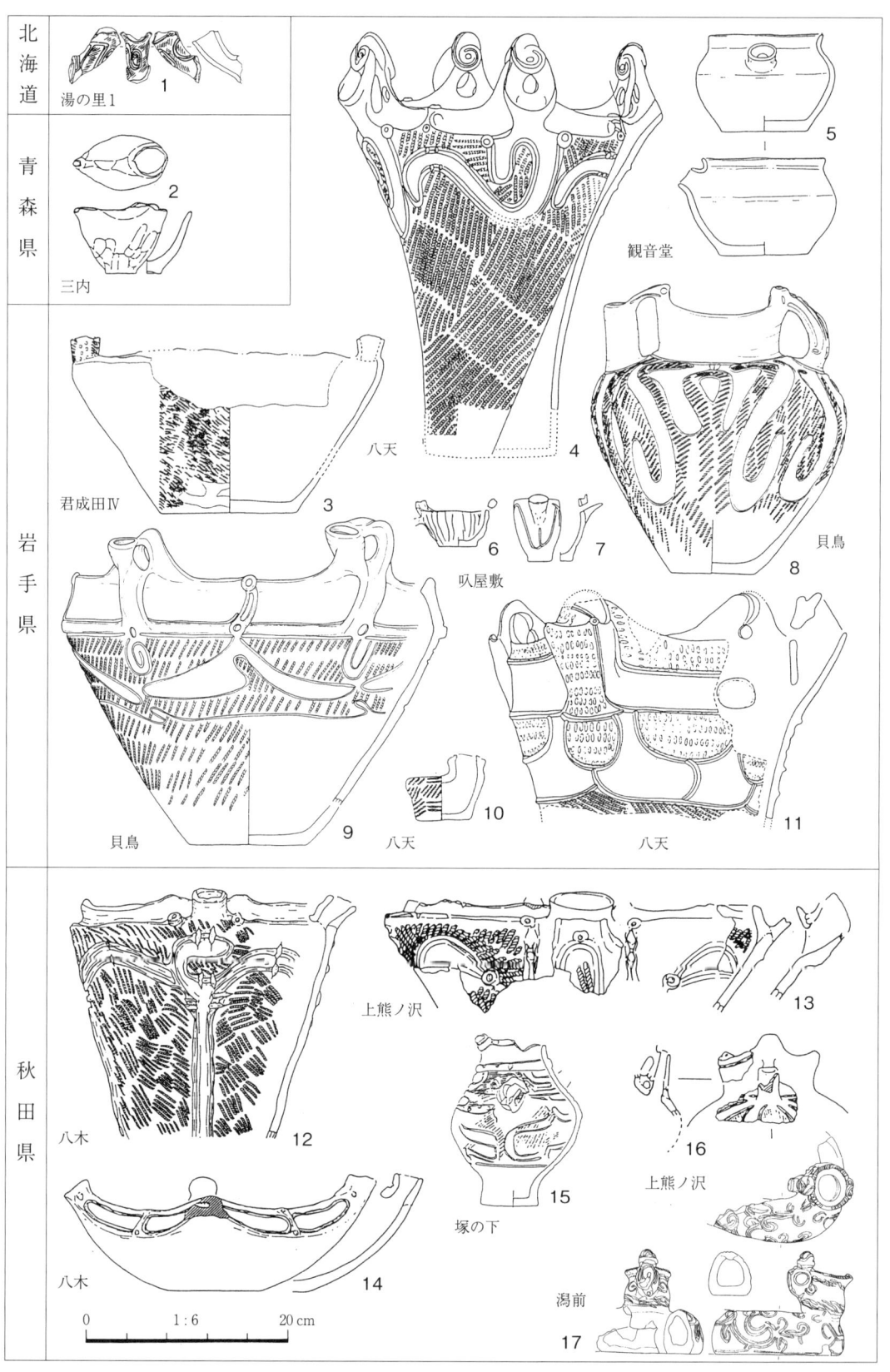

図版44　北海道，東北地方の後期前葉注口土器

六反田遺跡

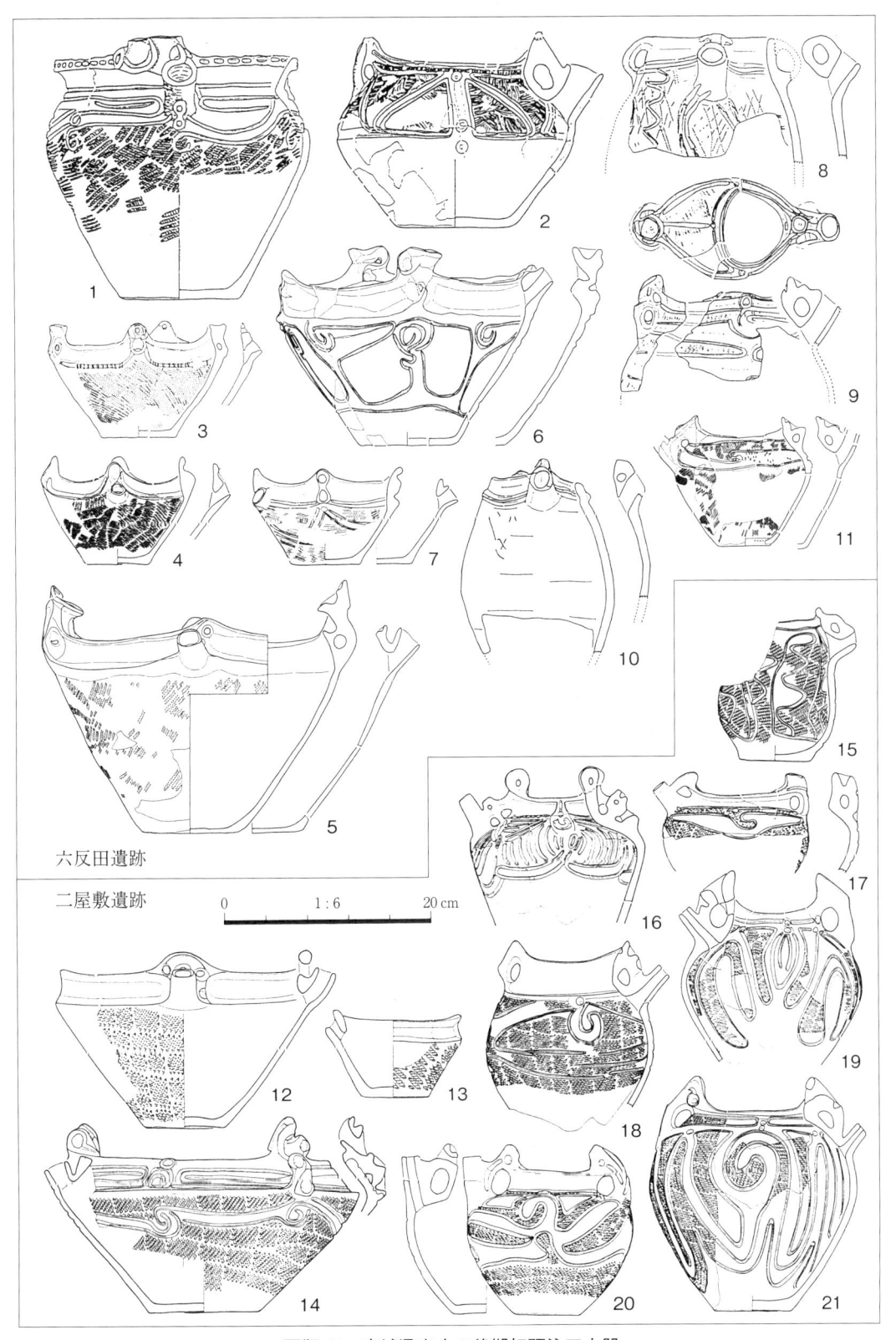

二屋敷遺跡

0　　1:6　　20cm

図版45　宮城県出土の後期初頭注口土器

後期

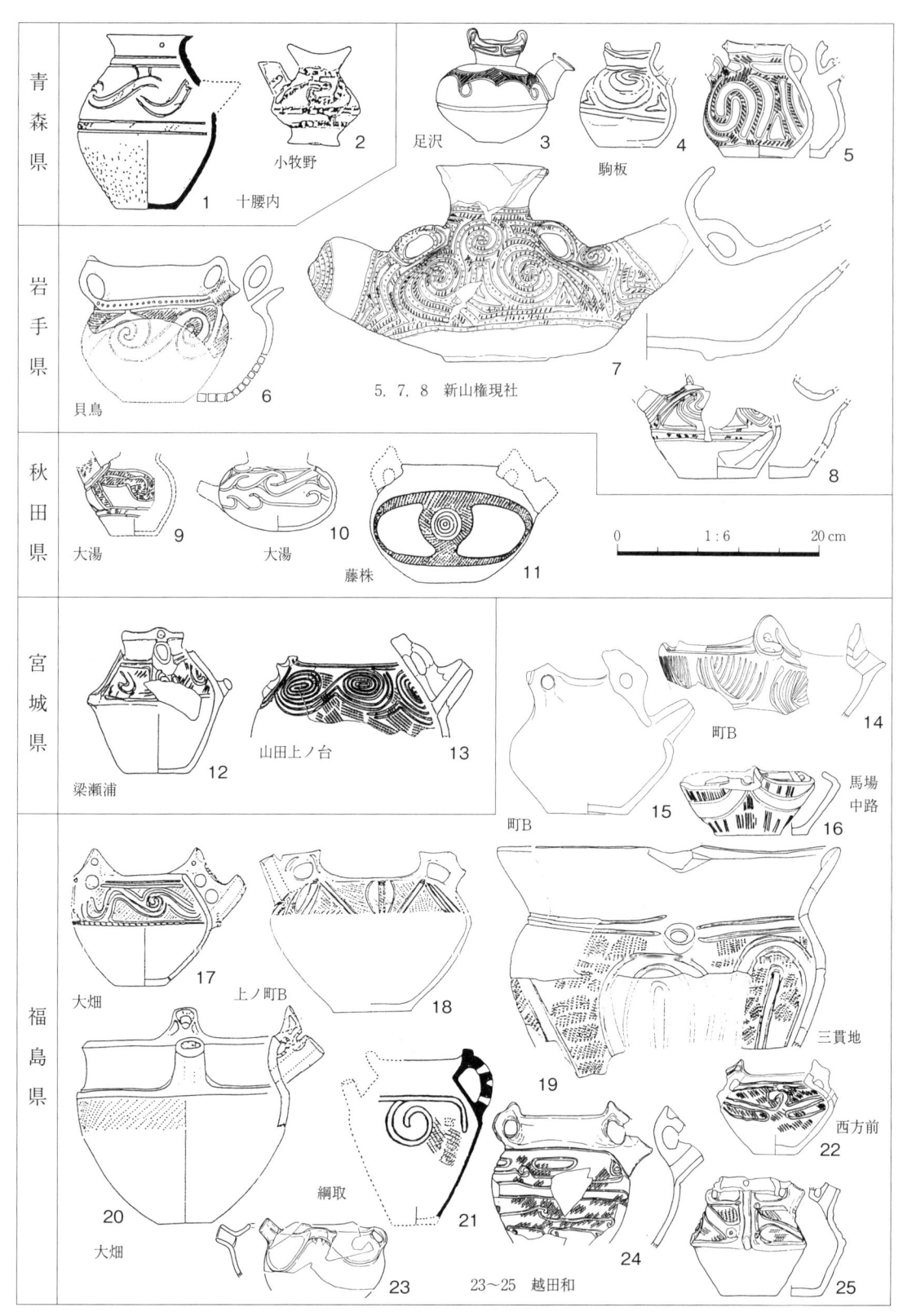

図版46　東北地方の後期前葉注口土器（1）

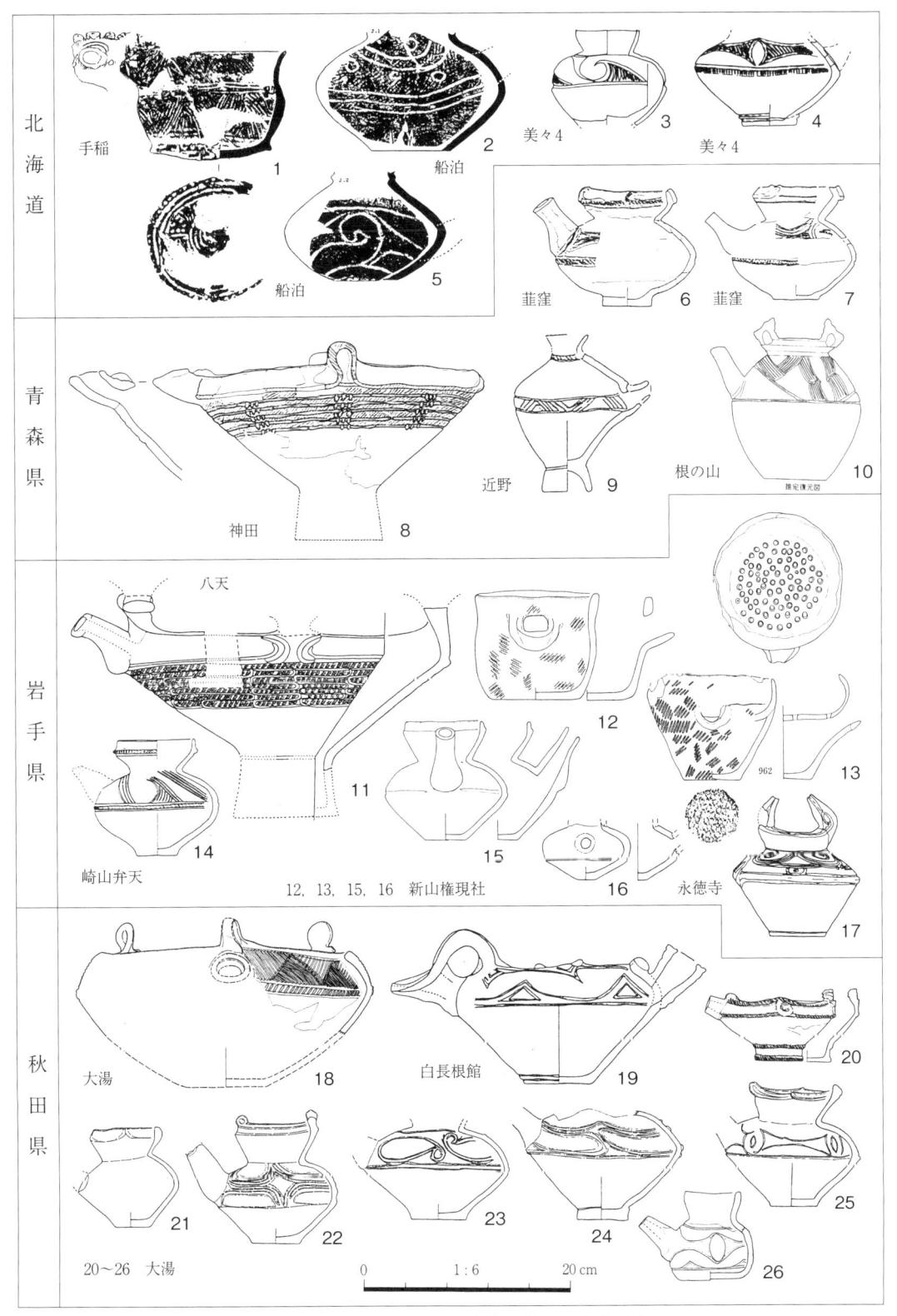

北海道	手稲 1　船泊 2　美々4 3　美々4 4　船泊 5　韮窪 6　韮窪 7
青森県	神田 8　近野 9　根の山 10
岩手県	八天 11　崎山弁天 14　12. 13. 15. 16 新山権現社　永徳寺 17
秋田県	大湯 18　白長根館 19　20〜26 大湯

0　1:6　20cm

図版 47　東北地方などの後期前葉注口土器（2）

宮城県 1~3 宝ヶ峯 4, 5 上高野

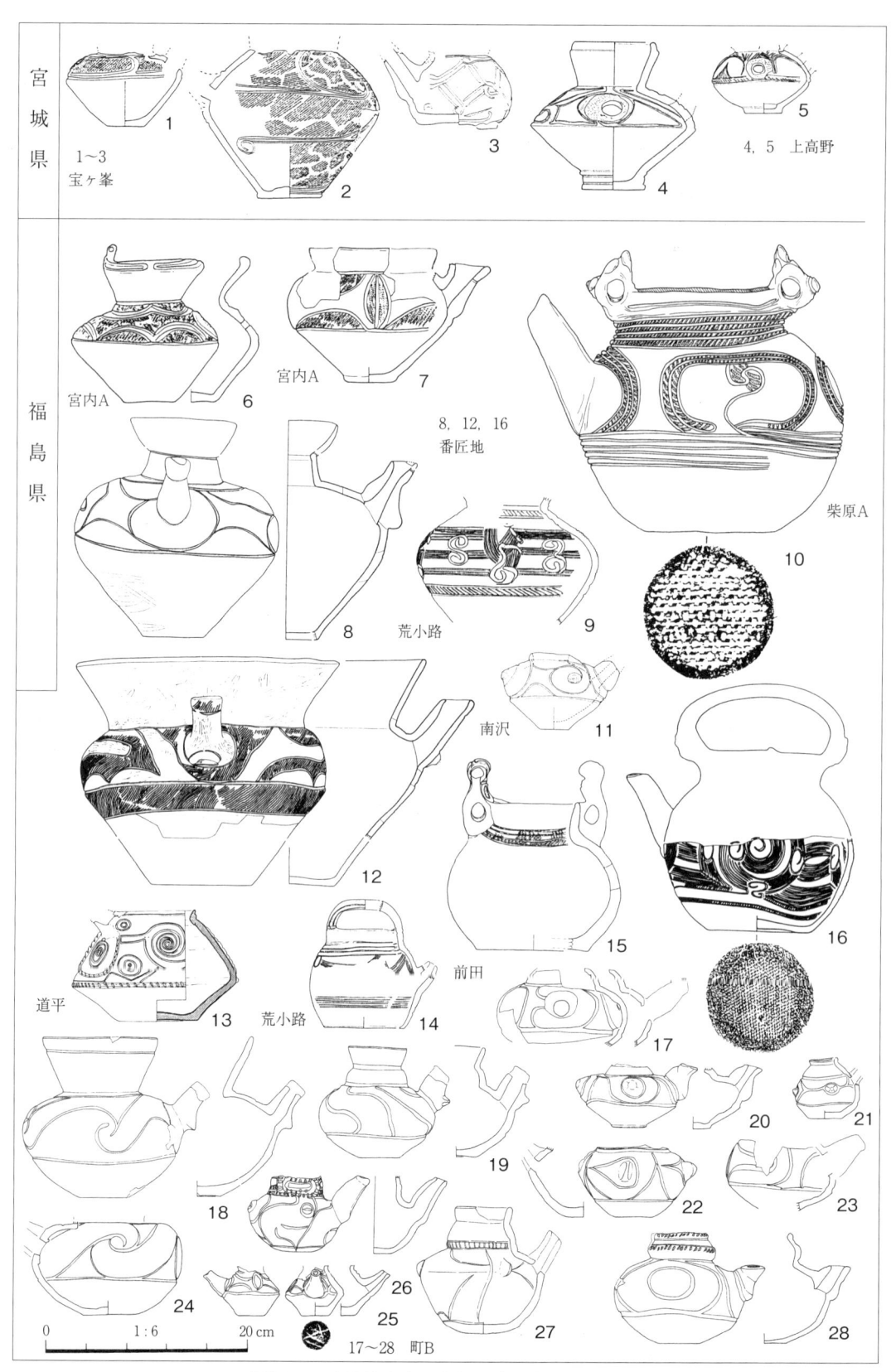

福島県 6, 7 宮内A 8, 12, 16 番匠地 9 荒小路 柴原A 13 道平 14 荒小路 15 前田 17~28 町B

図版48 東北地方中，南部の後期中葉注口土器

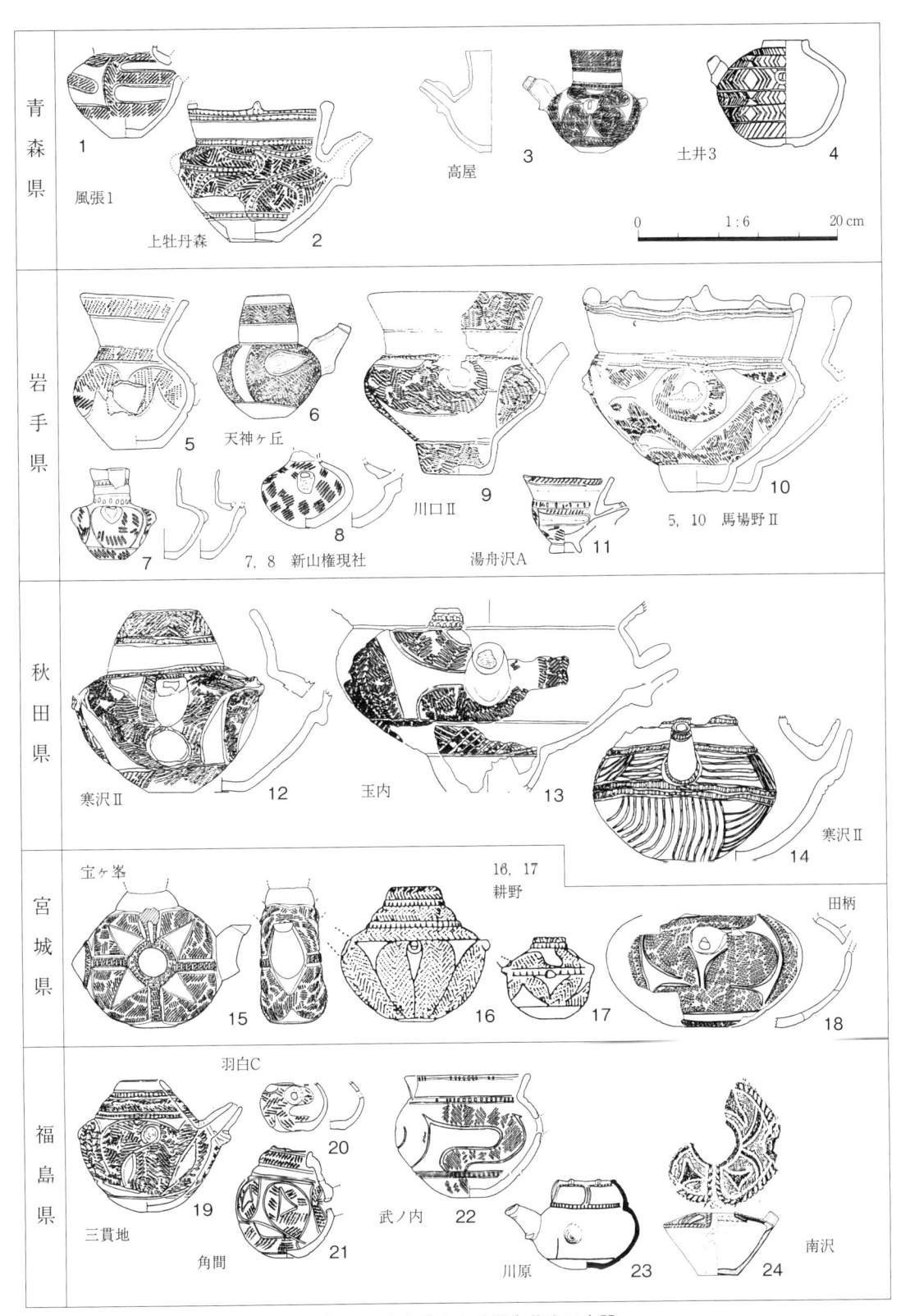

図版49 東北地方の後期中葉注口土器

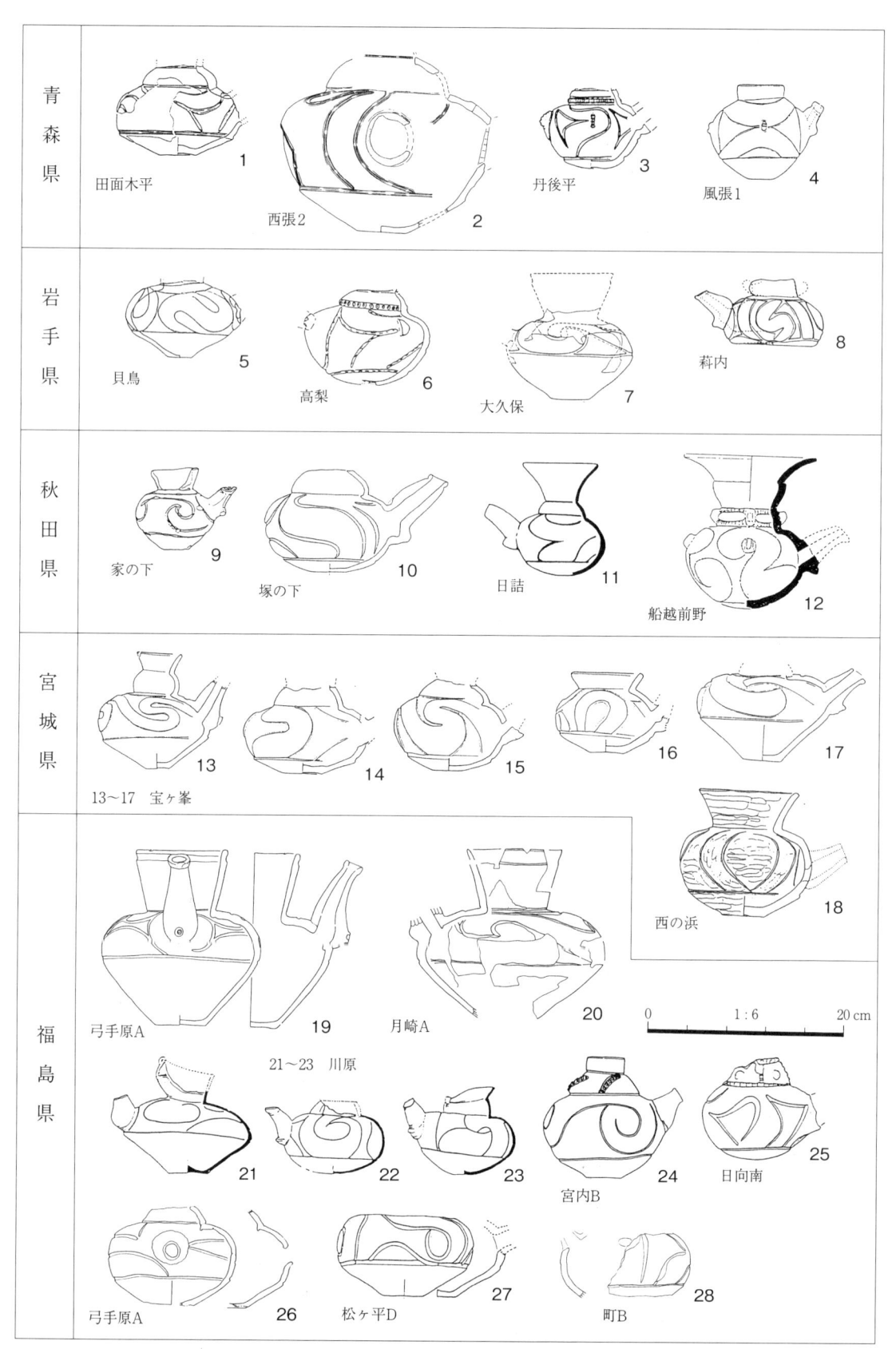

青森県	1 田面木平　2 西張2　3 丹後平　4 風張1
岩手県	5 貝鳥　6 高梨　7 大久保　8 蒔内
秋田県	9 家の下　10 塚の下　11 日詰　12 船越前野
宮城県	13～17 宝ヶ峯
福島県	18 西の浜　19 弓手原A　20 月崎A　21～23 川原　24 宮内B　25 日向南　26 弓手原A　27 松ヶ平D　28 町B

後期

図版50　東北地方の後期宝ヶ峯型注口土器

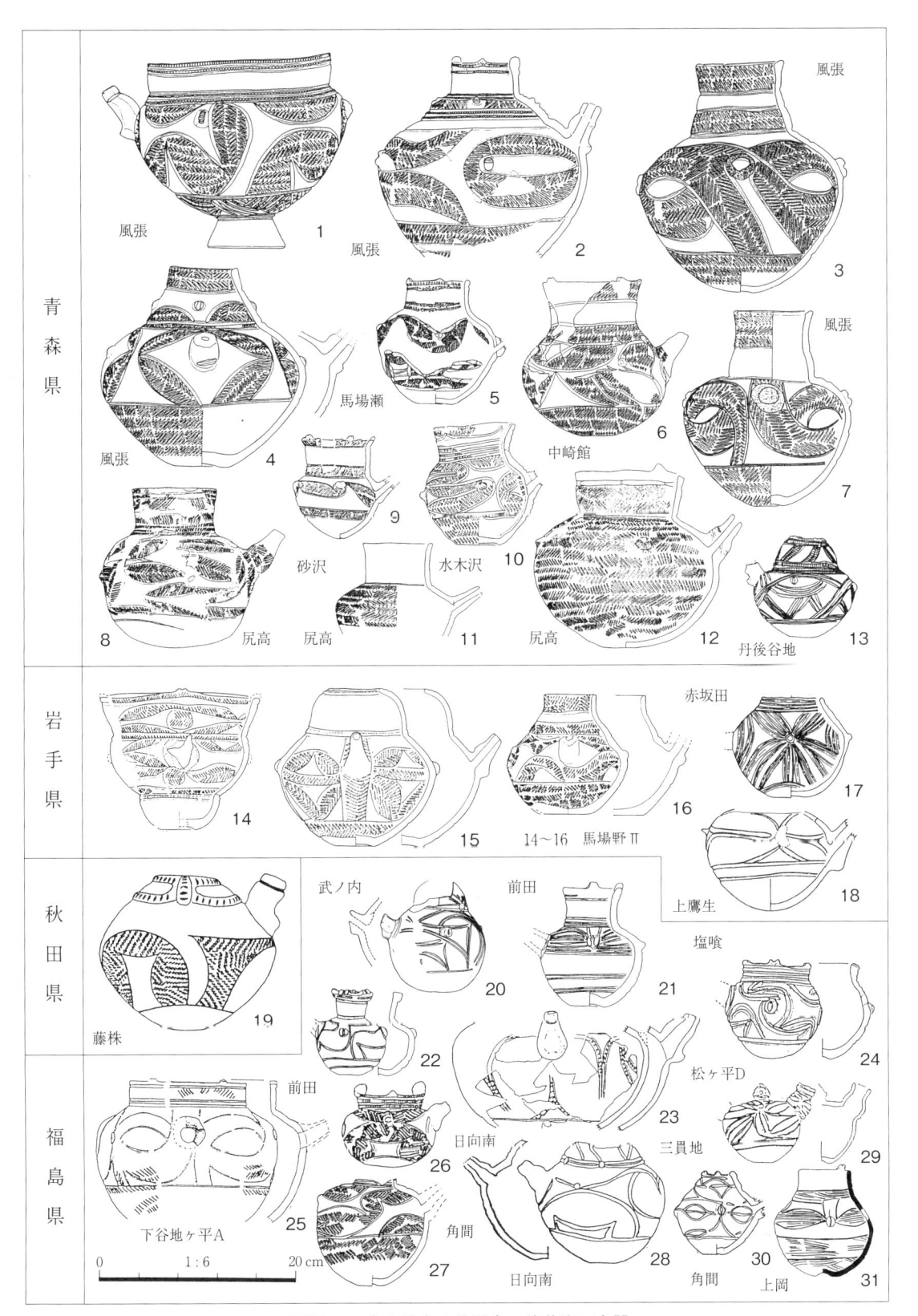

図版51　東北地方の後期中〜後葉注口土器

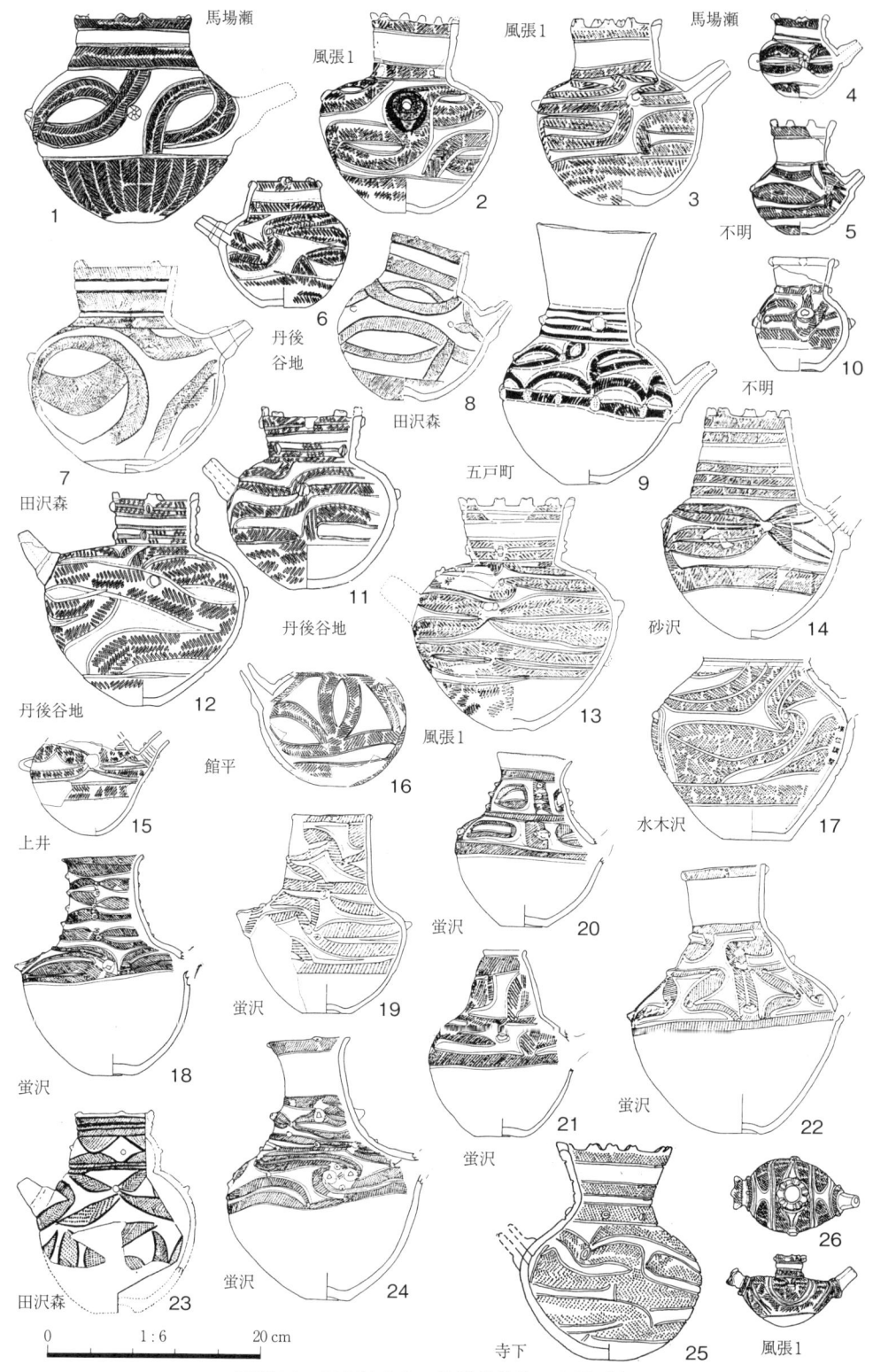

図版 52 青森県出土の後期後葉注口土器（1）

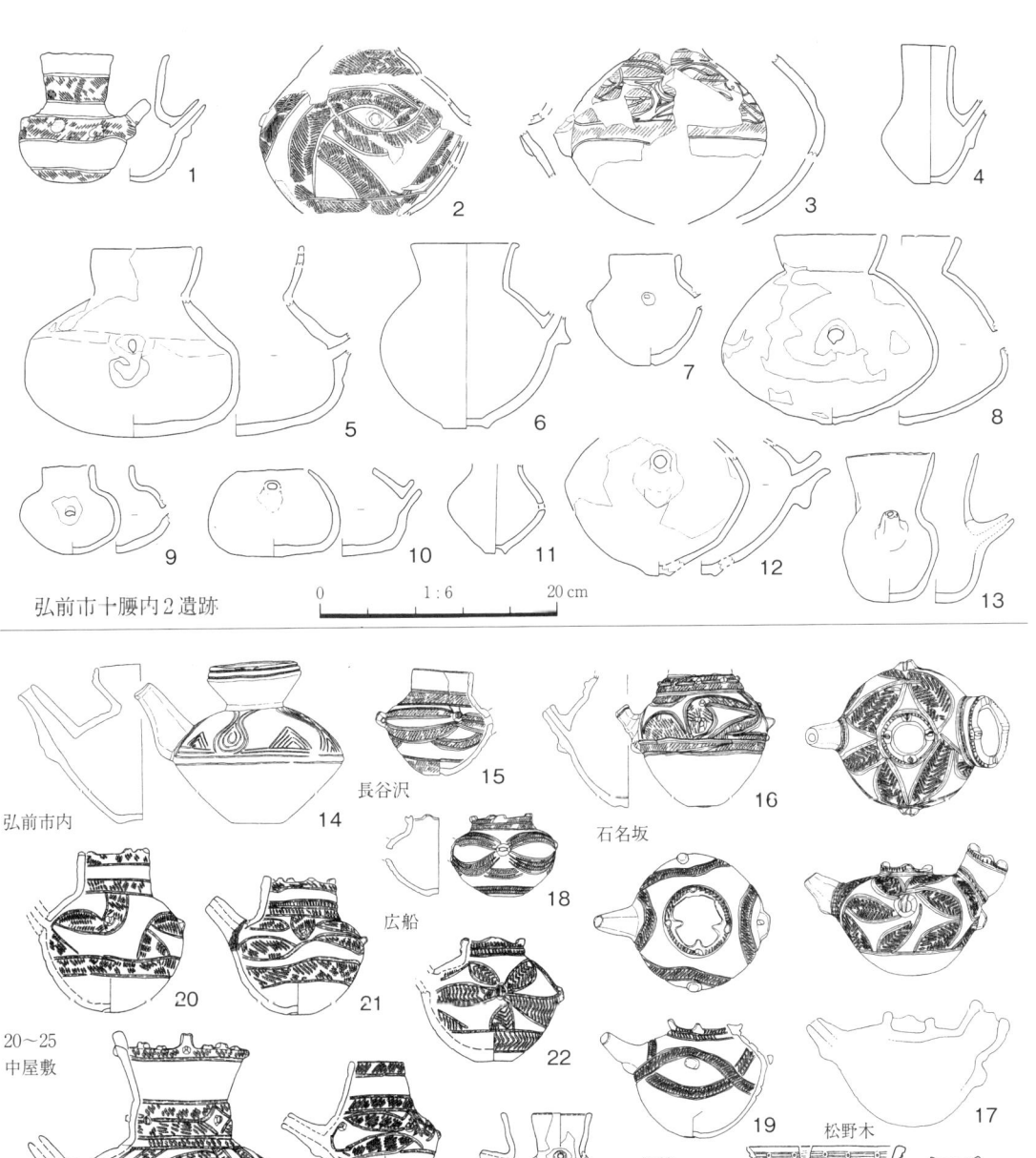

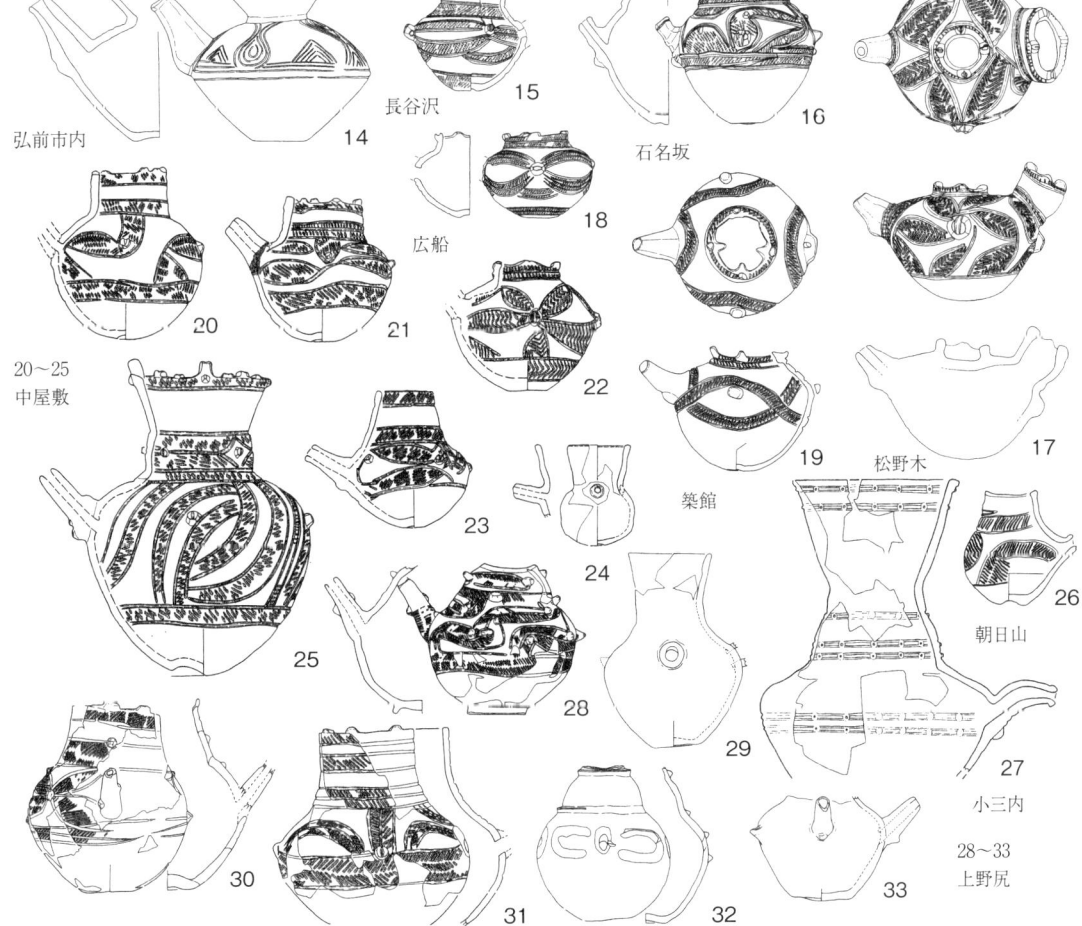

弘前市十腰内2遺跡　　0　　1:6　　20cm

弘前市内

長谷沢　15

石名坂

広船　18

20〜25
中屋敷

築館

松野木

朝日山　26

小三内

28〜33
上野尻

後期

図版53　青森県津軽地域出土の後期注口土器

後期

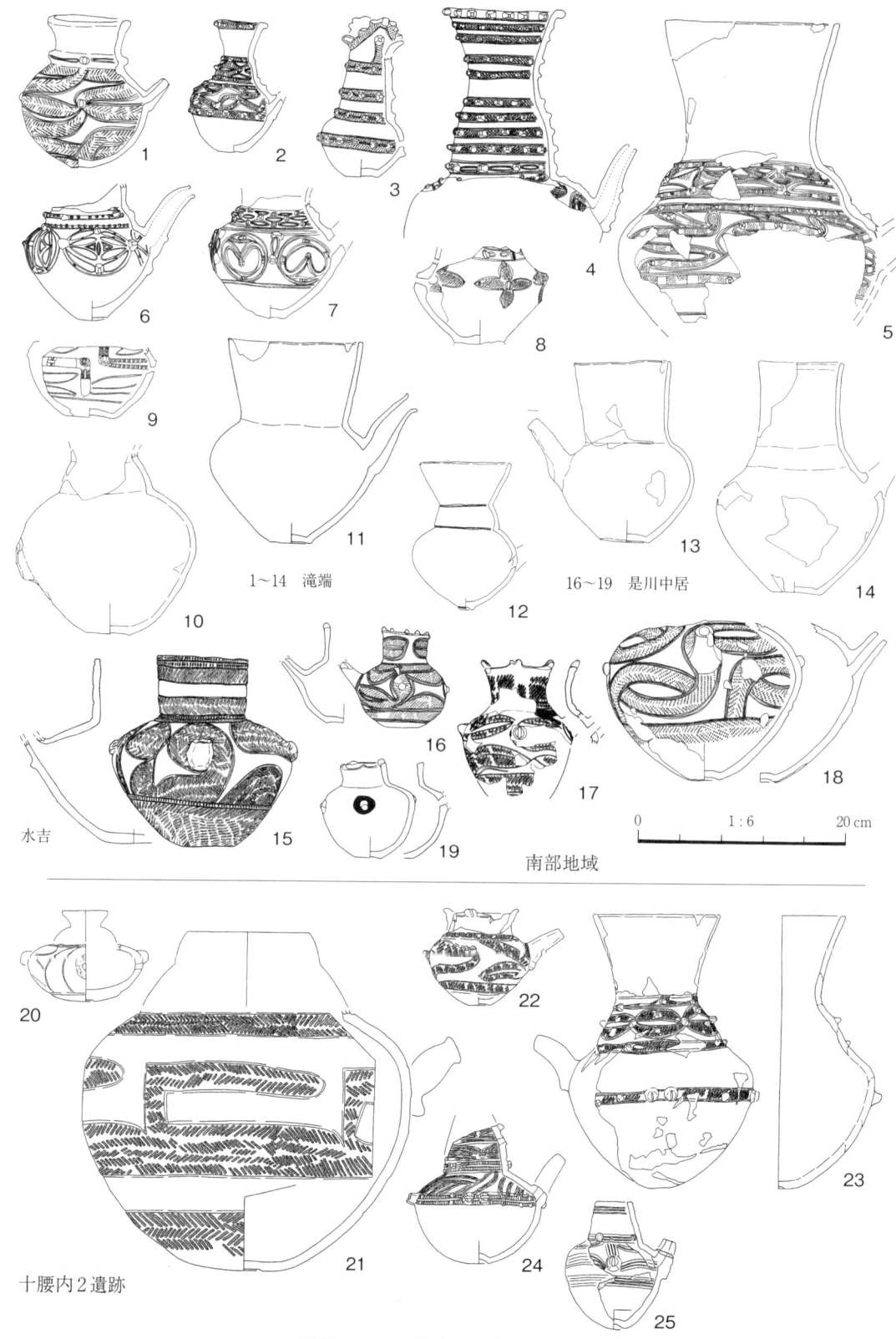

1〜14 滝端

16〜19 是川中居

水吉

南部地域

十腰内2遺跡

図版54 青森県出土の後期注口土器

後期

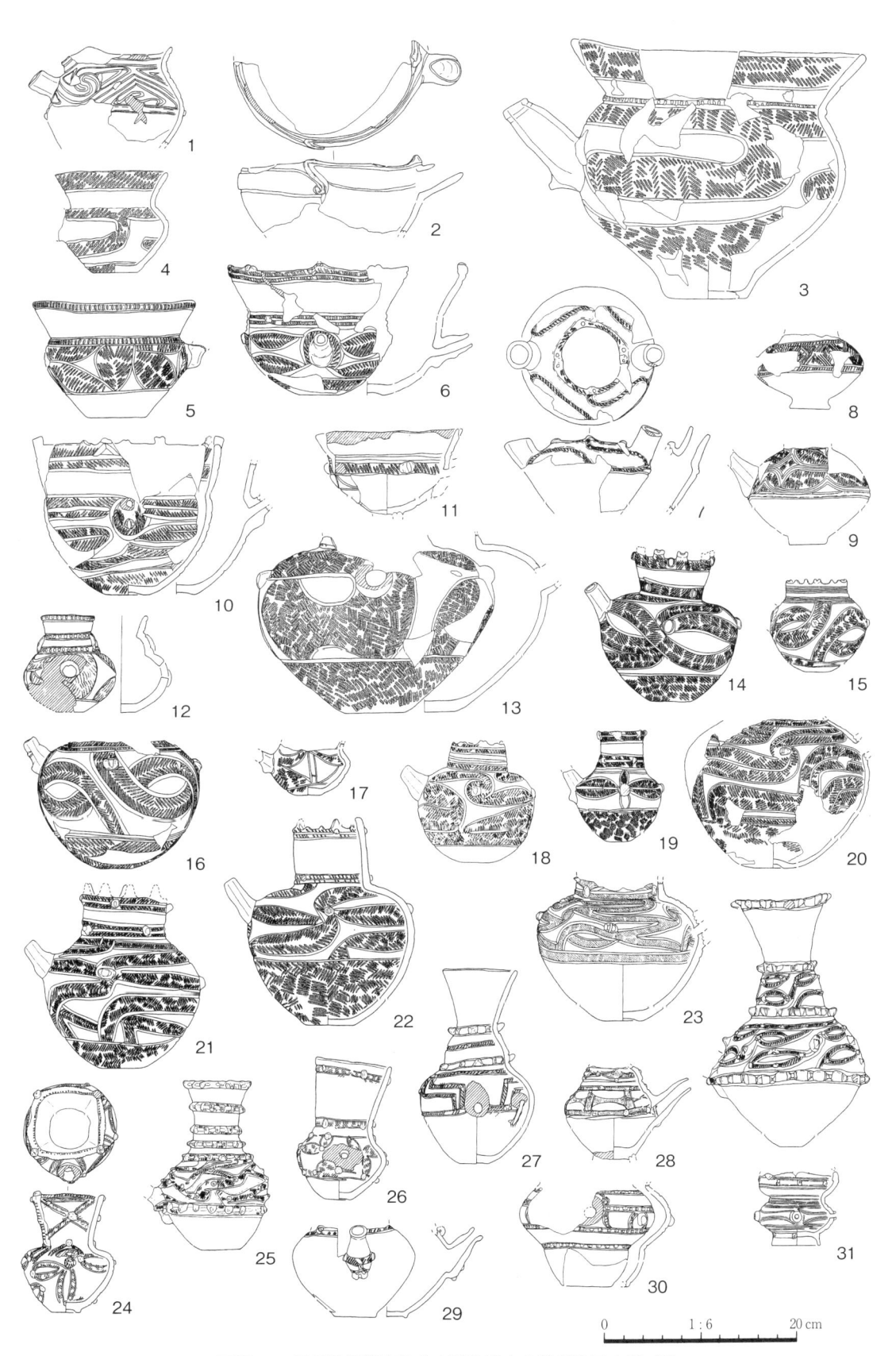

図版 55　岩手県軽米町長倉1遺跡出土の後期注口土器（1）

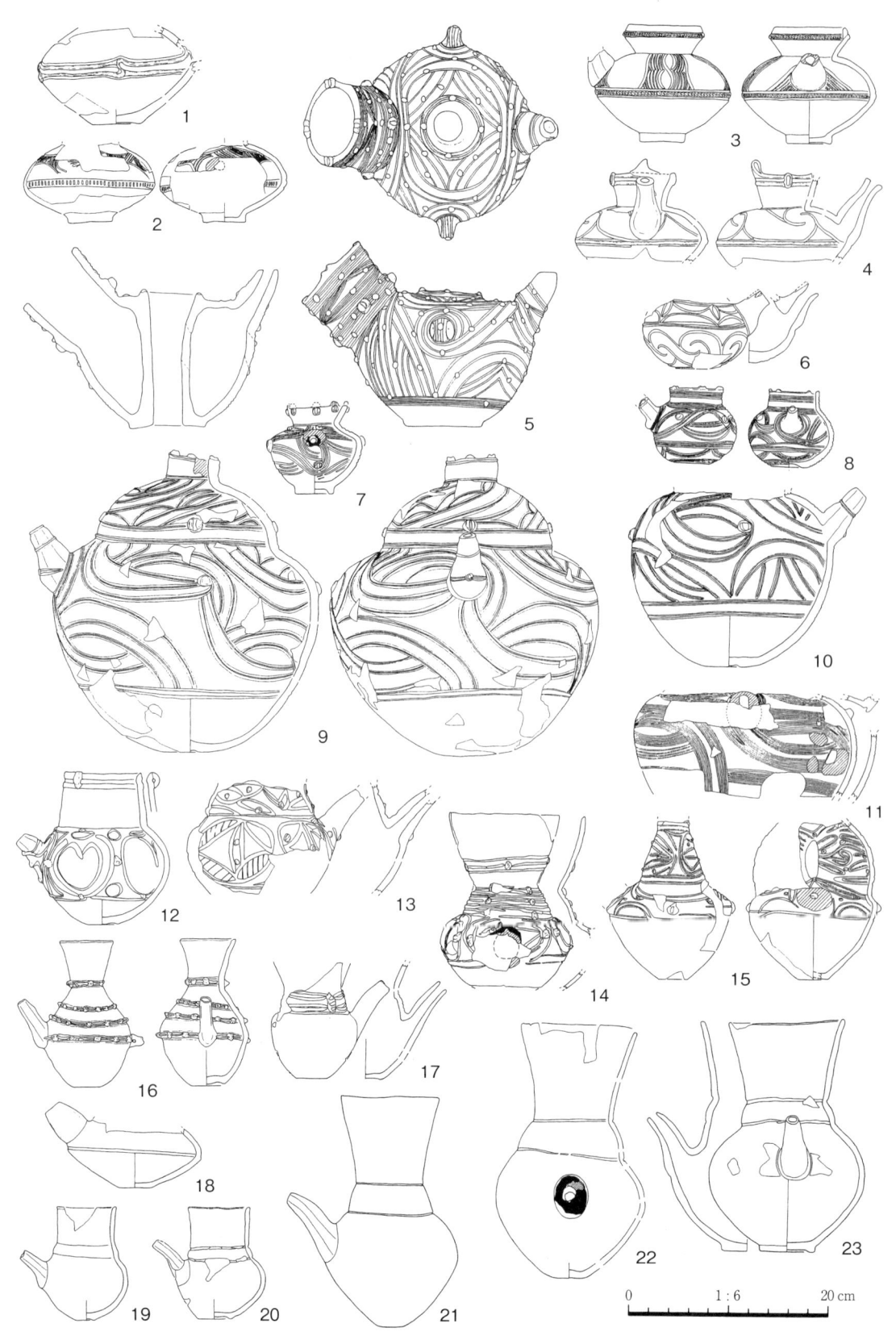

図版 56　岩手県軽米町長倉1遺跡出土の後期注口土器 (2)

長倉1遺跡

0 1:6 20cm

後期

大日向Ⅱ遺跡

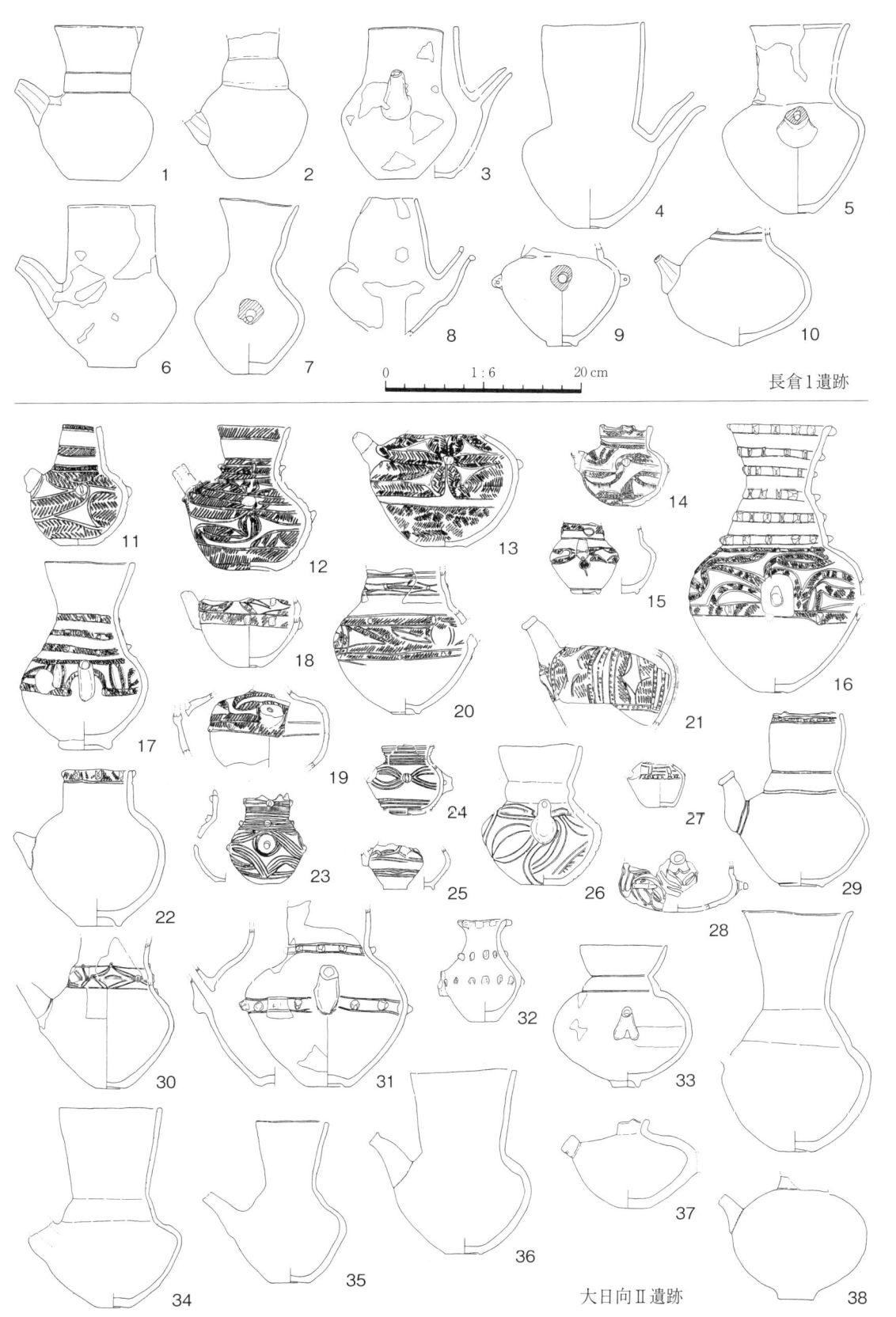

図版57　岩手県軽米町長倉1遺跡（3），大日向Ⅱ遺跡出土の後期注口土器

後期	

青森県

縄文沼
2, 8〜10 蛍沢
5, 6 馬場瀬

砂沢 1
2
3
原 4
5
6
不明 7
8
9
10

岩手県

大日向Ⅱ 11
根井 12
14
15
上鷹生 13
君成田Ⅳ
16
17
五庵Ⅲ 18
長倉 19
上鷹生 20
21
大芦 22
馬場野Ⅱ
16, 17, 21 馬場野Ⅱ
0 1:6 20 cm

秋田県

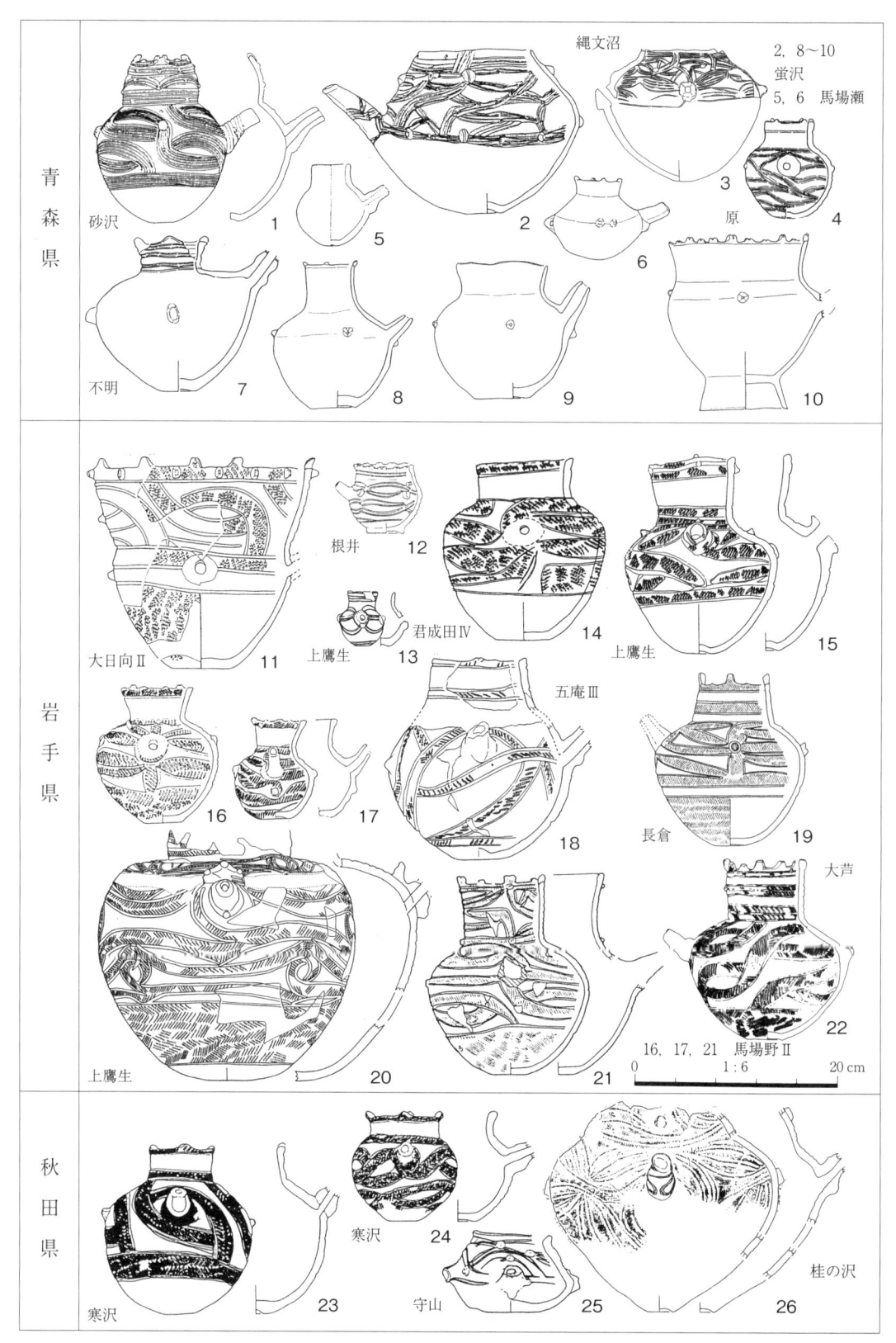

寒沢 23
寒沢 24
守山 25
桂の沢 26

図版58　東北地方の後期後葉注口土器（1）

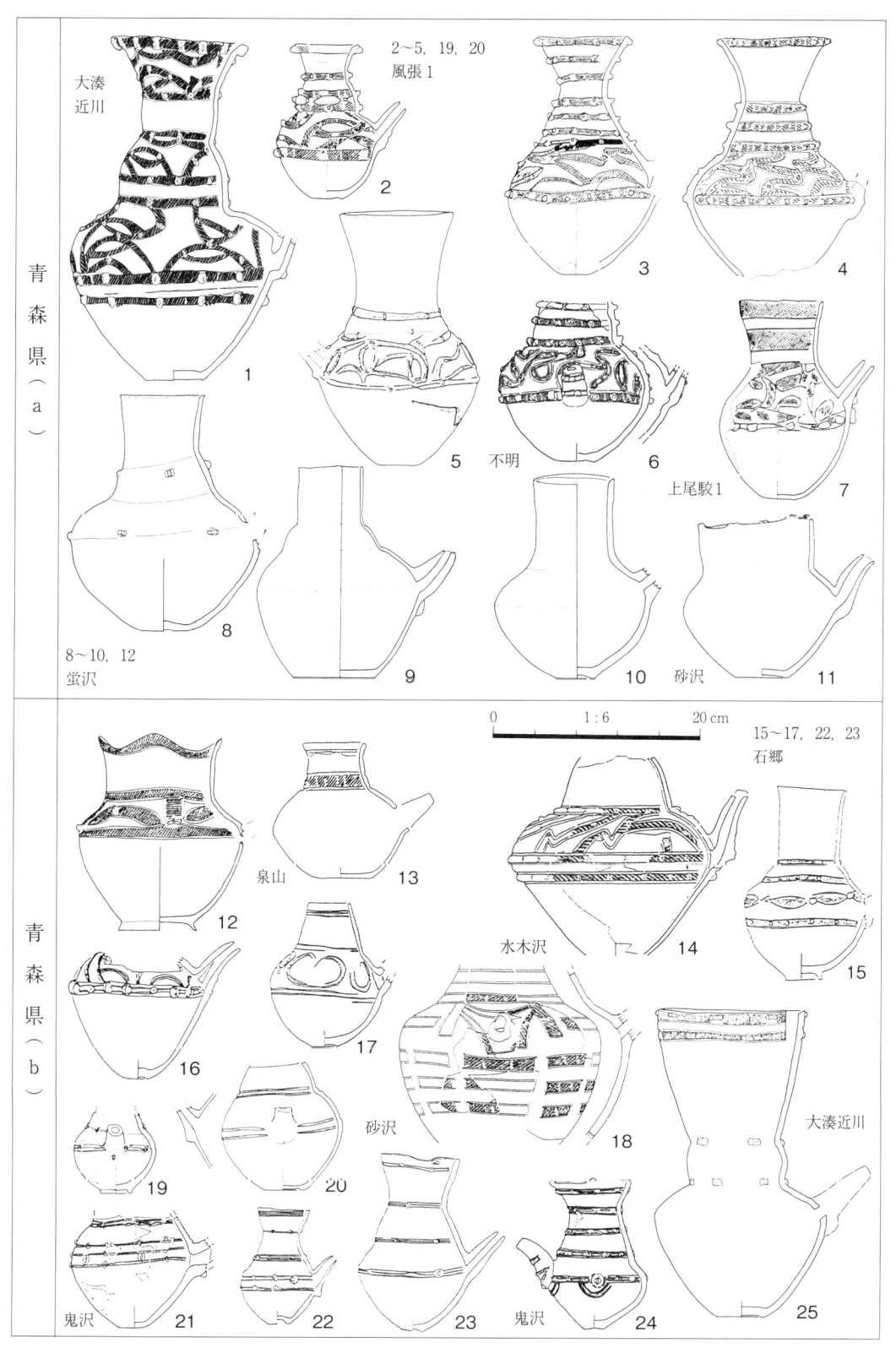

図版 59 青森県出土の後期後葉注口土器 (2)

叱屋敷1a

長倉

莇内

立石

中小坂

藤株

居熊井

藤株

宝ヶ峯

宝ヶ峯

田柄

岩手県

秋田県

宮城県

後期

1, 2, 5, 10, 14　大日向Ⅱ　3, 12　新山権現社
7, 8　小井田Ⅳ　11, 13　上鷹生

0　　　1:6　　　20 cm

図版60　東北地方の後期後葉注口土器（2）

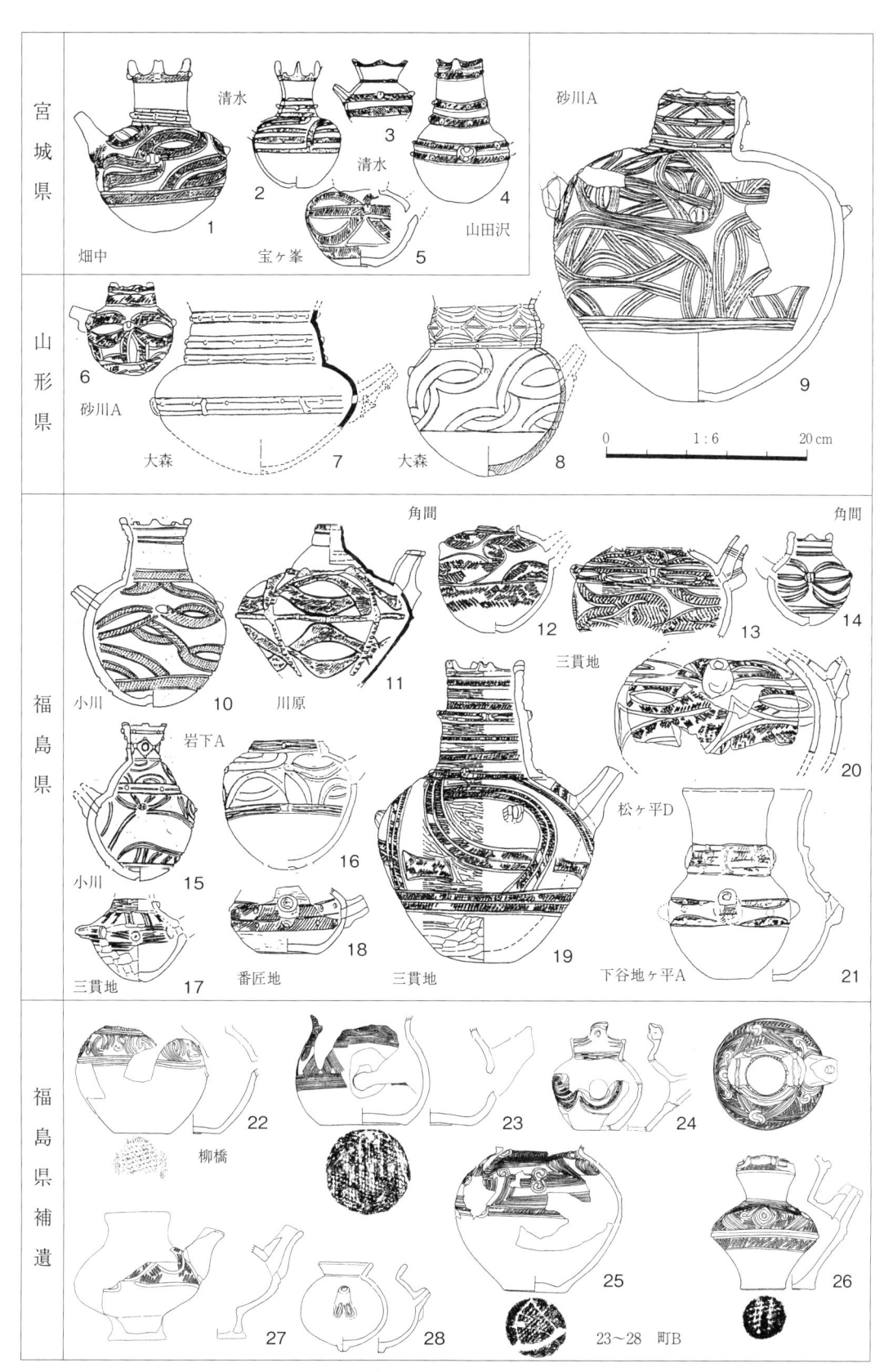

図版61　東北地方南部の後期注口土器

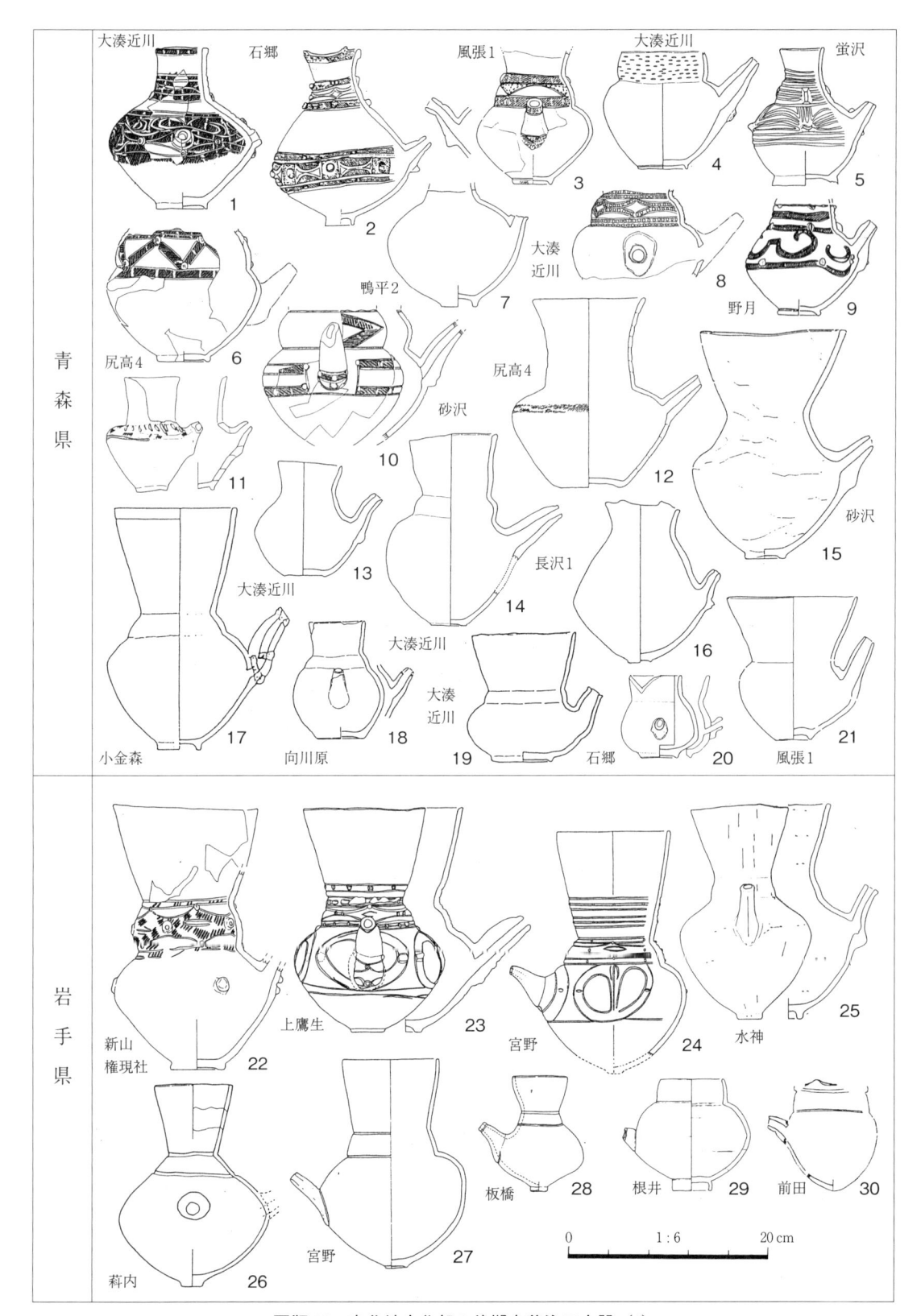

図版62　東北地方北部の後期末葉注口土器 (1)

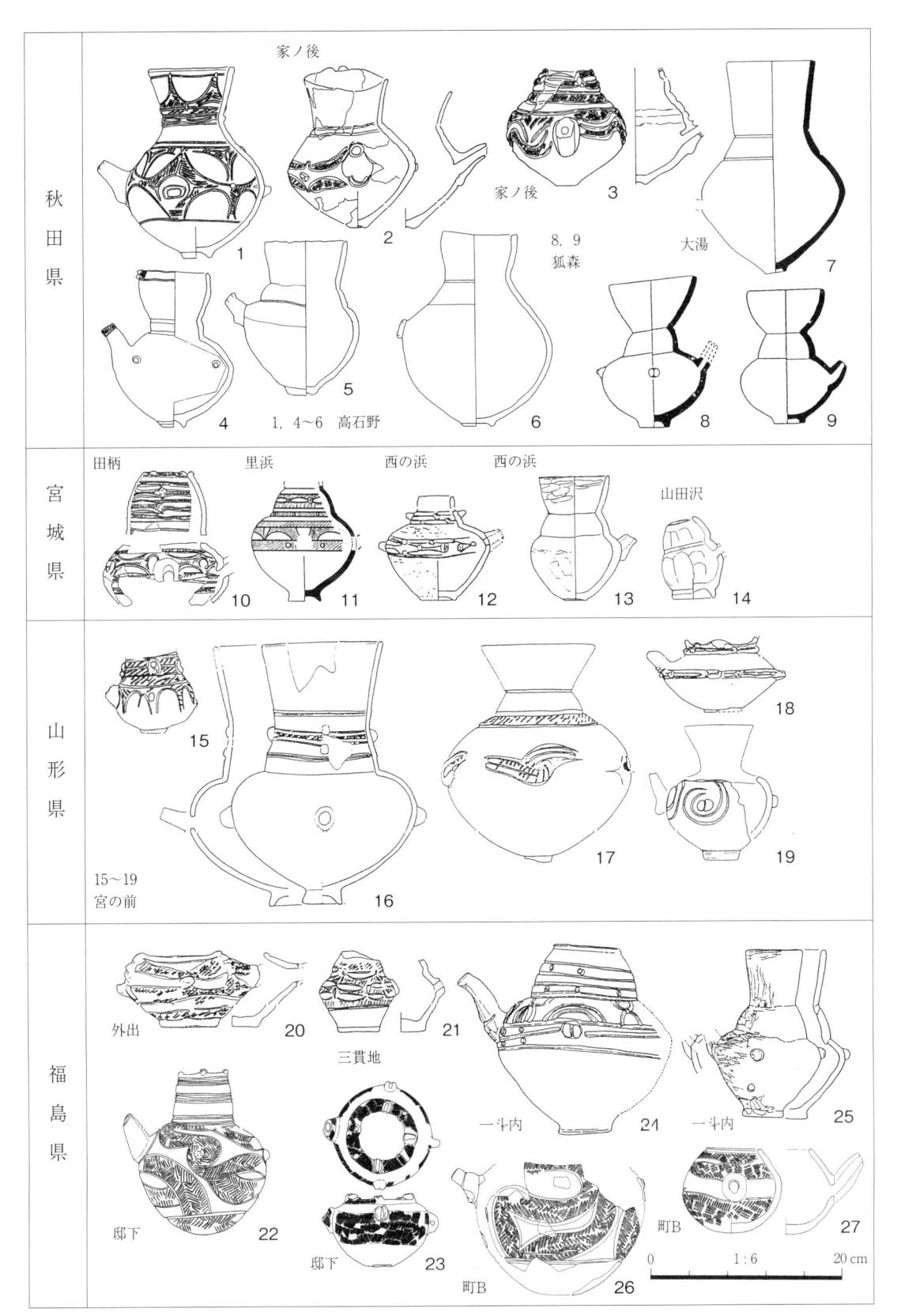

図版 63　東北地方の後期末葉注口土器

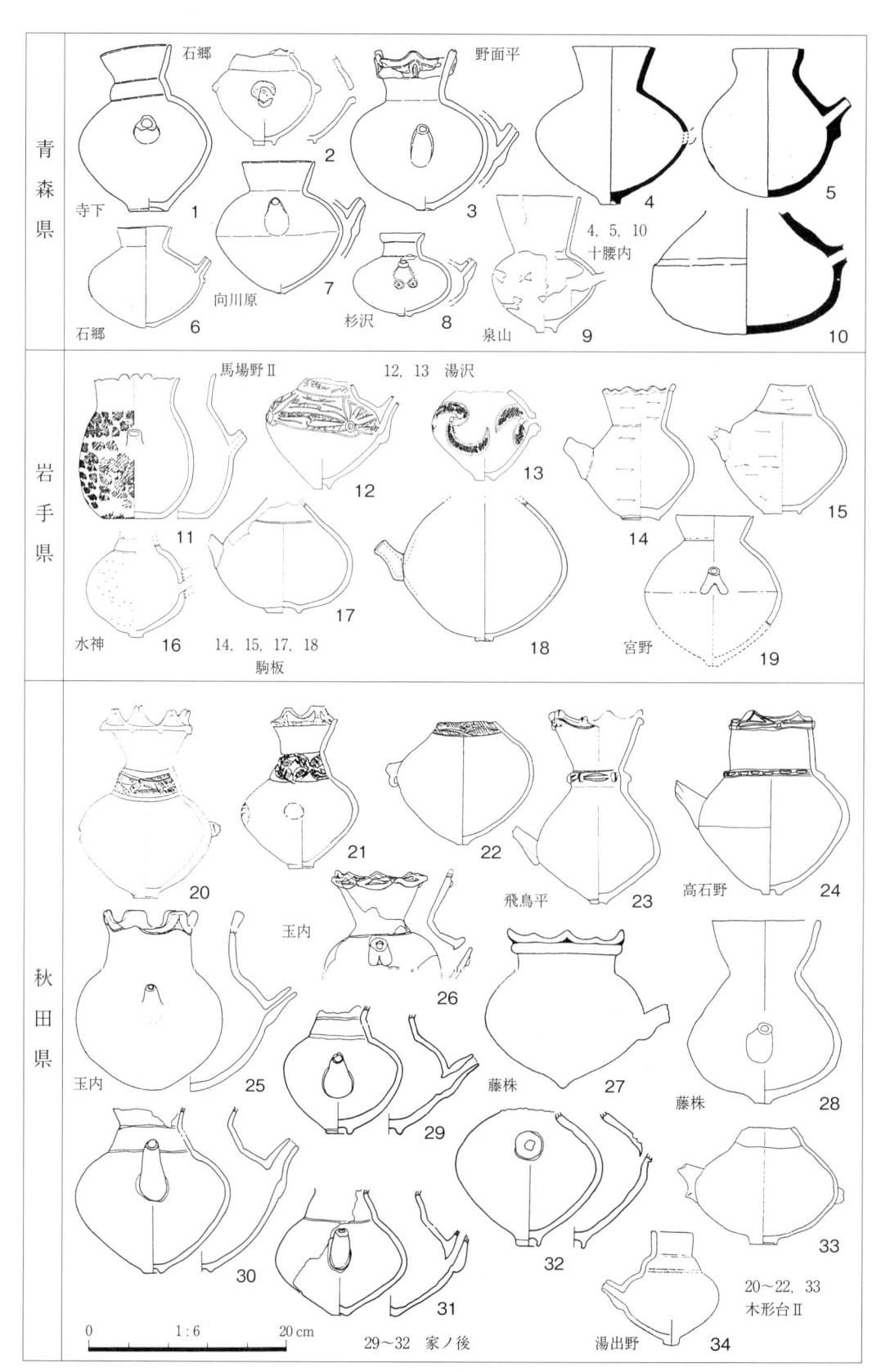

図版64　東北地方北部の後期末葉注口土器 (2)

| 宮城県 | 中沢目 1 / 田柄 2 | 8～16 宮の前 |

山形県: 高畑 3, 高畑 4, 砂川A 5, 神矢田 6, 高畑 7

8, 9, 10, 11, 12, 13, 14, 15, 16

福島県: 西方前 17, 寺脇 18

0　1:6　20cm

山形県補遺: 19〜24 砂子田

19, 20, 21, 22, 23, かっぱ 25, かっぱ 26, 24, 小山崎 27

図版65　東北地方南部の後期後〜末葉注口土器

後期

後期

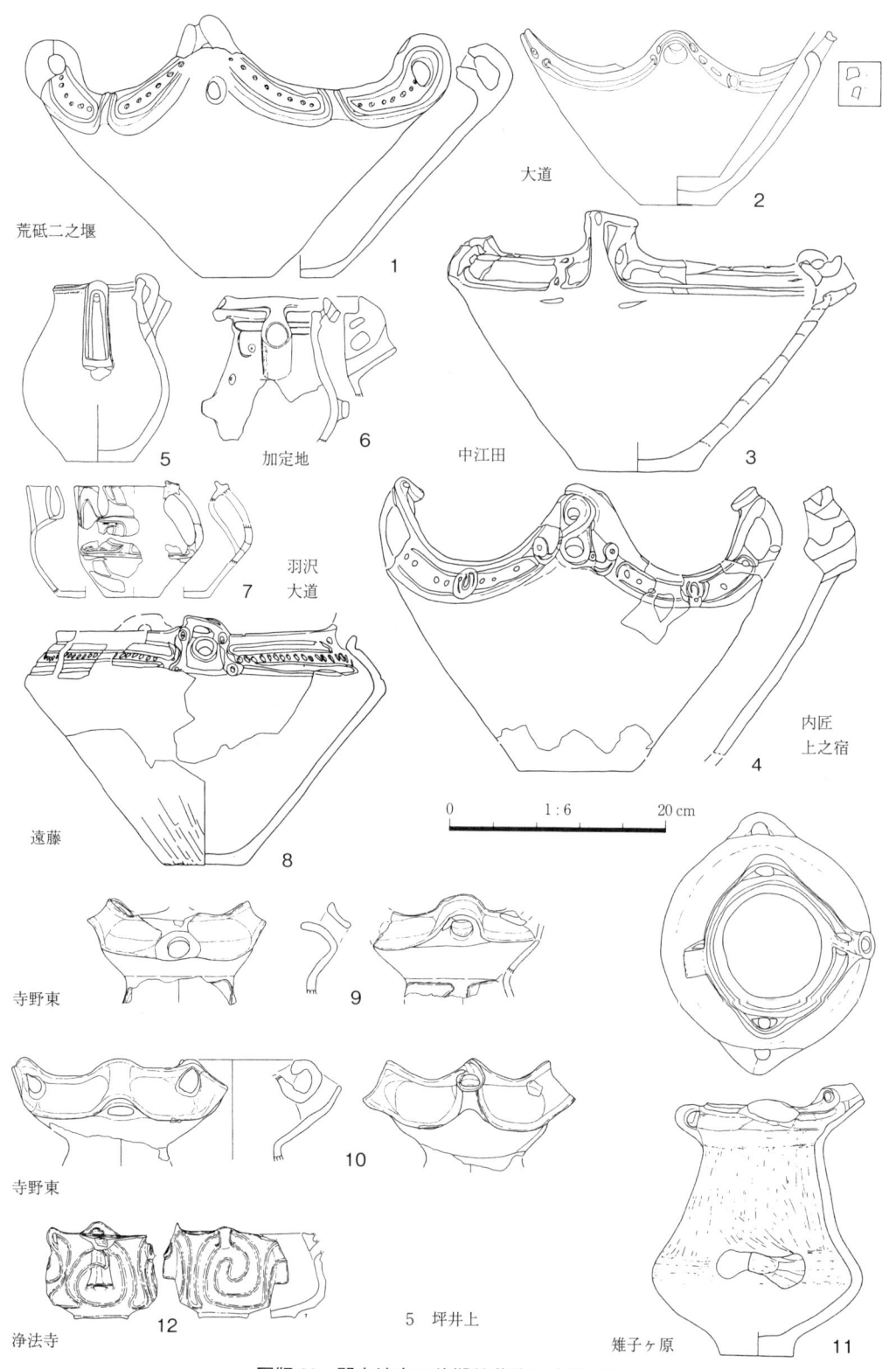

荒砥二之堰 1
大道 2
中江田 3
加定地 6
羽沢大道 7
内匠上之宿 4
遠藤 8
寺野東 9
寺野東 10
浄法寺 12
5 坪井上
雉子ヶ原 11

0　1:6　20 cm

図版66　関東地方の後期前葉注口土器（1）

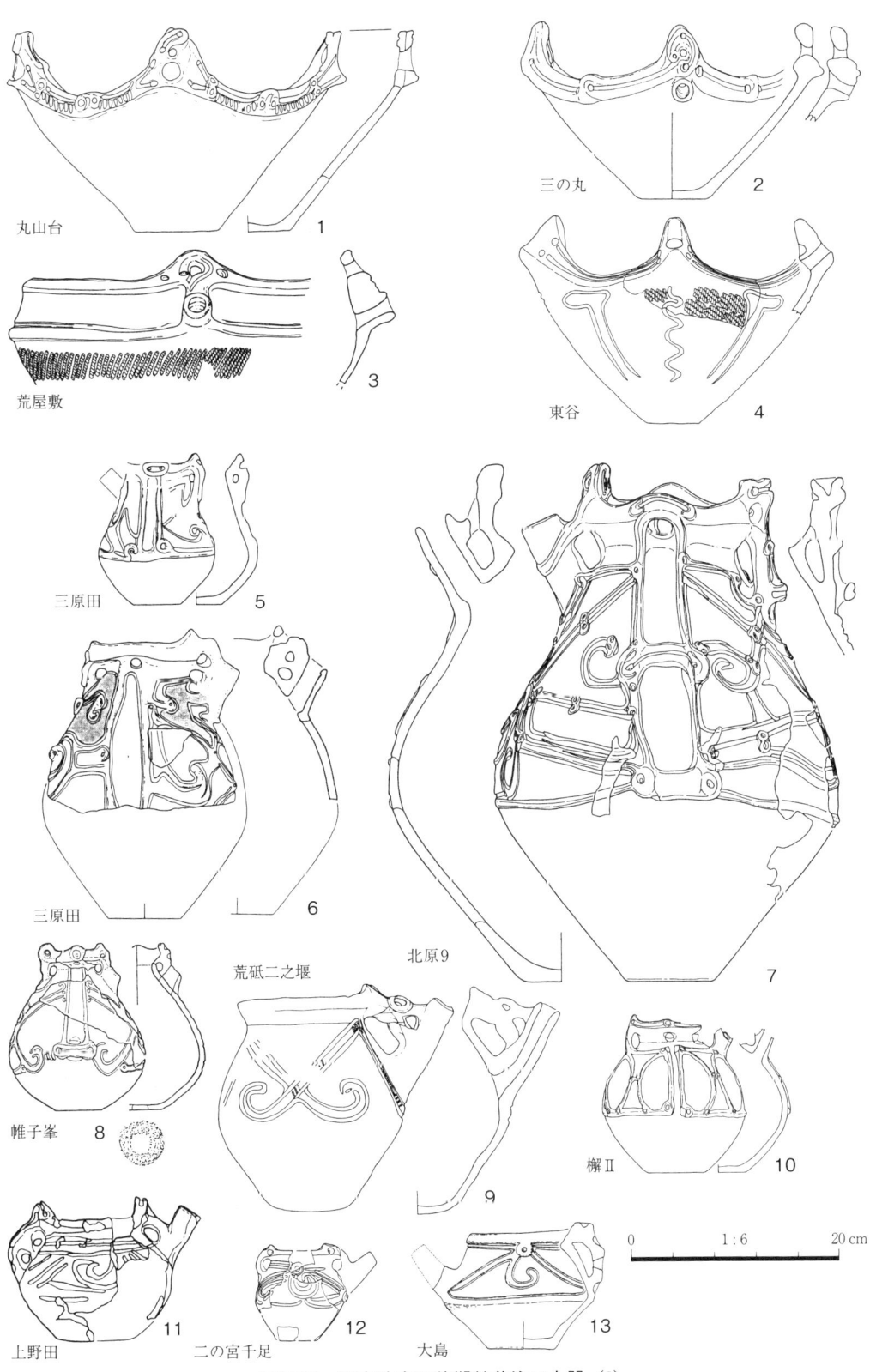

丸山台 1
荒屋敷
三の丸 2
3
東谷 4
三原田 5
三原田 6
北原9 7
帷子峯 8
荒砥二之堰 9
欅Ⅱ 10
上野田 11
二の宮千足 12
大島 13

後期

0　1:6　20 cm

図版67　関東地方の後期前葉注口土器（2）

後期

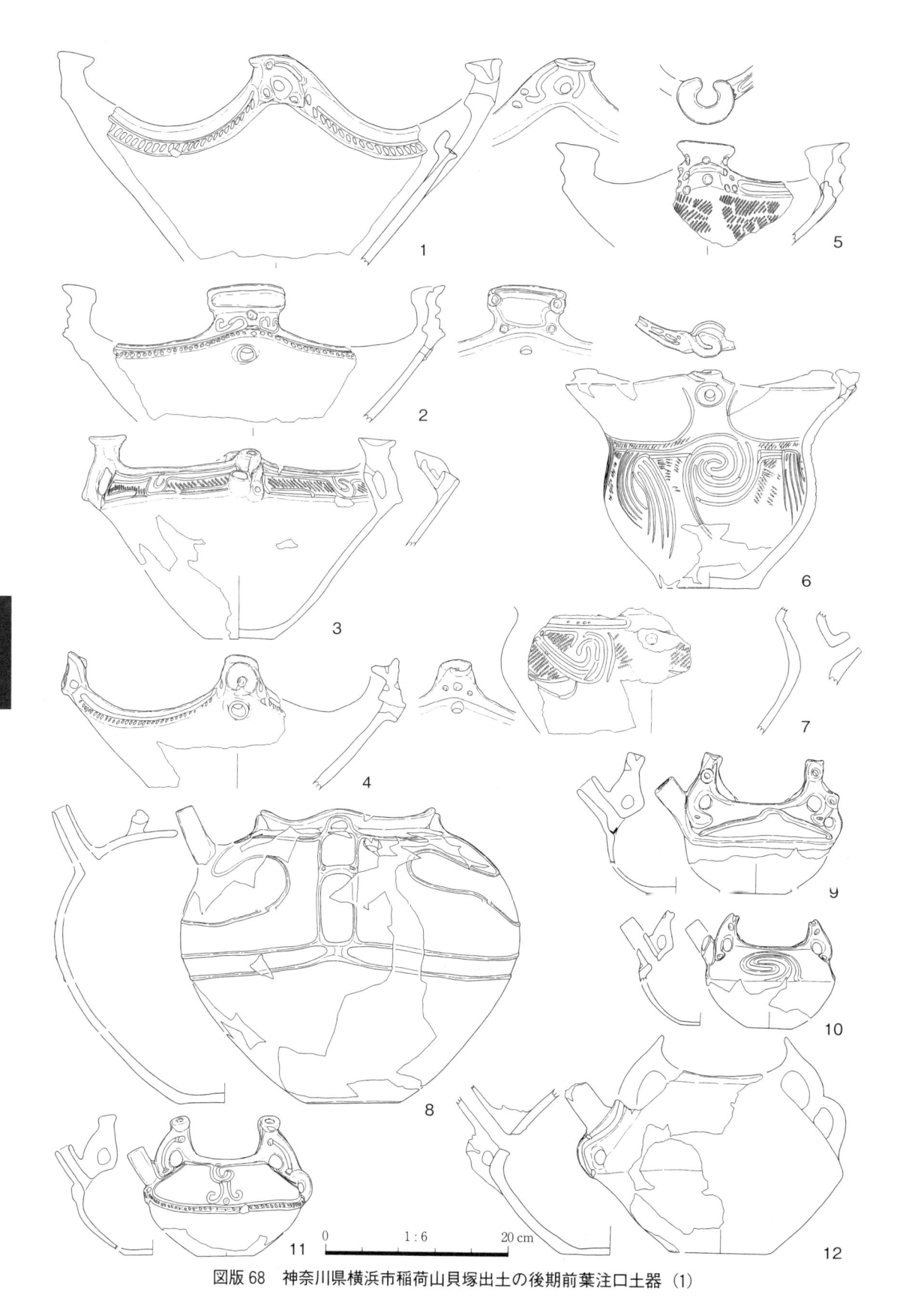

図版68 神奈川県横浜市稲荷山貝塚出土の後期前葉注口土器（1）

後期

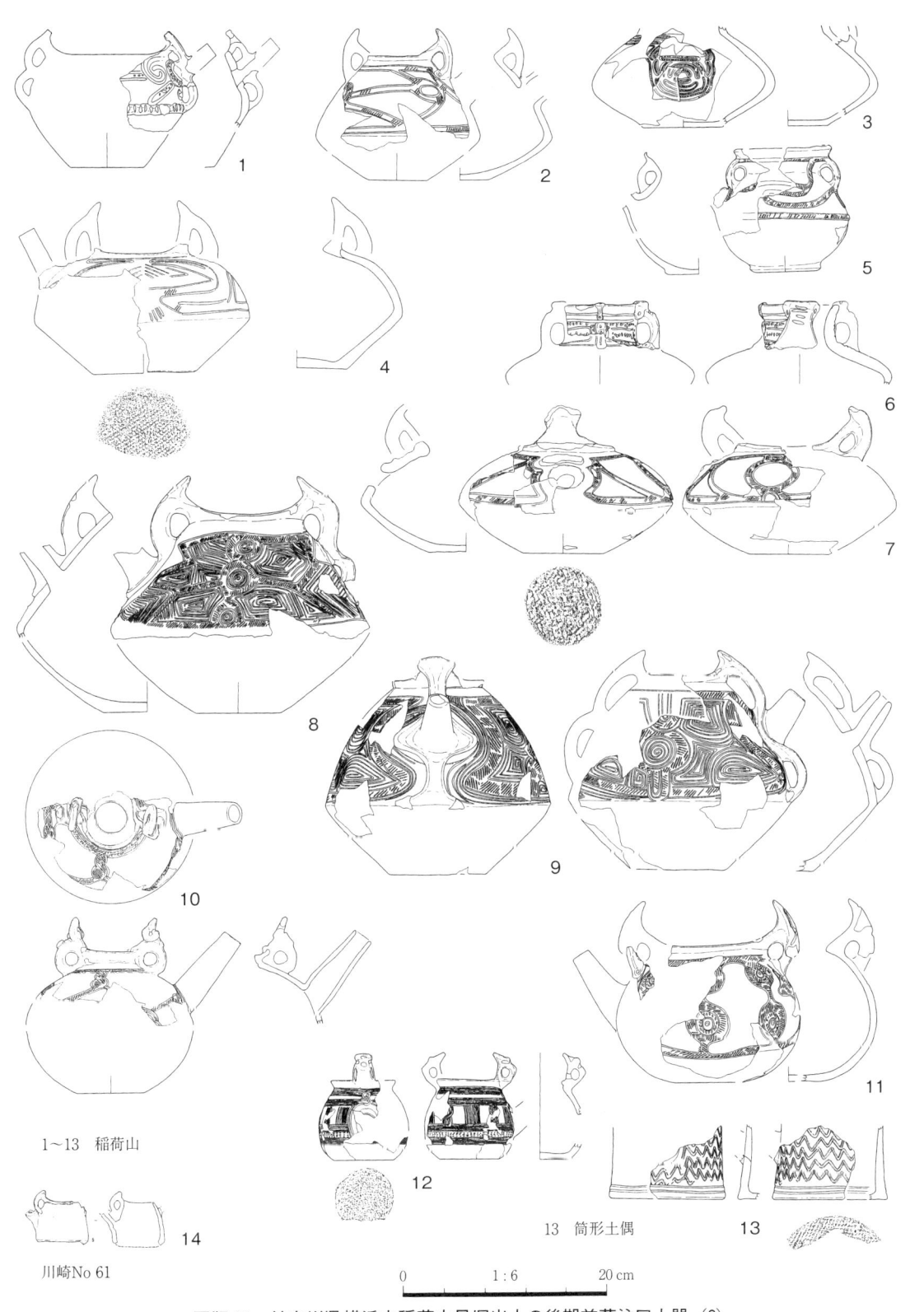

1～13 稲荷山

13 筒形土偶

川崎No 61

0　　1:6　　20 cm

図版 69　神奈川県横浜市稲荷山貝塚出土の後期前葉注口土器（2）

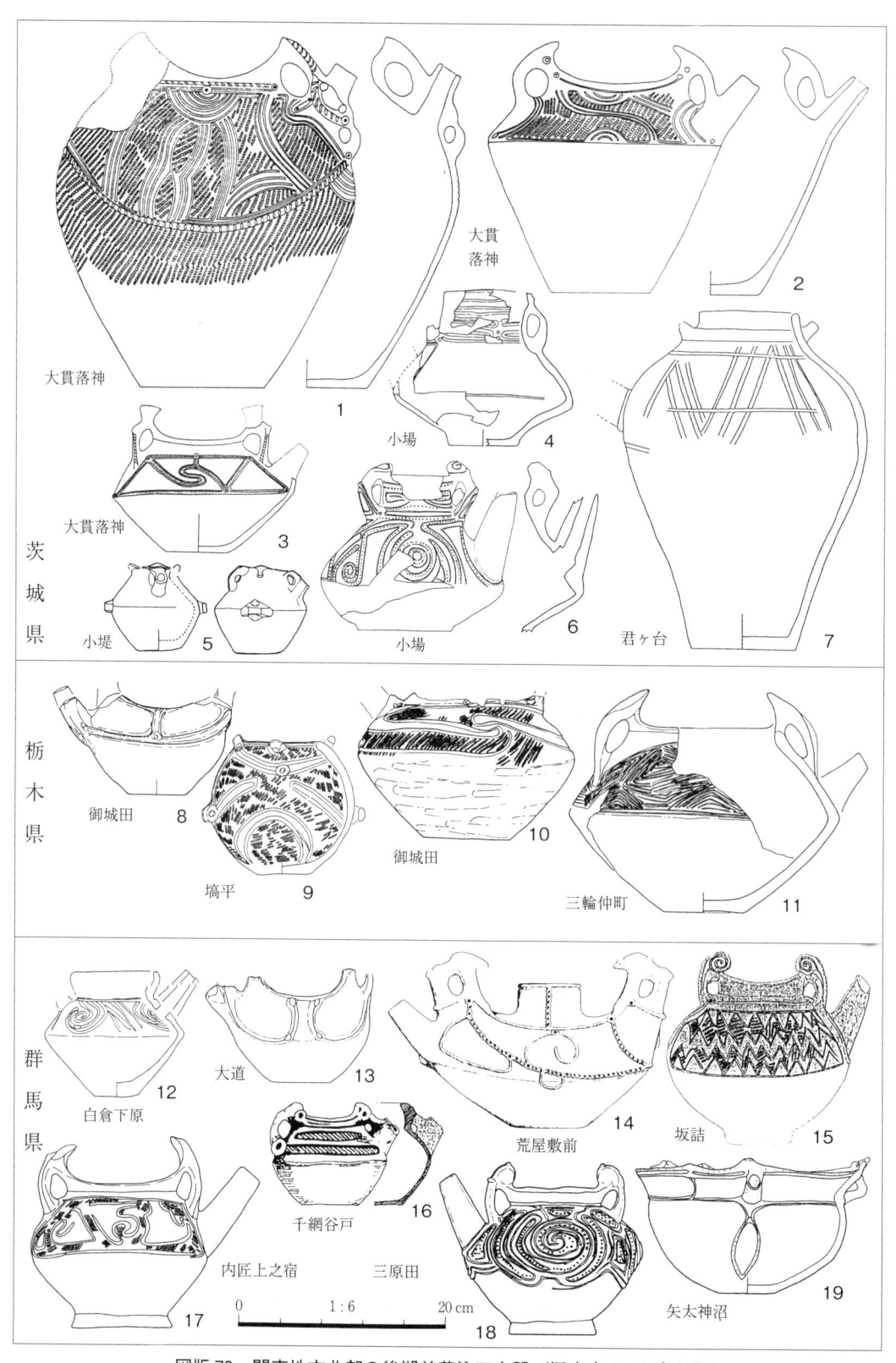

図版70　関東地方北部の後期前葉注口土器（堀之内1, 2式土器）

栃木県

1〜3 八剣

埼玉県

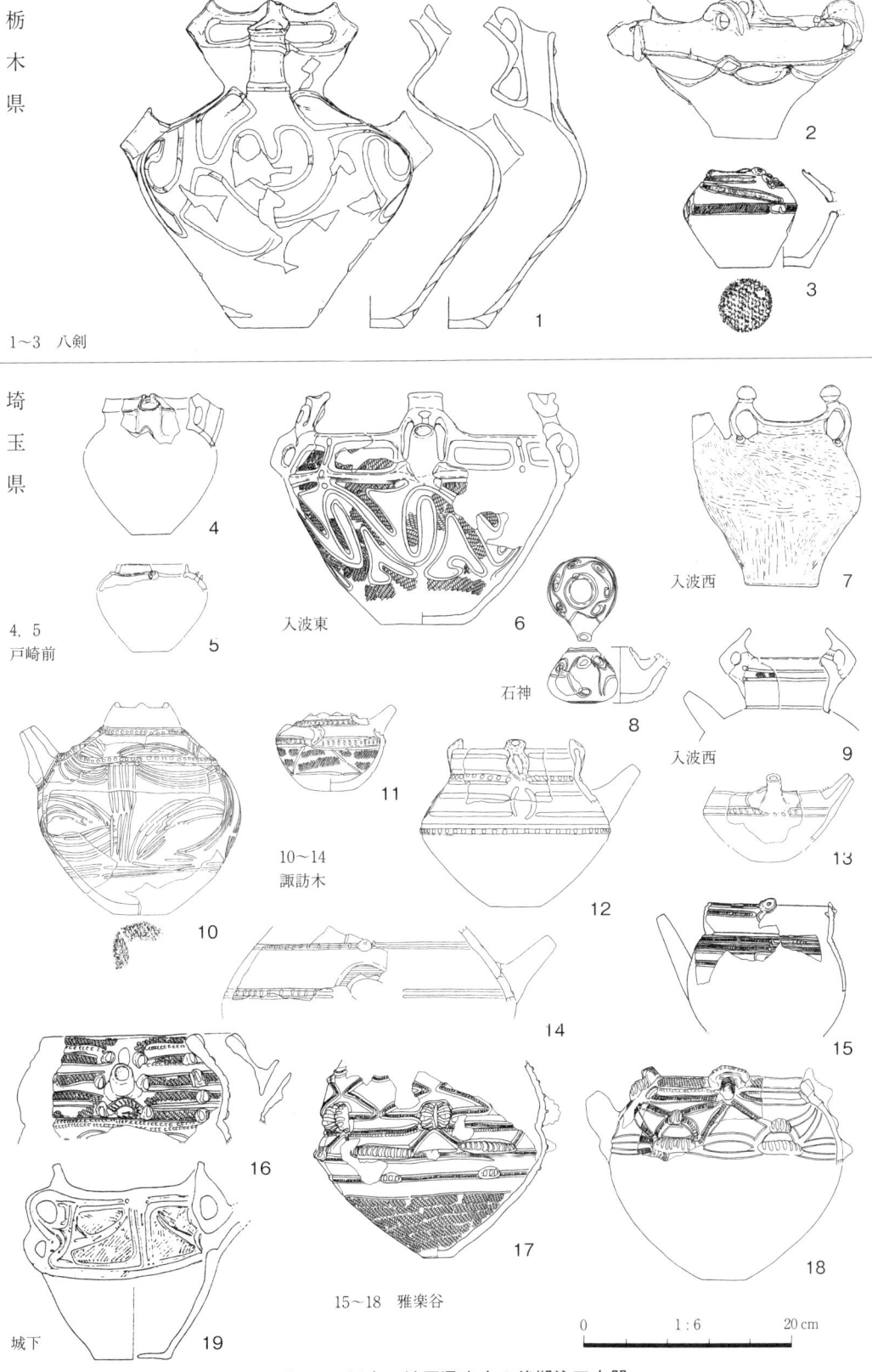

4, 5 戸崎前

入波東 6

石神 8

入波西 7

入波西 9

10〜14 諏訪木

15〜18 雅楽谷

城下 19

後期

0　1:6　20cm

図版71　栃木，埼玉県出土の後期注口土器

後期

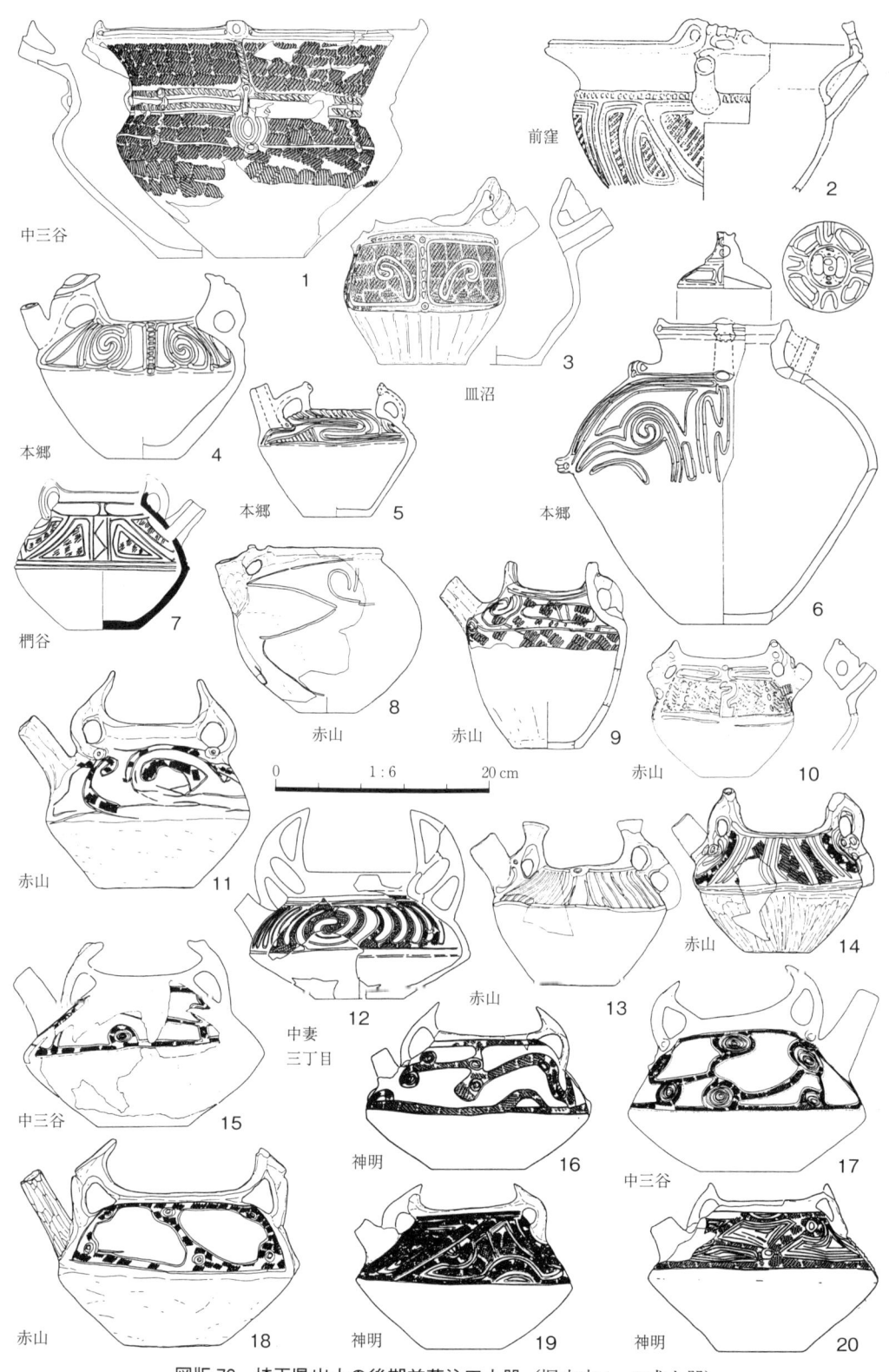

中三谷 1
前窪 2
皿沼 3
本郷 4
本郷 5
本郷 6
梛谷 7
赤山 8
赤山 9
赤山 10
赤山 11
中妻三丁目 12
赤山 13
赤山 14
中三谷 15
神明 16
中三谷 17
赤山 18
神明 19
神明 20

0　　　1:6　　　20cm

図版72　埼玉県出土の後期前葉注口土器（堀之内1，2式土器）

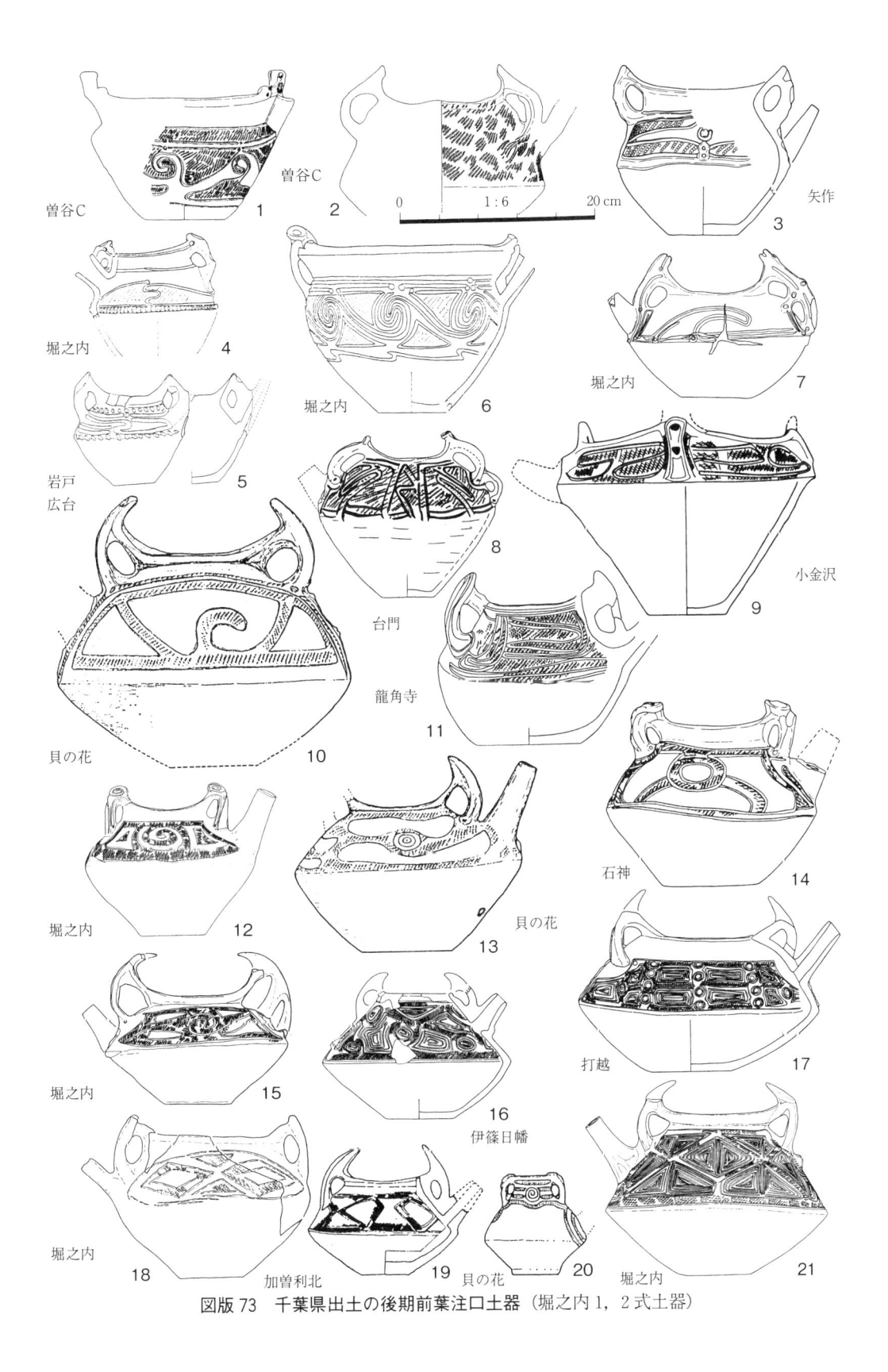

曽谷C 1　曽谷C 2　矢作 3
堀之内 4　堀之内 6　堀之内 7
岩戸広台 5　台門 8　小金沢 9
貝の花 10　龍角寺 11
堀之内 12　貝の花 13　石神 14
堀之内 15　伊篠日幡 16　打越 17
堀之内 18　加曽利北 19　貝の花 20　堀之内 21

図版73　千葉県出土の後期前葉注口土器（堀之内1，2式土器）

後期

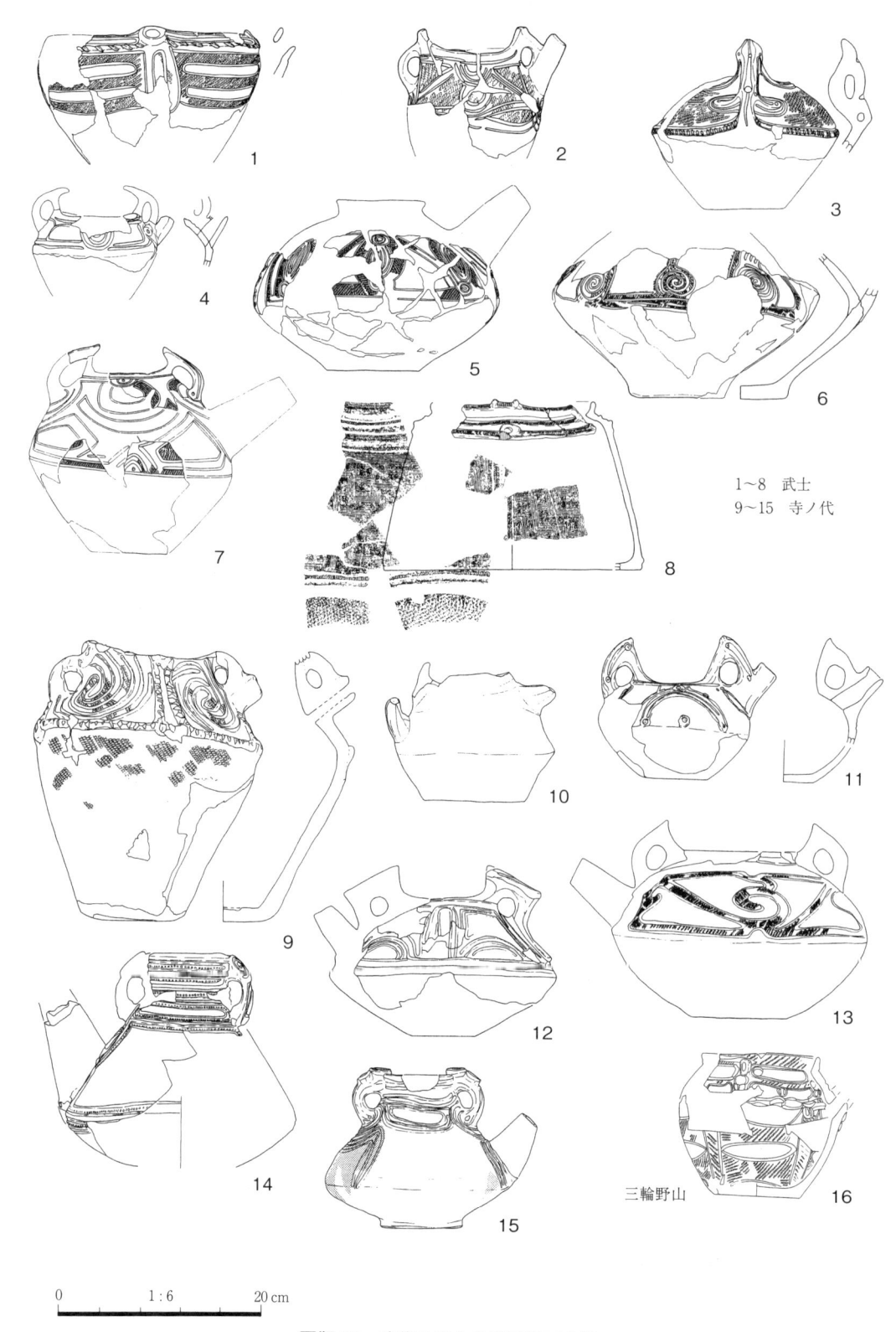

1～8　武士
9～15　寺ノ代

三輪野山

0　　1:6　　20cm

図版74　千葉県出土の後期注口土器

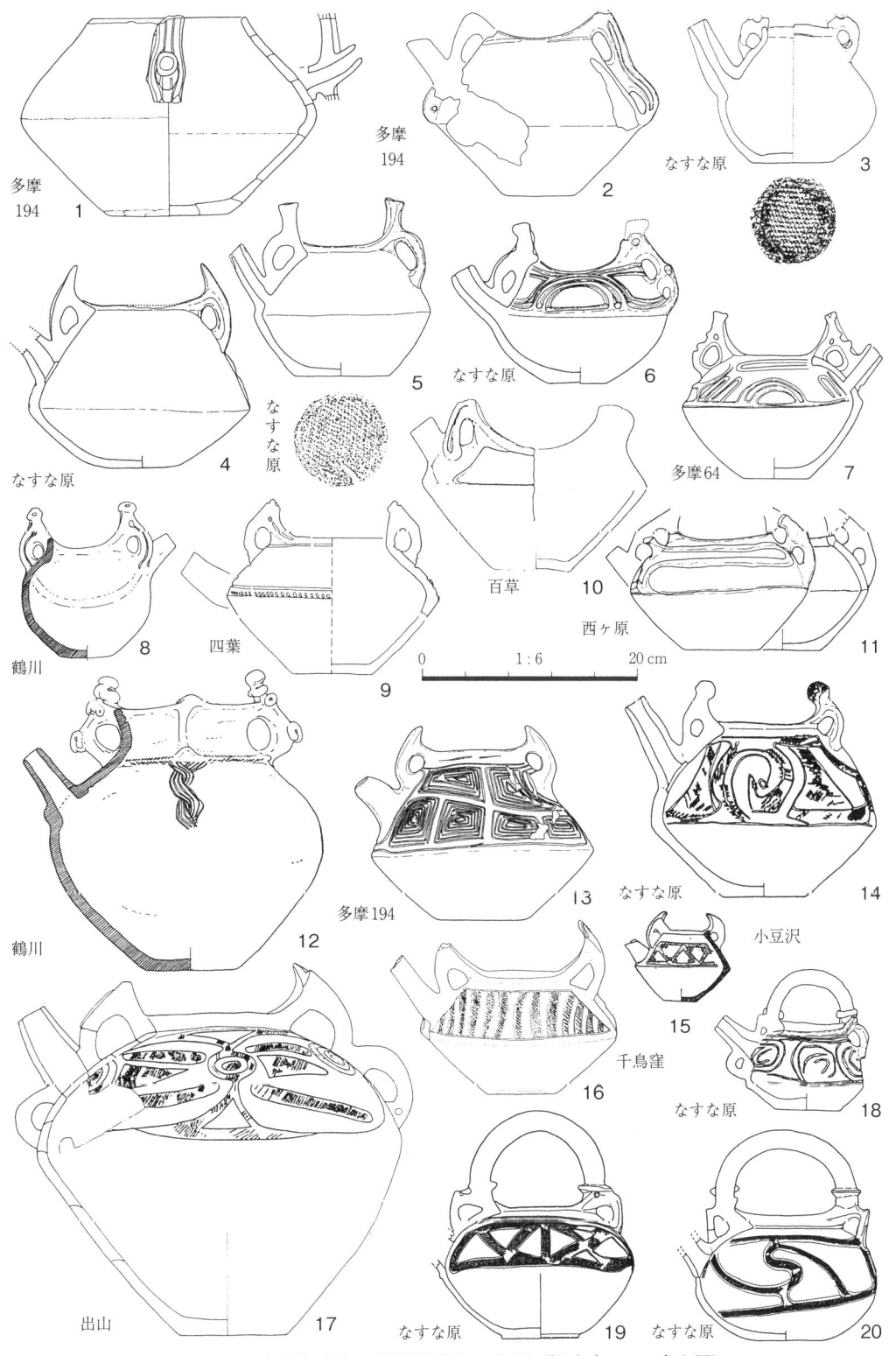

図版 75　東京都出土の後期前葉注口土器（堀之内 1，2 式土器）

後期

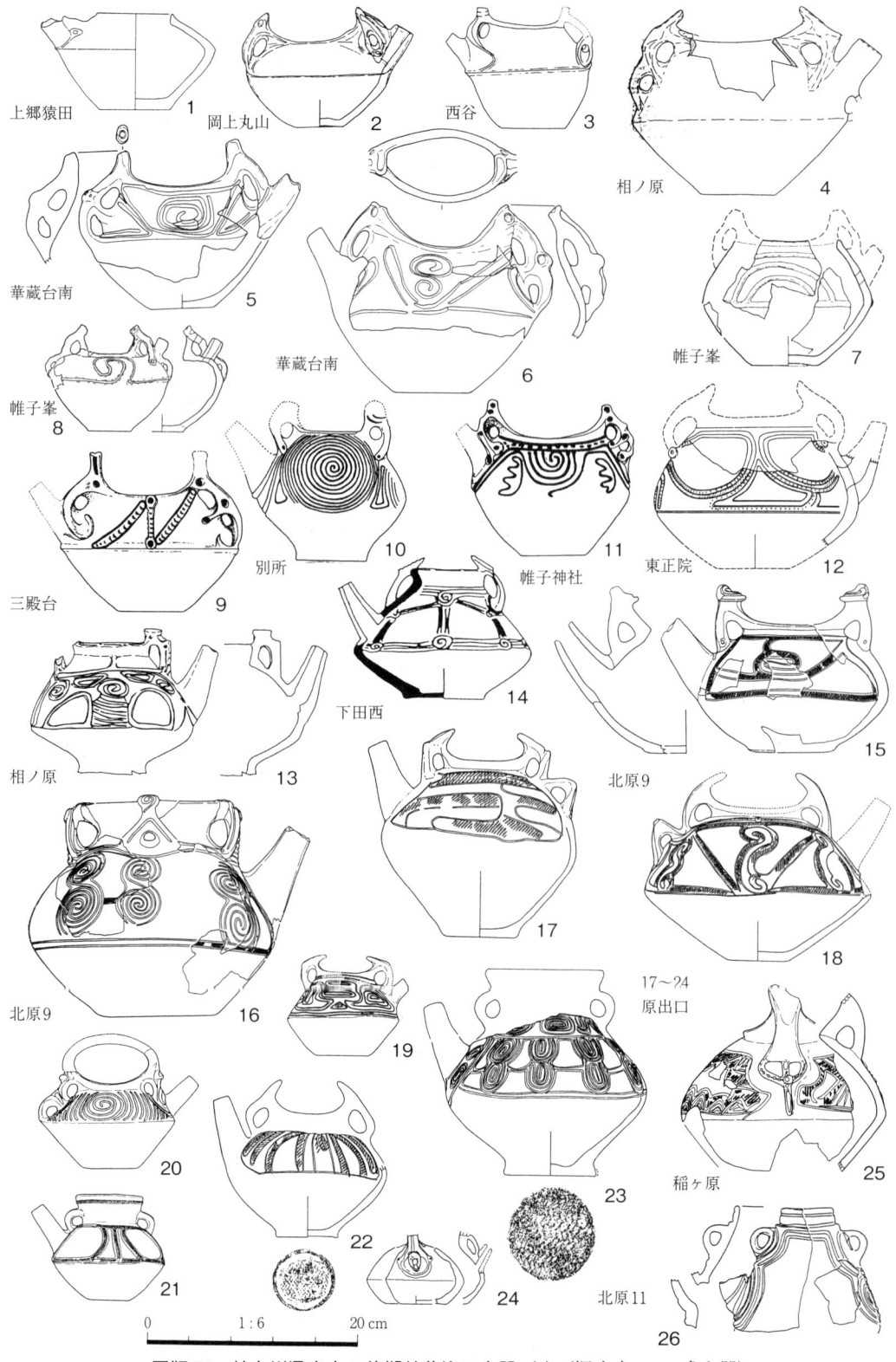

図版76　神奈川県出土の後期前葉注口土器（1）（堀之内1，2式土器）

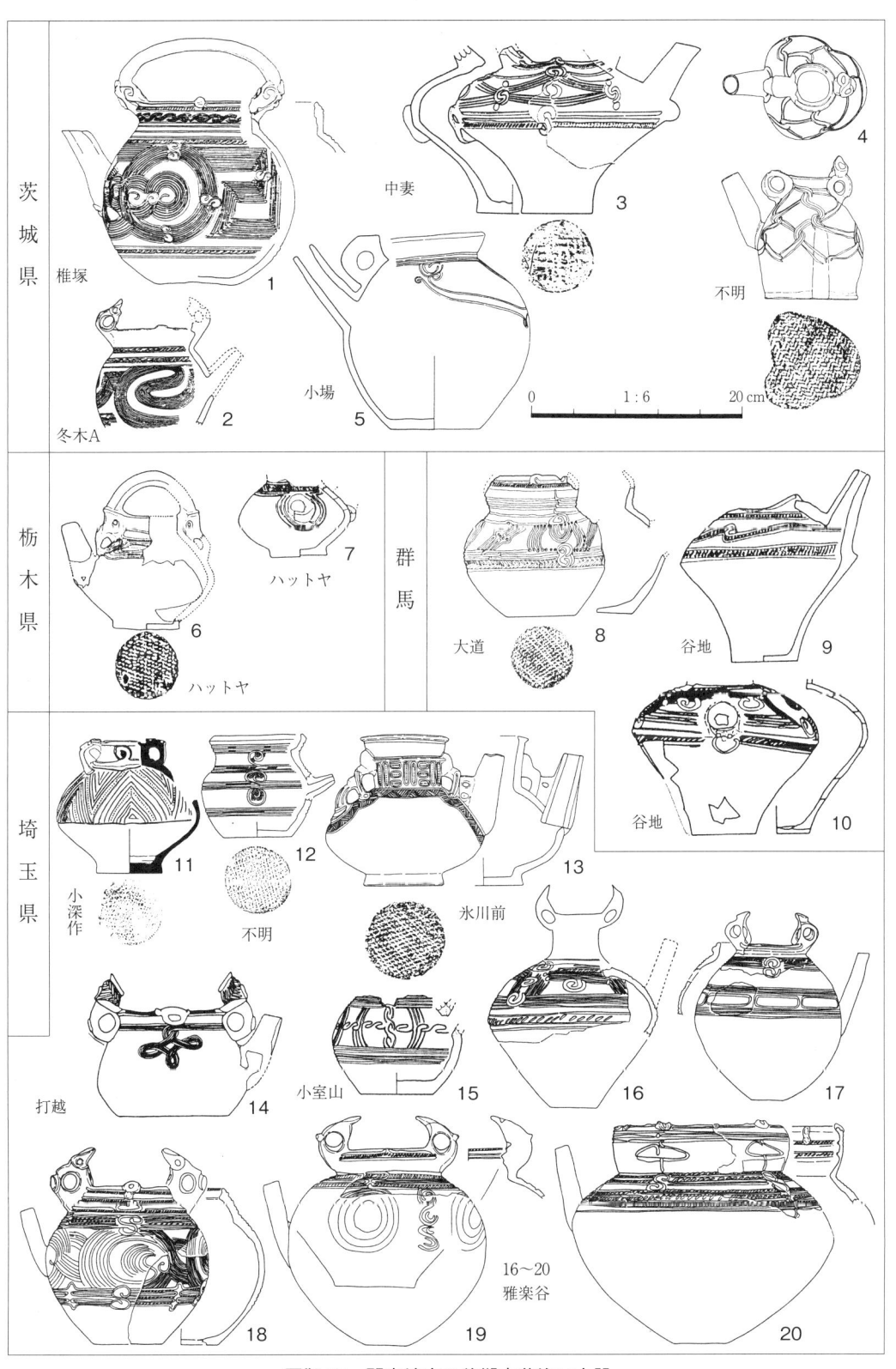

図版 77　関東地方の後期中葉注口土器

後期	

千葉県

東京都

神奈川県

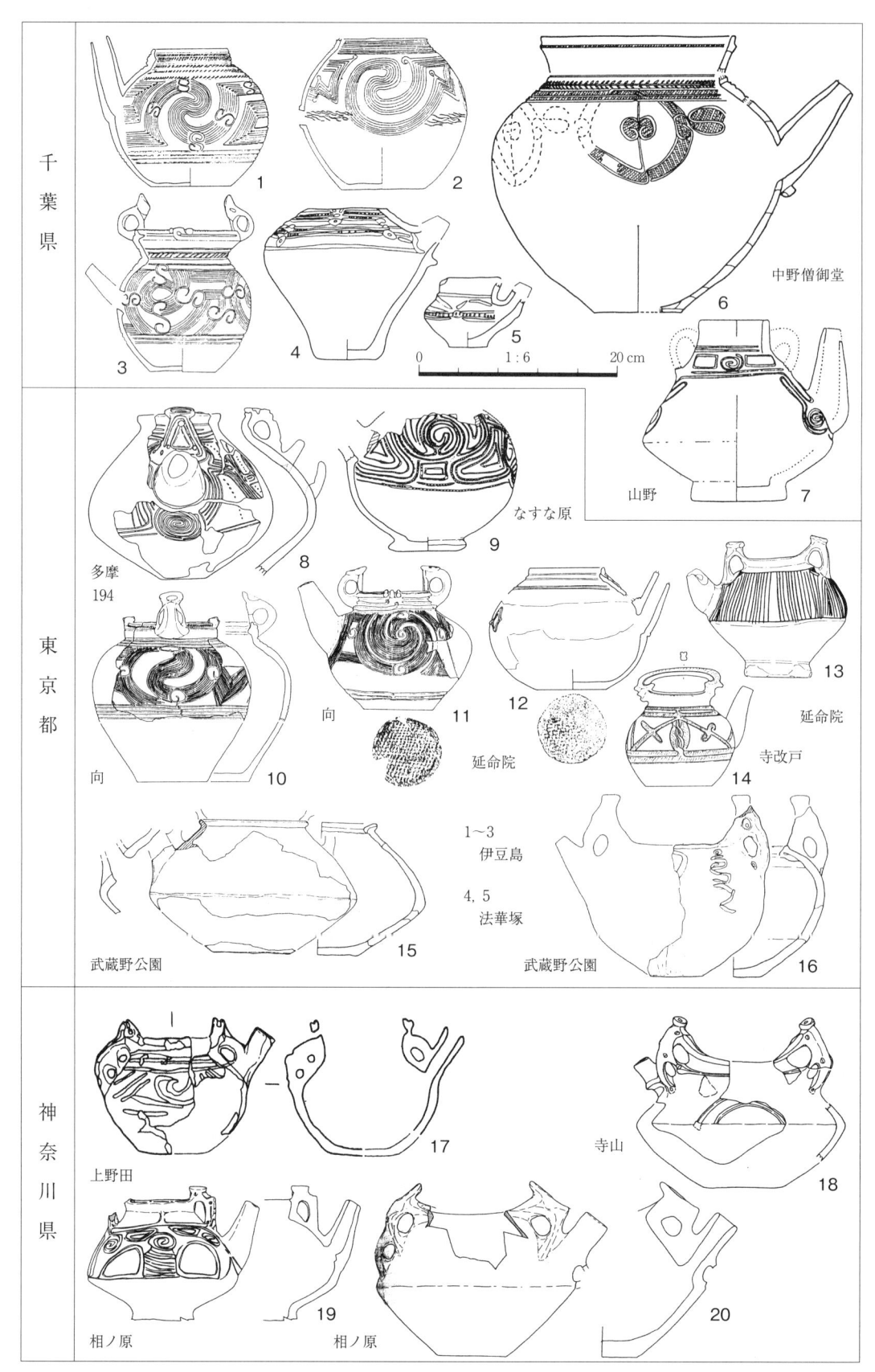

1～3 伊豆島
4, 5 法華塚

中野僧御堂
山野
多摩194
なすな原
向
向
延命院
延命院
寺改戸
武蔵野公園
武蔵野公園
上野田
寺山
相ノ原
相ノ原

図版78　関東地方南部の後期前葉注口土器

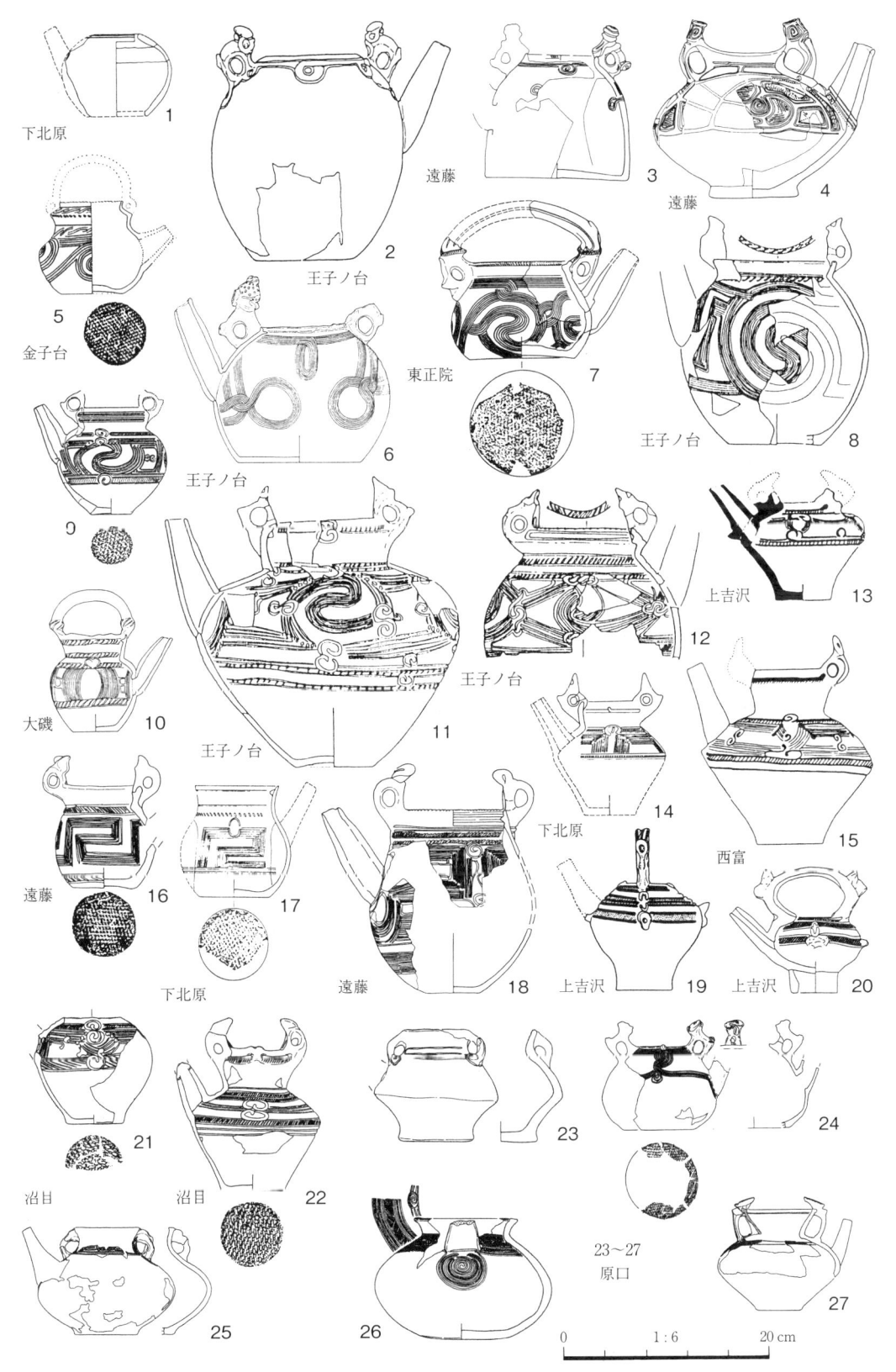

図版79 神奈川県出土の後期前葉注口土器 (2)

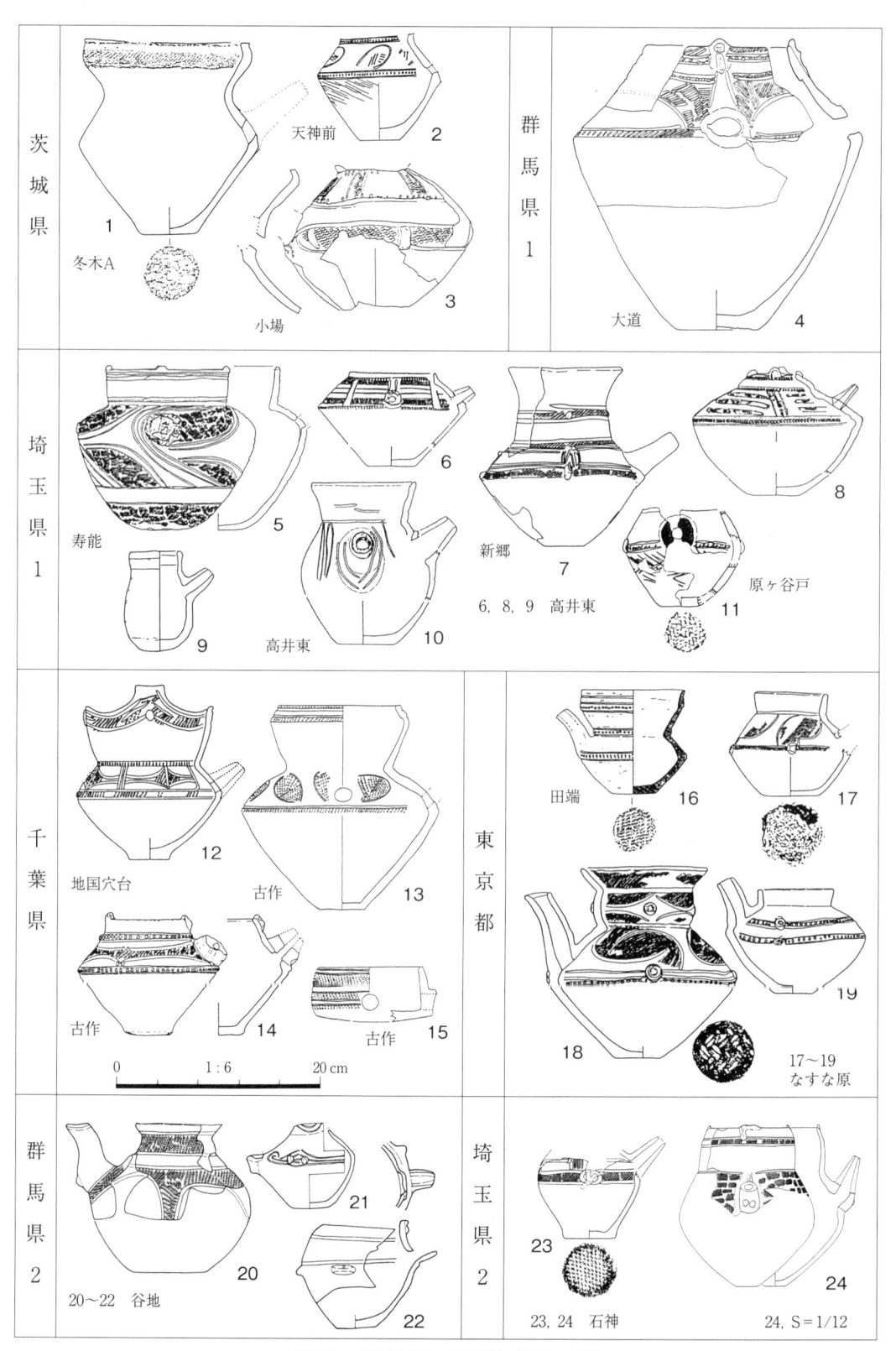

茨城県	1 冬木A　2 天神前　3 小場	群馬県1　4 大道

埼玉県1　5 寿能　6, 8, 9 高井東　7 新郷　10 高井東　11 原ヶ谷戸

千葉県　12 地国穴台　13 古作　14 古作　15 古作

0　1:6　20cm

東京都　16 田端　17〜19 なすな原

群馬県2　20〜22 谷地

埼玉県2　23, 24 石神　24, S=1/12

後期

図版80　関東地方の後期中葉注口土器

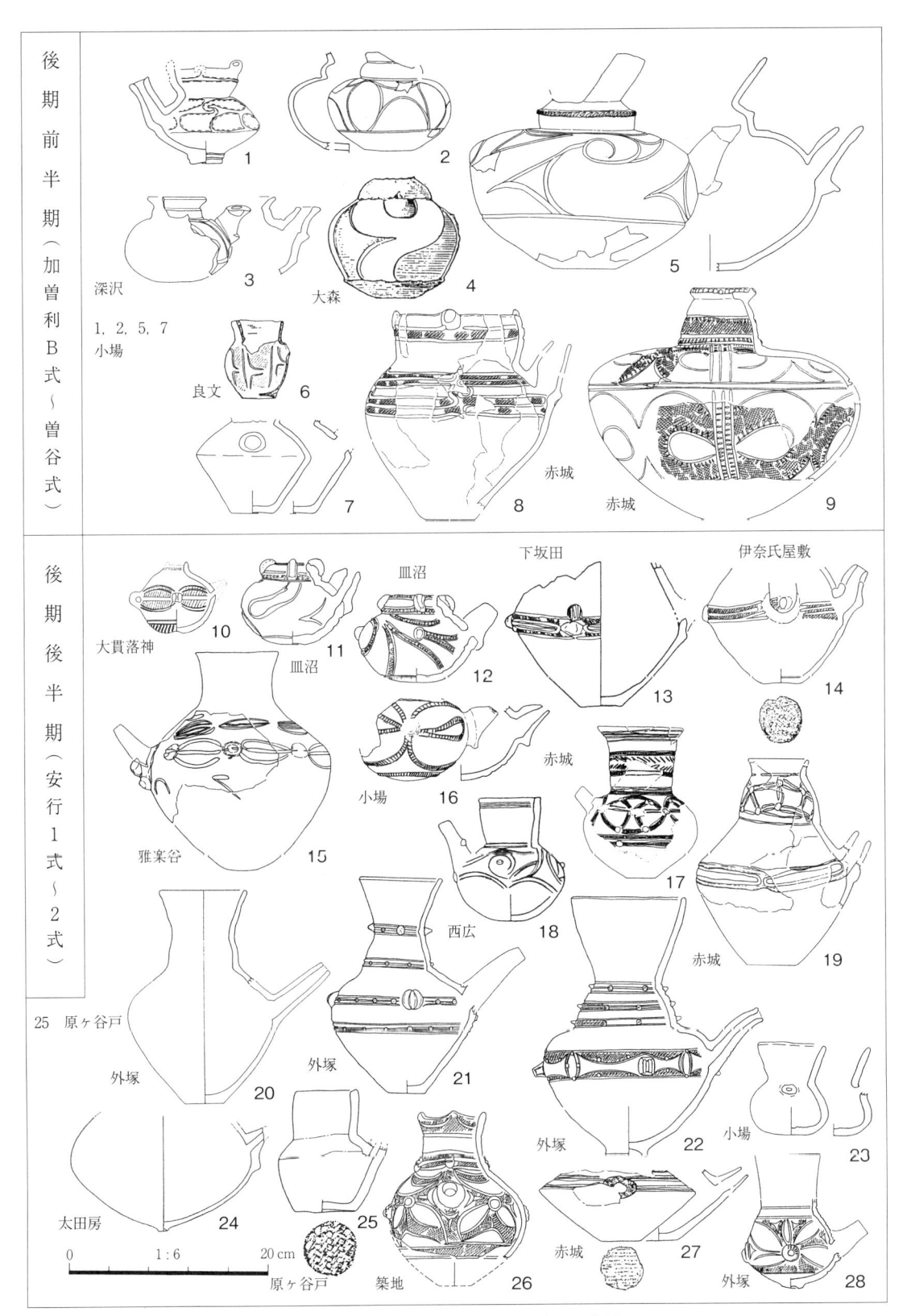

図版 81　関東地方の後期東北系注口土器

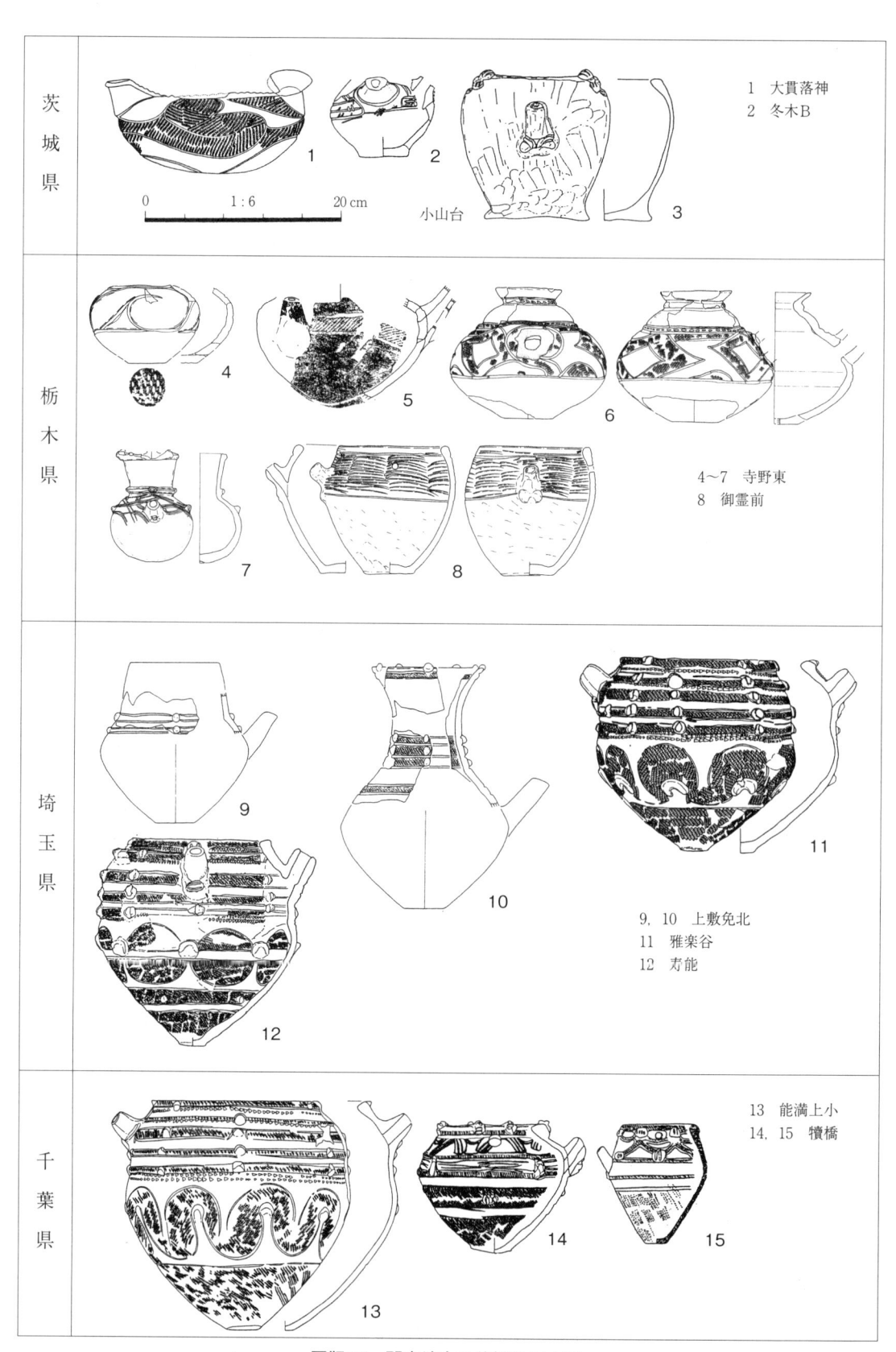

県	遺跡
茨城県	1 大貫落神 2 冬木B 3 小山台
栃木県	4〜7 寺野東 8 御霊前
埼玉県	9, 10 上敷免北 11 雅楽谷 12 寿能
千葉県	13 能満上小 14, 15 犢橋

図版82　関東地方の後期注口土器

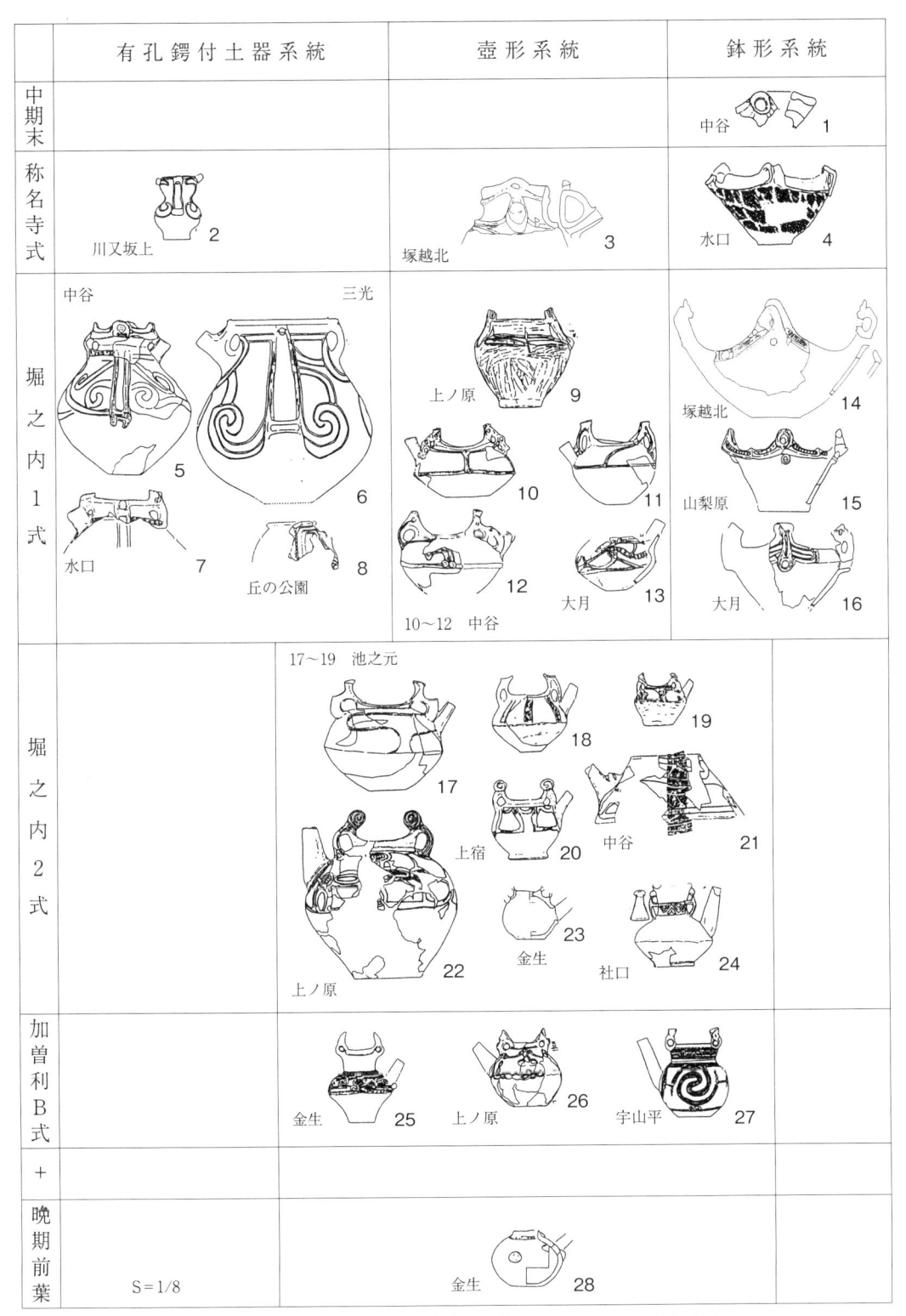

	有孔鍔付土器系統	壺形系統	鉢形系統
中期末			中谷 1
称名寺式	川又坂上 2	塚越北 3	水口 4
堀之内1式	中谷 5／三光 6／水口 7／丘の公園 8	上ノ原 9／10／11／12／大月 13（10〜12 中谷）	塚越北 14／山梨原 15／大月 16
堀之内2式		17／18／19（17〜19 池之元）／上宿 20／中谷 21／上ノ原 22／金生 23／社口 24	
加曽利B式		金生 25／上ノ原 26／宇山平 27	
晩期前葉	S=1/8	金生 28	

図版83　山梨県出土の注口土器の変遷（長沢宏昌1997を増補改訂）

後期

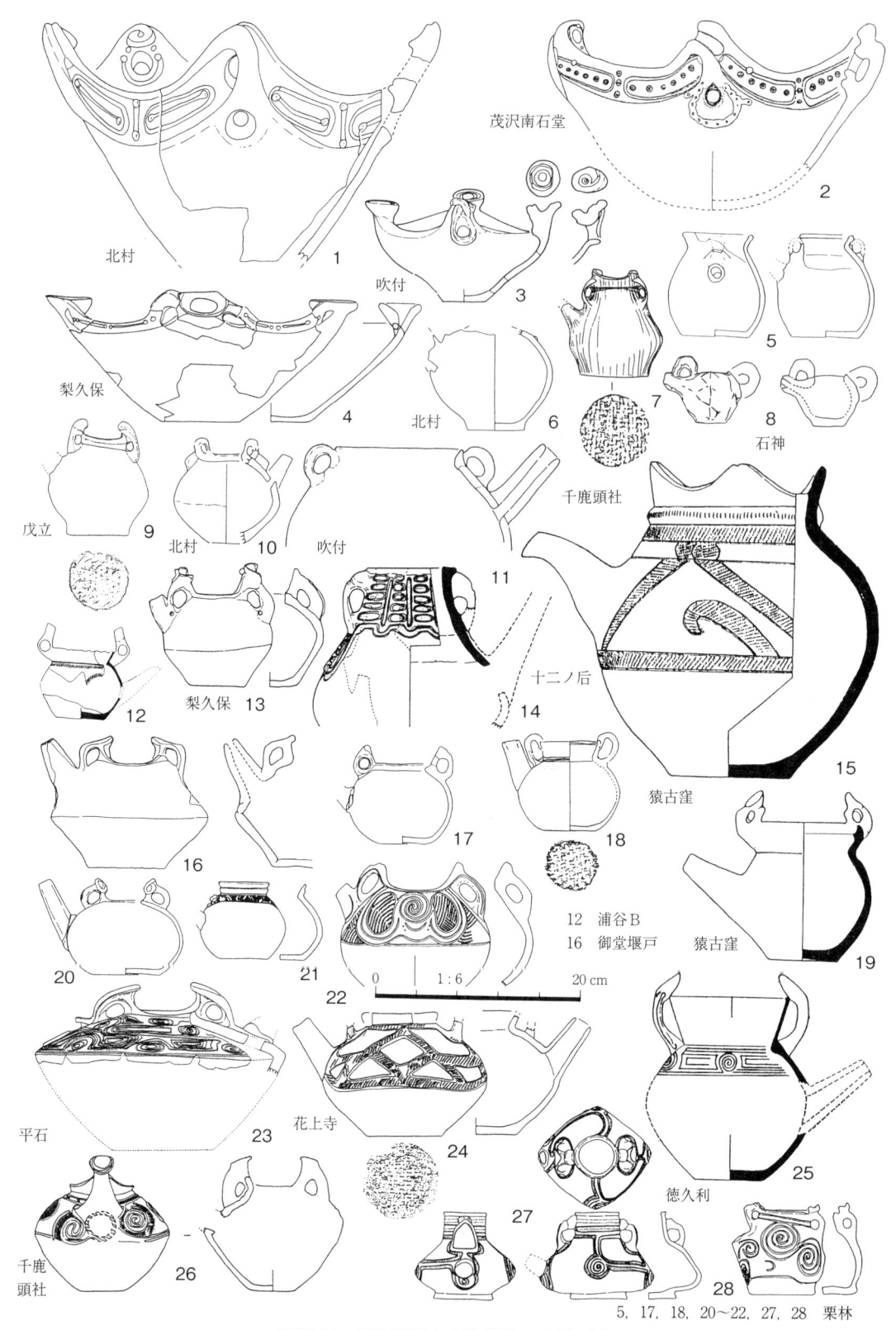

北村 1
茂沢南石堂 2
吹付 3
梨久保 4
北村 6
5
7
石神 8
戊立 9
北村 10
吹付 11
千鹿頭社
12
梨久保 13
14
十二ノ后
猿古窪 15
16
17
18
19 猿古窪
20
21
22
12 浦谷B
16 御堂堰戸
平石 23
花上寺 24
25 徳久利
千鹿頭社 26
27
28

5, 17, 18, 20〜22, 27, 28 栗林

図版 84 長野県出土の後期注口土器 (1)

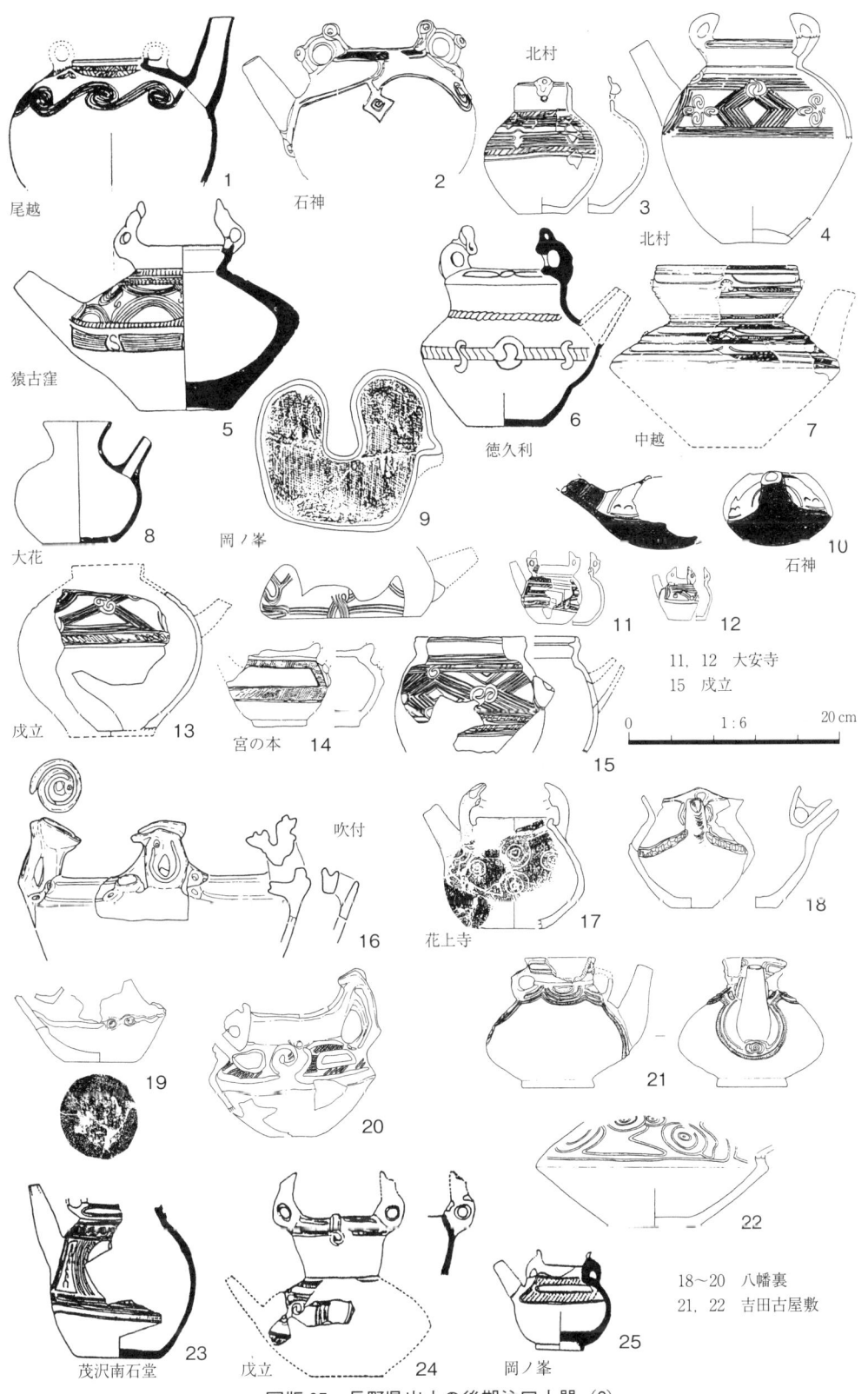

1 尾越
2 石神
3 北村
4 北村
5 猿古窪
6 徳久利
7 中越
8 大花
9 岡ノ峯
10 石神
11, 12 大安寺
15 戌立
13 戌立
14 宮の本
15
16 吹付
17 花上寺
18〜20 八幡裏
21, 22 吉田古屋敷
23 茂沢南石堂
24 戌立
25 岡ノ峯

1:6　20cm

後期

図版 85　長野県出土の後期注口土器 (2)

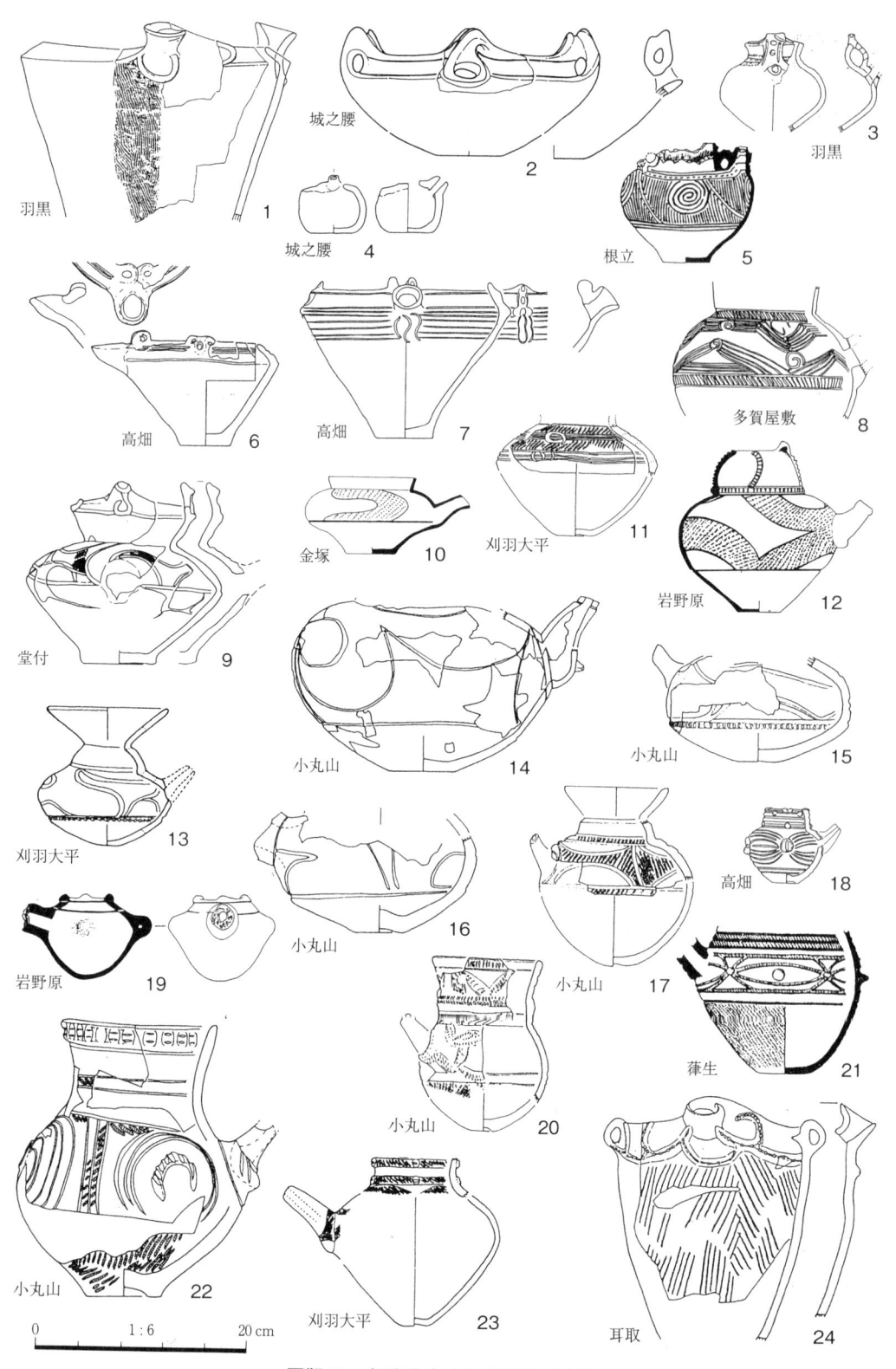

図版86 新潟県出土の後期注口土器

1～14 アチヤ平

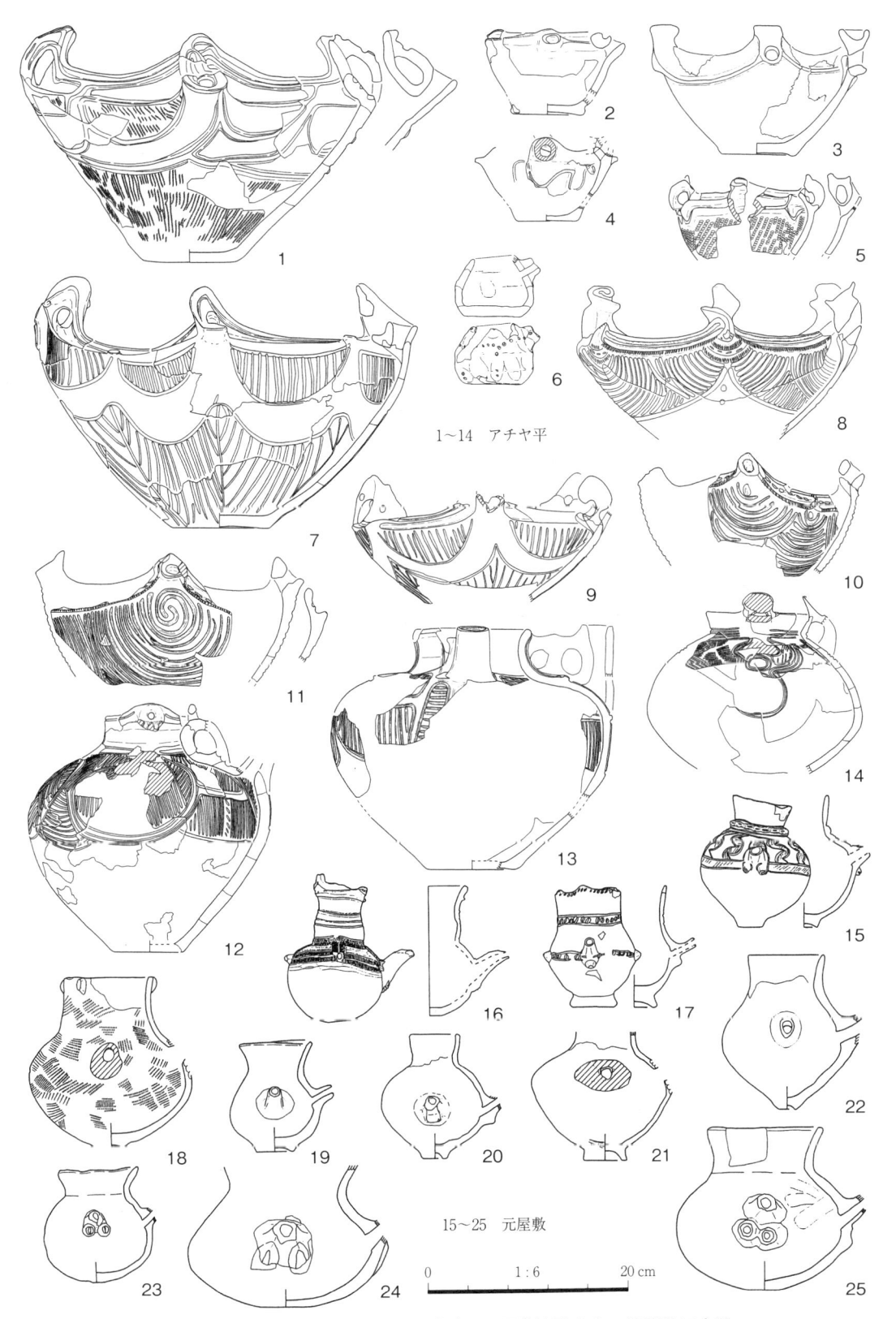

15～25 元屋敷

後期

0　　1:6　　20cm

図版87　新潟県朝日村アチヤ平遺跡，元屋敷遺跡出土の後期注口土器

後期

新潟県(中野遺跡)

富山県

早月上野 13
朝日 14
境A 15
井口 16
井口 17
18
19
20
21
22
23
18〜23 本江

石川県

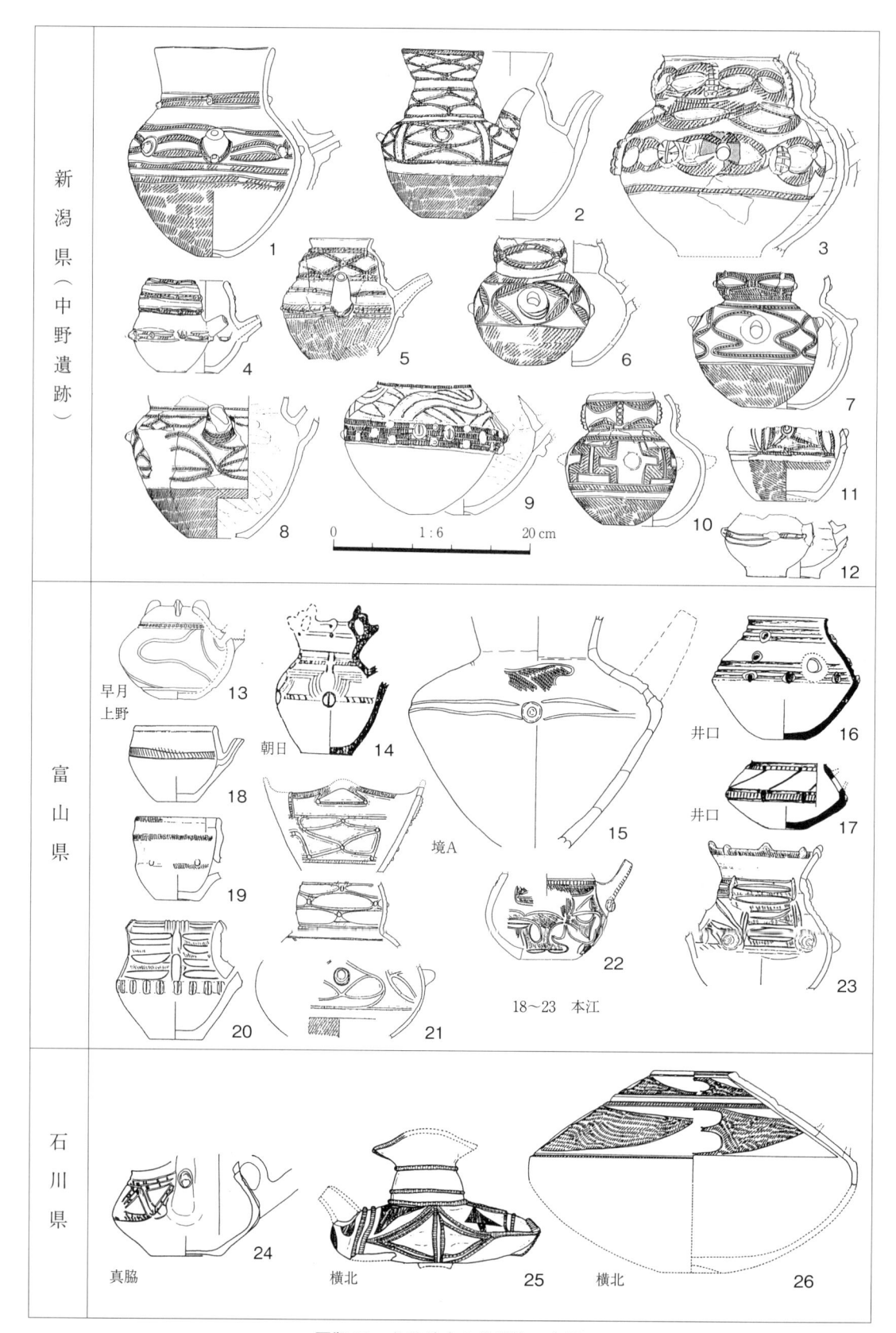

真脇 24
横北 25
横北 26

図版88 北陸地方の後期注口土器

後期

米泉遺跡

北中条遺跡A区

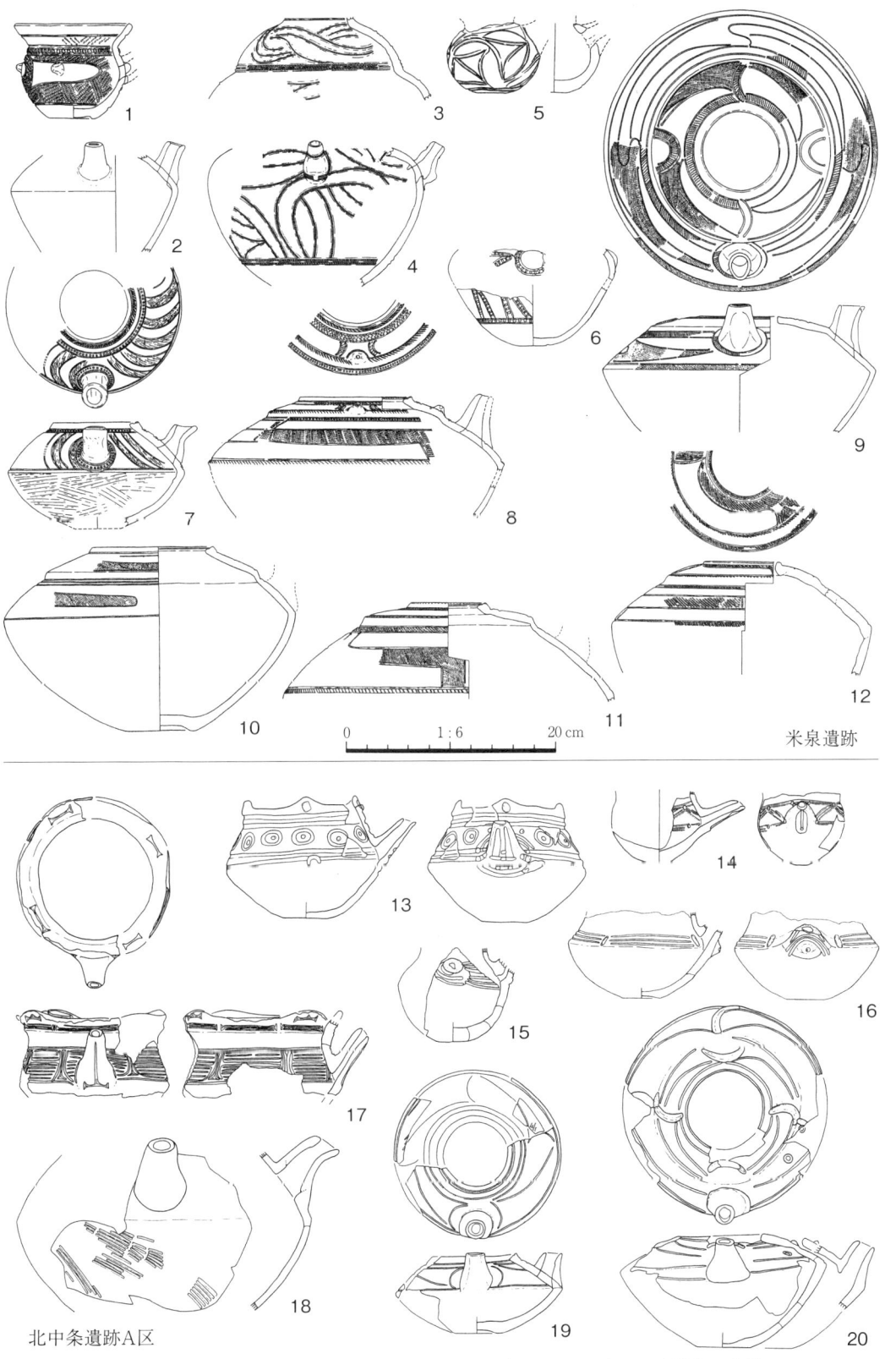

図版89 石川県金沢市米泉遺跡，津幡町北中条遺跡A区出土の後期注口土器

後期

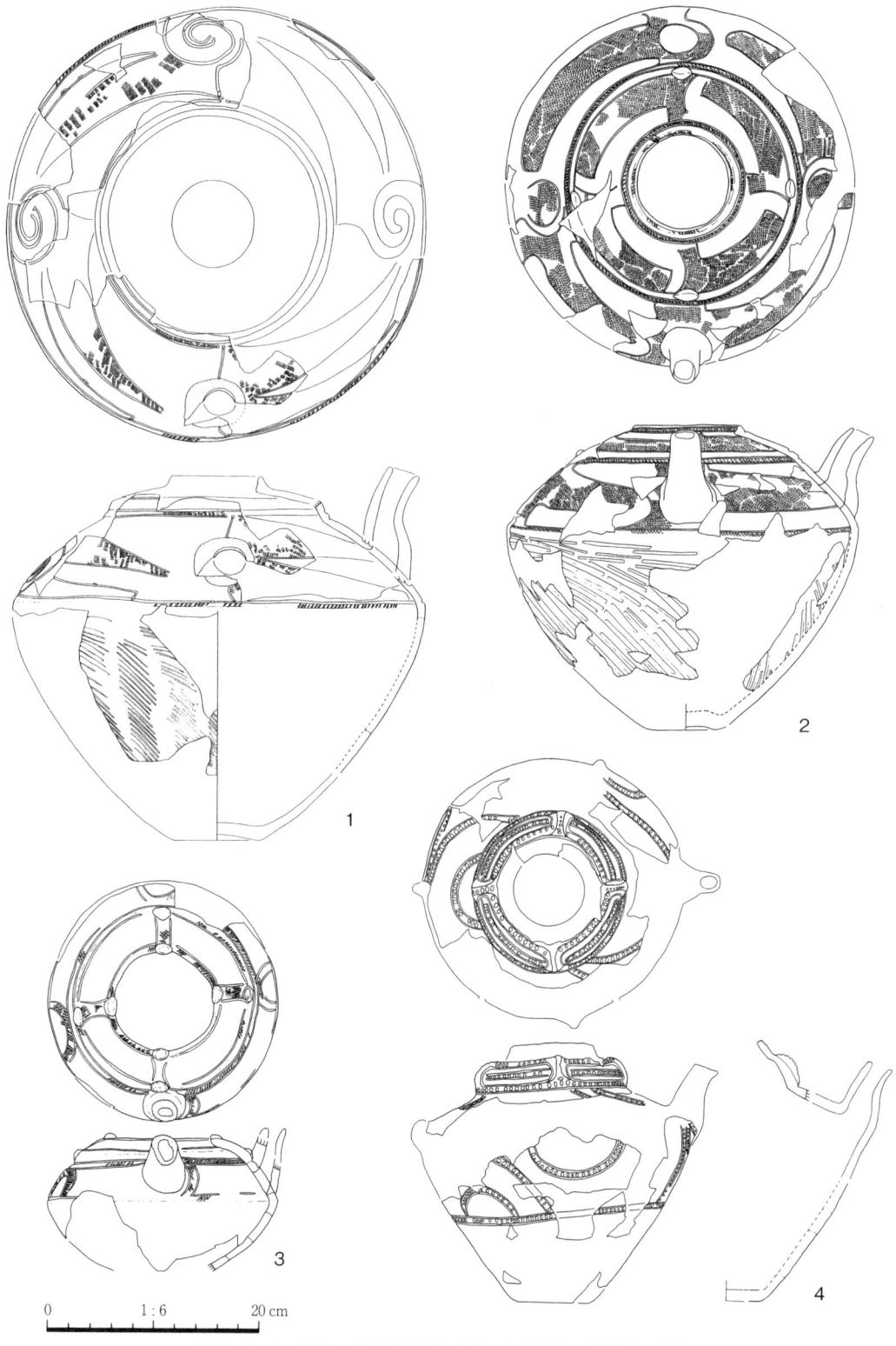

0　　1:6　　20cm

図版90　石川県津幡町北中条遺跡A区出土の後期注口土器

石川県御経塚遺跡ほか

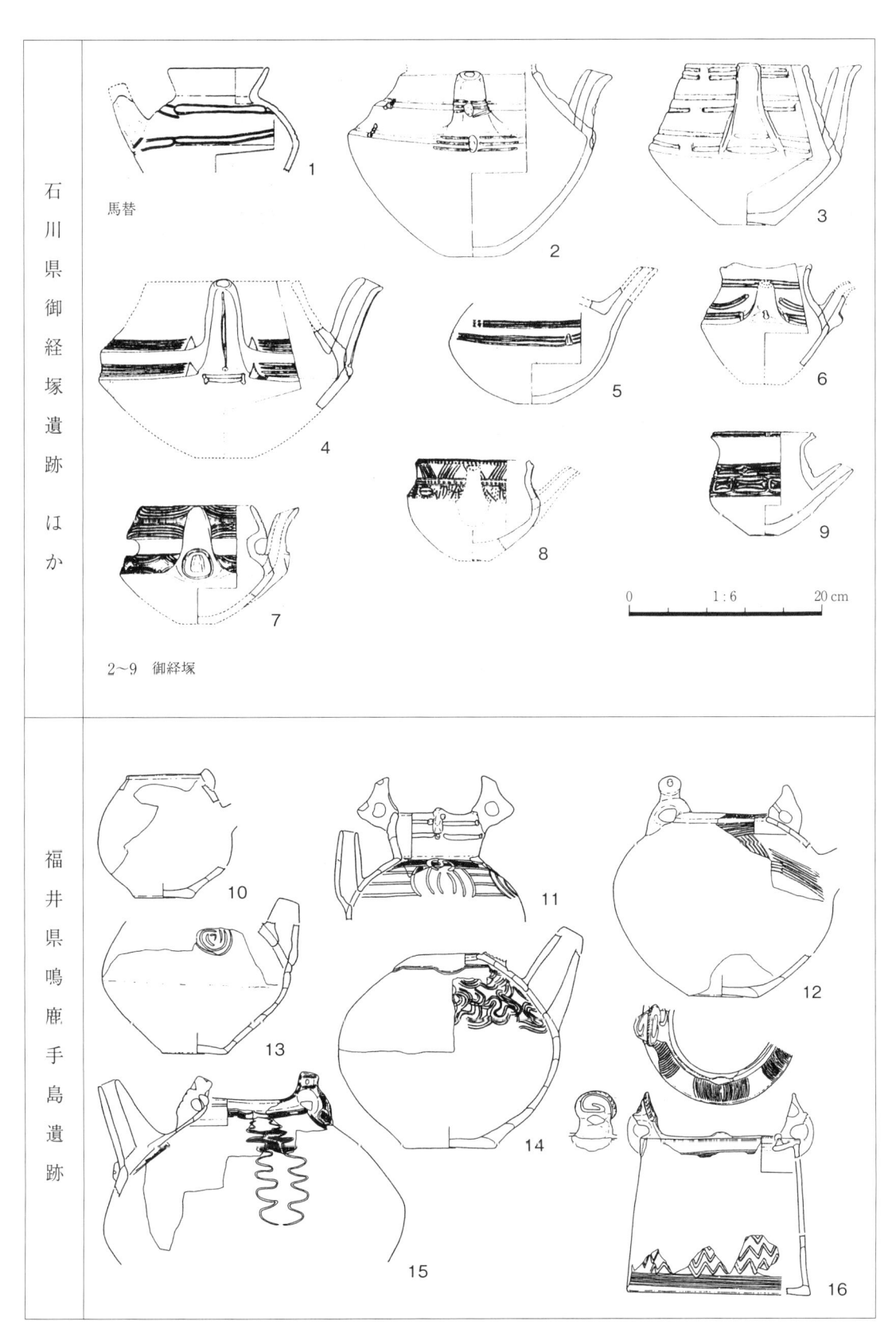

馬替

2〜9 御経塚

福井県鳴鹿手島遺跡

図版91 石川，福井県出土の後期注口土器

後期

静岡県

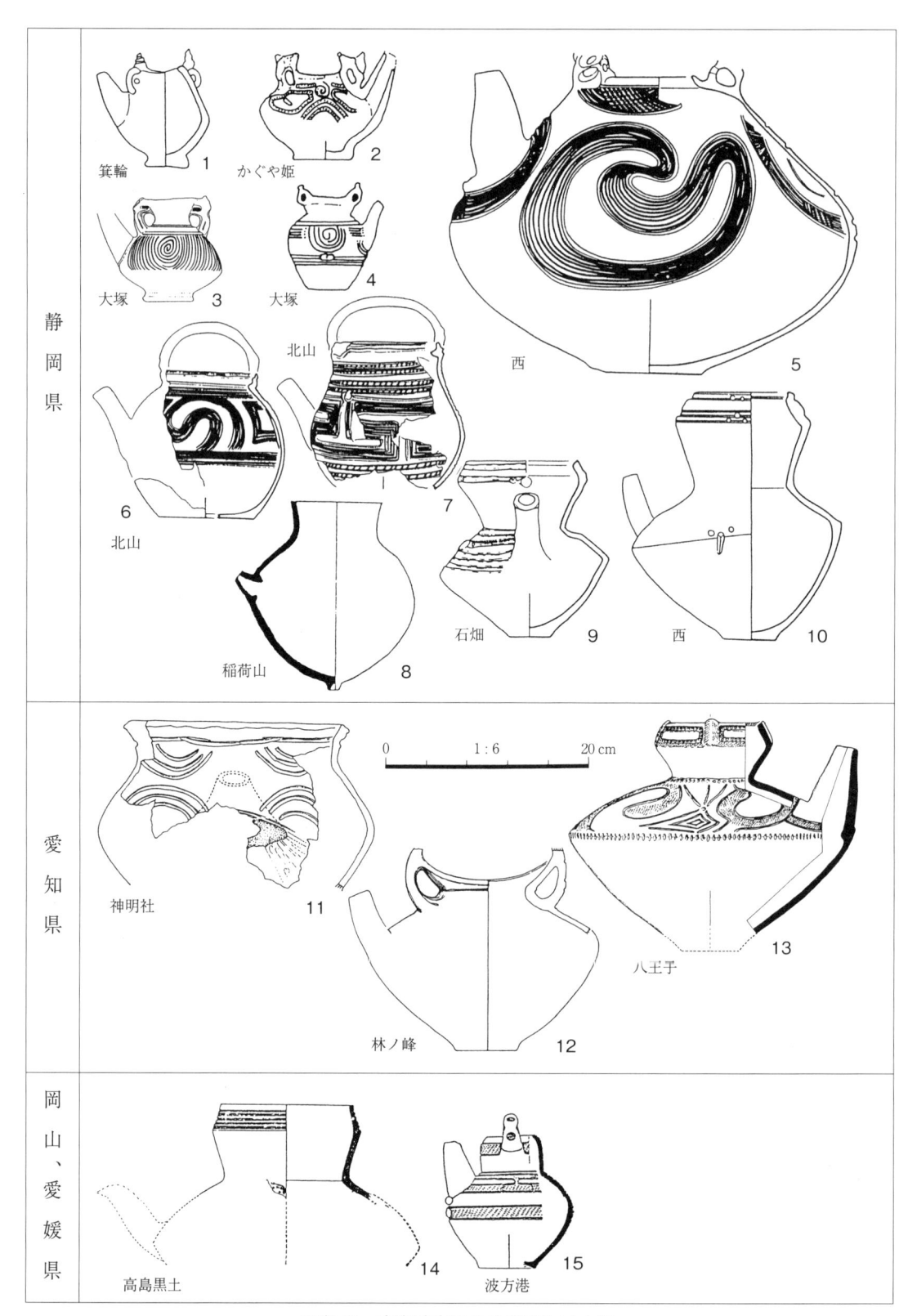

1 箕輪
2 かぐや姫
3 大塚
4 大塚
5 西
6 北山
7 北山
8 稲荷山
9 石畑
10 西

愛知県

11 神明社
12 林ノ峰
13 八王子

0　1:6　20cm

岡山、愛媛県

14 高島黒土
15 波方港

後期

図版92　東海地方ほかの後期注口土器

滋賀県（正楽寺遺跡）

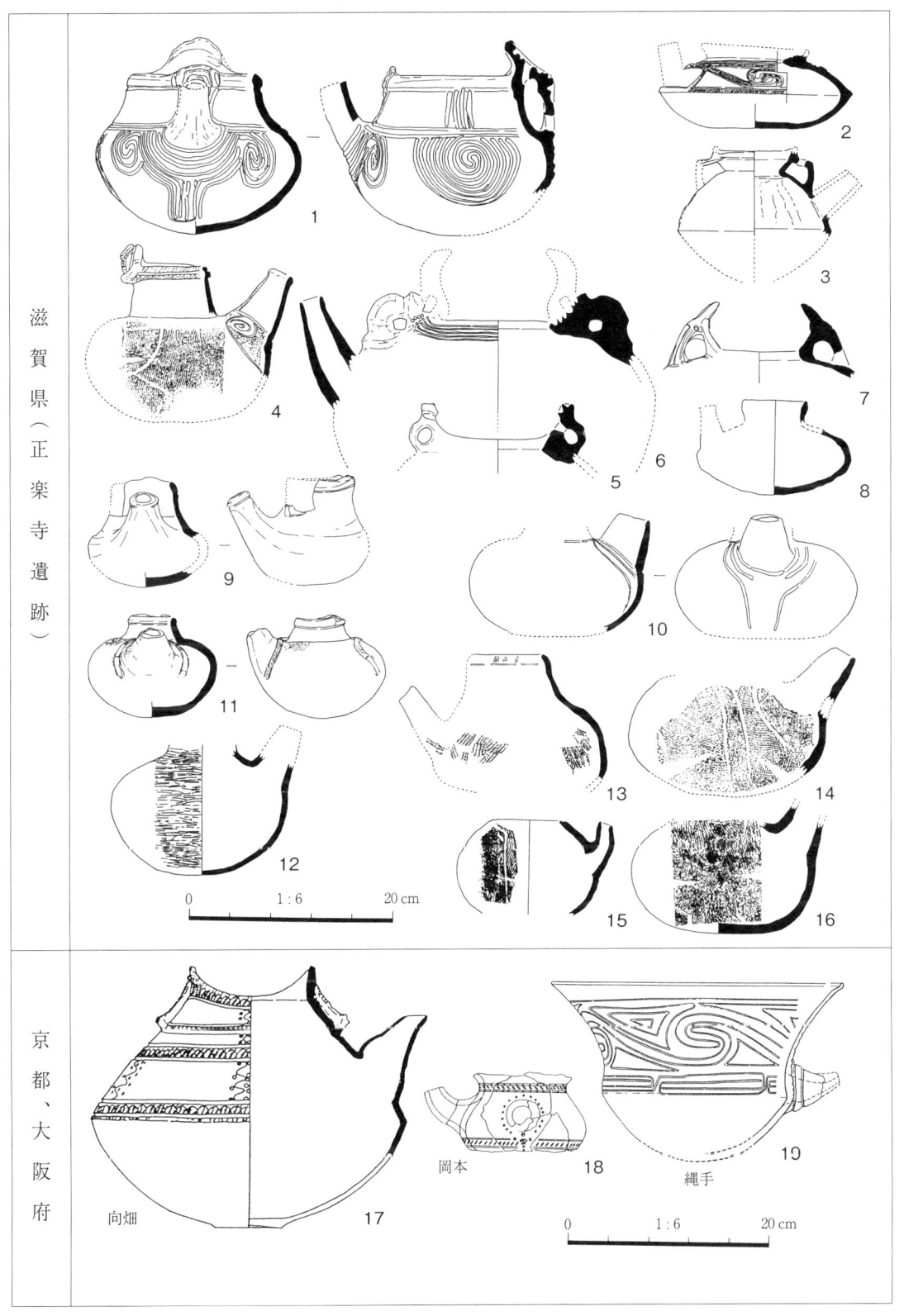

京都、大阪府

向畑 17　　岡本 18　　縄手 19

後期

図版93　近畿地方の後期注口土器

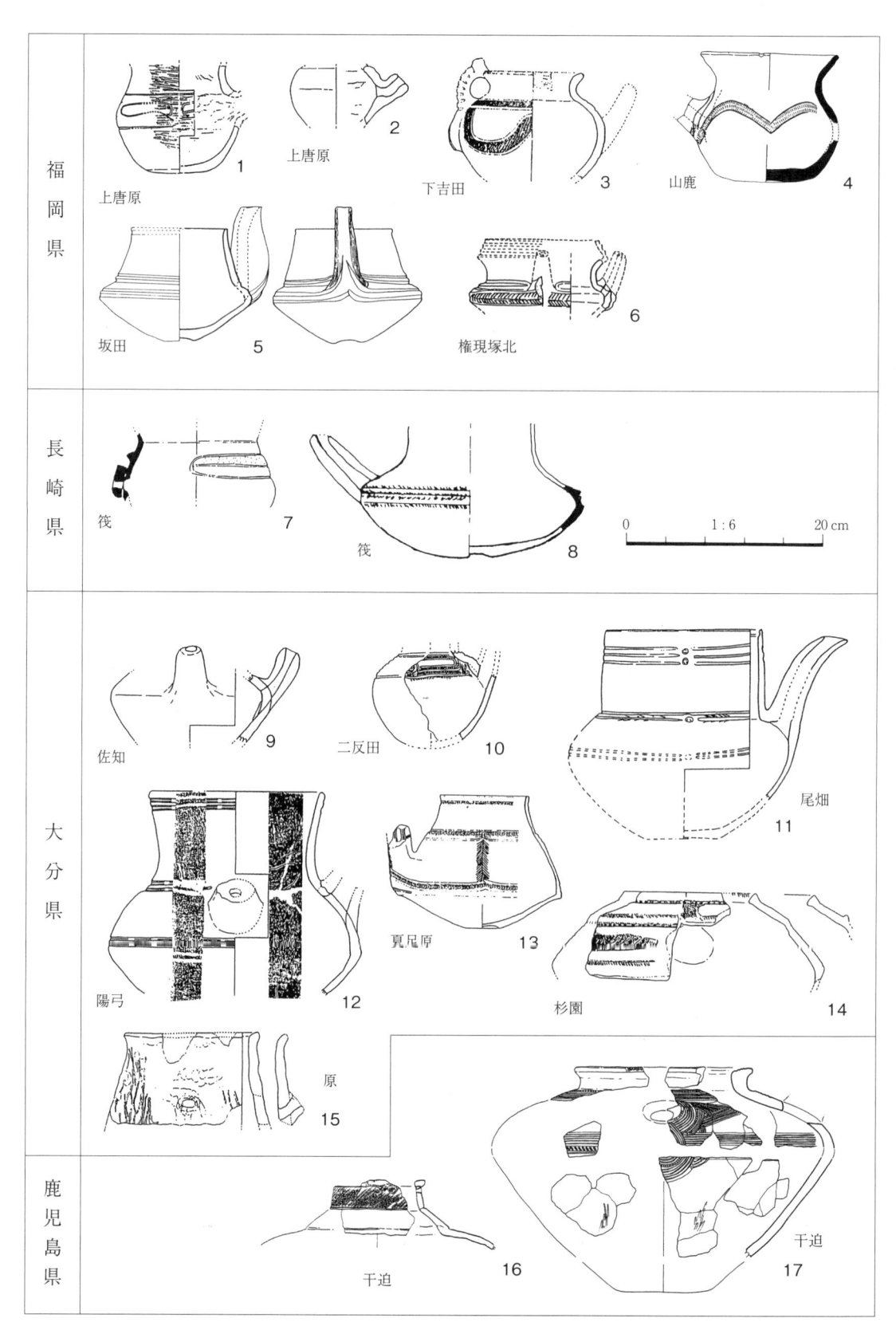

県	資料
福岡県	1 上唐原 / 2 上唐原 / 3 下吉田 / 4 山鹿 / 5 坂田 / 6 権現塚北
長崎県	7 筏 / 8 筏
大分県	9 佐知 / 10 二反田 / 11 尾畑 / 12 陽弓 / 13 莧尼原 / 14 杉園 / 15 原
鹿児島県	16 干迫 / 17 干迫

後期

0　　1:6　　20cm

図版94　九州地方北部の後期注口土器

鶴羽田 11
天城 12
天城 13
三万田 14
御領 15

0　　1:6　　20 cm

1〜4　上南部
5〜10　太郎迫

図版 95　熊本県出土の後期注口土器

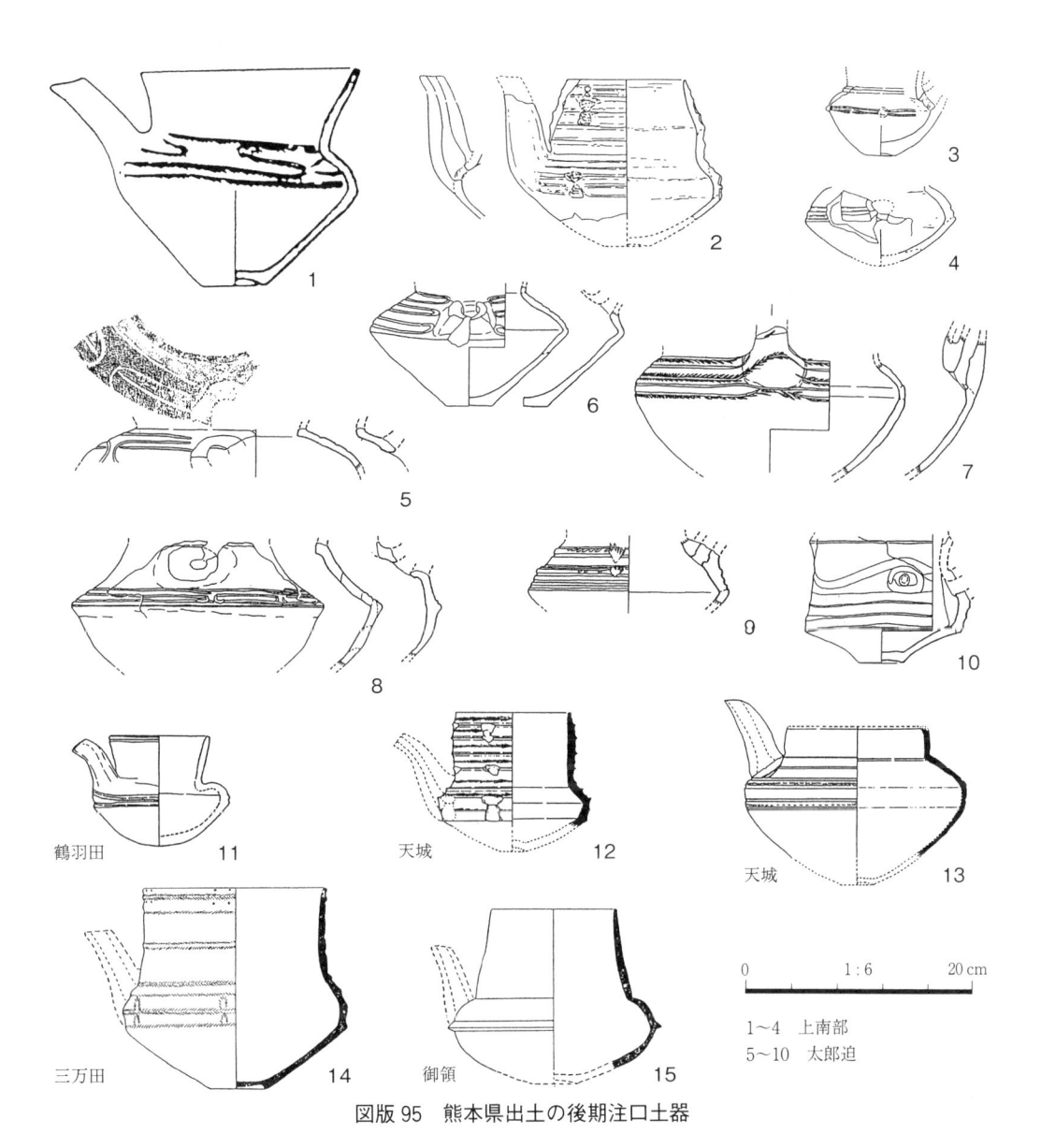

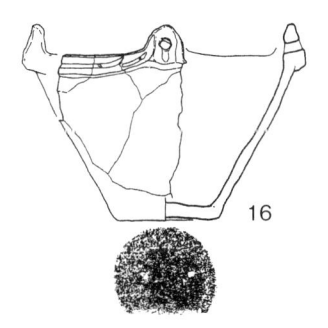

後期

16

鹿児島県加治木町干迫遺跡

晚期

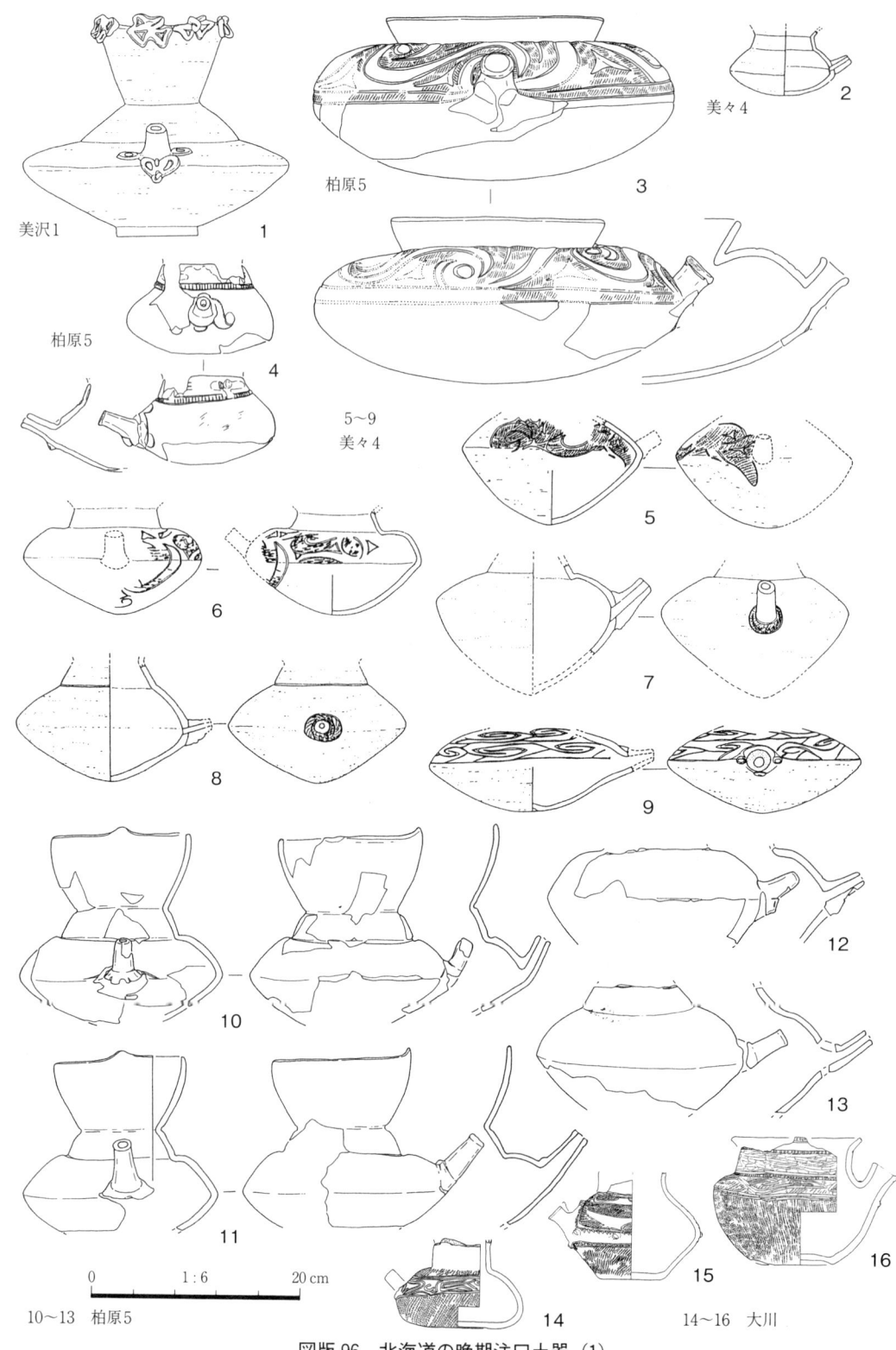

美沢1　1

柏原5　5～9 美々4

柏原5　2

3

美々4　4

5

6

7

8

9

10

11

12

13

14

15

16

0　1:6　20cm

10～13　柏原5　14～16　大川

図版96　北海道の晩期注口土器（1）

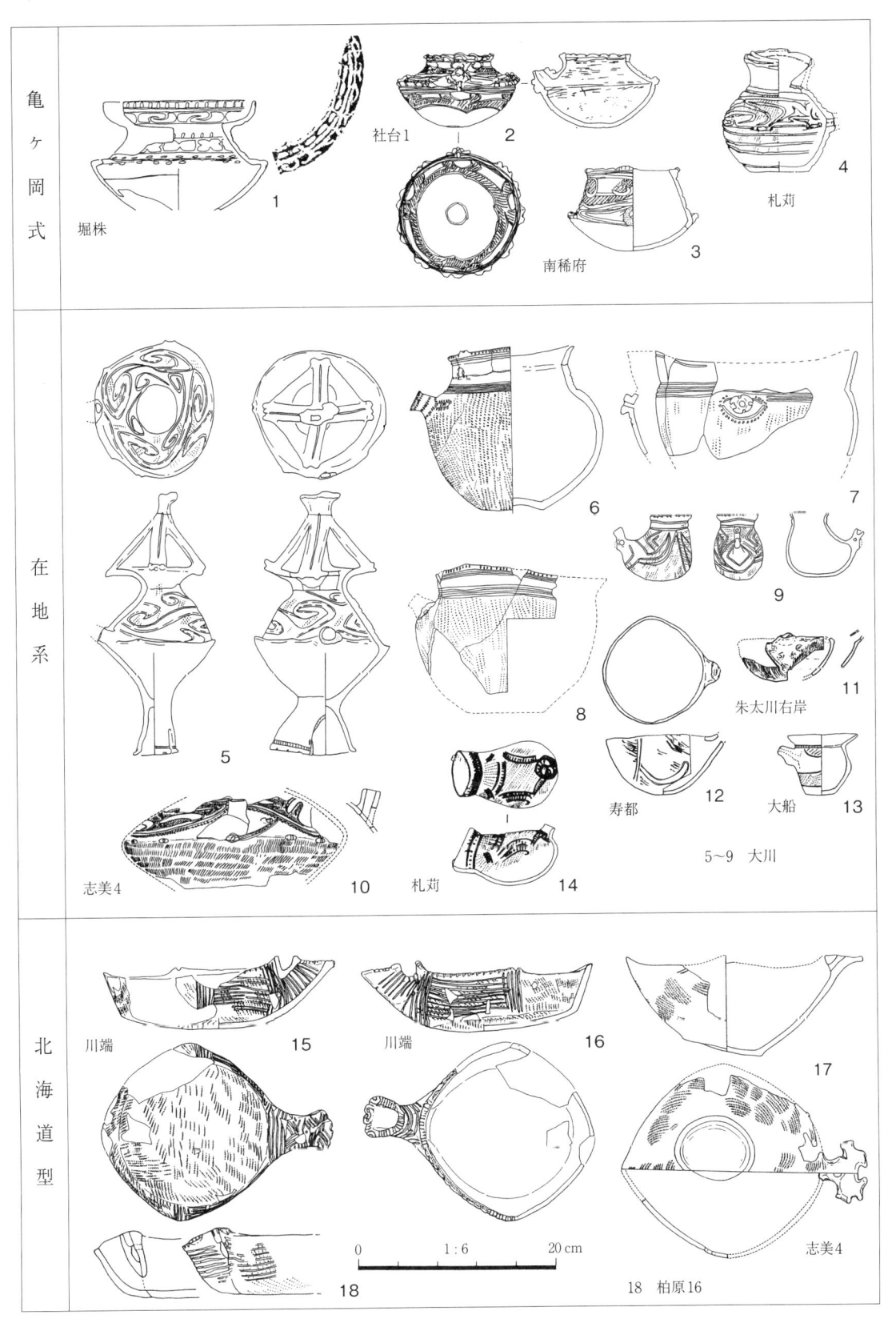

| 亀ヶ岡式 | 1 堀株　社台 1　2　南稀府 3　札苅 4 |

| 在地系 | 5〜9 大川　10 志美4　札苅 14　朱太川右岸 11　寿都 12　大船 13 |

| 北海道型 | 15 川端　16 川端　17　18 柏原16　志美4 |

図版 97　北海道の晩期注口土器（2）

1～3, 5 キウス5

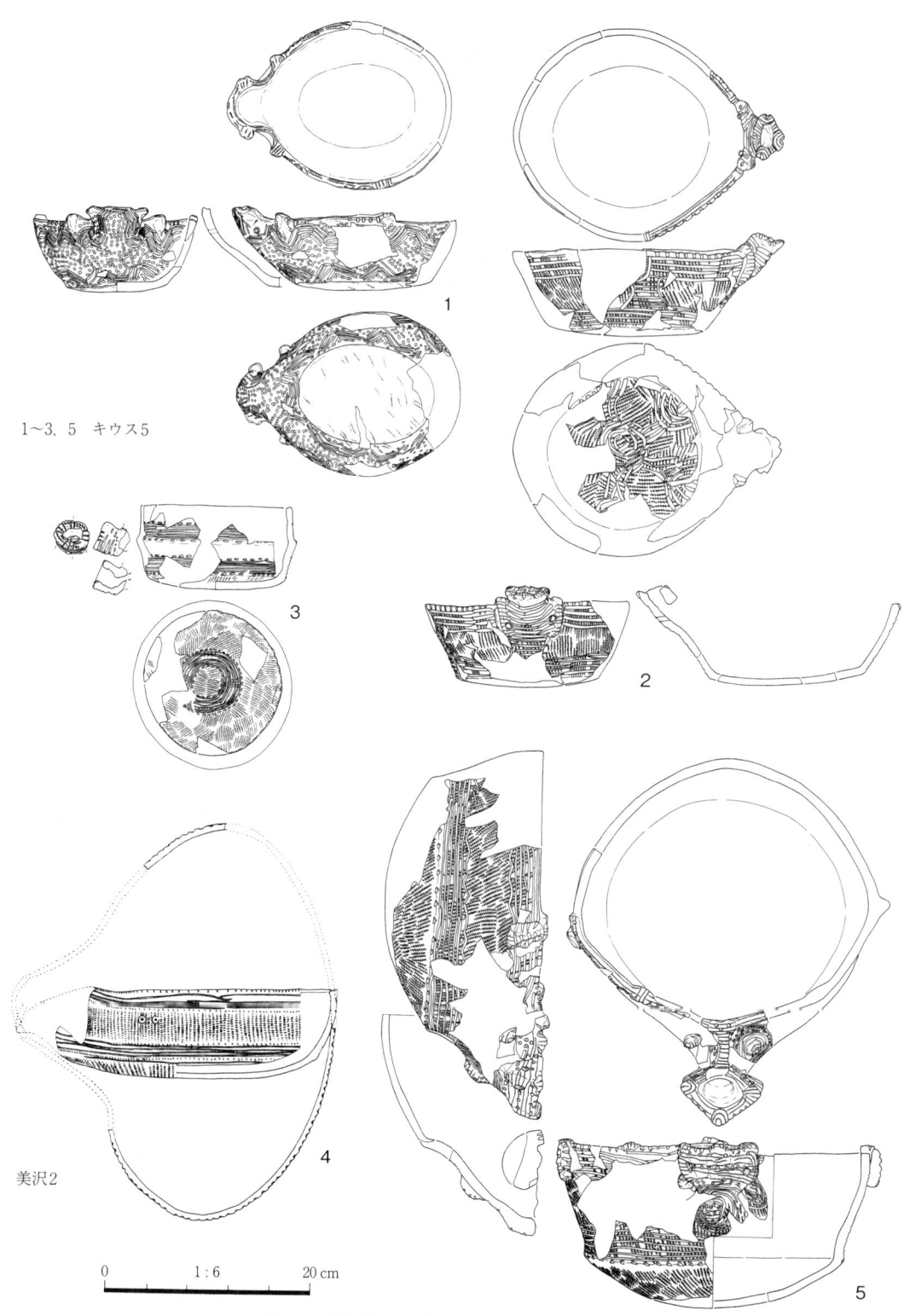

美沢2

0　　1:6　　20cm

図版98　北海道の晩期注口土器（3）（北海道型）

晩期

発掘資料

(コレクション)

図版 99　青森県八戸市是川中居遺跡出土の晩期注口土器

晩期

是川中居遺跡

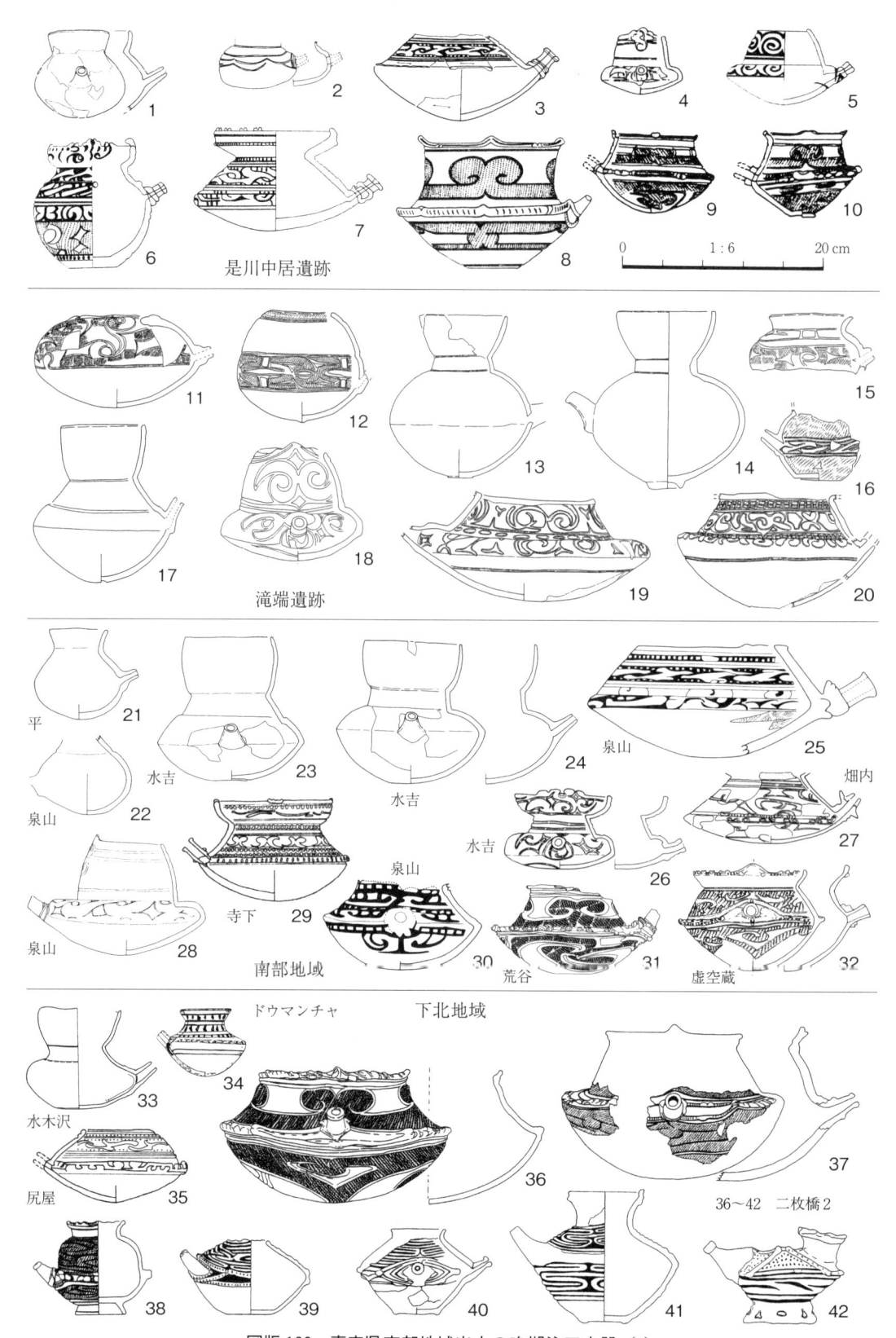

滝端遺跡

平 泉山 水吉 水吉 泉山 畑内
水吉
泉山 寺下 泉山 水吉
南部地域 荒谷 虚空蔵

ドウマンチャ 下北地域
水木沢
尻屋
36〜42 二枚橋2

図版100 青森県南部地域出土の晩期注口土器 (1)

八幡遺跡

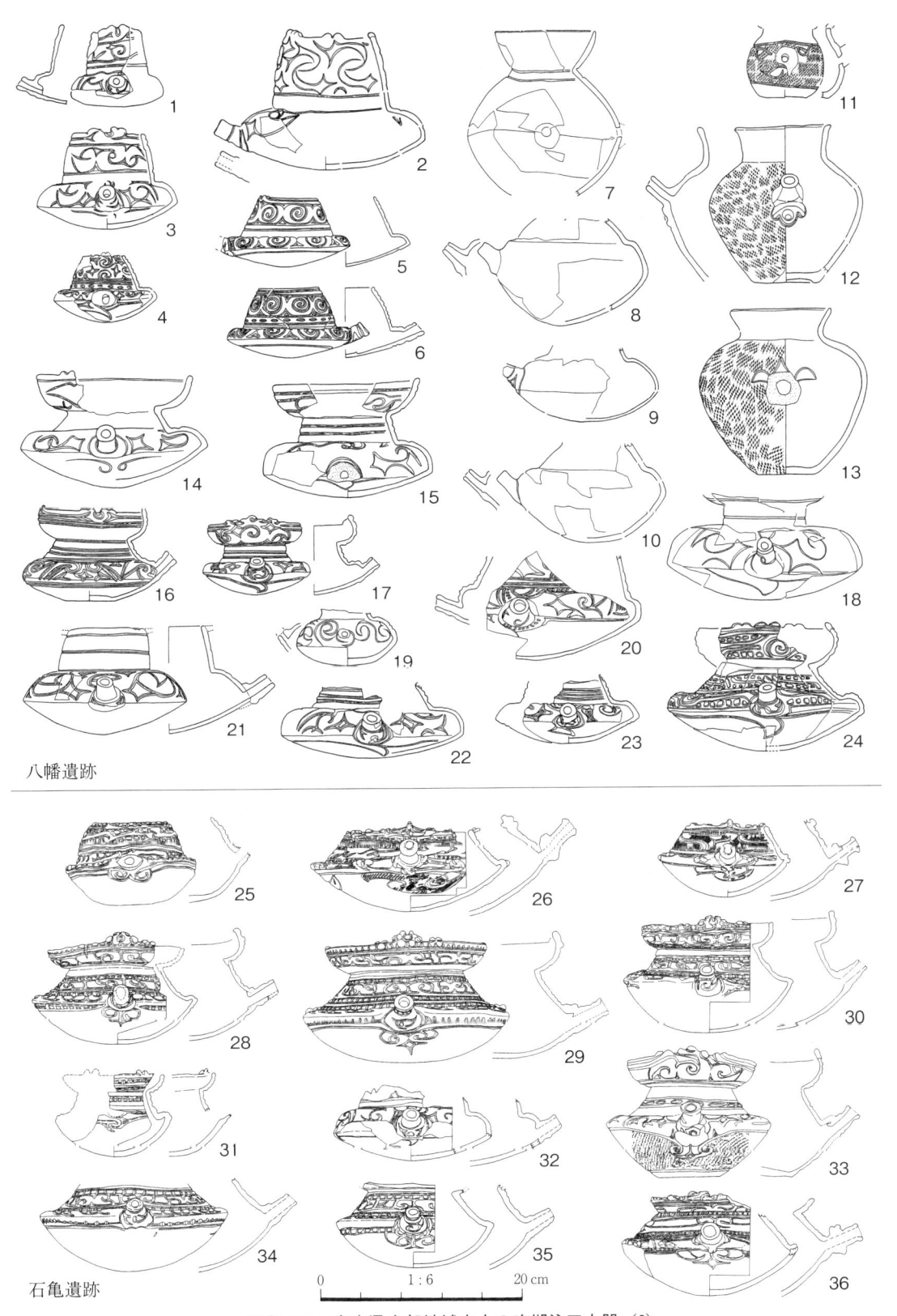

石亀遺跡

晩期

図版101 青森県南部地域出土の晩期注口土器 (2)

晩期

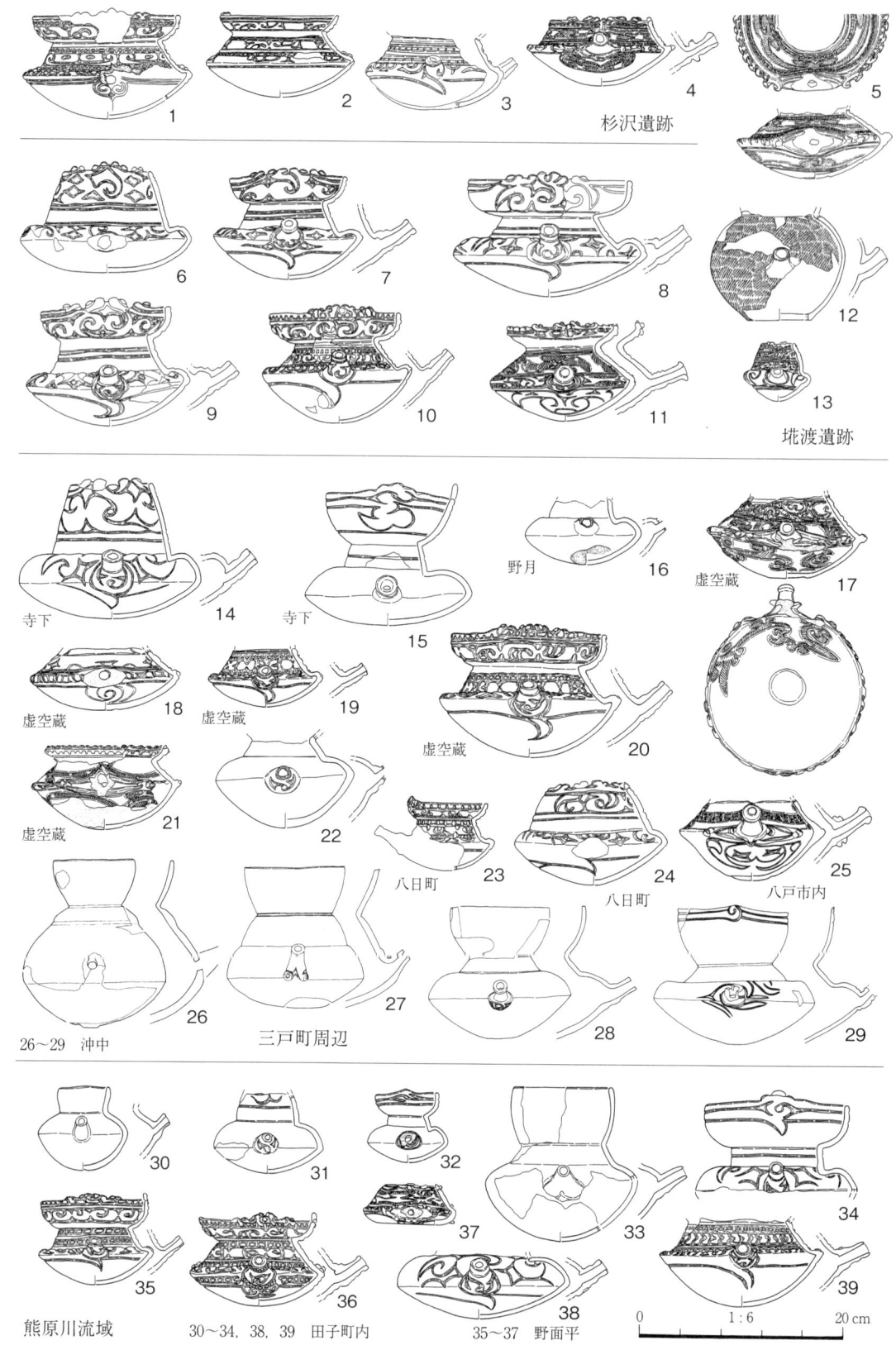

杉沢遺跡

塘渡遺跡

野月

虚空蔵

虚空蔵 虚空蔵 虚空蔵

虚空蔵

八日町

八日町 八戸市内

26〜29 沖中　三戸町周辺

熊原川流域　30〜34, 38, 39 田子町内　35〜37 野面平

0　1:6　20cm

図版102　青森県馬淵川流域出土の晩期注口土器

| A 類 | B 類 |

図版103　青森県三戸町泉山遺跡出土の晩期前葉注口土器

晩期

南部地域

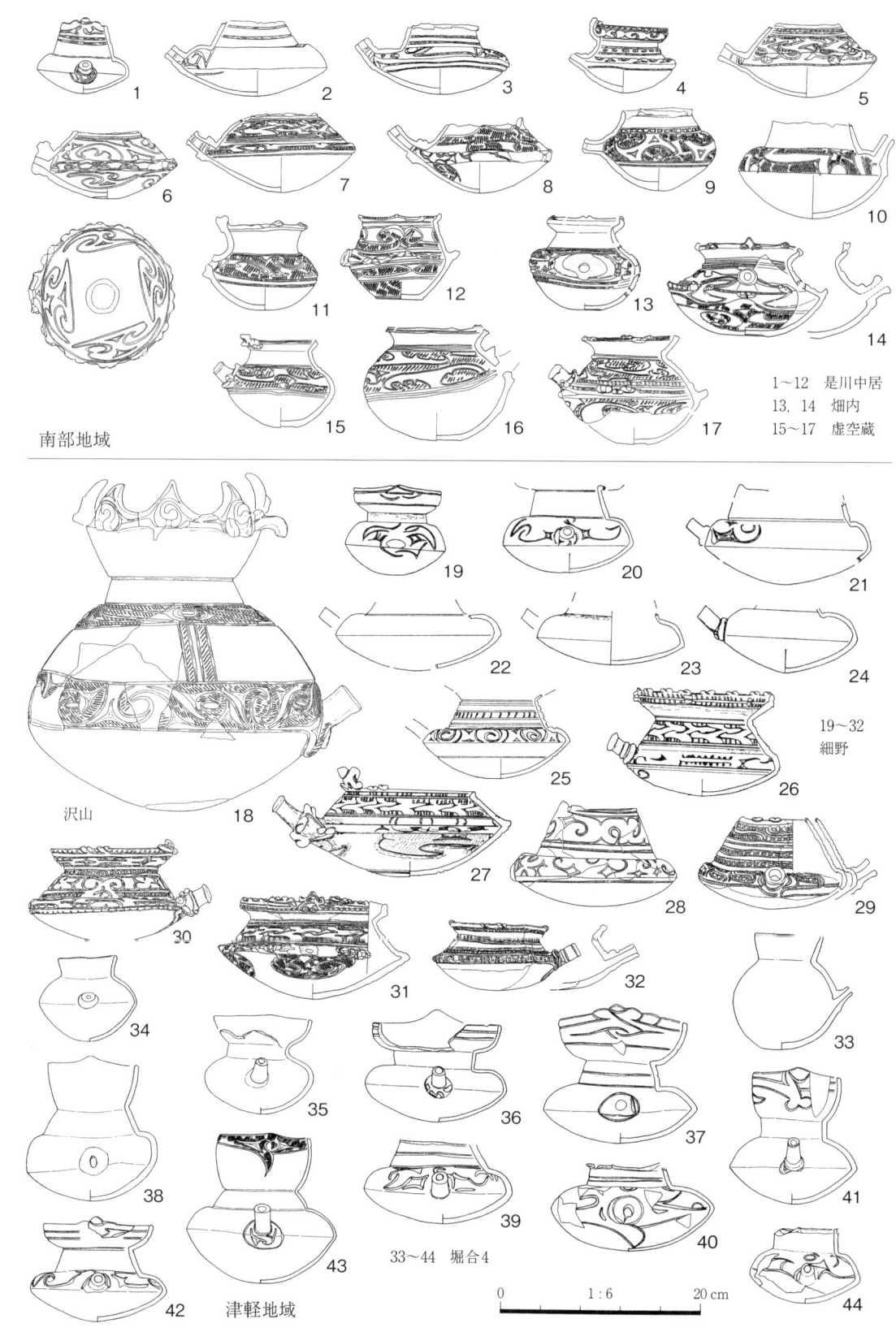

1～12 是川中居
13, 14 畑内
15～17 虚空蔵

沢山

19～32 細野

33～44 堀合4

津軽地域

0　　1:6　　20cm

晩期

図版104　青森県出土の晩期注口土器

| A 類 | B 類 |

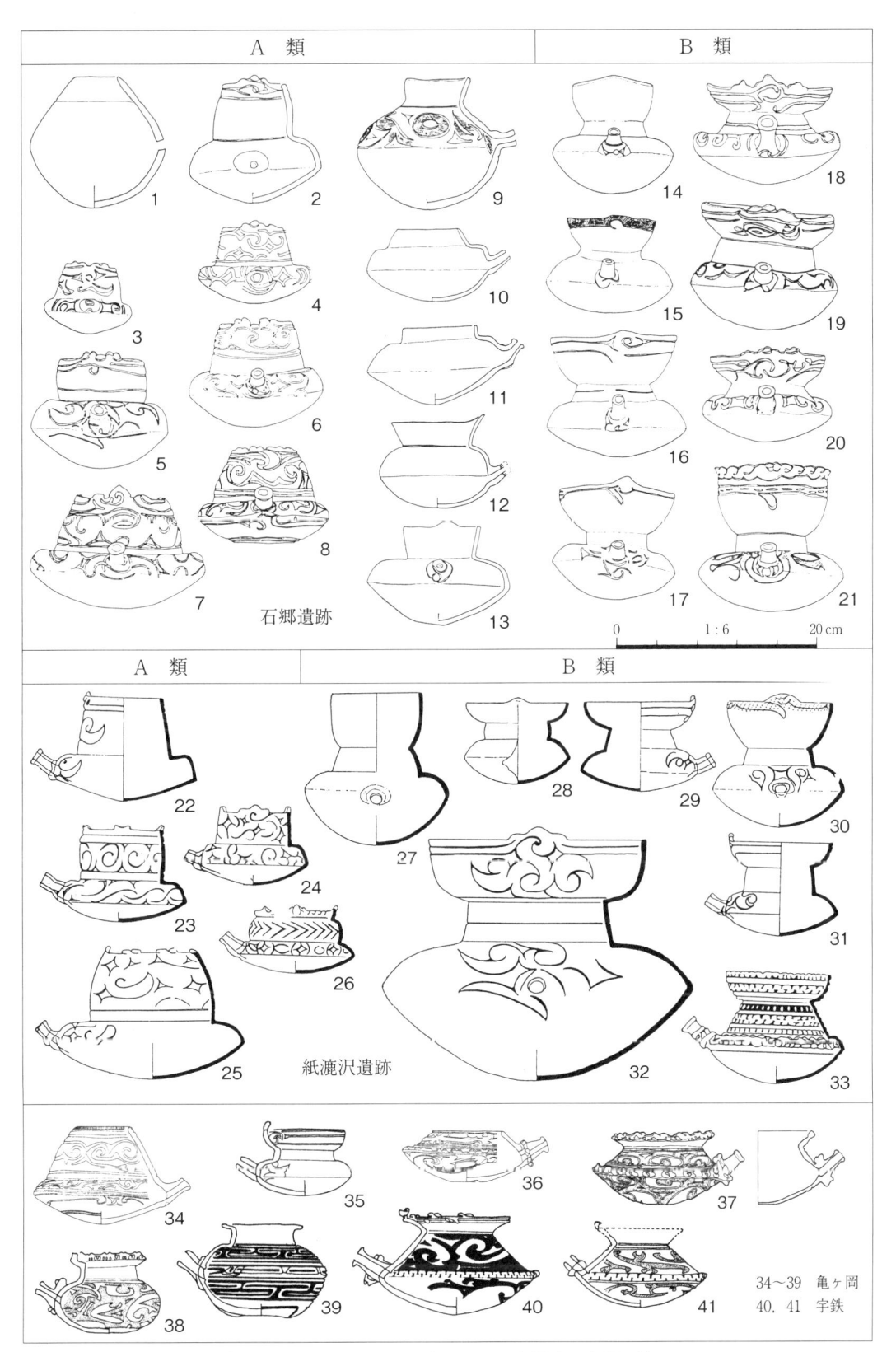

石郷遺跡

紙漉沢遺跡

0　1:6　20cm

34〜39 亀ヶ岡
40, 41 宇鉄

晩期

図版105　青森県津軽地域出土の晩期注口土器 (1)

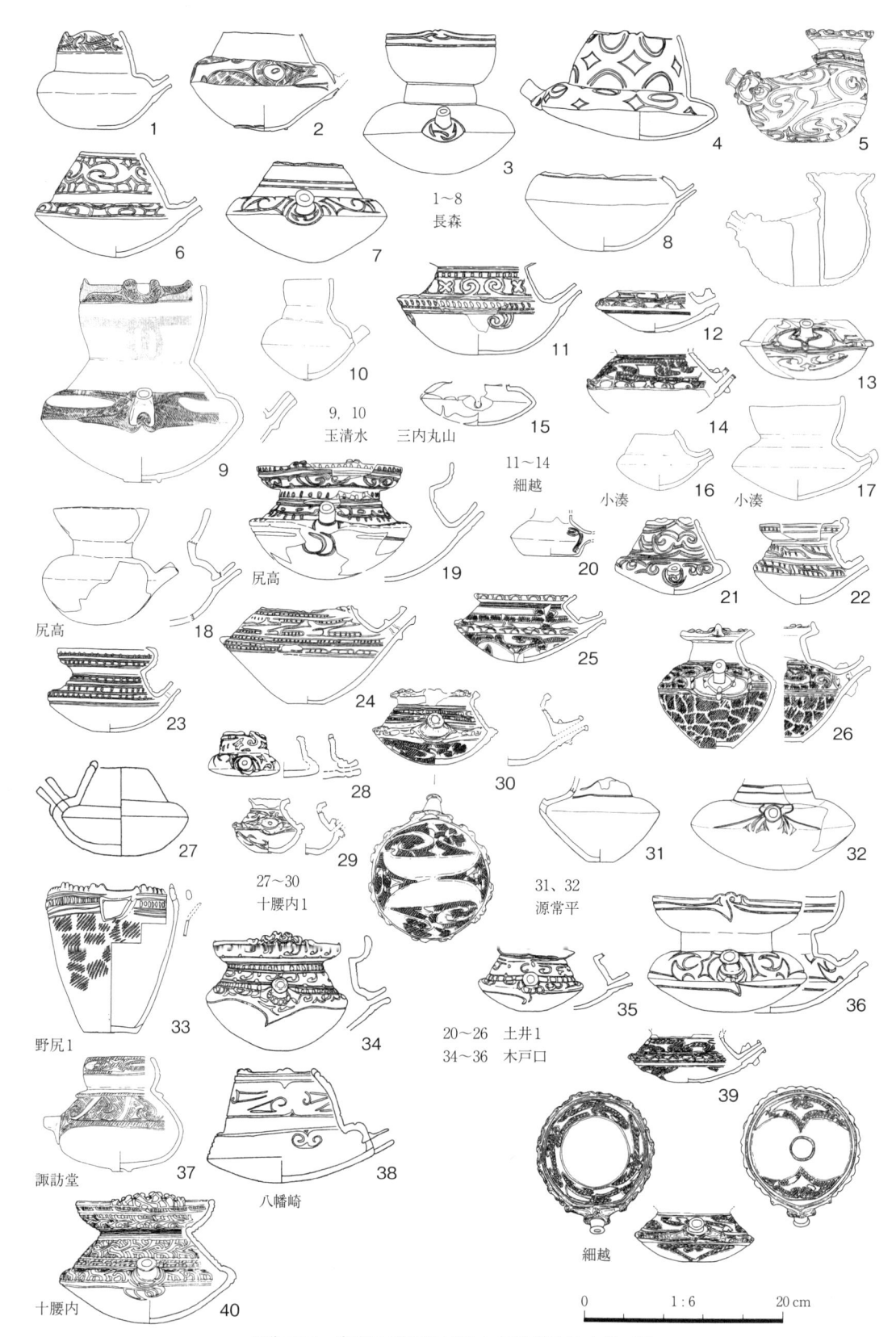

図版106 青森県津軽地域出土の晩期注口土器 (2)

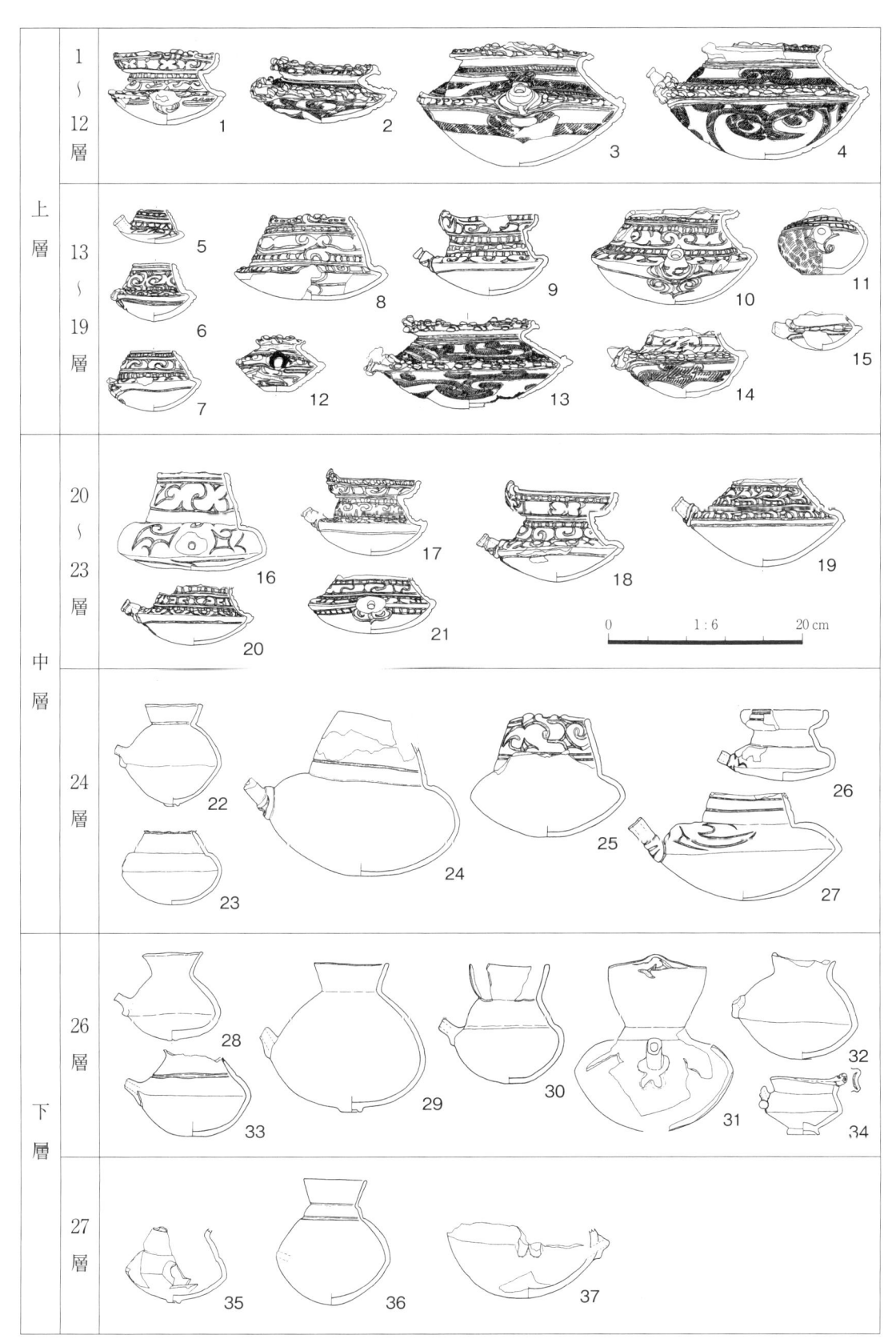

図版107　岩手県一戸町山井遺跡出土の晩期注口土器

| A 類 | B 類 | 壺形（C類） |

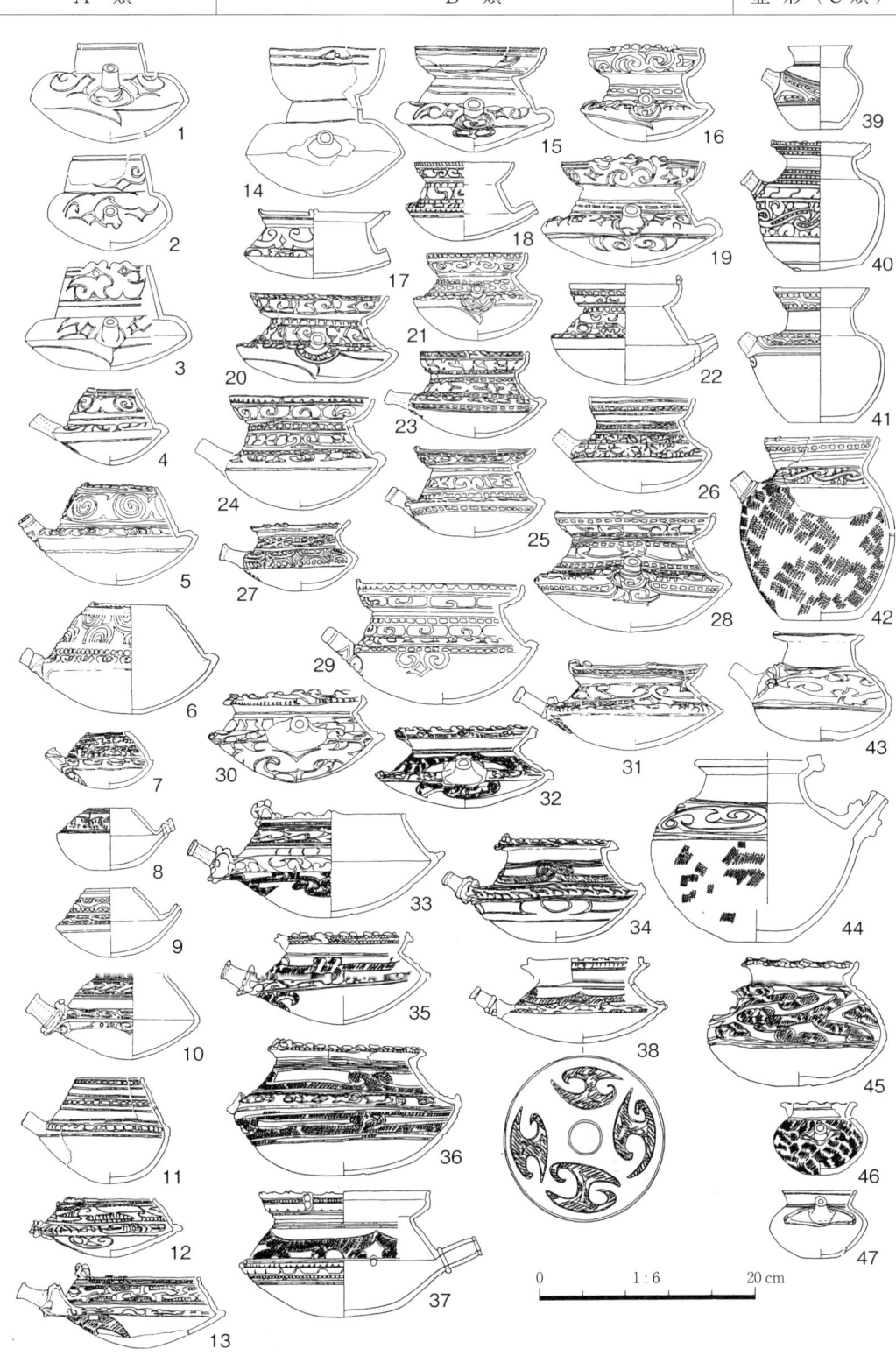

晩期

図版108　岩手県一戸町蒔前遺跡出土の晩期前葉注口土器

大日向Ⅱ遺跡(1986)

大日向Ⅱ遺跡(1995)

晩期

長倉1遺跡　　0　　1:6　　20cm

図版109　岩手県軽米町大日向Ⅱ遺跡ほか出土の晩期注口土器

晩期

曲田1遺跡

大芦1遺跡

大芦遺跡

0　　　1:6　　　20 cm

図版110　岩手県北部出土の晩期注口土器

岩手県北部

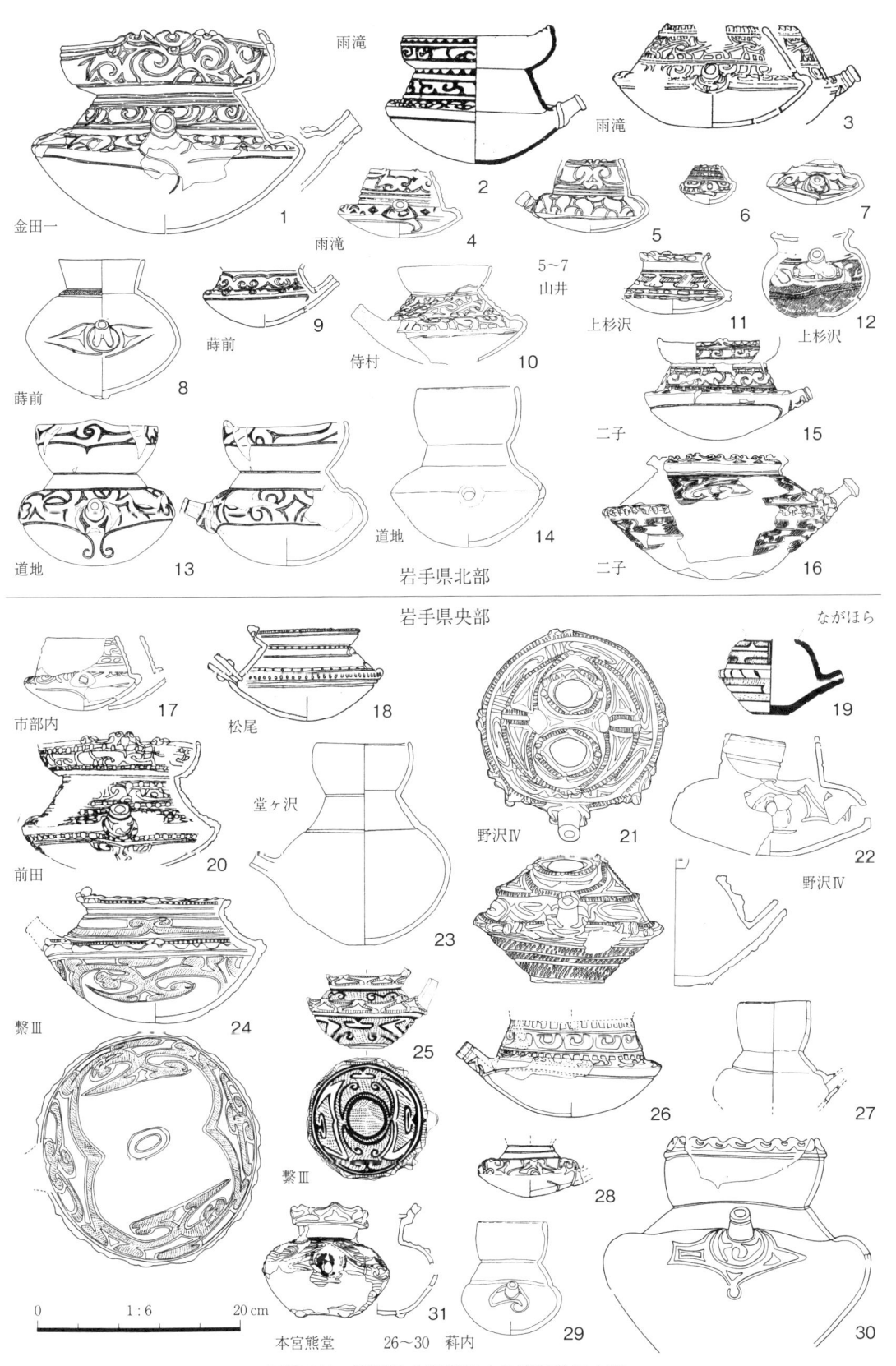

金田一 1
雨滝 2
雨滝 3
雨滝 4
5〜7 山井
5
6
7
蒔前 8
蒔前 9
侍村 10
上杉沢 11
上杉沢 12
道地 13
道地 14
二子 15
二子 16

岩手県央部

市部内 17
松尾 18
ながほら 19
前田 20
野沢Ⅳ 21
野沢Ⅳ 22
堂ヶ沢 23
繋Ⅲ 24
繋Ⅲ 25
26
27
28
本宮熊堂 31
26〜30 蒋内 29
30

0 1:6 20cm

晩期

図版111　岩手県北半部出土の晩期注口土器

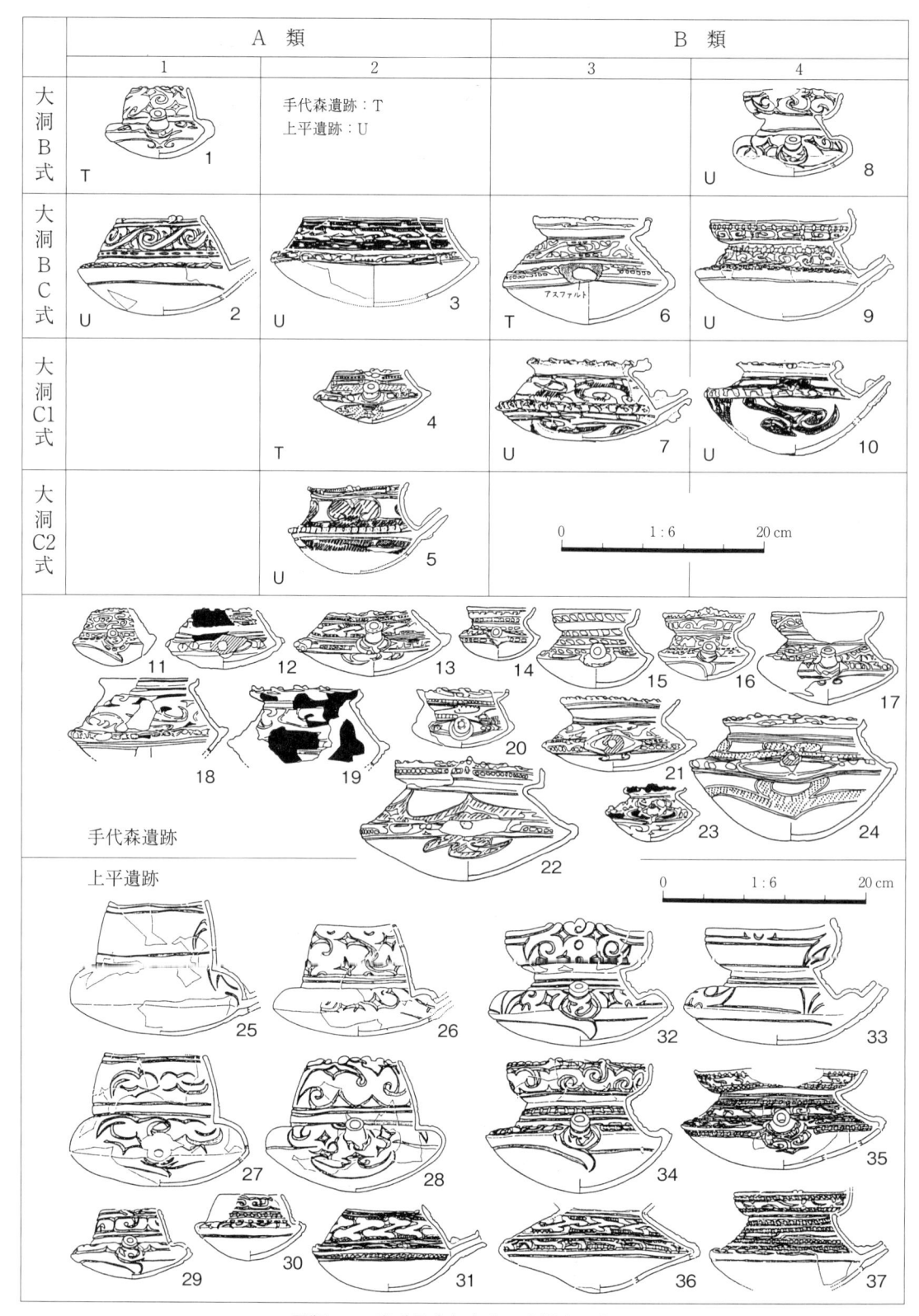

	A 類		B 類	
	1	2	3	4
大洞B式	1 T	手代森遺跡：T 上平遺跡：U		8 U
大洞BC式	2 U	3 U	6 T	9 U
大洞C1式		4 T	7 U	10 U
大洞C2式		5 U	0　　1:6　　20cm	

手代森遺跡

上平遺跡

0　　1:6　　20cm

晩期

図版112　岩手県中部出土の晩期注口土器

本内Ⅱ 1
本内Ⅱ 2
3〜7 川岸場Ⅱ　8〜10 相ノ沢
11〜14 泉屋
長谷堂
16〜26 宮野
大洞
大洞

0　　1.6　　20cm

図版113　岩手県南半部出土の晩期注口土器

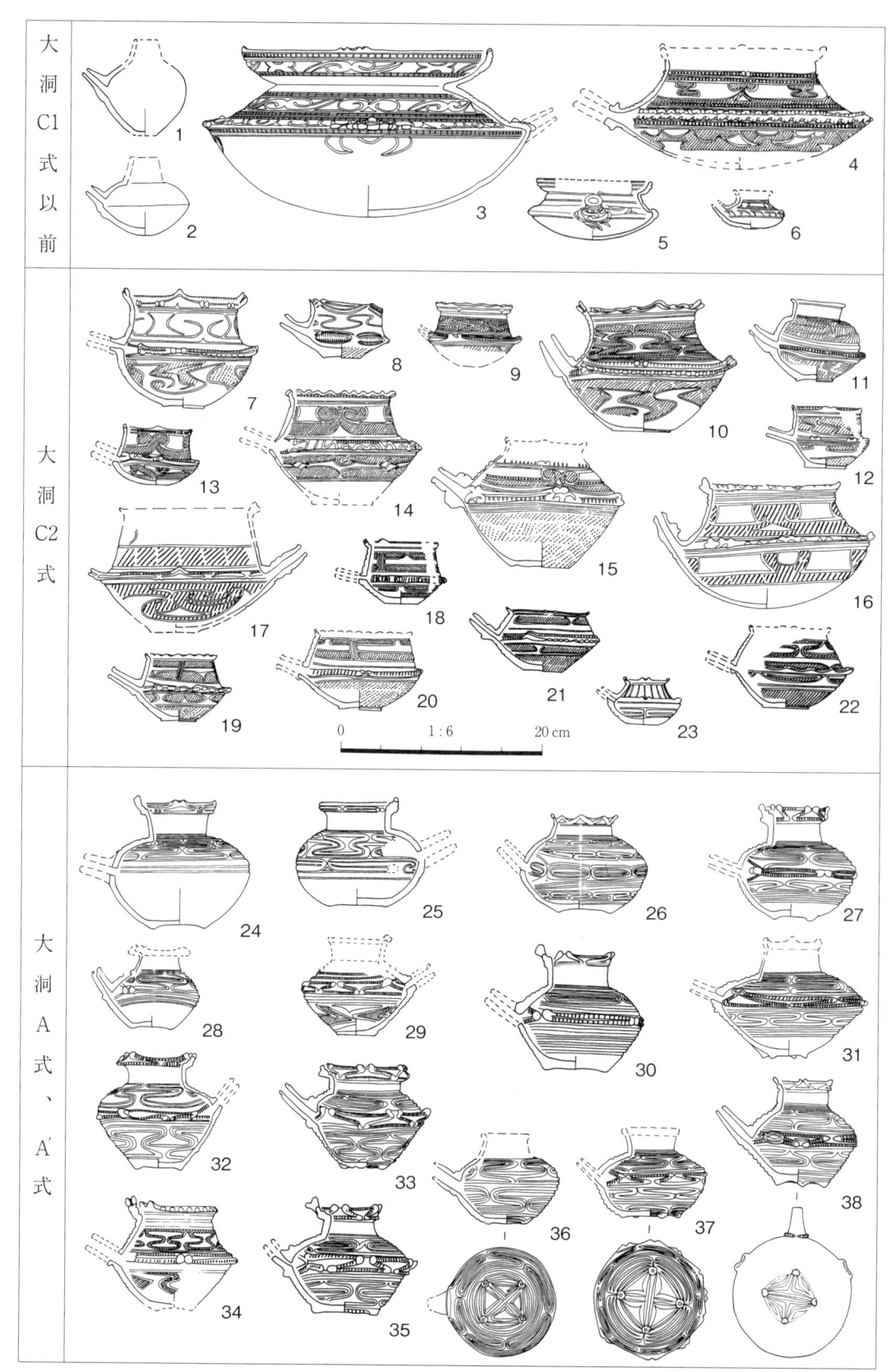

図版114 岩手県北上市九年橋遺跡出土の晩期注口土器

1, 6～10, 17, 26, 27, 45 上鷹生　24, 30, 31, 36, 39, 40 安堵屋敷

図版115　岩手県南部出土の晩期注口土器

晩期

晩期

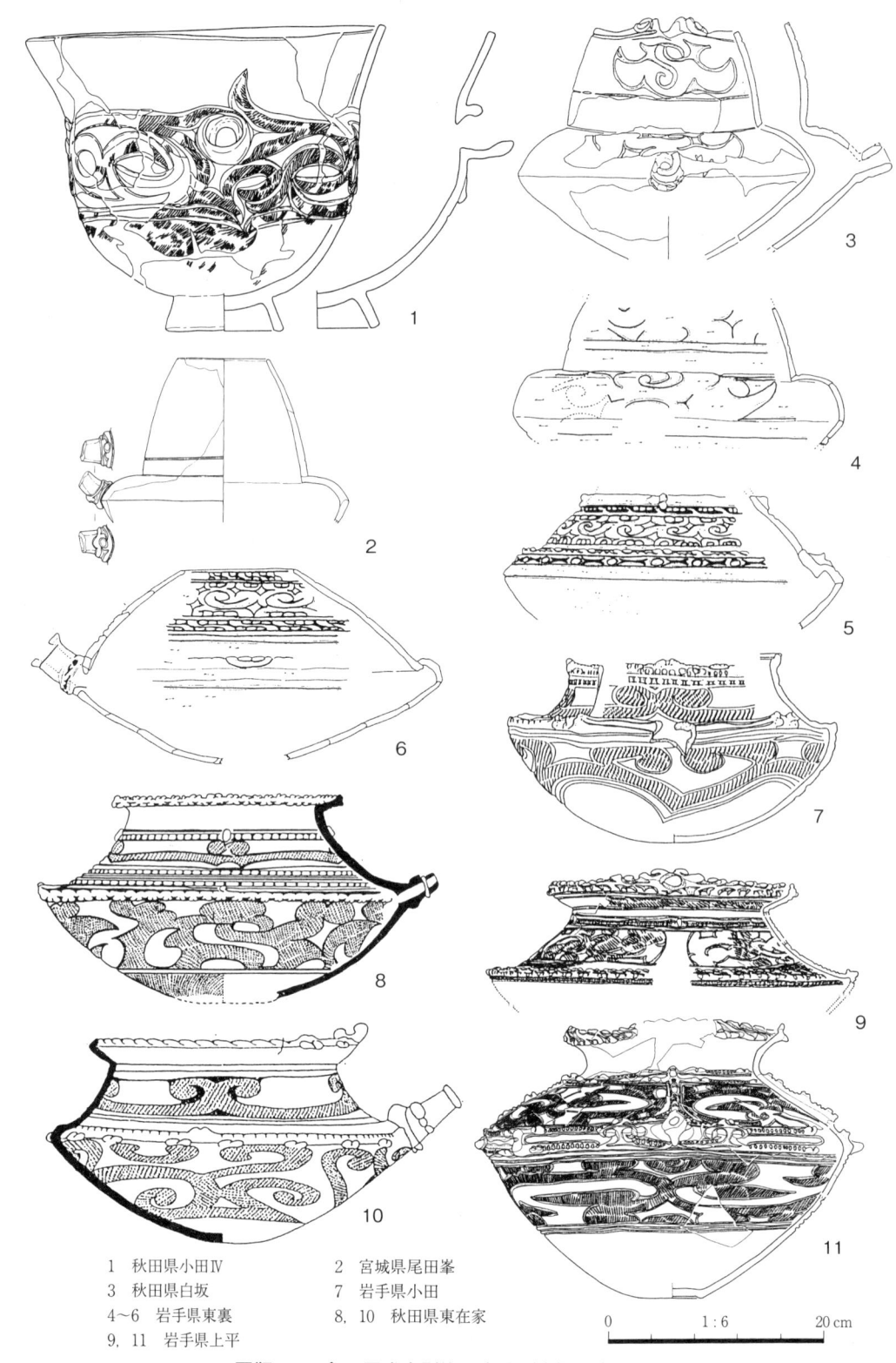

1	秋田県小田Ⅳ	2	宮城県尾田峯
3	秋田県白坂	7	岩手県小田
4〜6	岩手県東裏	8, 10	秋田県東在家
9, 11	岩手県上平		

図版116　亀ヶ岡式大型注口土器（晩期・東北地方）

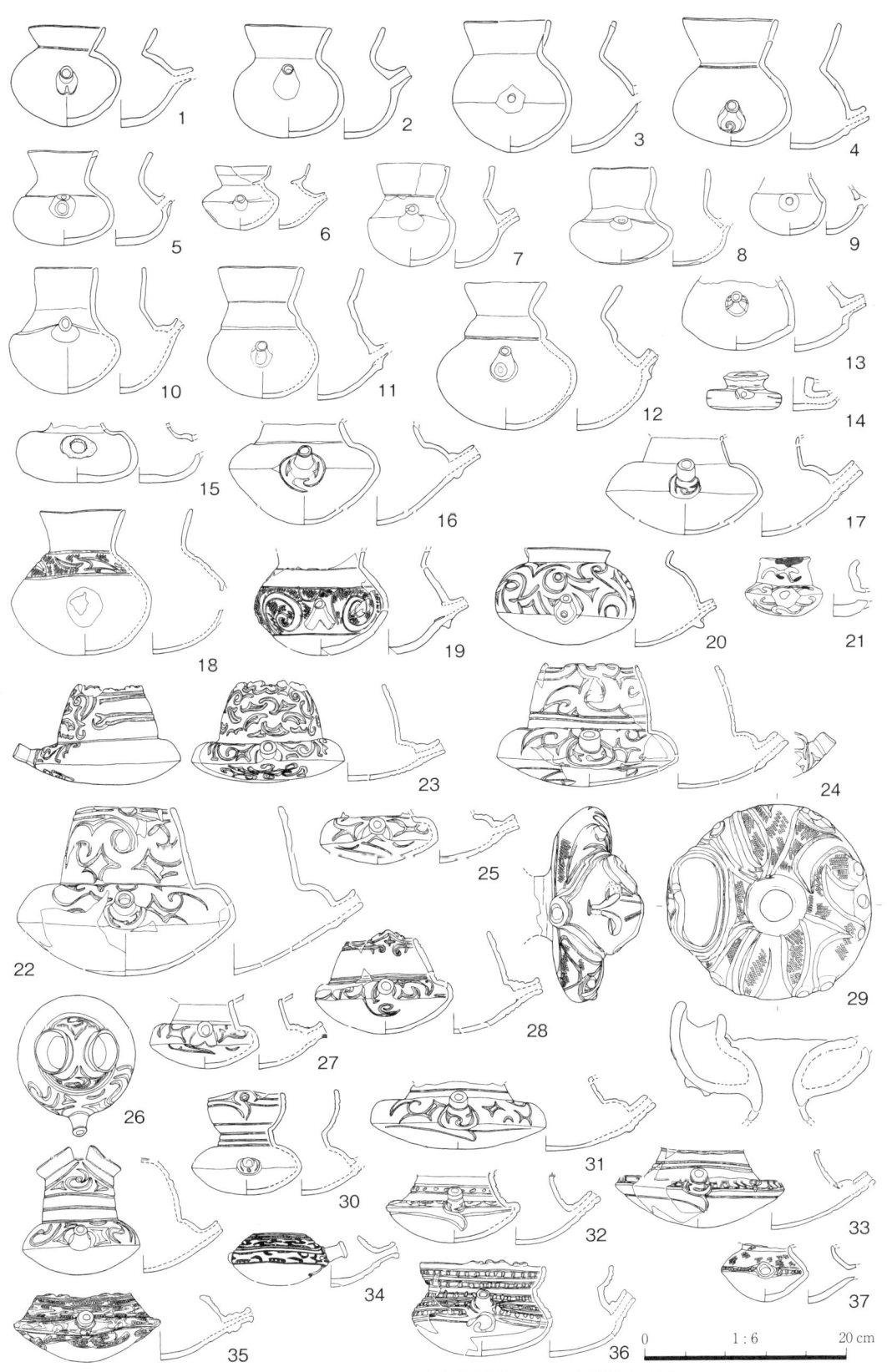

図版 117　秋田県北秋田市白坂遺跡出土の晩期注口土器

晩期

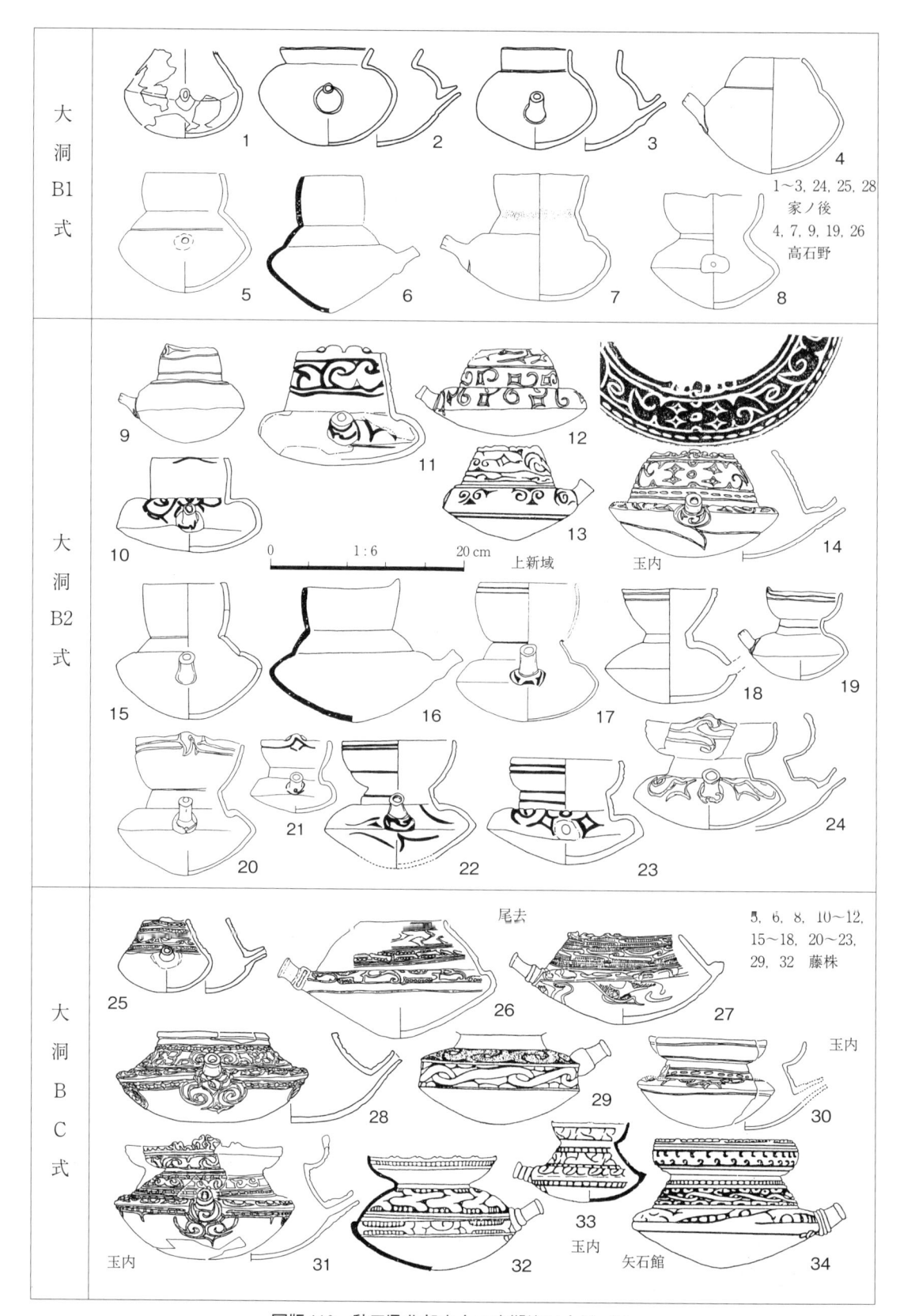

図版118　秋田県北部出土の晩期注口土器（1）

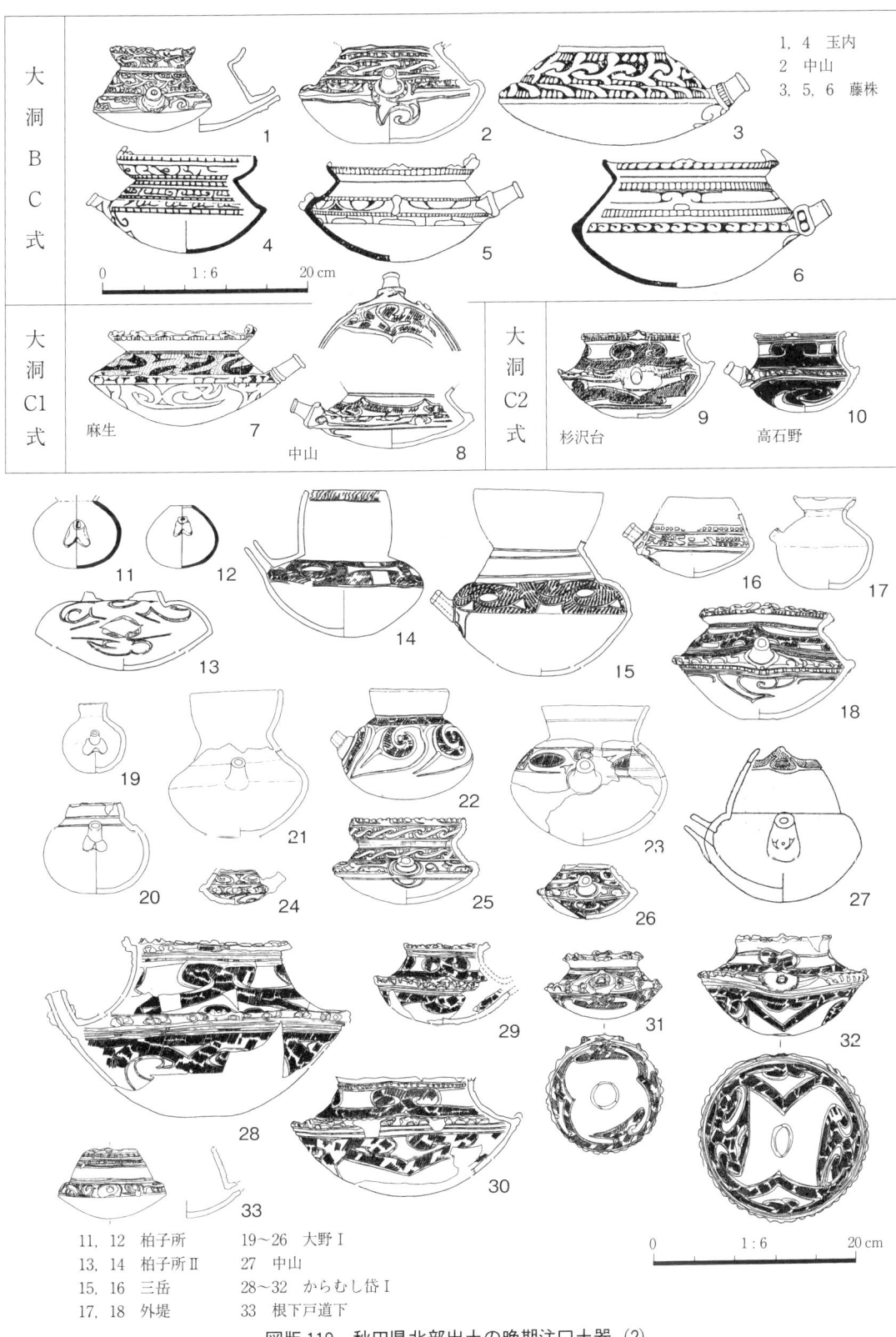

大洞BC式			
1, 4	玉内		
2	中山		
3, 5, 6	藤株		

大洞C1式　麻生　中山

大洞C2式　杉沢台　高石野

11, 12	柏子所
13, 14	柏子所Ⅱ
15, 16	三岳
17, 18	外堤
19～26	大野Ⅰ
27	中山
28～32	からむし岱Ⅰ
33	根下戸道下

晩期

図版119　秋田県北部出土の晩期注口土器（2）

大洞B式

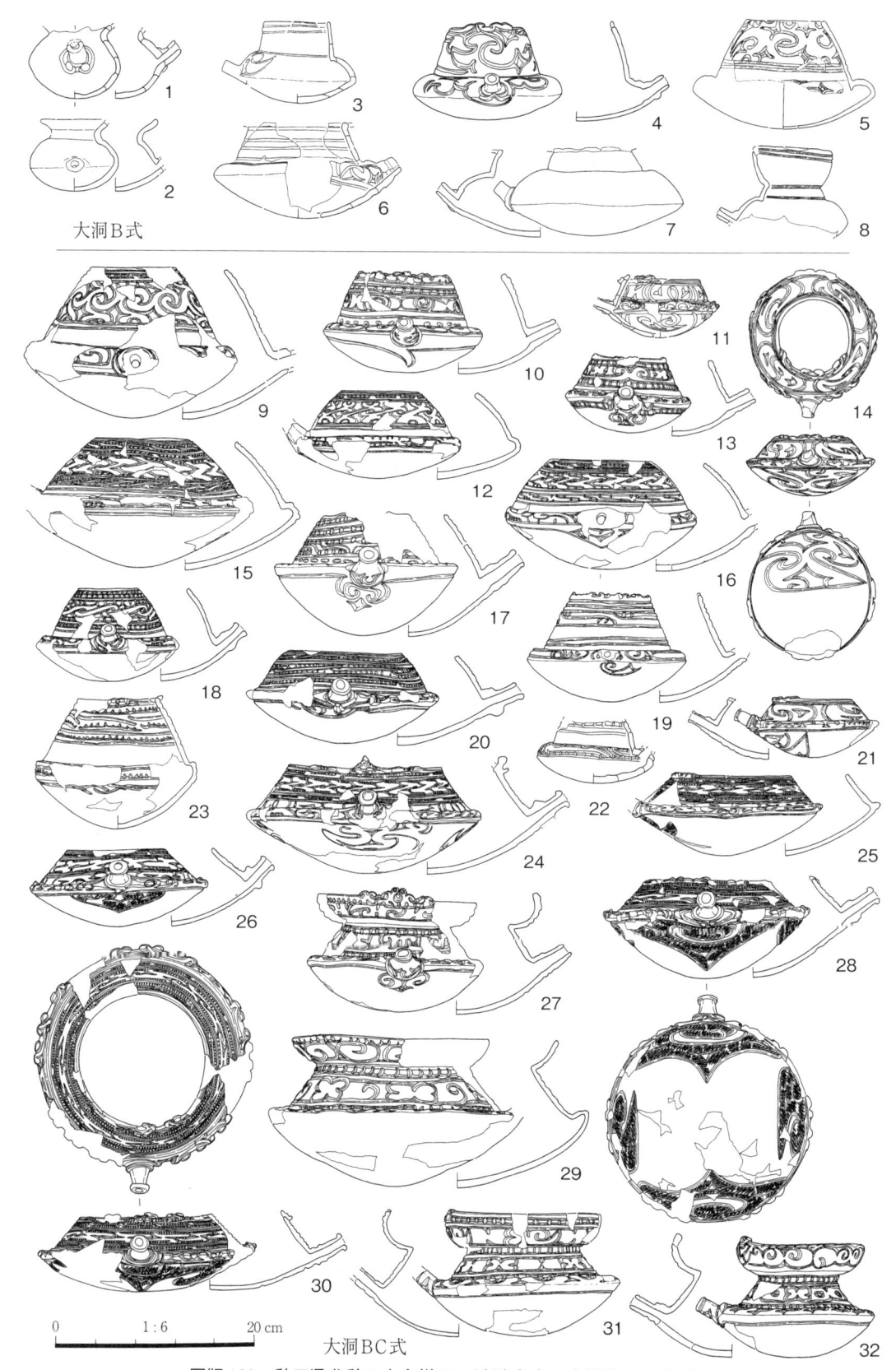

晩期

大洞BC式

0 1:6 20cm

図版120　秋田県北秋田市向様田A遺跡出土の晩期注口土器（1）

大洞BC式

晩期

大洞C1式

0　　　1:6　　20cm

図版121　秋田県北秋田市向様田A遺跡出土の晩期注口土器（2）

晩期

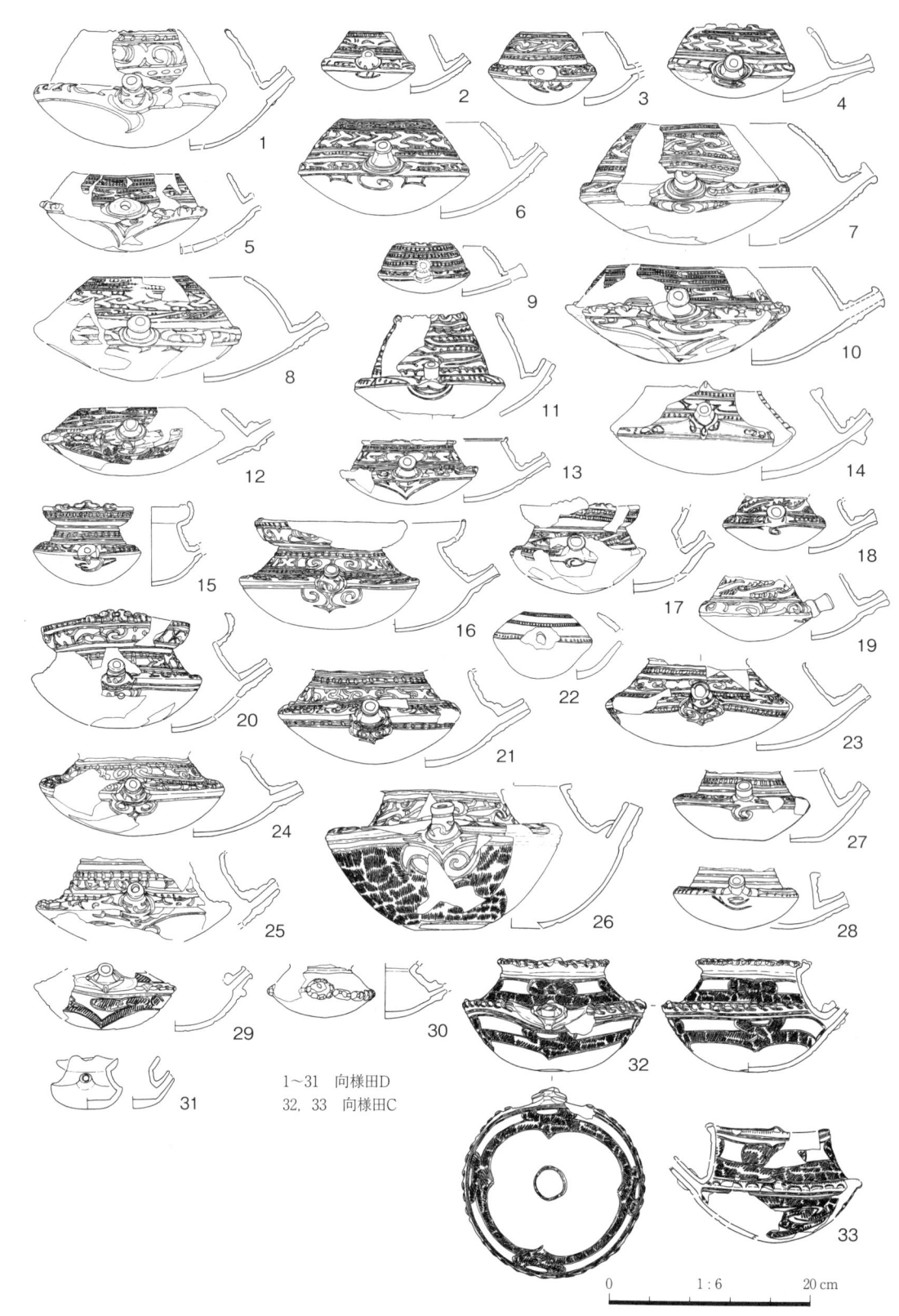

1〜31　向様田D
32, 33　向様田C

0　　　1:6　　　20 cm

図版122　秋田県北秋田市向様田C，D遺跡出土の晩期注口土器

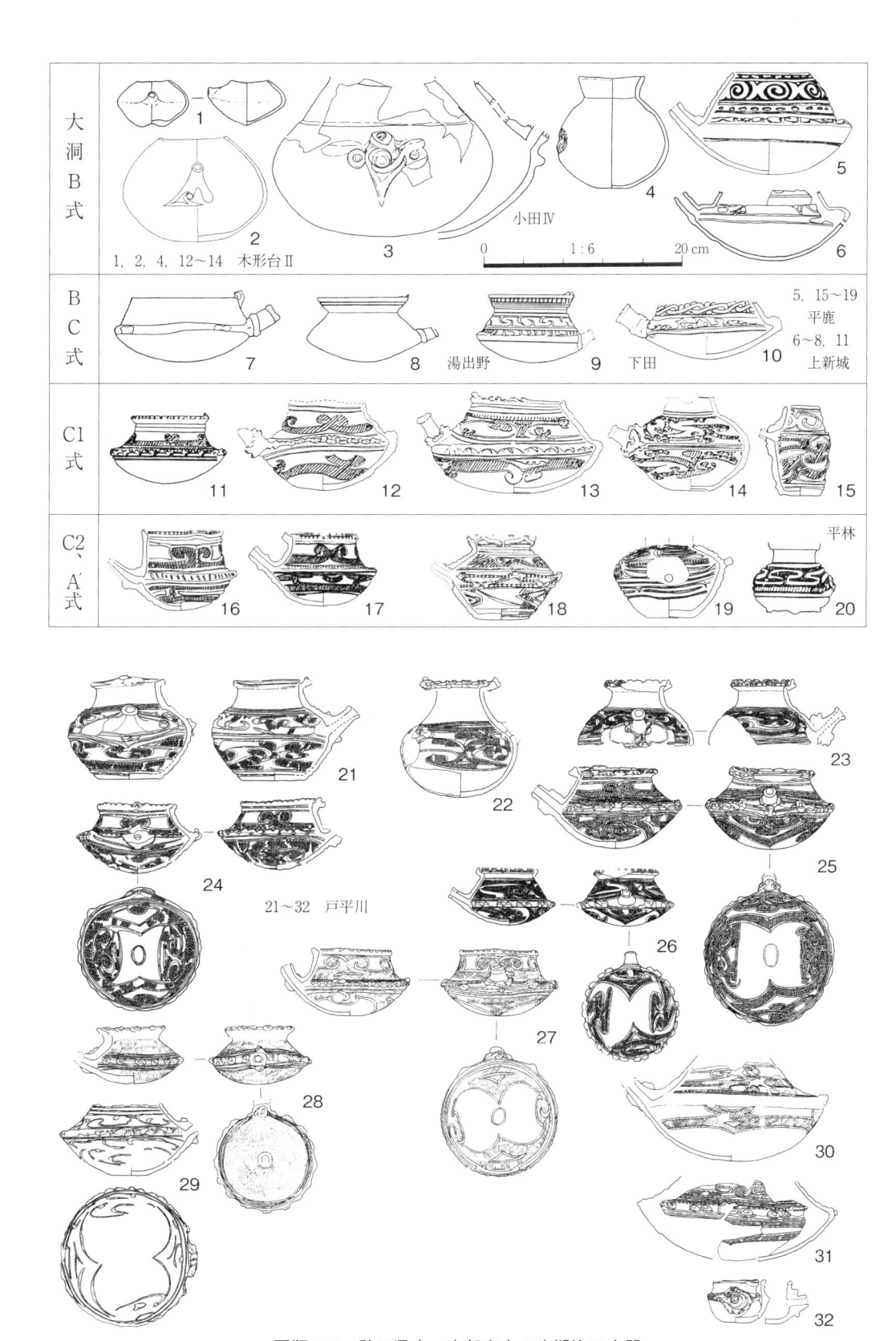

図版123 秋田県中・南部出土の晩期注口土器

晩期

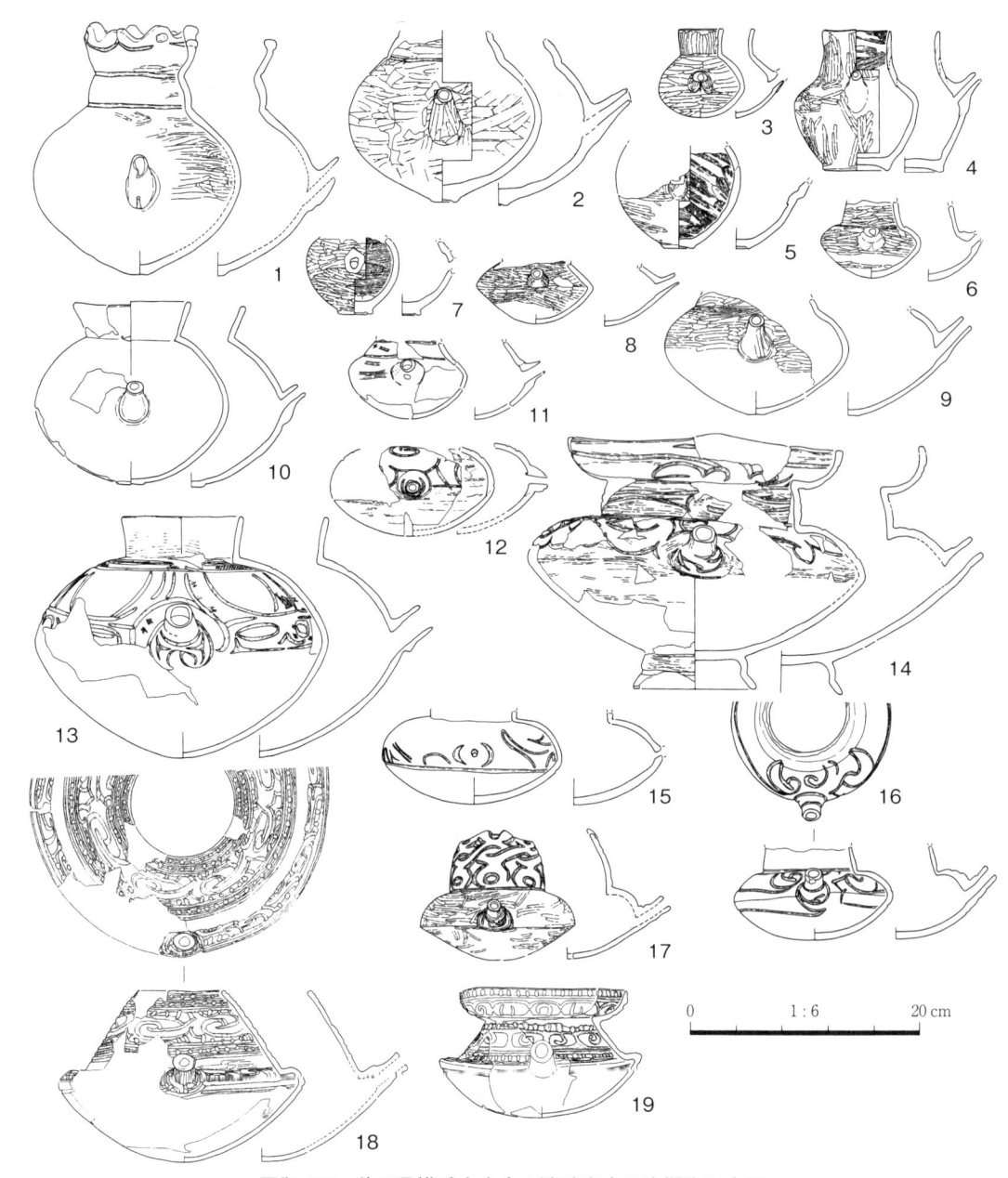

図版124　秋田県横手市虫内1遺跡出土の晩期注口土器

前通遺跡

補遺

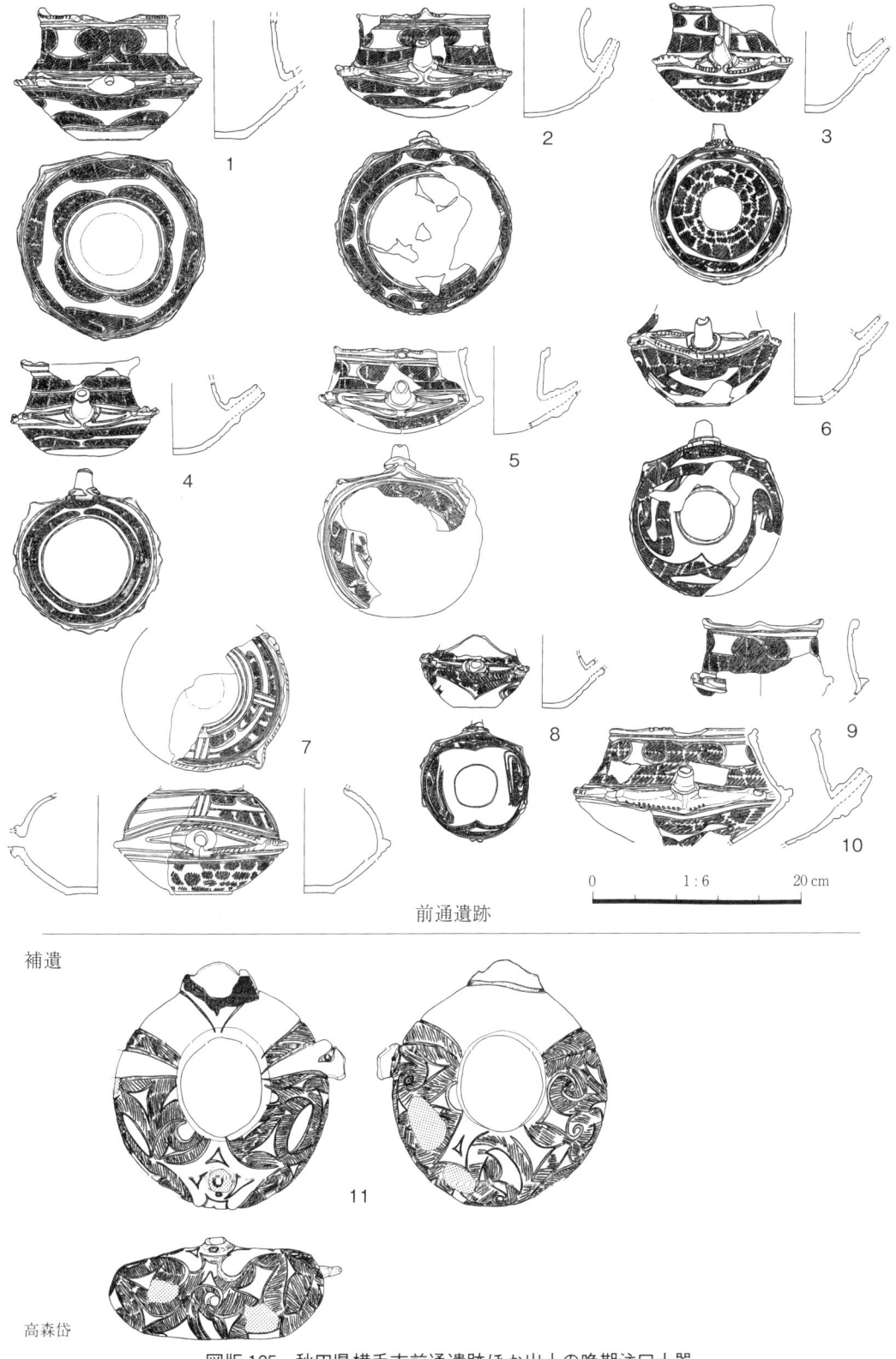

高森岱

図版125　秋田県横手市前通遺跡ほか出土の晩期注口土器

晩期

1～26 摺萩
27 敷味
28 老ヶ崎
29 宇南　30 山王
31 中沢目

図版 126　宮城県大和町摺萩遺跡ほか出土の晩期注口土器

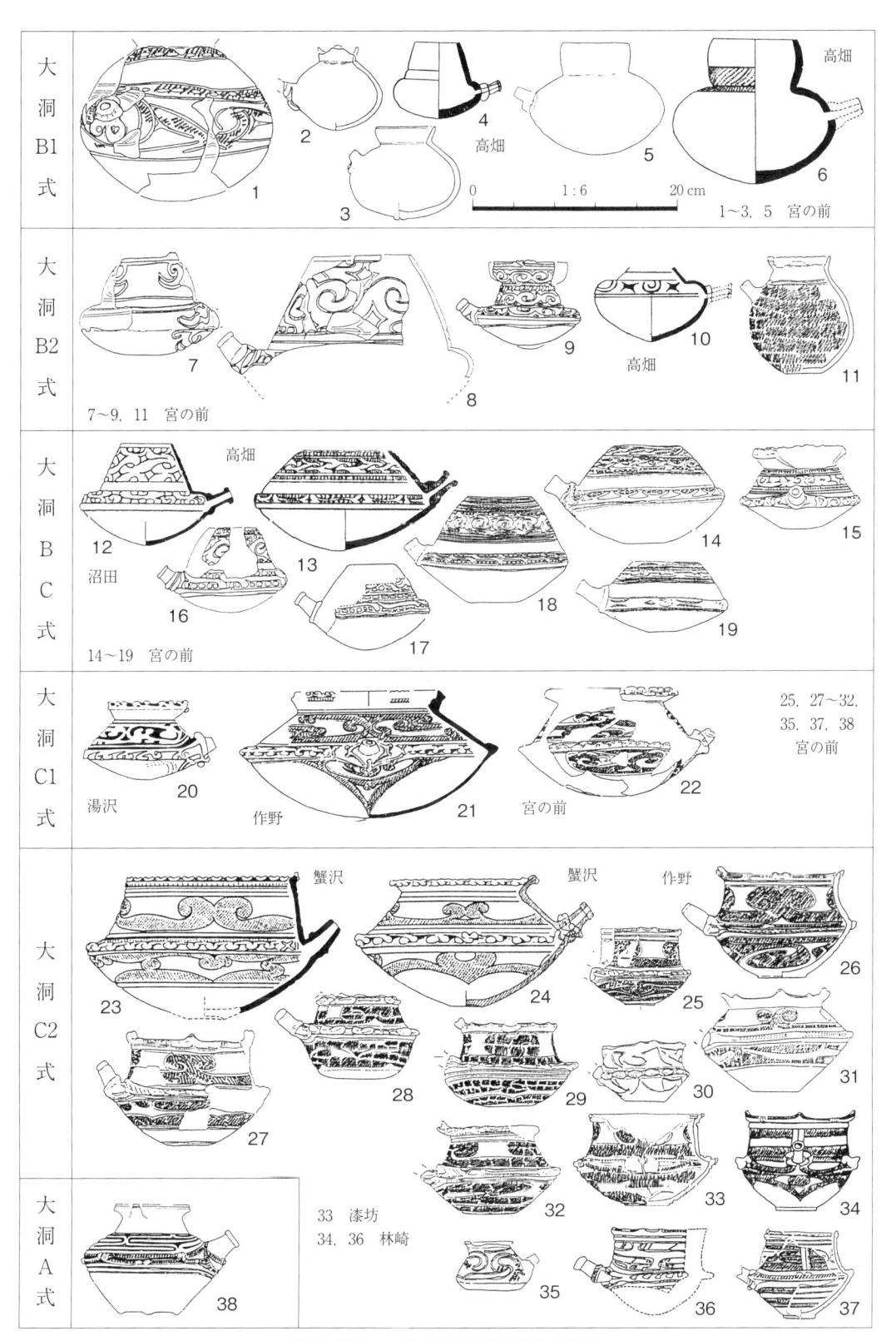

大洞B1式	1, 2, 3, 5 宮の前　4, 6 高畑
大洞B2式	7～9, 11 宮の前　10 高畑
大洞BC式	12 高畑　16 沼田　14～19 宮の前
大洞C1式	20 湯沢　21 作野　22 宮の前
大洞C2式	23, 24 蟹沢　26 作野　25, 27～32, 35, 37, 38 宮の前
大洞A式	33 漆坊　34, 36 林崎

図版127　山形県出土の晩期注口土器

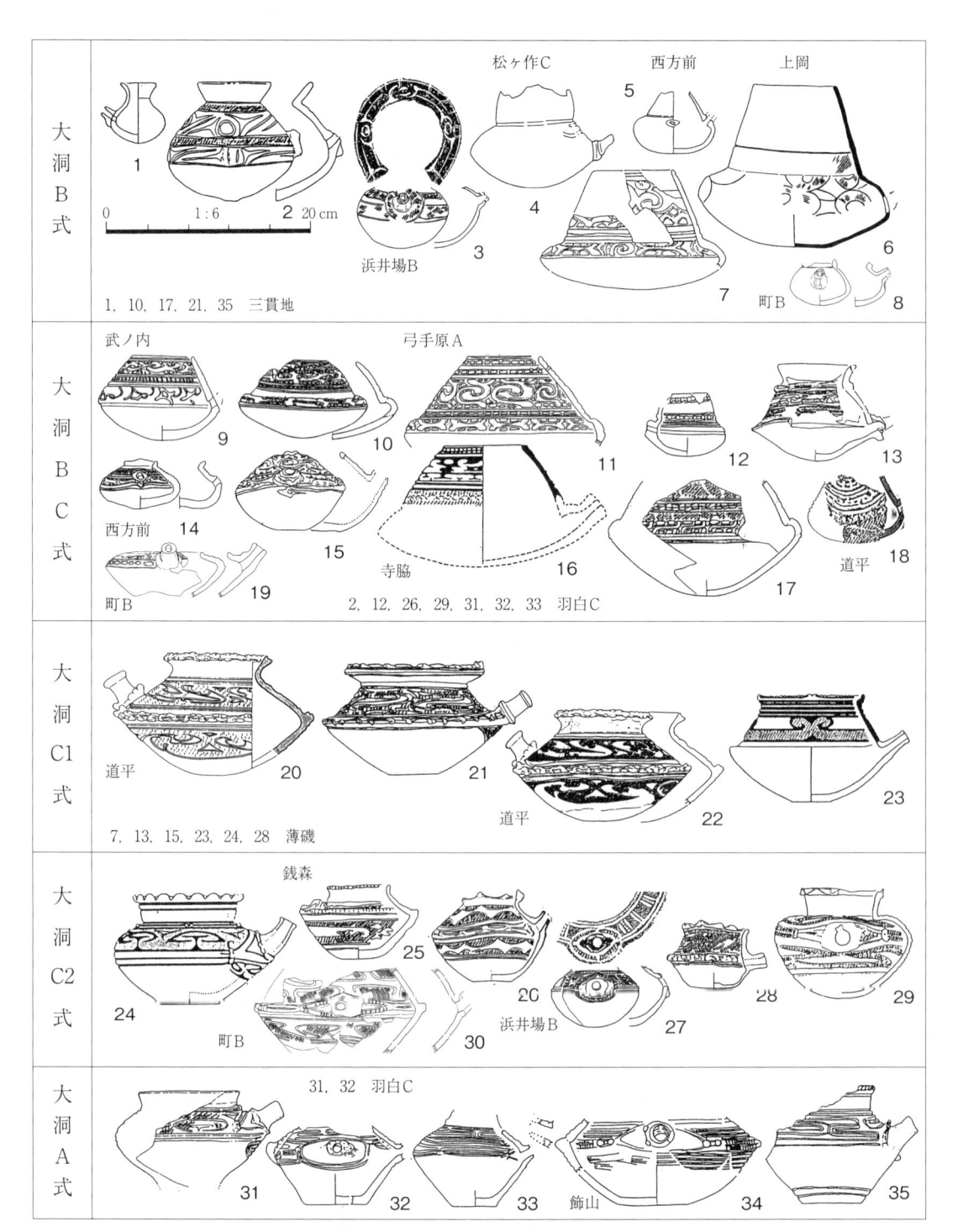

晩期		
大洞B式	松ヶ作C　西方前　上岡 0　1:6　20cm 浜井場B 町B 1, 10, 17, 21, 35　三貫地	
大洞BC式	武ノ内　弓手原A 西方前 町B 寺脇 道平 2, 12, 26, 29, 31, 32, 33　羽白C	
大洞C1式	道平 道平 7, 13, 15, 23, 24, 28　薄磯	
大洞C2式	銭森 町B　浜井場B	
大洞A式	31, 32　羽白C 飾山	

図版128　福島県出土の晩期注口土器

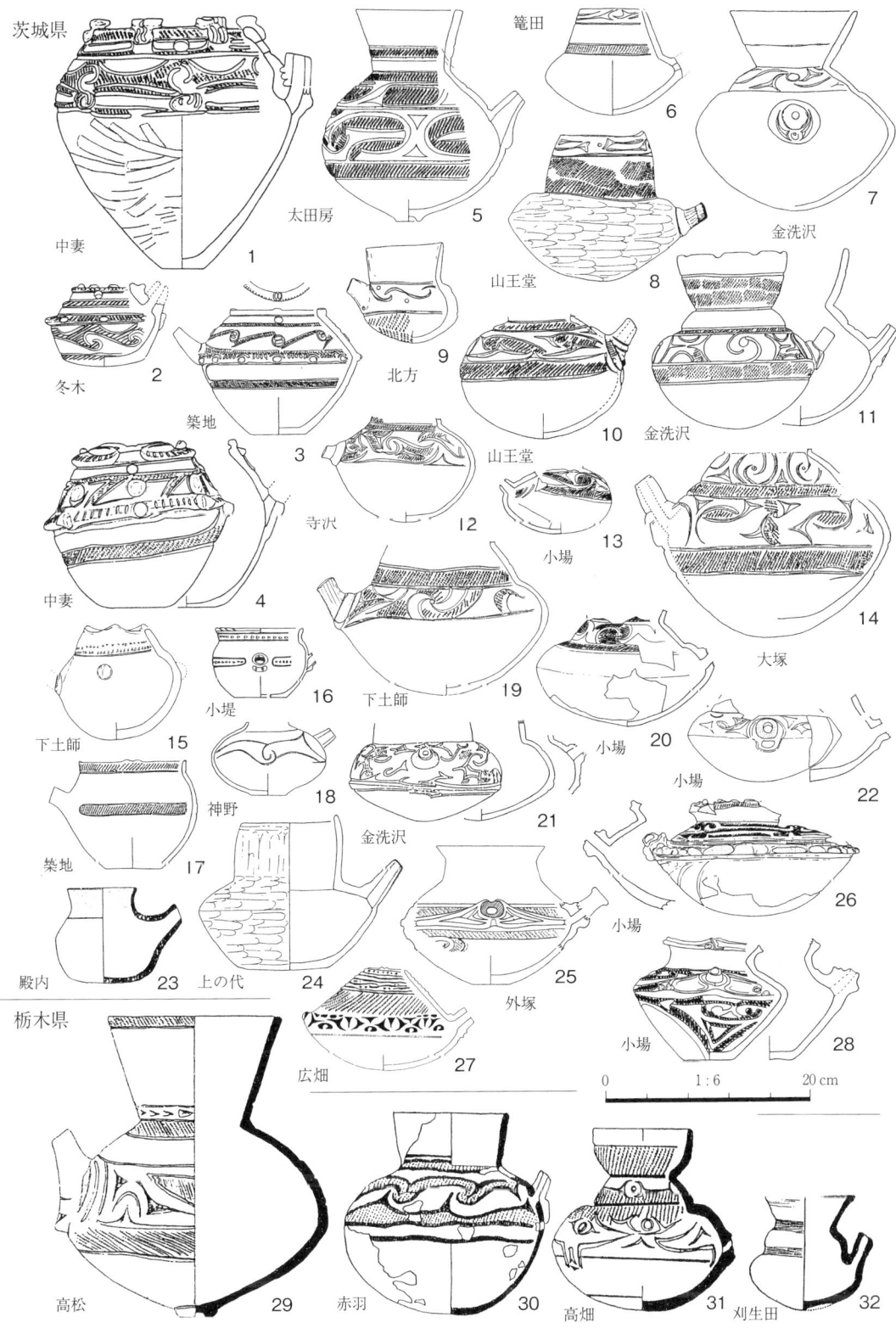

図版129 茨城，栃木県出土の晩期注口土器

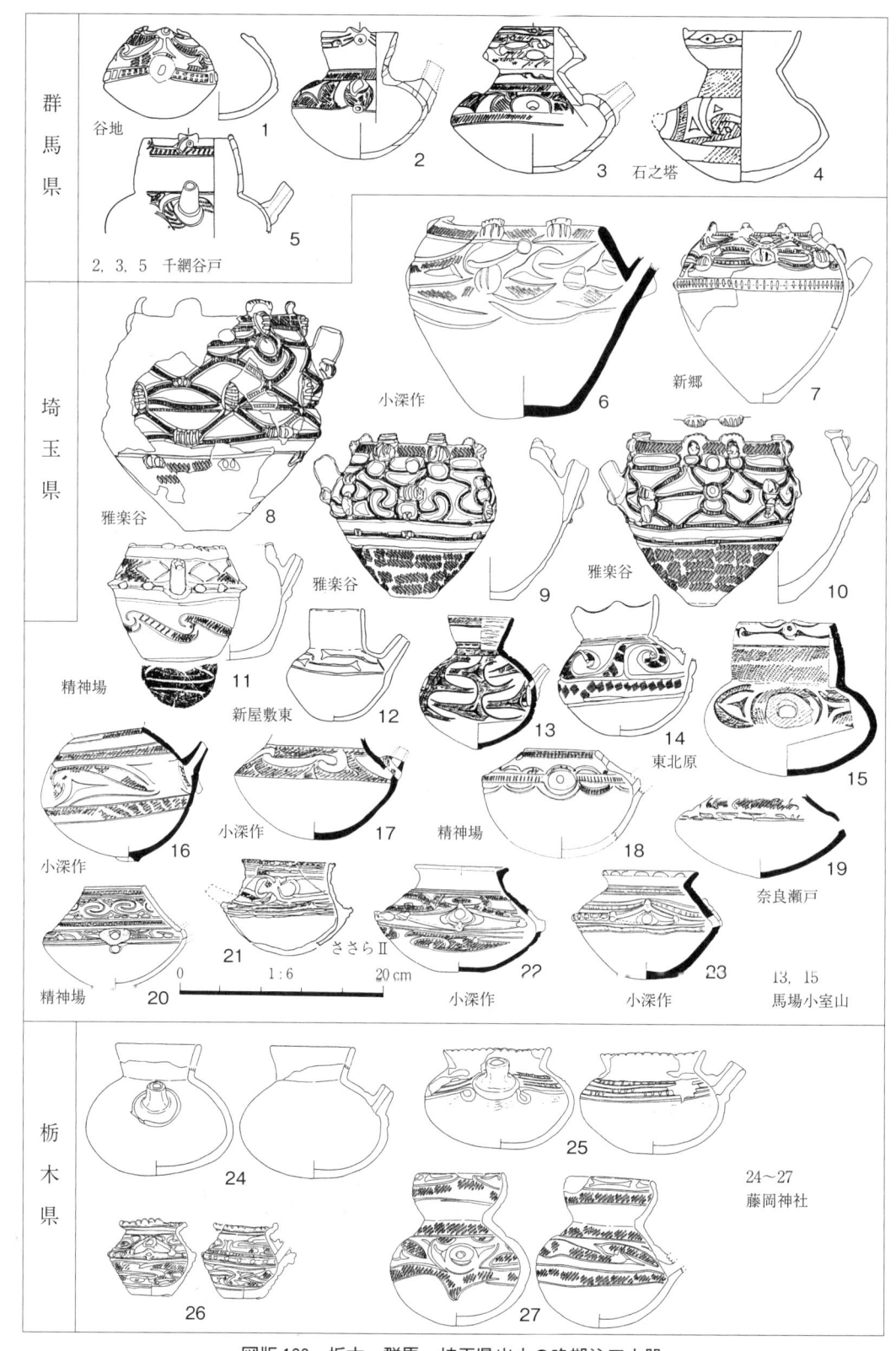

図版130 栃木，群馬，埼玉県出土の晩期注口土器

a 完形土器集中地点出土

b 祭祀遺物集中地点出土

A. E. F区出土

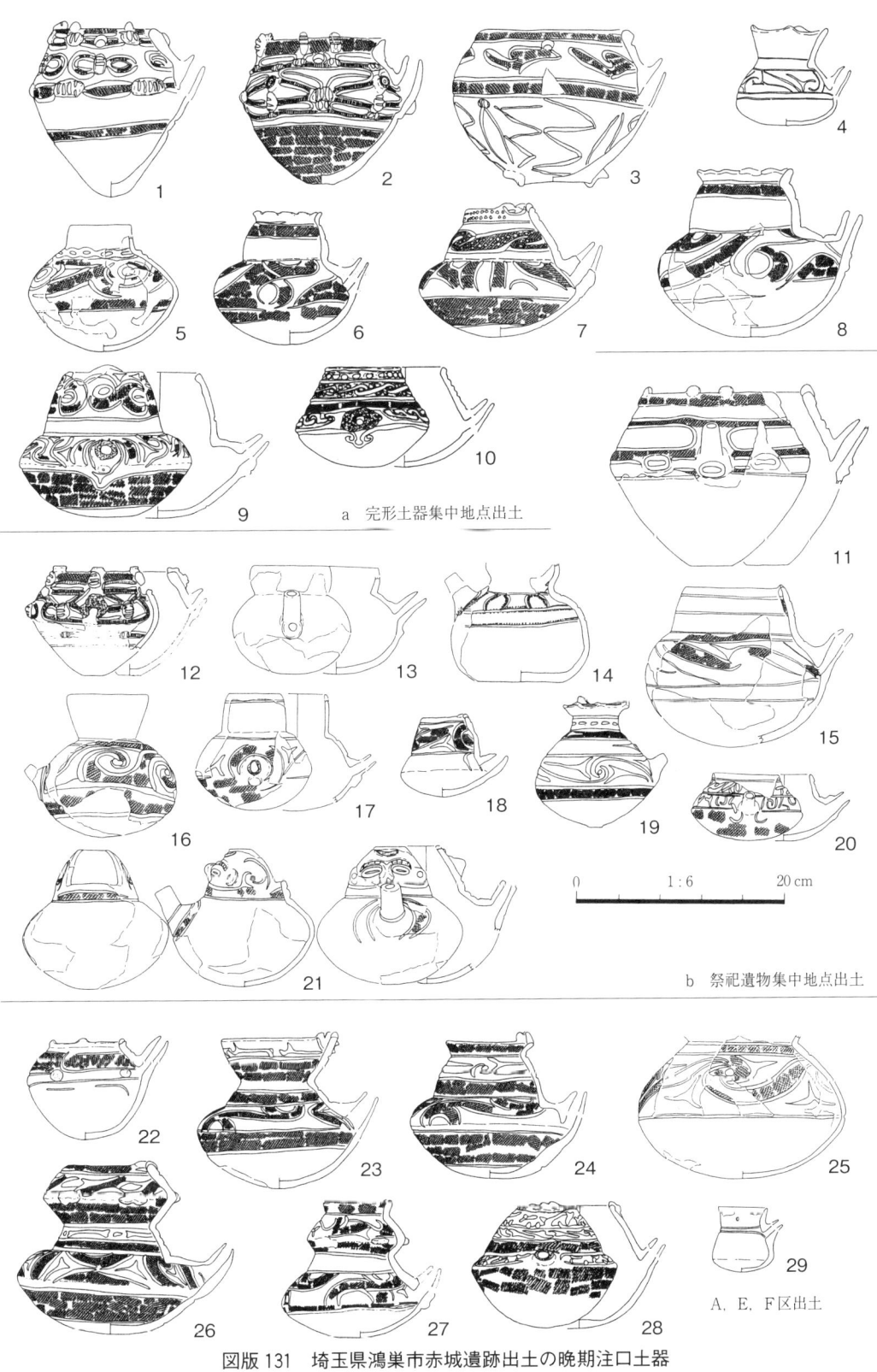

図版131 埼玉県鴻巣市赤城遺跡出土の晩期注口土器

晩期

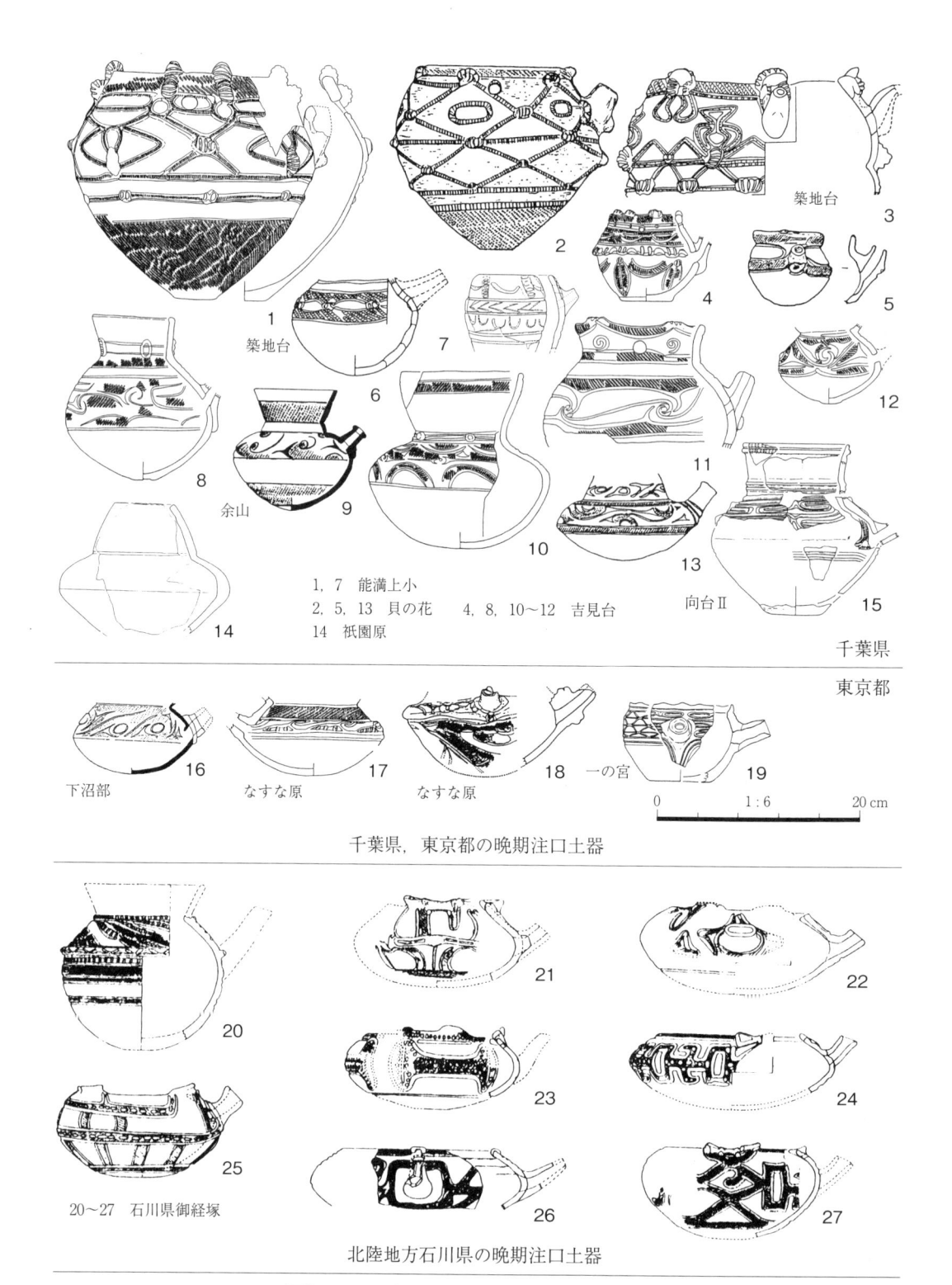

1, 7 能満上小
2, 5, 13 貝の花　4, 8, 10～12 吉見台
14 祇園原
11 向台Ⅱ

千葉県
東京都

下沼部 16　なすな原 17　なすな原 18　一の宮 19

0　1:6　20cm

千葉県，東京都の晩期注口土器

20～27 石川県御経塚

北陸地方石川県の晩期注口土器

図版132　関東地方，北陸地方の晩期注口土器

晩期

刈羽大平 (labels near 16, 17)
中野 (near 20)
朝日 19
寺地 (near 21)
真脇 22

北陸地方

佐野 26
人花 23
円孔屑 24
一津 25
中部地方
近畿地方

27, 28 滋賀里
橿原 29

1, 10, 20　新発田市中野
2〜7, 11〜15, 18　村松町矢津
8　柏崎市剣野B
9　柏崎市仁谷野

九州地方

権現塚北 31
貫川 30

図版133　北陸，中部，近畿，九州地方の晩期注口土器

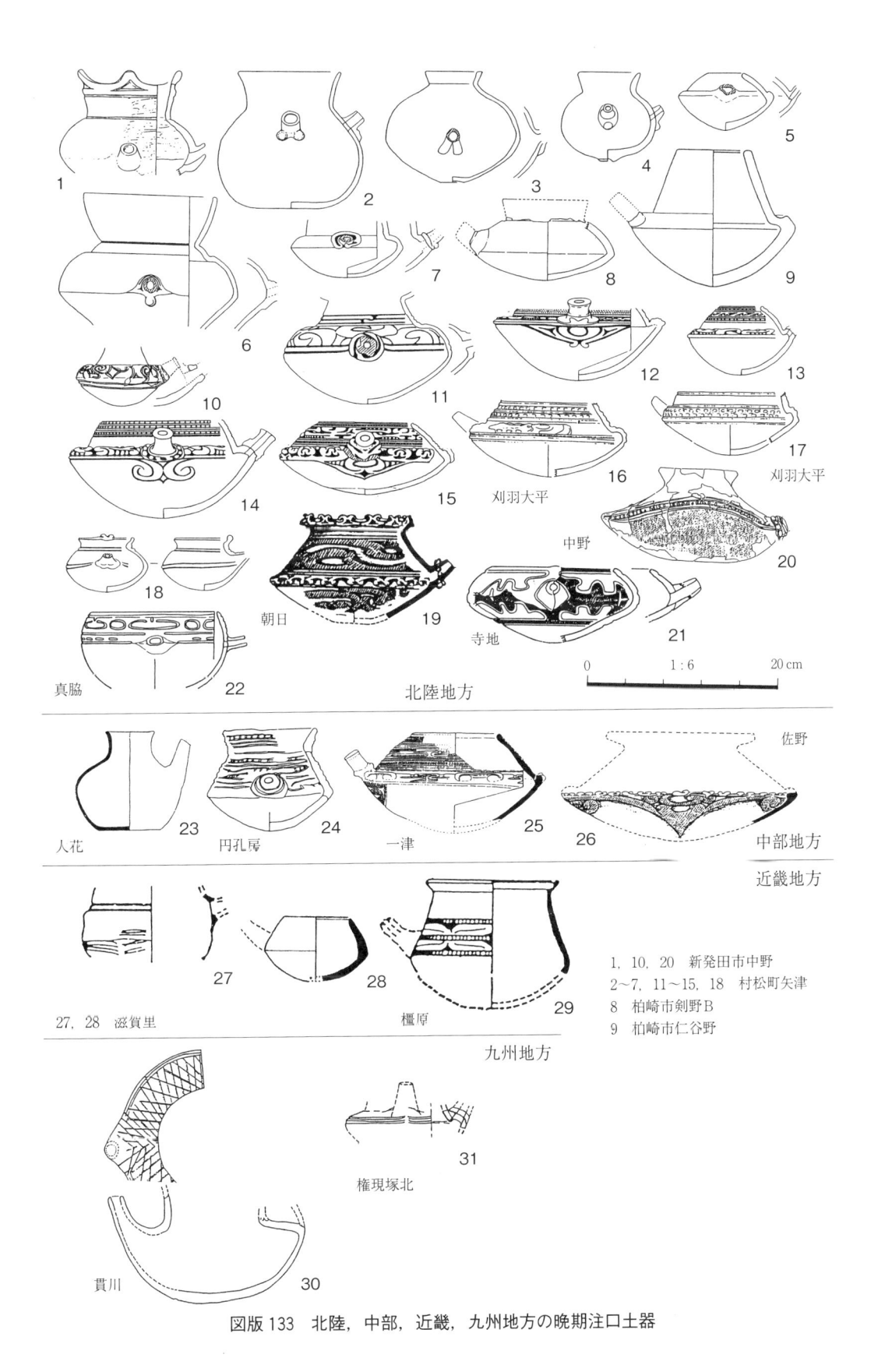

晩期

栃木県

1〜6 寺野東

7〜20 藤岡神社前

21, 22 祇園原
23〜25 西ノ台

千葉県

神奈川県

補遺

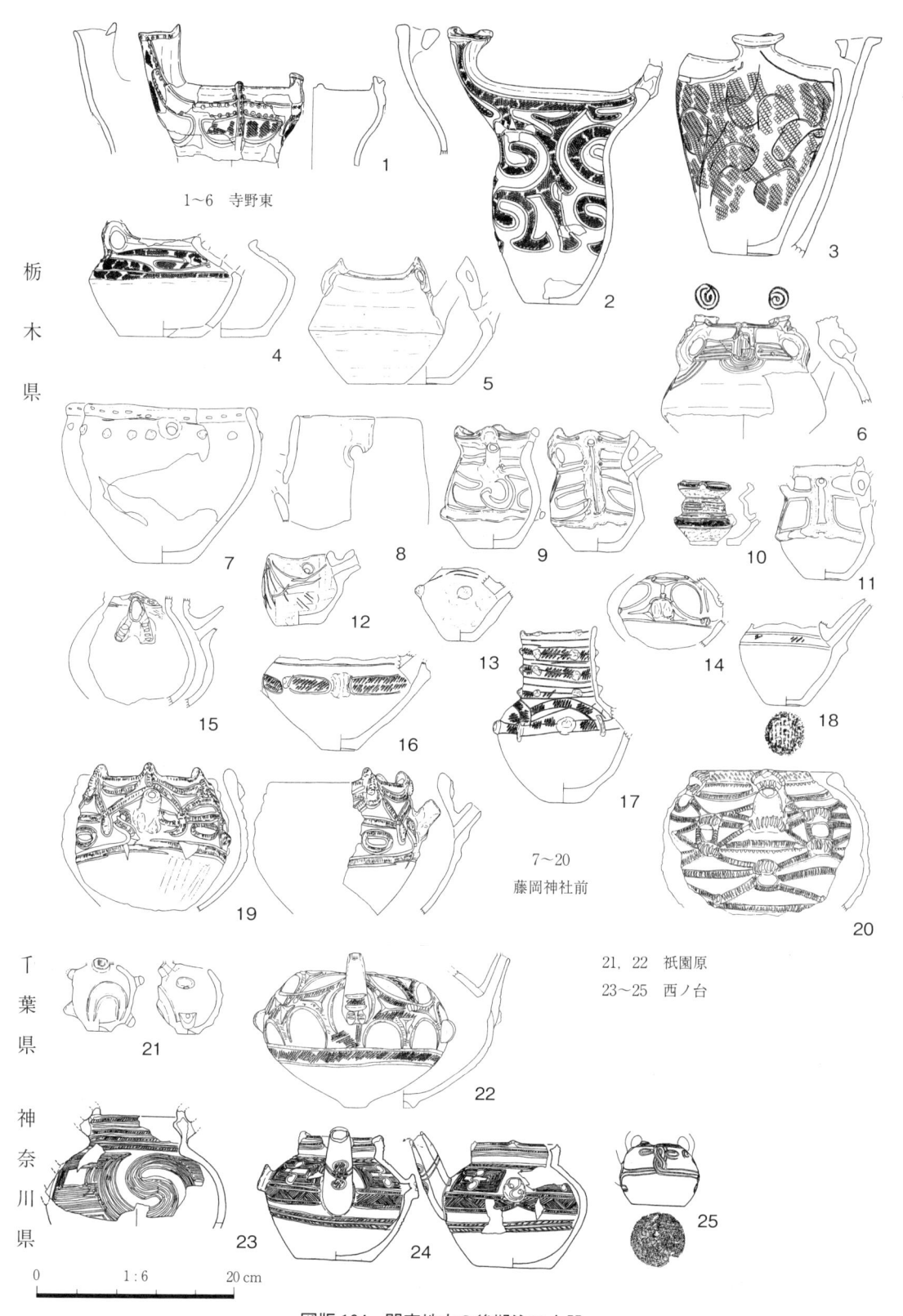

0   1:6   20 cm

図版134 関東地方の後期注口土器

後期

晩期

補遺

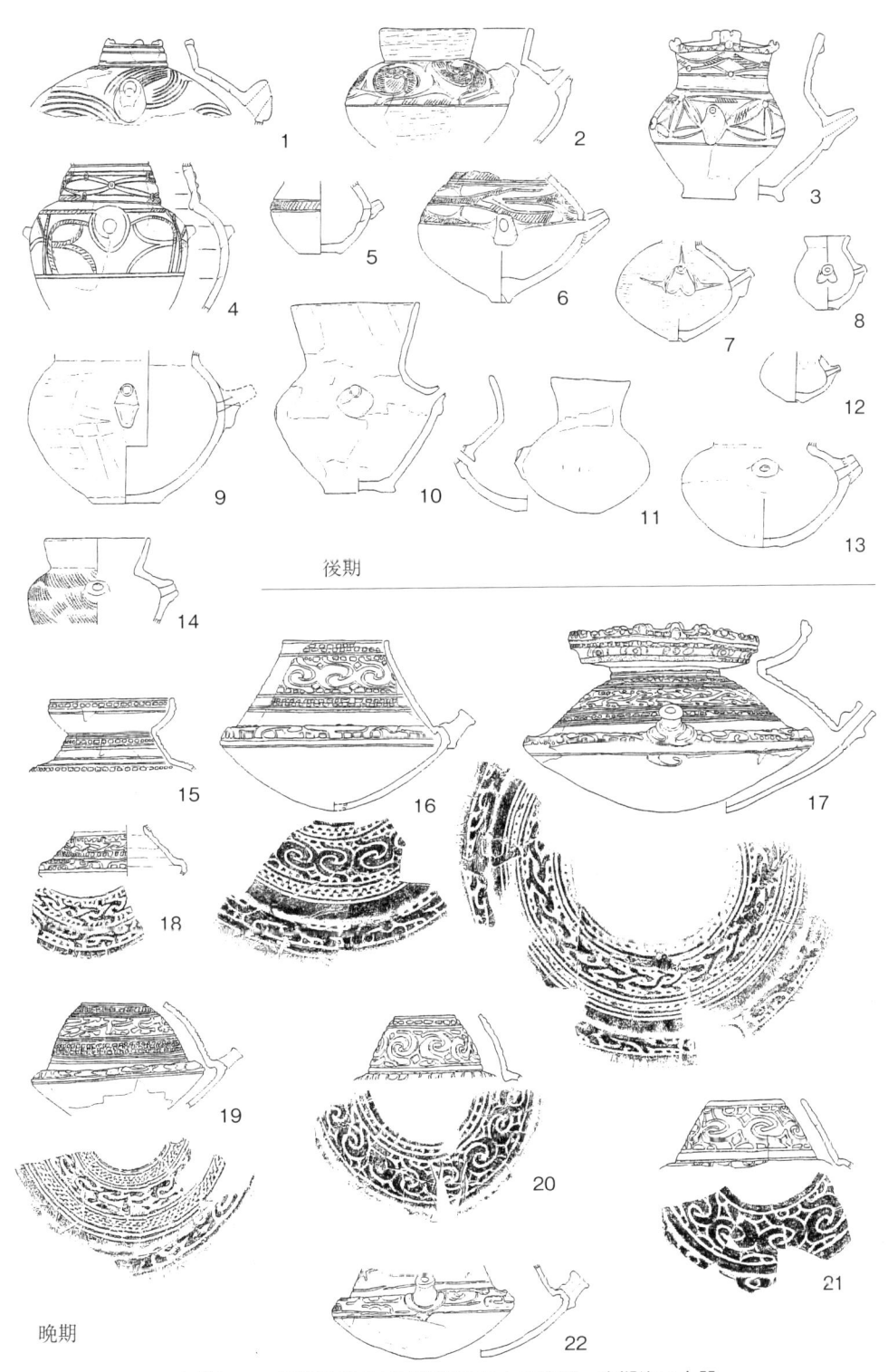

図版135 新潟県朝日村熊登遺跡出土の後期, 晩期注口土器

三重県明和町天白遺跡 (後期)

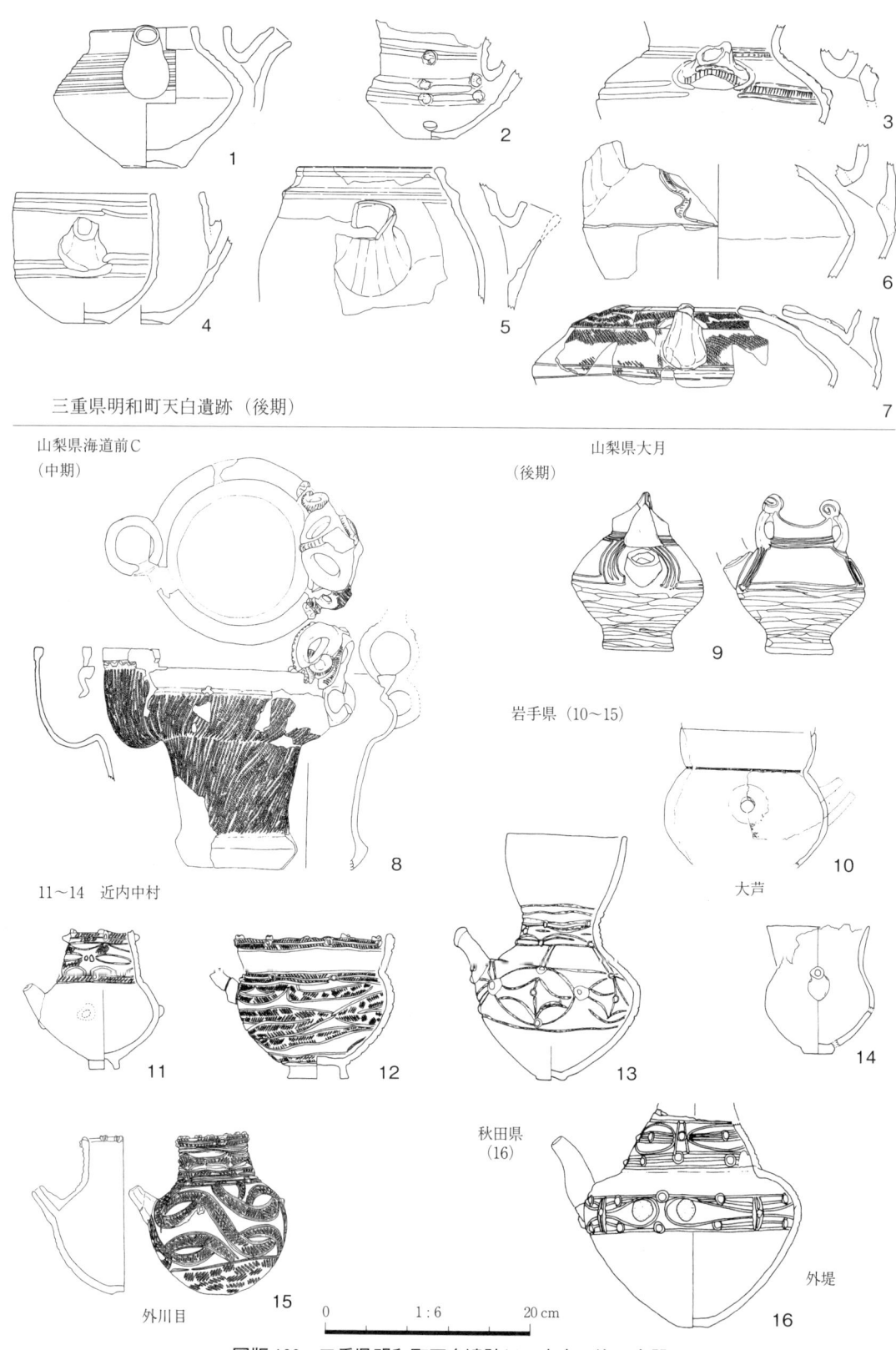

山梨県海道前C
(中期)

山梨県大月
(後期)

岩手県 (10〜15)

11〜14 近内中村

大芦

秋田県
(16)

外川目

外堤

図版136 三重県明和町天白遺跡ほか出土の注口土器

著者紹介

鈴木克彦（すずき かつひこ）

1948年　青森県に生まれる
1966年　青森県立八戸高等学校卒業
1970年　国学院大学文学部史学科卒業
1972年　国学院大学大学院文学研究科（考古学専攻）修士課程修了
1975年　国学院大学大学院文学研究科（考古学専攻）博士課程中退
　　　　青森県教育委員会社会教育課，文化課，青森県立郷土館を経て，
現　在　青森県埋蔵文化財調査センター総括主幹
主要著作　『青森県の土偶』（編著）1978
　　　　「亀ケ岡式土器」（『縄文文化の研究』4）雄山閣　1981
　　　　「土偶の研究序説」（『青森県立郷土館調査研究年報』6）1981
　　　　『日本の古代遺跡　29青森』保育社　1986
　　　　「東北地方北部における十腰内式土器様式の編年学的研究」
　　　　（『考古学雑誌』81─4）1996
　　　　「注口土器の研究」（『青森県埋蔵文化財調査センター研究紀要』2）1997
　　　　『北日本の縄文後期土器編年の研究』雄山閣　2001

注口土器の集成研究
ちゅうこうどき しゅうせいけんきゅう

2007年2月28日　発行

著　者　鈴　木　克　彦
発行者　宮　田　哲　男
発行所　株式会社　雄山閣
　　　　〒102-0071　東京都千代田区富士見2-6-9
　　　　電話 03（3262）3231　FAX 03（3262）6938
　　　　振替 00130-5-1685
印　刷　株式会社　三陽社
製　本　協栄製本株式会社

Ⓒ Suzuki Katsuhiko 2007　　　　ISBN 978-4-639-01959-6　C3021